V&R

Helga Haunschmied-Donhauser

Manès Sperber
als Individualpsychologe

Der Einfluss der Individualpsychologie auf Manès Sperbers autobiografisches und literarisches Schreiben

Vandenhoeck & Ruprecht

Bibliografische Information der Deutschen Nationalbibliothek:
Die Deutsche Nationalbibliothek verzeichnet diese Publikation in der Deutschen Nationalbibliografie; detaillierte bibliografische Daten sind im Internet über https://dnb.de abrufbar.

Umschlagabbildung: Der österreichisch-französische Schriftsteller und Philosoph Manès Sperber 1978/akg-images.de

Satz: SchwabScantechnik, Göttingen
Druck und Bindung: ⊕ Hubert & Co. BuchPartner, Göttingen
Printed in the EU

Vandenhoeck & Ruprecht Verlage | www.vandenhoeck-ruprecht-verlage.com

ISBN 978-3-525-40004-3

Inhalt

Teil B: Sperbers autobiografisches Werk unter dem Blickwinkel individualpsychologischer Theorien und Methoden

Einleitung

Thematischer Horizont

Manès Sperber ragt unter den frühen Protagonistinnen und Protagonisten der Individualpsychologie in mehrfacher Hinsicht heraus. Bereits in sehr jungen Jahren wurde er zu einer Art *Meisterschüler* Alfred Adlers, der nach seinem Zerwürfnis mit Sigmund Freud dabei war, eine eigene psychoanalytische Richtung, die Individualpsychologie, aufzubauen. Damit verbanden sich neue Lehrer-Schüler-Beziehungen sowie Konflikte.[1] Als der gerade 21 Jahre alte Sperber eine Eloge auf Alfred Adler verfasste und der Gelobte überaus wohlwollend darauf reagierte, zog ihm dies den Unmut anderer aus dem Kreis um Adler zu. Bald wandte sich Sperber marxistischen Ideen zu und sukzessive von seinem Lehrer ab.[2]

Der Justizpalastbrand im Jahr 1927 bewog Sperber vermutlich, sich in der KP zu engagieren. In Deutschland schien ihm dies eher möglich als in Österreich.[3] Alfred Adler ermutigte ihn zur gleichen Zeit, in Berlin die dortige Gesellschaft für Individualpsychologie »davor« zu »bewahren«, »vom rechten Weg ab[zu-]weichen«.[4] Unterstützung für die Idee, nach Berlin zu kommen, erhielt Sper-

---

1 Vgl. Bruder-Bezzel, Almuth: Die Geschichte der Individualpsychologie. 2. Aufl. Frankfurt am Main: Fischer Taschenbuch-Verlag 1999, S. 32 ff., 85 ff., 105 ff.; Alt, Peter-André: Sigmund Freud. Der Arzt der Moderne. Eine Biographie. München: Beck 2016, S. 547 ff.

2 Vgl. Sperber, Manès: Die vergebliche Warnung. In: Sperber, Manès: All das Vergangene … Die Wasserträger Gottes. Die vergebliche Warnung. Bis man mir Scherben auf die Augen legt. Wien/München/Zürich: Europaverlag 1983, S. 522 ff. Alle Zitate zu den drei genannten Büchern beziehen sich, sofern nicht eigens ausgewiesen, auf diese Ausgabe. Bruder-Bezzel, Almuth: Manès Sperber. Der orthodoxe Rebell. In: Zeitschrift für Individualpsychologie 19 (1994), S. 51–62; Stančić, Mirjana: Manès Sperber. Leben und Werk. Frankfurt am Main/Basel: Stroemfeld/Nexus 2003, S. 154–172.

3 Vgl. Sperber, Die vergebliche Warnung, S. 398 ff.; Stančić, Manès Sperber, S. 125 ff., 129 ff.

4 Sperber, Die vergebliche Warnung, S. 407; Lévy, Alfred: Manès Sperber – oder von den Abenteuern, Leiden und Irrtümern eines politischen Individualpsychologen. In: Lévy, Alfred/Mackenthun, Gerald (Hg.): Gestalten um Alfred Adler. Pioniere der Individualpsychologie. Würzburg: Königshausen & Neumann 2002, S. 254. Vgl. auch Sperber, Die vergeb-

ber insbesondere durch die Schriftstellerin, Frauenrechtlerin und Individualpsychologin Alice Rühle-Gerstel sowie deren Ehemann Otto Rühle, der sich marxistischen Ideen verpflichtet fühlte, gleichzeitig aber mit der Kommunistischen Partei gebrochen hatte.[5] Entgegen Otto Rühles Rat trat Sperber in Berlin umgehend der Kommunistischen Partei bei, ungeachtet diverser Informationen, die ihm über die Diktatur Stalins zugekommen waren.[6]

Mit Adler kommunizierte Sperber während seines Aufenthalts in Berlin vor allem brieflich. Dieser Briefverkehr lässt wachsende Spannungen zwischen beiden erkennen, zumal Adler über die sehr kritischen Äußerungen Sperbers zur institutionalisierten Individualpsychologie und ihn selbst erbost war. Außerdem ging Adler die politische Ideologisierung zu weit, die seine Ideen nicht nur,

liche Warnung, S. 423, wo er von einem expliziten Empfehlungsschreiben Adlers berichtet. Adler misstraute Fritz Künkel wegen dessen politischer Ansichten. Künkel, der die Berliner Gesellschaft für Individualpsychologie leitete, vertrat religiöse und konservative Positionen und sollte sich 1933 sehr schnell den Nationalsozialisten annähern, von denen er sich später allerdings auch wieder distanzierte. Zu Künkel vgl. z. B. Siebenhüner, Sabine: Fritz Künkels Beitrag zur individualpsychologischen Neurosenlehre. In: Lévy, Alfred/Mackenthun, Gerald (Hg.): Gestalten um Alfred Adler. Pioniere der Individualpsychologie. Würzburg: Königshausen & Neumann 2002, S. 135 ff.

5 Vgl. Sperber, Die vergebliche Warnung S. 407. Zu Rühle-Gerstel vgl. z. B. auch Mackenthun, Gerald: Alice Rühle-Gerstels individueller Weg zwischen Marxismus und Individualpsychologie. In: Lévy, Alfred/Mackenthun, Gerald (Hg.): Gestalten um Alfred Adler. Pioniere der Individualpsychologie. Würzburg: Königshausen & Neumann 2002, S. 215–238. Rühle-Gerstel, ihr Mann und Sperber kannten einander bereits von internationalen Tagungen, wo sie sich als »marxistische Adlerianer« zusammengefunden hatten. Siehe Sperber, Die vergebliche Warnung, S. 384. Wenn hier von der Kommunistischen Partei die Rede ist, verweist dies zunächst auf die Kommunistische Partei Deutschlands (KPD), zugleich aber auch auf deren Gleichschaltung im Sinne stalinistischer Vorgaben; vgl. dazu z. B. Weber, Hermann: Die Wandlung des deutschen Kommunismus. Die Stalinisierung der KPD in der Weimarer Republik. Gekürzte Studienausgabe. Frankfurt am Main: Europäische Verlagsanstalt 1969, insbes. S. 53 ff., 120 ff., 186 ff.

6 Vgl. Sperber, Die vergebliche Warnung, S. 433 ff. Sperber betätigte sich in Berlin nicht nur politisch, sondern auch als Psychotherapeut, und er unternahm zwischen 1927 und 1933 vieles zur Verbreitung individualpsychologischer Therapieansätze und Ideen. Sowohl am Berliner Individualpsychologischen Institut als auch an Fachschulen und in der Erwachsenenbildung hielt er Vorträge und Kurse. In Berlin lernte er zahlreiche Angehörige der literarischen Avantgarde Deutschlands wie Egon Erwin Kisch, Arthur Koestler, Lion Feuchtwanger, Anna Seghers und Bertolt Brecht kennen. Auch mit Wilhelm Reich schloss Sperber Bekanntschaft, dessen therapeutische Positionen hielt er allerdings für zu einseitig. Vgl. Sperber, Die vergebliche Warnung, S. 430 ff., 460 ff. Die Konflikte zwischen Sperber und Künkel, die zugleich für marxistische und nicht-marxistische Positionen innerhalb der Berliner Gesellschaft für Individualpsychologie standen, mündeten 1929 in eine Spaltung derselben, die sich in weiterer Folge auch auf die Internationale Vereinigung für Individualpsychologie auswirkte. Vgl. z. B. Bruder-Bezzel, Die Geschichte der Individualpsychologie, S. 71; Siebenhüner, Fritz Künkels Beitrag zur individualpsychologischen Neurosenlehre, S. 135.

aber eben auch durch Sperber erfahren hatten. Schließlich brachen die beiden miteinander.[7] 1937 trat Sperber aus der Kommunistischen Partei aus und verfasste die Schrift »Zur Analyse der Tyrannis«.[8]

Eine Reihe von Texten Sperbers, literarische wie solche, die spezifisch psychoanalytischen bzw. individualpsychologischen Fragestellungen gewidmet sind, lassen ein nachhaltiges Interesse an Themen erkennen, die Sperber erstmals im Umfeld Adlers beschäftigt haben dürften. Insbesondere die für Adler zentralen Themen *Gemeinschaftsgefühl* (und dessen Gefahren, insbesondere im Zusammenhang politischer Implementierung), *Minderwertigkeit, Lebensstil* und *Lebensplan, Geltungsstreben, Aggression,* psychosoziale *Bezugssysteme* sowie nicht zuletzt Formen psychischer *Abwehr* erweisen sich dabei als wesentlich. Dies ist vor allem in Sperbers 1970 veröffentlichter Monografie »Alfred Alder oder Das Elend der Psychologie« der Fall, findet aber auch in anderen theoretischen Texten Ausdruck, wie »Zur Analyse der Tyrannis«, und nicht zuletzt in seinem literarischen Schaffen, dabei insbesondere in der Romantrilogie »Wie eine Träne im Ozean«, sowie in seinen autobiografischen Texten. Exemplarisch festmachen lässt sich dies etwa im Hinblick auf Adlers Überlegungen zum Verhältnis von *Minderwertigkeits-* und *Gemeinschaftsgefühl.* Angesichts grundlegender *»Minderwertigkeit«,* die jedem Menschen *»anhaftet«,* wären Menschen bestrebt, nicht allein Kompensationsleistungen zu erbringen, sondern sich auch im Modus der »Anpassung an dieses Leben« etwas wie »Sicherheit« zu verschaffen. Dazu gehört für Adler auch das Bestreben, »Anschluss« an andere Menschen zu suchen. Kulturelle Hervorbringung im weitesten Sinn, aber auch Bewertungsmaßstäbe für menschlichen »Charakter«, wären nur vor dem Hintergrund von »Gemeinschaften« zu haben. Die Entwicklung eines »Gemeinschaftsgefühls« seitens einzelner Individuen sei in dieser Hinsicht von grundlegender

---

7 Vgl. Stančić, Manès Sperber, S. 159–172; Lévy, Manès Sperber, S. 254 f. Als Alfred Adler in Aberdeen 1937 starb, verfasste Sperber einen Nachruf für eine französische Zeitschrift, der allerdings nie veröffentlicht wurde. Vgl. Lévy, Manès Sperber, S. 256.

8 Vgl. Sperber, Manès: Bis man mir Scherben auf die Augen legt. In: Sperber, Manès: All das Vergangene … Die Wasserträger Gottes. Die vergebliche Warnung. Bis man mir Scherben auf die Augen legt. Wien/München/Zürich: Europaverlag 1983, S. 699 ff., 739 ff.; Stančić, Manès Sperber, S. 285 ff., 307 ff.
1939 meldete er sich als Kriegsfreiwilliger in die französische Armee. Vgl. Stančić, Manès Sperber, S. 356 ff., 370 f., 425. Nach Ende des Zweiten Weltkriegs wurde Sperber Lektor und Übersetzer für deutsche Literatur im Verlag Calmann-Lévy, veröffentlichte unter anderem bis 1953 die Romantrilogie »Wie eine Träne im Ozean«, 1970 »Alfred Adler und das Elend der Psychologie«, ab 1974 autobiografische Arbeiten.

Bedeutung.[9] Dass und wie dieses Gemeinschaftskonzept in repressive oder gar totalitäre Strukturen umkippen, das Gemeinschaftsgefühl zu einem Modus kritikresistenter Anpassung an selbige geraten kann, wird in der Romantrilogie »Wie eine Träne im Ozean« an mehr als einer Stelle zur Darstellung gebracht.

Vor diesem Hintergrund kann also die Frage gestellt werden, ob und inwieweit die Individualpsychologie Einfluss auf das literarische Schreiben Manès Sperbers hatte. Dieser Frage nachzugehen, ist das grundlegende Erkenntnisinteresse der vorliegenden Abhandlung. Es handelt sich im Wesentlichen um eine Suche nach Spuren individualpsychologischer Modelle und Konzepte in Sperbers literarischen und autobiografischen Texten sowie den Umgang damit in eben diesen Texten. Vorderhand lässt sich in diesem Zusammenhang vielleicht die These aufstellen, dass Sperber als Übersetzer und Fortführer von Adlers theoretischem Ansatz in eine breiter aufgestellte, mehr philosophisch, soziologisch und historisch fundierte Konzeption gesehen werden könnte. Dabei bleibt zu beachten, dass Sperbers Auffassung von Individualpsychologie bzw. seine eigenen individualpsychologischen Theorieansätze auch jenseits politischer Implikationen spezifische Konturen aufwiesen, die sich im Lauf der Zeit doch sehr deutlich von den Positionen Adlers und vieler seiner Schülerinnen und Schüler unterschieden.[10]

Die Untersuchung bezieht sich im Wesentlichen auf ein konkretes Textkorpus, das, neben Briefen und kleineren Schriften, folgende Texte umfasst:

»Wie eine Träne im Ozean«, Romantrilogie

Deren einzelne Teile wurden zunächst als selbstständige Romane (»Der verbrannte Dornbusch«, »Tiefer als der Abgrund«, »Die verlorene Bucht«) zwischen 1950 und 1955 veröffentlicht. Alle drei Teile zusammen gelangten unter dem seither geläufigen Titel erstmals 1961 zur Veröffentlichung.[11] Vielschichtig

9 Vgl. z. B. Adler, Alfred: Menschenkenntnis (1927). Hg. v. Jürg Rüedi. Göttingen: Vandenhoeck & Ruprecht 2007 (Alfred Adler Studienausgabe, hg. v. Karl Heinz Witte, Bd. 3), S. 44 f. (Hervorhebungen im Original).

10 Vgl. dazu z. B. auch Bruder-Bezzel, Almuth: Alfred Adlers Wiener Kreise in Politik, Literatur und Psychoanalyse. Beiträge zur Geschichte der Individualpsychologie. Göttingen: Vandenhoeck & Ruprecht 2019, S. 221 ff.

11 Sperber, Manès: Der verbrannte Dornbusch. In: Sperber, Manès: Wie eine Träne im Ozean. Romantrilogie. Ungekürzte Ausgabe. 12. Aufl. München: dtv 2006, S. 7–454; Sperber, Manès: Tiefer als der Abgrund. In: Sperber, Manès: Wie eine Träne im Ozean. Romantrilogie. Ungekürzte Ausgabe. 12. Aufl. München: dtv 2006, S. 455–706; Sperber, Manès: Die verlorene Bucht. In: Sperber, Manès: Wie eine Träne im Ozean. Romantrilogie. Ungekürzte Ausgabe. 12. Aufl. München: dtv 2006, S. 707–1034.

und aus den Perspektiven unterschiedlicher Protagonistinnen und Protagonisten behandelt der Roman die Entwicklungen europäischer kommunistischer Parteien während der 1930er- und 1940er-Jahre unter der Ägide Stalins, deren Vereinheitlichung und sukzessive Entwicklung in Richtung totalitärer Strukturen. Der Intellektuelle Dojno Faber, trotz aller Brüche und perspektivischer Verschiebungen im Verlauf der Erzählung(en) wohl wichtigster Protagonist der Romantrilogie, kann vermutlich als eine Art Alter Ego des Autors aufgefasst werden. Faber ist zunächst überzeugter Marxist und KP-Aktivist, der sich die immer deutlicher erkennbaren Schattenseiten des Parteisystems schönzureden sucht. Ausführliche Gespräche darüber führt er mit dem Skeptiker, Philosophen und Historiker Erich von Stetten, der eine Art väterlicher Freund und Fabers Mentor aus Studienzeiten ist. Stetten lehnt jegliche politische Ideologie ab, für ihn sind allein einzelne Menschen relevant, niemals die Interessen einer Partei oder Kirche. Stetten bleibt stets seinen auf Reflexion gegründeten Überzeugungen treu, selbst in für ihn sehr unangenehmen Situationen. Gleichwohl retten ihn mehrfach die Privilegien seiner aristokratischen Herkunft und seines Professorentitels. Faber, aus jüdischer Familie stammend, kann auf keine Privilegien zurückgreifen. Beide werden als radikale Denker im Sinne von Menschen, die Problemen und Fragen konsequent auf den Grund gehen, geschildert, ohne dass die unterschiedlichen biografischen Voraussetzungen aus dem Blick verloren würden. Im Lauf der Romantrilogie wendet sich Faber, nicht zuletzt unter dem Eindruck stalinistischer Säuberungspolitik in den eigenen Reihen, sukzessive von der KP ab und den Anschauungen seines alten Professors zu. Die Romantrilogie erschöpft sich keineswegs in einer Art intellektueller Biografie oder Entwicklungsgeschichte eines Protagonisten, sondern bezieht zeitgeschichtliche Entwicklungen auf breiter Basis ein und spürt dabei konsequent auch für die Individualpsychologie so zentralen Fragen wie der nach dem Verhältnis zwischen Einzelnem und Masse samt Gefühlen der *Minderwertigkeit* und Fragen der *Kompensation,* den fließenden Grenzen zwischen *Gemeinschaftsgefühl* und Gruppen- oder eben Gemeinschaftsterror nach.[12]

Auch andere Romane wie »Charlatan« (1924) oder »Der schwarze Zaun« (vermutlich 1959 entstanden) lassen deutlich psychoanalytische Einflüsse erkennen und werden dementsprechend Erörterung finden.[13]

12 Sperber, Manès: Wie eine Träne im Ozean. Romantrilogie. Ungekürzte Ausgabe. 12. Aufl. München: dtv 2006.

13 Vgl. Sperber, Manès: Charlatan und seine Zeit. Roman. Hg. v. Mirjana Stančić. Graz/Wien: Ed. Gutenberg 2004; Sperber, Manès: Der schwarze Zaun. Romanfragment. Wien et al.: Europa-Verlag 1986.

»All das Vergangene«, dreibändige Autobiografie

Auch die drei Einzelbände seiner Autobiografie veröffentlichte Sperber zunächst separat: »Die Wasserträger Gottes« 1974, »Die vergebliche Warnung« 1975, »Bis man mir Scherben auf die Augen legt« 1977.[14] Sperber befasst sich dabei ausführlich mit seiner Herkunft aus einer jüdischen Familie im Schtetl Zablotów in Ostgalizien (heute Ukraine) und seiner Sozialisierung in der dortigen chassidischen Gemeinde.[15] Die Bedeutung, die das Judentum in unterschiedlichen Formen für Sperber lebenslang zu haben schien, kommt nicht zuletzt in der Wendung »Bis man mir Scherben auf die Augen legt« zum Ausdruck. Sie bezieht sich wohl auf den jüdischen Brauch, einem Verstorbenen Tonscherben auf die Augen zu legen.

Theoretische Arbeiten Sperbers zur Individualpsychologie

Um Sperbers Auffassung von *Individualpsychologie* als grundlegende Voraussetzung für die Frage, inwieweit diese sein literarisches Schreiben beeinflusst haben könnte, zu klären, ist es zudem erforderlich, auch einige Schriften Sperbers zu Theorie und Praxis der Individualpsychologie heranzuziehen. Hervorzuheben sind dabei insbesondere folgende:

»Alfred Adler oder Das Elend der Psychologie«, veröffentlicht 1970. In diesem Buch brachte Sperber die Individualpsychologie Alfred Adlers zur Darstellung, mit erkennbar literarischem Anspruch und vielfach auch auf sehr sensible Weise.[16] Sperber stellt zunächst die wichtigsten Thesen der Individualpsychologie vor, deutet viele Konzepte Adlers neu, präzisiert, erklärt, ergänzt, befasst sich mit dem Verhältnis zwischen Freud und Adler, das ihm durch »Originalitätssucht und Prioritätshascherei« belastet schien.[17]

»Zur Analyse der Tyrannis« ist erstmals 1939 in einem Pariser Verlag erschienen. Sperber unternimmt in dieser Abhandlung den Versuch, autoritäre Systeme mit Hilfe individualpsychologischer Begriffe zu analysieren. Zentral sind unterschiedliche Formen von *Angst,* sozial adressierte und aggressive Angst, als Ausgangspunkte. Sperbers Auffassung nach können absolute Tyrannen nur

---

14 Vgl. Sperber, Manès: Die Wasserträger Gottes. Wien: Europaverlag 1974; Sperber, Manès: Die vergebliche Warnung. Wien: Europaverlag 1975; Sperber, Manès: Bis man mir Scherben auf die Augen legt. Wien: Europaverlag 1977.

15 Vgl. z. B. Stančić, Manès Sperber, S. 23 ff.

16 Sperber, Manès: Alfred Adler oder Das Elend der Psychologie. Wien/München/Zürich: Molden 1970.

17 Vgl. Sperber, Alfred Adler oder Das Elend der Psychologie, S. 57.

mit »List, Tücke und Gegengewalt beseitigt werden«. Insofern kann die »Analyse der Tyrannis« zugleich als Auseinandersetzung mit seiner eigenen früheren politischen Position betrachtet werden. Die »Analyse« nennt Hitler und Stalin nicht namentlich, sondern unternimmt eine Schritt-für-Schritt-Anleitung des Werdegangs eines Tyrannen bzw. der Entstehung einer Tyrannis.[18]

Die Relevanz der Individualpsychologie für Sperbers Schreiben kann aus literaturwissenschaftlicher wie individualpsychologischer Sicht nach wie vor als wenig bis gar nicht beachtet gelten. In ihrer *klassischen* Darstellung von »Alfred Adlers Individualpsychologie« erwähnen Heinz und Rowena Ansbacher Sperber zweimal beiläufig im Text und zwei weitere Male in Fußnoten.[19] Erwin Ringel nannte Sperber etwa zur gleichen Zeit immerhin einen relevanten (und insofern ernstzunehmenden) Kritiker der »Tiefenpsychologie«.[20] Zwar hat sich das Verhältnis von Vertreterinnen und Vertretern institutionalisierter Individualpsychologie dem *Abtrünnigen* gegenüber im Lauf der Zeit entspannt, und er wird immerhin als Individualpsychologe wahrgenommen. Der Fokus liegt dabei allerdings auf dem »Elend der Psychologie« und Sperbers frühem Band über Alfred Adler sowie auf Sperbers Hinwendung zum Marxismus.[21] Alfred Lévy hat Manès Sperber in dem von ihm und Gerald Mackenthun herausgegebenen Band »Gestalten um Alfred Adler. Pioniere der Individualpsychologie« einen Beitrag gewidmet, dessen Titel in diesem Zusammenhang programmatisch wirkt: »Manès Sperber – oder von den Abenteuern, Leiden und Irrtümern eines politischen Individualpsychologen«.[22]

Neuerdings werden Sperbers intensive Auseinandersetzung und seine theoretischen Beiträge zur Individualpsychologie grundsätzlich gewürdigt. Dass Sperber die »Wandlungen« der »institutionalisierte[n]«, insbesondere deutschsprachigen »Individualpsychologie [...] nicht mit[gemacht]« habe, sondern einer »eigene[n] Interpretation der Individualpsychologie« gefolgt sei, nennt

18 Vgl. Sperber, Manès: Zur Analyse der Tyrannis. Hg. v. Wilhelm Hemecker. Graz: Leykam 2006. Die Begriffe Tyrann und Tyrannis selbst sind ambivalent und durch Bedeutungsverschiebungen gekennzeichnet. Vgl. dazu allg. z. B. Dreher, Martin/Hüller, Jürgen: Tyrannis. In: Ritter, Joachim/Gründer, Karlfried/Gabriel, Gottfried (Hg.): Historisches Wörterbuch der Philosophie online. Basel: Schwabe. DOI: 10.24894/HWPh.5504.

19 Vgl. Ansbacher, Heinz L./Ansbacher, Rowena (Hg.): Alfred Adlers Individualpsychologie. Eine systematische Darstellung seiner Lehre in Auszügen aus seinen Schriften. Mit Einführung und Anhang v. Ernst Bornemann. München/Basel: Reinhardt 1972, S. 25, 199 sowie 17 und 20 (auf den letzteren jeweils in Fußnoten).

20 Vgl. Ringel, Erwin: Selbstschädigung durch Neurose. Psychotherapeutische Wege der Selbstverwirklichung. 3. Aufl. Wien u. a.: Herder 1975, S. 225.

21 Vgl. z. B. jüngst Bruder-Bezzel, Alfred Adlers Wiener Kreise, S. 213–235. Vgl. auch schon Bruder-Bezzel, Manès Sperber, S. 51–62.

22 Vgl. Lévy, Manès Sperber, S. 251–269.

etwa Bruder-Bezzel als ausschlaggebend dafür, dass Sperber »nicht wirklich in die Individualpsychologie integriert« worden sei. »Psychologie« sei für Sperber ganz allgemein »als Kulturtheorie und als Instrument zur Verbesserung des gesellschaftlichen Lebens zentral« gewesen, dem Konzept der »Therapie« habe er »eher kritisch« gegenübergestanden.[23] All dies lässt sich zwar nicht zuletzt anhand des »Elend[s] der Psychologie« gut belegen. Dass diese Einschätzungen grosso modo zutreffen, bedeutet allerdings keineswegs, dass individualpsychologische Theorien und Konzepte für Sperbers Denken und Schreiben keine Rolle gespielt hätten. Eher indiziert es zunächst einmal ein massives Interesse daran und an *Psychologie* ganz allgemein auf Seiten Sperbers.

Ob und inwiefern auch in Sperbers literarischen Texten individualpsychologische bzw. ganz allgemein psychoanalytische Überlegungen Ausdruck finden, bleibt von da her unbeachtet. Umgekehrt ist ein allfälliger Niederschlag, den Sperbers wechselvolle, in jedem Fall aber intensive Beschäftigung mit der Individualpsychologie in seinen literarischen Texten erfährt, aus literaturwissenschaftlicher Sicht ebenfalls wenig bis gar nicht untersucht. Gewiss spielen Individualpsychologie und Literatur in Mirjana Stančić großangelegter Monografie »Manès Sperber. Leben und Werk« eine Rolle, auch wechselseitige Einflüsse werden angedeutet.[24] Doch stellt diese umfang- und materialreiche Arbeit in erster Linie eine Biografie Sperbers dar, und schon bei den »Inspirationsquellen« etwa für »Wie eine Träne im Ozean« nennt die Autorin fast ausschließlich politische Entwicklungen während der 1930er-Jahre, Sperbers Engagement in der KP sowie soziokulturelle Kontexte dieser Zeit.[25]

Ebenfalls primär auf biografische und soziokulturelle Zusammenhänge beziehen sich Marcus Patka und Mirjana Stančić in ihrem Band zu Manès Sperber, mit Fokus auf die »Analyse der Tyrannis«.[26] Um etwaigen Missverständnissen vorzubeugen: Zeithistorische Kontexte entfalten auch für die vorliegende Arbeit eminente Bedeutung, sie stehen allerdings nicht im Zentrum. Im Rahmen von Hochschulschriften wurde individualpsychologischen Bezügen in Sperbers Werk bislang kaum nachgegangen.[27] Umso weniger finden sich Untersuchungen, die gezielt und systematisch den wechselseitigen Einflüssen, hier die

23 Vgl. Bruder-Bezzel, Alfred Adlers Wiener Kreise, S. 237.

24 Vgl. Stančić, Manès Sperber, z. B. 57 ff.

25 Vgl. Stančić, Manès Sperber, S. 384 ff.

26 Vgl. Patka, Marcus G./Mirjana Stančić: Die Analyse der Tyrannis. Manès Sperber 1905–1984. Im Auftrag des Jüdischen Museums der Stadt Wien in Kooperation mit dem Österreichischen Literaturarchiv der Österreichischen Nationalbibliothek. Wien: Holzhausen 2005.

27 Vgl. vielleicht noch am ehesten Krieger, Irene: Der Einfluß Alfred Adlers auf das Werk von Manès Sperber. Hausarbeit. Univ. Wien 1984.

Auseinandersetzung mit und Weiterentwicklung von individualpsychologischen Theorien auf das literarische Schreiben Sperbers, dort das literarische Schaffen auf seine Überlegungen zu Psychoanalyse und Individualpsychologie nachgehen.

Theorie und Methoden

Thematisch impliziert die vorliegende Abhandlung eine ganze Reihe unterschiedlicher Perspektiven. Ihr Schwerpunkt liegt im literaturwissenschaftlichen Bereich, weshalb auch literaturwissenschaftliche Methoden im Vordergrund stehen. Generell wird dabei auf im weitesten Sinn hermeneutische und erzähltheoretische sowie ergänzend psychoanalytische bzw. individualpsychologische Theoriebildung Bezug genommen.

Hermeneutischen Ansätzen ist – bei allen Unterschieden im Detail – die »Überzeugung« gemeinsam, »dass Texte verstanden werden können«.[28] Andernfalls wäre schon die Einstiegshypothese, dass sich in Sperbers literarischen und autobiografischen Texten Bezugnahmen auf und Adaptionen von individualpsychologischen Themen bzw. Modellen finden lassen könnten, von vornherein obsolet. Zugleich können und sollen Versuche des Verstehens nicht in einem gewissermaßen naiven Modus erfolgen, der die Gefährdungen und Grenzen möglichen Verstehen-Könnens ignoriert. Vielmehr setzt jedes Verstehen immer schon ein Stück weit »Nicht-Verstehen« voraus. Sich zu vergegenwärtigen, dass »[a]lles Verstehen [...] immer zugleich ein Nicht-Verstehen« sei[29], kann helfen, Gefahren vereinnahmender oder projizierender Lektüren hintanzuhalten. Der Versuch des Verstehens impliziert die Annahme, dass Texte und andere sprachliche Hervorbringungen *Bedeutung* aufweisen, als ihnen ein rational beschreibbarer Sinn oder Inhalt inhäriert. Dieser Sinn oder Inhalt selbst muss keineswegs rationale Züge aufweisen.[30] Auch bedeutet Hermeneutik nicht zwangsläufig, einem Text die *eine einzige* Bedeutung zu entnehmen, die ihm vorgeblich innewohnt, sondern vielschichtigen Bedeutungsmöglichkeiten Rechnung zu tragen, wie sie sich nicht zuletzt aus der Interaktion zwischen Leserinnen und Lesern, teils über große zeit-räumliche Distanzen hinweg, sowie einem Text und seiner Verfasserin/seinem Verfasser ergeben mögen. Aus dieser Sicht beziehen sich

28 Vgl. Leiteritz, Christiane: Hermeneutische Theorien. In: Sexl, Martin (Hg.): Einführung in die Literaturtheorie Wien: WUV 2004 (UTB 2527), S. 157.

29 Vgl. Jauß, Hans Robert: Rückschau auf die Begriffsgeschichte von Verstehen. In: Jauß, Hans Robert: Wege des Verstehens. München: Fink 1994, S. 18f.

30 Vgl. dazu z. B. auch Leiteritz, Hermeneutische Theorien, S. 257.

Texte aufeinander, weisen gewissermaßen Antwortcharakter auf.[31] Dies bringt es mit sich, dass es aus rezeptionsästhetischer Perspektive relevant ist, »im Text nicht ausdrücklich« aufgeworfene »Fragen« in Rechnung zu stellen, »auf die der Text« zwar »noch nicht die Antwort war und sein konnte, weil es diese Fragen noch nicht gab, als der Text entstand«, die aber sehr wohl im Horizont der Interpretin oder des Interpreten vorhanden sind.[32]

Da sich die hier skizzierte Arbeit hauptsächlich mit erzählenden Texten beschäftigt, sind zudem spezifisch erzähltheoretische Ansätze von Relevanz. Dabei ist zu fragen, was überhaupt unter einer *Erzählung* zu verstehen sei. Gérard Genette etwa hat auf drei mögliche Bedeutungen dieses Begriffs hingewiesen. Zunächst »bezeichnet *Erzählung*« demnach »die narrative Aussage, den mündlichen oder schriftlichen Diskurs [discours], der von einem Ereignis oder einer Reihe von Ereignissen berichtet«. Doch stehe »*Erzählung*« auch für »die Abfolge der realen oder fiktiven Ereignisse, die den Gegenstand dieser Rede ausmachen, und ihre unterschiedlichen Beziehungen zueinander«. Aus dieser Perspektive bedeute

31 Vgl. z. B. Jauß, Hans Robert: Überlegungen zur Abgrenzung und Aufgabenstellung einer literarischen Hermeneutik. In: Fuhrmann, Manfred/Jauß, Hans Robert/Pannenberg, Wolfhart (Hg.): Text und Applikation. Theologie, Jurisprudenz und Literaturwissenschaft im hermeneutischen Gespräch. München: Fink 1981 (Poetik und Hermeneutik IX), S. 459; Marquard, Odo: Frage nach der Frage, auf die die Hermeneutik die Antwort ist. In Marquard, Odo: Abschied vom Prinzipiellen. Philosophische Studien. Stuttgart: Reclam 1995, S. 122 ff. Vgl. dazu auch Gadamer, Hans-Georg: Hermeneutik I. Wahrheit und Methode. Grundzüge einer philosophischen Hermeneutik. 6. Aufl. Tübingen: Mohr 1990 (Gadamer, Hans-Georg: Gesammelte Werke, Bd. 1), S. 375.

32 Marquard, Odo: Felix Culpa? In: Fuhrmann, Manfred/Jauß, Hans Robert/Pannenberg, Wolfhart (Hg.): Text und Applikation. Theologie, Jurisprudenz und Literaturwissenschaft im hermeneutischen Gespräch. München: Fink 1981 (Poetik und Hermeneutik IX), S. 53. Zu unterschiedlichen Horizonten des Verstehens und der Sinnerwartung vgl. auch Jauß, Rückschau, S. 18 ff.
Insofern geht es auch ganz zentral um Texte und deren mögliche Bedeutungen sowie allfällige Implikationen, weniger um das unergründliche Phänomen, das traditionell als »intentio auctoris« bezeichnet wird. Vgl. z. B. auch Eco, Umberto: Die Grenzen der Interpretation. Aus dem Italienischen übers. v. Günter Memmert. München/Wien: Hanser 1992, S. 148 ff. Es ist schlichtweg nicht möglich zu ergründen, was andere Menschen tatsächlich denken oder welche Absichten sie (bewusst oder unbewusst) verfolgen. Vgl. dazu, spezifisch im Kontext biografischer Fragen aus individualpsychologischer Sicht Bruder-Bezzel, Almuth: Von der Wahl des Individuums und der Lächerlichkeit unserer Existenz. In: Bruder, Klaus-Jürgen (Hg.): »Die biographische Wahrheit ist nicht zu haben«. Psychoanalyse und Biographieforschung. Gießen: Psychosozial-Verlag 2003, S. 75–88. Dies wissen wir nicht erst seit Freud. Und für die Interpretation eines Textes ist dies auch gar nicht erforderlich, weder für die eines literarischen noch für jene irgendeines anderen (wo immer auch genau die Grenzlinien verlaufen mögen). Vgl. dazu z. B. auch Steinbrenner, Jakob: Kognitivismus in der Ästhetik. Würzburg: Königshausen & Neumann 1996, S. 145.

»›Analyse der Erzählung‹ […], dass man einen Komplex von Handlungen und Situationen untersucht, die für sich selbst betrachtet werden, ohne Rücksicht auf das sprachliche oder sonstige Medium, das uns über sie berichtet«.[33]

Zudem lasse sich noch ein »dritte[r] Sinn« von »*Erzählung*« ausmachen, der im »Akt der Narration selbst« bestehe. Das relevante »Ereignis« sei insofern »nicht mehr das, wovon erzählt wird, sondern […], dass jemand etwas erzählt«.[34] Alle drei angesprochenen Bedeutungsebenen des Begriffs *Erzählung* werden im Rahmen der hier vorgestellten Untersuchung von Relevanz sein. Grundsätzlich handelt es sich bei den oben als hauptsächliche Untersuchungsobjekte ausgewiesenen Texten Sperbers sowohl um fiktionale (Romane) sowie faktuale Erzählungen (bei den autobiografischen Schriften).[35] Dabei werden nicht nur »das ›Wie‹« und »das ›Was‹« der Erzählungen untersucht, sondern auch unterschiedliche Kontexte derselben in den Blick genommen.[36]

Angesichts der Themenstellung spielen nicht zuletzt auch allgemein psychoanalytische und spezifisch individualpsychologische Theorieansätze eine Rolle. Konkret von Interesse sind dabei einerseits die allgemeinen Grundlagen einer Theorie des Unbewussten (in groben Zügen) psychoanalytischer Provenienz sowie massenpsychologische Ansätze.[37] Spezifisch in Bezug auf individualpsychologische Themen sind die Konzepte *Minderwertigkeit, Lebensstil* und *Gemeinschaftsgefühl* von zentraler Bedeutung, gerade auch im Blick auf die oben

---

33 Genette, Gérard: Die Erzählung. 3., durchges. u. korr. Aufl. Übers. v. Andreas Kop, mit einem Nachwort v. Jochen Vogt, überprüft v. Isabel Kranz. München: Fink 2010 (UTB 8083), S. 11 (Hervorhebungen im Original).

34 Vgl. Genette, Die Erzählung, S. 11 (Hervorhebung im Original).

35 Zu dieser Terminologie vgl. z. B. Martínez, Matías/Scheffel, Michael: Einführung in die Erzähltheorie. 10., überarb. u. aktualisierte Aufl. München: C. H. Beck 2016, S. 11 ff.

36 Vgl. dazu auch Martínez/Scheffel, Einführung in die Erzähltheorie, S. 29 ff., 113 ff., 165 ff.

37 Zum psychischen Apparat bei Freud vgl. insbes. Freud, Sigmund: Die Traumdeutung (1900). Hg. v. Alexander Mitscherlich u. a. Frankfurt am Main: Fischer 1994 (Sigmund Freud Studienausgabe, Bd. VII), S. 510 ff.; Freud, Sigmund: Das Ich und das Es (1923). In: Freud, Sigmund: Psychologie des Unbewußten. Hg. v. Alexander Mitscherlich u. a. Frankfurt am Main: Fischer 1994 (Sigmund Freud Studienausgabe, Bd. III), S. 283 ff. Zur Massenpsychologie bei Freud vgl. Freud, Sigmund: Massenpsychologie und Ich-Analyse (1921). In: Freud, Sigmund: Fragen der Gesellschaft. Ursprünge der Religion. Hg. v. Alexander Mitscherlich u. a. Frankfurt am Main: S. Fischer 1993 (Sigmund Freud Studienausgabe, Bd. IX), S. 61–134. Zur Massenpsychologie bei Adler vgl. Adler, Alfred: Die andere Seite. Eine massenpsychologische Studie über die Schuld des Volkes. In: Adler, Alfred: Gesellschaft und Kultur (1897–1937). Hg. v. Almuth Bruder-Bezzel. Göttingen: Vandenhoeck & Ruprecht 2009 (Alfred Adler Studienausgabe, hg. v. Karl Heinz Witte, Bd. 7), S. 120–130.

genannten Texte Sperbers.[38] Für Adler ist das *Minderwertigkeitsgefühl* etwas für Menschen Elementares und gründet in verschiedenen Erfahrungen, maßgeblich Kindheitserfahrungen. Adler zufolge versuchen wir diesem Minderwertigkeitsgefühl mittels *Kompensation* zu begegnen.[39]

Im Zentrum der vorliegenden Abhandlung stehen also Texte. Dementsprechend werden denn auch Texte interpretiert und analysiert, keineswegs jedoch die Person, die sie geschrieben hat. Dies ist ein wichtiger Aspekt, gerade im Kontext hermeneutischer Verfahren, und mehr noch an der Schnittstelle zwischen diesen und psychoanalytischer Theoriebildung. Angesichts des breiten thematischen Spektrums muss die Herangehensweise in hermeneutischer Hinsicht multiperspektivisch ausfallen, neben werkimmanenten Aspekten also auch sozial-, kultur- und literaturhistorische Kontexte sowie rezeptionsgeschichtliche Aspekte berücksichtigen. Texte stehen selten bis nie für sich selbst, sondern meist in Beziehungen zu anderen Texten. Methodisch sind diesbezüglich Aspekte der »Intertextualität«[40] relevant, womit »zwischentextliche Beziehungen« und daraus erfließende Formen »komplexe[r] Sinnkonstruktion« zu verstehen sind. Texte stehen in Wechselbeziehungen zueinander, mögen diese sich über Zitate oder Anspielungen, Kommentare oder geteilte kategoriale Bezugnahmen ergeben.[41]

Aus erzähltheoretischer Perspektive werden sowohl »Handlung und erzählte Welt« als auch die erzählerische »Darstellung« in den Blick zu nehmen sein.[42] In methodischer Hinsicht erfordert dies insbesondere Analysen der Figuren, ihrer Beziehungen und Konflikte untereinander. Dies geschieht vor dem Hintergrund »[t]ypische[r] Erzählsituationen im Roman«, die nicht zuletzt auf das Verhältnis von Erzähler/in und Figuren abhebt.[43] Analysen der Handlung erfolgen etwa in Hinsicht auf das *»Handlungsschema«*, die *»Zeitperspektive des Erzählens«*, die stets eine *»doppelte«* ist, sofern, »[w]er« immer »narrative Texte liest […] das

38 Vgl. z. B. Adler, Menschenkenntnis, insbes. S. 39–42, 71 ff., 89 ff.; Adler, Alfred: Praxis und Theorie der Individualpsychologie. Vorträge zur Einführung in die Individualpsychologie für Ärzte, Psychologen und Lehrer. Neu hg. v. Wolfgang Metzger. 12. Aufl. Frankfurt am Main: Fischer Taschenbuch Verlag 2006, insbes. S. 48 ff.

39 Vgl. z. B. Adler, Menschenkenntnis, insbes. S. 71 ff.; Adler, Praxis und Theorie der Individualpsychologie, S. 48 ff.

40 Vgl. Kristeva, Julia: Semeiotiké, Recherche pour une sémanalyse. Paris: Éditions du Seuil 1969, insbes. S. 143 ff.

41 Vgl. auch Genette, Gérard: Palimpseste. Die Literatur auf zweiter Stufe. 2. Aufl. Frankfurt am Main: Suhrkamp 1996 (es 1683), S. 10 ff.

42 Vgl. Martínez/Scheffel, Einführung in die Erzähltheorie, S. 113 ff., 29 ff.

43 Vgl. insbes. Stanzel, Franz K.: Theorie des Erzählens. 6., unveränderte Aufl. Göttingen: Vandenhoeck & Ruprecht 1995 (UTB 904), 68 ff. Zur Terminologie vgl. Stanzel, Franz K.: Die typischen Erzählsituationen im Roman. Dargestellt an Tom Jones, the Ambassadors, Ulysses u. a. Unveränderter Nachdruck Wien et al.: Braumüller 1965.

Geschehen zugleich als offen und gegenwärtige« wie »als abgeschlossen und vergangen« auffasst[44]. Ebenfalls analysiert wird die »Darstellung« hinsichtlich »Zeit« und »Modus«, aber auch »*Zeitpunkt*« und »*Ort des Erzählens*«, weiters »Stellung des Erzählers zum Geschehen« sowie »Subjekt und Adressat des Erzählers«.[45] Gerade bei Sperber, namentlich in seinen autobiografischen Schriften sowie insbesondere in der »Träne«, spielen die konkreten Schauplätze selbst zentrale Rollen in der Erzählung, sind konstitutive Merkmale der »[e]rzählte[n] Welt«.[46]

Da die zu untersuchenden Texte in vielfältige Kontexte (historische, politische, soziale, kulturelle, psychotherapeutische) gestellt werden, ist es unerlässlich, auch diese Kontexte gezielt in den Blick zu nehmen. Dies ändert allerdings nichts an dem Umstand, dass sich die vorliegende Untersuchung auf Texte bezieht, zu denen auch solche zählen, die unter dem Gesichtspunkt einer Klärung historischer Kontexte herangezogen werden. Methodisch ist in diesem Zusammenhang auch an den Begriff der historischen Spurensuche zu verweisen, die zumindest in erster Linie keine Suche nach etwas meint, das eine Spur hinterlassen hat, verfolgt und irgendwann festgemacht werden kann.[47] Walter Benjamin bringt unterschiedliche Bedeutungen von Spur mit den Figuren Flaneur und Detektiv in Zusammenhang.[48] Die vom »Flaneur« hinterlassenen »Spuren« seien »Winke und Weisungen«, die ein »Ort«, »schon rege geworden, sprachlos, geistlos gibt«.[49] In diesem Sinn verweisen Spuren nicht auf ein Anderes ihrer selbst, sondern wecken »eine erstaunliche Resonanz«, »Ahnungen«, wenn man so will.[50]

So bleibt zu bedenken, dass, was jeweils als *Spur* bezeichnet wird, überhaupt erst durch Interpretationen und Bewertungen zu einem Objekt solcher Benennung geworden ist.[51] Zudem unterliegen sie im Verlauf weiteren Unter-

44 Vgl. Martínez/Scheffel, Einführung in die Erzähltheorie, S. 125 (Hervorhebungen im Original).

45 Vgl. Martínez/Scheffel, Einführung in die Erzähltheorie, S. 33 ff., 50 ff., 73 ff., 79 ff., 85 ff., 89 ff. (Hervorhebungen im Original).

46 Vgl. Martínez/Scheffel, Einführung in die Erzähltheorie, S. 134 ff., 153 ff.

47 Vgl. schon Benjamin, Walter: Das Passagen-Werk. Hg. v. Rolf Tiedemann. Frankfurt am Main: Suhrkamp 1991 (Benjamin, Walter: Gesammelte Schriften, Bd. V 1; stw 935), S. 560. Ginzburg, Carlo: Indizien: Morelli, Freud und Sherlock Holmes. In: Der Zirkel oder Im Zeichen der Drei. Dupin, Holmes, Peirce. Hg. v. Umberto Eco u. Thomas A. Sebeok. München: Fink 1985, S. 158. Zur Kontextualisierung in erzähltheoretischem Kontext vgl. z. B. Martínez/Scheffel, Einführung in die Erzähltheorie, S. 165 ff.

48 Ich folge hier im Wesentlichen Menke, Bettine: Sprachfiguren. Name – Allegorie – Bild nach Walter Benjamin. München: Fink 1991, S. 363 ff.

49 Vgl. Benjamin, Das Passagen-Werk M 1, 1, S. 514; Menke, Sprachfiguren, S. 364.

50 Vgl. Benjamin, Das Passagen-Werk, M 1, 2, S. 514.

51 Vgl. z. B. Eco, Umberto: Einführung in die Semiotik. Übers. v. Jürgen Trabant. 8. Aufl. München: Fink 1994 (UTB 105), S. 199: »Ich schließe nur dann von den Spuren auf der Erde auf die Anwesenheit eines Tieres, wenn ich gelernt habe, eine konventionelle Beziehung zwi-

sucht-Werdens Veränderungen, die eine einfache Beziehung zwischen einer *Spur* und einem Gegenstand, auf den sie einfach so verweist, als fragwürdig erscheinen lassen. Der Umgang mit Spuren bringt Verschiebungen und Brüche mit sich, die eine nicht zu unterschätzende Eigendynamik entfalten, und so befasst sich jegliche historische Forschung mit Konstrukten, deren Voraussetzungen auch mit der jeweiligen Gegenwart der Historikerin oder des Historikers zu tun haben.[52] Um Beziehungen zwischen literarischen Hervorbringungen und den Welten, aus denen heraus sie entstehen oder in denen sie vielleicht später oder unter anderen kulturellen Rahmenbedingungen rezipiert werden, herzustellen, ergeben sich auch literaturwissenschaftlicher Perspektive vielversprechende Möglichkeiten.

Michel Foucault zufolge sind es »diskursive Praktiken«, die innerhalb eines raum-zeitlichen Referenzrahmens verschiedene Wissensbereiche bestimmen.[53] Diese diskursiven Praktiken bringen zugleich die Regeln des Sprechens (oder Schweigens) über bestimmte Themen hervor.[54] Beides, Regeln wie Themen, lasse sich in Form eines am Modell der Archäologie entlehnten Verfahrens elaborieren. Foucault sprach von »Archäologie des Wissens«, die »den Diskurs nicht als Monument, als Zeichen für etwas anderes« behandle, sondern »sich an« ihn wende »in seinem eigenen Volumen als Monument«.[55] Foucault selbst hat diese Überlegungen auf epistemologische und historische Fragen bezogen, kaum bis gar nicht auf literaturwissenschaftliche. Sein Ansatz wurde allerdings

---

schen diesem Zeichen und diesem Tier herzustellen.« Dagegen mag man zwar einwenden, »dass in der Tat ein physischer Zusammenhang zwischen der Spur und dem Tier, auf das die Spur verweist, besteht« (Böhme, Gernot: Theorie des Bildes. München: Fink 1999, S. 31); die Herstellung eines solchen Zusammenhanges ist keineswegs in einem Abdruck auf dem Boden »gegeben«, sondern Ergebnis eines interpretativen Prozesses, der auf der Grundlage bestimmter Vorannahmen bestimmte Schlussfolgerungen ermöglicht.

52 Vgl. allg. z. B. Koselleck, Reinhart: Standortbindung und Zeitlichkeit. Ein Beitrag zur historischen Erschließung der geschichtlichen Welt. In: Koselleck, Reinhart: Vergangene Zukunft. Zur Semantik geschichtlicher Zeiten. 3. Aufl. Frankfurt am Main: Suhrkamp 1995 (stw 757), S. 176–210.

53 Vgl. Foucault, Michel: Archäologie des Wissens. 6. Aufl. Frankfurt am Main: Suhrkamp 1994 (stw 356), S. 48–60, 198, 205; Foucault, Michel: Die Ordnung der Dinge. Eine Archäologie der Humanwissenschaften. 11. Aufl. Frankfurt am Main: Suhrkamp 1993 (stw 96), S. 111. Zur literaturwissenschaftlichen Relevanz von Foucaults Diskursanalyse vgl. z. B. auch Burtscher-Bechter, Beate: Diskursanalytisch-kontextuelle Theorien. In: Sexl, Martin (Hg.): Einführung in die Literaturtheorie. Wien: WUV 2004 (UTB 2527), S. 257 ff.

54 Vgl. z. B. Dreyfus, Hubert L./Rabinow: Michel Foucault. Jenseits von Strukturalismus und Hermeneutik. Mit einem Nachwort und einem Interview v. Michel Foucault. Aus dem Amerikanischen v. Claus Rath und Ulrich Raulff. 2. Aufl. Weinheim: Beltz Athenäum 1994, insbes. S. 69 ff.

55 Vgl. Foucault, Archäologie des Wissens, S. 198; Dreyfus/Rabinow, Michel Foucault, S. 41 ff.

von literaturwissenschaftlicher und -theoretischer Seite adaptiert, so beispielsweise durch den »New Historicism«, als dessen prominentester Vertreter Stephen Greenblatt gilt.[56]

Literarische oder ganz allgemein künstlerische »Objekt[e]« gelten in diesem Rahmen als Teil vielfältiger »sozialer Praktiken« und Austauschbeziehungen.[57] Diese »kulturelle[n] Praktiken« hängen für Greenblatt mit der »Macht« zusammen, »Vergnügen zu bereiten, Interesse zu wecken oder Ängste auszulösen«. Wenn es darum geht, die Entstehungsbedingungen solcher »kultureller Praktiken« sowie die zwischen diesen bestehenden Beziehungen zu ergründen, spricht Greenblatt von »Kulturpoetik«.[58] Unter »Kultur« versteht er dabei »jenes komplexe Ganze, das Wissen, Glauben, Kunst, Moral, Gesetz, Brauch und alle anderen Fähigkeiten und Gewohnheiten umfaßt, die der Mensch als Mitglied der Gesellschaft erworben hat«[59]. Dieser Kulturbegriff verweise »auf so etwas wie eine Opposition« von »*Restriktion* und *Mobilität*« und damit zugleich auf »eine umfassende Kontrolltechnologie«[60]. Damit spricht Greenblatt zugleich ein weiteres zentrales Themenfeld an, das Foucault im Rahmen seiner diskursanalytischen Überlegungen ausführlich erörtert hat, nämlich das der Disziplinierung und Formung von Menschen.[61] Das Konzept sucht er auf kulturelle Phänomene anzuwenden, zumal gerade die »Literaturwissenschaft« in der »westliche[n] Literatur eine der großen Institutionen gewesen« sei, »die den kulturellen Grenzen durch Lob und Tadel Geltung verschafft« habe.[62]

---

56 Vgl. dazu auch Burtscher-Bechter, Diskursanalytisch-kontextuelle Theorien, S. 264 ff.; Baßler, Moritz: Einleitung: New Historicism – Literaturgeschichte als Poetik der Kultur. In: Baßler, Moritz (Hg.): New Historicism. Literaturgeschichte als Poetik der Kultur. Frankfurt am Main: Fischer Taschenbuch Verlag 1995, S. 7–28, insbes. S. 16 ff.

57 Vgl. Greenblatt, Stephen: Verhandlungen mit Shakespeare. Innenansichten der englischen Renaissance. Aus dem Amerikanischen v. Robert Cackett. Frankfurt am Main: Fischer Taschenbuch Verlag 1993, S. 22 f.

58 Vgl. Greenblatt, Verhandlungen mit Shakespeare, S. 14.

59 Vgl. Greenblatt, Stephen: Kultur. In: Baßler, Moritz (Hg.): New Historicism. Literaturgeschichte als Poetik der Kultur. Frankfurt am Main: Fischer Taschenbuch Verlag 1995, S. 48, unter Bezugnahme auf eine Definition des Anthropologen Edward B. Tyler aus dem Jahr 1871.

60 Vgl. Greenblatt, Kultur, S. 49 (Hervorhebungen im Original).

61 Vgl. insbes. Foucault, Michel: Überwachen und Strafen. Die Geburt des Gefängnisses. Aus dem Französischen übers. v. Walter Seitter. Frankfurt am Main: Suhrkamp 1994 (stw 2271), insbes. S. 173 ff.; Foucault, Michel, Der Wille zum Wissen. Sexualität und Wahrheit 1. Übers. v. Ulrich Raulff u. Walter Seitter. 7. Aufl. Frankfurt am Main: Suhrkamp 1994 (stw 716), S. 159 ff.

62 Vgl. Greenblatt, Kultur, S. 49.

Wenn »Kultur« den jeweiligen sozialen Spielraum für Grenzen und Möglichkeiten menschlichen Handelns absteckt, können in weiterer Folge »kulturbezogene« Fragen gestellt werden. So etwa, auf welchen gesellschaftlichen Selbstverständlichkeiten ein »Werk« beruht, wessen Gedanken- oder Bewegungsfreiheit es begrenzen könnte, oder warum es von LeserInnen innerhalb eines bestimmten zeit-räumlichen Bezugsrahmens als »überzeugend« empfunden wurde. Eine »umfassende kulturelle Analyse« werde »die Grenzen des Textes verlassen und Verbindungen zwischen dem Text und Werten, Institutionen und Praktiken an anderen kulturellen Orten herstellen müssen«[63].

Jedenfalls für »große Kunstwerke« gelte, dass sie »keine neutralen Relaisstationen im Umlauf des kulturellen Materials« seien.

> »Es geschieht etwas mit den Dingen, Überzeugungen und Praktiken, wenn sie in literarischen Texten dargestellt, neu imaginiert und inszeniert werden, etwas oft Unvorhersehbares und Beunruhigendes. Dieses ›etwas‹ verweist sowohl auf die Macht der Kunst als auch auf das Eingebettetsein der Kultur in soziale Kontingenzen«[64].

Die Betonung der Wechselwirkung zwischen »Kunst« und »Kultur« ermöglicht nicht nur einen weiten und offenen Kulturbegriff, sondern möglicherweise auch den Versuch einer Dechiffrierung von Gegen- und Alternativkulturen innerhalb herrschender »kultureller« Muster über die Betrachtung von »Kunst«[65]. Vor allem aber ergeben sich auf dieser Basis unter Umständen Möglichkeiten, aus einer literaturwissenschaftlichen Perspektive heraus literarische Texte unverkrampft mit ihren Kontexten in Beziehung zu setzen, und umgekehrt. Literaturwissenschaft als auch psychoanalytische Theoriebildung können der kulturwissenschaftlichen Sphäre zugerechnet werden. Und nicht allein Sperber betrachtete das individualpsychologische Theoriereservoir als kulturtheoretisch relevant, bereits der Psychoanalyse im Sinne Freuds haftet zweifellos eine kulturtheoretische Dimension an.[66] Ein grundsätzlicher Widerspruch zu einem im weiten Sinne hermeneutischen Herangehen an die zu interpretierenden Texte tut sich nicht auf, zumal Freuds eigene Lektüre literarischer Texte »[h]erme-

63 Vgl. Greenblatt, Kultur, S. 50.
64 Vgl. Greenblatt, Kultur, S. 57.
65 Vgl. Greenblatt, Kultur, S. 58 f.
66 Vgl. z. B. auch Müller-Funk, Wolfgang: Kulturtheorie. 2. Aufl. Tübingen: Narr 2010 (UTB 2828), S. 23–47.

neutischen Prinzipien« folgte, wobei bereits konsequent der »Text, nicht« der »Autor« Gegenstand der Interpretation war.[67]

Gang der Untersuchung

Zunächst gilt es, Sperbers Zugänge zu individualpsychologischen Theorien und Methoden zu klären sowie seine Auffassung von *Psychologie* allgemein näher zu untersuchen. Dazu wird vor allem Sperbers »Alfred Adler oder Das Elend der Psychologie« herangezogen, unter Einbeziehung älterer einschlägiger Schriften, wie insbesondere »Zur Analyse der Tyrannis«, aber auch kurzen Ausflügen zu Aufsätzen und Essays Sperbers sowie zu seiner frühen Abhandlung »Alfred Adler. Der Mensch und seine Lehre«. In einem nächsten Schritt geht es um Sperbers autobiografische Texte, dabei insbesondere jene der Trilogie »All das Vergangene ...«. Gleichwohl sind auch hier einige Essays Sperbers zu berücksichtigen, insbesondere jene, die in den Bänden »Nur eine Brücke zwischen gestern und morgen« sowie »Churban« versammelt sind.[68] Der Text folgt den drei autobiografischen Monografien Sperbers (»Die Wasserträger Gottes«, »Die vergebliche Warnung«, »Bis man mir Scherben auf die Augen legt«). Die einzelnen Unterkapitel sind gegliedert nach den Themenbereichen »Zentrale Inhalte«, »Literarische Umsetzungsweisen« und »Individualpsychologische Perspektive«. Das nächste Kapitel greift diese Struktur in Bezug auf Sperbers literarisches Schaffen auf. Die Unterkapitel folgen dabei den drei Bänden von »Wie eine Träne im Ozean« (»Der verbrannte Dornbusch«, »Tiefer als der Abgrund«, »Die verlorene Bucht«) sowie den Romanen »Charlatan« und »Der schwarze Zaun«.

67 Vgl. z. B. Kurz, Gerhard: Wie Freud interpretiert. Hermeneutische Prinzipien in Der Wahn und die Träume in W. Jensens ›Gradiva‹. In: Alt, Peter-André/Anz, Thomas (Hg.): Sigmund Freud und das Wissen der Literatur. Berlin/New York: de Gruyter 2008 (spectrum Literaturwissenschaft/spectrum Literature. Komparatistische Studien/Comparative Studies, hg. v. Angelika Coribineau-Hoffmann und Werner Frick, Bd. 16), S. 31, 39 ff.
Anders verhält es sich mit Adlers Ansätzen der Literaturinterpretation. Sie bezieht sich nicht nur auf den zu interpretierenden Text, sondern schließt Deutungen zum Verfasser oder zur Verfasserin mit ein. Vgl. z. B. Schimmer, Leopold: Individualpsychologische Literaturinterpretation. Alfred Adlers Individualpsychologie und ihr Beitrag zur Literaturwissenschaft. Dissertation. Univ. Wien 1999, S. 302. Dieser Ansatz wird im Rahmen der in Aussicht genommenen Arbeit nicht bzw. nur teilweise verfolgt und ansonsten eher kritisch beleuchtet werden.

68 Vgl. Sperber, Manès: Nur eine Brücke zwischen gestern und morgen. Wien et al.: Europa-Verlag 1980; Sperber, Manès: Churban oder die unfaßbare Gewißheit. Essays. Wien et al.: Europaverlag 1979.

Teil A: Sperber und die Individualpsychologie

1 Einleitung

Erst fünf Jahre vor seinem ersten Zusammentreffen mit Alfred Adler war Manès Sperber mit seiner Familie nach Wien gekommen. Er fand rasch Zugang zum Kreis um Adler, wo er zu einer Art *Meisterschüler* avancierte. Nach einigen Jahren enger Zusammenarbeit, die Sperber auch im Auftrag Adlers nach Berlin führte, steigerten sich unterschiedliche Auffassungen, insbesondere zum Verhältnis von Individualpsychologie und Marxismus, aber auch zu den Möglichkeiten und Grenzen psychotherapeutischen Arbeitens, nach und nach zu manifesten Konflikten. Anfang der 1930er-Jahre brachen die beiden miteinander.[69] Als Alfred Adler 1937 in Aberdeen starb, verfasste Sperber einen Nachruf für eine französische Zeitschrift, der allerdings nie veröffentlicht wurde.[70] Es sei, so Sperber, »darauf [angekommen], die Erinnerung an das Gute, das [er] Adler verdankte, keinen Augenblick durch das Unrecht verdunkeln zu lassen, das er mir antat«.[71]

Während der Zusammenarbeit mit Adler, zunächst in Wien, später in Berlin, aber vor allem nach dem Ende des Zweiten Weltkriegs befasste sich Sperber in theoretischen und essayistischen Arbeiten immer wieder mit psychologischen und metapsychologischen Fragen. Konkret bezog er sich dabei häufig auf die Individualpsychologie Adlers oder genauer auf jene Aspekte derselben, die ihm wichtig erschienen, und die er teils weiterdachte. Auch in Sperbers literarisches und autobiografisches Schaffen flossen vielfach Themen und Fragen ein, die im weitesten Sinn als solche psychologischer Art bezeichnet werden können. So stellt sich der titelgebende Protagonist seines frühen Romans »Charlatan« nicht nur als ebensolcher vor, sondern auch als »Psychologe«, und er erweist

69 Vgl. Sperber, Die vergebliche Warnung, S. 320 ff., 348 ff., 380 ff.; Sperber, Bis man mir Scherben auf die Augen legt, S. 518 ff.; Stančić, Manès Sperber, S. 120 ff., 159 ff.

70 Vgl. Lévy, Manès Sperber, S. 256.

71 Vgl. Sperber, Die vergebliche Warnung, S. 524. Zu biografischen Aspekten und insbesondere zu Genese, Art und Verlauf der Beziehung zwischen Sperber und Adler vgl. ausführlich Kapitel B.

sich als hochgradig manipulativ.[72] Der Held (oder Antiheld) von Sperbers spätem Romanfragment »Der schwarze Zaun« ist Arzt und ebenfalls als »Psychologe« tätig. Geht man davon aus, wie seine beruflichen Aktivitäten im Roman konkret beschrieben sind, wäre er aus heutiger Sicht wohl als *Psychotherapeut* zu bezeichnen.[73] Die heute übliche Unterscheidung zwischen Psychologinnen und Psychologen, Psychotherapeutinnen und Psychotherapeuten sowie Psychiaterinnen und Psychiatern war Sperber damals fremd, sie ist im Übrigen auch jüngeren Datums.[74] Für Sperber, und nicht nur für ihn, beschäftigten sich diese Berufsgruppen mit *Psychologie*. Er selbst tat dies ebenfalls, theoretisch, literarisch, aber auch praktisch. 1926 hatte Sperber eine Ausbildung zum Heilpädagogen abgeschlossen, und er war mehrere Jahre lang als solcher tätig. Heute würde man seine Tätigkeit als die eines Psychotherapeuten bezeichnen.[75]

Mirjana Stančićs Einschätzung, dass Sperber »Dichter und Psychologe« gewesen sei, fasst die große Bedeutung von Psychologie in Sperbers Selbstverständnis und Weltwahrnehmung pointiert zusammen.[76] In Sperbers eigenem Verständnis bedeutete dies, eine »deutende Psychologie« zu vertreten, die in hohem Maße an individualpsychologischen Ansätzen Adlers orientiert blieb.[77] Mit ihnen setzte sich Sperber kritisch auseinander und führte sie zugleich in spezifischer Weise weiter.[78] Für Stančić »verkörpert« Sperber als »Autor [...] voll und ganz den Psychologen, diese unvergleichliche Denkfigur des 20. Jahrhunderts, die [...] als Erklärungsinstanz immer mehr Gewicht bekommt«.[79] Das Interesse Sperbers an Psychologie ganz allgemein und insbesondere Individualpsychologie findet nicht nur in mehreren theoretischen Abhandlungen, sondern

72 Vgl. Sperber, Charlatan und seine Zeit, S. 81, 104.
73 Vgl. Sperber, Der schwarze Zaun, S. 39 f., 67 ff.
74 Gerrig, Richard J./Zimbardo, Philip: Psychologie. Aus dem Amerikanischen v. Ralf Graf, Dagmar Mallett, Markus Nagler u. Brigitte Ricker. 18., aktualisierte Aufl. München et al.: Pearson 2008, S. 596 ff.; Stumm, Gerhard: Einleitung. In: Stumm, Gerhard (Hg.): Psychotherapie. Schulen und Methoden. Eine Orientierungshilfe für Therapie und Praxis. Wien: Falter Verlag 2011, S. 10–34, insbes. S. 12–18; Slunecko, Thomas: Psychotherapie. Eine Lagebestimmung. In: Slunecko, Thomas (Hg.): Psychotherapie. Eine Einführung Wien: facultas wuv 2009 (UTB 3247), S. 11–29, insbes. S. 22 ff.
75 Zu Sperbers Ausbildung zum und Tätigkeit als Heilpädagoge vgl. Stančić, Manès Sperber, S. 94. Zu seinen psychologisch-psychotherapeutischen Aktivitäten vgl. ibid., S. 147 ff.
76 Vgl. Stančić, Manès Sperber, S. 17.
77 Vgl. Sperber, Alfred Adler oder Das Elend der Psychologie, S. 19 ff.
78 Vgl. insbes. Sperber, Alfred Adler oder Das Elend der Psychologie, S. 155 ff.
79 Vgl. Stančić, Mirjana: Kann Demokratie schön sein? Zu einem nicht gehaltenen Vortrag Manès Sperbers in Wien 1983. In: Köhler, Thomas/Mertens, Christian (Hg.): Justizpalast in Flammen. Ein brennender Dornbusch. Das Werk von Manès Sperber, Heimito von Doderer und Elias Canetti angesichts des 15. Juli 1927. Wien/München: Verlag für Geschichte und Politik/Oldenbourg 2006, S. 105.

durchaus auch in seinen autobiografischen, essayistischen und nicht zuletzt literarischen Werken Ausdruck. Zunächst ist aber noch zu fragen, was Sperber denn überhaupt unter *Individualpsychologie* verstanden haben mag. Kurzgefasst lässt sich sagen, dass Sperber nach eigenem Dafürhalten eine »deutende Psychologie« vertrat, die in hohem Maße an individualpsychologischen Ansätzen Adlers orientiert blieb.[80] Mit ihnen setzte sich Sperber kritisch auseinander und führte sie in spezifischer Weise weiter.[81]

Wie erwähnt, hat er seine diesbezüglichen Positionen an unterschiedlichen Stellen abgehandelt. »Alfred Adler oder Das Elend der Psychologie« kann hier nicht nur als reifstes, sondern auch als umfänglichstes Werk Sperbers zur Individualpsychologie betrachtet werden, das frühere Positionen teils einbezieht, teils kritisch relativiert. Die Annahme, dass es sich bei dem Buchtitel »Das Elend der Psychologie« um eine Anspielung auf Marx' »Elend der Philosophie« handelt, liegt nicht nur aufgrund Sperbers marxistischer Vergangenheit nahe.[82] Auch in »Alfred Adler oder Das Elend der Psychologie« äußert Sperber nach wie vor Sympathien mit grundlegenden Überlegungen Marx'scher Theorie, wenn er die Auffassung darlegt, dass »Bewußtsein« und »gesellschaftliches Sein« nicht voneinander getrennt werden könnten und Ersteres einen Teil des Letzteren bilde.[83] Ich komme noch darauf zurück.

80 Vgl. Sperber, Alfred Adler oder Das Elend der Psychologie, S. 19 ff.
81 Vgl. insbes. Sperber, Alfred Adler oder Das Elend der Psychologie, S. 155 ff.
82 Vgl. Marx, Karl: Das Elend der Philosophie (1847). In: Marx, Karl: Die Frühschriften. Hg. v. Siegfried Landshut. Stuttgart: Kröner 1971, S. 486–524 [Auszug].
83 Vgl. Sperber, Alfred Adler oder Das Elend der Psychologie, S. 259.

2 Deutende Psychologie

2.1 Begriffliches

»So ist unsere Geschichte, und so sind wir selbst. So sah und durchschaute Adler den Menschen, seine unfassliche Nichtigkeit und seine unübertreffliche Größe.«[84] Mit diesen Worten beendet Sperber sein Buch über die Individualpsychologie Alfred Adlers, eine kritische, vielfach aber sehr sensible, fast liebevolle Darstellung von durchaus literarischer Qualität. Sperber stellt darin die aus seiner Sicht wichtigsten Themen und Thesen der Individualpsychologie vor, teilweise in sehr eindringlicher und präziser Neubeschreibung Adler'scher Konzepte und Ideen. Auf diese 1970 veröffentlichte Arbeit »Alfred Adler oder Das Elend der Psychologie« stützt sich das vorliegende Kapitel maßgeblich, in dem es darum geht, Sperbers Sichtweise der Individualpsychologie herauszuarbeiten. Ältere Texte, wie insbesondere sein frühes Büchlein zu Adler[85], die Sammlung von Vorlesungen, die Sperber in den frühen 1930er-Jahren am »Individualpsychologischen Institut« in Berlin gehalten hat[86], sowie »Zur Analyse der Tyrannis«[87] werden in thematisch relevanten Zusammenhängen einbezogen.

Gleich zu Beginn von »Alfred Adler oder Das Elend der Psychologie« wirft Sperber eine nicht unwichtige Frage auf, nämlich, warum jemand überhaupt »Psychologe zu werden wünscht«. Er hält dafür, dass ein solcher Wunsch mit großem Interesse »für das eigene Wesen« zu tun habe. Doch folge dieses meist einem »seelischen Erdbeben«, das »den *Verlust der Selbstverständlichkeit*« oder *»des Geborgenheitsgefühls«* herbeiführe. Grundlage sei häufig ein »falsch verstandene[s] Erlebnis, das zum ersten *Verratserlebnis*« werde.[88] Sper-

---

84 Sperber, Alfred Adler oder Das Elend der Psychologie, S. 296.
85 Sperber, Manès: Alfred Adler. Der Mensch und seine Lehre. München: Bergmann 1926.
86 Sperber, Manès: Individuum und Gemeinschaft (1934). Versuch einer sozialen Charakterologie. Stuttgart: Klett-Cotta 1978.
87 Sperber, Zur Analyse der Tyrannis.
88 Vgl. Sperber, Alfred Adler oder Das Elend der Psychologie, S. 21 f. (Hervorhebungen im Original).

ber referiert dabei auf »zwei fundamentale Bezugssysteme«, die »[u]nlöslich« miteinander verflochten seien: eines, aus dem heraus »sich die Beziehung des Menschen zu sich selbst regelt« sowie ein zweites, das »die Beziehungen des einzelnen zu seiner Umwelt bestimmt«. Sobald ein Mensch »sich selbst [...] zum *anderen*« werde, drohe »er sich selbst abhanden« zu kommen, und dabei gehe »ihm auch die Welt verloren«. Daraus, dass beide »Bezugssysteme« miteinander »[v]erflochten« seien, ergebe sich zunächst ein »Gefühl der Geborgenheit« im Sinne eines »Beruhen[s] in einer integrierten Identität«. Diese sei jedoch »immer in Gefahr«. Früher oder später gehe sie zwangsläufig verloren, und dieser »furchtbare, unwiederbringliche Verlust« hinterlasse die oder den Betroffene/n verändert. Er oder sie »blickt die Welt fortab anders an«.[89]

Auf diese Weise beginne ein »*Zersetzungsprozeß*«, der auch für »die Psychologie« insgesamt kennzeichnend sei, denn dort gehe es darum, tatsächliche oder scheinbare »Fundamente« zu »untergraben«. Der hochproblematische, weil von NS-Terminologie und älterer antisemitischer Phraseologie kontaminierte Zersetzungsbegriff wird von Sperber durchaus affirmativ verwendet, um Potenziale dessen auszuleuchten, was er als »deutende Psychologie« bezeichnet. Schließlich komme das »Wort der eigentlichen Bedeutung von ›Analyse‹ sehr nahe«.[90] Das griechische Nomen anàlysis lässt sich übersetzen mit »Auflösung« oder »Zergliederung«, aber auch »Tod« sowie »Befreiung«.[91] Zugleich ist darauf hinzuweisen, dass es nicht nationalsozialistische Ideologen waren, die den Begriff erfunden oder ihn von vornherein auf spezifische Weise gebraucht haben. Das Wort »Zersetzung« begegnet im Deutschen zunächst wohl im 16. Jahrhundert, konkret im Zusammenhang mit dem Berg- und Gartenbau sowie der Beschreibung chemischer Vorgänge. Seit dem 18. Jahrhundert fand es Eingang in eine poetische Sprache (namentlich etwa bei Jean Paul), es wurde auch im militärischen Bereich zur Bezeichnung von Beeinträchtigungen des »[G]eist[s] der [T]ruppe« verwendet, die, etwa bei Treitschke, dem »[M]angel« und der »[N]ot« geschuldet seien.[92] Die Erwähnung von Treitschke sowie Paul von

89 Vgl. Sperber, Alfred Adler oder Das Elend der Psychologie, S. 22 f. (Hervorhebung im Original.)

90 Vgl. Sperber, Alfred Adler oder Das Elend der Psychologie, S. 23.

91 Dudenredaktion (Hg.): Duden. Deutsches Universalwörterbuch. 5., überarbeitete Aufl. Mannheim et al.: Duden 2003, S. 126; Gemoll, Wilhelm: Griechisch-deutsches Schulwörterbuch. Durchges. u. erw. v. Karl Vretska. Mit einer Einführung in die Sprachwissenschaft von Heinz Kronasser. Nachdruck der 9. Aufl. Wien/München: Hölder-Pichler-Tempsky/Oldenbourg 1997, S. 56.

92 Vgl. Grimm, Jacob u. Wilhelm: Deutsches Wörterbuch. Fünfzehnter Band, Z–Zmasche, bearbeitet v. Moritz Heyne, Henry Seedorf u. Hermann Teuchert. Leipzig: Hirzel 1956. Nachdruck: München: Deutscher Taschenbuch Verlag 1984 (Fotomechanischer Nachdruck der Erstausgabe, Bd. 31), Sp. 769.

Hindenburg im militärischen Kontext, den das Grimm'sche Wörterbuch gibt, weist bereits auf eine seit dem 19. Jahrhundert an Relevanz gewinnende politisch-moralische Bedeutungsverschiebung hin.[93] Bei Hindenburg ist explizit von »[Z]ersetzung« die Rede, »die unsern ganzen [V]olkskörper verderben sollte«.[94] So wurde denn »Zersetzung« mehr und mehr zur Diffamierung Andersdenkender gebraucht. Allerdings fand das Wort etwa auch bei Karl Marx Verwendung, um die von ihm angeprangerten sozialen Auswirkungen des »kapitalistische[n] Privateigentum[s]« zu umschreiben.[95] Möglicherweise »prototypisch für den Sprachgebrauch des modernen rassistischen [...] Antisemitismus« erscheint eine Formulierung Richard Wagners.[96] Jedenfalls sei »der Ausdruck *zersetzend*« im Lauf der zweiten Hälfte des 19. Jahrhunderts »zum qualifizierenden, schon bald rassistisch definierten, Schlagwort gegen die Juden schlechthin« geworden.[97] Die Nationalsozialisten übernahmen diese Wortbedeutung im Lauf der 1920er-Jahre wie viele andere, die darüber klagten, »Gesellschaft«, »Moral« und »Kultur« würden seit Ende des Ersten Weltkriegs Zerfallserscheinungen zeigen. Allerdings brachten sie die Wendungen »Zersetzung« und »zersetzend« mit den »Protokollen der Weisen von Zion« in Zusammenhang, einem verschwörungstheoretischen Machwerk, das in Kreisen des zaristischen Geheimdienstes fabriziert worden sein dürfte, von den Nationalsozialisten als authentische Äußerung führender jüdischer Persön-

---

93 Vgl. Grimm, Deutsches Wörterbuch, Fünfzehnter Band, Sp. 769, mit Verweisen auf Treitschke, Heinrich: Deutsche Geschichte im neunzehnten Jahrhundert, Bd. 5. Leipzig: Hirzel 1894, S. 241; Hindenburg, Paul v.: Aus meinem Leben. Leipzig: Hirzel 1920, S. 280.

94 Vgl. Hindenburg, Aus meinem Leben, S. 338.

95 Vgl. Schmitz-Berning, Cornelia: Vokabular des Nationalsozialismus. Berlin/New York: de Gruyter 2000, S. 698–701. Zu den (loc. cit. auf S. 701) erwähnten Ausführungen Marx' vgl. Marx, Karl: Das Kapital, Bd. 1, Abschnitt VII, Kap. 24. In: Marx, Karl/Engels, Friedrich: Werke, Bd. 23. Hg. v. Institut für Marxismus-Leninismus Berlin. 4. Aufl. Berlin: Dietz 1969, S. 790.

96 Vgl. Schmitz-Berning, Vokabular des Nationalsozialismus, S. 701. Sie bezieht sich dabei auf einen Brief Wagners aus dem Jahr 1869: »Denn über eines bin ich mir klar: so wie der Einfluß, welchen die Juden auf unser geistiges Leben gewonnen haben, und wie er sich in der Ablenkung und Fälschung unserer höchsten Kulturtendenzen kundgibt, nicht ein bloßer, etwa nur physiologischer Zufall ist, so muß er auch als unleugbar und entscheidend anerkannt werden. Ob der Verfall unserer Kultur durch eine gewaltsame Auswerfung des zersetzenden fremden Elementes aufgehalten werden könne, vermag ich nicht zu beurteilen, weil hierzu Kräfte gehören müßten, deren Vorhandensein mir unbekannt ist.« (Wagner, Richard: Aufklärungen über das Judentum in der Musik. An Frau Marie Muschanoff geb. Gräfin Nesselrode [Neujahr 1869]. In: Wessling, Berndt W. [Hg]: Bayreuth im Dritten Reich. Eine Dokumentation. Weinheim/Basel: Beltz 1983, S. 56.)

97 Vgl. Schmitz-Berning, Vokabular des Nationalsozialismus, S. 701.

lichkeiten betrachtet oder zumindest dargestellt wurde.[98] Hitler sprach explizit »von der Zersetzung ›Deutschlands‹ […], ›unseres Volkskörpers‹ […], ›unseres Blutes‹ […]«, die von jüdischer Seite willentlich herbeigeführt werde.[99]

Dass Sperber diese Begriffsverwendung nicht bekannt gewesen sein sollte, ist schwer vorstellbar. Er thematisiert sie allerdings nicht weiter und begnügt sich mit einer wörtlichen Verwendung des Begriffs, von dem er lediglich anmerkt, dass er »[a]lle[n] wirklichen Psychologen« in verurteilender Absicht zugeschrieben wurde, ehe er ihn ins Positive zu wenden scheint. »[I]m Bereich des Bewußtseins und der Bewußtmachung« könne nämlich »kein Schritt vorwärts getan werden […], ohne daß etwas zersetzt werde«.[100] Insofern scheint die Vermutung nicht abwegig, dass Sperber den Begriff hier als Geusenwort gebraucht, um eine abfällige Bezeichnung, von der er sich selbst in mehrfacher Hinsicht tangiert gefühlt haben könnte, in ihr Gegenteil zu verkehren.[101]

Sperber attestiert der *deutenden Psychologie* in affirmativer Weise eine Reihe von Formen der »Zersetzung«. Zunächst löse sie »das festgefügte Sein, als das sich die Menschen in ihren stabilen Beziehungen und Institutionen darstellen, in ein Werden auf«. Weiters gingen ihre Vertreterinnen und Vertreter davon aus, »daß [,] was sich« ihnen »als Wirklichkeit anbietet, nicht notwendig« sei

98 Vgl. Schmitz-Berning, Vokabular des Nationalsozialismus, S. 702 f. Zu den »Protokollen der Weisen von Zion« vgl. z. B. Benz, Wolfgang: Die Protokolle der Weisen von Zion. Die Legende von der jüdischen Weltverschwörung. 3. Aufl. München: Beck 2017; Ginzburg, Carlo: Vergegenwärtigung des Feindes. Zur Mehrdeutigkeit historischer Evidenz. Aus dem Englischen übers. v. Dirk Naguschewski. In: Trajekte 16 (2008), S. 7–17 (auch abgedruckt in: Horn, Eva/Hagemeister, Michael [Hg.]: Die Fiktion der jüdischen Weltverschwörung. Zu Text und Kontext der »Protokolle der Weisen von Zion«. Göttingen: Wallstein 2012, S. 80–96); Hagemeister, Michael: Sergej Nilus und die »Protokolle der Weisen von Zion«. In: Jahrbuch für Antisemitismusforschung, Bd. 5. Frankfurt am Main: New York 1996, S. 127–147; Horn, Eva: Das Gespenst der Arkana. Verschwörungsfiktion und Textstruktur der »Protokolle der Weisen von Zion«. In: Horn, Eva/Hagemeister, Michael (Hg.): Die Fiktion der jüdischen Weltverschwörung. Zu Text und Kontext der »Protokolle der Weisen von Zion«. Göttingen: Wallstein 2012, S. 1–25; Kasper-Marienberg, Verena: Die »Protokolle der Weisen von Zion« als klassische Utopie? Eine rhetorische Textanalyse. In: Horn, Eva/Hagemeister, Michael (Hg.): Die Fiktion der jüdischen Weltverschwörung. Zu Text und Kontext der »Protokolle der Weisen von Zion«. Göttingen: Wallstein 2012, S. 26–50; Pfahl-Traughber, Armin: Die Protokolle der Weisen von Zion. Der Nachweis der Fälschung und die tatsächliche Entstehungsgeschichte. In: Judaica, Jg. 46 (1990), S. 22–31. Zu ihrer Applikation im Nationalsozialismus vgl. Theisohn, Philipp: Das Plagiat im Denkraum des Faschismus. In: Horn, Eva/Hagemeister, Michael (Hg.): Die Fiktion der jüdischen Weltverschwörung. Zu Text und Kontext der »Protokolle der Weisen von Zion«. Göttingen: Wallstein 2012, S. 190–207, insbes. S. 194 ff.

99 Vgl. Schmitz-Berning, Vokabular des Nationalsozialismus, S. 703.

100 Vgl. Sperber, Alfred Adler oder Das Elend der Psychologie, S. 23.

101 Vgl. dazu allgemein z. B. Jagose, Annamarie: Queer Theory. Eine Einführung. Berlin: Querverlag 2001, S. 95.

»und nicht im einfachen Sinn des Wortes wirklich sein« müsse.[102] Außerdem habe »[d]ie moderne Psychologie [...] Kinderzimmer und Schlafzimmer gelüftet und die mehr verdunkelnde als erhellende farbige Beleuchtung aus ihnen verbannt«. Als Folge dieser Entlüftung sei nicht zuletzt die Auffassung von der »Kindheit« als »glücklichste[r] Phase des Menschenlebens«, der ehedem der Rang einer »unumstößliche[n] Wahrheit« zugesprochen worden war, massiv erschüttert worden. Erst danach sei es möglich geworden, einer »kitschig idealisierte[n], der Wirklichkeit idyllisch entfremdete[n] Vorstellung von den wichtigsten Geschehnissen, die Kindheit und Jugend begleiten«, entgegenzutreten.[103] Bedenkt man dabei, dass in diesem Rahmen »das Verhältnis zwischen Kindern und ihren Erzeugern und Erziehern« als »unproblematisch« zu gelten hatte, »weil von vornherein und ein für allemal durch kindliche und elterliche Liebe bedingt«, so wird deutlich, dass die psychologische *Zergliederung* dieser Auffassungen nicht nur erkenntnisfördernd, sondern auch emanzipatorisch wirken musste.[104] Immerhin war es Margarete Hilferding gewesen, die in Freuds *Mittwoch-Gesellschaft* die Idee eines angeborenen, als »Mutterliebe« bezeichneten Gefühls kritisch hinterfragt und zurückgewiesen hatte, dafür allerdings von der versammelten Herrenrunde heftig kritisiert wurde. Gemeinsam mit Adler verließ sie den Zirkel Freuds im Jahr 1911.[105]

Da die *deutende Psychologie* »Taten in Zusammenhang mit einem Täter« stelle, habe sie zudem »Grundsätze« entwertet, »an denen scheinbar nicht zu rütteln« war. Konkret bedeute dies eine Infragestellung »totalisierende[r] Eigenschaftswörter« wie »Gut und Böse«, denen vormals eine »unüberbietbare Bedeutung« beigemessen worden war. Inzwischen »büß[t]en« diese allerdings

102 Vgl. Sperber, Alfred Adler oder Das Elend der Psychologie, S. 24 f.

103 Vgl. Sperber, Alfred Adler oder Das Elend der Psychologie, S. 25.

104 Zu den zitierten Passagen vgl. Sperber, Alfred Adler oder Das Elend der Psychologie, S. 25.

105 Vgl. Hilferding, Margarete: Zur Grundlage der Mutterliebe [Vortrag v. 11. Januar 1911]. In: Nunberg, Herman/Federn, Ernst (Hg.): Protokolle der Wiener Psychoanalytischen Vereinigung, Bd. III, 1910–1911. Frankfurt am Main: S. Fischer 1979, S. 113–116; zur Diskussion dazu vgl. ibid., S. 116–124. Zu ähnlichen Positionen wie jenen Hilferdings vgl. z. B. auch Klein, Melanie: Die Bedeutung früher Angstsituationen für die Ich-Entwicklung. In: Klein, Melanie: Die Psychoanalyse des Kindes (1932). In: Klein, Melanie: Gesammelte Schriften, Bd. 2. Stuttgart/Bad Cannstatt: fromann-holzboog 1997, S. 227–247, insbes. S. 230 ff.; Klein, Melanie: Die Auswirkungen früher Angstsituationen auf die weibliche Sexualentwicklung. In: Klein, Melanie: Die Psychoanalyse des Kindes (1932). In: Klein, Melanie: Gesammelte Schriften, Bd. 2. Stuttgart/Bad Cannstatt: fromann-holzboog 1997, S. 248–302, insbes. S. 280 ff.; Beauvoir, Simone de: Das andere Geschlecht. Sitte und Sexus der Frau. Neuübersetzung. Aus dem Französischen v. Uli Aumüller u. Grete Osterwald. Reinbek bei Hamburg: Rowohlt 1992, insbes. S. 87 ff., 612 ff.; Badinter, Elisabeth: Die Mutterliebe. Geschichte eines Gefühls vom 17. Jahrhundert bis heute. Aus dem Französischen v. Friedrich Griese. Neuausgabe 1991. 4. Aufl. München: Piper 1991, insbes. 13 ff., 61 ff., 189 ff.

»immer mehr ihren Aussagewert ein«, und es setze sich die Einsicht durch, dass »[d]er Mensch [...] nicht die Tat« sei.[106]

Außerdem gehe,

> »[w]er« immer »darauf abzielt, den Menschen in all seinen Äußerungen, Gebärden, Taten und Träumen deutend zu verstehen, [...] von der Voraussetzung aus, daß jeder mit sich zwar vertraut ist, sich selber aber teilweise unbekannt bleiben kann«.[107]

Dies schließt nicht weniger als die Einsicht in die Vorläufigkeit und den suchenden Charakter aller psychologischen Deutung mit ein. Aus den angesprochenen Überlegungen insgesamt ergibt sich für Sperber vor allem, dass die »Psychologie« eine »zersetzende Disziplin« darstelle, »die« überdies »nur zu einem Teil Wissenschaft« sei, »zu einem anderen Philosophie und überdies, vielleicht vor allem, eine schwer definierbare Kunst«.[108]

2.2 Adler und Freud

In Bezug auf Adler selbst schildert Sperber dessen Weg zum Psychotherapeuten, hebt dabei hervor, was Adler von Freud unterschied, würdigt aber auch Freud. Einen Schlüssel für dessen Verhalten gegenüber Adler meint Sperber in Freuds Darlegung zu finden, dass er seit jeher entweder einen intimen Freund oder einen gehassten Feind, möglichst sogar in einer Person, benötigt habe. Dazu eignete sich nach Sperbers Meinung Adler am besten, da dieser selbst in Konkurrenz zu seinem älteren Bruder gestanden hatte.[109] Sperber zitiert dazu aus der Traumdeutung:

> »Ein intimer Freund und ein gehaßter Feind waren mir immer notwendige Erfordernisse meines Gefühlslebens; ich wußte beide mir immer von neuem zu verschaffen, und nicht selten stellte sich das Kindheitsideal soweit her, daß Freund und Feind in dieselbe Person zusammenfielen.«[110]

---

106 Vgl. Sperber, Alfred Adler oder Das Elend der Psychologie, S. 26 f.

107 Vgl. Sperber, Alfred Adler oder Das Elend der Psychologie, S. 27.

108 Vgl. Sperber, Alfred Adler oder Das Elend der Psychologie, S. 28.

109 Vgl. Sperber, Alfred Adler oder Das Elend der Psychologie, S. 46, 57.

110 Vgl. Freud, Die Traumdeutung, S. 465. Zit. bei Sperber, Alfred Adler oder Das Elend der Psychologie, S. 46. Nicht nur Hinweise auf Sigmund Freuds Beziehungen zu Julius und John Freud, sondern auch auf jene zu Joseph Breuer und Wilhelm Fließ wurden und werden die-

Sperber verweist in diesem Zusammenhang auf entsprechende Beziehungen Freuds »zu seinem um ein Jahr älteren Neffen und zu seinem jüngeren Bruder«.[111] Auf besagten Neffen namens John kommt Freud auch in der »Traumdeutung« zu sprechen:

> »Mein Neffe John hat […] sehr viele Inkarnationen gefunden, bald diese, bald jene Seite seines in meiner unbewußten Erinnerung unauslöschlich fixierten Wesens wiederbelebt. Er muß mich zeitweilig sehr schlecht behandelt haben, und ich muß Mut bewiesen haben gegen meinen Tyrannen […].«[112]

In einem Brief an Wilhelm Fließ nennt er John aber auch den »Genossen« eigener »Untaten«, namentlich Schikanen, denen die beiden Johns Schwester Pauline aussetzten.[113] John war offenbar ein Gefährte im Rahmen von Verhaltensweisen, die Freud später »als sexuell besetzte Versionen eines kindlichen Sadismus« diagnostizieren sollte.[114] Beide, John und sein »jüngere[r] Bruder«, würden, so Freud, »nun das Neurotische, aber auch das Intensive an allen meinen Freundschaften […] bestimmen«.[115] Mit dem Bruder ist offenbar Julius Freud gemeint, der im April 1858 wenige Monate nach seiner Geburt starb.[116] Sigmund Freud habe ihn »mit bösen Wünschen und echter Kindereifersucht begrüßt«, und so sei »von seinem Tod der Keim zu Vorwürfen in« ihm »geblieben«.[117] Sperber wandte diese Überlegungen auf die Beziehung zwischen Freud und Adler an. Der Altersunterschied von vierzehn Jahren zwischen Adler und Freud habe dem Aufbau einer Vater-Sohn-ähnlichen Beziehung entgegengestanden, keineswegs jedoch einer Konstellation, in der Adler die Rolle eines jüngeren Bruders einnehmen habe können. Im Horizont des »Freudschen Bezugssystems« sei dies dann aber zugleich jene des »intimen Freund[es] und […] gegnerischen Rivalen« gewesen.[118]

---

ser Passage zu entnehmen gesucht; vgl. z. B. Geisenhanslüdke, Armin: Das Schibboleth der Psychoanalyse. Freuds Passagen der Schrift. Bielefeld: transcript 2008, S. 17.

111 Vgl. Sperber, Alfred Adler oder Das Elend der Psychologie, S. 46, unter Verweis auf Freuds Briefwechsel mit Wilhelm Fließ.

112 Freud, Die Traumdeutung, S. 412.

113 Vgl. Freud, Sigmund: Briefe an Wilhelm Fließ. Hg. v. Jeffrey Moussaieff Mason. Ungekürzte Ausgabe. Frankfurt am Main: S. Fischer 1986, S. 289 sowie ibid., FN 4.

114 Vgl. Alt, Sigmund Freud, S. 29.

115 Vgl. Freud, Briefe an Wilhelm Fließ, S. 289.

116 Vgl. Alt, Sigmund Freud, S. 26.

117 Vgl. Freud, Briefe an Wilhelm Fließ, S. 288 f.

118 Vgl. Sperber, Alfred Adler oder Das Elend der Psychologie, S. 57.

Sperber glaubt außerdem im unterschiedlichen Umgang mit dem Judentum Wesensmerkmale der beiden Gründerfiguren[119] ausmachen zu können. Freud blieb, obgleich Atheist, »bewußter Jude«, während Adler zum Protestantismus konvertierte.[120] Auch Sperber selbst, ebenfalls ungläubig, scheint mit Adlers Entschluss, sich taufen zu lassen, gehadert zu haben. Als er »durch Zufall von« Adlers »Taufe gehört« habe, sei dies »eine tief enttäuschende Nachricht« gewesen. »[I]ch mochte nicht an sie denken und habe sie nie zur Sprache gebracht.« Sperber »neigte dazu, jene zu verachten, die aus Opportunismus Christen geworden waren«.[121] Hier mag sich eine chassidischer Sozialisation verdankte Grundhaltung ausgewirkt haben. Im »Städtel«, schreibt Sperber in »Die Wasserträger Gottes«, habe man zwar häufig Heine »erwähnt, mit Stolz, doch zumeist mit schmerzlichem Hohn. Er war ein Täufling, das verzieh man ihm nicht [...].«[122] Allerdings ging es aus Sperbers Sicht wohl durchaus um mehr. Im Zuge der »allgemeine[n] bürgerliche[n] Emanzipation« hätten sich »[d]ie Juden«, so Sperber an anderer Stelle, »mit seltenen Ausnahmen Städter [...], weit schneller« säkularisiert »als ihre christlichen Nachbarn«. Sie hätten geglaubt, »sich ungehindert der Umwelt integrieren zu können«, denn »die Verschiedenheit des Glaubens [...] sollte [...] fortab keine Schranke mehr zwischen ihnen und den Christen bilden«.[123] Dies habe, so Sperber, der sich selbst als »ungläubige[n] Jude[n]« bezeichnet,[124] fatale Folgen gezeitigt.

---

119 »Caesar schlug die Gallier. / Hatte er nicht wenigstens einen Koch bei sich?«, so Bertolt Brecht in den »Fragen eines lesenden Arbeiters« (vgl. Brecht, Bertolt: Svendborger Gedichte. In: Brecht, Bertolt: Gedichte 1934–1941. Frankfurt am Main: Suhrkamp 1961 [Brecht, Bertolt: Gedichte IV], S. 45). Nicht nur im Bereich der Psychoanalyse sind die üblichen Verweise auf Gründerfiguren hochproblematisch, weil sie meist mit verkürzenden Betrachtungsweisen, wenn nicht mit bewusster Mythenbildung zu tun haben. Vgl. z. B. Stephan, Inge: Die Gründerinnen der Psychoanalyse. Eine Entmythologisierung Sigmund Freuds in zwölf Frauenporträts. Stuttgart: Kreuz Verlag 1992; Kenner, Clara: Der zerrissene Himmel. Emigration und Exil der Wiener Individualpsychologie. Göttingen: Vandenhoeck & Ruprecht 2007, insbes. S. 13–56, aber auch die biografischen Darstellungen ab S. 57; Siems, Martina: Sofie Lazarsfeld. Die Wiederentdeckung einer individualpsychologischen Pionierin. Göttingen: V & R unipress 2015, insbes. S. 57 ff., 77 ff., 81–118, 130 ff.

120 Vgl. Sperber, Alfred Adler oder Das Elend der Psychologie, S. 45–49. Zu Freuds Atheismus vgl. z. B. Gay, Peter: »Ein gottloser Jude«. Sigmund Freuds Atheismus und die Entwicklung der Psychoanalyse. Frankfurt am Main: Fischer-Taschenbuch-Verlag 1999; Alt, Sigmund Freud, insbes. S. 55 ff., 694 ff.

121 Vgl. Sperber, Alfred Adler oder Das Elend der Psychologie, S. 50.

122 Vgl. Sperber, Die Wasserträger Gottes, S. 31.

123 Vgl. Sperber, Manès: Mein Judesein. In: Sperber, Churban oder die unfaßbare Gewißheit, S. 52.

124 Vgl. Sperber, Mein Judesein, S. 57.

> »Der Nazismus überraschte das Judentum in einem Zustande, in dem es nicht mehr willens und keineswegs darauf vorbereitet war, für Gott zu sterben. So geschah's auf christlicher Erde zum ersten Male, daß man sich rüstete, Juden in Massen zu töten – ohne Berufung auf den Gekreuzigten.«[125]

Als selbstwidersprüchlich betrachtete Sperber diese Überlegungen nicht. Denn ungeachtet seines religiösen Unglaubens habe er »nie die geringste Neigung empfunden, [s]ein Judesein zu verleugnen oder [s]ich ihm zu entfremden«. Er sei deshalb »ein Jude, weil« er »in« seiner »Kindheit von einer alles umfassenden, alles durchdringenden jüdischen Erziehung geformt worden« sei. »Man« habe ihn »aufs eindringlichste über die von der biblischen Ethik angeordneten Lebensregeln« belehrt, »deren gebieterischste für« ihn »unabänderlich geblieben« sei. Sie fordere dazu auf, »den Einklang von Glauben und Tun, von Theorie und Praxis zu erlangen und in diesem Sinne zu leben«. Zwar könne er nicht behaupten, »dieses Gebot stets befolgt« zu haben, doch hätte er »nie aufgehört, an jenen Lebensregeln zu ermessen, ob« er »jeweils [s]einem Leben einen Sinn« gegeben habe »oder in Gefahr« geraten sei, »es sinnwidrig zu vergeuden«.[126]

Vor dem Hintergrund dieser Überzeugungen muten die Bemühungen von »Assimilanten« wie Heine oder Marx, »alle Bande mit der Vergangenheit sofort und unwiderruflich zu lösen« und sich »taufen« zu lassen, sowohl aus persönlicher Perspektive als auch in Hinblick auf das Judentum selbst in hohem Maße problematisch an.[127] Dies umso mehr, als dabei eine Identifizierung von taufwilligen Jüdinnen und Juden mit ihren »Verächtern« Ausdruck finde, basierend auf »einem das seelische Gleichgewicht erschütternden Unsicherheitsgefühl«. »Aus Angst, unterworfen zu werden, unterwerfen sie sich im voraus [...]. Sie verpfänden dem Feind ihre Ehre und untergraben den eigenen Daseinsgrund.« Ihm selbst, so Sperber, seien derlei Haltungen fremd geblieben, sein »Selbstwertgefühl durch die antisemitische Entwertungs- und Erniedrigungstendenz keineswegs betroffen« worden. »Juden [s]einer Art [...] durchschau[t]en« vielmehr »die Motive der Verächter und verachte[te]n sie«.[128] Sperber, der hier unter Verweis auf

---

125 Vgl. Sperber, Manès: Churban oder die unfaßbare Gewißheit. In: Sperber, Churban oder die unfaßbare Gewißheit, S. 66.

126 Vgl. Sperber, Mein Judesein, S. 57.

127 Vgl. Sperber, Mein Judesein, S. 52.

128 Vgl. Sperber, Mein Judesein, S. 54f. Vgl. in diesem Zusammenhang auch Hannah Arendts Ausführungen zu jüdischer Identität in ihrem Essay »We Refugees«, einem Aufsatz aus dem Jahr 1943. Sie schildert darin am Beispiel eines fiktiven »Mr. Cohn« aus Berlin, der zunächst ein »deutscher Superpatriot« gewesen sei, dann, 1933, als Flüchtling nach Prag gekommen sei und sich dort rasch zum »tschechischen Patrioten« entwickelt habe, ehe er nach Paris gekommen sei und dort eine »reguläre Aufenthaltsbewilligung« bekommen und angefangen

die »Entwertungs- und Erniedrigungstendenz« explizit individualpsychologisches Vokabular verwendet, scheut davor zurück, Alfred Adler in die Reihen derer einzugemeinden, die sich aus fragwürdigen Motiven zu einer christlichen Konfession angeschlossen haben. Vielmehr konstatiert Sperber, dass Adler kein Opportunist gewesen sei.[129] Dennoch könne er auch nicht aus Überzeugung zum Christentum konvertiert sein, denn »Adler war entschieden ungläubig, entschieden glaubenslos«, »unangefochten der radikalste Atheist [...], dem« Sperber »je begegnet« wäre. Dies deutlich zu bekunden, hätte »[e]in Austritt aus der jüdischen Gemeinde genügt«. Dass sich Adler habe taufen lassen, könne nur »eine Flucht vor dem Judentum« dargestellt haben.[130] Anders als Freud, dessen Vater noch stark von chassidischer Religiosität durchdrungen gewesen sei, stünde bei Adler von vornherein zu vermuten, dass »ein sozusagen fahles, weil inhaltsschwaches Judentum vorgeherrscht« habe. Adlers Familie sei »aus dem Burgenland« gekommen, »aus dörflichen Verhältnissen mit geringer jüdischer Substanz«. Das Judentum hätte für Adler insofern weniger identitätsstiftend gewirkt als für Freud. Im Gegenteil, Adler habe stets betont, dass er während seiner Jugend in Wien den größten Teil seiner »Freizeit ›auf der Gassn‹« verbracht habe. Dort sei er gewissermaßen sozialisiert worden und dort habe sich sein »*Wir-Bewußtsein* entwickelt«. Adler hätte »sich selbst als ein Mitglied der Gemeinschaft« wahrgenommen, »die ihm als die [...] natürliche erscheinen mußte«. In diesem Umfeld seien auch Adlers Vorstellungen von »Gemeinschaft« entstanden, die später ein zentrales Element seiner individualpsychologischen Theoriebildung werden sollte.

> »Auf die Frage, was er in erster Reihe wäre, hätte Adler seit seiner Kindheit aufrichtig antworten können: ein Wiener. Ein Wiener, nicht unbedingt ein Österreicher, und ganz gewiß nicht ein Jude.«[131]

---

habe, »sich an die französische Nation anzupassen«. Siehe Arendt, Hannah: We Refugees (January 1943). In: Arendt, Hannah: The Jew as Pariah: Jewish Identity and Politics in the Modern Age. Ed. and with an introduction by Ron H. Feldman. New York: Grove Press 1978, pp. 55–66 (hier: pp. 62 seq.). Arendt plädiert demgegenüber für eine jüdische Identitätsfindung und stellt dazu Bezüge zu Bernard Lazars Begriff »bewusster Parias« (»conscious pariahs«) her, das sie, auch unter Bezug auf Heinrich Heine und Franz Kafka, dem Konzept des »Parvenus« entgegensetzt. Vgl. Arendt, We Refugees, p. 65; Arendt, Hannah: The Jew as Pariah: A Hidden Tradition (April 1944). In: Arendt, Hannah: The Jew as Pariah: Jewish Identity and Politics in the Modern Age. Ed. and with an introduction by Ron H. Feldman. New York: Grove Press 1978, pp. 67–90. Ich komme auf diese Thematik in Kapitel B nochmals zurück.

129 Vgl. Sperber, Alfred Adler oder Das Elend der Psychologie, S. 50.

130 Vgl. Sperber, Alfred Adler oder Das Elend der Psychologie, S. 49.

131 Vgl. Sperber, Alfred Adler oder Das Elend der Psychologie, S. 48–50 (Hervorhebung im Original).

Vor diesem Hintergrund sei es aus Adlers Sicht in »Wien, der Hauptstadt der Judenfeindschaft«, »sinnlos« gewesen, »daß er und seine Nachkommenschaft um einer Religion willen leiden sollten, an die ihn selbst nichts band und deren Gebote er nie befolgte«. Seinem »Wir-Gefühl« zufolge habe er, wenn auch »nicht notwendig der gleichen Kirche, so doch jedenfalls standesamtlich der gleichen Religion angehören« müssen »wie die [...] erdrückende Majorität der Wiener«. Aus Freuds Sicht wiederum sei es unter diesen Umständen schwierig »gewesen [...], diesem Mitarbeiter volles Vertrauen zu schenken«.[132] Damit wies Sperber noch auf eine Reihe weiterer als signifikant bewertbarer Unterschiede zwischen Freud und Adler hin. Freud war Mitglied der jüdischen Loge B'nai Brith, Adler »natürlich« nicht, und auch Freuds »intime[m] Freundeskreis« gehörte Adler nicht an. Zwischen den Familien der beiden bestand kein Kontakt.[133] Adlers Sprache war geprägt durch den »Akzent der Außenbezirke«, was »Freud gewiß nicht mißfallen« hätte, »wenn es sich ihm nicht in der Gestalt eines kleinbürgerlichen ›jüdischen Vorstadtbuben‹ präsentiert haben würde«.[134]

In der Sache habe Freud »eine *Physiologie der Seele*«, Adler hingegen »Erkenntnisse gesucht, die es erlauben sollten, den kranken und den gesunden Menschen als eine psychophysische Einheit und zugleich als ein *Ensemble gesellschaftlicher Verhältnisse* zu erforschen«.[135] Wollte Freud seelische »Mechanismen« offenlegen, sei es Adler um *»Modelle«* gegangen, »Verhaltensmodelle«, die Gegenstand »analysierend[er]« Beschreibung werden konnten. Adler habe statt von »Verhaltensmodelle[n]« allerdings »von *»Leitmotiven* gesprochen«. Sie »bestimmten« aus Adlers Sicht »das eigentliche, individuelle Modell«, »den *individuellen Lebensstil*«.[136] Adler habe, und dies schätzte Sperber, als er ihn kennenlernte, in hohem Maße,

> »auf alle, die mit ihm zu tun hatten [...], so ermutigend« gewirkt, »daß jeder selbst nach einem ganz kurzen Gespräch mit ihm gleichsam einen neuen Glauben an sich selbst davontrug [...]. Man dachte, wußte auf einmal, daß man von sich selbst ungleich mehr fordern, mehr ›aus sich herausholen‹ könnte, als man es je zuvor für möglich gehalten hätte.«[137]

132 Vgl. Sperber, Alfred Adler oder Das Elend der Psychologie, S. 51.
133 Vgl. Sperber, Alfred Adler oder Das Elend der Psychologie, S. 53.
134 Vgl. Sperber, Alfred Adler oder Das Elend der Psychologie, S. 51.
135 Vgl. Sperber, Alfred Adler oder Das Elend der Psychologie, S. 40 (Hervorhebungen im Original).
136 Vgl. Sperber, Alfred Adler oder Das Elend der Psychologie, S. 56 (Hervorhebungen im Original).
137 Vgl. Sperber, Alfred Adler oder Das Elend der Psychologie, S. 14. Vgl. auch Sperber, Warnung, S. 329 f.

Sperber setzte sich noch um 1970 intensiv mit einer ganzen Reihe zentraler individualpsychologischer Konzepte auseinander, wie das in »Alfred Adler oder Das Elend der Psychologie« deutlich erkennbar ist, etwa mit dem *Minderwertigkeitsgefühl*, dem *Gemeinschaftsgefühl*, dem *Lebensstil*, dem *Lebensplan* oder diversen *Arrangements*, die Menschen treffen. Sperbers Verhältnis zur Individualpsychologie allgemein und zu Alfred Adler im Besonderen blieb komplex und spezifisch. Es unterlag Wandlungen, blieb aber gleichwohl lebenslang für Sperber bedeutsam – hinreichend wichtig, um in seinem siebten Lebensjahrzehnt noch eine ausführliche Monografie zu dem Themenfeld zu veröffentlichen.

Bereits sein allererstes Buch galt Alfred Adler und der Individualpsychologie: »Alfred Adler, der Mensch und seine Lehre«, veröffentlicht 1926. Sperber war damals gerade einmal 21 Jahre alt, und der Text sprüht förmlich vor Begeisterung für den wenige Jahre zuvor entdeckten Lehrmeister.[138] »Nach wenigen Minuten«, heißt es dort etwa, »weiß Adler gewöhnlich alles. Er weiß, wozu der Patient zu ihm gekommen ist, wozu er krank ist, was er mit seiner Krankheit erreichen will und welcher Kunstgriffe er sich gewöhnlich bedient.«[139] Formulierungen dieser Art sind für Sperbers Adler-Büchlein aus 1926 keineswegs ungewöhnlich. Superlative zur Beschreibung Adlers fehlen nicht: *»Alfred Adler ist das soziale Genie unserer Zeit«*, lautet der Schlusssatz.[140] »Jede Begegnung mit ihm« sei »ein Erlebnis, das den Zweifelnden überzeugt, des Begeisterten Begeisterung steigert und doch keine Heldenfimmeligkeit aufkommen« lasse.[141] Adler habe »[d]ie Individualpsychologie« nicht nur begründet, sie sei »untrennbar« mit ihm verbunden.[142] Dass dies Weggefährtinnen und Weggefährten Adlers missfallen haben könnte, die sich keineswegs als seine Schülerinnen und Schüler, sondern als gleichberechtigte Kolleginnen und Kollegen, ihn selbst bestenfalls als »Primus inter Pares« betrachteten, erwägt Sperber viel später im Rückblick.[143] Doch sei seine Darstellung nicht taktischen Überlegungen oder vom Wunsch geleitet, sich bei Adler beliebt zu machen, sondern aufrichtiger Bewunderung geschuldet gewesen.[144] Sperbers frühe Monografie zu Adler ist im Übrigen einer gerafften Darstellung von Adlers Biografie, seiner Lehre und Arbeitsweise sowie einer Verteidigung gegen Vorwürfe psycho-

138 Vgl. Sperber, Manès: Alfred Adler. Der Mensch und seine Lehre. München: Bergmann 1926; Lévy, Manès Sperber, S. 253.

139 Sperber, Alfred Adler, S. 32 f.

140 Sperber, Alfred Adler, S. 39 (Hervorhebung im Original).

141 Vgl. Sperber, Alfred Adler, S. 7.

142 Vgl. Sperber, Alfred Adler, S. 5.

143 Vgl. Sperber, Die vergebliche Warnung, S. 383.

144 Vgl. Sperber, Die vergebliche Warnung, S. 381. Vgl. dazu auch noch Kapitel B.

analytischer Provenienz gewidmet. Hinsichtlich dieser Kritik gehe es vor allem darum »nachzuweisen, daß *Adler nie ein Schüler Freuds* gewesen« sei.[145] Diese Auffassung vertritt Sperber durchaus auch in »Alfred Adler oder Das Elend der Psychologie«, um darzulegen, weshalb es zum Bruch zwischen Freud und Adler gekommen sei.[146] Geplant oder nicht, für Adler wurde Sperber nicht zuletzt im Gefolge seines Büchleins über ihn und seine Lehre zu einem besonders wichtigen Schüler.[147] Ein zentraler Kritikpunkt Sperbers an Adler bezog sich insbesondere in »Alfred Adler oder Das Elend der Psychologie« darauf, dass der Begründer der Individualpsychologie selbst unbearbeitete Machtphantasien gehabt, despotisch wie Freud über seine Anhängerschaft und vor allem über seine Theorie gewacht, daher wie in einer Sekte misstrauisch Abweichungen registriert und Kritiker als »Abtrünnige« verstoßen habe.[148] Darüber hinaus sah Sperber die neurotisierende Rolle der sozialen und politischen Verhältnisse in der Individualpsychologie unzureichend repräsentiert.[149]

2.3 Despotie und Mystizismus

2.3.1 »Originalitätssucht«

> »Von seltenen Ausnahmen abgesehen, bezeichnete er [Adler] seine Funde mit landläufigen Worten, statt besondere Termini für sie zu erfinden. Auch dies ist einer der Gründe, warum die Originalität seiner Ideen fast nie ins rechte Licht gerückt und warum diese nur teilweise erkannt wurden.«[150]

Sperber übersetzt gewissermaßen neu, präzisiert, erläutert, deutet, ergänzt, klärt über das Verhältnis zwischen Freud und Adler auf. »Originalitätssucht und Prioritätshascherei« hätten den Konflikt der beiden bestimmt, aber auch die frühe Psychoanalyse insgesamt gekennzeichnet. Dies erklärt Sperber nicht zuletzt mit dem Druck, unter dem Freud selbst und »die Intellektuel-

145 Vgl. Sperber, Alfred Adler, S. 15 (Hervorhebungen im Original).

146 Vgl. Sperber, Alfred Adler oder Das Elend der Psychologie, S. 41 ff.

147 Vgl. Sperber, Die vergebliche Warnung, S. 348; vgl. z. B. auch Mayer, Hans: Manès Sperber: Alfred Adler oder Das Elend der Psychologie. In: Neue Rundschau, Jg. 81, Heft 3 (1970), S. 598–602 (insbes. S. 602); Stančić, Manès Sperber, S. 120 ff., 150.

148 Vgl. Sperber, Alfred Adler oder Das Elend der Psychologie, S. 287 ff.; Sperber, Die vergebliche Warnung, S. 330 f., 523 f.

149 Vgl. Sperber, Alfred Adler oder Das Elend der Psychologie, S. 178 ff.

150 Sperber, Alfred Adler oder Das Elend der Psychologie, S. 56 f.

len, die sich um« ihn »scharten«, standen, einerseits gegenüber dem etablierten Wissenschaftsbetrieb, andererseits, weil die meisten von ihnen jüdischer Herkunft waren, was zu doppelter Isoliertheit geführt habe.[151] So hätten die Teilnehmerinnen und Teilnehmer an Freuds Mittwochsgesellschaft die Tendenz erkennen lassen, »referierend oder diskutierend einen Gedanken« vorzubringen, den sie »als Beweis für« eigenen »Scharfsinn und [...] Originalität anerkannt wissen wollte[n]«. Freud habe es selten unterlassen, während der oder nach den Sitzungen »darauf hinzuweisen, daß es sich da eigentlich insofern um nichts Neues handelte, als er selbst das gleiche schon früher festgestellt und nur mit anderen Worten berichtet« hätte. Dabei konstatiert Sperber neben »reiterativen« Verhaltensweisen Freuds im Umgang mit seinen Mitstreiterinnen und Mitstreitern auch die »legitime Sorge«, »die Reinheit seiner Lehre« zu »schützen und jeden Versuch« zu »vereiteln, sie abzuändern«.[152] Zugleich ruft er in Erinnerung, dass »[e]in armer, aus dem Osten stammender junger Jude, der in den achtziger Jahren des [neunzehnten, HHD] Jahrhunderts sein Medizinstudium in Wien beendete«, nicht nur »viele, häufig unsichtbare Hindernisse überwinden«, sondern »etwas Besonderes zustandebringen [...] und daher arbeitsamer, tüchtiger sein« musste »als die anderen und überdies *originell.*«[153]

2.3.2 Diagnostische Waffenarsenale

Zum »Elend der Psychologie« gehöre, dass die Begründer der Tiefenpsychologie ihre neurotischen Fehler in ihre Lehren eingebracht und nicht bearbeitet hätten. Von Freud zitiert Sperber dessen hasserfüllte und abwertende Äußerungen über die *Abtrünnigen,* besonders Adler.[154] Er findet aber auch bei Adler ähnliche Verhaltensweisen, die einen nicht ganz überwundenen Willen zur Macht erkennen ließen.[155] Sperber beschreibt, wie gekränkt Adler es kommentierte, aus Freuds Vereinigung ausgestoßen worden zu sein, und wie misstrauisch er auf *Abtrünnige* in seinen eigenen Reihen achtete. So hätten Freud und Adler (»wie alle Despoten«; Sperber bezeichnet die einzelnen Schulen mit ihren »Führern« auch als »Sekten«) den Gedanken des Abfalls von ihren Meinungen nicht ertragen können.[156] Sperber stellte das Selbstverständnis von Psychoanalytikerinnen und

151 Vgl. Sperber, Alfred Adler oder Das Elend der Psychologie, S. 57 f., 46 f.
152 Vgl. Sperber, Alfred Adler oder Das Elend der Psychologie, S. 58 f., 46.
153 Vgl. Sperber, Alfred Adler oder Das Elend der Psychologie, S. 44 (Hervorhebung im Original).
154 Vgl. Sperber, Alfred Adler oder Das Elend der Psychologie, S. 294 ff.
155 Vgl. Sperber, Alfred Adler oder Das Elend der Psychologie, S. 34 ff.
156 Vgl. Sperber, Alfred Adler oder Das Elend der Psychologie, S. 286 ff.

Psychoanalytikern allerdings auch ganz grundsätzlich in Frage. »Deutungen durch den Kranken« würden pauschal als »neurotischer Widerstand« klassifiziert, den es zu überwinden gälte.

> »Doch wie, wenn der Patient eine Behauptung oder eine Deutung seines Therapeuten zurückweist, nicht weil neurotischer Widerstand ihn dazu drängt, sondern ganz einfach, weil sie falsch ist, was er auf Grund seiner besseren Kenntnis des eigenen Lebens genau feststellen kann? Wann hat der Therapeut Unrecht?«[157]

»[U]nbewußten Widerstand« zu konstatieren, sei unter »orthodoxen Psychoanalytiker[n]« auch in Bezug auf Kolleginnen und Kollegen üblich gewesen, »die sich von ihnen trennten oder von ihnen abgelehnt wurden«. Aus diesem *Widerstand* folge »die ›Unfähigkeit zu verstehen‹«, und beides zusammen gründe in einer »seelische[n] Störung, vielleicht gar [...] eine[r] geistige[n] Verwirrung«. »Diagnosen« würden insofern als Waffen, »Geheimwaffen gegen die Heterodoxen«, gebraucht.[158] So sei es auch Adler ergangen, der keineswegs »verhindert« gewesen sei, »die Freudsche Lehre zu erfassen«. Allerdings habe er dem »Kernstück« von Freuds »Neurosenlehre«, dem »Ödipuskomplex« nicht jene Bedeutung beimessen können, die Freud und viele in seinem Umfeld ihm gaben.[159] Freud selbst bezeichnete den Ödipuskomplex bzw. die Überzeugung, dass er »der Kernkomplex der Neurose« sei, als das »Schibboleth, das die Anhänger der Psychoanalyse von ihren Gegnern scheidet«.[160] Die Formulierung verweist auf einen biblischen Text:

> »Gilead besetzte die nach Efraim führenden Übergange über den Jordan. Und wenn efraimitische Flüchtlinge (kamen und) sagten: Ich möchte hinüber!, fragten ihn die Männer aus Gilead: Bist du Efraimiter? Wenn er nein sagte, forderten sie ihn auf: Sag doch einmal ›Schibbolet‹. Sagte er dann ›Sib-

157 Vgl. Sperber, Alfred Adler oder Das Elend der Psychologie, S. 66.

158 Vgl. Sperber, Alfred Adler oder Das Elend der Psychologie, S. 62 f.

159 Vgl. Sperber, Alfred Adler oder Das Elend der Psychologie, S. 61 f.

160 Vgl. Freud, Sigmund: Drei Abhandlungen zur Sexualtheorie (1905) [Zusatz 1920]. In: Freud, Sigmund: Sexualleben. Hg. v. Alexander Mitscherlich u. a. Frankfurt am Main: Fischer 2012 (Sigmund Freud Studienausgabe, Bd. V), S. 129, Anm. 2. Vgl. dazu z. B. auch Haute, Philippe van/Westerink, Herman: Hysterie, Sexualität und Psychiatrie. Eine Relektüre der ersten Ausgabe der Drei Abhandlungen zur Sexualtheorie. In: Freud, Sigmund: Drei Abhandlungen zur Sexualtheorie (1905). Hg. v. Philippe van Haute, Christian Huber u. Herman Westerink. Göttingen: Vienna University Press 2015, S. 55 f.

bolet‹, weil er es nicht aussprechen konnte, ergriffen sie ihn und machten ihn dort an den Furten des Jordan nieder.«[161]

Adler dürfte diese monoperspektivische Auffassung zu reduktionistisch gewesen sein. Nicht nur habe er der zunehmenden Sexualisierung der Libido in der psychoanalytischen Theorie und Praxis[162] mit wachsender Ablehnung gegenübergestanden. Zudem habe Adler »die Familie«, von deren »Schlafzimmergeheimnissen« Freud ausgegangen sei, um in weiterer Folge »dem Zwielicht der Kinderstuben« nachzuspüren, lediglich als »Bestandteil einer umfassenderen Gemeinschaft« betrachtet, eine *»veränderliche Gemeinschaftsform«* zumal.[163] Für Freud habe sich in solchen Überlegungen das schon erwähnte Unverständnis ausgedrückt, im konkreten Fall als Folge einer »sozialistischen Weltanschauung«, die es Adler verunmögliche, »die Psychoanalyse« in angemessener Weise zu »verstehen«.[164]

2.3.3 »Weltlicher Mystizismus«

Diagnosen als »Kampfmethode« zu gebrauchen, erschien Sperber als eine »furchtbare« Angelegenheit, die »mit dem Wesen des *weltlichen Mystizismus* und […] der Besonderheit jedes Sektierertums« in Zusammenhang gesehen werden könne. »Der Mystizismus« verheiße, »das Ungeahnte zu entdecken und den Sinn all dessen zu offenbaren, das sinnlos, wenn nicht gar unsinnig« erscheine. Religionen, die »ihren Gläubigen« stets »imperative Antworten auf die grundlegenden Fragen der Welt, des Lebens, des Menschen« anböten, gelangten im Lauf ihrer Geschichte irgendwann in eine »Phase«, die durch ein »Gefühl tiefer Unbefriedigtheit« der Gläubigen mit den offerierten Antworten gekennzeichnet sei. An dieser Stelle entstehe für »gewöhnlich der Mystizismus«, der »lehrt, daß es in der Tat unentdeckte Geheimnisse gibt, die die wesentlichen Wahrheiten schützen, bergen und verhüllen«.[165]

Der Mystizismus sei auch der säkularen Welt eigen, als »weltlicher Mystizismus« eben, wie er sich etwa im Marxismus finde. So verfüge

161 Richter, 12, 5 f. In: Die Bibel. Altes und Neues Testament (»Einheitsübersetzung«). Freiburg/Basel/Wien: Herder 1980, S. 253.

162 So habe sich »sowohl in der psychoanalytischen Praxis […] als auch in allen theoretischen Darstellungen die Sexualität […] sozusagen der Libido bemächtigt, bis diese auf jene reduziert« worden sei (vgl. Sperber, Das Alfred Adler oder Das Elend der Psychologie, S. 61).

163 Vgl. Sperber, Alfred Alder oder Das Elend der Psychologie, S. 54 f. (Hervorhebungen im Original).

164 Vgl. Sperber, Alfred Adler oder Das Elend der Psychologie, S. 61 f.

165 Vgl. Sperber, Alfred Adler oder Das Elend der Psychologie, S. 63 f.

> »[e]in orthodoxer Marxist« über »die unfehlbare Gewißheit, daß er das scheinbar Sinnlose, ja empörend Sinnwidrige vergangener Geschichtsverläufe so gut wie des gegenwärtigen Geschehens lückenlos erklären, das heißt, dessen eigentlichen Sinn als *Gesetz der Geschichte* aufdecken«

könne.[166] Ähnlich ließen sich »Züge des weltlichen Mystizismus« erkennen, wenn es darum gehe, Geheimnisse zu entschleiern, indem »die Wahrheit aus der Tiefe« hervorgeholt würde. Die damit verbundene Entschleierung »eines Geheimnisses« habe allerdings zur Voraussetzung, dass der »neurotische Widerstand durchschaut und dem Patienten zum Bewußtsein gebracht« werde.[167] Dies wiederum führt zu der schon angesprochenen Frage, »[w]ann […] der Therapeut« denn nun »eigentlich unrecht« habe. Sperber vermeidet eine einfache Antwort und gibt stattdessen Folgendes zu bedenken:

> »[J]ede *Beziehung, in der der eine und immer gleiche stets recht haben muß und in der der andere niemals gegen ihn recht haben kann*«, führe *»früher oder später zur Knechtung, das heißt zur Praxis der totalitären Niedertracht.«*[168]

Einer solchen Praxis entspreche ein *»Regime des Verdachts«*, das »durch einen totalitären Mißbrauch der Psychologie gefördert wurde« und teils »bis heute noch hie und da geübt« werde.[169] Dies verweist einerseits auf totalitäre politische Systeme des 20. Jahrhunderts, andererseits auf etwas, das Sperber an anderer Stelle seines »Elend[s] der Psychologie« als »neue Erscheinungsformen des Obskurantismus« bezeichnet, der seinerseits mit einem »Mißbrauch der Psychologie und ihrer Anwendung« korreliere. Die ihm zugrunde liegenden antiaufklärerischen Implikationen verweisen ihrerseits wieder auf Totalitarismen und ihre »Schreckensmittel«.[170] Zudem setzte sich Sperber auch kritisch mit ersten Arbeiten zur Psychotherapieforschung auseinander. Er kam dabei zu dem Schluss,

---

166 Sperber, Alfred Adler oder Das Elend der Psychologie, S. 65 (Hervorhebungen im Original).

167 Vgl. Sperber, Alfred Adler oder Das Elend der Psychologie, S. 65.

168 Vgl. Sperber, Alfred Adler oder Das Elend der Psychologie, S. 66 (Hervorhebungen im Original).

169 Vgl. Sperber, Alfred Adler oder Das Elend der Psychologie, S. 66 (Hervorhebungen im Original).

170 Vgl. Sperber, Alfred Adler oder Das Elend der Psychologie. S. 268. Vgl. zum Ganzen auch Sperber, Manès: Vom Elend der Psychologie [1954]. In: Sperber, Manès: Essays zur täglichen Weltgeschichte. Wien/München/Zürich: Europaverlag 1981, S. 163 f.

»dass nur ein relativ geringer Prozentsatz der ärztlichen und nichtärztlichen Psychotherapeuten durch ihr eigenes Wesen und ihre Menschenkenntnis und dank ihrer Intuition wirklich befähigt und daher berufen ist, seelisch Leidende zu behandeln.«

Konkreter gewendet blieben »mehr als 60 Prozent der Behandelnden unter einem Niveau […], das […] als notwendige Voraussetzung für die Ausübung« ihres »Berufes angesehen werden müßte«.[171] Gefahren der Selbsttäuschung und Orthodoxie in der Meinungsbildung, »Züge des weltlichen Mystizismus«, sah Sperber als große Gefahren psychoanalytischen Arbeitens.[172]

2.3.4 Entlastung und/oder Revision?

Jegliche Ausformung psychoanalytischer Therapie, wozu Sperber konsequenterweise auch die Individualpsychologie zählt, lege der Patientin/dem Patienten nahe, dass die Ursachen ihres oder seines Problems auf frühkindliche Entwicklungen zurückgingen, sie oder ihn daher »keine Verantwortung« treffe. Der Patientin/dem Patienten werde auf diese Weise der Status eines »Opfer[s]« zugesprochen, der es durchaus ermögliche, sich bequem darin einzurichten. Die am Beginn der Therapie stehende »Enthebungslegitimation« versorge Patientinnen und Patienten solchermaßen ihrerseits mit »Waffen«, die gegen die jeweilige »Umwelt« gerichtet werden können, zumindest aber mit der Möglichkeit einer »dekorativen Selbstanklage, die die notwendige Änderung nicht hervorruft, sondern ersetzen soll«.[173]

Sperber bewertet diesen Umstand keineswegs nur negativ, denn jegliche Form von Psychotherapie werde versuchen, »Patienten dazu« zu »bringen, sich damit abzufinden, daß […] manche Probleme […] nicht im Sinne einer maximalen Forderung optimal« lösbar sind. Mit Sofie Lazarsfeld spricht Sperber in diesem Zusammenhang auch vom »Mut zur Unvollkommenheit«.[174] Entgegen der im Rahmen orthodoxer Psychoanalyse gepflogenen Idee »der Nichtbeeinflußung und Nichtberatung« übe Therapie eben »eine erzieherische Wirkung« aus. Diese Einsicht folge schon der »Logik menschlichen Lebens« und sei von Adler entgegen teils heftiger Kritik von psychoanalytischer Seite in der Weise

171 Vgl. Sperber, Alfred Adler oder Das Elend der Psychologie. S. 210.
172 Vgl. Sperber, Alfred Adler oder Das Elend der Psychologie, S. 65 f.
173 Vgl. Sperber, Alfred Adler oder Das Elend der Psychologie, S. 218.
174 Vgl. Sperber, Alfred Adler oder Das Elend der Psychologie, 220; Lazarsfeld, Sofie: Mut zur Unvollkommenheit. In: Internationale Zeitschrift für Individualpsychologie, 4 (1926), S. 375–381.

formuliert worden, dass »[d]*ie Heilung der Neurose*« eine »*endgültige Rückkehr* [...] *des Patienten* [...] *in die menschliche Gemeinschaft ohne Phrase*« erfordere, und dies sei nur mittels »*erzieherische*[r] *Umwandlung des Patienten*« möglich.[175] »Erzieherische Umwandlung«, dies lässt allerdings sehr an die Idee der »Umerziehung« denken, wie sie in verschiedenen autoritären und totalitären politischen Systemen praktiziert wurde und wird, in aller Regel ebenfalls unter Berufung auf eine wie auch immer näher definierte Gemeinschaft. Gegenwärtig sind entsprechende Verfahren vor allem aus China bekannt, wo sie seit der *Großen Proletarischen Kulturrevolution* im Grunde nie gänzlich aufgegeben wurden.[176] Auf die Gefahren einer politischen Adaption Adler'scher Konzepte und Formulierungen wird in Kapitel B noch genauer eingegangen werden.

Für Sperber tut sich in diesem Zusammenhang jedenfalls unzweifelhaft die Möglichkeit einer »Revision« der je eigenen Vergangenheit auf, die eine »Bewußtmachung« des »Gewesenen« erfordere. Diesem müsse »eine neue, aber befristete Gegenwart« verliehen werden. Solche revidierende »Wiederentdeckung« könne zu einer Art Selbstbefreiung in Form der Einsicht führen, dass man weniger »Opfer [...] des tatsächlich Erlebten« sei, sondern vielmehr »dessen, was man mißverstehend und mißdeutend daraus gemacht hat«.[177] Der Beitrag der Therapeutin/des Therapeuten müsse an dieser Stelle ein ermutigender sein. Eine solche »Ermutigung« ermögliche es, den »Patienten dahin zu bringen, daß er die Revision seiner Vergangenheit wagen kann, wagen will«. Möglich sei dies allerdings nur, wenn »die tendenziöse Beschränkung« der eigenen »Apperzeption durchschaut« würde, also »endlich« wahrgenommen werden könne, »daß und wie sehr« die »Wahrnehmungsweise« des Patienten/der Patientin »beschränkt und einengend« sei. Der »Widerspruch« werde im Fall einer solchen Erkenntnis »so dramatisch [...], daß seine Lösung nur revolutionär sein« könne. Bildlich gesprochen: »[E]s fällt einem wie Schuppen von den Augen, man [...] erfährt, daß man bisher die Welt und sich selbst nie anders als mit Scheuklappen gesehen hat«. Möglich werde diese Veränderung nicht im Modus einer plötzlichen »Erleuchtung«, sondern insofern, als ein Mensch in die Lage gesetzt werde, »die Existenz der anderen nicht nur als unabhängig,

175 Vgl. Sperber, Alfred Adler oder Das Elend der Psychologie, S. 220 (Hervorhebungen ibid.); Zitate aus Adler, Alfred: Neue Leitsätze zur Praxis der Individualpsychologie (1913). In: Adler, Alfred: Persönlichkeitstheorie, Psychopathologie, Psychotherapie (1913–1937). Hg. v. Gisela Eife. Göttingen: Vandenhoeck & Ruprecht 2010 (Alfred Adler Studienausgabe, hg. v. Karl Heinz Witte, Bd. 3), S. 85.

176 Vgl. z. B. Xianhui, Yang: Die Rechtsabweichler von Jiabiangou. Berichte aus einem Umerziehungslager. Aus dem Chinesischen v. Katrin Buchta. Frankfurt am Main: Suhrkamp 2009.

177 Vgl. Sperber, Alfred Adler oder Das Elend der Psychologie, S. 221.

sondern auch als gleichberechtigt anzuerkennen«. Dies ändere das »Gesichtsfeld« eines Menschen. Er lerne oder müsse lernen, »wie man ein Mitmensch [...], ein Gebend-Nehmender« werde. Dies zu erreichen erfordere langes »Training«, eine »fortgesetzt praktizierte Selbsterziehung«.[178] Dabei handle es sich um ein »Lebenstraining« oder »eine Lebensmethode«, die zugleich »das wirksamste Mittel der Anpassung« darstelle. Dies bedeutet jedoch keineswegs einen Aufruf zu andressiertem Konformismus, denn Sperber sieht das von ihm als »*revidierende*[s] *Wiedererleben*« bezeichnete Verfahren als Mittel zur »Selbstbefreiung«. »*Aktive Anpassung*« bedeute die Möglichkeit des »Mensch[en], die Bedingungen an sich selbst« anzupassen »und, so weit er irgend kann, gemäß seinen eigenen Zielen dergestalt« zu »veränder[n], daß einige Generationen sich ihrerseits an die neugeschaffenen Bedingungen anpassen, ehe die Verhältnisse früher oder später wieder umgewälzt werden müssen«.[179]

2.3.5 Angst

Die Frage, ob und inwieweit hierbei Aggressivität als möglicherweise grundlegende menschliche Eigenschaft eine Rolle spiele, erörtert Sperber nach einer knappen Spitze gegen Konrad Lorenz und seine Anhängerschaft in Hinblick auf das elementare Gefühl der Angst, mit dem er sich bereits in anderem Zusammenhang beschäftigt hat.[180] Bereits in »Individuum und Gemeinschaft« unterscheidet Sperber zwischen einer sozial adressierten Angst und einer aggressiven Angst. Erstere setze der Neurotiker ein, um seine Umgebung willfährig zu machen, sich ihm zu unterwerfen, zweitere hingegen resultiere aus gesellschaftlichem Abstieg und Arbeitsplatzverlust und werde von Ideologien missbraucht.[181] Der Band »Individuum und Gemeinschaft, Versuch einer sozialen Charakterologie« versammelt 28 Vorlesungen, die Sperber am »Individualpsychologischen

178 Vgl. Sperber, Alfred Adler oder Das Elend der Psychologie, S. 223–226.

179 Vgl. Sperber, Alfred Adler oder Das Elend der Psychologie, S. 227–233 (Hervorhebungen im Original).

180 Zur Volte gegen Lorenz vgl. Sperber, Alfred Adler oder Das Elend der Psychologie, S. 236 in Form des Hinweises auf »die letzthin wieder in Schwung gebrachte, vielversprechende und dennoch mangelhaft begründete Neigung, den Menschen aus seinen Ähnlichkeiten mit dem Tier zu erklären«. Vgl. zu einem entsprechenden Ansatz, insbesondere im Blick auf das Thema »Aggression«, Lorenz, Konrad: Das sogenannte Böse. Zur Naturgeschichte der Aggression. 13. Aufl. München: Deutscher Taschenbuch Verlag 1987 (erstmals erschienen 1963).

181 Vgl. Sperber, Individuum und Gemeinschaft, insbes. S. 200 ff. Sperber bezog dies in seinen Vorlesungen aus den 1930er-Jahren nicht auf den Bolschewismus und anfangs auch nicht auf den Stalinismus, sondern allein auf den Nationalsozialismus als für ihn in dieser Zeit einzigem totalitären System.

Institut« in Berlin gehalten hat. Sperber hat ihn 1934 abgeschlossen und zur Veröffentlichung vorgesehen, tatsächlich erfolgte die Publikation allerdings erst sehr viel später, im Jahr 1978.[182] Sperber vertritt darin eine marxistische Psychologie auf Basis der Individualpsychologie. Er erläutert seine Thesen anhand von instruktiven Fallgeschichten aus der psychotherapeutischen Praxis und analysiert nicht zuletzt die Massensuggestion Hitlers.[183] Die in dem Band »Individuum und Gemeinschaft« versammelten Vorlesungen stehen durchwegs unter dem Vorzeichen einer Verbindung von Individualpsychologie und Marxismus, die Alice Rühle-Gerstel und Manès Sperber prominent vertraten. In diesem Zusammenhang publizierte Sperber von Ende der 1920er- bis Mitte der 1930er-Jahre eine ganze Reihe von Artikeln in Zeitschriften.[184] Als stark programmatisch kann in diesem Zusammenhang auch ein Aufsatz Sperbers in dem Sammelband »Krise der Psychologie – Psychologie der Krise« gelten. In diesem Text griff er Adler recht klar erkennbar an.[185]

Die Unterscheidung zwischen *sozial adressierter* und *aggressiver Angst* zieht Sperber auch in »Alfred Adler oder Das Elend der Psychologie« heran und stellt der »aggressiven Angst« eine »totalitäre Aggressivität« zur Seite, und zwar unter Rekurs auf Adlers Konzept von *Minderwertigkeitsgefühl* und *Minderwertigkeitskomplex:*

> »So wie der Minderwertigkeitskomplex nämlich eine neurotische Kompensationsform des Minderwertigkeitsgefühls ist, so ist die *totalitäre Aggressivität* eine Kompensationsform der aggressiven Angst. […] Die aggressive Angst ist eine der wichtigsten Ursachen des Machtstrebens und zugleich dessen verhohlenstes Kennzeichen.«[186]

Sperber zieht in diesem Zusammenhang ein Beispiel heran, das er in »Zur Analyse der Tyrannis« gebraucht. Der »Führer einer totalitären Partei« steht vor der Aufgabe, nächtens »einen Wald« zu »durchqueren«. Er fürchtet sich aber vor

182 Vgl. Sperber, Manès: Vorangestelltes Nachwort – statt eines zweiten Vorworts. In: Sperber, Individuum und Gemeinschaft, S. 7–14. Die späte Publikation hatte maßgeblich mit dem kurz vor Fertigstellung des Manuskripts erfolgten Bruch mit Adler sowie den politischen Umbrüchen dieser Zeit zu tun.

183 Vgl. Sperber, Individuum und Gemeinschaft, S. 169 f.

184 Vgl. auch die Auflistung bei Stančić, Manès Sperber, S. 612–615.

185 Vgl. Sperber, Manès: Der gegenwärtige Stand der Psychologie. In: Krise der Psychologie – Psychologie der Krise. Berlin: Selbstverlag der Fachgruppe für dialektisch-materialistische Psychologie 1932, S. 7–28.

186 Vgl. Sperber, Alfred Adler oder Das Elend der Psychologie, S. 241 (Hervorhebungen im Original).

dem finsteren Wald, und so redet er seinen Leuten erfolgreich ein, dass es darin »von Feinden und Meuchelmördern« wimmle, der Wald selbst »eine befestigte Stellung« sei. So kann er seine Anhänger davon überzeugen, dass es am besten sei, den Wald anzuzünden. Nach erfolgter Brandrodung kann er »furchtlos in den eingeäscherten Wald« einmarschieren, an der Spitze seiner Truppen.[187]

Die Rede von »befreiende[r] Gewalt« sei mithin ein »Mythos«, dessen sich »durch Diktaturen ausgeübter staatlicher Terror« bediene. Die Voraussetzungen und Errichtungsmodalitäten einer Diktatur gelten Sperber gleichermaßen als »individual- wie [...] sozialpsychologisches Problem«. Insbesondere die »Herrschaft des entmenschenden Hasses« gründe weniger auf »Aggressivität« als vielmehr auf »der vielschichtigen Wirkung des übermächtigen Schreckens [...], dem man sich unterwirft, um sich vor seinen Drohungen zu retten«.[188] Zugleich räumt Sperber ein, dass »die Gewalt« Menschen nicht bloß »erschreck[en]« muss; sie können sie auch »unwiderstehlich anzieh[end]« finden. Die Furcht vor Gewalt, die für Sperber eine universelle menschliche Erfahrung darstellt, und zwar »von frühester Kindheit an«, führe zu einer »zwiespältigen« Haltung, wie »[a]lles, was Intensität in unsere Existenz bring[e]«.[189]

In seinem Essay »Zur Analyse der Tyrannis« unternimmt Sperber den Versuch, autoritäre Systeme mithilfe individualpsychologischer Begriffe zu analysieren. Zentral sind die erwähnten Begriffe *sozial adressierter* und *aggressiver Angst* als Ausgangspunkte. Sperbers Auffassung nach »ist [...] [d]ie Tyrannis [...] nicht nur der Tyrann, allein oder mit Komplizen, sondern das sind auch seine Untertanen, seine Opfer, die ihn zum Tyrannen gemacht haben«.[190] Unter Heranziehung psychoanalytischer und individualpsychologischer Konzepte und Kategorien entwickelt Sperber massenpsychologische Überlegungen, von denen her er die Genese von Tyrannis zu erklären sucht. Er schildert in weiterer Folge die Genese »der Tyrannis«, den »Weg zur Macht« wie die Signa der »Gewaltherrschaft« und wendet sich nicht zuletzt der Frage zu, wie eine Tyrannis bekämpft oder besser noch, von vornherein verhindert werden könne, namentlich (und hier ist er durchaus bei Adler) im Modus erzieherischer Bemühungen.[191] Dass all dies als Erklärung nur bedingt ausreicht, sieht Sperber selbst, und so verweist er darauf, dass wir nicht in der Lage seien, »das Ganze anzustreben [...],

187 Vgl. Sperber, Alfred Adler oder Das Elend der Psychologie, S. 242.
188 Vgl. Sperber, Alfred Adler oder Das Elend der Psychologie, S. 248.
189 Vgl. Sperber, Alfred Adler oder Das Elend der Psychologie, S. 248.
190 Vgl. Sperber, Zur Analyse der Tyrannis, S. 16. Der Text wurde erstmals 1939 veröffentlicht, 1974 erstellte Sperber eine Neuausgabe. Vgl. Sperber, Manès: Vorwort und Rückblick. In: Sperber, Zur Analyse der Tyrannis, S. 18.
191 Vgl. Sperber, Zur Analyse der Tyrannis, insbes. S. 47 ff., 62 ff., 74 ff., 90 ff.

mit unserem Leben einen dauernden Einklang herzustellen«. Vielmehr ende »[j]edes Leben [...] als Fragment«, und es bleibe ein »*Restproblem*«.[192] Dieses erweise sich als »unlösbar und beinahe so unausweichlich [...] wie der Tod«, betreffe es doch die Frage nach »dem *Sinn des Lebens*«. Diese »philosophische Frage« hätten »Adler und die meisten großen Psychologen unserer Zeit [...] verkannt«. Es sei »bemerkenswert«, dass ausgerechnet ein Adler-Schüler, Viktor Frankl, sie aufgegriffen und ins Zentrum seiner eigenen Therapiekonzeption gestellt habe. »Wenn es« einen Sinn »aber überhaupt nicht gibt? Nun, es mag bereits einem Dasein viel Sinn verleihen, ihn zu suchen, *als ob* es ihn gäbe ...«[193]

192 Vgl. Sperber, Alfred Adler oder Das Elend der Psychologie, S. 249 f. (Hervorhebung im Original).

193 Vgl. Sperber, Alfred Adler oder Das Elend der Psychologie, S. 250 f. (Hervorhebungen im Original). Als für Frankls Ansatz programmatisch vgl. z. B. Frankl, Viktor E.: Grundriß der Existenzanalyse und Logotherapie (1959). In: Frankl, Viktor E.: Logotherapie und Existenzanalyse. Texte aus sechs Jahrzehnten. Weinheim/Basel: Beltz 2002, S. 57–184 (hier insbes. S. 105 ff.).; Frankl. Viktor E.: Der Mensch auf der Suche nach einem letzten Sinn [1985]. In: Frankl, Logotherapie und Existenzanalyse, S. 265–284.

3 Fragen prinzipieller Art

3.1 Das Unbewusste

Grundlegende Gemeinsamkeiten der Ansätze Freuds und Adlers sah Sperber in der »psychogenetische[n] Auffassung neurotischer Störungen«, der »Rolle des Unbewußten« sowie der »Verdrängung«.[194] Allerdings weichen die konkre-

194 Vgl. Sperber, Alfred Adler oder Das Elend der Psychologie. S. 59.
Freud hat insgesamt zwei Modelle des psychischen Apparats entwickelt. In beiden Fällen ist das Modell für die menschliche Psyche topisch, also wie ein Raum oder Ort gedacht. Zwischen den Elementen des jeweiligen Systems bestehen dynamische Beziehungen, was besagt, es gibt einen Austausch von Energien (buchstäblich keineswegs in einem energetischen, esoterischen Sinn). Das erste Modell findet sich in der »Traumdeutung« (1899, datiert auf 1900). Dort unterscheidet er zwischen Bewusstem, Unbewusstem und Vorbewusstem. Im Unbewussten befindet sich alles, was aus dem vorbewussten und bewussten System verdrängt wurde. Verdrängung meint einen Abwehrmechanismus, der bestimmte Inhalte von Bewusstem und Vorbewusstem fernhält, Inhalte, die die im Vorbewussten angesiedelte Zensurstelle des psychischen Apparats als unerträglich oder verboten einstuft. Die psychische Energie verschwindet naturgemäß nicht (weil Energie derlei niemals tut), sie wirkt im Unbewussten weiter. (Vgl. zum Ganzen Freud, Die Traumdeutung, S. 488–588, insbes. S. 516 ff.)
In seiner Schrift »Das Ich und das Es« (1922) entwickelte Freud ein zweites topisches sowie dynamisches Modell des psychischen Apparats, das insbesondere erklären soll, warum manches verdrängt werde. Als Elemente dieses Modells gelten Es, Ich und Über-Ich. Aus dem Es rühren Freud zufolge sexuelle und aggressive Triebregungen her. In Auseinandersetzung zwischen Es und Über-Ich (anerzogene Normen und Werthaltungen, durchaus aber auch rationale Reflexionen) entsteht das Ich. Vgl. Freud, Das Ich und das Es, S. 272–330, hier insbes. S. 283–306.
Der »Königsweg« zum Unbewussten führte für Freud über Träume und deren Deutung. Während des Schlafes sei die vorbewusste Zensur weniger stark als im Wachzustand, weshalb unbewusste Inhalte in Träumen am ehesten zum Vorschein kämen. Da das Unbewusste um Wunscherfüllung bemüht sei, hielt Freud Träume für inszenierte Wunscherfüllungen. Verdrängte Vorstellungsinhalte würden, um die erwähnte Zensur, die im Schlaf ja nicht gänzlich inexistent sei, zu umgehen, häufig verhüllt, verschoben, durch anderes ersetzt. Verdichtungen, Verschiebungen und Verkehrungen (sodass im Traum z. B. Furcht anstelle von Freude empfunden werde) seien dabei nicht selten. Dies allein zeigt im Übrigen sehr klar, dass das Unbewusste in Freuds Ansatz auch der Ort ist, an dem Intuition und schöpferische Energien hervorgebracht werden. Vgl. Freud, Die Traumdeutung, v. a. S. 280–588; zum Unbewussten im Sinne Freuds als Quelle kreativer Ressourcen vgl. z. B. auch Kandel,

ten Auffassungen dazu bei Adler und Freud dann doch wieder voneinander ab. Sperber sucht diese Gemeinsamkeiten und Unterschiede stets in umfänglichere Kontexte einzubetten und dabei nicht zuletzt auch die Arbeit der Therapeutin oder des Therapeuten im Blick zu behalten. So schildert er unterschiedliche Phasen der Therapie sehr präzise und überträgt Begrifflichkeiten Adlers wie etwa die »Verzärtelung« auf die Beziehung des Therapeuten zum Patienten:

> »Das erste Eingreifen des Therapeuten bedeutet […] eine neuartige Verzärtelung, vielleicht auf einem höheren Niveau als in der Familie, die bereits versagt haben muß. […] In der zweiten Phase, in der es endlich um die Bewußtmachung geht, setzt der Widerstand ein […]«.[195]

Dabei tun sich aus Sperbers Sicht grundsätzliche Probleme auf, die mit der Entgegensetzung von *Bewusstsein* und *Unbewusstem* in den an Freud orientierten psychotherapeutischen Richtungen zusammenhängen. Die Grenzen zwischen beiden, so Sperber in Hinblick auf Überlegungen, die Freud selbst geäußert habe, seien »zwar stets fließend«, könnten aber »auch immer wieder unüberschreitbar werden«. Daraus ergebe sich »die Schwierigkeit der Bewußtmachung, um nicht zu sagen: die Hoffnungslosigkeit solchen Unterfangens«.[196]

Aber schon die erste Phase, die Sperber skizziert, bereite der »neuartige[n] Verzärtelung« wegen Probleme, und zwar keinesfalls geringe. Denn »dem Patienten« werde zunächst eine »Enthebungslegitimation aus[ge]stellt«. Sie gewähre einen »in der Tat anfangs notwendigen Schutz vor der fordernden Realität«, könne aber dazu führen, dass die oder der Betroffene die ihnen vermittelnden Konzepte (sei es der »Ödipuskomplex« bei Freud oder das »Minderwertigkeitsgefühl« bei Adler) »wie Waffen verwenden« und gerade dadurch jegliche Veränderung in ihren Haltungen, Empfindungen und Denkweisen unterbinden.[197]

Was das Unbewusste betrifft, weist Sperber auch auf Probleme ganz grundsätzlicher Art hin, indem er das von Freud beschriebene Phänomen der *Fehlleistungen* heranzieht.[198] Handelt es sich bei einer »Absicht«, die »mit« einer »Fehlleistung« verfolgt werde, tatsächlich um etwas gänzlich Unbewusstes?

Eric: Das Zeitalter der Erkenntnis. Die Erforschung des Unbewussten in Kunst, Geist und Gehirn von der Wiener Moderne bis heute. Aus dem amerikanischen Englisch v. Martina Wiese. München: Siedler 2012, insbes. S. 90–119, 549–580.

195 Sperber, Alfred Adler oder Das Elend der Psychologie, S. 214 f.

196 Vgl. Sperber, Alfred Adler oder Das Elend der Psychologie, S. 216.

197 Vgl. Sperber, Alfred Adler oder Das Elend der Psychologie, S. 216–218.

198 Zu diesen vgl. Freud, Sigmund: Vorlesungen zur Einführung in die Psychoanalyse (1916–17 [1915–17]). In: Freud, Sigmund: Vorlesungen zur Einführung in die Psychoanalyse und Neue. Hg. v. Alexander Mitscherlich u. a. Frankfurt am Main: Fischer 2000 Folge (Sigmund Freud

»Gewiss, es gibt verschiedene Grade von Bewußtsein und Unbewußtem [...]«, doch habe Adler im Kontext von »Freuds Verdrängungstheorie« eine »neue Mythologie des Unbewußten« konstatiert, die doch eine Tendenz »zu simplifizieren oder zu banalisieren« erkennen lasse. Für Adler selbst war »[d]as Unbewußte [...] das Unverstandene«.[199] Die demgegenüber mit Freud und seiner Anhängerschaft korrelierte Annahme, dass im Rahmen der Erforschung des Unbewussten »die Wahrheit« gewissermaßen »aus der Tiefe« hervorgeholt werde (der sich auch die Bezeichnung »Tiefenpsychologie« verdanke), führe weiter zu der Frage, worin das »tiefer Verborgene« genau bestehen soll. Die konkret und stets gleich enthüllten ödipalen Beziehungen und daraus resultierende Konflikte wären keine geeigneten Kandidaten, zumal viele Menschen bereits in den 1960er-Jahren ganz offen und teils sehr gerne über derlei Beobachtungen an sich selbst gesprochen hätten.[200]

Auch Adler hatte die Auffassung vertreten, dass Freud »mit unbeirrbarem Fanatismus alle Beziehungen eines Kindes zu seiner Mutter in ein Gleichnis zwängt, dessen Grundlage für ihn der Ödipuskomplex abgibt«.[201] »[W]arum«, so Sperber, »sollte es ein in die ›Tiefe‹ greifendes Erlebnis sein, als Kind die Mutter nackt gesehen [...] oder eine Gebärde erspäht zu haben, die, wenn auch nur scherzhaft, eine Kastration angedeutet haben könnte?«[202] Tatsächlich seien es »Schuldgefühle«, die »den ›tieferen‹ Inhalt Freudscher Bewußtmachung« bildeten, und zwar vor dem Hintergrund einer »extrem moralistische[n] Auffassung vom Menschen und von seiner Schuld«. Aus individualpsychologischer Sicht seien die so zutage geförderten Schuldgefühle »Kunstgriffe des Schuldigen, der zusätzlich einen moralischen Profit zu ergattern versucht«.[203]

Eine ähnlich differenzierte, an Adler orientierte Betrachtungsweise legt Sperber an den Begriff *Bewusstsein* an. Dabei handle es sich »zuvörderst« um »bewußtes Sein in der Zeit«. Vergangene unbewusste Erlebnisse würden das

---

Studienausgabe, Bd. I), S. 41–98; Freud, Sigmund: Zur Psychopathologie des Alltagslebens. Über Vergessen, Versprechen, Vergreifen, Aberglaube und Irrtum. Mit einer Einleitung von Ricardo Steiner. Frankfurt am Main: Fischer Taschenbuch Verlag 2009.

199 Vgl. Sperber, Alfred Adler oder Das Elend der Psychologie, S. 83. Vgl. dazu z. B. Adler, Alfred: Individualpsychologie und Wissenschaft (1927). In: Adler, Alfred: Persönlichkeitstheorie, Psychopathologie, Psychotherapie (1913–1937). Hg. v. Gisela Eife. Göttingen: Vandenhoeck & Ruprecht 2010 (Alfred Adler Studienausgabe, hg. v. Karl Heinz Witte, Bd. 3), S. 293.

200 Vgl. Sperber, Alfred Adler oder Das Elend der Psychologie, S. 65 f., 85 f.

201 Vgl. Adler, Alfred: Der Sinn des Lebens (1933). In: Adler, Alfred: Der Sinn des Lebens (1933). Religion und Individualpsychologie (1933). Hg. v. Reinhard Brunner u. Ronald Wiegand. Göttingen: Vandenhoeck & Ruprecht 2008 (Alfred Adler Studienausgabe, hg. v. Karl Heinz Witte, Bd. 6), S. 45.

202 Vgl. Sperber, Alfred Adler oder Das Elend der Psychologie, S. 86.

203 Vgl. Sperber, Alfred Adler oder Das Elend der Psychologie, S. 88.

menschliche Bewusstsein weniger bestimmen als vergangene Vorstellungen »des Seinsollenden«. Aus Adlers Sicht sei »[d]*er Mensch prospektiv*«, an einem »[i]rgendwann [...] suggestiv [...] gebildete[n] *Lebensplan*« orientiert, den er zu erfüllen suche.[204] Angesichts Freuds Versuch, über die Vergangenheit des Patienten oder der Patientin Einsichten in aktuelle psychische Problemlagen zu erlangen, ist die Psychoanalyse Sperbers Verständnis zufolge in hohem Maße an einer Suche nach Spuren früher traumatischer Erlebnisse sowie unaufgearbeiteter Konflikte interessiert.[205] Adlers Ansatz hingegen sei weniger auf die Vergangenheit als eine antizipierte Zukunft gerichtet.

3.2 Finalität und Psychologie des »Als ob«

Während »Freuds kausalistische Auffassung des Traumas« in »einer deterministischen Auffassung des Seelenlebens« gründe, sei Adlers Vorstellung menschlicher Entwicklung »prospektiv« ausgerichtet. Zwar »häng[e] der« jeweils »gegenwärtige Moment mit allem zusammen, was ihm vorangegangen« sei. Doch würden wir uns mit ihm beschäftigen (oder versuchen ihn zu verdrängen, je nachdem), allein, weil wir alles, was wir tun, denken und planen, stets auf eine in Aussicht genommene, vorgestellte Zukunft bezögen. »[D]er Mensch« könne »ohne Finalität weder gedacht noch verstanden« werden. Früh im Leben werde ein »Lebensplan« entwickelt, basierend auf der »Vorstellung einer beglückenden Zukunft«, als »unverlierbare[s] Projekt«. Grundlage dieser Vorstellung bildeten »besondere, zumeist mißdeutete Erlebnisse«.[206] Insofern komme es aus Adlers Perspektive

> »für die Charakterbildung nicht so sehr darauf an, was einer in seiner Kindheit tatsächlich erlebt hat, sondern vielmehr darauf, wie er das Erlebte damals aufgefaßt und gedeutet, mit anderen Erlebnissen, den eigenen und denen seiner Geschwister verglichen und wertend beurteilt hat«.[207]

---

204 Vgl. Sperber, Alfred Adler oder Das Elend der Psychologie, S. 90 (Hervorhebungen im Original). Zum Lebensplan vgl. z. B. Adler, Alfred: Zur Kinderpsychologie und Neurosenforschung (1914). In: Adler, Alfred: Schriften zur Erziehung und Erziehungsberatung (1913–1937). Hg. v. Wilfried Datler, Johannes Gstach u. Michael Wininger. Göttingen: Vandenhoeck & Ruprecht 2009 (Alfred Adler Studienausgabe, hg. v. Karl Heinz Witte, Bd. 4), insbes. S. 36 ff.

205 Vgl. Sperber, Alfred Adler oder Das Elend der Psychologie, S. 85 f., 88 ff.

206 Vgl. Sperber, Alfred Adler oder Das Elend der Psychologie, S. 91.

207 Sperber, Alfred Adler oder Das Elend der Psychologie, S. 93.

Auch dieser *finalistische* Ansatz ist nach Sperbers Auffassung kausal gedacht, weil die nach diesem Konzept für »die individuelle Charakterbildung« entscheidenden »Zielsetzungen [...] innerhalb eines kausalen Systems [...] wirken«. Von dieser Warte aus betrachtet, bezeichnet Sperber »Adlers Finalismus« als einen »durchlöcherte[n] Determinismus«.[208] Diese Einschätzung hängt insbesondere damit zusammen, dass Freud menschliches »Seelenleben [...] als eine normale oder gestörte Funktion von Mechanismen« darstelle, während Adler weniger auf konkrete Kindheitserlebnisse referiert habe als wie darauf, »wie« eben jemand »das Erlebte damals aufgefaßt und gedeutet, mit anderen Erlebnissen [...] verglichen und wertend beurteilt hat«.[209] Herauszufinden, wie ein *Lebensplan,* eine für das weitere Leben entscheidende Zielsetzung entsteht und welcher Art diese sein könnte, ist kein einfaches Unterfangen. Sie kommt nicht ohne Versuche aus, vor allem nicht ohne zu raten und dabei »tastend Schritt für Schritt voranzukommen, [...], um schließlich erratend die Richtung zu entdecken, in der er sich bewegen muss, will er finden, was er sucht«.[210] Sperber zitiert in diesem Zusammenhang auch eine längere Passage aus Adlers Buch »Menschenkenntnis«:

> »Im Sinne einer *Fiktion,* in einer Art von wirklicher Schöpferkraft hängen wir uns an einen feststehenden Punkt, den es in der Wirklichkeit nicht gibt. Diese Annahme, eigentlich bedingt durch eine Mangelhaftigkeit des menschlichen Seelenlebens, gleicht vielen Versuchen in Wissenschaft und Leben, wie etwa dem, die Erdkugel in Meridiane einzuteilen, die es nicht gibt, die aber als Annahmen großen Wert haben. In allen Fällen seelischer Fiktionen haben wir es mit Erscheinungen folgender Art zu tun: Wir nehmen einen fixen Punkt an, obwohl wir uns bei näherer Betrachtung überzeugen müssen, dass er nicht besteht. Wir tun das aber nur, um eine *Orientierung* im Chaos des Lebens zu gewinnen, um eine Rechnung ansetzen zu können. Alles, von der Empfindung angefangen, wird von uns in ein berechenbares Gebiet hineinversetzt, in dem wir handeln können. Dies ist der Vorteil, den uns die Annahme eines feststehenden Zieles bei Betrachtung eines menschlichen Seelenlebens bietet. So entwickelt sich aus diesem Vorstellungskreis der Individualpsychologie eine *heuristische Methode:* das menschliche Seelenleben zunächst so zu betrachten und zu verstehen, als ob es aus angeborenen Potenzen unter dem Einfluss einer Zielsetzung zu seiner späteren Beschaffenheit herangewachsen

208 Vgl. Sperber, Alfred Adler oder Das Elend der Psychologie, S. 91.
209 Vgl. Sperber, Alfred Adler oder Das Elend der Psychologie, S. 93 f.
210 Vgl. Sperber, Alfred Adler oder Das Elend der Psychologie, S. 75 f.

wäre. Unsere Erfahrung und unsere Eindrücke festigen aber in uns die Überzeugung, dass diese heuristische Methode mehr als ein Hilfsmittel der Forschung vorstellt, dass sie sich in ihren Grundlagen im weitesten Ausmaß mit wirklichen Vorgängen der seelischen Entwicklung deckt, die teils bewusst erlebt werden, teils aus dem Unbewussten zu erschließen sind.«[211]

Die hier skizzierte »Psychologie des ›Als ob‹« ist, Adler hat dies nie verhehlt, an Überlegungen aus Hans Vaihingers »Philosophie des Als ob« angelehnt.[212] Für Kant, an dem sich Vaihinger seinerseits stark orientierte, waren »regulative Ideen« erforderlich, um Denk- und Handlungsprozesse in Gang setzen oder halten zu können.[213] So spricht Kant etwa in der »Kritik der reinen Vernunft« von einem »regulative[n] Prinzip der Vernunft, alle Verbindung in der Welt so anzusehen, als ob sie aus einer allgenügsamen notwendigen Ursache entspränge«.[214] Vaihinger erhob die Vorstellung eines Denkens »als ob« zu einem grundlegenden erkenntnisleitenden Konzept. Gleich zu Beginn seines Buches bezeichnet Vaihinger »[d]as wissenschaftliche Denken« als »eine Funktion der Psyche«, worunter Vaihinger »die organische Gesamtheit aller sogenannten ›seelischen‹ Aktionen und Reaktionen« versteht. Es handle sich beim Denken daher um eine »organische Funktion«, die zudem »meistenteils *unbewußt*« ver-

211 Adler, Menschenkenntnis, S. 74 f. (Hervorhebungen im Original); zum Zitat bei Sperber vgl. Sperber, Alfred Adler oder Das Elend der Psychologie, S. 95.

212 Zur ersten Formulierung hier vgl. Sperber, Alfred Adler oder Das Elend der Psychologie, S. 73. Zu Adlers Bezugnahme auf Vaihinger »Als ob« vgl. z. B. Adler, Alfred: Traum und Traumdeutung (1913). In: Adler, Alfred: Persönlichkeitstheorie, Psychopathologie, Psychotherapie (1913–1937). Hg. v. Gisela Eife. Göttingen: Vandenhoeck & Ruprecht 2010 (Alfred Adler Studienausgabe, hg. v. Karl Heinz Witte, Bd. 3), S. 122; Adler, Alfred: Über den nervösen Charakter (1912). Hg. v. Karl Heinz Witte, Almuth Bruder-Bezzel u. Rolf Kühn. Göttingen: Vandenhoeck & Ruprecht 2008 (Alfred Adler Studienausgabe, hg. v. Karl Heinz Witte, Bd. 2), z. B. S. 78 ff., 85 ff.; Adler, Praxis und Theorie der Individualpsychologie, insbes. S. 25 f., 236 f. Zur Relevanz Vaihingers für Adler vgl. z. B. auch Ansbacher, Heinz L./Ansbacher, Rowena (Hg.): Alfred Adlers Individualpsychologie. Eine systematische Darstellung seiner Lehre in Auszügen aus seinen Schriften. Bearbeitung der Quellen-Angaben und der Adler-Bibliographie v. Robert F. Antoch. 5. Aufl. München: Reinhardt 2004, S. 65–84. Zu Vaihingers Abhandlung selbst vgl. Vaihinger, Hans: Die Philosophie des Als ob. System der theoretischen, praktischen und religiösen Fiktionen der Menschheit auf Grund eines idealistischen Positivismus; mit einem Anhang über Kant und Nietzsche. Berlin: Reuther & Reichard 1911.

213 Vgl. Eisler, Rudolf: Kant-Lexikon. Nachschlagewerk zu Kants sämtlichen Schriften, Briefen und handschriftlichem Nachlass. 4., unveränderter Nachdruck der Ausgabe Berlin 1930. Hildesheim/Zürich/New York: Olms 1994, S. 481.

214 Vgl. Kant, Immanuel: Kritik der reinen Vernunft, B 647/A 619. In: Kant, Immanuel: Kritik der reinen Vernunft, Bd. 2. 12. Aufl. Frankfurt am Main: Suhrkamp 1992 (Kant, Immanuel: Werkausgabe, Bd. IV, hg. v. Wilhelm Weischedel), S. 547.

laufe. Die »Logik« diene dazu, *»die dunkel und unbewußt arbeitende Tätigkeit des Denkens zu beleuchten«*.[215] Denken gilt Vaihinger nicht als selbstzweckhaft, sondern diene dazu, »mit Hilfe jener logischen Produkte die ohne unser Zutun geschehenden Ereignisse zu berechnen und unsere Willensimpulse nach den Direktiven der logischen Gebilde zweckentsprechend auszuführen«.[216] Ganz im Sinne von Friedrich Albert Lange, »einem Vertreter der physiologischen Richtung des Neukantianismus«,[217] liege »die Erprobung der Richtigkeit der logischen Produkte *in der Hand der Praxis*«. Der »Zweck des Denkens« bestehe demzufolge »nicht in einer Abspiegelung einer sogenannten äußeren, objektiven Welt, sondern in der Ermöglichung der Berechnung des Geschehens und des Einwirkens auf das Letztere«.[218] Um diesem Anspruch zu genügen, wende »die logische Funktion [...] einen *Kunstgriff* an« und bilde »eine *künstliche Einteilung*«. So »*substituier*[e]« sie *»den noch unbekannten einzig richtigen Gebilden provisorisch solche, denen keine Wirklichkeit unmittelbar entspricht«*. Diese »fiktiven Klassen« wende sie an, »*als ob* es die wirklichen wären«.[219]

Als »eine besondere Tätigkeitsmanifestation der logischen Funktion« galt Vaihinger deren »*fiktive* Tätigkeit«, deren Produkte eben »*Fiktionen*« genannt würden. Es gelte zu bedenken, dass »[d]er Organismus [...] in eine Welt voll widersprechender Bedürfnisse [...] hineingestellt«, zudem »den Angriffen einer ihm feindlichen Außenwelt« ausgesetzt und folglich »gezwungen« sei, »sowohl von außen wie von innen alle möglichen Hilfsmittel zu suchen«. Dazu gehöre das Erreichen der skizzierten »Denkzwecke«, auch »wenn die Sprödigkeit des entgegenstehenden Materials ein direktes Vorgehen nicht gestattet«. Diesfalls umgehe »die logische Funktion diese Schwierigkeiten« durch fiktionale »Hilfsgebilde«. Die »fiktive Tätigkeit innerhalb des logischen Denkens« sieht Vaihinger in »Produktion und Benutzung solcher logischen Methoden« am Werk, die »mit Hilfe von *Hilfsbegriffen* [...] die Denkzwecke zu erreichen sucht«. Besagten Hilfsbegriffen stehe »die Unmöglichkeit eines ihnen irgendwie entsprechenden Gegenstandes mehr oder weniger auf die Stirn geschrieben«.[220] »[D]*ie Wege*

215 Vgl. Vaihinger, Hans: Die Philosophie des Als ob. System der theoretischen, praktischen und religiösen Fiktionen der Menschheit auf Grund eines idealistischen Positivismus. Mit einem Anhang über Kant und Nietzsche. Hg. v. Raymund Schmidt. 2. Aufl. Leipzig: Meiner 1924, S. 1, 7 (Hervorhebungen im Original).

216 Vgl. Vaihinger, Die Philosophie des Als ob, S. 4.

217 Vgl. Wandeler, Josef: Die Individualpsychologie Alfred Adlers in ihrer Beziehung zur Philosophie des Als Ob Hans Vaihingers. Dissertation Universität Freiburg in der Schweiz. O.O.: Buchdruckdrei Gutenberg, Lachen-Verlag 1932, S. 27.

218 Vgl. Vaihinger, Die Philosophie des Als ob, S. 4 (Hervorhebungen im Original).

219 Vgl. Vaihinger, Die Philosophie des Als ob, S. 16 (Hervorhebungen im Original).

220 Vgl. Vaihinger, Die Philosophie des Als ob, S. 12 f. (Hervorhebungen im Original).

des Denkens« seien eben »*andere* [...] *als die des Seins«*, doch manifestiere sich »[d]ie *Zweckmäßigkeit* [...] *gerade darin, daß die logischen Funktionen, wenn sie nach ihren eigenen Gesetzen arbeiten, schließlich doch immer wieder mit dem Sein zusammentreffen«*.[221] Vaihinger beschreibt »[d]ie *fiktive Tätigkeit* der Seele« als »Äußerung der *psychischen Grundkräfte«* und weist darauf hin, »daß die ganze Vorstellungskraft in ihrer Gesamtheit nicht die Bestimmung« habe, »ein *Abbild der Wirklichkeit zu sein«*. Eher handle es sich um »ein *Instrument«*, das dazu diene, »*sich leichter in derselben zu orientieren«*.[222] Vaihinger klassifiziert in weiterer Folge verschiedene Arten und Anwendungsfälle von Fiktionen im wissenschaftlichen Bereich. Unabhängig von einer wie immer im Detail ausfallenden Bewertung der Lehren Vaihingers kann festgehalten werden, dass sie vielfache Rezeptionen erfahren haben, nicht nur durch Alfred Adler.[223]

3.3 Lebensplan und Lebensstil

Auf Zukünftiges ausgerichtet zu sein, bedeutet für Sperber, sich am »Seinsollende[n]« zu orientieren, eine »Versöhnung des Seienden mit dem Seinsollenden« anzustreben. Derlei könne, so Sperbers Adler-Interpretation, auch gelingen, und zwar im Blick auf das Gemeinschaftsgefühl.[224] Sperber sucht diese Überlegungen anhand eines entwicklungspsychologischen Bezugsrahmens näher zu erläutern. Die erste, »naturnotwendig parasitär[e] [...] Phase« des menschlichen Lebens sei von einem hohen Ausmaß an »Verwöhnung«, in Adlers Worten gesteigert zu »maßloser Verzärtelung«, gekennzeichnet. Die Schwierigkeit solcher »Affenliebe« bestehe aus entwicklungspsychologischer Sicht gerade darin, dass Entwicklung gehemmt werde. »Das Objekt der Affenliebe soll ein Objekt bleiben und möglichst spät, am liebsten niemals unabhängig, ein Subjekt werden.«[225] Es ließe sich, »nicht ohne einigen Humor«, sogar von einem

---

221 Vgl. Vaihinger, Die Philosophie des Als ob, S. 7 f. (Hervorhebungen im Original).

222 Vgl. Vaihinger, Die Philosophie des Als ob, S. 14 f. (Hervorhebungen im Original).

223 Ich möchte es hier bei einer gerafften Darstellung belassen, weil eine weiterführende Auseinandersetzung mit Vaihingers »Philosophie des Als ob« den Rahmen meiner Untersuchung sprengen würde. Insofern bescheide ich mich auch, was Fragen der Rezeption betrifft, an dieser Stelle auf einen exemplarischen Hinweis. Vgl. die Beiträge in: Neuber, Matthias (Hg.): Fiktion und Fiktionalismus. Beiträge zu Hans Vaihingers »Philosophie des Als ob« (= Studien und Materialien zum Neukantianismus, Bd. 33). Würzburg: Königshausen & Neumann 2011.

224 Vgl. Sperber, Alfred Adler oder Das Elend der Psychologie, S. 121.

225 Sperber, Alfred Adler oder Das Elend der Psychologie, S. 124.

umgekehrten Ödipuskomplex sprechen«.[226] Doch empfange »das Kleinkind« in jedem Fall »nicht Liebe [...], sondern nur die Vorteile und Annehmlichkeiten einer parasitären Existenz«. Als »erste Erfahrung« sei dies »gefährlich, weil irreführend«. Was Adler als »angeborenes Gemeinschaftsgefühl« bezeichnet, ermögliche es dem Kleinkind, »zu einer neuen Existenz« zu gelangen und mittels Interaktion mit »Geschwister[n] und andere[n] Kinder[n]« allmählich damit aufzuhören, »Götze-Objekt zu sein« und stattdessen »ein Subjekt unter seinesgleichen zu werden«.[227] »[D]ie tätige Selbstbehauptung« eines Kindes, das aus dem Modus »despotisch passive[r] Selbstbehauptung«, wie er für »übermäßig Verwöhnte« kennzeichnend sei, heraustrete, führe »zum Umweltbewußtsein, das heißt zum Bewußtsein, daß man für alle anderen ein Teil der Umwelt ist und nicht ein Ich«.[228] Dies stelle eine »unerläßliche Voraussetzung für die Ent-

226 Vgl. Sperber, Alfred Adler oder Das Elend der Psychologie, S. 125.
An dieser Stelle sei, nur der Vollständigkeit halber, das Entwicklungsmodell Sigmund Freuds in Erinnerung gerufen, dem Adler durchaus kritisch-distanziert gegenüberstand.
Eine grundlegende Schwierigkeit dabei liegt wohl zunächst darin, dass Freud die bürgerliche Kleinfamilie als anthropologisch verallgemeinerbar betrachtete. Er ging davon aus, dass Kinder in familiären Beziehungen aufwachsen, die durch zwei gegengeschlechtliche Erwachsene, eine Mutter und einen Vater, konfiguriert werden. In diesem triangulären Spannungsfeld kommt es nach Freud zu bestimmten Konflikten, die er mit dem Überbegriff Ödipuskomplex umschrieb. Dieser fungiert als Überbegriff für sämtliche Wünsche erotischer wie auch aversiver Art, die ein Kind gegenüber seinen Eltern hegt. Dem Elternteil, dessen Geschlecht dem des Kindes entgegengesetzt ist (der Mutter in Freuds Modell, das von einem männlichen Kind ausgeht), bringe das Kind sexuelle Wünsche entgegen, für den anderen Elternteil empfinde es Eifersucht und Hass. Dieser zweite Elternteil wird zunehmend als Rivale betrachtet, der aber auch bedrohlich, weil dem Kind jedenfalls in physischer Hinsicht überlegen ist. Die Bedrohung manifestiere sich nicht zuletzt in der Drohung, das Kind zu kastrieren, das massive Kastrationsängste auslöse. Auf diese Weise sollte das (männliche) Kind zur Unterwerfung unter kulturelle und moralische Normen (Inzestverbot) bewogen werden. Würde der ödipale Konflikt gelöst, so sei das Inzestverbot bestätigt, die Geschlechterrolle des Kindes festgelegt, das Über-Ich gefestigt. Sollte die Lösung des Konflikts hingegen nicht gelingen, führe dies aus Freuds Sicht zu neurotischen oder gar psychotischen Entwicklungen. Vgl. zum Ganzen insbes. Freud, Das Ich und das Es, S. 299–302; Freud, Sigmund: Einige psychische Probleme des anatomischen Geschlechtsunterschieds (1925). In: Freud, Sigmund: Sexualleben. Hg. v. Alexander Mitscherlich u. a. Frankfurt am Main: Fischer 2012 (Sigmund Freud Studienausgabe, Bd. V), S. 264; vgl. z. B. auch List, Eveline: Psychoanalyse. Geschichte, Theorien, Anwendungen. Wien: facultas wuv 2009 (UTB 3185), insbes. S. 85–88. Zu neuerer Kritik aus kulturwissenschaftlicher Sicht vgl. z. B. Hall, Stuard: Das Spektakel des »Anderen«. In: Hall, Stuart: Ideologie, Identität, Repräsentation. Ausgewählte Schriften 4. Hg. v. Juha Kovisto u. Andreas Merkens. Hamburg: Argument Verlag 2004, S. 108–166, hier S. 120 ff.

227 Vgl. Sperber, Alfred Adler oder Das Elend der Psychologie, S. 125.

228 Vgl. Sperber, Alfred Adler oder Das Elend der Psychologie, S. 126. Zum Gemeinschaftsgefühl bei Adler vgl. z. B. Adler, Praxis und Theorie der Individualpsychologie, insbes. S. 26 ff. Adler, Alfred: Die Individualpsychologie, ihre Voraussetzungen und Ergebnisse (1914). In: Adler, Alfred: Persönlichkeitstheorie, Psychopathologie, Psychotherapie (1913–

wicklung des Gemeinschaftsgefühls dar«, setze »die wahre Gemeinschaft« doch »voraus, daß alle [...] in einer höchst wichtigen Hinsicht gleich seien«, nämlich darin, »gleichermaßen als Ich und als Umwelt anerkannt zu werden«. Es korrespondiere »die Pflicht«, umgekehrt auch alle »anderen« in diesen Hinsichten »anzuerkennen und dementsprechend zu behandeln«.[229] Sperber stellt vielfältige Ungleichheiten zwischen Menschen keineswegs in Abrede, sondern weist sogar ganz explizit auf deren Vorhandensein hin. Das Gemeinschaftsgefühl ist für ihn auf einer grundlegenderen Ebene angesiedelt als jener einer idealisierenden Sozialromantik, und so verortet er es nicht zuletzt im Bereich der Sprache, die ihm als »erste[s], bedeutsamste[s] Mittel der Gemeinschaftlichkeit« gilt. Gerade dort manifestieren sich nach seinem Dafürhalten frühe, egozentrisch motivierte Verweigerungstendenzen, wie das bewusste Schweigen von Kindern im Lauf der »Trotzphase«. Dies bedeute nicht, dass Kinder in dieser Zeit nicht angesprochen werden möchten, sie »verweigern« allerdings »die Gegenseitigkeit«. Auch wenn die Sprechverweigerung aus einer Reihe von Gründen nicht allzu lange vorhalte, sei doch der Tendenz zur prinzipiellen Zurückweisung längere Dauer beschieden. Sprache könne auch zur Herstellung von Distanz genutzt werden, vor dem Hintergrund der Einsicht, dass »man sich [...], um den Effekt der Entfernung zu erzielen, vorerst genähert haben« müsse.[230]

»[V]erzärtelte Kind[er]«, die »Nehmende bleiben« wollten, würden sich wünschen, »stets geliebt zu werden und nicht zu lieben«. Damit verbinde sich der Argwohn, dass die »Liebe« der jeweils »nächsten Umwelt zu zögern [...] oder gar zu versagen« drohe. Erfahrungen, die diesen Verdacht nähren könnten, würden als »Verratserlebnis[se]« betrachtet. Sie seien gleichermaßen »unvermeidlich« wie von »entscheidende[r], bis« zum »Tod« der betreffenden Person »nachwirkende[r] Bedeutung«, jedenfalls für »ein äußerst verzärteltes Kind«. Vor diesem Hintergrund würde »die Wahl einer neurotischen Lebensmethode unvermeidlich«.[231] Namentlich »[d]as Erlebnis der Verlassenheit« wecke unter solchen Bedingungen gewaltiges »Misstrauen«. Die Grundlage bildeten keine konkreten, singulären Erlebnisse, sondern »Situationen«, die bereits im Vorfeld des später als relevant eingestuften bzw. erinnerten »Ereignis[ses]« vorhanden gewesen sein dürften. So ändere sich die Beziehung zwischen Eltern und Kindern langsam, aber spürbar »zwischen dem dritten und dem fünften Lebens-

---

1937). Hg. v. Gisela Eife. Göttingen: Vandenhoeck & Ruprecht 2010 (Alfred Adler Studienausgabe, hg. v. Karl Heinz Witte, Bd. 3), S. 151 ff. Vgl. auch Ansbacher/Ansbacher (Hg.), Alfred Adlers Individualpsychologie, insbes. S. 105–133.

229 Vgl. Sperber, Alfred Adler oder Das Elend der Psychologie, S. 126.

230 Vgl. Sperber, Alfred Adler oder Das Elend der Psychologie, S. 127.

231 Vgl. Sperber, Alfred Adler oder Das Elend der Psychologie, S. 128.

jahr«, in einer Phase also, in der Kinder zumeist beachtliche Entwicklungsschritte vollziehen. Nicht zuletzt machten Kinder in diesem Lebensabschnitt die Erfahrung, dass ihnen die »ältere Generation« mit zunehmend »fordernde[r] Autorität« begegne.[232]

Diesbezüglich dürfte sich, seit Sperber sein »Elend der Psychologie« verfasst hat, doch einiges verändert haben, zumindest in den meisten Staaten der *westlichen Welt.*[233] Ungeachtet dessen verweist er jedenfalls vor dem Hintergrund *Schwarzer Pädagogik* und ihrer Ausläufer zutreffend auf einen Wandel, der sich aus Sicht von Kindern vollziehe.[234] Bislang unverwandt und »bedingungslos« gebende Erwachsene entpuppten sich mit einem Mal als »Machthaber«, die »immer recht« hätten und dafür nicht einmal »Gründe« nennen müssten. In der Tat würden Erwachsene, so sie unter den Bedingungen autoritärer Erziehung agierten, »dem Kind beibringen wollen, daß es rechtlos und jedenfalls unterlegen« sei, fehlen ihm doch »Wissen und [...] Fähigkeit«, Entscheidungen zu treffen. Dies könnten hingegen die Eltern, die »alles« wüssten, und zwar »besser«.[235]

Diese Verhaltensänderung der erwachsenen Bezugspersonen wirke auf das Kind »wie ein Zauber«, habe es doch gerade begonnen »zu entdecken, was Freiheit ist und dass es selbst frei sein könnte«, als es eine »autoritäre Unterdrückung« eben dieser Freiheit erfahren müsse. Das »Wort Autorität« bezeichne in der Individualpsychologie »alle Verhaltensweisen und Handlungen, die dem anderen eine Unterlegenheitsposition aufzwingen«, die zugleich »als naturgegeben und unabänderlich« dargestellt werde. Auf diese Weise würde »den Minderwertigkeits- und Unzulänglichkeitsgefühlen das Gefühl der Unterlegenheit« hinzugefügt. Mehr brauche es im Grunde nicht, um »die Schädlichkeit der autoritären Haltung« aufzuweisen. Kinder reagierten in der Regel »mit einem längeren Widerstand«, dessen konkrete Gestalt durchaus geeignet sein könnte, »einiges Beweismaterial« für Freuds Konzept des ödipalen Konflikts zu bieten. Adler habe jedoch den »wirkliche[n] Kern« des Beziehungskonflikts zwischen Eltern und Kindern anderswo verortet. Eher habe dessen spezifische

232 Vgl. Sperber, Alfred Adler oder Das Elend der Psychologie, S. 129.

233 Dies wird deutlich z. B. bei einem bloßen Durchblättern von Schmid, Michaela: Erziehungsratgeber und Erziehungswissenschaft. Zur Theorie-Praxis-Problematik populärpädagogischer Schriften. Bad Heilbrunn: Klinkhart 2010.

234 Zur Schwarzen Pädagogik vgl. insbes. Rutschky, Katharina (Hg.): Schwarze Pädagogik. Quellen und Naturgeschichte der bürgerlichen Erziehung. Neuausgabe Berlin: Ullstein 1997. Zu Persistenzen vgl. z. B. Bernhard, Armin: Die Permanenz der Schwarzen Pädagogik und das Prinzip des Antiautoritären in der Erziehung. In: Jahrbuch für Pädagogik (2008), S. 71–90.

235 Vgl. Sperber, Alfred Adler oder Das Elend der Psychologie, S. 129.

Ausformung mit sozialen Interaktionsmodi zu tun, verkörpere doch »gewöhnlich [...] der Vater [...] die drückende Autorität«, an der sich das Kind abarbeite. Insofern sei »die Frage des Geschlechts des zu unterwerfenden Elternteils nicht erheblich, und das Liebeswerben kann von einem Elternteil auf den anderen übertragen werden«.[236]

Mit Adler misst Sperber im Zusammenhang kindlicher Entwicklung sozialen und kulturellen Verhältnissen entsprechend größere Bedeutung bei als vermeinten anthropologischen Konstanten. Daraus ergäben sich auch soziokulturell und nicht zuletzt pädagogisch wichtige Einsichten. »Das autoritär erzogene Kind« empfinde, so Sperber, »gegenüber der äußeren Welt ein bedrängendes Unsicherheitsgefühl und neig[e] dazu, sie als Feindesland zu betrachten«. Daraus erfließe der »Wunsch«, die eigenen Eltern mögen »nach außen unangreifbar stark, ja furchteinflößend sein«. Innerfamiliär würde sich das Kind zugleich »gegen alles« zu wehren suchen, »was seinen Willen schwächen und seinen Wünschen zuwiderlaufen« könnte.[237] Die Psychotherapeutin und Psychoanalytikerin Alice Miller hat Zusammenhänge dieser Art Anfang der 1980er-Jahre nicht ganz unähnlich zusammengefasst:

> »Die Anpassung an elterliche Bedürfnisse führt oft (aber nicht immer) zur Entwicklung der ›Als-ob-Persönlichkeit‹ oder dessen, was D. Winnicott als ›falsches Selbst‹ beschrieben hat. Der Mensch entwickelt eine Haltung, in der er nicht nur das zeigt, was von ihm gewünscht wird, sondern so mit dem Gezeigten verschmilzt, daß man – bis zur Analyse – kaum ahnen würde, wieviel Anderes hinter dem ›maskierten Selbstverständnis‹ [...] noch in ihm ist. Das wahre Selbst kann sich nicht entwickeln und differenzieren, weil es nicht gelebt werden kann.«[238]

Sperber und Adler wären vermutlich mit der Idee eines wahren Selbst vorsichtiger gewesen, aber die innere Zerrissenheit von Menschen, die autoritärer Erziehung ausgesetzt waren, verbunden mit massiver Unsicherheit, die eigene

236 Vgl. Sperber, Alfred Adler oder Das Elend der Psychologie, S. 130 f. Vgl. dazu z. B. Adler, Alfred: Trotz und Gehorsam (1910). In: Adler, Alfred: Schriften zur Erziehung und Erziehungsberatung (1913–1937). Hg. v. Wilfried Datler, Johannes Gstach u. Michael Wininger. Göttingen: Vandenhoeck & Ruprecht 2009 (Alfred Adler Studienausgabe, hg. v. Karl Heinz Witte, Bd. 4), S. 122–131; Adler, Alfred: Wozu leben wir? Mit einer Einführung v. Wolfgang Metzger. Aus dem Amerikanischen v. Elisabeth u. Wolfgang Schmidbauer. 11. Aufl. Frankfurt am Main: Fischer Taschenbuch Verlag 2006, S. 110 ff.

237 Vgl. Sperber, Alfred Adler oder Das Elend der Psychologie, S. 131.

238 Miller, Alice: Das Drama des begabten Kindes und die Suche nach dem wahren Selbst. 26. Aufl. Frankfurt am Main: Suhrkamp 2010, S. 29.

Person und die Zulässigkeit eigener Wünsche betreffend, wird in beiden Fällen sehr deutlich herausgearbeitet.[239]

3.4 Bezugssysteme

Aus den skizzierten Überlegungen erweist sich für Sperber (nach Adler) die grundlegende Bedeutung von Beziehungen, innerhalb derer sich Menschen von Kindheit an bewegen. Es sei daher von entscheidender Bedeutung, das »Bezugssystem zu durchschauen«, dem gemäß Menschen ihre Beziehungen »such[en], schaff[en] oder immer wieder zerstör[en]«. Dieses System sei Menschen aber »fast nie deutlich bewußt«. Es stehe nicht nur in Abhängigkeit von frühkindlichen Relationen zwischen Kindern und Eltern, sondern, und darauf hat Adler besonders hingewiesen, auch zu etwaigen Geschwistern.[240] Adlers Ausführungen zu »Geschwisterreihen«, innerhalb derer Kinder je nach dem Zeitpunkt der Geburt mit unterschiedlichen An- und Herausforderungen konfrontiert seien, behandelt Sperber mit Vorsicht. So heißt es bei Adler, »Zweitgeborene« stünden »wie unter Dampf, streben überhitzt nach dem Vorrang, und auch an ihrem Verhalten wird man den Wettlauf gewahr, der für ihr Leben die Form abgibt«.[241] Da Adler von mehr als zwei Kindern in einer Geschwisterreihe ausgeht, handelt es sich bei Zweitgeborenen meist um »Kind[er] in der Sandwichposition«.[242] Nicht zuletzt, weil Sperber in seiner Familie diese Position eingenommen hat und sich mit Adlers Beschreibung nicht identifizieren kann, weist er darauf hin, dass »die Geschwisterreihe nicht nur gemäß dem Standesregister, sondern entsprechend der wirklichen Situation beurteilt werden« müsse. Insgesamt bestimme sie »die Charakterbildung« nur als einen Faktor neben anderen.[243] Auch die Dimension Geschlecht, wohl im heutigen Sinn von *gender*, bezieht Sperber in diesen Zusammenhang ein und kann diesbezüglich eben-

239 Vgl. in diesem Zusammenhang (und aus einer anderen Perspektive, zum Thema »double bind«) Watzlawick, Paul/Beavin, Janet H./Jackson, Don D.: Menschliche Kommunikation. Formen, Störungen, Paradoxien. 12. Aufl. Bern et al.: Huber 2011, S. 231–241.

240 Vgl. Sperber, Alfred Adler oder Das Elend der Psychologie, S. 132.

241 Vgl. Adler, Menschenkenntnis, S. 132 (zit. bei Sperber, Alfred Adler oder Das Elend der Psychologie, S. 132).

242 Vgl. Sperber, Alfred Adler oder Das Elend der Psychologie, S. 133. Zur Relevanz der Geschwisterreihe bei Adler vgl. z. B. Adler, Wozu leben wir?, S. 122 ff.; Adler, Alfred: Neurosen: Zur Diagnose der Behandlung (1929). In: Adler, Alfred: Schriften zur Erziehung und Erziehungsberatung (1913–1937). Hg. v. Wilfried Datler, Johannes Gstach u. Michael Wininger. Göttingen: Vandenhoeck & Ruprecht 2009 (Alfred Adler Studienausgabe, hg. v. Karl Heinz Witte, Bd. 4)., S. 184–202, hier v. a. S. 186–195.

243 Vgl. Sperber, Alfred Adler oder Das Elend der Psychologie., S. 133.

falls auf Adler Bezug nehmen. So sei es, unabhängig von etwaigen *Geschwisterreihen*, »nicht ohne Bedeutung, ob man als weibliches oder männliches Kind zur Welt komme«, zumal »[i]n einer männerherrschaftlichen Zivilisation [...] die *Angst vor dem anderen Geschlecht* allgemein« sei. Dass es sich bei den an *gender* geknüpften Eigenschaften um soziale Rollen handelt, scheint Sperber vorauszusetzen und weist darauf hin, dass Adler in Bezug auf die »Ablehnung der Frauenrolle« das Syntagma »männlicher Protest« entwickelt hat.[244] Aus Adlers Sicht sei die in patriarchalen Gesellschaften

> »seit Jahrtausenden geübte Unterdrückung und tatsächliche Benachteiligung der Frau [...] ein fundamentaler Sachverhalt, dessen Bedeutung für die psychologische Erforschung menschlicher Beziehungen«

generell keinesfalls »verkannt werden« dürfe.[245]

Als weiteres charakterbildendes Element verweist Sperber auf »die ganze innere Familiensituation«. Angesichts der »praktisch unendlich[en] [...] Zahl« an »Elemente[n] und Faktoren, die im Werden und Tun jedes Menschen wirksam sind«, gelte es »jene herauszufinden, die [...] bestimmend oder zumindest mitbestimmend« gewesen seien. Dieses schwierige Unterfangen, das offenkundig die Gefahren voreiliger Verallgemeinerungen in Rechnung stellt, gilt Sperber als durchaus irrtumsanfällig.[246]

Wie Sperber gerade im Zusammenhang mit Adlers Überlegungen zum männlichen Protest betont, sei es für »individualpsychologische Analyse« wesentlich, von einer »Zusammenhangsbetrachtung« auszugehen. Ohne gesellschaftliche Rahmenbedingungen in den Blick zu nehmen, etwa jene einer patriarchalen Gesellschaft, sei eine adäquate Auseinandersetzung mit Phänomenen, die Adler unter der Bezeichnung *männlicher Protest* subsumiert, kaum möglich. Insofern hält Sperber es auch für aufschlussreich, dass sich diese Phänomene angesichts tiefgreifenden sozialen Wandels rückläufig erwiesen.[247] Ähnliches lässt sich vielleicht auch im Blick auf die von Charcot, Breuer und Freud unter dem Label *Hys-*

---

244 Vgl. Sperber, Alfred Adler oder Das Elend der Psychologie, S. 133.

245 Vgl. Sperber, Alfred Adler oder Das Elend der Psychologie, S. 137. Sperber beschreibt Adlers Konzept des »männlichen Protests« hier zwar wohlwollend, aber es handelt sich durchaus um eine vertretbare Lesart. Vgl. insbes. Adler, Alfred: Über männliche Einstellung bei weiblichen Neurotikern (1911). In: Adler, Alfred: Persönlichkeit und neurotische Entwicklung. Frühe Schriften (1904–1912). Hg. v. Almuth Bruder-Bezzel. Göttingen: Vandenhoeck & Ruprecht 2009 (Alfred Adler Studienausgabe, hg. v. Karl Heinz Witte Bd. 1), S. 181–212, hier v. a. S. 187–212.

246 Vgl. Sperber, Alfred Adler Das Elend der Psychologie, S. 134.

247 Vgl. Sperber, Alfred Adler oder Das Elend der Psychologie, S. 138.

terie ausführlich beschriebenen Verhaltensweisen und Leidenszustände sagen.[248] Einerseits war der *männliche, ärztliche Blick* auf Frauen mit all seinen Konsequenzen gerade an der Wende vom 19. zum 20. Jahrhundert unzweifelhaft von großer Relevanz und ist es wohl nicht mehr in gleichem Ausmaß.[249] Andererseits aber scheint das entsprechende Set an Phänomenen selbst in der Tat eher selten vorzukommen, vielleicht auch, weil bei der Diagnostik aus medizinischen wie historischen Erwägungen Zurückhaltung geübt wird.[250] Als »Kernproblem [...] innerhalb« der »Zusammenhangsbetrachtung« identifiziert Sperber »die Beziehung des Menschen: zu sich selbst, zu anderen, zur Welt, sein Bezogensein auf all dies«. Es sei möglich, aus *Beziehung* und *Bezogensein* »auf ein *Bezugssystem* zu schließen«, »ein [...] komplexes Netz von Beziehungen, Bezogenheiten und deren kreuz und quer verlaufenden Wirkungen«.[251]

Adlers Konzept des Lebensplans begegnet bei Sperber auch unter der Bezeichnung »Leitlinie«. Zu deren »Herstellung« würden Menschen »Erlebnisse« heranziehen, deren »Wirklichkeitsakzent« allerdings im Rahmen dieses Adaptionsprozesses weitgehend oder gar »völlig verändert« werde, bis hin zur Verkehrung seines »Sinn[s] ins Gegenteil«. Es sei unrichtig, diese »manipulierte[n] Erlebnisse Erfahrungen« gleichzusetzen, doch gleichwohl komme ihnen entscheidende Bedeutung bei »der Erzeugung eines Apperzeptionsschemas« zu. Dieses selektiere künftige Bewusstseinsinhalte »tendenziös« anhand des Kriteriums der Kompatibilität mit Vorstellungen über sich selbst und die Welt, in anderen Worten, anhand dessen, was der oder dem Betreffenden jeweils »in den Kram paßt«.[252] Allerdings würden alle Menschen so vorgehen, auch Therapeutinnen und Therapeuten, und insofern sei ihre Beziehung nicht zuletzt eine »zwischen zwei Apperzeptionsweisen und zwei gleichermaßen determinierten und determinierenden Bewußtseinsgehalten«.[253] Sperber wendet sich mit Adler

248 Zu dieser Thematik vgl. allg. z. B. Bronfen, Elisabeth: Das verknotete Subjekt. Hysterie in der Moderne. Berlin: Volk & Welt 1998, S. 107–164; Schaps, Regina: Hysterie und Weiblichkeit. Wissenschaftsmythen über die Frau. Frankfurt am Main/New York: Campus 1992 (Reihe Campus 1054), S. 18–54.

249 Vgl. z. B. Schaps, Hysterie und Weiblichkeit, insbes. S. 48 ff. Vgl. allgemeiner auch Honegger, Claudia: Die Ordnung der Geschlechter. Die Wissenschaften vom Menschen und das Weib 1750–1850. 2. Aufl. Frankfurt am Main/New York: Campus 1992, S. 107–212.

250 Der Begriff hysterisch wurde im diagnostischen Vokabular durch histrionisch erweitert. Vgl. dazu z. B. Eckhart-Henn, Annegret/Kernberg, Otto F.: Die hysterische, histrionische Persönlichkeitsstörung. In: Persönlichkeitsstörungen, Heft 3 (2000), S. 127–175. Zu einer Empfehlung zu diagnostischer Zurückhaltung vgl. z. B. Paulitsch, Klaus: Grundlagen der ICD-10-Diagnostik. Wien: facultas wuv 2009 (UTB 3203), S. 237.

251 Vgl. Sperber, Alfred Adler oder Das Elend der Psychologie, S. 208 f.

252 Vgl. Sperber, Alfred Adler oder Das Elend der Psychologie, S. 216 f.

253 Vgl. Sperber, Alfred Adler oder Das Elend der Psychologie, S. 217.

gegen eine rein intrinsische Betrachtung psychischer Leidenszustände oder, allgemeiner noch, psychischer Befindlichkeiten.[254] Für Sperber stößt Psychotherapie daher immer dann an ihre Grenzen, wenn das als eigentlich relevant konstatierte Problem in den materiellen und/oder sozioökonomischen Verhältnissen von Menschen gründet. Dafür seien, und hier argumentiert Sperber konsequent und explizit mit Marx, »Modifikationen des gesellschaftlichen Seins« erforderlich. Dass dies auch tatsächlich zu Veränderungen auf der Ebene von Emotionen und Weltwahrnehmung führe, zeige nicht zuletzt »die Verschiebung gewisser sozioökonomischer Gegebenheiten, die seit jeher schon in der Kindheit erlebbar gewesen seien«. Ein frühes Erlebnis war vielfach jenes des »Mangels«, der eine unerbittliche »Realität« erfahrbar machte. »[D]eren imperativer und prohibitiver Charakter« sei für die allermeisten Menschen »sehr früh so zutage« getreten »wie eine ungeheure, unbesiegbare Macht«. Zwar sei »[d]er Mangel [...] auch jetzt«, also im Jahr 1970, »noch nicht völlig abgeschafft«. Doch seien der »begehrenswerten Dinge«, die der überwältigenden Mehrheit von Menschen »in der heutigen Wohlstandsgesellschaft [...] noch immer verweigert oder schwer zugänglich bleiben«, doch deutlich weniger als ehedem. Und so sei denn auch »das *Verweigerungserlebnis*, das zu den allgemeinsten gehörte, seltener geworden« und habe insbesondere »seinen sozialen *Schicksalscharakter* verloren«.[255]

3.5 Konsequente Zusammenhangsbetrachtung

Und eben hier setzt Sperbers häufig erwähnte Therapieskepsis an, die aber keine grundsätzliche ist, sondern sich vor allem gegen eine verengte therapeutische Sicht ebenso wie gegen damit verbundene überzogene therapeutische Ansprüche richtet. Vor Letzteren war wohl auch Alfred Adler nicht gefeit, vielleicht, weil die Aufbruchstimmung in der noch jungen psychotherapeutischen Szene so groß war, vielleicht aber auch aufgrund generell ins Megalomanische weisender Überschätzung eigener therapeutischer Möglichkeiten, die durchaus zu der von Sperber konstatierten »Originalitätssucht« passen würden.[256] Ein Beispiel, das Sperber im zweiten Teil seiner Autobiografie schildert, mag dies verdeutlichen. Es verweist zugleich auf einen frühen Konflikt zwischen Adler und Sperber, der

254 Vgl. z. B. Adler, Menschenkenntnis, insbes. S. 41–87.

255 Vgl. Sperber, Alfred Adler oder Das Elend der Psychologie, S. 260 f. (Hervorhebungen im Original).

256 Zu therapeutischen Allmachtsfantasien und »Originalitätssucht« vgl. Sperber, Alfred Adler oder Das Elend der Psychologie, S. 56 ff.

Sperber zufolge jedoch für ihr Verhältnis zueinander folgenlos geblieben sei. Es handelte sich um einen »Fall von *Dementia praecox*«.[257] Sperber, seit 1926 diplomierter Heilpädagoge, betreute damals einen »halbwüchsigen Patienten«, der an Symptomen litt, die heute als *psychotisch* bezeichnet würden.[258] Sperber lebte in derselben Wohnung wie der junge Mann, den er »Joseph« nennt. Einmal wöchentlich gab es einen Termin bei Adler. Ähnlich wie bei Freud bestand aus Sperbers Sicht auch bei Adler eine »Tendenz [...], die Psychose als psychotherapeutisch ansprechbar und – unter gewissen Umständen – heilbar anzusehen«.[259] Die Erkrankung des sechzehneinhalb Jahre alten Joseph hatte mit »einer schnellen Folge von Gewalttätigkeiten und irren Reden« begonnen. Nach fast einem dreiviertel Jahr brachten ihn die Eltern zu Adler, der eben »Hebephrenie« oder »*Dementia praecox*« diagnostizierte, Letzteres ein Begriff, von dem Sperber anmerkt, dass er »inzwischen außer Gebrauch geraten« sei.[260] Um

257 Vgl. Sperber, Die vergebliche Warnung, S. 388.

258 Dementia praecox« ist mit »unzeitiger« oder »frühzeitiger Demenz« übersetzbar (»dementia« selbst lässt sich mit »Wahnsinn« oder »Unverstand« übersetzen, gedacht ist seit dem 19. Jahrhundert vor allem an altersbedingte kognitive Verfallserscheinungen; zu den Übersetzungen hier vgl. z. B. auch Menge-Güthling: Langenscheidts Großwörterbuch Latein, Teil I: Lateinisch-deutsch. Unter Berücksichtigung der Etymologie von Prof. Dr. Hermann Menge. 25. Aufl. Berlin/München/Wien/Zürich/New York: Langenscheidt 1996, S. 587, 208). Der Begriff geht auf den Psychiater Bénédict Augustin Morel zurück (vgl. z. B. Küchenhoff, Bernhard: Vorwort zur neuen Ausgabe. In: Bleuler, Eugen: Dementia praecox oder Gruppe der Schizophrenien. Mit einem Vorwort von Bernhard Küchenhoff. Gießen: Psychosozial-Verlag 2014, S. I–XVI) und wurde im deutschen Sprachraum von Emil Kraeplin eingeführt. Eugen Bleuler entwickelte dann die heute gebräuchliche »Gruppe der Schizophrenien« als Alternativbegriff zu »Dementia praecox«. Vgl. Bleuler, Eugen: Dementia praecox oder Gruppe der Schizophrenien. Mit einem Vorwort von Bernhard Küchenhoff. Gießen: Psychosozial-Verlag 2014, S. 1–8, 187–200.

259 Vgl. Sperber, Die vergebliche Warnung, S. 388 f. Explizit wird dies allerdings eher nicht ausgesprochen; die Andeutung von Möglichkeiten findet sich; vgl. z. B. Adler, Alfred: Das Problem der »Distanz«. Über einen Grundcharakter der Neurose und Psychose (1914). In: Adler, Alfred: Persönlichkeitstheorie, Psychopathologie, Psychotherapie (1913–1937). Hg. v. Gisela Eife. Göttingen: Vandenhoeck & Ruprecht 2010 (Alfred Adler Studienausgabe, hg. v. Karl Heinz Witte, Bd. 3), S. 158–166; Adler, Alfred: Lebenslüge und Verantwortlichkeit in der Neurose und Psychose. Ein Beitrag zur Melancholiefrage (1914). In: Adler, Alfred: Persönlichkeitstheorie, Psychopathologie, Psychotherapie (1913–1937). Hg. v. Gisela Eife. Göttingen: Vandenhoeck & Ruprecht 2010 (Alfred Adler Studienausgabe, hg. v. Karl Heinz Witte, Bd. 3), S. 170–180.

260 Vgl. Sperber, Die vergebliche Warnung, S. 393, 388. Die Bezeichnung Hebephrenie geht auf Emil Kraeplin zurück. Auch heutige Diagnosemanuale, z. B. der ICD-10, kennen die »hebephrene Psychose«, noch. Dort heißt es, es handle sich um »[e]ine Form der Schizophrenie, bei der die affektiven Veränderungen im Vordergrund stehen, Wahnvorstellungen und Halluzinationen flüchtig und bruchstückhaft auftreten, das Verhalten verantwortungslos und unvorhersehbar ist und Manierismen häufig sind. Die Stimmung ist flach und unangemessen. Das Denken ist desorganisiert, die Sprache zerfahren. Der Kranke neigt dazu, sich

den Patienten unbemerkt beobachten zu können, habe Sperber in der Wohnung am Stadtrand, in der er sich mit Joseph aufhielt, »Spiegel in allen Räumen so angebracht«, dass eine indirekte Beobachtung aus jeweils einem anderen Raum jederzeit möglich gewesen sei. So habe Sperber den Jugendlichen beim Grimassieren vor dem Spiegel beobachten können, wenn Joseph sich unbeobachtet fühlte.[261] Konkret habe Joseph unter »Verfolgungswahn« gelitten, wobei er der Überzeugung gewesen sei, »daß sich seine Verfolger durch Geräusche mit der Nase verständigten und in dieser geheimen Sprache seine Ermordung vorbereiteten«. Daher störten ihn die Atemgeräusche anderer Menschen, die sich im Zuge des Einschlafens einzustellen pflegen. Bei Sperber stellten sie sich allerdings eine ganze Weile über nicht ein, weil er »sehr lange mit geschlossenen Augen unbeweglich daliegen konnte«. Solchermaßen habe sich eine fragile Vertrauensbasis bilden können. Joseph »öffnete einen schmalen Spalt im Panzer, in dem er, der rastlos Verfolgte, ein Asyl gefunden zu haben glaubte«. Auch Sperber sei es möglich geworden, einen Blick in die

> »winzige, in sich geschlossene Welt« zu werfen, »deren einziger Bewohner von der Gewißheit beherrscht war, daß nur er allein die volle Wahrheit kannte, sie aber […] mit allen Listen verheimlichen müßte«.[262]

Joseph habe »eine totale Weltanschauung« gelebt, in deren Rahmen es nur ein »Subjekt« gegeben habe, nämlich ihn selbst. Alle anderen seien für Joseph »Objekte« gewesen, bis zu einem gewissen Grad »nützlich«, in erster Linie aber »gefährlich«. Habe er geschlafen, so sei auch alles Bedrohliche verschwunden, denn die »menschlichen Objekte« hätten für ihn aufgehört zu existieren. Sei er wach gewesen, wäre er in verschiedene Rollen geschlüpft, und zu deren Einübung habe das Grimassieren vor dem Spiegel gedient.[263]

Adler habe alsbald »eine erstaunliche Besserung« von »Josephs Zustand« festgestellt. Denn »eine – so schien's ihm – normale Kontaktfähigkeit« habe »den Gesichtsausdruck des Jungen so auffällig verwandelt, daß er gar nicht mehr dem Kranken ähnelte, den man zu ihm gebracht hatte«. Adler sei zu der Überzeugung gelangt, dass Joseph im Rahmen seiner und Sperbers psycho-

sozial zu isolieren. Wegen der schnellen Entwicklung der Minussymptomatik, besonders von Affektverflachung und Antriebsverlust, ist die Prognose zumeist schlecht. Eine Hebephrenie soll in aller Regel nur bei Jugendlichen oder jungen Erwachsenen diagnostiziert werden.« (ICD-10, F20.1; vgl. z. B. auch Paulitsch, Grundlagen der ICD-10-Diagnostik, S. 109.)

261 Vgl. Sperber, Die vergebliche Warnung, S. 389 f. (Hervorhebung im Original).

262 Vgl. Sperber, Die vergebliche Warnung, S. 390 f.

263 Vgl. Sperber, Die vergebliche Warnung, S. 391.

therapeutischer Arbeit geheilt worden sei. Er habe Sperber zu diesem Erfolg beglückwünscht, ihn außerdem aufgefordert, »einen Bericht zu schreiben und ein langes Referat über diesen Fall« im Rahmen einer Sitzung des »Individualpsychologischen Vereins« vorzutragen. Sperber hingegen zweifelte daran, dass hier eine Heilung gelungen sei. Eher liege eine »vorübergehende Besserung [...], eine Remission« vor. Adler sei von diesen Einwänden nicht angetan gewesen, es sei aber auch kein nachhaltiger Konflikt daraus entstanden.[264] Vor und nach dem Vortrag, den Sperber später hielt, habe sich Adler ausführlich zu dem Fall geäußert und »seinen praktisch unbegrenzten therapeutischen Optimismus zur Geltung gebracht«. Sperbers Widerspruch sei sehr verhalten ausgefallen, »kaum merklich«, und vieles, was er gesagt habe, sei »eher geeignet« gewesen, »Adlers Argumente zu erhärten«. Dem ihm von Adler bei dieser Gelegenheit gespendete »Lob« habe er ebenfalls kaum widersprochen. Selbst in der Presse sei Sperber »als ein Wundertäter gerühmt« worden, nach seinem eigenen Bekunden im zweiten Band seiner Autobiografie »eine der schlimmsten Stunden [s]eines Lebens«.[265] Rund eineinhalb Jahre später habe er erfahren, dass Joseph einen »schweren Rückfall« erlitten habe und daraufhin »in der großen Wiener Irrenanstalt Steinhof interniert« worden sei.[266]

Nun stellt Sperber keineswegs jegliches therapeutische Bemühen im konkreten Fall in Frage. Allerdings lehnt er eine übersteigerte Bewertung desselben ab, zumindest aus einer retrospektiven Betrachtung heraus. »Gewiß«, schreibt er in Bezug auf Joseph, habe ein »*Arrangement* im Sinne Adlers«, eine »Spiegelkomödie« vorgelegen. Auch habe Joseph »eine Reihe von anscheinend sinnlosen Zwangshandlungen« wiederholt, was »zu einer Zwangsneurose gepaßt« hätte. Allerdings habe »der Beobachter zur Gewißheit gelangen« müssen, dass Josephs Verhaltensweisen nicht Ausdruck eines »*Organdialekt*[s]« gewesen seien, »in dem eine schwere seelische Störung ihren Ausdruck« gesucht habe, »sondern umgekehrt eine Störung von Organen, die sich in einem psychischen Dialekt äußerten«.[267] Um das hier herangezogene Adler'sche Vokabular an dieser Stelle kurz zu erläutern: Als »Organdialekt« gilt Adler ein »Modus Dicendi«, eine »Form des Redens«, »eine ›Als-ob‹-Konstruktion« im Sinne Vaihingers, in deren Rahmen Befindlichkeiten in Form von Metaphern, insbesondere solche sexueller Art, aber auch auf körperliche »Verrichtungen« bezogene Ausdrücke artikuliert werden, wobei die bereits vorhandene affektive oder gefühlsmäßige noch weiter

264 Vgl. Sperber, Die vergebliche Warnung, S. 392 f.
265 Vgl. Sperber, Die vergebliche Warnung, S. 395 f.
266 Vgl. Sperber, Die vergebliche Warnung, S. 397 f.
267 Vgl. Sperber, Die vergebliche Warnung, S. 394 f. (Hervorhebungen im Original).

forciert wird.[268] Dabei können auch körpersprachliche Ausdrucksformen eine Rolle spielen.[269] Mit »neurotische[m] Arrangement« könnte am ehesten »das Provozieren von Erlebnissen und das [...] Um-Arrangieren [...] derselben« gemeint sein.[270] Dies im Sinne der »*Lebensfrage des Nervösen*«, die da laute:

> »*Wie muß ich mein Leben ausgestalten, um meine Überlegenheitstendenz zu befriedigen, mein unabänderliches Minderwertigkeitsgefühl in ein Gefühl der Gottähnlichkeit zu verwandeln?*«[271]

Sperbers Überlegungen zu den Möglichkeiten und Grenzen von Psychotherapie lassen sich mithin durchaus als Ausdruck einer konsequent weitergedachten Zusammenhangsbetrachtung verstehen, die psychologische und psychotherapeutische Ansätze und Verfahren selbst nicht ausschließt. Alles andere führe zu fragwürdigen Verkürzungen. So könne das »fundamentale Problem der Autorität in der Gesellschaft und daher in der Familie« nicht sinnvoll »auf die Herrschaft des eifersüchtigen Vaters« reduziert werden, wie dies etwa in Freuds Konzept des Ödipuskomplexes Ausdruck finde.[272] Eine »Zusammenhangsbetrachtung« müsse, so Sperber, stets das »Kernproblem des Menschen« in den Blick nehmen. Dieses »Kernproblem« sei »die *Beziehung* des Menschen: zu sich selbst, zu anderen, zur Welt, sein *Bezogensein* auf all dies. Aus beidem kann man sodann versuchen, auf ein *Bezugssystem* zu schließen«. Im Grunde würden Menschen bereits im Kleinkinderalter beginnen, solche Bezugssysteme, »Netz[e] von Beziehungen, Bezogenheiten und deren kreuz und quer laufenden Wirkungen« zu knüpfen.[273]

3.6 Gemeinschaft und Einsamkeit

Insgesamt sei »die Beziehung des Menschen zu sich selbst höchst problematisch und recht schwierig«, sie verleihe aber »nach Fixierung des persönlichen Bezugssystems allen Beziehungen, die man fortan eingeht, ihren besonderen Charak-

---

268 Vgl. Adler, Alfred: Organdialekt (1912). In: Adler, Alfred: Persönlichkeit und neurotische Entwicklung. Frühe Schriften (1904–1912). Hg. v. Almuth Bruder-Bezzel. Göttingen: Vandenhoeck & Ruprecht 2009 (Alfred Adler Studienausgabe, hg. v. Karl Heinz Witte, Bd. 1), S. 250–259, hier S. 251, 257 f.

269 Vgl. Adler, Organdialekt, S. 258 f.

270 Vgl. Ansbacher/Ansbacher (Hg.), Alfred Adlers Individualpsychologie, 5. Aufl., S. 229.

271 Adler, Praxis und Theorie der Individualpsychologie, S. 57 (Hervorhebungen im Original).

272 Vgl. Sperber, Alfred Adler oder Das Elend der Psychologie, S. 138 ff.

273 Vgl. Sperber, Alfred Adler oder Das Elend der Psychologie, S. 208 f. (Hervorhebungen im Original).

ter«. Was immer es sonst noch »sein« könne, »Bewußtsein« müsse »stets auch Selbstbewußtein sein«, denn woran oder an wen jemand auch immer denke, »er selbst ist stets *mitgedacht*«. Dies finde aus individualpsychologischer Sicht nicht zuletzt in Träumen sinnfällig Ausdruck, in Gestalt »jener Traumfigur, mit der der Träumer das tiefste Mitleid empfindet«, als »zweite[r], verhohlene[r] Erscheinungsform des Träumers«.[274] Dennoch seien Menschen fähig, »von sich selbst abzusehen« und »das Gemeinschaftsgefühl methodisch trainieren« zu können. Denn Gemeinschaften auf der Grundlage von »Mitmenschlichkeit« und »tätige[r] Solidarität« erwiesen sich schon aufgrund »biologische[r] Minderwertigkeit« als »lebensrettend- und erhaltend«.[275] So würde »sozial gültige[s] Verhalten [...] dem wohlverstandenen Interesse« jeder und jedes Einzelnen am besten dienen. Adler habe ein auf solche Überlegungen gegründetes Vorgehen für möglich gehalten, im Blick auf menschliche Potentiale, darauf, »was der Mensch [...] sein könnte« und weniger darauf, »was er ist«.[276] Gleichwohl stoße, wer über »Menschenkenntnis« schreibe, auf die »Botschaft der Einsamkeit«.[277] Nicht allein, weil jedes schriftstellerische Unterfangen letztlich die oder den Schreibenden auf sich selbst zurückwirft, sondern auch, weil der konkrete empirische Autor in diesem Fall dereinst ein »Flüchtlingskind« gewesen ist, »das wie über Nacht alles verloren hatte«, nur um »in der großen, aus der Ferne bewunderten Stadt eine Enttäuschung« zu erleben, »eine zerstörte Illusion«. Wer sich in eine derartige »Einsamkeit« geworfen finde, wende sich entweder dem »Nichts« zu oder »begehr[e] auf und begehr[e], alles zu ändern«.[278] »Einsamkeit«, grundlegend verstanden als »Vereinzelung«, sei »in der Atmosphäre der Großstadt« zum Massenphänomen geworden. Damit einher gehe unter ande-

274 Vgl. Sperber, Alfred Adler oder Das Elend der Psychologie, S. 141.

275 Vgl. Sperber, Alfred Adler oder Das Elend der Psychologie, S. 143. Gedacht ist vermutlich an Adlers Lehre von der »Organminderwertigkeit«, die sich auf »das unfertige, in der Entwicklung zurückgebliebene, im Ganzen oder in einzelnen Teilen in seinem Wachstum gehemmte oder veränderte Organ« bezieht. Diese würde auf den »psychischen Überbau« wirken. Vgl. Adler, Alfred: Die Theorie der Organminderwertigkeit und ihre Bedeutung für Philosophie und Psychologie (1908). In: Adler, Alfred: Persönlichkeit und neurotische Entwicklung. Frühe Schriften (1904–1912). Hg. v. Almuth Bruder-Bezzel. Göttingen: Vandenhoeck & Ruprecht 2009 (Alfred Adler Studienausgabe, hg. v. Karl Heinz Witte, Bd. 1), S. 51–63, hier: S. 53. Vielleicht nimmt Sperber aber auch nur auf das Mängelwesen Mensch Bezug, das, um zu überleben, auf seine kognitiven Fähigkeiten und Vergesellschaftung gleichermaßen angewiesen ist. Vgl. dazu schon Kant, Immanuel: Idee zu einer allgemeinen Geschichte in weltbürgerlicher Absicht (1784). In: Kant, Immanuel: Schriften zur Anthropologie, Geschichtsphilosophie und Pädagogik 1. 13. Aufl. Frankfurt am Main 1993 (Kant, Immanuel, Werkausgabe, Bd. XI, hg. v. Wilhelm Weischedel), S. 33–50, hier insbes. S. 35, 39.

276 Vgl. Sperber, Alfred Adler oder Das Elend der Psychologie, S. 142 f.

277 Vgl. Sperber, Alfred Adler oder Das Elend der Psychologie, S. 146.

278 Vgl. Sperber, Alfred Adler oder Das Elend der Psychologie, S. 147.

rem ein Gefühl der »Trauer«, der man in Mimik und Gestik »unbekannte[r] Fußgänger [...] öfter [...] als an Freunden« beobachten könne. Auf diese Weise mache sich inmitten der Vereinzelung etwas wie »Mitgefühl« oder »Empathie« bemerkbar, was wiederum einen »Identifikationsprozeß« einleiten könne. Insofern sei »eine Psychologie selbst des einsamsten Einzelnen nicht« vorstellbar, »die nicht zugleich eine soziale Charakterologie wäre«.[279]

279 Vgl. Sperber, Alfred Adler oder Das Elend der Psychologie, S. 149 ff., 154.

4 Eine Art Resümee

Was also versteht Sperber genau unter Individualpsychologie? Was nimmt er von ihr für sein eigenes Schreiben mit? Ohne Zweifel ist die Individualpsychologie für Sperber eine psychotherapeutische Richtung, die – anders als insbesondere die Psychoanalyse – weniger an der Vergangenheit eines Menschen interessiert ist als an dessen Möglichkeit, eine Zukunft zu entwerfen. Dies erscheint aus Sperbers Sicht nicht nur wesentlich, um sie angemessen zu beschreiben. Vielmehr dürfte es sich hier möglicherweise um etwas gehandelt haben, das Sperber selbst für hochgradig wichtig hielt, wenn es um *Menschenkenntnis* geht. Diesen Terminus gebrauchte Sperber, offenbar in bewusster Anlehnung an Adler, recht häufig.

> »Würde eine Amnesie«, so schreibt er, »einen Menschen auf einmal von seiner ganzen Vergangenheit abschneiden, so würde er damit für die Dauer der Störung sein Identitätsbewußtsein einbüßen.«[280]

Doch unvergleichlich drastischer würde sich der Verlust von Perspektiven auswirken, von Vorstellungen dessen, was sein könnte. Fände sich ein Mensch

> »von der Zukunft ab[ge]schnitte[n], so würde er lebensunfähig werden. Nichts von dem, was wir tun oder planen, behält irgendeinen Sinn, wenn das Nachher, der unmittelbar folgende Augenblick, der kommende Tag, das künftige Jahr, nicht mehr impliziert sind.«

Denn »für den prospektiven Menschen« sei »die Zukunft das Reich [...] der totalen, unangreifbaren Freiheit, der Souveränität gegenüber dem Leben«.[281] Adlers Überlegungen zum *Lebensplan* kommt in Sperbers Lesart der Individualpsychologie insofern erhebliche Bedeutung zu. Sperber selbst verwendet in

---

280 Vgl. Sperber, Alfred Adler oder Das Elend der Psychologie, S. 120.
281 Vgl. Sperber, Alfred Adler oder Das Elend der Psychologie, S. 120 f.

diesem Zusammenhang auch den Begriff »Leitlinie«.[282] Dass sich insbesondere autoritäre Erziehungsmodelle in diesem Zusammenhang ungünstig auswirken, indem sie eine »hemmende« und »neurotisierende« Wirkung entfalten, erscheint als folgerichtige Annahme.[283] Demgegenüber setze die Individualpsychologie auf Autoemanzipation und Selbsterziehung, die allerdings nicht selbstzweckhaft gedacht seien, sondern vielmehr einbezogen in den Horizont des Gemeinschaftsgefühls.[284] Es ließe sich in diesem Zusammenhang auch an die These denken, dass eine Korrelation zwischen Freiheit und Verantwortung besteht, eine Annahme, die individualpsychologischen Ansätzen so wenig fremd ist wie existenzphilosophischen.[285] Zudem ist diese Korrelation da wie dort stets in Bezug auf andere Menschen gedacht:

> »Was wir Faktizität der Freiheit genannt haben, ist das Gegebene, das sie zu sein hat, und das sie mit ihrem Entwurf erhellt. Dieses Gegebene manifestiert sich in mehreren Arten, wenn auch in der absoluten Einheit einer gleichen Erhellung. Es ist *mein Platz, mein Körper, meine Vergangenheit, meine Position,* insofern sie durch die Identifikationen der anderen bereits bestimmt ist, schließlich *meine grundlegende Beziehung zu Anderen.*«[286]

Keineswegs unähnlich Sartres Überlegungen zu den Bedingtheiten von Freiheit in spezifischen *Situationen,* deren Korrelation nicht zuletzt dadurch gekennzeichnet ist, dass Menschen die vorgefundene Situation durch die Weise ihrer Entscheidung, die Art, in der sie mit derselben umgehen, verändern können, ist »Anpassung« für Sperber etwas, das in zwei Richtungen verläuft. Auch wenn wir uns »Umständen« und dergleichen »anpassen«, sind wir doch umgekehrt auch in der Lage, diese an unsere Bedürfnisse »anzupassen«.[287] Dass es der sozia-

---

282 Vgl. Sperber, Alfred Adler oder Das Elend der Psychologie, S. 216 f.

283 Vgl. Sperber, Alfred Adler oder Das Elend der Psychologie, S. 257.

284 Vgl. Sperber, Alfred Adler oder Das Elend der Psychologie, S. 263.

285 Vgl. z. B. Potacs, Michael: Alfred Adler, Jean Paul Sartre und der Marxismus. In: Pelinka, Anton et al. (Hg.): Zwischen Austromarxismus und Katholizismus. Festschrift für Norbert Leser. Wien: Braumüller 1983, S. 159–169, hier S. 159–161.

286 Sartre, Jean-Paul: Das Sein und das Nichts. Versuch einer phänomenologischen Ontologie. Hg. v. Traugott König. Deutsch v. Hans Schöneberg u. Traugott König). 23.–26. Tsd. Reinbek bei Hamburg: Rowohlt 1998 (Sartre, Jean Paul: Gesammelte Werke in Einzelausgaben. In Zusammenarbeit mit dem Autor und Arlette Elkaïm-Sartre, begründet von Traugott König, hg. v. Vincent v. Wroblewsky. Philosophische Schriften, Bd. 3; rororo 13316), S. 845 f.

287 Vgl. Sperber, Alfred Adler Das Elend der Psychologie, S. 233; Sartre, Das Sein und das Nichts, S. 853 ff., 950 ff. Zu Sperbers Kritik an Sartres politischer Haltung, die ihn zum »wirksamste[n] intellektuelle[n] Propagandist[en] der stalinschen und poststalinschen Politik« werden habe lassen, vgl. Sperber, Manès: Nur eine Brücke zwischen gestern und morgen. Ungekürzte Ausgabe München: Deutscher Taschenbuch Verlag 1983, S. 41.

len Disposition menschlicher Wesen entsprechen soll, dies im Rahmen von Gemeinschaften zu tun, ist ein Gedanke, in dem sich Sperbers Annäherungen an die Individualpsychologie ebenso ausdrücken wie jene an den Marxismus. Für Sperber sollten funktionierende Gemeinschaften nichts Repressives haben. Als gelungenes Beispiel zog er das Modell des Kibuzz heran. In den Kibbuzim sei »jegliche Autorität« abgeschafft, »von *permissiveness*« könne dort »keine Rede sein«. Generell seien sie »den von Alfred Adler formulierten Gemeinschaftsforderungen so gerecht geworden […], wie vorher und seither keine andere pädagogische oder sonstige Institution«. Es handle sich um »Gemeinschaften […], deren Mitglieder einander durch ›nackte Menschlichkeit‹, das heißt, durch ein Gemeinschaftsgefühl, verbunden« blieben.[288] An anderer Stelle spricht Sperber von einem »in individueller Freiheit und wirtschaftlicher Gleichheit gelebten Sozialismus«.[289] Solches war nur möglich angesichts eines »Gefühl[s] der Gemeinschaft und« einer »Gewißheit der Zugehörigkeit«, in der Sperber den jungen Staat Israel im zehnten Jahr seines Bestehens wahrnahm.[290]

Unter solchen Gesichtspunkten lassen sich vielleicht auch Überlegungen Sperbers zu Psychotherapie und Pädagogik zueinander in Beziehung setzen. Dem Konzept der Psychotherapie, ob nun *klassisch* psychoanalytisch oder individualpsychologisch konfiguriert, stand Sperber wie erwähnt skeptisch gegenüber. Was ihm fragwürdig erschien, war die Vorstellung einer therapiebedingten *Heilung*, und dies keineswegs allein bei psychotischen Patientinnen und Patienten.[291] Denn angesichts sozioökonomischer Bedingtheiten vieler psychischer Leidenszustände von Individuen, die eben keineswegs intrinsisch verursacht seien, wären die Mittel und Möglichkeiten therapeutischen Vorgehens gegen die Symptome fragwürdig.[292] Adler selbst habe bereits die Bedeutung von »Erziehung« betont und in den Blick genommen, »was […] der Mensch […] werden könnte«, und zwar gänzlich illusionslos darüber, »was der Mensch ist und wie er ist«. So habe die Individualpsychologie ihre »ersten wirklich bedeutenden Erfolge […] im Bereich der Pädagogik« erzielt, »in der Erziehungsberatung, Heilerziehung und psychologischen Lehrausbildung«[293]. Dass es sich dabei um Bereiche handelt, in denen Sperber während der 1920er-Jahre selbst

288 Vgl. Sperber, Alfred Adler oder Das Elend der Psychologie, S. 270.

289 Vgl. Sperber, Churban oder die unfaßbare Gewißheit, S. 144.

290 Vgl. Sperber, Churban oder die unfaßbare Gewißheit, S. 119 sowie 116 und 147 (zum Zeitraum der Reise).

291 Zur in der Tat höchst problematischen Vorstellung einer Heilung im Rahmen psychotherapeutischer Verfahren vgl. z. B. das österreichische Psychotherapiegesetz, namentlich dessen § 1 Abs. 1 (BGBl Nr. 361/1990, zuletzt geändert BGBl I Nr. 105/2019).

292 Vgl. Sperber, Alfred Adler oder Das Elend der Psychologie. S. 259.

293 Vgl. Sperber, Alfred Adler oder Das Elend der Psychologie, S. 280.

tätig war, muss dieses Argument keineswegs relativieren.[294] Wie auch immer, vor diesem Hintergrund ist vielleicht auch Sperbers Rezeption der Idee Adlers besser nachvollziehbar, dass »*Heilung der Neurose*« eine »*endgültige Rückkehr* [...] *des Patienten* [...] *in die menschliche Gemeinschaft ohne Phrase*« erfordere, und dies nur mittels »*erzieherische*[r] *Umwandlung des Patienten*« möglich sei.[295] Die angesprochene »Rückkehr in die Gemeinschaft« kann im Sinne des von Sperber favorisierten Modells einer nicht-repressiven Gemeinschaft gelesen werden, der »jeglicher [...] gibt, was er kann«, um im Gegenzug zu erhalten, »was er braucht«.[296] Allerdings räumt Sperber selbst die geringe empirische Evidenz für das Vorhandensein solcher Gemeinschaften ein. Das einzige Beispiel, das er selbst nennt, ist der Kibbuz, und dieser sei »an vielerlei Bedingungen gebunden, nicht zuletzt an das Schicksal Israels und des jüdischen Volkes«.[297] Nicht zuletzt auch deshalb scheint Sperber wohl die bei Adler betonte Zusammenhangsbetrachtung wichtig, die den vielfältigen Bezugssystemen Rechnung trägt, innerhalb derer Menschen sich bewegen. Zugleich sei Adler »von der unlöslichen Einheit und Ganzheit des Individuums« ausgegangen und habe »*versucht, das Bild der einheitlichen Persönlichkeit aus den einzelnen Lebensäußerungen und Ausdrucksformen zu gewinnen*«.[298] Um dem gerecht zu werden, habe Adler gerade für Lehrzwecke in technischer Hinsicht »Rate-Séancen und experimentelle Enträtselungen« entwickelt, in deren Rahmen darauf verzichtet wurde, Patientinnen und Patienten zu »präsentier[en] und aus[zu]frag[en]«. Vielmehr wurden »Bericht[e] analysiert«, um »die Leitlinie, den Lebensstil, das unbewußte Ziel und [...] die wichtigsten Ausgangssituationen des Kranken zu ermitteln«.[299] Adlers didaktisch wohl durchaus anspruchsvolles Vorgehen umschreibt Sperber so, dass er seine Schülerinnen und Schüler »fordernd förderte«.[300] Zugleich habe er es vermocht,

---

294 Zur Sperbers entsprechenden Aktivitäten vgl. Stančić, Manès Sperber, S. 88 ff.

295 Vgl. Sperber, Alfred Adler oder Das Elend der Psychologie, S. 220; Zitate aus Adler, Neue Leitsätze zur Praxis der Individualpsychologie, S. 85 (Hervorhebungen bei Sperber, loc. cit.).

296 Vgl. Sperber, Alfred Adler oder Das Elend der Psychologie, S. 269.

297 Vgl. Sperber, Alfred Adler oder Das Elend der Psychologie, S. 270.

298 Vgl. Sperber, Alfred Adler oder Das Elend der Psychologie, S. 276 (die bei Sperber kursive Passage ist ein Zitat aus Adler, Praxis und Theorie der Individualpsychologie, S. 19).

299 Vgl. Sperber, Alfred Adler oder Das Elend der Psychologie, S. 284. Die so angesprochenen konjekturalen Verfahren sind gewiss weit weniger spekulativ und unwissenschaftlich, als dies auf den ersten Blick vielleicht den Anschein haben mag. Vgl. z. Kühnel, Jürgen: Konjektur. In: Schweikle, Günther/Schweikle, Irmgard (Hg.): Metzler Lexikon Literatur. Begriffe und Definitionen. 2., überarb. Aufl. Stuttgart/Weimar: Metzler 1990, S. 249; Ginzburg, Indizien: Morelli, Freud und Sherlock Holmes, S. 125–179, hier S. 165.

300 Vgl. Sperber, Alfred Adler oder Das Elend der Psychologie, S. 279.

> »alle Mittelbarkeit auszuschalten und einzelne im Zwiegespräch oder ein Publikum in Vorträgen *unmittelbar* so anzusprechen, daß sie das Gefühl haben konnten, mit ihm mitzudenken, mitzugehen, auch wenn sie völlig stumm blieben«.

Auf diese Weise, im Rahmen seiner spezifischen »Kunst« des Vortrags, habe Adler nicht zuletzt »eine höchst bemerkenswerte Anwendung der sokratischen Methode« vollzogen.[301]

301 Vgl. Sperber, Alfred Adler oder Das Elend der Psychologie, S. 284 (Hervorhebung im Original).

Teil B: Sperbers autobiografisches Werk unter dem Blickwinkel individualpsychologischer Theorien und Methoden

1 Einleitung

Unter dem Titel »All das Vergangene ...« publizierte Sperber 1983 seine autobiografische Trilogie. Ihre drei Teile hatte er zuvor, zwischen 1974 und 1977, als Einzelbände veröffentlicht. Sie als zusammenhängende Teile eines Ganzen zu betrachten, schien Sperber selbst konsequent, denn »[d]em aufmerksamen Leser werden sie unschwer [...] zu einer einzigen Erzählung werden«.[302] Aus philologischer Sicht, aber auch im Hinblick auf individualpsychologische Perspektiven in Sperbers autobiografischer Trilogie, ist es lohnenswert, alle drei Teile für sich zu betrachten und erst am Ende auf gemeinsame Strukturen hinzuweisen, statt sie vorschnell vorauszusetzen. Denn neben wechselseitigen Verweisen und übergreifenden Themen bestehen auch Unterschiede, die keinesfalls vernachlässigbar sind. Dies festzuhalten, ist deshalb wichtig, weil es im Folgenden nicht darum geht, eine neue Biografie Sperbers zu schreiben, sondern vielmehr eine Analyse seiner autobiografischen Schriften unter bestimmten Gesichtspunkten, insbesondere der Darstellungsmodi im Blick auf individualpsychologische Bezüge, vorzunehmen.

Im ersten Band seiner Autobiografie »Die Wasserträger Gottes«[303] behandelt Sperber den Zeitraum zwischen 1905 und 1918. Der zweite Band »Die vergebliche Warnung«[304] behandelt die Jahre 1918 bis 1933, der dritte »Bis man mir Scherben auf die Augen legt«[305] beschäftigt sich mit der Zeit seit 1933 bis in die 1970er-Jahre. Die Formulierung »Bis man mir Scherben auf die Augen legt« bezieht sich auf eine »Beteuerung«, die Sperber oft im »Städtel« gehört habe:

---

302 Vgl. Sperber, Manès: Vorbemerkung. In: Sperber, Manès: All das Vergangene ... Die Wasserträger Gottes. Die vergebliche Warnung. Bis man mir Scherben auf die Augen legt. Wien/München/Zürich: Europaverlag 1983, S. 8.

303 Vgl. Sperber, Die Wasserträger Gottes, S. 11–255. Das Buch war erstmals 1974 veröffentlicht worden.

304 Vgl. Sperber, Die vergebliche Warnung, S. 257–577. Das Buch war erstmals 1975 veröffentlicht worden.

305 Vgl. Sperber, Bis man mir Scherben auf die Augen legt, S. 579–931. Das Buch wurde erstmals 1977 veröffentlicht.

»›Das werd' ich nicht vergessen, bis man mir Scherben auf die Augen legt.‹«[306] Tonscherben werden in traditionellen jüdischen Bestattungsbräuchen Toten auf die Augen gelegt.[307]

Der Frage also, ob und inwieweit Sperbers Auffassung von Individualpsychologie in seine autobiografischen Schriften eingeflossen ist, wird im Folgenden nachgegangen. In einzelnen Fällen werden ergänzend essayistische Texte Sperbers herangezogen, soweit sie autobiografische Bezüge erkennen lassen. Bei alledem wird in einem ersten Schritt jeweils auf zentrale Inhalte des jeweiligen Texts eingegangen, sodann auf Aspekte literarischer Umsetzung und schließlich auf das allfällige Vorhandensein individualpsychologischer Themen und/ oder Perspektiven.

306 Sperber, Bis man mir Scherben auf die Augen legt, S. 599.

307 Vgl. dazu z. B. Seligmann, S.: Der böse Blick und Verwandtes. Ein Beitrag zur Geschichte des Aberglaubens aller Zeiten und Völker. 1. Band. Berlin: Barsdorf Verlag 1910, S. 160; Vries, S[imon]. Ph[ilip]. de: Jüdische Riten und Gebräuche. Bearb. v. Miriam Migall. 6. Aufl. Wiesbanden: Fourier 1990, S. 275.

2 »Die Wasserträger Gottes«

2.1 Zentrale Inhalte

2.1.1 Vorüberlegungen

Die »Wasserträger Gottes« beginnt mit Sperbers Kindheit in Zablotow und schließt mit dem Ende des Ersten Weltkriegs und der Habsburgermonarchie. Sperber und seine Familie lebten zu diesem Zeitpunkt bereits zwei Jahre lang in Wien. Was Sperbers autobiografisches Schreiben auszeichnet, ist zunächst schon der durchgängig reflexive Duktus, der Bedingungen und Möglichkeiten autobiografischen Erinnerns selbst in den Blick nimmt. Überlegungen zu den Ambivalenzen von Erinnerungen, zum Erfordernis, eine Auswahl zu treffen und zumindest ansatzweise Selbstdistanzierung vorzunehmen, stehen gleich am Anfang des Buches, kehren aber im Lauf des Textes sowie in den beiden nachfolgenden Bänden immer wieder.[308]

Konsequent sichtbar macht Sperber auch die unterschiedlichen, für jegliche Art von Autobiografie charakteristischen Zeitebenen: jene des sich in einer jeweiligen Gegenwart Erinnernden und jene, auf die sich die Erinnerungen beziehen.[309] Doch was bedeutet *Gegenwart?* Für Sperber etwas, das mit den religiösen Vorstellungen seiner Kindheit, einem von den Chassidim erhofften messianischen Zeitalter, zusammenhängt. »Eine so obsessiv an eine alte, gleichsam enzyklopädische Tradition gebundene Innenwelt wie jene, von der meine Kindheit geformt worden ist, gewährt der Vergangenheit weit mehr Raum als der

308 Vgl. z. B. Sperber, Die Wasserträger Gottes, S. 17 ff., 62 ff., 121 ff., 141, 239 ff.; Sperber, Die vergebliche Warnung, S. 264 ff., 314 ff., 337 ff., 342 ff., 396 ff., 474 f., 498 f., 545 ff., 568 f.; Sperber, Bis man mir Scherben auf die Augen legt, S. 674 ff., 708 ff., 726, 749, 774 f., 800, 888 ff.

309 Vgl. z. B. Sperber, Die Wasserträger Gottes, S. 70 ff., 79 ff., 83 ff., 135 ff., 139 ff.; Sperber, Die vergebliche Warnung, S. 314 ff., 342 ff., S. 498 f.; Sperber, Bis man mir Scherben auf die Augen legt, S. 828 f.

Gegenwart.« Die Letztere wird nicht als bloßer »Durchgang, zugleich Nachspiel und Vorspiel«, begriffen, sondern als »Erwartung der ›Zeit nach der Zeit‹«.[310]

In Phasen großer Angst und Traumatisierung, als er etwa während des Ersten Weltkriegs in Zablotow unvermittelt mitten ins Kriegsgeschehen geraten sei und sich völlig hilflos gefühlt habe, »ein Kind wie ich, unter dem Ansturm der Ereignisse, aus dem besonderen, individuellen Sein hinausgestoßen«, sei es Sperber möglich geworden, »gleichsam eine *Gegenwarts-Entrückung*« zu vollziehen. Er habe sich dabei »in eine ferne, kommende Zeit projiziert, in der« er »rückblickend das schildern würde, was anstürmende, überwältigende Gegenwart war. Diese sonderbare Zukunftsprojektion hat mich nie mehr verlassen«.[311] Eine befriedigende Erklärung dafür zu finden, sei schwierig und jede Erklärung bleibe »fragmentarisch«. Immerhin sei es ihm »Jahrzehnte später« gelungen, »das Verhältnis von Gewalt, Schrecken, Angst und Furcht, von Mut, Entmutigung und Mutlosigkeit zu untersuchen«.[312] Damit sind im Grunde zwei Aspekte angesprochen, die für Sperbers Selbstwahrnehmung Mitte der 1970er-Jahre signifikant gewesen sein mögen, eben ein Dichter und ein Psychologe zu sein. Folgerichtig ist für alle drei Bände seiner Autobiografie eine ausgeprägte Orientierung an individualpsychologischen Kategorien kennzeichnend. Insbesondere die Themen *Minderwertigkeitsgefühl, Kompensation, Lebensstil* und *Wir-Gefühl* werden immer wieder ganz explizit angesprochen. So habe Sperber beispielsweise als Kind das Gefühl empfunden, hässlich zu sein, und er hielt es für durchaus möglich, dass ihn »Alfred Adlers Individualpsychologie« später deshalb »so interessiert« habe, weil sie dem Minderwertigkeitsgefühl im Allgemeinen eine unübertreffliche Rolle einräumt«.[313]

Eines der Themen, die Sperber später sehr nachhaltig beschäftigen sollten, die Idee des Wir oder einer Gemeinschaft, verbindet er mit seiner Sozialisation im Schtetl. »Es geht«, schreibt Sperber über den ersten Teil der »Wasserträger«, darin nicht allein um seine

> »ersten Jahre, sondern um etwas, was weit über eine Biographie hinausreicht: das ermordete Städtel, um ein religiöses, soziales und kommunales Phänomen, um eine Gemeinschaft, zu deren letzten Überlebenden ich gehöre.«[314]

---

310 Vgl. Sperber, Die Wasserträger Gottes, S. 137.
311 Vgl. Sperber, Die Wasserträger Gottes, S. 148, 155 (Hervorhebungen im Original).
312 Vgl. Sperber, Die Wasserträger Gottes, S. 156.
313 Vgl. Sperber, Die Wasserträger Gottes, S. 87.
314 Vgl. Sperber, Die Wasserträger Gottes, S. 115.

2.1.2 Selbstwahrnehmung des Autobiografen als Kind

Als zweiter von vier Söhnen (einer von ihnen ist früh verstorben) seiner Eltern Jente und David Mechel wurde Manès Sperber am 12. Dezember 1905 in dem ostgalizischen Schtetl (Sperber selbst schreibt konsequent »Städtel«) Zablotow, damals Teil der Donaumonarchie, geboren.[315] Im ersten Band seiner Autobiografie »Die Wasserträger Gottes« schreibt er über diesen Ort: »Die dreitausend Einwohner waren zu neunzig Prozent Juden«, zumeist »Handwerker« und »Händler«, wobei ein großer Teil in äußerst prekären Verhältnissen lebte. »Sich kaum je wirklich sattzuessen, war das Schicksal der meisten [...]«. Sperber selbst gehörte nicht zu jenen Armen, die sich selbstironisch »Luftmenschen« oder »Luftexistenzen« nannten, sondern war »ein Kind wohlhabender Eltern«.[316] .Wie die meisten Einwohnerinnen und Einwohner des Schtetls waren die Sperbers Chassidim, ein Urgroßvater und Großvater Manès Sperbers sogar Rabbiner, desgleichen ein Onkel seines Vaters.[317] Letzterem begegneten Manès Sperber und sein älterer Bruder Hesio (Hersch Leib) auf der Flucht nach Wien in dem »Städtchen«, in dem der Onkel das Rabbinat innehatte. Er erklärte ihnen, dass ihre »lange schwierige Flucht« und alle damit erfahrene Mühsal »die gerechte Strafe Gottes« sei, weil Sperbers »Vater selbst und seine Kinder keine Schläfenlocken trugen und wahrscheinlich recht oft sogar zu beten vergaßen«.[318] Das lässt den Schluss zu, dass Sperbers Vater, dessen Frömmigkeit sein Sohn immer wieder hervorhebt, sich zumindest ein Stück weit von den zahlreichen religiösen Geboten und Regeln strenggläubiger Chassidim entfernt haben dürfte. Sperber selbst beschreibt den Kleidungsstil seines Vaters zu Beginn der »Wasserträger Gottes« in einer Weise, die durchaus für diese Vermutung spricht:

> »Obwohl aus chassidischer Familie und somit von strengster Observanz, trug er keine Schläfenlocken und, außer am Sabbath oder an Feiertagen, keinen Kaftan, sondern war, so nannte man das, ›europäisch‹ gekleidet.«[319]

Sperber berichtet über die fließenden Grenzen zwischen bedingungslosem religiösen Glauben und Aberglauben der Frommen, deren Vorstellungen Sperber

315 Vgl. Stančić, Manès Sperber, S. 23. Zur Schreibweise »Städtel« bei Sperber vgl. Sperber, Wasserträger, 27 f., 32 ff., und öfter. Die Schreibweise »Zablotow« orientiert sich an jener Sperbers (vgl. Sperber, Wasserträger, 26 ff.).

316 Vgl. Sperber, Die Wasserträger Gottes, S. 29 f., 37.

317 Vgl. Sperber, Die Wasserträger Gottes, S. 48 ff., 165 ff.

318 Vgl. Sperber, Die Wasserträger Gottes, S. 165.

319 Sperber, Die Wasserträger Gottes, S. 43.

schon als Kind nicht recht zu teilen vermochte habe. Etwa, dass die von einem Brand bedrohte Synagoge durch Engel gerettet würde, die in Gestalt von Tauben erschienen.[320] Manès Sperber, dessen religiöse Erziehung im Alter von drei Jahren begann und in gewisser Weise prägend wirken sollte, wandte sich »früh, seit dem 13. Lebensjahr« vom religiösen »Glauben« ab.[321] Gleichwohl bekannte er sich Zeit seines Lebens zum Judentum, nicht in einem religiösen, sondern kulturellen, historischen und politischen Verständnis.[322]

2.1.3 Sozialisation im Schtetl

Mit dem »Städtel«, also dem jüdischen Gemeinwesen, das trotz aller Begrenztheit der ökonomischen Verhältnisse »eine scharf profilierte, in ihren Grundlagen gefestigte autonome Gemeinschaft mit einer eigenartigen Kultur« und keineswegs »das Anhängsel einer christlichen Gemeinde« war, konnte für den jungen Sperber eine quasi-selbstverständliche Identifikation entstehen. »Das Städtel war ein Zentrum, von dem aus gesehen die slawischen Dörfer periphere Agglomerationen waren, deren Einwohner, meist Analphabeten, zum Geistigen kaum eine Beziehung hatten.« Auch wenn Sperber unmittelbar darauf den ambivalenten Begriff »Civitas Dei« spätantiker christlicher Theologie zur Beschreibung des Schtetls gebraucht, geht es doch offenkundig nicht um eine Analogie zu christlichen Theologemen, sondern vielmehr um kulturelle und soziale Eigenständigkeit sowie darum, dass es »[i]m Städtel [...] nicht die Spur eines Minderwertigkeitsgefühls wegen der Zugehörigkeit zum Judentum« gab »und daher auch nicht die geringste Neigung, das eigene Wesen zu verhüllen oder wie die anderen zu werden«.[323] Der Kultur des Schtetls entsprach eine ausgeprägt soziale Dimension. Insbesondere sollte der Umstand, dass es im Schtetl immer wieder Menschen gab, die hungerten, nicht dazu führen,

---

320 Vgl. Sperber, Wasserträger, S. 34 ff.

321 Vgl. Sperber, Die Wasserträger Gottes, S. 38.

322 Vgl. Sperber, Die Wasserträger Gottes, S. 218 ff. Vgl. dazu z. B. auch Rings, Werner: Manès Sperber und das Judentum. In: Licharz, Werner/Kauffeldt, Leo/Schießer, Hans-Rudolf (Hg.): Die Herausforderung Manès Sperber. Ein treuer Ketzer auf der Brücke ohne anderes Ufer. Frankfurt am Main: Haag und Herchen 1988 (Arnoldshainer Texte, Bd. 50), S. 178–192; Kauffeldt, Leo: Jude sein, ist es bleiben, bis zum Ende unterm Erdhügel. In: Licharz, Werner/Kauffeldt, Leo/Schießer, Hans-Rudolf (Hg.): Die Herausforderung Manès Sperber. Ein treuer Ketzer auf der Brücke ohne anderes Ufer. Frankfurt am Main: Haag und Herchen 1988 (Arnoldshainer Texte, Bd. 50), S. 193–207; Gilli, Sebastian: Manès Sperber – Das Thema des Judentums im schriftstellerischen Werk. Diplomarbeit. Univ. Wien 2010, insbes. S. 118 ff.

323 Vgl. Sperber, Die Wasserträger Gottes, S. 32. Vgl. dazu auch Sperber, Manès: Schicksal einer Literatur. In: Sperber, Manès: Churban oder die unfaßbare Gewißheit. Wien et al.: Europaverlag 1979, S. 167.

dass jemand deswegen sterben müsste. Sperber illustriert dies anhand einer Erzählung: »Mitglieder der Gemeinde weckten den Rabbi am frühen Morgen: ›Es ist etwas Schreckliches geschehen‹, klagten sie, ›In unserer Mitte ist einer Hungers gestorben [...]‹«. Der Rabbi bestritt, dass derlei überhaupt möglich sei. Er fragte, ob irgendjemand dem Betroffenen Nahrung »verweigert« hätte, würde er danach gefragt haben. Die Besucher verneinten, aber der Mann, der verhungert sei, Elieser mit Namen, sei »zu stolz« gewesen, »um etwas zu bitten [...]«. Angesichts dessen sollten die Leute nicht sagen, »daß mitten unter uns einer Hungers gestorben ist, denn Elieser ist an seinem Stolze zugrunde gegangen«, resümiert der Rabbi.[324]

Die religiös fundierte, in letzter Konsequenz messianische Hoffnung habe auch verhindert, dass die teils bittere Armut in *Armseligkeit* umschlagen konnte, hätten die Menschen im Schtetl doch eine so tiefe Überzeugung um die Vorläufigkeit des beklagenswerten Zustandes gehegt, dass sie eher *Wissen* als *Glauben* genannt werden könne. »Gott, *ihr* Gott natürlich griff stets ein. Spät, sehr spät, aber nie zu spät.«[325]

Aus der strengen religiösen Tradition heraus war es üblich, dass Kinder männlichen Geschlechts ab einem Alter von drei Jahren hebräisch lesen lernten. Demgegenüber »kamen [...] [d]ie christlichen Kinder [...] erst mit sechs oder gar sieben Jahren in die Schule, man lehrte sie allmählich lesen – und nur in einer Sprache, die sie schon kannten«. Sperber selbst sei schon seit dem dritten Lebensjahr gefordert gewesen, »schwere hebräische Texte« zu übersetzen.[326] Insofern sei, »[w]as man« ihn später »in der polnischen Schule lehrte, [...] zu spät« gekommen, zudem »Kinderei« gewesen »und überdies in einer Sprache dargeboten, die« er »nicht mochte«.[327]

324 Vgl. Sperber, Die Wasserträger Gottes, S. 29.

325 Vgl. Sperber, Die Wasserträger Gottes, S. 29.

326 Vgl. Sperber, Die Wasserträger Gottes, S. 63.

327 Vgl. Sperber, Die Wasserträger Gottes, S. 110 f. Nach der ersten Teilung Polens (1772) gerieten Galizien (dazu gehörte auch Zablotow) und andere Gebiete im südlichen Polen unter habsburgische Herrschaft. Vgl. z. B. Vocelka, Karl: Glanz und Untergang der höfischen Welt. Wien: Ueberreuter 2001 (Wolfram, Herwig [Hg.]: Österreichische Geschichte 1699–1815), S. 98 ff. Zu Zablotow (ich behalte die Schreibweise Sperbers bei) vgl. z. B. Lichtblau, Albert: Des Kaisers Juden? In: Lichtblau, Albert (Hg.): Als hätten wir dazugehört. Österreichisch-jüdische Lebensgeschichten aus der Habsburgermonarchie. Wien et al.: Böhlau 1999, S. 22; Lichtblau, Albert: Antisemitismus. In: Lichtblau, Albert (Hg.): Als hätten wir dazugehört. Österreichisch-jüdische Lebensgeschichten aus der Habsburgermonarchie. Wien et al.: Böhlau 1999, S. 102 f. Für die Bewohnerinnen und Bewohner Galiziens galt österreichisches Recht, auch in Bezug auf die Rechte und den Status von Kirchen und Religionsgemeinschaften. Aus Sicht der jüdischen Gemeinden Galiziens barg dies gleichwohl Konfliktpotential. Für jene, die der jüdischen Aufklärung (Haskala) verbunden waren, schienen sich große Möglichkeiten für ein gleichberechtigtes Leben innerhalb der Mehrheitsgesellschaft zu eröffnen.

2.1.4 Innere Konflikte

Mit der Bildungstradition des Schtetls und seiner eigenen familiären Situation verbanden sich für Sperber zwei Aspekte mit möglicherweise lebenslang relevanten Implikationen, weit über die (früh abgelegte) Religiosität und auch über familiäre Strukturen hinaus: die grundlegende Bedeutung des Lernens und die hohen Erwartungen, die sein Vater an ihn stellte, fordernd wie fördernd gleichermaßen. »[N]ichts war so wichtig wie das *Lernen*«, und wenn sich

---

Orthodoxe Juden und Jüdinnen, allen voran die Chassidim fürchteten demgegenüber »eine Bedrohung« ihrer »kulturellen Identität«. Vgl. Maciejewski, Franz: Der Moses des Sigmund Freud. Göttingen: Vandenhoeck & Ruprecht 2006, S. 105. Im Jahr 1867 (Ausgleich zwischen Österreich und Ungarn) stellte die kaiserliche Regierung Galizien ein höheres Maß an Autonomie in Aussicht. Dies bedeutete (ab 1873 auch faktisch), dass die Verwaltung des Gebietes zunehmend an Angehörige des polnischen Adels überging. Diese waren daran interessiert, die polnische Sprache und polnische Kultur (in ihrem Verständnis des Begriffs) zu fördern. Vgl. z. B. Rumpler, Helmut: Eine Chance für Mitteleuropa. Bürgerliche Emanzipation und Staatsverfall in der Habsburgermonarchie. Wien: Ueberreuter 1997 (Wolfram, Herwig [Hg.]: Österreichische Geschichte 1804–1914), S. 430 ff.
Damit veränderten sich die soziokulturellen, politischen und ökonomischen Verhältnisse für große Teile der jüdischen Bevölkerung. Nach wie vor flohen Menschen jüdischen Glaubens aus dem Russischen Reich vor Diskriminierung und Pogromen nach Galizien. Vgl. z. B. Aronson, Irwin Michael: Troubled Waters. Pittsburgh et al.: Univ. of Pittsburgh Press 1990, pp. 59 seqq. Die ökonomischen Rahmenbedingungen waren dort jedoch nicht günstig, und seit den 70er-Jahren des 19. Jahrhunderts standen Jüdinnen und Juden von polnischer Seite aus unter wachsendem Assimilationsdruck. Wer sich widersetzte, geriet unter zusätzlichen, diesmal gezielt gesteuerten wirtschaftlichen Druck. Auch begannen wieder gewaltförmige Ausschreitungen gegen Jüdinnen und Juden. Vgl. Lichtblau, Albert: Integration, Vernichtungsversuch und Neubeginn – Österreichisch-jüdische Geschichte 1848 bis zur Gegenwart. In: Brugger, Eveline/Keil, Martha/Lichtblau, Albert/Lind, Christoph/Staudinger, Barbara: Geschichte der Juden in Österreich. Wien: Ueberreuter 2006 (Wolfram, Herwig [Hg.]: Österreichische Geschichte), S. 469.
Zahlreiche Menschen, die ihren jüdischen Glauben nicht aufgeben oder ihrer jüdischen Kultur nicht abschwören wollten, zogen es daher in der zweiten Jahrhunderthälfte vor, in die Vereinigten Staaten auszuwandern. Vgl. z. B. Pollack, Martin: Galizien. Eine Reise durch die verschwundene Welt Ostgaliziens und der Bukowina. Frankfurt am Main: Insel 2001 (it 2747), S. 26 f.; Pollack, Martin: Kaiser von Amerika. Die große Flucht aus Galizien. Wien: Zsolnay 2010. Eine andere Möglichkeit bestand darin, in die Bukowina zu gehen, die als eigenständiges Kronland unter unmittelbarer habsburgischer Verwaltung blieb. Andere wanderten ins Zentrum Cisleithaniens aus, also nach Wien. Wenngleich auch dort antijüdische und antisemitische Ressentiments Tradition hatten, gerade unter der Ägide des Bürgermeisters Karl Lueger, »war die Situation anderswo doch schlimmer«. Vgl. Gay, Peter: Freud. Eine Biographie für unsere Zeit. Aus dem Amerikanischen v. Joachim A. Frank. Ungekürzte Ausgabe. Frankfurt am Main: Fischer Taschenbuch Verlag 1997, S. 28. Um 1880 lebten etwa 73.000 Jüdinnen und Juden in Wien (insgesamt lag die Wohnbevölkerung der Stadt bei ungefähr 1,1 Millionen Menschen. Vgl. Gay, Freud, S. 30; Lichtblau, Integration, S. 502.

dies zunächst allein auf die Thora bezog, ließ sich das Konzept ausweiten.[328] In »Alfred Adler oder Das Elend der Psychologie« verweist Sperber auf Adlers Auffassung der Bedeutung des »*Lernen*[s] oder, wie« er gerne sagte, des »Trainieren[s], allgemeiner: [des] *Lebenstraining*[s]«. Bei Adler erscheine dies als grundlegende Technik alltäglicher Existenzbewältigung, die schon in frühkindlicher Zeit beginne und nur über erfolgreiches Raten funktionieren könne.

> »Die erste Sprache, die ein Kind mit der Welt verbindet, kann nur erlernt werden in einem dialektischen Anpassungsprozeß, in dem die Aneignung zugleich Schöpfung und die Entdeckung des Sinns zugleich eine Erfindung ist.«[329]

Der väterliche »Blick« habe »dem überempfindlichen Kind von Anbeginn an Mut eingeflößt: Mut, tapfer zu sein, und den Wunsch, heiter zu sein und klug.« Jedoch: »An seinem Vertrauen trug ich wie an einer Bürde, einer Last von ganz besonderem Wert.«[330] Die Sehnsucht nach dem »Lächeln der Anerkennung« und die Furcht, zu versagen oder vor der Entdeckung des Vaters oder Urgroßvaters, des gestrengen Reb Boruch, den Knaben überschätzt zu haben, hielten sich gleichsam die Waage.[331]

Insgesamt habe sich Sperber allerdings, unter religiöser wie väterlicher Ägide, als »›Opfer der Auserwähltheit‹« empfunden. »Indem Gott mit uns ein Bündnis schloß, warf er den göttlichen Ziegelstein seiner Gnade auf uns.«[332] Die Treue der Frommen wurde nicht belohnt, im Gegenteil. »Wir waren die Wasserträger Gottes!«[333] Wasserträger, das waren bedauernswerte Menschen, die schwere Wassereimer in die Häuser derer brachten, denen es möglich war, für solche Dienstleistungen zu bezahlen. Weil sie »nichts Rechtes gelernt hatte[n]«, mussten sie nun eine schlecht entlohnte Tätigkeit verrichten, zu deren Ausübung keine besonderen Kenntnisse oder Fähigkeiten erforderlich waren, und »vom frühen Morgen bis in die Nacht das Wasser schleppen, nur um« ihr »tägliches Auskommen zu finden«.[334]

328 Zum Zitat vgl. Sperber, Die Wasserträger Gottes, S. 59 (Hervorhebung im Original).
329 Sperber, Alfred Adler oder Das Elend der Psychologie, S. 77 (Hervorhebung im Original). Vgl. dazu z. B. auch Adler, Der Sinn des Lebens, S. 93.
330 Vgl. Sperber, Die Wasserträger Gottes, S. 44.
331 Vgl. Sperber, Die Wasserträger Gottes, S. 50.
332 Vgl. Sperber, Die Wasserträger Gottes, S. 74.
333 Vgl. Sperber, Die Wasserträger Gottes, S. 66.
334 Vgl. Sperber, Die Wasserträger Gottes, S. 65.

Eine innere Abgrenzung zu religiösen Lehren und Überzeugungen konstatiert Sperber für sich sehr früh. Sie sei ihm zugleich aber auch problematisch erschienen, weil sie ihn in Gegensatz zu seiner Gemeinschaft brachte. Dabei habe er »seit jeher das Bedürfnis« empfunden, sich »mit Freunden im Einklang zu wissen«.[335] Für »Zweifel« ist er, wie er erst im Prozess des Schreibens an seiner Autobiografie entdeckt habe, »erstaunlich früh« empfänglich gewesen. So zunächst angesichts der schon erwähnten Sache mit den Tauben, sodann, weil ihm die Vorstellung fragwürdig erschien, der Messias werde eine Brücke aus Zigarettenpapier errichten, auf der die Frommen aus dem Schtetl zu ziehen hätten, während »die Sünder, die Lästerer [...] die« bereits vorhandene »eiserne« Brücke vorziehen würden, deren Einsturz allerdings gewiss sei. Derlei Überzeugungen der strenggläubigen Dorfbewohner vermochte der junge Sperber nicht zu teilen und beschloss,

> »in einem Kahn den Pruth [den »Nebenfluss der Donau«, an dem das »Städtel« lag, Anm. HHD] zu überqueren, wenn es einmal so weit und die Zeit gekommen war, ins Gelobte Land heimzukehren.«[336]

Wenngleich Sperber als Dreizehnjähriger mit dem jüdischen Glauben brach, bekannte er sich doch weiterhin zum Judentum und transformierte seine Beziehung dazu im Sinne zionistischer Perspektiven, die er in Wien vor allem beim *Schomer* kennenlernte.[337]

Sperber beschreibt auch die Auswirkungen sehr strikter religiöser Verregelung vieler Lebensbereiche auf die emotionale Entwicklung von Menschen, nicht allein solchen, die Opfer entsprechender Restriktionen geworden sind. So schildert er eine Begebenheit, die sich »an einem der jüdischen Ostertage« des Jahres 1911 oder 1912 zugetragen habe. Die Kinder, darunter Sperber selbst, etwa sechs oder sieben Jahre alt, seien vom Bethaus gekommen und hätten etwas »Entsetzliches« gesehen: Ein junger Mann, offenbar teuer gekleidet, kam aus der »Schenke«, »in der« linken Hand »eine Semmel«. Der Mann, das wussten sie, war Jude, er lebte bei seiner Mutter und seiner älteren Schwester in einem »schönen, steinernen Haus«. Nun kam er heiter aus dem Gasthaus, hatte vermutlich Alkohol getrunken und womöglich schon »eine andere Semmel« gegessen, »also gesäuertes Brot«, und solchermaßen »die Ostergebote übertreten, die die allerstrengsten waren«. Die Kinder hoben erbost Steine auf und warfen sie nach

335 Vgl. Sperber, Die Wasserträger Gottes, S. 51.
336 Vgl. Sperber, Die Wasserträger Gottes, S. 61.
337 Vgl. Sperber, Die Wasserträger Gottes, S. 38, 219 ff.

dem Mann. Als der junge Sperber seinen Kieselstein werfen wollte, hinderte ihn die inzwischen hinzugekommene Schwester des Opfers. »Bis ans Lebensende, ja bis zu eurem Tode werdet ihr euch schämen, daß ihr meinem kranken Bruder so Schlechtes angetan habt«, ruft sie den kindlichen Sittenwächtern empört zu. Sperber sei »niedergeschlagen« gewesen »an diesem Nachmittag«, denn er »empfand, daß von den zahlreichen *Awejres*, den schlechten Taten, die« er »begangen hatte, diese die übelste war. Ich glaubte, daß sie unsühnbar war; ich glaube es heute noch.«[338]

2.1.5 Flucht

Während des Ersten Weltkriegs, nach der Eroberung Zablotows durch russische Einheiten, begab sich die Familie Sperber auf die Flucht und gelangte 1916 nach Wien.[339] Vorausgegangen waren mehrere Versuche, doch in Zablotow zu bleiben oder wenigstens dorthin zurückzukehren. Zunächst hegte man in der Familie die Hoffnung, dass es nicht zu einem Einmarsch russischer Truppen kommen würde bzw. dieser wieder rückgängig gemacht werden könnte, denn im zaristischen Russland waren Pogrome keine Seltenheit. Nach jedem solchen Exzess »kamen Juden über die Grenze«; es »zog […] sie möglichst weit nach Westen, weg von *Fonjes* [des Zaren, Anm. HHD] Rußland«.[340] In der Tat hatten viele jüdische Familien seit Mitte des 19. Jahrhunderts versucht, zunehmender Diskriminierung, die nicht selten in Pogromen mündete, zu entrinnen, indem sie aus dem Zarenreich nach Galizien auswanderten.[341] Doch die Bedingungen, unter denen sie dort leben mussten, waren hart. Obwohl es unter österreichischer Herrschaft seit dem späten 18. Jahrhundert zumindest keine organisierten Unterdrückungs- und vor allem Verfolgungsaktivitäten gegenüber der jüdischen Bevölkerung gab, blieben teils in Galizien doch strukturelle, mit steigender Autonomie der Region unter polnischer Ägide tendenziell auch wieder wachsende Diskriminierung und vor allem insgesamt schwierige ökonomische Verhältnisse. Vor diesem Hintergrund entschlossen sich hunderttausende Jüdinnen und Juden zur Auswanderung in die Vereinigten Staaten.[342] Gleichwohl, allein schon wegen des Unterlassens von Verfolgung

338 Vgl. Sperber, Die Wasserträger Gottes, S. 67 f.
339 Vgl. Sperber, Die Wasserträger Gottes, S. 161 ff.
340 Vgl. Sperber, Die Wasserträger Gottes, S. 123.
341 Vgl. Aronson, Troubled Waters, pp. 59 seqq.
342 Vgl. Pollack, Galizien, S. 26 f.

»bedeutete [...] Kaiser Franz Joseph [...] für alle Städtel-Bewohner der Monarchie weit mehr als für andere Untertanen, denn sie sahen in ihm den Garanten ihrer staatsbürgerlichen Rechte, den Beschützer gegen Willkür und Haß.«[343]

Die Haltung dieses Kaisers unterschied sich merklich von älteren antijüdischen Positionen und Sichtweisen, die für das Haus Habsburg – von einzelnen Ausnahmen abgesehen – jahrhundertelang kennzeichnend waren.[344] Augenfällig wurde dies, als sich Franz Joseph 1895 und 1896 zunächst weigerte, den mit großer Zustimmung der Wiener Wahlberechtigten zum Wiener Bürgermeister gewählten Rechtsanwalt Karl Lueger in dieses Amt zu berufen. Welche Motive dafür tatsächlich ausschlaggebend waren, eine Abneigung gegen Luegers Antisemitismus oder doch eher die Empfehlungen des Grafen Kasimir Felix von Badeni, der von 1895 bis 1897 Ministerpräsident Cisleithaniens war, kann an dieser Stelle nicht weiter untersucht werden. Badeni jedenfalls hielt Lueger »für einen ausgemachten Demagogen«.[345] Ob es dann Bemühungen kirchlicher Kreise waren, die den Kaiser umstimmten, öffentlicher, durch Lueger und sein Umfeld erzeugter Druck oder ein von Badeni bereits 1896 mit Lueger vereinbarter Kompromiss samt Zeitplan, der eine Ernennung Luegers nach spätestens einem Jahr vorsah, muss an dieser Stelle ebenfalls offen bleiben.[346] Am 20. April 1897 trat Lueger sein Amt als Wiener Bürgermeister an.[347] Unbestritten ist, dass

343 Sperber, Die Wasserträger Gottes, S. 128.

344 Zu den schwierigen Bedingungen, denen Jüdinnen und Juden in den frühneuzeitlichen habsburgischen Ländern ausgesetzt waren, vgl. z. B. Staudinger, Barbara: Die Zeit der Landjuden und der Wiener Judenstadt 1496–1670/71. In: Brugger, Eveline/Keil, Martha/Lichtblau, Albert/Lind, Christoph/Staudinger, Barbara: Geschichte der Juden in Österreich. Wien: Ueberreuter 2006 (Wolfram, Herwig [Hg.]: Österreichische Geschichte), S. 229–337. Zu antijüdischen bzw. antisemitischen Tendenzen aufseiten des Thronfolgers Franz Ferdinand vgl. z. B. Bled, Jean-Paul: Franz Ferdinand. Der eigensinnige Thronfolger. Aus dem Französischen v. Susanna Grabmayr u. Marie-Therese Pitner. Wien/Köln/Weimar: Böhlau 2013, S. 183 ff., 289 ff.; Hannnig, Alma: Franz Ferdinand. Die Biografie. 2. Aufl. Wien: Amalthea Signum 2014, S. 131.

345 Vgl. Boyer, John: Karl Lueger (1844–1910). Christlichsoziale Politik als Beruf. Aus dem Englischen übers. v. Otmar Binder. Wien/Köln/Weimar: Böhlau 2010 (Studien zu Politik und Verwaltung hg. v. Brünner, Christian/Mantl, Wolfgang/Welan, Manfried, Bd. 93), S. 168. Zu Badeni vgl. allgemein z. B. Reiswitz, Johann Albrecht v.: Badeni, Kasimir Graf von. In: Neue Deutsche Biographie (NDB), Bd. 1. Berlin: Duncker & Humblot 1953, S. 510–512.

346 Zu verschiedenen Erklärungsansätzen vgl. z. B. Hamann, Brigitte: Hitlers Wien. Lehrjahre eines Diktators. München: Piper 2001, S. 405 f.; Rumpler, Eine Chance für Mitteleuropa, S. 493 f.; Dickinger, Christian: Franz Joseph I. Die Entmythisierung. Wien: Ueberreuter 2001, S. 152 f. Zuletzt sehr ausführlich und gut belegt Boyer, Karl Lueger, S. 168–175 (er geht von dem geschilderten Badeni-Szenario aus).

347 Vgl. Boyer, Karl Lueger, S. 176.

Lueger für seine antijüdischen und antisemitischen Positionen bekannt war und ihnen vermutlich einen nicht zu unterschätzenden Teil seiner Popularität verdankte.[348]

Die Familie Sperber begab sich zögerlich auf die Flucht. Zwar wurde der Plan, nach Wien zu gehen, schon zu Kriegsbeginn erwogen, doch begab man sich, als russische Einheiten näher rückten, zunächst in das Dorf Tracz, in der Hoffnung, die befürchtete »russische Besatzung« dort »vermeiden« zu können. In Tracz blieben die Sperbers etwa zwei Monate lang, auf einem »Rittergut«, und trotz eines einschneidenden Erlebnisses, als der Vater von einer Besorgungsfahrt erst einen halben Tag später als vom Sohn erwartet zurückkam, verlief der Aufenthalt dort in der Erinnerung Sperbers beschaulich. »Wann immer ich Trost im Tagtraum vom wunschlos stillen Leben ›im letzten Dorfe‹ suchte, stellte sich die [...] Erinnerung an Tracz ein.« Jedoch auch: »So oft ich im Warten auf einen geliebten Menschen, der sich aus mir unbekannten Gründen zu sehr verspätet hat, von Schreckvorstellungen überwältigt werde, denke ich an Tracz.« Von der in Tracz vor Sorge um den Vater weitgehend durchwachten Nacht sei eine »Beunruhigung« geblieben, die Sperber »durch die Verspätung einer Ankunft oder einer Mitteilung« erfahren habe, und die ihn »unfähig zu einer Kommunikation mit jenen« machte, »in deren Mitte« er »diese imaginierten Katastrophen erlebte«.[349]

Schließlich kehrten die Sperbers nach Zablotow zurück, das inzwischen von russischen Truppen besetzt war. Die Lebensverhältnisse verschlechterten sich aufgrund der Isolierung von der Außenwelt, die das Städtchen nun erfuhr. Geld von Verwandten, die nach Amerika ausgewandert waren und die vielen im Schtetl über die Runden geholfen hatten, blieben aus. Lebensmittel wurden von den Besatzern »requiriert«. »Das Städtel hungerte und fror; nein, nicht alle, fast alle: die Armen nur, doch bildeten sie seit jeher die Mehrheit und waren nun ärmer als je.« Die Familie Sperber betraf diese »zur drückenden Not« gewordene »Armut« offenbar nicht direkt. Auch von einer Typhus- und einer Blattern-Epidemie blieb sie verschont. Bethäuser und Schulen wurden von der Besatzungsmacht geschlossen, was die Menschen zusätzlich gegen sie aufbrachte. »[U]ns verbieten, ins Bethaus zu gehen, uns zwingen wollen, unsere Kinder in der Finsternis der Unwissenheit verkommen zu lassen«, auf »einen solchen Einfall« könne »nur ein Knecht des Zaren« verfallen.[350]

348 Vgl. z. B. Boyer, Karl Lueger, S. 73 ff., 123 ff.; Rumpler, Eine Chance für Mitteleuropa, S. 500–502.

349 Vgl. Sperber, Die Wasserträger Gottes, S. 133 f.

350 Vgl. Sperber, Die Wasserträger Gottes, S. 139.

In diesem Zusammenhang geht Sperber der Frage nach der Qualität von Erinnerungen nach. Handelt es sich um »Erinnerung an Geschehnisse, an Erlebnisse« oder um »*Erinnerung an Erinnerungen*«. Er scheint der zweiten Variante zuzuneigen und davon auszugehen, dass sie als solche (erinnerte Erinnerungen) »zeitweilig verblaßt, desaktualisiert, im Verlaufe eines halben Jahrhunderts wiedergekehrt sind«. Anlass dieser sehr an Freuds Konzept der »Nachträglichkeit« erinnernden Überlegungen sei der Umstand gewesen, dass sich ihm die »Epidemie« in der Nacht nach der Verschriftlichung der Erinnerungen daran eben »nicht als Erinnerung, sondern als Wort und dann erst als eine Stimmung« aufgedrängt habe.[351] Zur »Nachträglichkeit« bei Freud sei an dieser Stelle zunächst[352] nur angemerkt, dass »Freud« diesen Begriff »in Verbindung mit seiner Konzeption der Zeitlichkeit und der psychischen Kausalität« gebraucht.

> »Erfahrungen, Eindrücke, Erinnerungsspuren [...] werden später aufgrund neuer Erfahrungen und mit dem Erreichen einer anderen Entwicklungsstufe umgearbeitet. Sie erhalten somit gleichzeitig einen neuen Sinn und eine neue psychische Wirksamkeit.«[353]

Nach schweren Gefechten in und um Zablotow verließ die Familie den Ort und verbrachte schließlich einige Zeit in dem Städtchen Kuty. Im Zusammenhang mit den Gefechten innerhalb Zablotows erinnert Sperber ein nachdrücklich wirkungsmächtiges Erlebnis, das für ihn geradezu einen »Bruch« markiert, »dessen Wirkung dauerhaft geblieben ist«.[354] Als er einen Lehrer begleitete, der Nahrung und Medizin für einen Kranken holen wollte, seien beide in ein Scharmützel zwischen russischen und österreichisch-ungarischen Truppen geraten. Auf dem Friedhof hätten sie sich verstecken können, seien dort aber noch verstärkt unter Beschuss geraten. Diese traumatisierende Erfahrung bezeichne,

> »wie [...] ein Kind wie ich, unter dem Ansturm der Ereignisse, aus dem besonderen, individuellen Sein hinausgestoßen wird, so daß, was er während einiger Stunde oder Tage erlebt, sich ihm nicht *individualisiert*.«[355]

351 Vgl. Sperber, Die Wasserträger Gottes, S. 140 f. (Hervorhebungen im Original.)
352 Ich komme darauf noch einmal zurück.
353 Laplanche, J./Pontalis, J.-B.: Das Vokabular der Psychoanalyse. Aus dem Französischen v. Emma Moersch. 18. Aufl. Frankfurt am Main: Suhrkamp 2008 (stw 7), S. 313.
354 Vgl. Sperber, Die Wasserträger Gottes, S. 153.
355 Vgl. Sperber, Die Wasserträger Gottes, S. 148 (Hervorhebung im Original).

Seine »Kindheit« habe, während er und der Lehrer auf dem Friedhof beschossen wurden und sehr konkret um ihr Leben fürchten mussten, ein »Ende« gefunden, und ein solches »bedeutet eine tiefe, weitreichende Wandlung«. Konkret habe sich des Kindes »eine sonderbare Neigung bemächtigt«. Ihm sei es, inmitten von »Lärm« und »namenlose[r] Ängstigung« so gewesen, »als hörte« er sich »jemandem das Geschehen in seinem Ablauf erzählen«. Er habe »gleichsam« die bereits erwähnte »*Gegenwarts-Entrückung* [...] vollzog[en]«, die ihn »nie mehr verlassen sollte«.[356]

2.1.6 Wien

»[I]m Frühsommer 1916« begab sich die Familie schließlich auf den Weg nach Wien, wo sie am 27. Juli jenes Jahres eintraf.[357] In Wien bezogen die Sperbers eine Wohnung im zweiten Bezirk, in der Lilienbrunngasse, ein Name, der zunächst den »Traum von Wien zu erfüllen« schien: »ein Brunnen, ein Springbrunnen wohl inmitten eines Gartens mit zahllosen Lilienbeeten. [...] Verlieren wir kein Wort über die Enttäuschung.«[358] Im zweiten Wiener Gemeindebezirk, auch *Leopoldstadt* genannt, lebten jedenfalls einige Jahre später »25,8 Prozent der in Wien geborenen jüdischen Männer« sowie »37,8 Prozent der in Galizien und der Bukowina geborenen«.[359] Schon seit 1848 waren Jüdinnen und Juden aus den besagten Gebieten der Donaumonarchie in die Leopoldstadt gekommen. Dort hatte bereits im 17. Jahrhundert eine jüdische Gemeinde bestanden, ein Ghetto zwar, in dem »ein angeregtes Geistesleben und ein emsiges Geschäftstreiben« entstanden waren.[360] 1669 und 1670 ordnete Leopold I., der seinem katholischen »Glaubenseifer« auch in anderen Zusammenhängen Ausdruck gegeben hatte, an, dass sich nach dem 5. Juni 1670 »kein Jude« und »keine Jüdin mehr in der Stadt [Wien, HHD] aufhalten« dürfe.[361] Zwar erfolgte eine weitgehende rechtliche

356 Vgl. Sperber, Die Wasserträger Gottes, S. 154f. (Hervorhebungen im Original).

357 Vgl. Sperber, Die Wasserträger Gottes, S. 163ff.

358 Sperber, Die Wasserträger Gottes, S. 206. Die Lilienbrunngasse liegt »zwischen der Holland- und der Taborstraße«; vgl. Stančić, Manès Sperber, S. 65.

359 Vgl. Lichtblau, Integration, S. 497.

360 Vgl. Beckermann, Ruth: Die Mazzesinsel. In: Beckermann, Ruth: Die Mazzesinsel. Juden in der Wiener Leopoldstadt 1918–1938. 4. Aufl. Wien: Löcker 1994, S. 13.

361 Vgl. Staudinger, Die Zeit der Landjuden und der Wiener Judenstadt, S. 332. Zur Leopolds »Glaubenseifer« und anderen Ausdrucksformen desselben vgl. Leidinger, Hannes/Moritz, Verena/Schippler, Berndt: Das Schwarzbuch der Habsburger. Die unrühmliche Geschichte eines Herrschergeschlechts. Mit Vorbemerkungen v. Gerhard Jagschitz u. Karl Vocelka. Wien: Deuticke 2003, S. 109ff. Vgl. etwa auch Winkelbauer, Thomas: Ständefreiheit und Fürstenmacht. Länder und Untertanen des Hauses Habsburg im konfessionellen Zeitalter, Teil 2. Wien: Ueberreuter 2003 (Wolfram, Herwig [Hg.]: Österreichische Geschichte 1522–

Gleichstellung von Jüdinnen und Juden mit den Angehörigen der christlichen Bevölkerungsmehrheit innerhalb der österreichisch-ungarischen Monarchie 1867.[362] Allerdings hatte Kaiser Franz Joseph bereits 1849 »von einer ›jüdischen Gemeinde Wiens‹ gesprochen«, und 1852 konnte eine jüdische Kultusgemeinde gebildet werden.[363] Ruth Beckermann weist in dem von ihr herausgegebenen Buch über die Leopoldstadt darauf hin, dass Franz Joseph eine spezifische Formulierung wählte und genauer von »Mitbürger[n] mosaischen Glaubens« sprach. Mit dieser »sprachliche[n] Neuordnung« sei »die Bezeichnung ›Jude‹ dem Bereich der Schimpfwörter« überlassen geblieben und »streng die erst tolerierten, dann emanzipierten und schließlich assimilierten Juden von den noch der Ghettokultur verhafteten […] Ostjuden« getrennt worden.[364]

Nachdem sich die Sperbers 1916 in der Leopoldstadt angesiedelt hatten, lebten sie einige Jahre lang offenbar in bitterer Armut. Manès Sperber war fast 11 Jahre alt und nahm seine drastisch geänderten lebensweltlichen Verhältnisse als »radikale Verelendung« wahr.[365] Er spricht von einem »Sturz in die Armut. Wir sollten schnell entdecken, in welche Tiefen, in welche Untiefe man stürzen kann. Schon glaubt man, den Boden erreicht zu haben, aber nach kurzer Pause fällt man noch tiefer.«[366] Diesem Gedanken kommt nicht zuletzt im zweiten Roman der Trilogie »Wie eine Träne im Ozean« zentrale Bedeutung zu. Er trägt den programmatischen Titel »Tiefer als der Abgrund«.[367] Man erlebe, so Sperber in seiner Autobiografie, »im Absinken von Stufe zu Stufe […], daß jeder Fall

1699), S. 190 ff., 202 ff. Der Vertreibung vorausgegangen waren jahrelange nachdrückliche Bemühungen des Klerus, unter Führung des Wiener Neustädter und späteren Wiener Bischofs Leopold Kollonitsch, der Ehefrau Leopolds, Kaiserin Margarita Teresa sowie von Teilen der Wiener Bürgerschaft. Dass der Ausweisung längere Planung vorausging, indiziert nicht zuletzt ihre schrittweise Umsetzung. Vgl. dazu näher Staudinger, Die Zeit der Landjuden und der Wiener Judenstadt, S. 330 ff. Zu den genannten Einflussfaktoren vgl. z. B. ibid., S. 330, sowie Beckermann, Die Mazzesinsel, S. 13. Leopolds Tochter Maria Theresia ließ später eine ambivalente Einstellung gegenüber Jüdinnen und Juden erkennen; so empfing sie Juden »nur hinter einem Paravent verborgen« und verfügte 1773, dass alle Jüdinnen und Juden, die auf dem Gebiet der »Herrschaft Göding« lebten, dieses zu verlassen hätten, weil sie »Juden […] auf ihren Besitzungen nicht dulden wollte«. Gleichwohl wurden Einzelpersonen sowie »Gruppen« von Menschen mit Ausnahmegenehmigungen versehen, meist »aus wirtschaftlichen Gründen«. Neuerlich eine jüdische Gemeinde zu errichten, blieb jedoch untersagt. Dies änderte sich erst Mitte des 19. Jahrhunderts. Vgl. dazu Staudinger, Die Zeit der Landjuden und der Wiener Judenstadt, S. 347–350.

362 Vgl. Lichtblau, Integration, Vernichtungsversuch und Neubeginn, S. 455 f.

363 Vgl. Lichtblau, Integration, Vernichtungsversuch und Neubeginn, S. 457.

364 Vgl. Beckermann, Die Mazzesinsel, S. 13. Vgl. dazu z. B. auch Kalb, Herbert/Potz, Richard/Schinkele, Brigitte: Religionsrecht. Wien: WUV 2003, S. 600 ff.

365 Vgl. Sperber, Die Wasserträger Gottes, S. 177.

366 Vgl. Sperber, Die Wasserträger Gottes, S. 174.

367 Vgl. Sperber, Wie eine Träne im Ozean, S. 455.

einen anderen, tieferen auslösen kann, daß der Abgrund keinen Grund hat«.[368] Dabei, so Sperber, hätte die Familie es in Wien leichter haben können, hätte sich sein Vater nicht geweigert, einen »angemessenen Posten in einer der großen Banken« anzunehmen. Dort allerdings hätte er am Sabbath arbeiten müssen, denn »damals war der Samstag noch ein gewöhnlicher Werktag«. Er habe es jedoch vorgezogen, ihn nicht zu »entweihen«.[369]

Sperber eignete sich während seiner ersten Jahre in Wien intensiv die deutsche Sprache an und besuchte das Gymnasium in der Zirkusgasse, ebenfalls im zweiten Wiener Gemeindebezirk gelegen.[370] In Wien schloss sich Sperber einer zionistischen Jugendbewegung, ursprünglich eine »jüdische Pfadfinderorganisation« namens »Haschomer Hazair« (von Sperber generell »Schomer« genannt), an, deren Ideale und Praktiken ihn nachhaltig beeinflussen sollten.[371] Horizonterweiternde Erfahrungen bot dem jungen Immigranten auch die »Volksbibliothek [...] in der winzigen Hafnergasse«, wo er »Gesamtausgaben [...] der wichtigsten dramatischen Dichtungen der deutschen Klassiker« entlehnte und »mit der Gier eines Verhungernden [...] verschlang«. Er las auch zahlreiche andere Werke, mit denen ihn die Bibliothekarinnen versorgten, unter anderem Bücher von Nietzsche und Dostojewski.[372] Das Kino entdeckte er ebenfalls in dieser Zeit.[373] Nachhaltig begeisterte sich Sperber für sozialistische und pazifistische Ideen, die er nicht zuletzt im *Schomer* kennenlernte. Anders als seine Eltern bewunderte er Friedrich Adler, der den österreichischen Ministerpräsidenten Stürgkh 1916 erschossen hatte und bei seinem Prozess

> »mit klarer, starker Stimme im Angesicht der Machthaber die Verworfenheit und die Sinnlosigkeit des Krieges anprangerte und gleichzeitig das Recht eines jeden auf Freiheit und Würde proklamierte [...].«[374]

Der Moment, als Sperber erstmals von dem Anschlag erfuhr, verband sich mit einem traumatisierenden Erlebnis. Als Sperber, damals gerade einmal elf Jahre alt, versuchte, den Bericht in einer lauthals angepriesenen »Extra-Ausgabe« zu lesen, drückte ein Mann eine Zigarette in seinem Nacken aus. Noch »unerträglicher« als »[d]er scharfe Schmerz« sei »die Empfindung« gewesen, »von einem

368 Vgl. Sperber, Die Wasserträger Gottes, S. 174.
369 Vgl. Sperber, Die Wasserträger Gottes, S. 175.
370 Vgl. Stančić, Manès Sperber, S. 72 ff.
371 Vgl. Sperber, Die Wasserträger Gottes, S. 215 ff., 238 ff.
372 Vgl. Sperber, Die Wasserträger Gottes, S. 199 ff.
373 Vgl. Sperber, Die Wasserträger Gottes, S. 195 ff.
374 Vgl. Sperber, Die Wasserträger Gottes, S. 204 f.

Fremden grundlos gedemütigt worden zu sein«. Weshalb hatte dieser Mensch ihn so misshandelt? »Er konnte dessen fast sicher sein, daß der Bub in diesem Judenbezirk ein jüdisches Kind war. Diese Erklärung stimmte wohl, dachte ich, doch sie reichte nicht aus.«[375]

2.2 Literarische Umsetzungsweisen

2.2.1 Aufbau

Gegliedert sind »Die Wasserträger Gottes« in drei Teile, deren erster dem Schtetl Zablotow gewidmet ist.[376] Der zweite behandelt die durch den Ersten Weltkrieg bedingte, in Phasen vollzogene Flucht der Familie aus Zablotow, der dritte die ersten Jahre, die Sperber in Wien verbringt.[377] Innerhalb dieser Teile wurde auf eine weitere Kapitelgliederung verzichtet. Jeweils neue Abschnitte im Fließtext sind durch den Einschub von Leerzeilen kenntlich gemacht. Die für den ersten Band der Autobiografie skizzierte Struktur wurde in ähnlicher Form auch für die beiden Folgebände beibehalten.

2.2.2 Theoretische Fragen zum Thema *Autobiografie*

2.2.2.1 Sperbers Theorie der Autobiografie

Sperber selbst rechnet seine Bücher »Die Wasserträger Gottes«, »Die vergebliche Warnung« und »Bis man mir Scherben auf die Augen legt« der Gattung *Autobiografie* zu. Dem entsprächen *»perspektivische Verschiebungen«* analog jenen einer Verlagerung der *»Aufmerksamkeit«* vom *»Stoff«* auf die *»Form«* der Darstellung, die sich etwa mit den Namen Flaubert und Dostojewski verbinden lassen. In der Autobiografie bedeute dies, dass *»der Autobiograph«* die besagten *»Verschiebungen noch öfter«* vornehme, *»weil er sowohl im Rückblick wie im Schreiben gleichzeitig zwei Lebensaltern gerecht werden«* müsse. *»Im Unterschied zum Memorialisten und zum Verfasser von Erinnerungen«* habe *»der Autobiograph«* zudem *»nicht den geringsten Grund zur Unaufrichtigkeit«*, da er *»weder gefallen noch sich rechtfertigen«* wolle.[378]

Der Beachtung der beiden genannten Zeitebenen schenkt Sperber in seinen eigenen autobiographischen Texten große Beachtung, besonders ausgeprägt

375 Sperber, Die Wasserträger Gottes, S. 185.
376 Vgl. Sperber, Die Wasserträger Gottes, S. 15–117.
377 Vgl. Sperber, Die Wasserträger Gottes, S. 119–169, 171–255.
378 Vgl. Sperber, Vorbemerkung, S. 9 f. (kursive Hervorhebungen im Original).

in »Die Wasserträger Gottes«. Das Hin- und Herwechseln zwischen diesen beiden Ebenen sowie die damit verbundenen Aufschübe und *Verschiebungen*, um auf Sperbers eigenen Ausdruck zurückzukommen, haben im Blick auf die Erkundung von Bedingungen und Möglichkeiten autobiografischen Schreibens sowie deren konsequenter Sichtbarmachung Bedeutung. Sie sind in narratologischer Hinsicht relevant, etwa im Sinne des Aufbaus von Spannung, mehr noch allerdings aus individualpsychologischer Perspektive.[379] Konkret steht diese doppelte Inblicknahme im Kontext des Schreibens an einer Autobiografie. Derlei ist alles andere als ein simples Unterfangen, und Sperber war sich dessen offenbar in hohem Maße bewusst. In einem Essay, den er erstmals 1952 unter dem Titel »The Autobiographer's Hidden World« in der »New York Times Book Review« veröffentlichte, thematisiert er selbst einige zentrale Probleme, die autobiografischer Literatur im weitesten Sinn inhärent sind.[380] Themen wie »Aufrichtigkeit und Wahrheit«, »Tatsachen« und »Fiktionen«, das mögliche Verhältnis von »Wahrheit« und »Wirklichkeit«, vor allem aber die Schwierigkeit, im Rahmen autobiografischen Schreibens den Zwängen eines linearen Zeiterlebens zu entkommen und einen *»Zeit-Raum«* zu schaffen, stehen im Zentrum dieses kurzen Essays.[381]. Zwanzig Jahre später begann er mit der Abfassung seiner eigenen Autobiografie.[382]

In »[d]es Autobiographen verborgene[r] Welt« setzt sich Sperber zunächst mit der Frage auseinander, weshalb »Journale und Autobiographien« damals, also in den frühen 1950er-Jahren, innerhalb des Literaturbetriebs zunehmend an Bedeutung gewonnen hätten. Seine Vermutung ist, dass sie möglicherweise »ein Bedürfnis nach unverstellter Einsicht in eine absichtlich verborgene Welt« zu »befriedigen« geeignet seien. Allerdings sei »[d]ie Bekenntnis- und ›Augenzeugen‹-Literatur« keineswegs eine neue Gattung, sie lasse sich bis in die Antike zurückverfolgen. Über »Siege« werde darin berichtet, und über »Niederlagen und Enttäuschungen«, wobei Letztere »die Person des Besiegten unmittelbar mit« einbezögen und deren »gesamte Vergangenheit […] einer tiefgründigen Durchleuchtung« unterzögen.[383]

379 Zu diesen Aspekten vgl. weiter unten 2.3.

380 Vgl. Sperber, Manès: Geteilte Einsamkeit. Der Autor und sein Leser. Wien/München/Zürich: Europaverlag 1985, S. 273.

381 Vgl. Sperber, Manès: Des Autobiographen verborgene Welt. Aus dem Amerikanischen übers. v. Hans Wolfschütz. In: Sperber, Manès: Geteilte Einsamkeit. Der Autor und sein Leser. Wien/München/Zürich: Europaverlag 1985, S. 57–64 (Hervorhebungen im Original).

382 Vgl. Stančić, Manès Sperber, S. 41.

383 Vgl. Sperber, Des Autobiographen verborgene Welt, S. 57 f.

Nicht zuletzt »die Exkommunisten« würden »[z]u diesen Besiegten zählen«, und als einen »ihrer Vorgänger« betrachtet Sperber Jean-Jacques Rousseau, den Verfasser der »Confessions«. »Keiner«, so zitiert Sperber Rousseau, könne »das Leben eines Menschen so gut beschreiben wie er selbst«, doch zugleich »verschleier[e] er es [...] im Scheiben«, da er »sich so« zeige, »wie er gesehen werden möchte, und keineswegs so, wie er ist«. Insofern sei »das zentrale Problem der Ich-Literatur« angesprochen, »Aufrichtigkeit und Wahrheit«. Beides müsse keineswegs zusammenfallen. So sei an der »Aufrichtigkeit« in den »Erfahrungsberichte[n] der Exkommunisten [...] im allgemeinen« kaum zu zweifeln. In Sachen »Wahrheit« verhalte es sich hingegen anders, zumal überhaupt infrage stehe, »ob Tagebücher, Journale oder Autobiographien eigentlich dazu geeignet« seien, »den Zugang zu ihr zu öffnen«. Womöglich sei die »menschliche Natur« ganz allgemein besser »mit Fiktionen« als »mit Hilfe von Tatsachen [...] zu erfassen«.[384] Abgesehen davon drücke »sich in der Aufrichtigkeit der Wunsch [...] aus, die Wahrheit zu entdecken«, was keinesfalls bedeuten müsse, dass auch die »Befähigung« dazu damit einhergehe.[385] Bei der »menschliche[n] Natur« handle es sich um »ein Konglomerat aus zwei verschiedenen Elementen«, deren eines »es zu *entdecken* [...], das andere [...] zu *erschaffen*« gelte. Dies sei in einem »philosophischen und künstlerischen« Sinn zu verstehen, »nicht aber im wissenschaftlichen oder bekenntnishaften«. »Der aufrichtige Wunsch, keine Lüge über sich selbst zu erzählen«, sei im Grunde geeignet, »Selbsttäuschungen« zu evozieren.[386] Es lasse sich, so Sperber, eine Reihe »augenscheinlich[er] [...] psychologische[r] Gründe« nennen, »warum uns« eine an »Aufrichtigkeit« der oder des Schreibenden orientierte »Literatur des ›offenen Herzens‹ der Wahrheit nicht näherbring[e]«. »Erstens« sehe, »[w]er in den Spiegel blickt«, keineswegs »sich selbst, so wie er« sei. Vielmehr erblicke er oder sie »einen Menschen in einer ganz besonderen Lage«.[387] Und seien »nicht die Aussichten, sein wahres Bild zu entdecken, ungleich besser, wenn man es in den Augen eines anderen

384 Vgl. Sperber, Des Autobiographen verborgene Welt, S. 58 f.

385 Vgl. Sperber, Des Autobiographen verborgene Welt, S. 61.

386 Vgl. Sperber, Des Autobiographen verborgene Welt, S. 63 f. (Hervorhebungen im Original).

387 Vgl. Sperber, Des Autobiographen verborgene Welt, S. 60.
Der Gedanke an Jacques Lacans Spiegelstadium drängt sich hier förmlich auf; das Ich (»je«) eines Menschen (im Sinne eines Ich aus der gespiegelten Außenperspektive) entstehe in dieser Phase (davon unterscheidet Lacan das »moi« als später entwickelte, nicht erreichbare Idealvorstellung vom »Ich«). Lacan, Jacques: La stade du miroir comme formateur de la fonction du Je (1949). In: Lacan, Jacques: Écrits. Paris: Éditions du Seuil 1966, pp 93–100. Da es zwar sein könnte, dass sich Sperber mit dieser Theorie beschäftigt hat, ich aber keine Hinweise darauf gefunden habe, gehe ich dieser Spur hier nicht weiter nach.

sucht, der, wie man selbst, lebt und leidet?«[388] »Zweitens« handle es sich bei »Tagebuchschreiber[n]« um »sündige Moralisten, die sich selbst einen Dialog vorspielen, in welchem sie zur selben Zeit als Ankläger und Angeklagte fungieren«. Ihre »Strafe« bestehe nach ihrem Dafürhalten in ihrem »Schuldgefühl«, und das »Tagebuch« diene »diesen Einsiedlern inmitten der Gesellschaft« als »Mittel zur Selbstgeißelung«. »Drittens« seien sie »von bestimmten Selbstvorstellungen [...] [b]esessen« und wüssten insofern »genau, wer sie zu sein wünschen und wer nicht«. Vor diesem Hintergrund aber sei »ihre Selbsterkenntnis, bei aller Tiefe ihrer Selbstforschung, eher noch fragmentarischer als die der anderen Menschen«.[389]

Auch »ein nicht-psychologischer Grund für die engen Grenzen der bekenntnishaften Literatur« lasse sich angeben, nämlich der, dass der Verfasser/die Verfasserin einer Autobiografie in »der *linearen* Zeit« gefangen bleibe. In einem literarischen Text sei es möglich, einen *»Zeit-Raum«* zu gestalten, und zwar »[d]urch Verknüpfung der individuellen Bezugssysteme der Figuren und durch Perspektivenwechsel«. Auf diese Weise könne man beispielsweise »200 Seiten zur Beschreibung einer Stunde [...] füllen und umgekehrt einen Zeitraum von zehn Jahren mit zwei Zeilen abhandeln«. Hingegen sei in einem autobiografischen Text, »[w]as zur Vergangenheit gehör[e] [...], nur als vergangen, als Erinnerung und damit als Produkt der geistigen Verfassung des gegenwärtigen Augenblicks darstellbar«. Eine einzige ihm, Sperber, bekannte Ausnahme bilde Marcel Proust, der es vermocht habe, »aus der Erinnerung eine *räumliche Zeit* zu schaffen«.[390] Ansonsten seien es allein »Romanfiguren«, die sich »in der Zeit [...] konkretisieren«. Allein soweit »sie *nicht* wirklich, sondern unendlich möglich oder wahrscheinlich« seien, »sind sie auch wahr«.[391]

Auffallend ist, dass Sperber in seinem Essay unterschiedliche Arten von »Ich-Literatur« in eins setzt. Bestehen denn gar keine Unterschiede zwischen Tagebüchern (auch solchen, die vielleicht von vornherein zur Veröffentlichung bestimmt sind), Briefen und genuin autobiografischen Texten? Im Vorwort zur einbändigen Gesamtausgabe seiner autobiografischen Schriften, die 1983, also fast dreißig Jahre später, erschienen ist, differenziert er sehr wohl. Auch hier kreisen seine Überlegungen um die »Aufrichtigkeit« des »Autobiogra-

388 Vgl. Sperber, Des Autobiographen verborgene Welt, S. 64.
389 Vgl. Sperber, Des Autobiographen verborgene Welt, S. 60 f.
390 Vgl. Sperber, Des Autobiographen verborgene Welt, S. 61 f. (Hervorhebungen im Original).
391 Vgl. Sperber, Des Autobiographen verborgene Welt, S. 62 (Hervorhebung im Original).

ph[en]«.[392] Allerdings kann deren Annahme äußerstenfalls Sperbers eigene Absichten wiedergeben, nämlich aufrichtig zu sein, aber wohl kaum als generelle Feststellung über allfällige Intentionen von Autobiografinnen und Autobiografen gelten. Doch wie auch immer, die aufrichtige Intention stand aus Sperbers Sicht gar nicht so sehr zur Disposition, hier verdient sie es hingegen, eigens betont zu werden. Was das Thema »Wahrheit« angeht, so hält sich Sperber in der Vorbemerkung zu »All das Vergangene …« eher bedeckt. Das frühere Verdikt zu Schuldgefühlen sowie zur Personalunion von Ankläger und Angeklagtem klingt an, fällt aber nicht mehr so entschieden aus:

> »Ohne einer Neigung zu Bekenntnissen nachzugeben, mag auch ein Schriftsteller von heute sein eigenes Leben beschreiben, als ob er ›über sich selbst Gericht halten‹ wollte, indem er die Vorteile eines Angeklagten in Anspruch nimmt, der nur sich selbst als Ankläger gelten läßt.«[393]

Vielleicht interessierte ihn inzwischen aber auch eher etwas anderes, oder vielmehr war die Perspektive möglicherweise konkreter geworden. »[D]er Autobiograph« sehe sich, so betont er, »perspektivische[r] Verschiebung« gegenüber, müsse er doch,

> »sowohl im Rückblick wie im Schreiben gleichzeitig zwei Lebensaltern gerecht werden […]: dem frühen, ja frühesten, an das er sich erinnert, und dem viel späteren, in dem er sich die ferne Vergangenheit vergegenwärtigt.«[394]

In dieser Distanz liegt womöglich auch jene tiefere, eigentliche *Wahrheit,* über die Sperber zuvor explizit nachgedacht hatte, und die nicht in der naiven Vorstellung einer ungebrochenen sprachlichen Abbildrelation aufgehen kann, die das Gewesene scheinbar einfängt. Vielmehr kann solche Wahrheit überhaupt erst in der Spannung zwischen dem Erinnern, einschließlich des Nachdenkens über dessen Möglichkeitsbedingungen, und dem Gegenstand des Erinnerns entstehen, letztlich in jener »Nachträglichkeit«, von der Sigmund Freud spricht.

---

392 Vgl. Sperber, Manès: Vorbemerkung. In: Sperber, Manès: All das Vergangene … Die Wasserträger Gottes. Die vergebliche Warnung. Bis man mir Scherben auf die Augen legt. Wien/München/Zürich: Europaverlag 1983, S. 10.

393 Sperber, Vorbemerkung, S. 8.

394 Vgl. Sperber, Vorbemerkung, S. 9.

2.2.2.2 Bekennen tiefer Gefühle?

Dass es bei »literarische[n] Akten des Bekennens« um die Artikulation tiefer Empfindungen gehen soll, um eine »*Herzensschrift*«, darauf hat bereits Mitte der 1980er-Jahre Manfred Schneider in seiner Monografie über Wandlungen autobiografischen Schreibens im 20. Jahrhundert hingewiesen.[395] Er bezieht sich dabei auf ein Diktum des Paulus aus dessen 2. Korintherbrief. Darin werden die Adressaten selbst als »Brief Christi« bezeichnet, »geschrieben nicht mit Tinte, sondern mit dem Geist des lebendigen Gottes, nicht auf steinerne Tafeln, sondern auf fleischerne Tafeln, nämlich eure Herzen.«[396] Diese »Herzensschrift« habe sich unter den Auspizien des »Medium[s] Druck« zu einer »Schallplatte des Herzens verwandelt«. So verlasse »[d]er autobiographische Text im zwanzigsten Jahrhundert [...] das symbolische Territorium der Wahrheit«.[397] Die Verfasserinnen und Verfasser autobiografischer Texte würden »auf die Suggestion« verzichten, »die Schatten« ihres oder »seines Profils in der *camera obscura*« nachzuzeichnen, kurz, »ein natur- oder wahrheitsgetreues Porträt von sich« selbst zu geben. Es mache »sich der autobiographische Text im Zeichen der modernen Medien [...] selbst zum Medium«. Während »das Schreiben nur noch auf sich selbst« blicke und seine »Kräfte bei der Buchhaltung seiner Verluste und Intensitäten« vergeude, werde aus dem »Inhalt des Lebens [...] der autobiographische Text«, »Leben und [...] Medium« würden sich »asymptotisch [...] nähern«.[398]

Ob dies in den *alten Tagen* vor dem Siegeszug des Buchdrucks tatsächlich anders gewesen ist, soll hier nicht erörtert werden. Die Sorge um die *Wahrheit* in der Autobiografie spielt bei Schneider unter den konkreten Bedingungen grundsätzlich unbeschränkter *Reproduzierbarkeit* von Texten eine Rolle.[399] Er verweist auf eine Reihe von Entwicklungen seit der Frühen Neuzeit, von der Bedeutung

395 Vgl. Schneider, Manfred: Die erkaltete Herzensschrift. Der autobiographische Text im 20. Jahrhundert. München/Wien: Hanser 1986, S. 9 (Hervorhebung im Original).

396 Vgl. 2. Korinther, 3, 3. In: Nestle, Kurt/Aland, Barbara/Aland, Kurt (Hg.): Das Neue Testament. Griechisch und Deutsch. Griechischer Text: 27. Aufl. des Novum Testamentum Graece in der Nachfolge von Eberhard u. Erwin Nestle gemeinsam verantwortet v. Barbara u. Kurt Aland, Johannes Karavidopoulos, Carlo M. Martini, Bruce M. Metzger. Deutsche Texte: Revidierte Fassung der Lutherbibel von 1984 und Einheitsübersetzung der Heiligen Schrift 1979. 3. Aufl. Stuttgart: Deutsche Bibelgesellschaft/Katholische Bibelanstalt 2000, S. 476 (472–492). Die Übersetzung hier ist jene der Luther-Revision von 1984.

397 Vgl. Schneider, Die erkaltete Herzensschrift, S. 13.

398 Vgl. Schneider, Die erkaltete Herzensschrift, S. 14 f. (Hervorbebungen im Original).

399 Gewissermaßen paradigmatisch in diesem Zusammenhang: Benjamin, Walter: Das Kunstwerk im Zeitalter seiner technischen Reproduzierbarkeit. 3. Fass. In: Benjamin, Walter: Abhandlungen. Hg. v. Rolf Tiedemann u. Hermann Schweppenhäuser (= Benjamin, Walter: Gesammelte Schriften I, 2). 2. Aufl. Frankfurt am Main: Suhrkamp 1997 (stw 931), S. 471–508.

des Buchdrucks für das Entstehen einer wachsenden autobiografischen Literatur, verbunden mit der Genese des maßgeblich protestantisch geprägten Gewissenskonzepts, über spezifische Formen neuzeitlicher Genese von Subjekt, Identität, Norm und Abweichung sowie damit verbundener Erziehungs- und Repressionsmaßnahmen, wie sie Foucault seit »Überwachen und Strafen« in mehreren Arbeiten untersucht hat, bis hin zur »Bewegung [...] des modernen Textes [...] ins Absolute« im Sinne einer »Selbstverzehrung« ihrer Verfasserinnen und Verfasser.[400] Doch mit der *Wahrheit* von Autobiografien verhält es sich kompliziert, wie mit der Idee der Wahrheit insgesamt. Dies schon bezüglich des Versuchs, sie begrifflich festzumachen, und in weiterer Folge des Bemühens, den jeweils vertretenen Wahrheits- bzw. Wahrhaftigkeitsansprüchen gerecht zu werden.[401] Schneider weist darauf hin, dass »[d]er Glaube an die Wahrheit oder wenigstens an die historische Aussagekraft« der autobiografischen »Schriftmasse [...] logisch ein Doppel des autobiographischen Modells« sei. »Ebensowenig wie ein Subjekt sich selbst zu explizieren« vermöge, sei »eine Kultur in der Lage, die Wahrheit ihrer Regularien zu erkennen.«[402]

So erweist sich der Wahrheitsbegriff im Kontext autobiografischen Schreibens als problematisch, sofern einerseits der Anspruch erhoben wird, etwas Intimes, Persönliches zu *bekennen*, andererseits Auswahl und Komposition des verwendeten Erinnerungsmaterials samt allfälliger Ergänzungen und Abrundungen von Kriterien abhängen, die nicht zwingend einer so authentischen wie schonungslosen Selbsterforschung geschuldet sind, sondern meist einer als wünschenswert erachteten Selbstdarstellung oder schlicht einer gefälligen Lesbarkeit des literarischen Produkts. Die Frage von Auswahl und Zusammenstellung des Materials betrifft jede historiografische Darstellung.

---

400 Vgl. Schneider, Die erkaltete Herzensschrift, S. 16–46, Zitate auf S. 37. Zu den erwähnten Arbeiten von Foucault vgl. insbes. Foucault, Überwachen und Strafen; Foucault, Michel: Sexualität und Wahrheit 1: Der Wille zum Wissen. Übers. v. Ulrich Raulff u. Walter Seitter. 7. Aufl. Frankfurt am Main: Suhrkamp 1994 (stw 716); Foucault, Michel: Sexualität und Wahrheit 2: Der Gebrauch der Lüste. Übers. v. Ulrich Raulff u. Walter Seitter. Frankfurt am Main: Suhrkamp 1989 (stw 717); Foucault, Michel: Sexualität und Wahrheit 3: Die Sorge um sich. Übers. v. Ulrich Raulff u. Walter Seitter. 2. Aufl. Frankfurt am Main: Suhrkamp 1991 (stw 718). Vgl. inzwischen (also nach dem Erscheinen von Schneiders Monografie) auch Foucault, Michel: Sexualität und Wahrheit 4: Die Geständnisse des Fleisches. Übers. v. Andrea Hemminger. Berlin: Suhrkamp 2019.

401 Der Begriff Wahrheit wirft zahllose Schwierigkeiten auf, die an dieser Stelle nicht erörtert werden können. Es sei nur exemplarisch verwiesen auf Gloy, Karen: Wahrheitstheorien. Eine Einführung. Tübingen/Basel: Francke 2004 (UTB 2531), insbes. S. 13–64, 92–67; Puntel, Bruno Lorenz: Wahrheitstheorien in der neueren Philosophie. 3., erweiterte Aufl. Darmstadt: Wissenschaftliche Buchgesellschaft 2005, insbes. S. 26–40.

402 Vgl. Schneider, Die erkaltete Herzensschrift, S. 19 f.

Nicht alles, was zu einem bestimmten Thema verfügbar ist, kann bei einer Vielzahl an vorhandenen Quellen Verwendung finden, umgekehrt kann die Quellenlage so dünn sein, dass alles, was sich irgendwie verwerten lassen könnte, bis zur Überreizung des Materials einbezogen wird. Unsere eigene Weltwahrnehmung funktioniert über Selektionen, Interpretationsmuster, die wir im Lauf unseres Lebens entwickeln.[403] Auch fehlen uns nicht selten verlässliche Informationen über unsere eigene Lebensgeschichte, andere scheinen uns gewiss, basieren aber nur auf dem Gerede von Verwandten, die uns, als wir jung waren, eine bestimmte Version eines Ereignisses erzählt haben, während wir uns an das eigentliche Ereignis gar nicht erinnern können. Möglicherweise hat es gar nicht stattgefunden.[404] An dieser Stelle sind psychoanalytische und individualpsychologische Ansätze, wie sie Sperber in sein autobiografisches Schreiben explizit und implizit einbezieht, hilfreich, um zumindest einen nüchternen Blick auf Möglichkeiten und Grenzen von Autobiografie zu erlangen. Zu alledem kommen Verdrängungen und andere Formen psychischer Abwehr.[405]

2.2.2.3 Wahrheit und Fiktion

Wohl durchaus im Bewusstsein dieser Probleme spielt das Verhältnis von *Wahrheit* und *Fiktionalität,* von autobiografischem Bericht und autobiografischem Roman, eine große Rolle für theoretische Untersuchungen in der Autobiografieforschung. So weist etwa Madeleine Salzmann in ihrer Studie zur »Kommunikationsstruktur der Autobiographie« darauf hin, dass »[d]ie Autobiographie […] biographische Wirklichkeit nicht als Wirklichkeit schlechthin« beschreibe, da »sie […] an den narrativen Diskurs gebunden« sei, »der immer schon Wirklichkeitskonstruktion bedeutet«.[406] Dazu ist es wichtig, einen gattungsadäquaten Fiktionalitätsbegriff zu entwickeln. »Fiktionalität« bedeute nicht zwangsläufig und immer »fehlende Referenzialsierbarkeit [sic!] und somit fehlenden Wahrheitswert, sondern eine je nach Gattung spezifische Wahrheit«. Bei Autobiografien handle es sich um eine »spezifische Wahrheit«, für die Leserin/den Leser von vornherein erkennbar geprägt durch die Sicht der Verfasserin/

403 Vgl. z. B. Gerrig/Zimbardo, Psychologie, S. 108–159; Thompson, Richard F.: Das Gehirn. Von der Nervenzelle zur Verhaltenssteuerung. Nachdruck der 3. Aufl. Heidelberg et al.: Spektrum Akademischer Verlag 2010, S. 10 f.

404 Vgl. z. B. Gerrig/Zimbardo, Psychologie, S. 263–269; Freud, Traumdeutung, S. 514 f.

405 Vgl. z. B. Laplanche/Pontalis, Das Vokabular der Psychoanalyse, S. 24 ff., 30 ff., 582 ff., 595 ff., 603 ff.

406 Vgl. Salzmann, Madeleine: Die Kommunikationsstruktur der Autobiographie. Mit kommunikationsorientierten Analysen der Autobiographien von Max Frisch, Helga M. Novak und Elias Canetti. Frankfurt am Main et al. Peter Lang 1988 (Zürcher Germanistische Studien, hg. v. Michael Böhler, Harald Burger u. Peter v. Matt, Bd. 11), S. 38.

des Verfassers. Zugleich sucht Salzmann zwischen »Wahrheit« und »Wahrhaftigkeit« zu differenzieren. Während zumindest etwas wie »objektive Wahrheit« in Bezug auf Autobiografien nicht gefordert werden könne, sei doch das Postulat »absoluter Wahrhaftigkeit des Autobiographen« prinzipiell »berechtigt«.[407]

Bernadette Rieder verweist in ihrer Abhandlung über Autobiografien deutschsprachiger israelischer Schriftstellerinnen und Schriftsteller programmatisch auf Wilhelm Dilthey, demzufolge es bei »Selbstbiographie[n]« um »Deutung[en] des Lebens in seiner geheimnisvollen Verbindung von Zufall, Schicksal und Charakter« zu tun sei und nicht um eine »Aufzählung von Ereignissen«. Allein »die Kategorie der Bedeutung«, so Dilthey, »überwindet das bloße Nebeneinander, die bloße Unterordnung der Teile des Lebens«.[408] Auch Rieder schlägt eine gattungsspezifische Definition von *Autobiografie* vor und setzt sich dabei insbesondere mit Positionen Philippe Lejeunes und Elizabeth Bruss' auseinander. Vor allem in Anlehnung an Letztere konkretisiert sie die Frage nach Wahrheitsansprüchen im Zusammenhang mit Autobiografien dahingehend, dass Leserinnen und Leser von der Verfasserin/dem Verfasser einer Autobiografie erwarten könnten, sie oder er werde nur solche Aussagen treffen, von deren Richtigkeit sie/er »überzeugt« sei. Allerdings »dürfte« diese »Erwartung der Rezipienten […] auch erfüllt sein […], wenn der Autobiograph die Relativität seiner Erinnerung einräumt«.[409]

Generell ist autobiografisches Schreiben gleichermaßen durch »Erinnerung und Gestaltung« gekennzeichnet. Beide könnten nicht voneinander getrennt werden. Anders ist es gar nicht denkbar, den »Leseeindruck« zu »ermöglich[en] […], ein Leben« und »nicht Einzelereignisse […] präsentiert zu bekommen«. Rieder betont eine wechselseitige Abhängigkeit: »Die Gestaltung ist abhängig von der Erinnerung und die Erinnerung ist selbst schon gestaltend.«[410] Sie führt dies auf ein grundlegendes menschliches Bedürfnis der Bedeutungsstiftung bzw. Bedeutungsfindung zurück.[411] Um solche sei es auch in Autobiografien

---

407 Vgl. Salzmann, Die Kommunikationsstruktur der Autobiographie, S. 33 f.

408 Vgl. Rieder, Bernadette: Unter Beweis: Das Leben. Sechs Autobiographien deutschsprachiger SchriftstellerInnen aus Israel. Göttingen: V & R Unipress 2008, S. 65, unter Rekurs auf Dilthey, Wilhelm: Das Erleben und die Selbstbiographie (1906–1911/1927). In: Niggl, Günter (Hg.): Die Autobiographie. Darmstadt: Wissenschaftliche Buchgesellschaft 1989, S. 24.

409 Vgl. Rieder, Unter Beweis: Das Leben, S. 69. Zum Zitat von Elizabeth Bruss vgl. Bruss, Elizabeth W.: Autobiographie als literarischer Akt (1974). In: Niggl, Günter (Hg.): Die Autobiographie. Darmstadt: Wissenschaftliche Buchgesellschaft 1989, S. 274.

410 Vgl. Rieder, Unter Beweis: Das Leben, S. 79.

411 Vgl. dazu allg. z. B. Watzlawick, Kurt: Wie wirklich ist die Wirklichkeit? Wahn – Täuschung – Verstehen. 20. Aufl. München: Piper 1992 (SP 174), insbes. S. 142 ff.; Yalom, Irvin D.: Existenzielle Psychotherapie. Aus dem Amerikanischen von Martina Gremmler-Fuhr u. Reinhard Fuhr. 5., korr. Aufl. Bergisch Gladbach: EHP 2010, insbes. S. 493–567; Rorty, Richard: Der

maßgeblich zu tun, und zwar in »diachron[er]« wie »synchron[er]« Hinsicht. Jemand wolle wissen, wer er oder sie ist, und dies im Blick auf ein »Ganze[s] des Lebens«.[412] Dieser Anspruch, ein Ganzes zur Darstellung zu bringen, könnte wohl auch den entscheidenden Unterschied zwischen Autobiografien und Tagebüchern markieren.[413]

Insgesamt erweisen sich Abgrenzungen im Feld autobiografisch relevanter oder gefärbter Texte als nicht besonders leicht. Auch Sperber ging bei der Begrifflichkeit nicht so differenziert vor, wie es vielleicht wünschenswert sein könnte. In Anlehnung an Ingrid Aichinger versucht etwa Bernadette Rieder einigermaßen distinkte Abgrenzungen zwischen Autobiografie und »anderen autobiographischen Textsorten« wie etwa »Tatenberichten«, insbesondere aber zwischen Autobiografien und »Memoiren« sowie »autobiographische[n] Roman[en]«. Memoiren seien mehr nach außen, auf eine Öffentlichkeit hin orientiert, während in Autobiografien »den tieferen Zusammenhängen eines Lebens nachgespürt« werde.[414] Die Unterscheidung zwischen Autobiografie und autobiografischem Roman führe wieder zur »Wahrheitsfrage«. Es soll nämlich darauf ankommen, dass ein/e Autorin »beteuert, [...] nichts zu sagen, das nicht wahr ist«.[415] Rieder legt es pragmatischer an und hebt auf den Umstand ab, dass Verfasser/innen von Autobiografien im Gegensatz zu solchen von Romanen ihre Stoffe nicht frei wählen können.[416] Auf diese grundlegende Differenz, die sich zwangsläufig ergibt, sobald in irgendeiner Weise der Anspruch erhoben wird, das eigene Leben zum Gegenstand einer biografischen Abhandlung zu machen, nimmt auch Sperber mit Verweis auf die damit verbundene Schwierig-

---

Spiegel der Natur. Eine Kritik der Philosophie. Übers. v. Michael Gebauer. 4. Aufl. Frankfurt am Main: Suhrkamp 1997 (stw), S. 409; Frankl, Viktor E.: Logotherapie und Existenzanalyse. Texte aus sechs Jahrzehnten. Unveränderter Nachdruck. Weinheim/Basel: Beltz 2002, insbes. S. 148 ff.

412 Vgl. Rieder, Unter Beweis: Das Leben, S. 79, 78.

413 Anders Rieder, Unter Beweis: Das Leben, S. 78, die darauf abhebt, ob die Verfasserin/der Verfasser »an einem bestimmten Punkt seines Lebens Rückschau hält«, was die Autobiografie auszeichne, oder »dies immer wieder« tue, beim Schreiben von Tagebüchern. Sperber etwa blickt in seinen autobiografischen Schriften offenkundig mehrfach und unter bestimmten Gesichtspunkten zurück. Auch ein Autor wie Friedrich Nietzsche, der immer wieder neue Anläufe genommen hat, sein Leben zu beschreiben, kann wohl durchaus als Autobiograf gelten. Vgl. dazu z. B. Safranski, Rüdiger: Nietzsche. Biographie seines Denkens. München/Wien: Hanser 2000, insbes. S. 15 ff.

414 Vgl. Rieder, Unter Beweis: Das Leben, S. 76; vgl. auch Aichinger, Ingrid: Probleme der Autobiographie als Sprachkunstwerk (1970). In: Niggl, Günter (Hg.): Die Autobiographie. Darmstadt: Wissenschaftliche Buchgesellschaft 1989, S. 176 ff.

415 Vgl. Aichinger, Probleme der Autobiographie als Sprachkunstwerk, S. 190.

416 Vgl. Rieder, Unter Beweis: Das Leben, S. 77.

keit Bezug, auf dieser Basis aus einem linearen Zeitkonzept herauszutreten.[417] Auf Möglichkeiten, zwischen Autobiografie und autobiografischem Roman zu unterscheiden, sowie verschwimmende Grenzen komme ich in Hinblick auf die Romantrilogie »Wie eine Träne im Ozean« noch einmal zurück.

2.2.3 »Zeit und Erzählung«[418]

Das Denken in Zeit-Räumen allgemein und seine Bedeutung für das Erzählen betont Sperber an mehreren Stellen. Zugleich setzt er in »Die Wasserträger Gottes« wiederholt die Zeitebenen seiner Gegenwart als Schreibender und jene der Begebenheiten, über die er erinnernd schreibt, ganz bewusst in Beziehung zueinander. Zeit, Raum und Erzählung bilden insofern grundlegende Bezugspunkte von Sperbers erster autobiografischer Abhandlung, und dies keineswegs beiläufig oder nebenher, sondern in einer Weise, die ihre wechselseitigen Bedingtheiten für die Autobiografie selbst zum Thema derselben machen. Ich möchte diese Thematik daher ein wenig vertiefen, unter Rekurs auf den ersten Band von Paul Ricoeurs in der Zwischenüberschrift bereits referenzierter erzähltheoretischer Abhandlung. Einen kurzen Blick darauf zu werfen, legt schon der Umstand nahe, dass sich Ricoeur zu Beginn des ersten Bandes »Zeit und historische Erzählung« mit einem berühmten autobiografischen Text beschäftigt, nämlich den »Confessiones« des Aurelius Augustinus, und dabei mit deren 11. Buch, dem Abschnitt über die Zeit.[419]

Zu diesem Text lässt sich einiges anmerken, doch würde dies weit über den Rahmen der gegenständlichen Untersuchung hinausführen.[420] Ich beschränke mich auf mögliche Adaptionsmöglichkeiten der Ausführungen Ricoeurs im Zusammenhang mit der Autobiografie Sperbers. Ricoeur verweist für seine

417 Vgl. Sperber, Des Autobiographen verborgene Welt, S. 62.

418 Ich erlaube ich mir an dieser Stelle zunächst zumindest den Titel (der deutschen Übersetzung) der dreibändigen Abhandlung zu eben dieser Thematik von Paul Ricoeur zu borgen. Vgl. Ricoeur, Paul: Zeit und Erzählung 1: Zeit und historische Erzählung. Aus dem Französischen v. Rainer Rochlitz. 2. Aufl. München: Fink 2007; Ricoeur, Paul: Zeit und Erzählung 2: Zeit und literarische Erzählung. Aus dem Französischen v. Rainer Rochlitz. 2. Aufl. München: Fink 2007; Ricoeur, Paul: Zeit und Erzählung 3: Die erzählte Zeit. Aus dem Französischen v. Rainer Rochlitz. 2. Aufl. München: Fink 2007.

419 Vgl. Ricoeur, Zeit und historische Erzählung, S. 15 ff. Vgl. Augustinus, Aurelius: Bekenntnisse. Lateinisch – Deutsch. Eingeleitet, übersetzt und erläutert v. Joseph Bernhart. Mit einem Vorwort von Ernst Ludwig Grasmück. 5. Aufl. Frankfurt am Main: Insel 1996 (it 1002), S. 601–671.

420 Vgl. z. B. Flasch, Kurt: Was ist Zeit? Augustinus von Hioop. Das XI. Buch der Confessiones. Historisch-philosophische Studie. Text – Kommentar – Übersetzung. Frankfurt am Main: Klostermann 1993.

These, dass »Zeit« und »Erzählung« in einer engen Wechselbeziehung stehen, auf die so schlichte wie problematische Formulierung aus dem 11. Buch von Augustins »Confessiones«: »Was ist nun die Zeit?«[421] Der Folgesatz wird in der deutschen Übersetzung von Ricoeurs Buch so wiedergegeben: »Wenn mir niemand die Frage stellt, so weiß ich es; wenn mir jemand die Frage stellt und ich es erklären will, weiß ich es nicht mehr.«[422] Erzählungen, so Ricoeur, genauer was Aristoteles »Fabel« nennt, seien in der Lage, »diese Zeiterfahrung, die den Aporien der philosophischen Spekulation ausgesetzt ist, neu zu gestalten«. Dies sei die »Fähigkeit der Fiktion«.[423] Augustinus führt seine oben zitierten Überlegungen dahingehend fort, dass er unter der Voraussetzung eines linearen Zeitbegriffs und der Annahme, dass *Zeit* in irgendeiner Weise »ist«, »Vergangenheit«, »Gegenwart« und »Zukunft« unterscheidet und dazu ausführt:

> »Aber wie existieren denn zwei von diesen Zeiten, die Vergangenheit und die Zukunft, wenn das Vergangene nicht mehr und das Zukünftige noch nicht ist? Und was die Gegenwart angeht: Bliebe sie immer gegenwärtig und ginge sie nicht über in die Vergangenheit, wäre sie nicht mehr Zeit, sondern Ewigkeit.«[424]

Das so definierte Problem sucht Augustinus gewissermaßen mit einem »theoretischen Kniff« zu lösen.[425] Er besteht darin, jede »Zeit«, ob vergangen oder zukünftig, jeweils in ihrer Gegenwart zu begreifen. So solle man nicht »von« einer »vergangene[n] Zeit [...] sagen [...]«, »sie« sei »lang ›gewesen‹«. Richtiger wäre es davon zu sprechen, dass sie »›in ihrer Gegenwart‹ [...] lang« gewesen sei, weil sie nur als »anwesend seiende [...] lang« gewesen wäre.[426] Konkret bedeutet

421 Vgl. Ricoeur, Zeit und historische Erzählung, S. 10. Bei Augustinus heißt es an der mutmaßlich referenzierten Stelle »Quid est ergo tempus?« (Augustinus, Confessiones XI, 14, 17, hg. v. Bernhart, S. 628), genauer vielleicht übersetzbar mit »Was ist also ›Zeit‹?« (so die Übersetzung von Bernhart, loc. cit., S. 629) oder »Was also ist die Zeit?« (so Flasch, Was ist Zeit?, S. 251).

422 Vgl. Ricoeur, Zeit und historische Erzählung, S. 10. Augustins Formulierung lautet: »Si nemo ex me quaerat, scio; si quaerenti explicare velim, nescio [...].« Augustinus, Confessiones, hg. v. Bernhart, S. 628.

423 Vgl. Ricoeur, Zeit und historische Erzählung, S. 10.

424 Augustinus, Confessiones, 14, 17, hg. v. Bernhart, S. 628. Übers. hier von Flasch, Was ist Zeit?, S. 251.

425 So die Formulierung von Müller-Funk, Wolfgang: Kulturtheorie. Einführung in Schlüsseltexte der Kulturwissenschaften. 2., erweiterte und bearbeitete Aufl. Tübingen/Basel: Francke 2010 (UTB 2828), S. 301.

426 Vgl. Augustinus, Confessiones XI, 15, 18, hg. v. Bernhart, S. 630 (Übers. hier nach Bernhart, loc. cit., S. 631).

dies, dass »[w]eder die Zukunft noch die Vergangenheit ist«. Seiend wären vielmehr »die Gegenwart von Vergangenem, die Gegenwart von Gegenwärtigem und die Gegenwart von Zukünftigem«. »Gegenwart von Vergangenem« sei »Erinnern [memoria]«, »Gegenwart von Gegenwärtigem [...] Anschauen [contuitus]«, »die Gegenwart des Zukünftigen [...] Erwarten [expectatio]«.[427]

Mit dieser »elegante[n]«, gleichwohl »mühselige[n] Lösung« hat Augustinus Ricoeur zufolge »das [...] Rätsel [...] eines Seins« *gelöst,* »nämlich eines Seins, das des Seins ermangelt«. Zu ihrer Stützung hat er auch für das Problem der »Zeitmessung« eine *Lösung* finden müssen. Diese habe in der These bestanden, die Zeit als »eine Art Ausdehnung« zu betrachten, und zwar eine solche des »Geist[es] selbst«.[428] Genauer, so Augustinus, sei es »[d]er Eindruck, der von den Erscheinungen bei ihrem Vorüberziehen« im »Geist [...] erzeugt« werde und in ihm »zurückbleib[e], wenn die Erscheinungen vorüber sind«, der Gegenstand von Zeitmessung.[429] Ricoeur betont hier das von Augustinus gebrauchte Begriffspaar »dissentio« (das er mit »Zerspannung« übersetzt) und »intentio« (»Anspannung«). »[D]ie Passivität des Eindrucks« sei »in Gegensatz zur Aktivität eines Geistes« zu setzen,

> »der nach verschiedenen Richtungen, zwischen Erwartung, Erinnerung und Aufmerksamkeit gespannt [sei]. *Nur ein derart in verschiedene Richtungen gespannter Geist ist der Zerspannung (distentio) fähig.*«[430]

Unter »distentio« ist dabei »nichts anderes« zu verstehen »als der Riß, das Nichtzusammenfallen der drei Modalitäten der Tätigkeit«.[431] Als »umgekehrte[s] Gegenstück zur *distentio animi*« identifiziert Ricoeur den »Begriff der Fabelkonstruktion« im Sinne der »Poetik« des Aristoteles. Sie ermögliche die Herstellung »einer im besonderen Sinne sprachlichen Tätigkeit [...], in der die Konsonanz die Dissonanz überwindet«.[432] Den Schwierigkeiten, die sich daraus im Detail ergeben, insbesondere aus der Adaption des Aristotelischen Mimesis-

427 Vgl. Augustinus, Confessiones XI, 20, 26, hg. v. Bernhart, S. 640, 642; Übers. hier nach Flasch, Was ist Zeit?, S. 259.

428 Vgl. Ricoeur, Zeit und historische Erzählung, S. 25, 31.

429 Vgl. Augustinus, Confessiones XI, 27, 36, hg. v. Bernhart, S. 660 (Übers. v. Bernhart, loc. cit., S. 661).

430 Ricoeur, Zeit und historische Erzählung, S. 35 (Hervorhebungen im Original).

431 Vgl, Ricoeur, Zeit und historische Erzählung, S. 37.

432 Vgl. Ricoeur, Zeit und historische Erzählung, S. 54 (Hervorhebungen im Original). Vgl. dazu Aristoteles: Poetik. Griech.-dt. Übers. u. hg. v. Manfred Fuhrmann. Bibliographisch ergänzte Ausgabe. Stuttgart: Reclam 1994 (UB 7828), S. 3–99.

Modells, müssen an dieser Stelle nicht näher nachgespürt werden.[433] Für unsere Thematik macht es aber Sinn, die Komplexität des Verhältnisses bzw. die Verwobenheit von Erinnerung und Erzählung im Blick auf die Anschauungsform Zeit im Blick zu behalten und gerade auch vor dem Hintergrund individualpsychologischer Perspektivierungen als grundlegendes Thema der Sperber'schen Autobiografie zu beachten.

2.2.4 Autobiografie als Re-Konstruktion und Erzählung

2.2.4.1 Re-Konstruktion

Autobiografien sind vielfach Erzählungen und Re-Konstruktionen gleichermaßen. Der Erzählcharakter ergibt sich einerseits aus Rezeptionserwägungen und der Suggestion einer besonderen Nähe zwischen AutorIn und LeserIn, die aus dem vorgeblich oder tatsächlich intimen Gehalt des Texts erfließt. Veröffentlichte Erinnerungen wenden sich zwangsläufig an ein wie auch immer gedachtes Publikum, dessen mögliche Reaktionen beim Verfassen in noch höherem Maße zu antizipieren gesucht werden, als es bei jedem anderen Text schon der Fall ist.[434] Zudem ist jede Art von historischer Erforschung, auch eine solche autobiografischer Art, auf »Palympseste, ja Polypseste[n]« verwiesen, auf »Fragment[e]« und »Bruchstück[e]«.[435] Die eigene Erinnerung als Quelle macht die Sache nicht leichter, selektiv und nachträglich überformt, wie sie eben ist.

Grundsätzlich stellt eine Autobiografie spezifische Anforderungen an Analyse und Interpretation, vermutlich komplexere als etwa ein Roman, weil sich die Frage nach dem Verhältnis von Realität und Fiktion, Inhalt und Form in differenzierter Weise stellt. Umgekehrt ist der Anspruch, den eine Autobiografin/ein Autobiograf an ihren/seinen Text stellen muss, ein anderer, vielleicht weniger anspruchsvoller als bei einer Erzählung oder einem Roman. Letztere

433 Zur Mimesis bei Ricoeur vgl. Ricoeur, Zeit und historische Erzählung, S. 87–135. Zu kritischen Anmerkungen zu seiner Erzähltheorie vgl. z. B. Müller-Funk, Kulturtheorie, S. 306 f.

434 Vgl. grundsätzlich (unabhängig von autobiografischen Spezifika) insbes. Eco, Umberto: Lector in fabula. Die Mitarbeit der Interpretation in erzählenden Texten. Aus dem Italienischen v. Heinz G. Held. 2. Aufl. München: Deutscher Taschenbuch Verlag 1994 (dtv 4531), S. 61 ff.; Iser, Wolfgang: Der implizite Leser. Kommunikationsformen des Romans von Bunyan bis Beckett. 3. Aufl. München: Fink 1994 (UTB 163), insbes. 7–12.

435 Zu den Zitaten vgl. Nietzsche, Friedrich: Unzeitgemäße Betrachtungen II. Vom Nutzen und Nachtheil der Historie für das Leben. In: Nietzsche, Friedrich: Kritische Studienausgabe. Bd. 1. Hg. v. Giorgio Colli und Mazzino Montinari. 2., durchges. Aufl. München/Berlin/New York: Deutscher Taschenbuch Verlag/de Gruyter 1988 (dtv 2221), S. 266; Benjamin, Walter: Ursprung des deutschen Trauerspiels. In: Benjamin, Walter: Abhandlungen (= Benjamin, Walter: Gesammelte Schriften I 1, hg. v. Rolf Tiedemann u. Hermann Schweppenhäuser). 2. Aufl. Frankfurt am Main: Suhrkamp 1997 (stw 931), S. 354.

müssen aufgrund ihres Inhalts und/oder ihrer Form bestehen, bei der Autobiografie schwingt das Interesse an der behandelten Person, am Gegenstand der Darstellung sozusagen, auf Seiten der Leserinnen und Leser vielfach mit. Dies geht allfälligen erzählerischen Qualitäten des Textes vor. Selbst platte oder unglaubwürdige Verläufe der Handlung können damit erklärt werden, dass es sich *wirklich* so zugetragen habe.

2.2.4.2 Erzählstruktur

Was die Erzählstruktur betrifft, so lässt sich in aristotelischer Terminologie eine Peripetie gewiss in dem geschilderten Erlebnis auf dem Zablotower Friedhof erkennen. Gleichsam katastrophisch steht ihm der bodenlose Absturz in Wien gegenüber.[436] Man mag dies anders sehen, etwa Wolfgang Müller-Funk, der die »erste dramatische Wende (›turning point‹) in« Sperbers »erzählte[r] Lebensgeschichte« im Zusammenhang mit dem Justizpalastbrand verortet, also im zweiten Band ansiedelt. Dort verortet er auch »den narrativen Kontrapunkt«, wohl des Gesamtwerks, in Gestalt der »Abkehr von der Kommunistischen Partei«.[437] Diese Elemente einer Erzählung bestehen jedoch bei näherer Betrachtung für jeden Band separat. Darin liegt aus meiner Sicht auch einer der Gründe, aus denen sich eine getrennte Untersuchung der Teilbände empfiehlt.

Ginge man an »Die Wasserträger Gottes« allein unter erzähltheoretischen Gesichtspunkten heran, stellten sie sich wohl als eine Art Entwicklungs- und Reifungsgeschichte dar. Da der Erzähler, wie in einer Autobiographie üblich, auch selbst Teil seiner Erzählung ist, erfolgt all dies im Rahmen einer homodiegetischen Erzählung.[438] Das aufgeweckte Kind wird gewaltsam aus seiner kindlichen Welt gerissen und zunächst in gefährliche, dann in triste Verhältnisse gestoßen. Im Zuge des Erwachsenwerdens verändern sich die Grundlagen seines Weltbildes, lösen sich aber nicht gänzlich auf oder werden aufgegeben, sondern modifiziert, verwandelt und in neue Zusammenhänge integriert. Der Protagonist »entwickel[t]« sich Zug um Zug erfolgreich »zum Helden [s]einer eigenen Lebensgeschichte«.[439]

---

436 Zur Terminologie vgl. Aristoteles, Poetik 11, in: Aristoteles, Poetik, S. 34–37.

437 Vgl. Müller-Funk, Wolfgang: Schwerbewaffnete Menschenjäger und mutlose Sozialdemokraten. Manès Sperber 1927 und 1983. In: Köhler, Thomas/Mertens, Christian (Hg.): Justizpalast in Flammen! Ein brennender Dornbusch? Das Werk von Manès Sperber, Heimito von Doderer und Elias Canetti angesichts des 15. Juli 1927. Wien: edition mezzogiorno 2017, S. 141.

438 Zur Begrifflichkeit vgl. z. B. Martínez/Scheffel, Einführung in die Erzähltheorie, S. 86 ff.

439 Vgl. Dickens, Charles: David Copperfield. Roman. Deutsch v. Gustav Meyrink. Mit einem Essay v. W. Somerset Maugham. Zürich: Diogenes 1982 (detebe 21034), S. 7.

2.2.4.3 Topografie

Topografischen Bezügen kommt in Sperbers autobiografischen Arbeiten erhebliche Bedeutung zu. In »Die Wasserträger Gottes« bilden vor allem Zablotow und Wien, ein klein wenig auch das Dorf Tracz zentrale topografische Bezugspunkte. Zablotow bildet das Zentrum der Welt für das kindliche Ich des Autobiografen, das aber nicht so sehr aus lokalpatriotischen Gründen von so großer Relevanz erscheint, sondern weil dort das »Städtel« ist, und das »Städtel« bedeutet Eingebunden-Sein in eine Gemeinschaft, die in modifizierter Form lebenslang von größter Wichtigkeit für Sperbers Protagonisten bleiben wird. Tracz hingegen wird zum Sinnbild *des* Dorfes, zugleich des bangen Wartens, letztlich auch ein ambivalenter Sehnsuchtsort, der im weiteren Verlauf der autobiografischen Schriften Sperbers keine größere Rolle mehr spielt. Anders als in einem seiner Romane.[440]

Wien erscheint dem jungen Manès Sperber, solange er nicht dort ist, als sagenumworbener Sehnsuchtsort, märchenhaft-magisch imaginiertes Zentrum eines großen Reiches, weise regiert von einem gütigen und vor allem den Juden und Jüdinnen wohlgesonnenen Kaiser. Als Sperber schließlich dort ist, ändert sich das Bild vergleichsweise schnell, man könnte sagen, es finde eine Entmythologisierung oder Entidealisierung statt. Oder um beim Märchen-Bild zu bleiben: Der magische Ort erweist sich als Abgrund, und keine Magie der Welt kann dies ändern. Die Enttäuschung ist mithin gewaltig, die dramatische Fallhöhe auch, denn vom relativen Wohlstand des Schtetls in die Bodenlosigkeit des Falls, als die der Held seine ersten Jahre in Wien erlebt, könnte es tiefer nicht bergab gehen. Gleichwohl gelingt es dem Protagonisten, neue Bezugsräume zu erschließen, auch durch Anknüpfung an die altvertrauten, und so findet er zur Bibliothek und zur neuen Gemeinschaft des Schomer. »Die Wasserträger Gottes« lassen sich insofern als Entwicklungsroman lesen, deren Held sich am Ende der Erzählung wieder Perspektiven für die Zukunft erschlossen hat.

2.2.4.4 Metalepse

Nähmen wir »Die Wasserträger Gottes« allein als Erzählung, bildete die Gegenwart des Autobiografen gewissermaßen den Rahmen für die eigentliche Autobiografie, die ihrerseits die intradiegetische Erzählung zu jener extradiegetischen Rahmenerzählung darstellte. Die häufigen Rahmenüberschreitungen stellen sich dann als Metalepsen dar.[441] Üblicherweise werden solche »Grenzüberschreitung[en]« zwischen »Binnen- und Rahmenerzählung« fiktionalen Tex-

440 Vgl. Sperber, Die Wasserträger Gottes, S. 133 f.
441 Vgl. z. B. Martínez/Scheffel, Einführung in die Erzähltheorie, S. 79 ff.

ten vorbehalten.[442] Doch dürfte im vorliegenden Fall zumindest eine analoge Anwendung behauptet werden können, ermöglicht durch die deutend-psychologischen Konstruktionsbedingungen der autobiografischen Texte Sperbers.[443] Hinzu kommen gelegentlich spezifische Verweisrelationen in Gestalt von Klammerausdrücken, wenn es um die Schriftstellerei geht.[444] Das angedeutete Schema kann auf eine Autobiografie keinesfalls eins zu eins angewandt werden, kann hinsichtlich der konkreten Konstruktionsbedingungen von Sperbers autobiografischen Schriften aber nicht aus dem Blick verloren werden.

2.2.5 Kontexte

Zumindest zu erwähnen ist, dass Sperbers autobiografische Texte in hohem Maße auch den Blick kritischer Zeitgenossenschaft auf soziale, kulturelle und politische Konflikte, Umbrüche und Verwerfungen des 20. Jahrhunderts beinhalten. Damit einher geht zugleich eine sensible Darstellung bestimmter historischer Ereignisse und Entwicklungen, die in spezifischen Zusammenhängen gedacht werden. Die teils selbstquälerische Erforschung der eigenen Motive für den überlangen Verbleib in der kommunistischen Partei und das Engagement für diese zeigt zugleich viel über Veränderungen innerhalb derselben und die Folgen für Mitglieder und Sympathisantinnen sowie Sympathisanten. Dass diese nicht einheitlich gewesen und Menschen unterschiedlich etwa auf den Stalinismus reagiert haben, ist nicht weiter überraschend. Die Perspektive der an der Umsetzung einer Idee, die sie im Grunde nach wie vor für richtig halten, Scheiternden und deren sich wandelnde Motivlagen findet in Sperbers autobiografischen Texten ebenso wie in den Bänden der Romantrilogie »Wie eine Träne im Ozean« multiperspektivischen Ausdruck.

2.3 Individualpsychologische Perspektive

2.3.1 Vorüberlegungen

Gerade im ersten Teil seiner Autobiografie mit dem Fokus auf die Kindheit und frühe Adoleszenz sind individualpsychologische Perspektiven und Zugänge besonders augenfällig. Sie reichen von einer spezifischen Bewertung bzw. Deu-

442 Vgl. z. B. Martínez/Scheffel, Einführung in die Erzähltheorie, S. 84, 219.

443 Zu besagten Konstruktionsbedingungen vgl. einerseits die Abschnitte 4 der Unterkapitel 2 bis 4 sowie das gesamte Unterkapitel 5.

444 Vgl. z. B. Sperber, Die Wasserträger Gottes, S. 97.

tung von Erinnerungen über die Bedeutung von Minderwertigkeitsgefühlen, Relevanz und Gefährdungen der Selbstachtung, von Gemeinschaften und eines Gemeinschaftsgefühls für menschliche Entwicklung, jene von Schuldgefühlen und Traumatisierungen, Idealisierungen bis hin zu Fragen emotionaler und intellektueller Entwicklung.

2.3.2 Erinnerungen

2.3.2.1 Früheste Erinnerung und Lebensplan

Schon der Anfang von Sperbers autobiografischen Ausführungen ist deutlich individualpsychologisch geprägt. Aufschlussreich kann in diesem Zusammenhang eine Szene sein, die Sperber gleich zu Beginn von »Die Wasserträger Gottes« schildert. Eine Spielgefährtin seiner Kindheit, Jadzia, aus polnischer Familie stammend und katholisch, war eines Tages verschwunden. Jelena, ebenfalls Polin, die bei der Familie Sperber in Diensten stand, führte ihn in das Haus von Jadzias Eltern, wo das Mädchen aufgebahrt in der »Stube« lag. Als die anwesenden Frauen ihn in ihre christlichen Gebetspraktiken einbeziehen wollten, sei er entsetzt auf die Straße geflohen. »Knien – und dazu noch vor einem Kreuz – das war etwas Furchtbares, ja so schlimm wie der Tod, vielleicht noch schlimmer.«[445] Er habe sich lange Zeit gar nicht an diese Begebenheit erinnert und im Zusammenhang mit seiner »früheste[n] Kindheit« immer an »eine Schneelandschaft« gedacht. Doch beim Schreiben « sei

> »das Bild jenes toten Kindes vor« ihm aufgetaucht – das Bild und die Szene mit dem abrupten Ende und die Vermutung, daß ich um die tote Gespielin wahrscheinlich deshalb nicht getrauert habe, weil ihr Aussehen und das Verhalten der Christen mich davon abgehalten haben könnten.«[446]

Bei Alfred Adler kommt der »ersten Erinnerung« entscheidende Bedeutung zu. Darauf, dass Sperber über dieses Thema nachgedacht hat, verweist sein Einstieg mit besagter früher Erinnerung, verbunden mit einer Revision seiner vormaligen Annahmen zu seiner frühesten Erinnerung, die eine Schneelandschaft zum Gegenstand hatte. Eine Schneelandschaft spielt auch in seiner Romantrilogie »Wie eine Träne im Ozean« an prominenter Stelle eine Rolle, wenn der polnische Adelige Roman Skarbek seiner Kurzzeitgeliebten erklärt: »Immer

445 Sperber, Die Wasserträger Gottes, S. 21.

446 Sperber, Die Wasserträger Gottes, S. 23 f. Später im Text führt Sperber eine noch ältere Erinnerung ein; vgl. loc. cit., S. 75 f.

habe ich auf den Schnee gewartet, weil ich mich nach der Reinheit sehnte, verstehst du das, Jadwiga?«[447]

Nicht ohne Interesse ist gewiss der Umstand, dass Sperber auch die Schneelandschaft gleichermaßen in Zusammenhang mit Erinnerungen an seinen Vater wie an die Vorstellung von »Reinheit« bringt.[448] Diese Assoziationen würden aber auch gut zu der (vielleicht lange Zeit verdrängten) Erinnerung an die aufgebahrte Jadzia passen,

> »[...] Jadzia, die unverkennbar und doch ganz anders war, als ich sie kannte. Sie lag, von Kopf bis Fuß weiß gekleidet, auf einem breiten Bett [...], ihre Haare hatte ich nie so gesehen: leuchtend blond umrahmten sie in Locken ihr Gesicht, das eher dem eines jungen Mädchens als dem eines Kindes ähnelte.«[449]

Man tut dieser Beschreibung wohl kaum Zwang an, wenn man das Weiß der Kleidung mit jenem des Schnees, dieses und die »leuchtend blond[en] [...] Locken« mit einer Vorstellung von »Reinheit« in Zusammenhang bringt. »Rein« könnten aber auch die Gebote der väterlichen Religion sein. Die jüdische Religion sehr nachdrücklich mit dem Vater und dem väterlichen Teil seiner Familie, der auch mehrere Rabbiner entstammten, in Verbindung zu bringen, bildet in »Die Wasserträger Gottes« und »Die vergebliche Warnung« ein durchaus wiederkehrendes Muster.[450] In Adlers Überlegungen sind insbesondere die »[e]rste[n] Erinnerungen« von besonderer Bedeutung für die Entwicklung dessen, was er »Lebensplan« nennt.

> »Es gibt«, so Adler, »keine ›zufälligen Erinnerungen‹; aus der unberechenbar großen Anzahl von Eindrücken, die den Menschen treffen, wählt er nur jene als Erinnerungen aus, von denen er [...] spürt, daß sie für seine Entwicklung wichtig waren.«[451]

»Erinnerungen« bilden aus Adlers Sicht die »Lebensgeschichte« eines Menschen. Diese »erzählt [...] sich« ein Mensch »selbst, um sich zu warnen oder zu trösten« sowie das in seinem Lebensplan enthaltene »Ziel« nicht aus den Augen

447 Sperber, Die verlorene Bucht, S. 878. Ich komme in Kapitel C darauf zurück.
448 Vgl. Sperber, Die Wasserträger Gottes, S. 25.
449 Sperber, Die Wasserträger Gottes, S. 21.
450 Vgl. z. B. Sperber, Die Wasserträger Gottes, S. 48 ff., 165 ff.; Sperber, Die vergebliche Warnung, S. 297 ff.
451 Adler, Wozu leben wir?, S. 65.

zu verlieren und an seiner Erreichung zu arbeiten.[452] Ganz direkt rekurriert Adler, indem er das Verb »erzählt« und das Kompositum »Lebensgeschichte« gebraucht, hier auf Erzählstrukturen und -abläufe, die wir verwenden, um Sinn und Bedeutung in das Chaos zahlloser Wahrnehmungen zu bringen und bestimmte Elemente so zu ordnen, dass sie eine sinnvolle Abfolge und im Idealfall auch eine Perspektive erkennen lassen. Diese Auffassung findet sich mittlerweile durchaus auch außerhalb individualpsychologischer Ansätze, insbesondere, wenn sprachphilosophische Fragen an die Konstruktion von Biografien herangetragen werden. So schreibt etwa der Philosoph Peter Bieri in seinem unter dem Pseudonym Pascal Mercier veröffentlichten Roman »Perlmanns Schweigen«, dass »eine Person [...] [d]urch das erzählerische Erinnern [...] allererst eine seelische Identität über die Zeit hinweg bekomm[e]«.[453]

Für Adler ist die Erzählung des je eigenen Lebens spezifisch durch den jeweiligen *Lebensplan* konfiguriert. In diesem Zusammenhang ist, und dies hebt Sperber in seiner Lesart explizit hervor, die prospektive Ausrichtung von Adlers Sichtweise zu betonen.[454] Weniger das Bestreben steht im Vordergrund, für das je eigene *Ich* überhaupt eine einheitliche Persönlichkeitsstruktur zu denken oder zu konstruieren, die dann auch entsprechende Überzeugungskraft entfalten kann (dies wäre gewissermaßen eher ein Nebenprodukt), sondern ein früher Entwurf des eigenen Lebens, der in weiterer Folge umzusetzen gesucht wird. Ihm kommt insofern zentrale Bedeutung zu, soll die Persönlichkeitsstruktur eines Menschen erschlossen werden, und mit ihr verbunden auch psychische Leiden und Probleme, mit denen der oder die Betreffende hadert. Es ist allerdings nicht leicht, ihm auf die Spur zu kommen, er liegt keineswegs »offen zutage«, sondern muss aufgrund von Hinweisen erschlossen werden.[455] Da es aus Adlers Sicht (jedenfalls in Sperbers Lesart) »für die Charakterbildung nicht so« sehr auf »tatsächlich [E]rlebt[es], sondern viel mehr darauf« ankommt, »*wie*« die oder der Betreffende »das Erlebte damals aufgefaßt und gedeutet, mit

452 Vgl. Adler, Wozu leben wir?, S. 65.

453 Vgl. Mercier, Pascal: Perlmanns Schweigen. Roman. 4. Aufl. München: btb 1997, S. 134. Ähnlich z. B. auch Hustvedt, Siri: Die zitternde Frau. Eine Geschichte meiner Nerven. Aus dem Englischen v. Uli Aumüller u. Grete Osterwald. 4. Aufl. Reinbek: Rowohlt 2010, S. 67.

454 Vgl. Sperber, Alfred Adler oder Das Elend der Psychologie, S. 120 f., 216 f., 257 ff. Vgl. Kapitel A.

455 Die Formulierung hier bezieht sich in differenzierter Weise auf Ludwig Wittgensteins keinesfalls unproblematisches Diktum, das »Wesen« einer Sache immer »schon offen zutage« liege und »durch Ordnen übersichtlich« zu machen sei. Vgl. Wittgenstein, Ludwig: Philosophische Untersuchungen, 92. In: Wittgenstein, Ludwig: Tractatus logico-philosophicus. Tagebücher 1914–1916. Philosophische Untersuchungen (= Wittgenstein, Ludwig: Werkausgabe, Bd. 1). 11. Aufl. Frankfurt am Main: Suhrkamp 1997 (stw 501), S. 293 (Hervorhebung im Original).

anderen Erlebnissen […] verglichen und wertend beurteilt hat«, kommt den Erinnerungen selbst, nicht dem allfälligen Erlebnis, auf das sie sich beziehen, zentrale Bedeutung zu.[456] Insofern ließe sich psychoanalytisch sagen, dass der *Lebensplan* auf *unbewusster* Ebene angesiedelt sei, und in diesem Sinn könnte der von Sperber kritisch beäugte Begriff Tiefenpsychologie sinnvoll einsetzbar sein.[457] Um dem *Lebensplan* auf die Spur zu kommen, sind Erinnerungen für Adler von eminenter Bedeutung. Sperber nimmt unmittelbar auf diese Überzeugung Bezug, was auch in seinem zunächst wohl bewusst tentativ und zögernd gestalteten autobiografischen Schreiben Ausdruck findet. Er sucht die verschüttete erste Erinnerung und findet sie für ihn überraschend nicht im Schnee, sondern in der weiß gekleideten Leiche eines Kindes, mit dem ihn eine spezifische Beziehung verband und von dem ihn doch scheinbar unüberbrückbare kulturelle Differenzen trennten. Zugleich thematisiert Sperber das Phänomen *Erinnerung*, einschließlich seiner Zweifel und Bezugnahmen auf das, was Freud *Nachträglichkeit* nennt.

2.3.2.2 Der Lebensplan im Spiegel anderer früher Erinnerungen

Andere frühe Erinnerungen, die für Sperber auf langfristig für sein Leben bestimmende Verhaltensmuster und Selbstverständnisse verweisen, kreisen um die Erwartungshaltungen des Vaters und um Schuldgefühle im Zusammenhang mit den Steinwürfen auf den jungen Mann, der die Speisegebote an einem hohen jüdischen Feiertag missachtet zu haben verdächtigt wurde. Das erste Themenfeld der väterlichen Erwartungen ist im erinnernden Nachdenken über die eigene Kindheit mit starken Ambivalenzen behaftet. In Sperbers Darstellung ist hier jenes fordernde Fördern in gewisser Weise antizipiert worden, das er später in seiner Beziehung mit Alfred Adler ausschließlich positiv vermerkt hat. Der väterliche »Blick« habe, wie oben ausführlich erörtert, dem Kind einerseits »Mut eingeflößt«, sich andererseits aber wie eine »Bürde« angefühlt, eine »Last von ganz besonderem Wert.«[458] Das »Lächeln der Anerkennung« habe er ersehnt, zu versagen gefürchtet und mit jederzeitiger Aufdeckung der Fehleinschätzung durch den Vater und den Urgroßvater gerechnet, die ihn zweifellos überschätzt hätten.[459] Dazu gehört, zumal der Urgroßvater Rabbiner war und Lernen während Manès Sperbers Kindheit maßgeblich mit dem Talmud und insofern religiösen Inhalten verbunden war, eine Verschränkung mit religiösen

---

456 Vgl. Sperber, Alfred Adler oder Das Elend der Psychologie, S. 93 (Hervorhebung im Original).

457 Vgl. Kapitel A.

458 Vgl. Sperber, Die Wasserträger Gottes, S. 44.

459 Vgl. Sperber, Die Wasserträger Gottes, S. 50.

Motiven. Sperber umschreibt die entsprechenden Ambivalenzen mit der Wendung, er habe sich als »Opfer der Auserwähltheit« empfunden.[460] Dieses Lernen ist gleichwohl nicht mit einem stumpfen Auswendiglernen und Reproduzieren gelernter Inhalte zu verwechseln, sondern meint wohl ganz grundsätzlich einen Verstehensprozess und damit zugleich stets einen reflexiven Vorgang.[461] Sperber illustriert dies an einem sehr eingängigen Beispiel. Als er »zum ersten Mal« herausgefunden habe, »wie viele verschiedene Farben den gleichen Namen trugen: grün«, hätte »man« ihm »zu verstehen« gegeben, »daß es sich nur um einen Unterschied der Schattierungen« handle. Etwa zur gleichen Zeit hat Sperbers Hebräischlehrer erklärt, dass die Wendung »[m]ajim chajim« das »aus der Quelle geholte, ›lebendige‹ Wasser« bezeichne. Die Erfahrung der unterschiedlichen Grüntöne hat sich mit der Einsicht verbunden, »daß der Himmel immer gleich hoch und weit entfernt bleibt« und es hinter jedem Berg »andere gibt, höhere, hinter denen sich wieder andere verbergen«. Analog sei ihm klargeworden, was der Hebräischlehrer meinte, wenn er erklärte, das »gleiche klare Wasser, das seit urdenklichen Zeiten hier hervorsprudelt«, ist doch »niemals das gleiche Wasser«. Das Heraklit'sche »Panta rhei«, das er später auf dem Gymnasium kennenlernte, hätte zwar nur die Ersetzung zweier hebräischer Worte »durch hellenische« bedeutet. Zugleich habe sich damit aber die Einsicht verbunden, »daß man zwar die Wahrheit erfahren kann«, diese »sich aber ändert, sobald man sie kennt, und nur noch ein Hinweis bleibt, Wegweiser zu einer anderen Wahrheit, die sich hinter ihr verbirgt«.[462] Dies bedeutet nicht zuletzt, dass Wörter wie »*Wasser, Woda, Majim*« im Prinzip für dieselbe Sache stehen, und doch »in jedem dieser Worte etwas mitschwang, das vielleicht nicht wirklich in ihm steckte, aber von ihm *angerufen, mitgenannt* wurde«. Solchermaßen habe »›Woda‹« für Sperber stets »eine Flüssigkeit« bezeichnet, »die man aus dem Brunnen schöpft«, während »›Majim‹ [...] aus einer Quelle [...] sprudelt« und »›Wasser‹ [...] aus dem Wasserhahn [...] kommt«.[463] Worte, Sprache sind insofern mehr oder immer auch etwas anderes als bloße Bezeichnungen von *Dingen,* die einer außersprachlichen Wirklichkeit zugeordnet werden. Sprache schafft vielmehr Wirklichkeit, und sie lässt stets mehr als eine Verweisrelation

460 Vgl. Sperber, Die Wasserträger Gottes, S. 74.

461 Zu Spezifika jüdischer Lernkonzepte vgl. allgemein z. B. Brandstätter, Albert: Bildung und kein Ende. Das Jüdische Lehrhaus als Beispiel lebensbegleitenden Lernens. In: Adunka, Evelyn/Brandstätter, Albert (Hg.): Das Jüdische Lehrhaus als Modell lebensbegleitenden Lernens. Wien: Passagen 1999, S. 19–38; Eisenberg, Paul-Chaim: Lernen im traditionellen Judentum. In: Adunka, Evelyn/Brandstätter, Albert (Hg.): Das Jüdische Lehrhaus als Modell lebensbegleitenden Lernens. Wien: Passagen 1999, S. 39–46.

462 Vgl. Sperber, Die Wasserträger Gottes, S. 57 f.

463 Vgl. Sperber, Die Wasserträger Gottes, S. 64.

zu. Individualpsychologisch gedacht könnte also der Lebensplan, den Sperber aufdecken möchte, von einem spezifischen und komplexen Konzept des Lernens in die Schriftstellerei sowie in die *deutende Psychologie* führen, ein Gedanke, den er an mehreren Stellen seiner autobiografischen Schriften nahelegt.

2.3.3 Selbstzweifel und Minderwertigkeitsgefühle

Die ständige Furcht, als unfähig erkannt zu werden, setzt bis zu einem gewissen Grad die Annahme voraus, dass die eigenen Fähigkeiten geringer seien als von anderen angenommen und hinter den großen Erwartungen der Umwelt zurückbleiben müssten. Nur besagte Umwelt habe dies eben noch nicht erkannt. Zugleich schildert sich Sperber in »Die Wasserträger Gottes« mehrfach als überaus aufgewecktes Kind mit vielen Begabungen.[464] Auch wenn dies manchmal wie eine Selbstrechtfertigung anmutet, etwa wo es um die Auseinandersetzung mit einem Lehrer an einem Wiener Gymnasium in Wien geht, ist doch schwer zu übersehen, dass Sperber ein sehr sprachbegabter Mensch mit großen intellektuellen Kompetenzen war. So eignete er sich eine erhebliche Bildung an, weitgehend autodidaktisch. Außerdem beherrschte er mehrere Sprachen, in denen er sich auch literarisch und essayistisch gewandt auszudrücken verstand und die keineswegs die Sprachen seiner Kindheit waren (namentlich Französisch und Deutsch).[465] Dies indiziert, dass die angedeutete Szene, die Sperber aus seiner frühen Wiener Gymnasialzeit schildert, bei aller durchaus zu vermutender Stilisiertheit nicht nur für Sperbers Unsicherheiten und die Ambivalenzen seiner Selbstwahrnehmung, sondern auch für seine lebhafte Intelligenz, seine Schlagfertigkeit und seinen Witz aussagekräftig sein dürfte. Der Lateinlehrer, auch Klassenvorstand (»Ordinarius der Klasse«), ein aus der Ukraine stammender Mann, der dem Elfjährigen nicht sonderlich sympathisch war, hat ihn während des Unterrichts aufgerufen und ihn, nachdem er eine Übersetzung vorgetragen hatte, viele Male das Wort »Haus« wiederholen ließ. Sperber habe sich ausgeliefert gefühlt, dem Lehrer und dem »Gelächter der Klasse«. Irgendwann sei er verstummt, habe aufgehört, das Wort zu wiederholen, und er hat stattdessen, ohne es zunächst selbst zu bemerken, begonnen, »mit dem Fuß den Rhythmus eines aramäischen Sabbatliedes« zu klopfen. In diesem Rhythmus hat er dann dem Lehrer schreiend zugerufen »›Ha-us, Ha-us‹!« Es sei ihm aufgegangen, dass er »das Wort so ausgesprochen« habe, »als ob es Ho-us geschrieben würde«. Dies habe »den Lehrer« ob bewusst oder unbewusst »ver-

464 Vgl. Sperber, Die Wasserträger Gottes, S. 49 ff., 63 f., 88 ff.
465 Vgl. Sperber, Bis man mir Scherben auf die Augen legt, S. 924 ff.

drossen«, denn »viele Slawen«, namentlich »Ruthenen«, denen Sperber den Pädagogen zurechnet, würden »das deutsche ›au‹ wie ›ou‹ aussprechen«.[466] In der Klasse sei man ihm in der Folge mit Wertschätzung begegnet, und auch der Lehrer habe ihn geschätzt und gefördert.[467] In einer heutigen psychologischen Sprache würde man von einem *Hochstapler-Syndrom* sprechen, das eben gerade darin besteht, dass jemand, der erfolgreich und zweifellos kompetent ist, die tiefe Überzeugung hegt, den Erfolg nicht verdient, sondern nur durch Glück oder Betrug erlangt zu haben.[468]

Der geschilderten Ambivalenz entspricht in Sperbers Darstellung auch auf anderer Ebene ein differenziertes Selbstwertgefühl. Einerseits lässt er sein kindliches und jugendliches Ich, bei allen Zweifeln, doch recht stolz auf und angetan über die eigenen Fähigkeiten sein. So berichtet er, dass er hebräisch zu lesen lernte, als er drei Jahre alt war. Demgegenüber seien »[d]ie christlichen Kinder [...] erst mit sechs oder gar sieben Jahren in die Schule« gekommen, und sie hätten »nur in einer Sprache, die sie schon kannten«, lesen gelernt.[469] Insofern sei, »[w]as man« ihn später »in der polnischen Schule lehrte, [...] zu spät« gekommen, zudem »Kinderei« gewesen »und überdies in einer Sprache dargeboten, die« er »nicht mochte«.[470] Auch seine frühen gymnasialen Leistungen in Wien betont er, etwa wenn er eine Antwort zitiert, die er auf die Frage, was er »über den Helden Achilles zu sagen« wüsste, gegeben hatte:

> *»›Achilles war kein echter Krieger und kein Held, denn seine fast vollkommene Unverwundbarkeit machte ihn unfähig, mutig oder feige zu sein. [...]‹ Der Lehrer betrachtete den Verächter des Achilles; es war ein schlecht gekleideter, unterernährter Junge, ein Opfer der Beschränkungen und der Preistreiber, der mit elf Jahren schon die Beute aufrührerischer Ideen geworden war.«*[471]

Sperber zitiert hier aus seinem Essay »Die Achillesferse«. Er lässt an dieser Stelle allerdings einen Satz (vor: »Der Lehrer betrachtete ...«) aus:

466 Vgl. Sperber, Die Wasserträger Gottes, S. 211 f., 214.
467 Vgl. Sperber, Die Wasserträger Gottes, S. 215 f.
468 Vgl. z. B. Langford, Joe/Clance, Pauline R.: The imposter phenomenon. Recent research findings regarding dynamics, personality and family patterns and their implications for treatment. In: Psychotherapy. Theory, Research, Practice, Training, Vol 30, No. 3 (1993), pp. 495–501.
469 Vgl. Sperber, Die Wasserträger Gottes, S. 63.
470 Vgl. Sperber, Die Wasserträger Gottes, S. 110 f.
471 Sperber, Die Wasserträger Gottes, S. 231 f. (Hervorhebungen im Original).

»›Schlechte Antwort – ungenügend!‹, erwiderte der Professor. ›Ich habe es öfters bemerkt, daß die Lutheraner und die Israeliten von der griechischen Mythologie nicht das Geringste verstehen. Das ständige Bibel-Lesen läßt bei ihnen ärgerliche Spuren zurück.‹«[472]

Ein hohes Maß an Sprachtalent ist bereits im Schtetl entdeckt worden. Als Manès etwa »sechseinhalb Jahre« alt gewesen war, habe sein Lehrer eine erstaunliche Entdeckung gemacht: Am Sonntag begannen Kinder seines Alters die Übersetzung jenes Thoraabschnitts vorzubereiten, der am darauffolgenden Sabbath verlesen werden würde (die Kinder sollten dann wissen, wovon die Rede war). Sperber sei aber bereits am Dienstag und nicht erst, wie erwartet worden wäre, am Freitag fertiggewesen. Darüber habe der Lehrer den schon erwähnten Reb Boruch, Manès Sperbers Urgroßvater, informiert, der den Knaben einer Prüfung unterzogen habe, mit dem Ergebnis, dass er ihm verheißen habe, er werde »ein *Ilui,* eine Leuchte in Israel, sein«.[473] Auch hier stellt sich auf Seiten von Sperbers kindlichem Ich in seiner Autobiografie bald die Befürchtung ein, das Urteil sei übertrieben günstig ausgefallen und würde alsbald einer Revision unterzogen werden.[474] Auch Sperbers Darstellung des Zugangs zum Gymnasium in der Zirkusgasse verweist auf Bravour, wenngleich keineswegs frei von Ambivalenz. Sperber musste die Aufnahmeprüfung für das Gymnasium im Herbst 1917 absolvieren. Zu diesem Behufe erhielt er nach eigenen Angaben intensive Nachhilfe durch einen Studenten, und seine Mutter habe Bedenken gehabt, »eine solche Leistung« in der Hitze des Sommers, noch dazu mangelernährt, wie er gewesen sei, von ihm zu verlangen. Der Vater habe jedoch darauf bestanden, und der Sohn sei von einem »Zwiespalt [...] beherrscht« gewesen: Er habe »gleichermaßen« gefürchtet und gehofft, »den Vater zu enttäuschen«. Als dann die Nachricht über die Prüfungsergebnisse erwartet wurde, hätte er mit einem ungünstigen Bescheid gerechnet. Seine Mutter habe ihn jedoch zum Essen geholt und beiläufig gemeint: »Narrele! Was hast du geglaubt, du wirst die Prüfung nicht bestehen?«[475]

Demgegenüber betont Sperber mehrfach grundlegende Minderwertigkeitsgefühle, die sich schon in seiner Kindheit eingestellt hätten. Konkreter habe es sich um das »Gefühl« gehandelt, »häßlich zu sein«. Dies habe eine »Empfindung der eigenen Entwertetheit« hervorgerufen, die sich in der ohnehin schon

---

472 Sperber, Manès: Die Achillesferse. In: Sperber, Manès: Essays zur täglichen Weltgeschichte. Wien/München/Zürich: Europaverlag 1981, S. 17.

473 Vgl. Sperber, Die Wasserträger Gottes, S. 49 f. (Hervorhebung im Original).

474 Vgl. Sperber, Die Wasserträger Gottes, S. 51.

475 Vgl. Sperber, Die Wasserträger Gottes, S. 209–211.

»schweren, bewegten und erlebnisreichen Phase der Pubertät« ausgewirkt habe. Gedacht ist ganz offenkundig an körperliche Defizite im äußeren Erscheinungsbild (welche genau das gewesen sein sollen, wird nicht angeführt), deren Vorhandensein Sperber auf elterliche Bemerkungen zurückgeführt habe, »fast achtlos hingeworfen«, im Stil der damaligen »autoritären« Erziehungsprinzipien, die unter anderem forderten, einem Kind »nie ein uneingeschränktes Lob« zu »spenden«.[476] Auch mutmaßt Sperber, dass die Individualpsychologie bei ihm gerade deshalb auf großes Interesse gestoßen sei, weil sie »dem Minderwertigkeitsgefühl im allgemeinen eine unübertreffliche Rolle einräumt«.[477] Dieses Minderwertigkeitsgefühl habe Kompensationsbemühungen ausgelöst, die »recht oft Leistung, echte Überwindung« bedeutet hätten, »zuweilen aber Spiegelfechterei, Betrug und Selbstbetrug: das übliche Spiel von Lüge, von ›Als-Ob-Fiktion‹«. Denn immerhin hatte er entdeckt, dass es reichte, »nervöse Beschwerden«, etwa eine »Inkontinenz« vorzutäuschen, um bestimmte »Vorteile« zu erlangen, »die gewöhnlich nur ein echtes Leiden mit sich brachte«.[478] Abgesehen davon, dass hier unausgesprochen die komplexe und gerade in psychoanalytischen Zusammenhängen relativ früh diskutierte Thematik des *sekundären Krankheitsgewinns* angesprochen wird, bezieht sich Sperber dabei auf die in der Kindheit gewonnene Einsicht, dass es Menschen möglich ist, sich das Leben durch Vorspiegelung falscher Tatsachen leichter zu machen – oder überhaupt zu erhalten.[479]

2.3.4 Fantasie, List, Selbstachtung

Manès Sperbers kindliches Ich sei fantasievoll gewesen, seine Einbildungskraft habe »in Windeseile die *terra ignota* [...] besetzt und [...] mit der vertrauten Wirklichkeit« verbunden, so daß Einbildung und Wahrnehmung miteinander ausgesöhnt und schließlich eins« geworden seien. Er habe begonnen, sich »für einen Lügner« zu halten, zumal er »niemals das Unmögliche und nur selten das Unwahrscheinliche ersann«.[480] Dass sich daraus die Gewohnheit ergeben habe, Geschichten zu erzählen, die *wahr* hätten sein können, es jedoch nur partiell auch waren, sei ihm zum Problem geworden. Sperber bringt diese inneren Konflikte in Verbindung zu einem Ereignis, das vom mutmaßlichen Ausnutzen sozialer Standards und der Hilfsbereitschaft im Schtetl handelt. Eines

476 Vgl. Sperber, Die Wasserträger Gottes, S. 77.
477 Vgl. Sperber, Die Wasserträger Gottes, S. 87.
478 Vgl. Sperber, Die Wasserträger Gottes, S. 87, 89.
479 Zum sekundären Krankheitsgewinn vgl. z. B. Laplanche/Pontalis, Das Vokabular der Psychoanalyse, S. 274–276.
480 Vgl. Sperber, Die Wasserträger Gottes, S. 88 f., 91.

Tages sei »ein wohlgekleideter Herr mit Hartschalenkoffern«, vielleicht ein »Handelsreisende[r]«, »mitten auf der Straße«, unweit des Sperber'schen Hauses, zusammengebrochen. Menschen kümmerten sich um ihn, trugen ihn in besagtes Haus und holten einen Arzt. Als er wieder zu sich gekommen sei, habe der Mann erzählt, dass er seit Tagen nichts gegessen und kein Geld mehr habe. Er wurde mit einer Mahlzeit versorgt, während seine Helferinnen und Helfer Geld sammelten. Dieses Vorkommnis sei Gegenstand vieler Gespräche geworden, wobei sich mehr und mehr die Meinung durchgesetzt hätte, der Handelsvertreter habe »die Ohnmacht simuliert, um genau das zu erreichen, was er dann tatsächlich bekommen sollte: Nahrung und Geld«, darüber hinaus auch »Mitleid – das stets so reichlich gespendete und zu oft vergeudete jüdische Mitleid«. Sperbers Vater habe der Diskussion ein Ende bereitet, mit Hinweis darauf, »daß der Mann wirklich Hilfe brauchte und« diese ohne den spektakulären »Ohnmachtsanfall [...] nicht schnell genug und so reichlich erhalten hätte«.[481]Seinem Autobiografen zufolge gaben dieser Vorfall und seine Nachwirkungen dem jungen Manès Sperber Anlass zum Grübeln. »List«, und solche hatte der »Fremde« angewandt, schien ihm »verächtlich«. Seine eigene rege Fantasie ließ ihn »[d]ie Grenze zwischen Erfahrenem und Ersonnenem« zwar nicht vergessen, doch habe er »das Nötige« getan, um sie »fließend und unsichtbar« zu halten. Nach der Sache mit dem Handelsvertreter habe er sich »das Lügen« verboten, zumal er sich selbst »unleidlich« wurde, sooft er »fürchten mußte«, er würde »Erlebnis und Fiktion [...] so eng [...] miteinander« verbinden, »daß« er »den Boden unter den Füßen zu verlieren« glaubte.[482] Es sei dabei um sein »Selbstwertgefühl« gegangen, das wie jenes aller Menschen »ein Leben lang tausendfach erprobt« werde. Ihm sei es, gerade zu dessen Erhaltung, »darauf« angekommen, »die eigene Achtung täglich zu verdienen und sie um keines Zweckes willen zu gefährden«.[483] So habe er beschlossen, »fortan das Geschehene, das Wirkliche von dem nur Möglichen oder Wahrscheinlichen reinlich zu scheiden«. Gleichwohl habe er, seit er etwa siebzehn Jahre alt gewesen sei, »die fast unwiderstehliche Neigung« verspürt, »Novellen und Romane zu schreiben«. Er habe mit dem literarischen Schreiben begonnen, es allerdings nach kurzer Zeit zugunsten einer intensiven Beschäftigung mit Psychologie auf einen späteren Zeitpunkt verschoben, namentlich bis zu seinem »35. Lebensjahr«.[484]

Sperber verweist an anderer Stelle in »Die Wasserträger Gottes« auf eine frühe Erfahrung mit List, Durchschauen der List und letzten Endes damit ver-

481 Vgl. Sperber, Die Wasserträger Gottes, S. 94 f.
482 Vgl. Sperber, Die Wasserträger Gottes, S. 97, 90 f.
483 Vgl. Sperber, Die Wasserträger Gottes, S. 96.
484 Vgl. Sperber, Die Wasserträger Gottes, S. 97 f.

bundener Demütigung des durchschauten Listigen. Als er mit drei Jahren in den Cheder, also die religiös orientierte Schule, eintreten sollte, war dies mit gewissen Schwierigkeiten verbunden. Offenbar wollte er nicht gerne in die Schule gehen; immerhin war er gerade einmal drei Jahre alt. Sein Autobiograf schreitet zu einer komplexeren Erklärung und verweist auf »ein Gefühl des Ekels«, das mit »Furcht«, vielleicht sogar »einer schwer faßbaren Angst« einhergegangen sei.[485] Die Eltern nahmen deshalb die Dienste eines »Behelfers« in Anspruch, »ein[es] junge[n] Mann[es], der zu nichts fähig war und nichts vom Leben erwarten durfte«. In Sperbers Fall sei der Betreffende etwa sechs Jahre alt gewesen und habe »Berele« geheißen. Sperber habe ihn »sehr [ge]mocht«, »seine blitzschnellen Bewegungen, seine Possen und seine ›Kunst‹, die Großen nachzuahmen«. Berele habe Manès in die Schule getragen und dabei so getan, als wäre er ein Pferd. Damit hoffte er, an das »zweite Frühstück« des Getragenen zu kommen, das dieser gerne abgegeben habe, weil er ohne Appetit gewesen sei. Allerdings habe er »auch Spaß daran« gefunden, seinen »Träger glauben zu lassen, daß er« ihn »dank seiner Komödie dazu verführte, ihm« sein »Essen zu überlassen«.[486] So offeriert Sperber sich selbst und seinen Leserinnen und Lesern an dieser Stelle abermals eine sehr stark individualpsychologisch inspirierte lebensgeschichtliche bzw. entwicklungsgeschichtliche Deutung seines Wegs in die Schriftstellerei, zugleich aber auch, vielleicht mehr implizit, in die (deutende) Psychologie.

Dies gilt auch für einen anderen Aspekt der Frage, wie er mit der Ambivalenz zwischen hohem Anspruch und Vertrauen in sich selbst auf der einen und massiven Selbstzweifeln auf der anderen Seite umgegangen ist. Dies stehe nicht zuletzt in engem Zusammenhang mit der von Sperber erörterten Thematik der *Selbstachtung*. Kehren wir zu der »Episode« mit dem Lateinlehrer zurück. Sie hätte ihn, so Sperber, »gewiß traumatisiert, hätte sich« seine »Verzweiflung über die sinnlose, unverdiente Demütigung nicht am Ende in einer Rebellion entladen«, die er allerdings nicht »bewußt« gesetzt habe, weil er gar nicht den »Mut« dazu gefunden hätte. Aufgrund dieser Erfahrung sei es, so vermutet er zumindest, »keinem, der« ihm »nachher als Gegner oder Feind gegenübertrat,

485 Vgl. Sperber, Die Wasserträger Gottes, S. 36. Zur Institution des Cheder vgl. z. B. Solomon, Francisca: Jüdische Erziehung und Ausbildung im Cheder: Literarische Perspektiven in den Texten galizischer und bukowinischer jüdischer Autoren. In: Winkler, Markus (Hg.): Partizipation und Exklusion: zur Habsburger Prägung von Sprache und Bildung in der Bukowina; 1848–1918–1940. Regensburg: Pustet 2015, S. 249–263; Glasenapp, Gabriele v.: Aus der Judengasse: Zur Entstehung und Ausprägung deutsch-sprachiger Ghettoliteratur im 19. Jahrhundert. Tübingen: Niemeyer 1996 (Conditio Judaica 11), S. 155.
Friedlaender, Moritz: Vom Cheder zur Werkstätte. Eine Erzählung aus Galizien. Wien: Hölder 1885.

486 Vgl. Sperber, Die Wasserträger Gottes, S. 36 f.

je« gelungen, ihn »zu demütigen«.[487] Rebellion erscheint hier als eine früh, im Alter von zwölf Jahren bereits eingeübte Strategie zum Erhalt der Selbstachtung. Sperber verquickt sie dort, wo er ihre Genese lokalisiert, sofort mit einer anderen in seiner Lebensgeschichte zentralen Ressource, nämlich der Zugehörigkeit zu einer *Gemeinschaft*. In eine solche, die für ihn für lange Zeit hochgradig stützende Funktion erlangte, habe ihn gerade jene unbewusst rebellische Handlung geführt. Denn in der Pause nach der fraglichen Unterrichtsstunde seien zwei Mitschüler an ihn herangetreten, hätten ihn zu seiner Courage beglückwünscht und gefragt, ob er »Mitglied« der »jüdischen Pfadfinderorganisation« werden wolle, der sie angehörten, des »Haschomer Hazair«.[488]

2.3.5 Gemeinschaften

Das Thema Gemeinschaften und Zugehörigkeit zu ihnen behandelt Sperber schon im Blick auf frühe Phasen seiner Kindheit. Er habe »von jeher das Bedürfnis« empfunden, sich »mit Freunden im Einklang zu wissen«.[489] Möglicherweise hat er seine religiösen Zweifel auch deshalb lange Zeit für sich behalten. Sein Urgroßvater Reb Boruch hatte in Manès Sperbers Erinnerung mit Rückzug von einer Umwelt reagiert, die ihm unerträglich zu sein schien: »Er ertrug die Banalität nicht und nicht die Alltäglichkeit.« In der Folge sei »er mitten im Städtchen […] einsamer gewesen als irgend jemand«, weil »unwillig, wenn nicht gar unfähig, irgendeinen Kompromiß anzunehmen, wo es sich um Glauben, Lehre und Treue handelte«.[490] Darum ging es für Manès Sperber aber auch, »um Glauben, Lehre und Treue«, wenn nicht in einem religiösen Sinn. Intellektuelle Redlichkeit, das Vertrauen zu ihm nahestehenden Menschen und die Hoffnung, dass menschliche Bindungen ideologische Zwistigkeiten aushalten mögen, kennzeichnen auch seine Selbstdarstellung. Gleichwohl blieben Gemeinschaften für ihn, nach eigener Darstellung, im Unterschied zu seinem Urgroßvater, lebenslang von großer Bedeutung. Möglicherweise hat ihn insofern auch Adlers Auffassung von der Wichtigkeit des Gemeinschaftsgefühls angesprochen.

Umgekehrt bewahrte ihn ein konsequent kritischer Blick vor den Gefahren der Idealisierung von Gemeinschaften, insbesondere der familiären sowie der

487 Vgl. Sperber, Die Wasserträger Gottes, S. 216.
488 Vgl. Sperber, Die Wasserträger Gottes, S. 215.
489 Vgl. Sperber, Die Wasserträger Gottes, S. 50.
490 Vgl. Sperber, Die Wasserträger Gottes, S. 48 f.

kleinstädtischen seiner Jugend.[491] So verweist Sperber auf etwas, das ihm auch an anderer Stelle ein Anliegen ist, nämlich die Kritik patriarchaler Verhältnisse und der systematischen Unterdrückung von Frauen.[492] Er verdeutlicht dies anhand einer kurzen Erzählung über ein Mädchen aus dem Schtetl. Die junge Frau hieß Lea, wollte aber, als eifrige Werther-Leserin, lieber Lotte genannt werden. Sie träumte von einem Leben in fernen Städten, »in Wien, in Venedig, in Paris, in Ostende, in Monte Carlo …«[493] Ihre Möglichkeiten, diese Pläne umzusetzen, waren im Schtetl begrenzt, wo es als wichtigstes Ziel im Leben einer jungen Frau galt, möglichst früh zu heiraten und nicht als »›versessen‹« (also zu alt, um noch einen Ehemann zu finden) zu gelten. »*Schadchen*«, »Heiratsvermittler« sollten diese Möglichkeit abwenden helfen.[494] Lea/Lotte war »solch ein älteres Mädchen«: Sie führte lange Gespräche mit dem jungen Manès Sperber, sie »gefiel[en]« einander, doch habe »sie sich selbst mit weit offenen Armen« in ein »erniedrigende[s] Unglück« gestürzt. Dieses bestand in der Bekanntschaft mit einem »junge[n] Mann« namens Max, der gesellschaftlich nicht gut beleumundet war, schon wegen seines Status als *uneheliches Kind*, volkstümlich abwertend »›Bankert‹« genannt. Außerdem galt er als »ungebildet« sowie als »leidenschaftlicher Kartenspieler, der viel zu selten verlor«. Für Lea wirkte sich die Beziehung zu Max ungünstig aus, »[s]ie warf sich weg«, hieß es, und auch Manès »machte Umwege, […] um ihr nur ja nicht zu begegnen«. Sie schien dies bemerkt zu haben, denn »[e]inmal« sei sie ihm nachgelaufen und habe ihm zugeflüstert, dass sie weggehe, »[f]ür immer«. Würde er »einmal Bücher« schreiben, so solle er an sie denken. »Aber nenn mich nicht Lea, sondern Lotte, nur Lotte!«[495] Die Ambivalenzen von Erinnern an Geschehenes, Erinnern an Erinnertes und Imagination macht Sperber am Ende seiner Erzählung über Lea/Lotte besonders deutlich. Als er eine abschließende Bemerkung ergänzen wollte, sich nicht zu erinnern, nach ihrem Weggang aus dem Schtetl »je wieder etwas von ihr gehört zu haben«, sei er »stutzig« geworden. War es möglich, dass sein »Gedächtnis die Erinnerung an diese Episode« so genau »bewahrt« habe? Und falls ja, weshalb? »Es mag sein«, räsoniert er, »daß ich diese Episode nicht dem Vergessen entrissen, sondern sie schreibend erdacht habe.«[496]

491 Dass die Gefahr unreflektierter Idealisierung dessen, was Adler Gemeinschaftsgefühl nennt, ebenso wie der entsprechenden Gemeinschaften groß ist, muss vermutlich nicht eigens betont werden.

492 Vgl. Sperber, Alfred Adler oder Das Elend der Psychologie., S. 138. Vgl. auch Kapitel A.

493 Vgl. Sperber, Die Wasserträger Gottes, S. 104f.

494 Vgl. Sperber, Die Wasserträger Gottes, S. 104 (Hervorhebung im Original).

495 Vgl. Sperber, Die Wasserträger Gottes, S. 106f.

496 Vgl. Sperber, Die Wasserträger Gottes, S. 108.

2.3.6 Schuld, Traumatisierung und Selbsterziehung

Das Thema *Schuld,* das Sperber eher in Freuds Psychoanalyse als in Adlers Individualpsychologie festmacht, erweist sich bei ihm als eines, auf das frühe Erinnerungen phasenweise lebensbestimmend verweisen.[497] Der oben geschilderte Vorfall mit dem jungen Mann, den der siebenjährige Manès Sperber gemeinsam mit anderen Kindern attackiert habe, weil sie ihn des Verstoßes gegen religiöse (Speise-)Vorschriften verdächtigten, erweist sich in Sperbers autobiografischer Selbstwahrnehmung als folgenreich. Denn im Kontext der »Religion des guten Gedächtnisses« hat sich für ihn die verheißene Bestrafung gewissermaßen eingestellt. Diese Religion begegnet bei Sperber als eine Art säkularen Äquivalents des religiösen jüdischen Imperativs, erlittenen Unrechts der Ahnen sowie dafür erfolgter Strafe zu gedenken.[498] Im ersten Band von »Wie eine Träne im Ozean« wird Erich von Stetten konstatieren, die »Religion des guten Gedächtnisses gepredigt« zu haben, konkreter »das echte historische Bewußtsein, dem sich die Vergangenheit, zwar dunkel in allen Einzelheiten, doch übersichtlich in ihrem Strom darbietet«.[499] Unter extremer Anspannung, auf der ersten Flucht der Familie aus Zablotow im Jahr 1915, sei, so Sperber, »vor seinen Augen immer wieder ein weißes Haus auf[ge]taucht«, »mit schönen Treppen davor«. Kurz bevor er es erreichen konnte, entschwand es seinem Blick. Ihm sei klar geworden, dass es sich um das Haus »der Mutter jenes [...] Unschuldigen« gehandelt habe, »dem ich mit einem Stein in der Hand nachgelaufen bin«.[500]

Frühe Traumatisierungen spielen keine geringe Rolle in Sperbers Darstellung seiner eigenen Entwicklungsgeschichte. Dazu gehört besonders prominent das

---

497 Vgl. Sperber, Alfred Adler oder Das Elend der Psychologie, S. 88.

498 Zum Konnex zwischen einer bestimmten Geschichtsauffassung, messianischer Erwartung und der Idee eines abschließenden göttlichen Gerichts vgl. z. B. auch Grözinger, Karl Erich: Jüdisches Denken. Theologie – Philosophie – Mystik. Bd. I: Vom Gott Abrahams zum Gott des Aristoteles. Lizenzausgabe Darmstadt: Wissenschaftliche Buchgesellschaft 2004, insbes. S. 190 ff. Zur entsprechenden Geschichtsbetrachtung bei Sperber, der die »Religion des guten Gedächtnisses« nicht von ungefähr den Historiker Erich von Stetten entwickeln lässt, vgl. Sperber, Der verbrannte Dornbusch, S. 243 f. Vgl. auch Horch, Hans Otto: »Messianische Zuversicht«. Aspekte jüdischen Geschichtsdenkens im Werk von Manès Sperber. In: Wallas, Armin A.: Jüdische Identitäten in Mitteleuropa. Literarische Modelle der Identitätskonstruktion. Tübingen: Niemeyer 2002, S. 187–213. Ich komme darauf in Kapitel C noch näher zu sprechen.

499 Vgl. Sperber, Der verbrannte Dornbusch, S. 243. Vgl. dazu auch Sperber, Manès: Gedächtnis. In: Sperber, Manès: Nur eine Brücke zwischen Gestern und Morgen. Ungekürzte Ausgabe. München: Deutscher Taschenbuch Verlag 1985 (dtv 10245), S. 93–109.

500 Vgl. Sperber, Die Wasserträger Gottes, S. 67 ff., insbes. 68, 70, 158.

Erlebnis, als Kind unmittelbar in Kriegshandlungen gezogen worden zu sein, auf dem Friedhof von Zablotow.[501] Er beschreibt es als »Ende« seiner »Kindheit«, bei gleichzeitiger Verknüpfung mit einem Phänomen, das auf den ersten Blick stark an eine Dissoziation erinnert, und das Sperber selbst als »*Gegenwarts-Entrückung*« bezeichnet.[502] Letzteres erweist sich als besonders wichtig, auch für Sperbers literarisches Schaffen, zumal Dojno Faber, einer der zentralen Protagonisten seiner Romantrilogie »Wie eine Träne im Ozean«, eben dieses Phänomen für sich entdeckt.[503] In jedem Fall stellt es sich bei Sperber als eine Strategie dar, unerträgliche Situationen zu überstehen, als ein Aspekt der Selbsterziehung, den Sperber in seiner Lesart individualpsychologischer Theorie und Praxis besonders hoch veranschlagt.[504] Er beschreibt die »*Gegenwarts-Entrückung*« als eine Art Technik, die es ihm ermöglicht habe, sich »in eine ferne, kommende Zeit« zu »projizier[en], in der« er »rückblickend das schildern würde, was« eben gerade »anstürmende, überwältigende Gegenwart war«. »Diese sonderbare Zukunftsprojektion« habe ihn, so Sperber, »nie mehr verlassen«.[505] Hier kommen mehrere Faktoren zusammen, die Sperber für seine Lebensgeschichte wichtig markiert, nämlich einerseits die Orientierung an einer Perspektive, etwas, das zukünftig eintreten könnte oder sollte, andererseits das Eingespanntsein menschlicher Lebenswirklichkeit in einen »Zeit-Raum«. Die Ausrichtung an Zukunftsperspektiven im Gegensatz zu einer Vergangenheitsorientierung betrachtet Sperber geradezu als zentrales Distinktionsmerkmal individualpsychologischer Ansätze im Sinne Adlers, vor allem in Relation zur Freud'schen Psychoanalyse.[506] Das kann aber zugleich auch mit messianischem oder nachmessianischem Denken in Verbindung gebracht werden, dem die »Erwartung der ›Zeit nach der Zeit‹« gewissermaßen selbstverständlich geworden ist, unabhängig von religiösen Inhalten oder Lehren.[507] Hans Otto Horch etwa spricht in diesem Zusammenhang von einem »säkularisierte[n] Messianismus« Sperbers.[508] Er bezieht sich dabei vor allem auf die Romane der Trilogie »Wie eine Träne im Ozean«, sieht »Sperbers messianisch grundierte Geschichtsphilosophie« mit Pierre Bouretz geradezu als »verbindendes Element

501 Vgl. Sperber. Die Wasserträger Gottes, S. 143, 155.
502 Vgl. Sperber, Die Wasserträger Gottes, S. 154 f. (Hervorhebungen im Original).
503 Dort ist allerdings nicht von »Gegenwarts-Entrückung«, sondern von »vorverlegte[r] Erinnerung« die Rede. Vgl. Sperber, Die verlorene Bucht, S. 736.
504 Vgl. oben, Kapitel A.
505 Vgl. Sperber, Die Wasserträger Gottes, S. 155 (Hervorhebungen im Original).
506 Vgl. Sperber, Alfred Adler oder Das Elend der Psychologie, S. 91 ff.
507 Vgl. Sperber, Die Wasserträger Gottes, S. 137.
508 Vgl. Horch, »Messianischer Zuversicht«, S. 194.

zwischen Autobiographie und Romantrilogie«.[509] Horch verweist in diesem Zusammenhang auch auf Ausführungen Sperbers in dem Essay »Mein Judesein«. Dort hält Sperber fest, dass er »nie einer Idee begegnet« sei, »die« ihn »so überwältigt und die Wahl« seines »Weges so beeinflußt« habe »wie die Idee, daß diese Welt nicht bleiben kann, wie sie ist, daß sie ganz anders werden kann und es werden wird«.[510] Auch in diesem Zusammenhang dürfte das aus Sperbers Sicht zentrale individualpsychologische Element des *Lebensplans* anklingen.

In Hinblick auf Sperbers Friedhofserlebnis in Zablotow lässt sich ergänzen, dass in der Beschreibung des Autobiografen der eben zitierte Gedanke aus »Mein Judesein« gewissermaßen konkretisiert wird. Sperber habe anlässlich der Erfahrung, auf dem Zablotower Friedhof mitten in Kampfhandlungen zu geraten, die Überzeugung entwickelt, »daß man [...] die Welt ändern mußte; und daß kein *Ich*, sondern nur ein *Wir* es zustande bringen könnte«.[511] Diese Überlegung lässt sich gleichermaßen mit dem von Horch und Bouretz als Sperbers »säkularer Messianismus« bezeichneten Phänomen sowie mit den Überlegungen Alfred Adlers zum *Gemeinschaftsgefühl* in Verbindung bringen, die vielleicht nicht zuletzt deshalb so anziehend auf Sperber gewirkt haben mögen.[512] Das wäre vermutlich eine unausgesprochene Erklärung, sofern man davon ausgeht, dass Erinnerungen in Sperbers Autobiografie Adlerianisch als Hinweise auf einen verborgenen bzw. zu ergründenden Lebensplan gelesen werden können. Hinzu kommt ein Denken in »Zeit-Räumen«, das Sperber ebenfalls als Spezifikum seiner jüdisch-chassidischen Erziehung und Sozialisation identifiziert.[513] Ich komme darauf im Zusammenhang mit dem zweiten Band der Autobiografie zurück.[514]

---

509 Vgl. Horch, »Messianische Zuversicht«, S. 194, unter Verweis auf Bouretz, Pierre: Die zerbrochene Zeit der Hoffnung. Messianismus und Geschichtsphilosophie in Manès Sperbers Romantrilogie. In: Mosès, Stéphane/Schlör, Joacheim/Schoeps, Julius H. (Hg.): Manès Sperber als Europäer. Eine Ethik des Widerstands. Berlin: Edition Hentrich 1996 (Studien zur Geistesgeschichte 18), S. 207 f. Vgl. auch Horch, Hans Otto: Exil und Messianismus. Manès Sperbers Romantrilogie Wie eine Träne im Ozean im Kontext deutsch-jüdischer Exilliteratur. In: Exilforschung. Ein internationales Jahrbuch, Bd. 19 (2001), S. 207–223.

510 Vgl. Sperber, Mein Judesein, S. 64. Vgl. dazu auch Horch, »Messianische Zuversicht«, S. 189.

511 Vgl. Sperber, Die Wasserträger Gottes, S. 154 (Hervorhebungen im Original).

512 Vgl. dazu insbes. Sperber, Alfred Adler oder Das Elend der Psychologie, S. 126, 142 f. Vgl. ausführlich auch Kapitel A.

513 Vgl. dazu auch Sperber, Des Autobiographen verborgene Welt, S. 61.

514 Vgl. Sperber, Die vergebliche Warnung, S. 337.

2.3.7 Zeit

Sperber selbst meint, er sei »von der Zeit besessen«, und zwar »seit dem zu frühen, abrupten, grausamen Ende« seiner »Kindheit« auf dem Zablotower Friedhof).[515] Er verweist in diesem Zusammenhang explizit auf seine Ausführungen zum Zusammenhang von Zeit und Bewusstsein in »Alfred Adler oder Das Elend der Psychologie«. Die Zeit«, heißt es dort, »artikuliert unser bewußtes Sein. Wir sind in ihr wie ein Schwimmer, der nie das Wasser verlassen darf; auch deshalb wird er eines Tages erinnern müssen [...]«. Das Verhältnis zwischen Menschen und Zeit erscheint aus dieser Sicht als ein Wechselseitiges; »wir konsumieren die Zeit und werden von ihr konsumiert«, zugleich »sind [...] wir nur so weit in ihr [...], als sie in uns eindringt [...]«.[516] Auch diese Sichtweise der Zeit führt Sperber auf seine religiös eingebettete Erziehung zurück:

> »Eine so obsessiv an eine alte, gleichsam enzyklopädische Tradition gebundene Innenwelt wie jene, von der meine Kindheit geformt worden ist, gewährt der Vergangenheit weit mehr Raum als der Gegenwart.«[517]

Gerade in der jüdischen Tradition, in der Sperber aufgewachsen ist, sei aber »[d]ie Gegenwart« auch nur als »Durchgang« begriffen worden, »zugleich Vorspiel und Nachspiel« für »›die kommende Welt‹, das ist die Ewigkeit«. Solchermaßen habe er »in der Erwartung der ›Zeit nach der Zeit‹« gelebt.[518]

Sperber arbeitet die unterschiedlichen Zeitebenen von Erinnerndem und Erinnertem an vielen Stellen seiner Autobiografie heraus[519] Stark verdichtet er dieses Vorgehen, indem er eine Szene aus dem Jardin du Luxembourg beschreibt, wohin ihn, wie in »Die Wasserträger Gottes« erwähnt, Spaziergänge in seiner Gegenwart als Autobiograf führen.[520] Zu jeder Jahreszeit begegne er dort »große[n] Kindergruppen, Schulklassen, die mit ihren Lehrern eine Stunde lang Sport treiben«. Manche der Kinder würden »sich« mitten im Lärm »in Zwiegespräche [...] vertiefen«. Als er zwei etwa Achtjährige beobachtet, in deren Gesichtern »sich die Spannung wie eine traurige Nachdenklichkeit« ausgedrückt

515 Vgl. Sperber, Die Wasserträger Gottes, S. 136.
516 Vgl. Sperber, Alfred Adler oder Das Elend der Psychologie, S. 90. Vgl. auch oben, Kapitel A.
517 Sperber, Die Wasserträger Gottes, S. 137.
518 Vgl. Sperber, Die Wasserträger Gottes, S. 137.
519 Vgl. z. B. Sperber, Die Wasserträger Gottes, S. 70 ff., 79 ff., 83 ff., 135 ff., 139 ff.; Sperber, Die vergebliche Warnung, S. 314 ff., 342 ff., S. 498 f.; Sperber, Bis man mir Scherben auf die Augen legt, S. 828 f.
520 Vgl. z. B. Sperber, Die Wasserträger Gottes, S. 79 ff.

habe, sei er von der »beklemmende[n] Ernsthaftigkeit ihrer Haltung« »beeindruckt« gewesen. Kinder würden »das Gewicht dessen, was sie jeweils gerade bewegt, meistens unvergleichlich stärker verspüren als Erwachsene«. Obwohl »alles [...] endgültig zu sein« scheine, gehe es »doch so schnell vorbei« und werde »fast ohne Übergang von einem anderen Gefühl abgelöst, das von ebenso *flüchtiger Endgültigkeit* sein« werde.[521] Seine Faszination von den beiden Kindern erklärt sich Sperber mit einer »sozusagen rückläufigen Ahnung«. Er habe sich »eins« gefühlt, »bald mit dem einen, bald mit dem andern«.[522] An den »achtjährige[n] Knabe[n], der« er selbst »vor fast sechs Jahrzehnten gewesen« sei, »denke« er »mit echter Neugier zurück, aber fast völlig ohne das Gefühl, an ihn noch gebunden zu sein; ich bin nicht er, und bin ich sein Kind, so ist er doch nie mein Vater gewesen«. Wie er damals ausgesehen haben mochte, konnte er nur gedanklich rekonstruieren, denn »alle« Fotos der Familie Sperber seien »1915 durch Kosaken vernichtet« worden, »die das Haus plünderten und darin einige Tage blieben«.[523]

Das Thema *Nachträglichkeit,* das Sperber im Zusammenhang mit seinem Schreiben über eine Epidemie in Zablotow unter russischer Besatzung während des Ersten Weltkriegs erörtert, ohne diese auf Freud zurückgehende Bezeichnung explizit zu verwenden, verdient auch in diesem Abschnitt nähere Erörterung. In der Nacht, nachdem er darüber geschrieben habe, hätte »sich« ihm »die Epidemie nicht als Erinnerung, sondern als Wort und dann erst als Stimmung« aufgedrängt, »die gewiß von Angst, vielleicht von Schrecken beherrscht wurde, die sich jedoch mit einer überreizten Neugier verband«. Er bringt dies mit dem Umstand in Zusammenhang, dass »einander [...] [d]ie Gerüchte [...] ohne Unterlaß [...] folgten« und »gleichermaßen die Hoffnung« wie »die Verzweiflung [...] nährten«.[524] Sperber habe sich damals »nach einer durch nichts unterbrochenen Stille« gesehnt, danach, auszuschlafen. Eben die Wohltat »der Stille« schildert er gewissermaßen spiegelbildlich auch als sein Erleben beim Aufwachen, nachdem er über besagte Erlebnisse geschrieben hat.[525] Die allgemeinere Überlegung, mit der Sperber die eben besprochene Sequenz in »Die Wasserträger Gottes« einleitet, besagt, dass »[d]ie Nächte eines

521 Vgl. Sperber, Die Wasserträger Gottes, S. 98 f. (Hervorhebungen im Original).
522 Vgl. Sperber, Die Wasserträger Gottes, S. 99.
523 Vgl. Sperber, Die Wasserträger Gottes, S. 99 f.
524 Vgl. Sperber, Die Wasserträger Gottes, S. 140 f.
525 Vgl. Sperber, Die Wasserträger Gottes, S. 141 f.

bejahrten Mannes [...] gewöhnlich zerstückelt« seien.[526] Er gelangt zu verschiedenen Assoziationen, den Schlaf und das Erwachen. Deren gemeinsames Thema könnte die Herausforderung sein, unter sehr schwierigen äußeren Bedingungen regelmäßigen und ausreichenden Schlaf zu finden, vor allem wenn die Aussicht auf den nächsten Morgen mit großen Unsicherheiten und Furcht besetzt ist. Er versucht dem gleichwohl unter Heranziehung bestimmter Praktiken entgegenzutreten. Dabei weist Sperber vor allem darauf hin, dass ihm »der Schlaf« während seiner Zeit als »Häftling ohne Hoffnung«, also im Jahr 1933 in Berlin, zur »Rettungsinsel« geworden sei, »von der man gestärkt, gleichsam gepanzert in die Vergangenheit des Ausgestoßenen zurückkehren« könne. Um die »Angst vor dem kommenden Tage« zu bewältigen, habe er es sich angewöhnt, bereits »[v]or dem Einschlafen [...] ein besonderes Thema« zu wählen, über das er, »ohne einen Augenblick zu verlieren«, unmittelbar nach dem Aufwachen nachdenken wollte. Mithilfe dieses »psychologische[n] Kunstgriffs« sei es ihm gelungen, sich »vor der Depression des frühen Morgens zu bewahren«.[527] Was die Schwierigkeiten des Einschlafens betraf, so verweist Sperber in »Die Wasserträger Gottes« darauf, dass er eines Abends begonnen habe, »alle Psalmen, die« er »auswendig kannte, leise vor« sich hinzusingen und »das Nachtgebet« aufzusagen, »mit dem« er »als Kind die Erzengel aufzählte, die, zu« seinen »Häupten und [...] Füßen über« ihn und seinen »Schlaf wachen würden«. Auf diese Weise habe er es vermocht, einen »hypnagogischen Schlummer« zu erreichen, »aus dem« er »schließlich in einen wahrhaft tiefen Schlaf sinken sollte«. Beim Erwachen habe er »die Lieder« seiner »Kindheit« wiedergefunden, die »viele Stunden seiner Haft« ausgefüllt hätten.[528]

2.3.8 Verratserlebnis, Verlustängste, Erschütterungen

Entwicklungspsychologische Überlegungen, wie er sie in enger Anlehnung an Adler darlegt, wendet Sperber auch auf seine eigene Lebensgeschichte an.[529] In

526 Vgl. Sperber, Die Wasserträger Gottes, S. 139. Die Vorstellung, es sei in der Natur des Menschen gelegen, mehrere, etwa acht Stunden am Stück durchzuschlafen, dürfte im Übrigen jüngeren Datums sein. So spricht nach neueren Untersuchungen nicht wenig dafür, dass Menschen früherer Zeiten, also vor der sukzessiven Einführung von elektrischem Licht seit dem 19. Jahrhundert, zwei Schlafphasen gewohnt gewesen sein dürften, die durch eine längere Periode des Wachseins unterbrochen wurden. Vgl. Ekrich, A. Roger: At Day's Close. Night in Times Past. New York: W. W. Norton & Company 2005.

527 Vgl. Sperber, Die Wasserträger Gottes, S. 140.

528 Vgl. Sperber, Die Wasserträger Gottes, S. 55.

529 Vgl. Sperber, Alfred Adler oder Das Elend der Psychologie, S. 123 ff., 128 ff. Vgl. auch oben, Kapitel A.

diesem Zusammenhang stellt er nochmals Überlegungen zu seiner »erste[n] Kindheitserinnerung« an und meint, die »vielleicht allererste« Erinnerung dieser Art beziehe sich auf seine Eltern. Er selbst komme darin »nur als Zuschauer, als Zeuge« vor. Manès Sperber selbst und zwei seiner Geschwister waren »schwer krank«, sein Bruder »Meir ist gestorben«. Beide Eltern betreten die »ungewöhnlich große, altmodische Stube«, in der die Kinder liegen. Die Mutter ist von einer Reise zurückgekehrt, sie »war in Marienbad« gewesen, mutmaßlich zu einer Kur, der Vater habe sie »schonen« wollen »und sie von der Krankheit der Kinder« zu spät verständigt. Es war also seine »Schuld«, aber Sperber erinnert sich auch an seine Ablehnung der Mutter gegenüber: »Sobald« sie »sich […] meinem Bett nähert, stelle ich mich schlafend, ich mag sie nicht hören, nicht zu ihr sprechen.« Für sein kindliches Ich handelt es sich um ein »Verratserlebnis«, eine Einschätzung, die Sperber erst später, im Alter von »neun oder zehn Jahre[n] […] korrigiert« habe. In weiterer Folge habe er bedauert, dass seine Mutter »in eine falsche Situation« geraten sei, »ohne ihr Verschulden«.[530] Derlei sah Sperber als signifikant für frühkindliche Verratserlebnisse an, die zu einem »*Verlust des Geborgenheitsgefühls*« führen würden und meist auf »falsch verstanden[n]« Erlebnissen gründeten.[531] Er verortet die entsprechenden Erfahrungen regelmäßig »zwischen dem dritten und fünften Lebensjahr«, da sich in dieser Zeit bei den Kindern zumeist enorme Entwicklungsschritte vollzögen und die Eltern ihre Verhaltensweisen gegenüber dem nunmehr als verständiger und wohl auch als Erziehungsobjekt wahrgenommenen Nachwuchs ändern würden.[532]

Davon zu unterscheiden wäre eine Erfahrung, wie Sperber sie später machen musste, während des Aufenthalts der Familie in Tracz, als der Vater von einer Besorgungsfahrt nicht zum erwarteten Zeitpunkt zurückkehrte, sondern erst spät in der Nacht. Sperber sei dabei aber außerstande gewesen, seine Sorgen anderen mitzuteilen. Beides zusammen habe zu bleibenden Empfindungs- und Verhaltensmustern geführt. Ihn sei eine »Beunruhigung« geblieben, die »durch die Verspätung einer Ankunft oder einer Mitteilung« bemerkbar werde, und die ihn »unfähig zu einer Kommunikation mit jenen« machte, »in deren Mitte« er »diese imaginierten Katastrophen erlebte«.[533]

Ein anderes als prägend beschriebenes Kindheitserlebnis, das Sperber später auch literarisch verarbeitet hat, kreist um den Besuch einer Aufführung des »Dieners zweier Herren«, dargeboten von einer Truppe fahrender Schau-

530 Vgl. Sperber, Die Wasserträger Gottes, S. 75 f.
531 Vgl. Sperber, Alfred Adler oder Das Elend der Psychologie, S. 21 f. (Hervorhebungen im Original). Vgl. auch oben, Kapitel A.
532 Vgl. Sperber, Alfred Adler oder Das Elend der Psychologie, S. 128 f.
533 Vgl. Sperber, Die Wasserträger Gottes, S. 133 f.

spieler. Zeitlich verortet Sperber sie »im Juli 1914«, in jener kurzen Zeitspanne zwischen dem Attentat auf den österreichischen Thronfolger Franz Ferdinand und den ersten Kriegserklärungen.[534] Damals hielt er sich gemeinsam mit seinem Vater in dem »karpatischen Kurort […] Jaremcze« auf und wohnte zum ersten Mal in seinem Leben einer Theateraufführung bei. Eine »Truppe eines jüdischen Wandertheaters« gab das erwähnte Stück Carlo Goldonis »in einer verkürzten, arg verschandelten Fassung«, und den Achteinhalbjährigen faszinierte vor allem die Figur des Truffaldino. »Zu Beginn des zweiten Aktes« habe sich etwas Verstörendes ereignet: Uniformierte stürmten die Bühne und verhafteten die Schauspieler wegen einiger Delikte wie »Vagabundieren« und »Zechprellerei«. Ein Polizist riss dem Darsteller des Truffaldino die Perücke vom Kopf, doch dem Kind, das zuschaute, war gar nicht bekannt, dass es derlei überhaupt gab, und so dachte er, dem Ärmsten seien die Haare ausgerissen worden. Die Ordnungshüter beraubten den Schauspieler auch seiner Kleidung, und dem Kind habe sich ein desillusionierender Anblick geboten. »Von aller Schönheit blieb nichts als die rote Farbe auf den Wangen, doch sie wurde bald von den Tränen weggewaschen, die der alte Mann aus Wut und Scham vergoß.«[535] Sperber hat diese Szene, wie erwähnt, auch literarisch verarbeitet, und zwar in dem Romanfragment »Der schwarze Zaun«.[536]

2.3.9 Idealisierungen

Zu den Verdiensten der »modernen«, insbesondere deutenden »Psychologie«, die Sperber gänzlich außer Streit stellt, zählt er in »Alfred Alder oder Das Elend der Psychologie« den Umstand, dass sie »Kinderzimmer und Schlafzimmer gelüftet und die mehr verdunkelnde als erhellende farbige Beleuchtung aus ihnen verbannt« habe. Damit sei nicht zuletzt der beinahe als selbstverständlich betrachtete verklärte Blick auf die »Kindheit« als »glücklichste[r] Phase des Menschenlebens« nachhaltig erschüttert worden. Erst dieser Bruch habe

534 Vgl. Sperber, Die Wasserträger Gottes, S. 112. Zur gespannten Erwartung im Juli 1914 (der Anschlag in Sarajewo fand am 28. Juni statt, am 28. Juli die Kriegserklärung Österreich-Ungarns an das Königreich Serbien, woraufhin eine Mobilmachung der russischen Armee erfolgte, weiters die Kriegserklärung Deutschlands an Russland am 1. August, weitere Kriegserklärungen folgten im Rahmen der verschiedenen Bündnisverträge, »Julikrise«) vgl. z. B. Clark, Christopher: The Sleepwalkers. How Europe went to War in 1914. London et al.: Allen Lane 2012, S. 488 ff.; Fromkin, David: Europe's Last Summer. Who Started the Great War in 1914? New York: Knopf 2004, v. a. S. 175 ff., 206 ff.

535 Sperber, Die Wasserträger Gottes, S. 113. Zur geschilderten Begebenheit insgesamt vgl. ibid., S. 112 f.

536 Vgl. Sperber, Der schwarze Zaun, S. 61 ff.

es ermöglicht, einer »kitschig idealisierte[n], der Wirklichkeit idyllisch entfremdete[n] Vorstellung von den wichtigsten Geschehnissen, die Kindheit und Jugend begleiten«, entgegenzutreten.[537] In seiner Autobiografie beschäftigt sich Sperber mit Idealisierungen anderer Art, nämlich solchen aus seiner Kindheit, die teils auch in familiär tradierten Vorstellungen gründeten. Nicht ganz ohne Interesse, gerade auch im Blick auf Sperbers intensive Auseinandersetzung mit der Individualpsychologie, scheint dabei, dass sich manche davon auflösen ließen, andere wieder nicht. Der Zusammenhang mit persönlicher Erfahrung ist dabei vielleicht recht aufschlussreich. Dies spricht Sperber teils explizit an, etwa im Zusammenhang mit seinen Überlegungen zu seinem eigenen Weg zur Psychologie und in die Schriftstellerei. Wer über »Menschenkenntnis« schreibe, heißt es in »Alfred Adler oder Das Elend der Psychologie«, stoße auf die »Botschaft der Einsamkeit«. Nicht allein, weil jedes schriftstellerische Unterfangen letztlich die oder den Schreibenden auf sich selbst zurückwirft, sondern auch, weil der empirische Autor im konkreten Fall dereinst ein »Flüchtlingskind« gewesen ist, »das wie über Nacht alles verloren hatte«, nur um »in der großen, aus der Ferne bewunderten Stadt eine Enttäuschung« zu erleben, »eine zerstörte Illusion«. Wer sich in eine derartige »Einsamkeit« geworfen finde, wende sich entweder dem »Nichts« zu oder »begehr[e] auf und begehr[e], alles zu ändern«.[538] Während die Familie noch in Zablotow gelebt hatte, so Sperber in »Die Wasserträger Gottes«, sei ihm Wien mehr oder minder wie ein märchenhafter Sehnsuchtsort erschienen. Es könnte sich, davon sei der Neunjährige »in jenem äußersten, fernsten Winkel der Monarchie« überzeugt gewesen, nur um eine »Stadt der Paläste« handeln, »die nicht aus Ziegel und Stein, sondern aus leuchtenden Kristallen erbaut sein mußte, auf die sich die Nacht niemals herabzusenken wagte«.[539] Der unmittelbaren eigenen Anschauung hielt diese Fantasie nicht stand. Spätestens, als die Sperbers eine Wohnung im zweiten Bezirk, in der Lilienbrunngasse, bezogen, vollzieht sich für Sperber nachhaltige Desillusionierung.[540]

Aber auch andere Eindrücke lassen den Nimbus der kristallenen Märchenstadt in Sperbers Erinnerung rasch zerfallen. Im Grunde habe er »[d]ie Sehnsucht nach der großen Stadt« nur »bis zu jenem 27. Juli 1916 bewahren« können, an dem die Familie schließlich in der Hauptstadt des Habsburgerreiches ankam.[541] Allerdings hätte er so schnell nicht aufgegeben, sondern sich »[w]ährend vieler

537 Vgl. Sperber, Alfred Adler oder Das Elend der Psychologie, S. 25. Vgl. auch oben, Kapitel A.
538 Vgl. Sperber, Alfred Adler oder Das Elend der Psychologie, S. 146 f. Vgl. oben, Kapitel A.
539 Vgl. Sperber, Die Wasserträger Gottes, S. 127.
540 Sperber, Die Wasserträger Gottes, S. 206.
541 Vgl. Sperber, Die Wasserträger Gottes, S. 129.

Wochen, bis zum späten Herbst [...] der Lockung der Straßen« nicht entziehen können, zunächst weil er »die kaiserliche Pracht, die tagtraumhafte Schönheit, die Vollkommenheit« gesucht habe. Gefunden habe er allerdings nur täglich »neue Enttäuschungen«. Er sei gewandert, da er »suchte, aber wahrscheinlich ebenso, weil« er »weglaufen wollte«.[542] Zwei Kriegsjahre machten sich bemerkbar, und auch der »Sturz in die Armut«, der in der Wahrnehmung des Kindes mit der Ankunft in Wien eingesetzt habe, ist gewiss in Rechnung zu stellen.[543] Ebenso dürften die Verhaltensweisen von Menschen in dieser Stadt, mit denen Sperber sich konfrontiert sah, zur Desillusionierung beigetragen haben, etwa das gewiss traumatische Erlebnis, als jemand eine Zigarette im Nacken des Elfjährigen ausdrückte.[544] Wie stark sich Sperbers Blick auf Wien gewandelt hat, zeigt sich nicht zuletzt in einer Wendung in »Alfred Adler oder Das Elend der Psychologie«, wo er Wien als »Hauptstadt der Judenfeindschaft« bezeichnet.[545]

Anders als die Idealisierung Wiens scheint jene des Kaisers Franz Joseph nicht gelitten zu haben. Aus schon erwähnten Gründen habe dieser Kaiser bei den »Städtel-Bewohnern« der Habsburgermonarchie in hohem Ansehen gestanden, weil »sie [...] in ihm den Garanten ihrer staatsbürgerlichen Rechte« gesehen hätten, »den Beschützer gegen Willkür und Haß«.[546] Sperber meint, »viele [s]einesgleichen« hätten davon geträumt, im Lauf ihres Lebens selbst zur Einwohnerschaft Wiens zu gehören, den Kaiser von Angesicht zu Angesicht sehen zu können und auch von ihm in die Hofburg eingeladen zu werden.

> »Wir werden unsere Lieder vorsingen und die schwersten Fragen, die der Kaiser und seine Ratgeber stellen werden, sehr klug beantworten, jedoch mit Zurückhaltung, damit sie nicht denken sollen, daß wir mit unserer Intelligenz protzen.«[547]

Die einzige Sorge betraf die Tischetikette, denn »das Essen« würde »gewiß nicht koscher« sein, »da der Monarch ja ein Katholik war«. Doch würde sich dieses Problem lösen lassen.[548] Dass es sich hier vielleicht doch um eine erns-

542 Vgl. Sperber, Die Wasserträger Gottes, S. 173.
543 Vgl. Sperber, Die Wasserträger Gottes, S. 173 f.
544 Sperber, Die Wasserträger Gottes, S. 185.
545 Vgl. Sperber, Alfred Adler oder Das Elend der Psychologie, S. 50. Zur traurigen Tradition von Antijudaismus und Antisemitismus in Wien vgl. z. B. Hamann, Hitlers Wien, S. 467–512; Heer, Friedrich: Der Glaube des Adolf Hitler. Anatomie einer politischen Religiosität. Ungekürzte Ausg. Berlin: Ullstein 1989, S. 64–93.
546 Vgl. Sperber, Die Wasserträger Gottes, S. 127.
547 Sperber, Die Wasserträger Gottes, S. 128.
548 Vgl. Sperber, Die Wasserträger Gottes, S. 128.

tere Schwierigkeit gehandelt haben könnte, die mit den unterschiedlichen Konfessionszugehörigkeiten ganz grundsätzlich zu tun gehabt hat, wischt Sperber in seiner Erinnerung an die eigenen kindlichen Tagträume weg. So bleibt das Bild eines weisen Herrschers, der knifflige Fragen stellt und nicht enttäuscht werden darf, dem gegenüber aber auch Bescheidenheit geboten ist. Dass es sich dabei um ein Märchenmotiv handelte, sollte Sperber entgangen sein?[549] Dies wäre schon ein wenig überraschend. Ohne Zweifel schwingt hier auch ein gewisses Maß an Ironie mit, in der die kindliche Weltsicht des Protagonisten rekonstruiert wird. Doch wie auch immer, er lässt hier keine Veränderung seiner Sichtweise erkennen, sondern verweist später ohne weiteren Kommentar auf die Reaktion seines Vaters auf die Nachricht vom Tode Franz Josephs. Damals habe er seinen »Vater zum ersten Mal schluchzen« gehört. »Er hatte schon die Gebetriemen um den Arm geschlungen, doch immer wieder unterbrach er das Gebet.«[550]

Sperber äußert sich nicht dazu, ob er diesbezüglich vielleicht eine differenzierte Haltung eingenommen habe. Anders verhält es sich im Zusammenhang mit der Ermordung des Grafen Stürgkh durch Friedrich Adler am 21. Oktober 1916. Die Eltern und ihre Freunde hätten sich vor allem erschüttert gezeigt über Victor Adler, den Vater des Attentäters, »den Genosse[n] Doktor«, den »sogar der Kaiser [...] mit Hochachtung [...] behandelte«. Nun müsse er »aus einer Extraausgabe« erfahren, dass sein »Sohn Friedrich, der ja auch ein Doktor, vielleicht sogar ein Professor war«, und der gewiss »die beste Erziehung« erhalten habe, ein Mörder sei. Manès Sperbers eigene Sicht der Dinge sei ambivalent gewesen. »Zum ersten Male fühlte ich mich einem völlig fremden Menschen gleichzeitig so nahe und so fern«, zumal das Zeitungsfoto erkennen habe lassen, dass »Friedrich Adler [...] kein Mörder, kein Gewalttäter, sondern ein Wesen von höchster Empfindsamkeit« gewesen sei.[551] Dieser Feststellung liegt die damals wohl durchaus verbreitete, unrichtige Auffassung zugrunde, dass Verbrecher irgendwie physiognomisch auffällig wären.[552] Als Friedrich Adler im Mai 1917 vor einem Ausnahmegericht der Prozess gemacht wurde, habe er

549 Vgl. [Grimm, Jacob u. Wilhelm:] Das Hirtenbüblein. In: Rölleke, Heinz (Hg.): Kinder- und Hausmärchen. Gesammelt durch die Brüder Grimm. Vollständige Ausgabe auf der Grundlage der 3. Auflage (1837). Frankfurt am Main: Deutscher Klassiker Verlag 1985, S. 589 f.

550 Sperber, Die Wasserträger Gottes, S. 189.

551 Vgl. Sperber, Die Wasserträger Gottes, S. 187 f.

552 Vgl. dazu z. B Becker, Peter: Verderbnis und Entartung. Eine Geschichte der Kriminologie des 19. Jahrhunderts als Diskurs und Praxis. Göttingen: Vandenhoeck & Ruprecht 2002, S. 289 ff.; Hagner, Michael: Der Hauslehrer. Geschichte eines Kriminalfalls. Berlin: Suhrkamp 2012 (st 4339), S. 51 ff.

»einen ungewöhnlichen Mann [...] entdeckt [...], die Inkarnation all dessen, was für uns beispielhaft sein mußte«. Hier habe

> »ein einzelner mit starker, kraftvoller Stimme im Angesicht der Machthaber die Verworfenheit und die Sinnlosigkeit des Krieges [angeprangert] und gleichzeitig das Recht eines jeden auf Freiheit und Wahrheit proklamiert«,

unter Einsatz seines Lebens.[553] Friedrich Adler habe »einer ganzen Generation eine Botschaft gebracht [...], von der jedes Wort klang, als wäre es genau der Ruf, auf den wir, ohne es zu ahnen, gewartet hatten«.[554] Spätestens an dieser Stelle wird deutlich, dass Sperber sehr feinfühlig zwischen fragwürdiger Idealisierung und angemessener Bewunderung unterscheidet. »[I]n Gedanken« habe er »unzählige Dankbriefe an Dichter, Maler, Schauspieler geschrieben«, denen er seine Bewunderung ausdrücken wollte. Nicht allein »aus Scheu« habe er diese Briefe allerdings nie verschriftlicht, sondern auch, weil sich, sobald ein Brief »bis in die letzte Einzelheit bedacht« sei, nicht mehr geschrieben werden müsse.[555]

2.3.10 Gerechtigkeit

In der Reihe seiner Geschwister nahm Manès Sperber eine »Sandwich-Position« ein, was bei ihm »Neid und das Gefühl des Zurückgesetztseins« ausgelöst hätte, weil »dem Erstgeborenen und [...] dem Jüngsten [...] Vorteile gewährt« worden seien, die ihm selbst »ständig vorenthalten wurden – und dies nur, weil ich das unverschuldete Pech hatte, zwischen den beiden zu sein«. Eine »moralische Empörung über erlittenes Unrecht« gelte gemeinhin als Kennzeichen von Kindern in besagter »Sandwich-Position«.[556] Alfred Adlers Überlegungen zu den Eigenschaften solcher Kinder, nämlich »wie unter Dampf« zu »stehen« und »überhitzt nach dem Vorrang« zu »streben«, ließ Sperber für sich selber nicht gelten.[557] Auch was die »moralische Empörung« anging, zeigt er sich skeptisch bezüglich einer Kausalbeziehung zur Geschwisterreihe. Schon ehe er »in die ›Sandwich-Position‹ geriet«, habe »eine extreme Empfindlichkeit gegenüber

553 Sperber, Die Wasserträger Gottes, S. 204.

554 Vgl. Sperber, Die Wasserträger Gottes, S. 205. Sperber berichtet dort auch von einer späteren persönlichen Begegnung mit Friedrich Adler auf dem Pariser Flughafen, »einige Jahre nach dem Zweiten Weltkrieg«. Anlass war, auch dies vielleicht nicht ganz ohne Interesse, dass sie beide gekommen waren, um die Individualpsychologin Sophie Lazarsfeld abzuholen.

555 Vgl. Sperber, Die Wasserträger Gottes, S. 85.

556 Vgl. Sperber, Die Wasserträger Gottes, S. 100 f.

557 Vgl. Adler, Menschenkenntnis, S. 142; Sperber, Alfred Adler oder Das Elend der Psychologie, S. 132 f.

jeder Art von Unrecht« sein Verhalten bestimmt, »und dies fast noch stärker als die Gläubigkeit«.[558] Sperber bringt dies immer wieder mit seinem eigenen Handeln gegenüber dem *jungen Mann* in Zusammenhang, auf den er wegen angeblicher Verletzung der strengen jüdischen Speisevorschriften einen Stein hatte werfen wollen. Von daher erklärt er etwa auch sein eigenes Eintreten für den »siebenjährige[n] Hawrylo«, den »Sohn eines Bauern aus einem nahen Dorf« und aus ruthenischer Familie, der »die polnische Schule« besuchte, um sich auf den späteren Besuch des Gymnasiums vorbereiten zu können. Der Weg, den Hawrylo zu Fuß nach Zablotow zurücklegen musste, sei »recht weit« gewesen, weshalb er oft müde gewesen und zuweilen »in der großen Pause« eingeschlafen sei, »nahe dem Heizrohr auf den Boden« gekauert. Einige »der polnischen Knaben« hätten sich einmal zusammengerottet, einen Kreis um Hawrylo gebildet, und einer von ihnen »pißte ihm auf den Nacken«. Die »Gruppe« der jüdischen Schüler lief, vom Geschrei des Opfers alarmiert, hinzu und schlugen sich für ihn. Sperber meint, er habe dies getan, »weil« er »anderthalb Jahre vorher einer von denen gewesen war, die einen harmlosen Kranken, der nicht wußte, was er tat, angegriffen hatten«. Nun aber habe er »die Niedertracht der Majorität« entdeckt und »genau« erfahren, »was Demütigung ist und wie grausam und verächtlich jene sind, die sie an Wehrlosen verüben«.[559] Sperbers Erklärung zu seiner moralischen Empörung und der hohen Bedeutung, die Gerechtigkeit für ihn einnahm, hängt mithin nicht daran, in welcher innerfamiliären Position sich ein Mensch während seiner Kindheit befinde, sondern eher damit zusammen, welche Erfahrungen er oder sie macht und wie sich die betreffende Person dazu verhält.

2.4 Resümierende Überlegungen

Sperbers Re-Konstruktion der eigenen Lebensgeschichte auf Basis individualpsychologischer Konzepte und Betrachtungsweisen erweist sich in »Die Wasserträger Gottes« gewissermaßen als Verdichtung[560] von Erlebtem oder als erlebt Ausgewiesenem mit einer spezifischen Weise, dieses zu deuten. Sie klingt bereits sehr stark im schreibenden Umgang mit unterschiedlichen zeitlichen Ebenen an, jener des Schreibenden in seiner Gegenwart und jener des Protagonisten, die gerade in diesem ersten Band von Sperbers Autobiografie viele Jahr-

558 Vgl. Sperber, Die Wasserträger Gottes, S. 101.
559 Vgl. Sperber, Die Wasserträger Gottes, S. 73 f.
560 Das Wort darf hier durchaus in mehrfacher Bedeutung aufgefasst werden, sodass auch dem poetischen Anklang desselben Rechnung getragen werden kann.

zehnte zurückliegt. Beide Ebenen finden sich konsequent verschränkt, sodass sich der Eindruck einer Rahmenhandlung aufdrängt, die den eigentlich autobiografischen Teil metaleptisch umschließt. Auf Ebene der Rahmenhandlung erzählt der Autobiograf, wie er an der Abfassung seiner Lebensgeschichte arbeitet, über diese sowie die Grenzen und Möglichkeiten solchen Unterfangens überhaupt nachdenkt, und welche Fragen er stellt, um sich selbst und seinem Leben auf die Spur zu kommen. Was er sucht und beschreibt, ist nicht allein ein *Lebenslauf*, der sich aus für relevant befundenen Ereignissen und Befindlichkeiten zusammensetzt, sondern vor allem eine innere Reise und Entwicklung, die sich sehr stark an individualpsychologischen Parametern orientiert. Besonders augenfällig wird dies bei der tastenden Suche, an der der Autobiograf die Leserinnen und Leser teilhaben lässt, wenn es um die aus Adlerianischer Sicht für die Erkenntnis des Lebensplans so wichtigen ersten Erinnerungen geht. Hatten sie nicht immer mit einer Schneelandschaft zu tun gehabt? Nein, das hatte er, so erklärt der Autobiograf, lange Zeit geglaubt, aber nun, da er an seiner Autobiografie arbeitet, gelangt er zu der Einsicht, dass ganz andere Erinnerungen älter waren, in denen zwar auch die Farbe (oder Nichtfarbe) Weiß eine große Rolle spielt, aber in ganz anderem Zusammenhang als die längste Zeit über vermutet. Sperber nähert sich dabei sehr konkret dieser frühen, vielleicht allerfrühesten Erinnerung an und schildert dann, durchaus schon fast im Sinne einer individualpsychologischen Deutung, die Veränderung in seinem Erinnerungshorizont. Auf eine noch frühere Erinnerung verweist der Autobiograf später, wenn es um jenes Verratserlebnis geht, dem gerade im Rahmen seiner eigenen Adaption Adlerianischer Entwicklungspsychologie so große Bedeutung zukam. Er stößt darauf gewissermaßen erst später, als der Autobiograf intensiver über die Beziehung seines Protagonisten zu seinen Eltern nachdenkt.

Ganz ähnlich verfährt er, wenn es um den Lebensplan selbst geht, der in individualpsychologischer Perspektive unbewusst entwickelt und ausgeführt wird, für dessen konkrete Inhalte und Genese es allerdings sehr aussagekräftige Indizien gibt, wie eben etwa sehr frühe Erinnerungen. Hier spielt vornehmlich das Motiv des Lernens eine große Rolle. Es wird, wie die frühe Erinnerung, über die Darstellung bestimmter Erlebnisse und Vorkommnisse geschildert. Hier sind es der ab dem dritten Lebensjahr besuchte Cheder sowie der strenge Urgroßvater, der selbst Rabbiner ist und die Gelehrsamkeit des Nachfahren preist. All diese Ausführungen sind verwoben mit der frühen fordernden Ermunterung des Lerners durch den Vater. Die Befürchtung, dessen Ansprüchen nicht genügen zu können, führt wiederum in die Sphären von Selbstzweifel und Minderwertigkeitsgefühl. Zugleich könnte der Erfolg des so hoch veranschlagten Wertes *Lernen* für das beachtliche Selbstwertgefühl des Heranwachsenden hilfreich gewesen zu sein. Die Minderwertigkeitsgefühle des Protagonisten bringt Sperber mehr in Zusammenhang damit, dass dieser unzufrieden mit seinem äußeren Erscheinungsbild gewesen sei denn mit Erschütterungen des Vertrauens in die eigenen intellektuellen Fähigkeiten. Dieses Vertrauen konnten auch Schullehrer nicht erschüttern, und ein Konflikt mit einem solchen im Gymnasium in der Wiener Zirkusgasse gerät gewissermaßen zum Triumpf. Zunächst wird der Vorfall, der mit Schwierigkeiten in der Aussprache im Kontext der Veränderungen nach Ankunft der Familie in Wien zusammenhängt, geschildert. Sowohl in der Fortsetzung dieser Erzählung, die eine Einladung an den aufmüpfigen Schüler durch Kollegen enthält, zu Versammlungen des *Schomer* zu kommen, als auch in deren Deutung wird hier am konkreten Fall ein weiteres zentrales Thema Adler'scher Psychologie und Psychotherapie thematisiert, nämlich das Gemeinschaftsgefühl.

3 »Die vergebliche Warnung«

3.1 Zentrale Inhalte

3.1.1 Amsterdam

Die unmittelbare Nachkriegszeit verbindet Sperber in seiner Autobiografie mit einigen sehr einprägsamen Erinnerungen an allgemeines Elend und an seine wachsende, zugleich ambivalente Begeisterung für marxistische Ideen bzw. deren Umsetzung in kommunistischen Parteien und insbesondere in der Sowjetunion.[561] Zunächst aber trat Sperber wieder eine Reise an. 1919 wurde Manès Sperber, gemeinsam mit zahlreichen anderen »unterernährte[n] Wiener Kinder[n]« in die Niederlande »geschickt«. Dort waren sie »bei Familien oder in improvisierten Ferienheimen« untergebracht, wo es gelungen sei, »die Folgen der Unterernährung […] zumindest abzuschwächen«. Der Aufenthalt in Amsterdam bei »einem älteren kinderlosen Ehepaar« erscheint in Sperbers Darstellung durch ein bislang ungekanntes Maß an Unabhängigkeit gekennzeichnet.[562] Ein ihm fremder Mann, den er auf einer Parkbank kennengelernt habe, nach eigenen Angaben ebenfalls »Jude […], und zwar ein Sephardi aus Portugal«, habe ihn auf das Rijksmuseum aufmerksam gemacht, das er dann häufig besucht hat. Auch auf Rembrandt, der nicht nur ein bedeutender Maler, sondern »überdies ein guter Freund seiner jüdischen Nachbarn gewesen« sei, habe der namenlos bleibende Zufallsbekannte die Aufmerksamkeit des jungen Reisenden gelenkt. Sperber berichtet, dass er in der Folge viel Zeit in besagtem Museum verbracht und seine »Sehgier« dort »eine stets erneute Befriedigung gefunden« habe.[563] Leicht sei Sperber das Erlernen der holländischen Sprache gefallen. Insgesamt habe er während seines Aufenthalts in Amsterdam »fast nur Schönes und Gutes« erlebt und die Stadt »jeden Tag mehr« geliebt, wenn-

561 Vgl. Sperber, Die vergebliche Warnung, S. 261 ff.
562 Vgl. Sperber, Die vergebliche Warnung, S. 276 f.
563 Vgl. Sperber, Die vergebliche Warnung, S. 277–281.

gleich »nicht das Viertel, in dem« er »wohnte«. Von einer »Sephardin, eine[r] Frau von 30 Jahren«, und ihrem Vater habe er viel über die jüdische Geschichte in Amsterdam erfahren, nicht zuletzt auch über Baruch de Spinoza und Uriel da Costa, und insbesondere über die sephardischen Juden, die seit dem Ende des 15. Jahrhunderts von der Iberischen Halbinsel nach Holland gekommen waren.[564] »In Amsterdam erst«, resümiert Sperber, »begann ich zu glauben, daß unsereiner leben könnte, ohne stets auf der Hut sein zu müssen.«[565]

3.1.2 Alfred Adler

Sperber berichtet, dass er infolge von Unterernährung und der Kriegsumstände nach Kriegsende an einer Tuberkulose erkrankt sei. Mehrere wenig erfolgreiche Kuraufenthalte folgten. 1921 riet ihm ein »Zimmergenosse« während eines Aufenthalts in der »Lungenheilanstalt« in Bad Gleichenberg, Alfred Adlers »Abendkurse und Seminare« an der Volkshochschule zu besuchen. Nach Wien zurückgekehrt, sei Sperber diesem Rat gefolgt. Er war damals sechzehn, Adler fünfzig Jahre alt.[566] In »Die vergebliche Warnung«, dem zweiten Band seiner Autobiografie, schreibt Sperber, Adler habe ihn zunächst nur mäßig beeindruckt. »Was er sagte, war gescheit, doch kunstlos, um nicht zu sagen, gestaltlos formuliert.« Sperber habe ein ganzes Jahr über »oder vielleicht noch länger [...] die Bedeutung« verkannt, »die Adler für« ihn »gewinnen und die seine Lehre trotz aller Wandlungen für« ihn »bewahren sollte«.[567] Dennoch besuchte er regelmäßig Adlers Vorträge und beteiligte sich an den nachfolgenden Diskussionen.[568] Bald habe er sich für ein Referat gemeldet, das er zum Thema »Psychologie des Revolutionärs« hielt. In diesem Zusammenhang weist er selbst auf die Faszination hin, die diese Thematik zeitlebens für ihn gehabt haben dürfte: »In weit mehr als der Hälfte meiner Schriften [...] geht es um Probleme der Revolution [...]«.[569] War im Judentum die Erwartung eines »unerreichbaren« messianischen »Zustand[s]« wichtig gewesen, die Sperber schon während seiner Adoleszenz nicht mehr teilte, so habe er später einen »erhabenen Zustand« auf Basis revolutionären Handelns erwartet.[570] Wie wichtig und zugleich selbstverständlich das Thema in Sperbers Denken und Schreiben gewesen zu sein scheint, wird

564 Vgl. Sperber, Die vergebliche Warnung, S. 285 ff.
565 Sperber, Die vergebliche Warnung, S. 287.
566 Vgl. Sperber, Die vergebliche Warnung, S. 311, 320 f.
567 Vgl. Sperber, Die vergebliche Warnung, S. 320, 326.
568 Vgl. auch Stančić, Manès Sperber, S. 89 ff.
569 Vgl. Sperber, Die vergebliche Warnung, S. 322.
570 Vgl. Sperber, Die vergebliche Warnung, S. 322 f.

auch an anderer Stelle deutlich. In seinem erst posthum veröffentlichten Roman »Charlatan und seine Zeit«, den er im Alter von neunzehn Jahren verfasst haben dürfte, führt Sperber einen der beiden Hauptprotagonisten mit folgenden Worten ein: »Mein Name ist Iwan Semjonowitsch Sacharzoff, ich bin 29 Jahre alt, verheiratet, von Beruf Revolutionär und momentan wegen staatsgefährdender Umtriebe in Haft.«[571]

Adlers Umgang mit den Diskussionsteilnehmerinnen und -teilnehmern gefiel Sperber. Insbesondere habe Adler den Beteiligten »Mut zu sich selbst« eingeflößt. Das Abschiedsgespräch zwischen Adler und ihm selbst nach seinem ersten Referat erinnert Sperber so, dass Adler meinte: »Sie haben wie ein Individualpsychologe gesprochen, der noch nicht weiß, daß er einer ist.« Sperber habe darauf erwidert, dass er »vielleicht einer werden« sollte. »Gewiß«, habe Adler geantwortet, »ich werde Ihnen helfen; wir alle werden Ihnen helfen.«[572] An anderer Stelle hob Sperber hervor, wie »ermutigend« Adler sich gerade »jungen Leuten« gegenüber verhalten habe, mit dem Ergebnis, »daß jeder selbst nach einem ganz kurzen Gespräch mit ihm gleichsam einen neuen Glauben an sich selbst davontrug, eine […] äußerst bestärkte Hoffnung auf die nahe oder ferne Zukunft […]«.[573] Bald lud Adler Manès Sperber zu den »Sitzungen seines engeren Kreises« ein. »Viele« von dessen Angehörigen seien »Mitglieder des Psychoanalytikervereins gewesen und etwa zehn Jahre zuvor, mit Adler zusammen, ausgetreten«. Unter ihnen befanden sich »Ärzte, Professoren, einige Frauen«, etwa »Sophie Lazarsfeld und Gina Kaus«. Nach eigener Auffassung wurde Sperber dort zunächst teilweise für einen Patienten Adlers gehalten. Er selbst habe Adler umgekehrt ein wenig skeptisch gegenübergestanden und mehr als ein Jahr lang verkannt, wie intensiv und nachhaltig sich Adlers Lehren und therapeutische Praktiken auf sein eigenes Denken auswirken würde.[574] Erst im Lauf der Zeit habe er Adler schätzen gelernt und erkannt, dass ihm »das Neue, durchaus Originelle« an Adlers »Auffassungen nicht sofort aufgefallen« sei.

> »Ausdrücke wie ›Minderwertigkeitsgefühl, Unsicherheitsgefühl, Streben nach Überlegenheit, Herrschsucht, Kompensation, Gemeinschaftsgefühl‹ – nun, das ist bekannt, dachte man, das kann ja jeder so ausdrücken, indes

571 Sperber, Charlatan und seine Zeit, S. 11. Zur mutmaßlichen Entstehungsgeschichte vgl. Stančić, Mirjana: Nachwort. In: Sperber, Manès: Charlatan und seine Zeit. Hg. v. Mirjana Stančić. Graz/Wien: Ed. Gutenberg 2004, S. 204.

572 Vgl. Sperber, Die vergebliche Warnung, S. 324.

573 Vgl. Sperber, Alfred Adler oder Das Elend der Psychologie, S. 13 f.

574 Vgl. Sperber, Die vergebliche Warnung, S. 324–326.

Freud Termini benutzte, die oft genug nicht die seinen waren, sich jedoch dem Leser als die originelle Terminologie seiner Lehre einprägten.«[575]

Doch wären die »Einwände« gegen Adlers »oft allzu platte Sprache« bald als »durchaus unerheblich« erschienen. Ließ man sich auf sein »lautes Denken« ein, sei ein »alternierende[r] Prozess des Auseinandernehmens und Zusammenfügens« erkennbar geworden, »dank dem Teile zu einem Ganzen werden«.[576]

Sperber versuchte sich früh auch im literarischen Schreiben. In »Die vergebliche Warnung«, berichtet er, dass er zunächst Artikel unter Pseudonym publiziert habe, dann eine Erzählung, sein »erstes großes Manuskript« sowie »zwei längere Romane«. Der Schriftsteller Albert Ehrenstein habe die Romanmanuskripte gelesen und »mit einer Empfehlung an einen kleineren deutschen Verlag« gesandt, der die Texte »annahm«. Adler habe durch Ehrenstein von alledem Kenntnis erlangt[577] und zu Sperber gesagt: »Wenn Sie schon jetzt eine literarische Karriere anfangen, dann werden Sie nie ein Psychologe sein.« Sperber, damals (also im Jahr 1924) »neunzehn Jahre alt und [...] in der Gunst des Meisters«, habe daraufhin »beschlossen, mit 35 Jahren die Psychologie aufzugeben und Schriftsteller zu werden«. Das schien ihm vertretbar, denn er »liebte« zwar »die Literatur, doch besessen war ich damals nur von der Psychologie«.[578]

1926 veröffentlichte Sperber ein kleines Buch über Alfred Adler: »Alfred Adler, der Mensch und seine Lehre«. Die darin zum Ausdruck gebrachte »Bewunderung« sei, so Sperber später, »echt« gewesen. Keineswegs habe Adler ihn unter Ausnutzung seiner »Jugend« dazu »mißbraucht«, einen »Lobgesang« auf ihn »anzustimmen«.[579] Der Blick Sperbers, der in diesem Büchlein Ausdruck findet, ist in der Tat voller Begeisterung, die im jubilierenden Schlusssatz gipfelt: »Alfred Adler ist das soziale Genie unserer Zeit«.[580] In Adlers individualpsychologischem Umfeld wurde diese Hymne durchaus auch kritisch aufgenommen, nach Sperbers Auffassung, weil Adlers Mitstreiter, die sich keineswegs als seine Schülerinnen und Schüler betrachteten, in der Abhandlung keine Erwähnung fanden.[581] Doch habe Sperber strategische Erwägungen dieser Art nicht gepflogen, denn »damals, in der Sonne seiner stets gleichbleibenden

575 Vgl. Sperber, Die vergebliche Warnung, S. 327.
576 Vgl. Sperber, Die vergebliche Warnung, S. 329.
577 Zur engen Freundschaft und komplexen Beziehung zwischen Ehrenstein (1886–1950) und Adler vgl. z. B. Stančić, Manès Sperber, S. 107, FN 138; Bruder-Bezzel, Alfred Adlers Wiener Kreise in Politik, Literatur und Psychoanalyse, S. 11–40.
578 Sperber, Die vergebliche Warnung, S. 347 f.
579 Vgl. Sperber, Die vergebliche Warnung, 381.
580 Sperber, Alfred Adler. Der Mensch und seine Lehre, S. 39.
581 Vgl. Sperber, Die vergebliche Warnung, S. 383.

Gunst, suchte und fand ich nur Gründe«, Adler »zu bewundern«. Gleichwohl habe Sperber gelegentlich der Verdacht beschlichen, dass dieser Zustand nicht von Dauer sein würde, denn Adler habe sich »in« seiner »Gegenwart [...] zuweilen ungerecht, mit geradezu grausamer Strenge über Freunde und Anhänger geäußert, gegen die er plötzlich ein Mißtrauen gefaßt hatte«. Erhob Sperber Einwände, »mochte« Adler ihn »plötzlich so feindlich anblicken, daß« ihm »bange wurde im Gefühl, einem fremden Mann gegenüberzusitzen«. So »begann« Sperber »zu befürchten, daß« Adler »eines Tages auch über« ihn »so vernichtende Urteile fällen und keinen Rekurs zulassen würde«.[582]

Eine »erste, anscheinend schnell und folgenlos beendete Verstimmung« konstatiert Sperber zwischen sich und Adler im Zusammenhang mit der Behandlung des jungen Mannes, bei dem *»Dementia praecox«* diagnostiziert wurde und von dem Adler nach kurzer Zeit angenommen habe, Sperber hätte ihn geheilt.[583] Sperber selbst hingegen hielt ihn für nicht geheilt, wohl gar nicht heilbar in der Weise, wie der Begriff gebraucht wird, um das endgültige Abklingen einer Krankheit zu bezeichnen.[584] Als Sperber Adler gegenüber seine Bedenken äußerte, habe sich dessen »Gesicht verdüstert«. Gleichwohl sei Adler bei seiner Empfehlung geblieben, Sperber solle »ein langes Referat über diesen Fall in einer der wöchentlichen Sitzungen der individualpsychologischen Gesellschaft« halten, sich dafür aber ein wenig Zeit lassen.[585] Wie erwähnt, hielt Sperber diesen Vortrag nach eigener Darstellung. Im Anschluss habe auch Adler ausführlich über den Fall gesprochen, und bei dieser Gelegenheit einem enormen »therapeutischen Optimismus« Ausdruck gegeben. Sperbers öffentlich geäußerte Bedenken seien »kaum merklich« gewesen, und letzten Endes hätten seine Ausführungen eher dazu beigetragen, »Adlers Argumente zu erhärten«. Als Adler ihm ausdrücklich »Lob« gespendet habe, hätte dies keinerlei Widerspruch von seiner Seite zur Folge gehabt. Tags darauf sei Sperber in einem Zeitungsartikel »als ein Wundertäter gerühmt« worden, was ihm umso unangenehmer gewesen wäre. Diese Situation habe ihm »eine der schlimmsten Stunden [s]eines Lebens« beschert.[586] Sogar den Rechtsanwalt Hugo Sperber habe er kontaktiert, doch dieser hätte ihm erklärt, dass keine rechtliche Handhabe gegen die Zeitung oder den Journalisten bestehe, der den Artikel verfasst habe. Dr. Hugo Sperber war mit Manès Sperber, der ihn als einen »damals sehr bekannte[n] Anwalt«

582 Vgl. Sperber, Die vergebliche Warnung, S. 329 f.
583 Vgl. Sperber, Die vergebliche Warnung, S. 388 ff. (Hervorhebungen im Original).
584 Vgl. oben, Kapitel A, Abschnitt 3.5.
585 Vgl. Sperber, Die vergebliche Warnung, S. 392 f.
586 Vgl. Sperber, Die vergebliche Warnung, S. 395 f. Dazu, dass keine Verwandtschaftsbeziehung bestand, vgl. Stančić, Manès Sperber, S. 161.

bezeichnet, nicht verwandt.[587] Manès Sperber habe sich dann zu einer längeren Bergwanderung entschlossen, die ihm geholfen habe, das Erlebte zu verarbeiten. »Ich erfuhr«, schreibt er in diesem Zusammenhang,

> »daß es für mich eine Zuflucht im Raume gibt – ähnlich der Flucht nach vorn in der Zeit, jener *Gegenwartsentrückung*, mit der ich 1915, im Städtel, unter dem Kanonendonner in eine kommende Zeit auszuweichen versuchte.«[588]

Was die Beziehung zu Adler anging, habe die Kontroverse um die Heilung oder eben Nichtheilung von Joseph zwar eine »erste Verstimmung« des Mentors ausgelöst, doch sei sie »schnell und folgenlos« wieder vorüber gewesen.[589] Einer Erwähnung wert ist vielleicht der Umstand, dass Sperber diese in mehrfacher Hinsicht relevante Episode im Kaffeehaus ausklingen lässt. Von seinem Ausflug ins Gebirge nach Wien zurückgekehrt, »ging« er »abends in Adlers Café«, wo sein »Gruß mit gewohnter Wärme« erwidert worden sei.[590]

---

587 Vgl. Sperber, Die vergebliche Warnung, S. 396. Friedrich Torberg hat Hugo Sperber in der »Tante Jolesch« ein liebevolles literarisches Denkmal gesetzt, dem »letzte[n] Original des Wiener Barreaus«. »Räuber, Mörder, Kindsverderber gehen nur zu Doktor Sperber«, von einem solchen »Werbeplakat mit [...] ganz und gar standeswidrigem Text« habe er geträumt. »Manche seiner Aussprüche«, so Torberg, »erreichten den Rang von Zitaten, ja sogar den der Anonymität«. »›Wer hätte gedacht‹«, zitiert er den Anwalt oder lässt er ihn sagen, »›daß aus einem mährischen Juden jemals ein Volkslied werden könnte ...‹« Außer ausgeprägtem Talent für die Ausübung seines Berufs habe Hugo Sperber »Witz« besessen, »nicht im Sinn von Gewitztheit, sondern im Sinne einer hinreißenden Pointierungskunst und eines [...] ›timing‹, das ihn befähigte, genau im richtigen Augenblick das Richtige zu sagen.« Vgl. Torberg, Friedrich: Die Tante Jolesch oder Der Untergang des Abendlandes in Anekdoten. 25. Aufl. München: Deutscher Taschenbuch Verlag 2002 (dtv 1266), S. 154. Hugo Sperber wurde 1938 im Konzentrationslager Dachau ermordet; vgl. z. B. Stančić, Manès Sperber, S. 161; Viertel, Berthold: Ein Wiener [Die Neue Weltbühne, 1938]. In: Viertel, Berthold: Die Überwindung des Übermenschen. Exilschriften. Wien: Verlag für Gesellschaftskritik 1989 (Studienausgabe in vier Bänden, Bd. 1, hg. v. Konstantin Kaiser und Peter Roessler in Zusammenarbeit mit Siglinde Bolbecher und v. Verein zur Förderung und Erforschung der antifaschistischen Literatur), S. 108–110; Sedlaczek, Robert: Die Tante Jolesch und ihre Zeit. Eine Recherche. In Zusammenarbeit mit Melita Sedlaczek u. Wolfgang Mayr. Innsbruck: Haymon 2013, S. 208 ff.; zu Hugo Sperber allg. vgl. auch ibid., insbes. S. 11 ff., 15 ff., 23 ff., 43 ff., 51 ff., 67 ff., 70 f., 79 ff., 84 ff., 90 ff., 95 ff., 119 ff., 139 ff., 154 f., 194 ff., 199 ff., 208 ff.; Wrabetz P[eter].: Sperber, Hugo. In: Österreichisches Biographisches Lexikon, Bd. 13. Wien: Verlag der Österreichischen Akademie der Wissenschaften 2010, S. 16 f.

588 Sperber, Die vergebliche Warnung, S. 396.

589 Vgl. Sperber, Die vergebliche Warnung, S. 388, 392, 397.

590 Vgl. Sperber, Die vergebliche Warnung, S. 397. Bei besagtem Café wird es sich wohl um das Siller gehandelt haben, das Adler ab 1923 zum »Treffpunkt« seines »Zirkel[s]« gemacht hatte. Zuvor hatten die Treffen der AdlerianerInnen, seit 1918, im Café Tabakspfeife stattgefunden. Zuvor hatte er auch regelmäßig in den Cafés Herrenhof und Central verkehrt. Vgl. Kluy,

3.1.3 Individualpsychologie und Marxismus

Im Lauf der folgenden Jahre wandte sich Sperber verstärkt marxistischen Ideen zu. Damit einher ging eine schrittweise Entfremdung von seinem Lehrer. Als »[d]er Justizpalast« am 15. Juli 1927 »brannte«, empfand er, so Sperber in »Die Vergebliche Warnung«, das Vorgehen der Polizei ebenso wie die Vorgeschichte der Ereignisse dieses Tages gleichermaßen als *»symbolträchtiges Unrecht«*.[591] Ein solches wecke »das Gefühl, daß die Justiz die Gerechtigkeit und mit ihr die Opfer verhöhnt«.[592] Für Sperber, und nicht nur für ihn allein, habe »dieses Ereignis«, nämlich der Brand des Justizpalastes und die darauf folgenden Geschehnisse desselben Tages, »nie aufgehört [...] zu wirken«.[593] Diese Erlebnisse dürften in jedem Fall wichtig für Sperbers Entscheidung gewesen zu sein, nach Berlin zu gehen und dort politisch aktiv zu werden.[594] Der Justizpalastbrand war möglicherweise Anlass für Sperbers Bedürfnis, sich verstärkt politisch zu engagieren, allerdings kaum ursächlich für Sperbers wachsendes Interesse am Marxismus und politischem Engagement in einer kommunistischen Partei. All dies reichte weiter zurück, was anhand einiger Hinweise in der Autobiografie illustriert wird. Aussagekräftig ist in diesem Zusammenhang eine Reihe von Bekanntschaften oder gar Freundschaften, denen Sperber einen hohen Stellenwert beimisst. Zu nennen sind in diesem Zusammenhang jedenfalls Alexander Weissberg, Rudolf Walka und Willi Schlamm. Weissberg lernte Sperber, wie er erzählt, 1923 kennen, als er sich zusammen mit anderen »Schomrim« (also Mitgliedern des *Schomer*) an einer »Uferböschung des Donaukanals« aufgehalten habe. Sie seien es gewohnt gewesen, in der warmen Jahreszeit »zahllose Nachmittage und Abende« dort zu verbringen. Weissberg, dessen »Familie [...] aus einem Kra-

Alexander: Alfred Adler. Die Vermessung der menschlichen Psyche. Biographie. München: Deutsche Verlags-Anstalt 2019, S. 116; Bruder-Bezzel, Alfred Adlers Wiener Kreise in Politik, Literatur und Psychoanalyse, S. 9.

591 Vgl. Sperber, Die vergebliche Warnung, S. 398, 405 (Hervorhebungen im Original).

592 Vgl. Sperber, Die vergebliche Warnung, S. 398.

593 Vgl. Sperber, Die vergebliche Warnung, S. 406. Dass der Brand des Justizpalastes und die nachfolgenden Polizeiaktionen von weitreichender Wirkung auf viele Menschen waren, die sich damals in der Wiener Innenstadt aufhielten, ist vielfach erörtert worden. Vgl. statt vieler z. B. Stieg, Gerald: Frucht des Feuers. Canetti, Doderer, Kraus und der Justizpalastbrand. Wien: Falter Verlag im ÖBV 1990. Zu literarischen Bezugnahmen Sperbers auf den Justizpalastbrand vgl. z. B. Gruber, Marianne: Von gestern nach heute und noch immer nicht angekommen. In: Köhler, Thomas/Mertens, Christian (Hg.): Justizpalast in Flammen. Ein brennender Dornbusch. Das Werk von Manès Sperber, Heimito von Doderer und Elias Canetti angesichts des 15. Juli 1927. Wien/München: Verlag für Geschichte und Politik/Oldenbourg 2006, S. 137 ff.

594 Vgl. Stančić, Manès Sperber, S. 125 ff., 129 ff.

kauer jüdisch-bürgerlichen Milieu [...] stammte«, habe die Gruppe eine Zeitlang beobachtet und Sperber schließlich irgendwann angesprochen. Zwischen ihnen sei eine »Freundschaft« entstanden, »die erst 41 Jahre später enden sollte«.[595] Über Weissberg machte Sperber auch die Bekanntschaft von Schlamm und Walka, »zwei[er] junge[r] kommunistische[r] Intellektuelle[r]«.[596] Um die Mitte der 1920er-Jahre dürfte Sperber in unterschiedlichen gesellschaftlichen Gruppen verkehrt haben, in denen er in seiner eigenen Darstellung auch jeweils gut integriert erscheint. Als besonders wichtig veranschlagt er dabei einerseits den *Schomer*, andererseits den »Adler-Kreis«.[597] Auch zum Kreis um Genia Schwarzwald, die im Jahr 1900 in Zürich zur Dr. phil. promoviert worden war, als die Möglichkeit dazu an österreichischen Universitäten erst erkämpft werden musste, hatte Sperber Kontakt.[598] Ab 1927 sei er »mehrere Jahre« lang »im Sommer [...] als zahlender Gast [...] [i]n das von ihr gegründete Ferienheim für Intellektuelle in Grundlsee« gefahren. Sperber hebt dabei hervor, dass Schwarzwald, die vor allem für das von ihr geleitete Mädchenrealgymnasium im ersten Wiener Gemeindebezirk berühmt wurde und großen Einfluss auf jene Schulreformen nahm, die meist mit dem Namen Otto Glöckels verbunden werden,

595 Vgl. Sperber, Die vergebliche Warnung, S. 357–360.

596 Vgl. Sperber, Die vergebliche Warnung, S. 363.

597 Vgl. Sperber, Die vergebliche Warnung, S. 369 ff.

598 1897 hatte Gabriele Possanner (1860–1940) als erste Frau an der Universität Wien bzw. überhaupt an einer Universität innerhalb der Habsburgermonarchie promoviert, im Fach Medizin (zuvor bereits in Genf ein Medizinstudium abgeschlossen, das in Wien nach zahlreichen Eingaben bei diversen Behörden, zuletzt bei Kaiser Franz Joseph persönlich, zwar nostrifiziert wurde, allerdings nur unter der Auflage, dass sie sämtliche Rigorosen noch einmal ablegte). Bedarf an Ärztinnen räumten die österreichisch-ungarischen Behörden nur für Bosnien und die Herzegowina ein (beides seit dem Berliner Kongress von 1878 unter österr.-ungar. Verwaltung, 1908 förmlich annektiert), weil muslimische Frauen die Behandlung durch Ärzte männlichen Geschlechts verweigerten. Gleichwohl ließen die medizinischen Fakultäten der Donaumonarchie Frauen erst ab 1900 als ordentliche Hörerinnen zu, nachdem die philosophischen Fakultäten der Universitäten Wien, Graz, Innsbruck und Prag dies bereits getan hatten. Erst 1919, also nach Kriegsende, zogen die juristischen nach. Vgl. Mildenberger, Florian: Allein unter Männern. Helene Stourzh-Anderle in ihrer Zeit (1890–1966). Herbolzheim: Centaurus 2014, S. 15 ff.; Preindlsberger-Mrazovic: Der weibliche Arzt in Bosnien und Herzegowina. In: Die Zeit, 23. April 1904, S. 38–40; Simon, Gertrud: »Durch eisernen Fleiß und rastloses, aufreibendes Studium.« Die Anfänge des Frauenstudiums in Österreich: Pionierinnen an den Universitäten Wien und Graz. In: Brehmer, Ilse/Simon, Gertrud (Hg.): Geschichte der Frauenbildung und Mädchenerziehung in Österreich. Ein Überblick. Graz: Leykam 1994, S. 205–219; Stern, Marcella: Possanner von Ehrenthal, Gabriele Freiin. In: Keintzel, Brigitta/Korotin, Ilse (Hg.): Wissenschafterinnen in und aus Österreich. Leben – Werk – Wirken. Wien/Köln/Weimar: Böhlau 2002, S. 577–579.

»erstaunlich vielen Menschen viel Gutes getan« habe. Ihm hätten die Aufenthalte in Grundlsee »Gelegenheit« geboten, »geistvollen Menschen zu begegnen«.[599]

Nach seinem eigenen Bekunden war der Justizpalastbrand ausschlaggebend für Sperbers Wunsch, seinen politischen Sichtweisen in einer mehr tatkräftigen Weise Ausdruck zu geben, als dies bis dahin der Fall gewesen war. Etwa um diese Zeit ergab es sich zudem, dass »die Rühles« gleichermaßen wie »Adler [...] die Meinung« geäußert hätten, »daß die Berliner Gesellschaft für Individualpsychologie jemanden wie« ihn, »gerade« ihn, Sperber, »brauchte«.[600] Adler, der dem Leiter dieser Gesellschaft, Fritz Künkel, aus politischen Gründen nicht vertraute, ermutigte Sperber nach dessen Angaben ausdrücklich, in Berlin möglichen Tendenzen der individualpsychologischen Vereinigung entgegenzuwirken, den von Adler vorgezeichneten Weg zu verlassen.[601]. Künkel vertrat explizit religiöse Standpunkte und im Lauf der Zeit mehr und mehr auch in Fragen individualpsychologischer Theoriebildung Gegenpositionen zu Adler. 1933 näherte er sich den Nationalsozialisten an, distanzierte sich allerdings nach einiger Zeit auch wieder von ihnen.[602] In zwei Empfehlungsschreiben habe Adler Sperber »als den ›besten Interpreten seiner Anschauungen‹ bezeichnet und ›vollstes Vertrauen‹ in« seine »Person« zum Ausdruck gebracht.[603]

Unterstützung für die Idee, nach Berlin zu kommen, erhielt Sperber insbesondere durch die Schriftstellerin, Frauenrechtlerin und Individualpsycho-

599 Vgl. Sperber, Die vergebliche Warnung, S. 370 f. Zu Genia Schwarzwald vgl. z. B. Göllner, Renate: Schwarzwald, Eugenie. In: Historische Kommission der Bayerischen Akademie der Wissenschaften (Hg.): Neue Deutsche Biographie (NDB), Bd. 24. Berlin: Duncker & Humblot 2010, S. 34 f.; Holmes, Debora: Langeweile ist Gift. Das Leben der Eugenie Schwarzwald. Übers. aus dem Engl. v. Esther Marian und Fanny Esterházy. St. Pölten/Salzburg/Wien: Residenz-Verlag 2012, insbes. S. 58–152; Wolfsberger, Margit: Schwarzwald, Eugenie. In: Keintzel, Brigitta/Korotin, Ilse (Hg.): Wissenschafterinnen in und aus Österreich. Leben – Werk – Wirken. Wien/Köln/Weimar: Böhlau 2002, S. 671–674. Zu Glöckel vgl. z. B. Mackenthun, Gerald: Otto Glöckel – Organisator der Wiener Schulreform. In: Lévy, Alfred/Mackenthun, Gerald (Hg.): Gestalten um Alfred Adler. Pioniere der Individualpsychologie. Würzburg: Königshausen & Neumann 2002, S. 99–117.

600 Vgl. Sperber, Die vergebliche Warnung, S 427.

601 Sperber, Die vergebliche Warnung, S. 407; vgl. auch ibid., S. 423, wo Sperber von einem expliziten Empfehlungsschreiben Adlers berichtet.

602 Zu Künkel vgl. z. B. Siebenhüner, Fritz Künkels Beitrag zur individualpsychologischen Neurosenlehre, S. 135 ff.; Sandmann, Peter: Künkel, Fritz. In: Neue Deutsche Biographie (NDB), Bd. 13. Berlin: Duncker & Humblot 1982, S. 221 f.

603 Vgl. Sperber, Die vergebliche Warnung, S. 423.

login Alice Rühle-Gerstel sowie deren Ehemann Otto Rühle.[604] Über Alice Rühle-Gerstel äußerte sich Sperber später euphorisch; sie habe im Kreise der »marxistische[n] Adlerianer [...] den stärksten Eindruck« hinterlassen. Überhaupt nannte er sie »die intelligenteste und wohl auch gescheiteste Frau, der« er »je begegnet« sei.[605] Alice Rühle-Gerstel hatte 1924 die Monografie »Freud und Adler, eine Einführung in die Psychoanalyse und Individualpsychologie« publiziert. 1927 erschien »Der Weg zum Wir«, im Untertitel als »Versuch einer Verbindung von Marxismus und Individualpsychologie« ausgewiesen.[606] Dieses Buch galt als »richtungsweisend [...] für die Verbindung von Individualpsychologie und Marxismus«.[607] 1927 fand in Dresden ein »Kongreß sozialistischer Individualpsychologen« statt, ein zweiter folgte im Herbst desselben Jahres in Wien.[608] Vielleicht sind an dieser Stelle ein paar Hinweise zu Alice Rühle-Gerstel angebracht, einer Autorin und Theoretikerin, die zu Lebzeiten nicht nur auf Manès Sperber großen Eindruck gemacht haben dürfte, später allerdings weitgehend in Vergessenheit geriet. Letzteres ist gewiss bedauerlich, ganz unabhängig davon, wie man ihre individualpsychologischen und politischen Positionen im Einzelnen einschätzen mag. Geboren am 24. März 1894 als Alice Gerstel in Prag, besuchte sie dort das Lyzeum sowie das Lehrerinnenseminar. Während des Ersten Weltkriegs betätigte sie sich als Krankenschwester und nahm 1917 an der Deutschen Universität Prag Studien der Literaturwissenschaften und Philosophie auf. Diese setzte sie später in München fort, wo sie 1921 mit einer literaturwissenschaftlichen Arbeit promovierte.[609] Bald darauf heiratete sie den Politiker Otto Rühle, der Reichstagsabgeordneter für die Sozialdemokratische Partei gewesen war, sich dem Rätekommunismus zuwandte, zugleich Distanz zur Kommunistischen Partei Deutschlands wahrte, weil er den Kommunismus sowjetischer Provenienz ablehnte. Er gründete die »Allgemeine

604 Vgl. Sperber, Die vergebliche Warnung, S. 408 f. Zu Rühle-Gerstel vgl. z. B. auch Mackenthun, Alice Rühle-Gerstels individueller Weg zwischen Marxismus und Individualpsychologie, S. 215–238. Rühle-Gerstel, ihr Mann und Sperber kannten einander bereits von internationalen Tagungen, wo sie sich als »marxistische Adlerianer« zusammengefunden hatten. (Sperber, Die vergebliche Warnung, S. 384 ff.)

605 Vgl. Sperber, Die vergebliche Warnung, S. 384.

606 Vgl. Rühle-Gerstel, Alice: Freud und Adler. Elementare Einführung in Psychoanalyse und Individualpsychologie. Dresden: Verlag Am anderen Ufer 1924; Rühle-Gerstel, Alice: Der Weg zum Wir. Versuch einer Verbindung von Marxismus und Individualpsychologie. Dresden: Verlag Am anderen Ufer 1927. Nachdruck, mit einem Geleitwort von Manès Sperber, München: Reinhardt 1980.

607 Vgl. Bruder-Bezzel, Geschichte der Individualpsychologie, S. 161.

608 Vgl. Bruder-Bezzel, Geschichte der Individualpsychologie, S. 157 ff.

609 Vgl. Pelinka-Marková, Marta: Rühle-Gerstel, Alice. In: Neue Deutsche Biographie (NDB), Bd. 22. Berlin: Duncker & Humblot 2005, S. 218.

Arbeiterunion«, die sowohl der Sozialdemokratie der Weimarer Republik als auch der Kommunistischen Partei, die sich an der Sowjetunion orientierte, kritisch gegenüberstand.[610] Rühle, der ursprünglich Volksschullehrer gewesen war, bemühte sich um Reformen der »sozialistische[n] Erziehung«, wobei er »Einfluß [...] auf die ›Kinderfreunde‹« ausübte. In seinem 1925 veröffentlichten Buch »Die Seele des proletarischen Kindes« bezog Rühle auch individualpsychologische Ansätze im Sinne Adlers ein.[611] Otto Rühle war über Alice Rühle-Gerstel zur Individualpsychologie gekommen. Rühle Gerstels eigene Beschäftigung mit Alfred Adler und der Individualpsychologie war über Leonhard Seif vermittelt worden, der in München eine individualpsychologische Gruppe etabliert hatte. Bald wurde sie selbst Individualpsychologin.[612] »Adler«, so Manès Sperber im zweiten Band seiner Autobiografie, »kannte Alice sehr gut, schätzte sie und begrüßte alles, was sie für die Verbreitung seiner Lehre tat«.[613]

1924 gründeten Rühle und Rühle-Gerstel in Dresden den Verlag *Am anderen Ufer,* der unter anderem die Monatsblätter für sozialistische Erziehung herausgab. Rühle-Gerstel selbst veröffentlichte dort einige Werke, darunter ebenfalls 1924 »Freud und Adler«.[614] Zusammen mit Manès Sperber und anderen bildete Rühle-Gerstel den Kreis marxistischer Individualpsychologinnen und -psychologen.[615] Deren Angehörige versuchen seit Mitte der 1920er-Jahre, Individualpsychologie und Marxismus zu verknüpfen. Alice Rühle-Gerstel gilt dabei als zentrale Gestalt, ihr Buch »Der Weg zum Wir« aus dem Jahr 1927 als zentral.[616] Zudem engagierte sich Rühle-Gerstel als Frauenrechtlerin. Aufgrund ihrer jüdischen Herkunft und ihrer marxistischen Haltung war sie in Deutschland schon in den Jahren vor 1933 Anfeindungen ausgesetzt gewesen und kehrte 1932 gemeinsam mit ihrem Ehemann nach Prag zurück. 1936 emigrierten beide nach Mexiko. Als Otto Rühle am 24. Juni 1943 einem Herzinfarkt erlag, nahm sie sich das Leben.[617] Sperber schreibt, Alice Rühle-Gerstel habe ihn

> »nur zweimal enttäuscht, ja vor den Kopf gestoßen: Sie erklärte mir, daß sie ihren viel älteren Mann nicht überleben wollte und deshalb gleich nach seinem Ableben Selbstmord verüben würde. [...] Nur einen Augenblick

610 Vgl. Kerbs, Diethart: Rühle, Karl Heinrich Otto. In: Neue Deutsche Biographie (NDB), Bd. 22. Berlin: Duncker & Humblot 2005, S. 218 (Hervorhebung im Original).
611 Vgl. Bruder-Bezzel, Geschichte der Individualpsychologie, S. 128.
612 Vgl. Bruder-Bezzel, Geschichte der Individualpsychologie, S. 128, 86 f.
613 Sperber, Die vergebliche Warnung, S. 387.
614 Vgl. Pelinka-Marková, Rühle-Gerstel, S. 219.
615 Vgl. z. B. Bruder-Bezzel, Geschichte der Individualpsychologie, S. 156 ff.
616 Vgl. Bruder-Bezzel, Geschichte der Individualpsychologie, S. 161.
617 Vgl. Pelinka-Marková, Rühle-Gerstel, S. 219.

lang stieg in mir der Verdacht auf, daß sie diese Drohung eines Tages wahr machen könnte, doch wehrte ich ihn energisch ab ... Sie hat ihn wahrgemacht – etwa 15 Jahre später.«[618]

Sperber brachte sich auch publizistisch auf Seiten der marxistischen Individualpsychologinnen und -psychologen in die Diskussion ein, etwa mit einem Beitrag zum »gegenwärtige[n] Stand der Psychologie«, in dem er teils scharfe »Kritik [...] an der bürgerlichen Psychologie, insbesondere an der bürgerlichen Individualpsychologie« übte, die Adler durchaus auch auf sich beziehen konnte.[619] Der Versuch, Individualpsychologie und Marxismus zu verknüpfen oder gar zu verschmelzen, erscheint im Rückblick als ein intellektueller Gewaltakt, denn beide Theorien stellen sich bei näherer Betrachtung gegenseitig eher in Frage, als dass sie einander ergänzten. Ihre Gemeinsamkeiten sind wohl im günstigsten Fall Parallelen, und das nicht allein aus heutiger Sicht. Die Individualpsychologie im Sinne Adlers konnte zudem nicht umhin, im Marxismus eine »neurotische Machtattitüde« zu sehen. Indem Rühle-Gerstel und Sperber noch in den 1930er-Jahren das Proletariat emporhoben und die Bourgeoisie pauschal entwerteten, verharrten sie in der Sprache der Individualpsychologie in einem Oben-Unten-Schema, das sie doch eigentlich überwinden hätten sollen. Aus dem Blickwinkel vorherrschender Sichtweisen innerhalb der individualpsychologischen Community bestreitet etwa Almuth Bruder-Bezzel, dass es »[e]ine Identität zwischen Marxismus und der Adlerschen Theorie [...] gegeben« hätte. »Gleichwohl« sei es »legitim« gewesen »und« habe »es überzeugende Gründe dafür« gegeben, »daß die Linke diese Theorie theoretisch und praktisch für sich nutzbar gemacht hat«. So sei es »vor allem ihr Verdienst, die gesellschaftskritischen Implikationen der Adlerschen Theorie herausgearbeitet zu haben«.[620]

Entgegen Otto Rühles Rat trat Sperber in Berlin der Kommunistischen Partei bei, ungeachtet diverser Berichte zur Diktatur Stalins, die ihn bereits erreicht hatten.[621] Getragen war diese Entscheidung, ebenso wie euphorische Schilderungen der Sowjetunion, die Manès und Mirjam Sperber auf Einladung der KPdSU bereits 1931 bereisten, von dem Entschluss, »an die Partei zu glauben und in ihr allein die Konzentration des besten Willens und die mobilisierende Kraft

618 Sperber, Die vergebliche Warnung, S. 384 f.
619 Sperber, Der gegenwärtige Stand der Psychologie, insbes. S. 9 ff., Zitat auf S. 24.
620 Vgl. Bruder-Bezzel, Geschichte der Individualpsychologie, S. 164.
621 Vgl. Sperber, Die vergebliche Warnung, S. 409 ff., 433 ff.

unbändiger Energien zu suchen«.[622] Sperber traf mithin eine Entscheidung im Rahmen dessen, was er später als »falsche Alternative« bezeichnen sollte. Allein eine Wahl zwischen Faschismus und Nationalsozialismus auf der einen sowie einem Marxismus-Leninismus sowjetischer Prägung schien zulässig. Mit Blick auf Entwicklungen während des Spanischen Bürgerkriegs, die für Sperber hochgradig entscheidungsleitend werden sollten, führte er 1963 aus:

> »Man wollte der internationalen Linken ebenso wie den spanischen Republikanern die Alternative aufzwingen: entweder bedingungslose Unterwerfung unter Stalin und seine Vertrauensmänner – oder die bedingungslose Kapitulation vor Franco und seinen Verbündeten. Die Faschisten ihrerseits benutzten den gleichen Schwindel der falschen Alternative. Man darf nicht vergessen, daß überdies die Kirche es niemals verfehlte, diese unheilvolle Polarisierung noch zu verschärfen.«[623]

3.1.4 Berlin

Während der rund sechs Jahre, die Sperber in Berlin zubrachte, betätigte er sich keineswegs nur politisch, sondern auch als Psychotherapeut, und er unternahm zwischen 1927 und 1933 vieles zur Verbreitung individualpsychologischer Therapieansätze und Ideen. Sowohl am Berliner Individualpsychologischen Institut als auch an Fachschulen und in der Erwachsenenbildung hielt er Vorträge und Kurse. In Berlin lernte er zahlreiche Literatinnen und Literaten wie Egon Erwin Kisch, Arthur Koestler, Lion Feuchtwanger, Anna Seghers, Alfred Döblin und Bertolt Brecht kennen. Auch mit Wilhelm Reich schloss Sperber Bekanntschaft, dessen therapeutische Positionen hielt er allerdings für zu einseitig.[624] Dass Sperber seine Beziehung zu Brecht als von vornherein angespannt beschreibt, mag neben persönlichen Animositäten auch dessen Interesse an der »Verhaltenspsychologie des amerikanischen Behaviorismus« geschuldet gewesen sein.[625] Die Art, in der Brecht davon erzählt habe, wie es ihm gelungen sei, einen »sehr begabten Schauspieler« auf einer Probe zu demütigen, habe bei Sperber

622 Vgl. Sperber, Die vergebliche Warnung, 500; zur Reise in die Sowjetunion und die überaus wohlwollende Darstellung der dort vorgefundenen Verhältnisse durch Sperber vgl. ibid., S. 483 ff.

623 Sperber, Manès: Die falsche Alternative [1963]. In: Sperber, Manès: Essays zur täglichen Weltgeschichte. Wien: Europaverlag 1981, S. 287.

624 Vgl. Sperber, Die vergebliche Warnung, S. 428 ff., 439 ff., 460 ff. In Hinblick auf Döblin betont Sperber dessen berufliche Doppelgleisigkeit, seiner eigenen in der Tat nicht unähnlich; er führt ihn als »Nervenarzt und Schriftsteller« ein (vgl. loc. cit., S. 467).

625 Vgl. Sperber, Die vergebliche Warnung, S. 469.

»ein [...] heftiges Mißbehagen« ausgelöst, das sich später in einem verbalen Schlagabtausch entladen habe.[626]

Sperber berichtet von Kursen, die er gab, auch an Samstagen, und von Therapiesitzungen, wobei er in diesem Zuge auch immer wieder mit »politischen Emigranten« in Kontakt gekommen sei, insbesondere »aus dem kommunistischen Rußland«. Dies wohl vor allem in seinen Kursen, an denen »von Anfang an russische Emigranten« teilgenommen hätten, »fast ausnahmslos Menschewiki«. Obwohl sie gewusst hätten, wo Sperber »politisch stand«, wäre es für sie kein Problem gewesen, mit ihm »herzliche Beziehungen anzuknüpfen«. Er berichtet allerdings auch von Situationen, in denen er mit Augenzeugenberichten aus der Sowjetunion konfrontiert worden sei. Von einem Mann, den er »Plontin« nennt, habe er erfahren, »was die sogenannte Dekulakisierung tatsächlich gewesen war«. Eine Frau, die er nur mit dem Kürzel »CL« anführt, mit der er offenbar auch eine sexuelle Beziehung hatte, sei verzweifelt darüber gewesen, dass er »die in die Augen springende Wahrheit nicht sehen wollte und die Nöte verkannte, deren Zeugin und Opfer sie selbst geworden war«. Sie habe sich mit »seiner energisch gegen die Wahrheit geschützten Unwissenheit nicht abfinden können«.[627] In diesem Zusammenhang klärt sich nicht zuletzt auch der Buchtitel »Die vergebliche Warnung«. »[I]n allen Tragödien«, so Sperber, erfolge »die Warnung rechtzeitig«, bleibe aber »ungehört«. »[M]ißdeutet oder mißachtet« motiviere sie »den [...] nutzlos Gewarnten nur noch unaufhaltsamer zu Taten [...], die das Unheil erzwingen«.[628]

3.1.5 Bruch mit Adler, Aktivitäten in der Kommunistischen Partei

Die Konflikte zwischen Sperber und Künkel, die zugleich für marxistische und nicht-marxistische Positionen innerhalb der Berliner Gesellschaft für Individualpsychologie standen, mündeten 1929 in eine Spaltung derselben, die sich in weiterer Folge auch auf die Internationale Vereinigung für Individualpsychologie auswirkte.[629] Adler ging die politische Ideologisierung zu weit, die seine Ideen nicht nur, aber eben auch durch Sperber erfahren hatten.[630] Sperber selbst räumt ein, dass Adler vermutlich über seine Aufsätze, namentlich einen unter dem Titel »Schule und Sekten« veröffentlichten, »erbost« gewesen sei. Zudem

626 Vgl. Sperber, Die vergebliche Warnung, S. 470–473.
627 Vgl. Sperber, Die vergebliche Warnung, S. 449, 435.
628 Vgl. Sperber, Die vergebliche Warnung, S. 435.
629 Vgl. z. B. Bruder-Bezzel, Geschichte der Individualpsychologie S. 94 f.; Siebenhüner, Fritz Künkels Beitrag zur individualpsychologischen Neurosenlehre S. 135.
630 Vgl. z. B. Bruder-Bezzel, Geschichte der Individualpsychologie, S. 148 ff.

seien »einige seiner deutschen Mitarbeiter immer mehr nach rechts gerückt« und hätten Adler nachdrücklich davor gewarnt, dass die Individualpsychologie, sollten »Leute wie« Sperber »als ihre legitimen Repräsentanten angesehen« werden, »als marxistisch abgestempelt« würde. Vor diesem Hintergrund habe Adler in Verkennung der »Situation« die marxistischen Individualpsychologinnen und -psychologen »bezichtigt [...], den Bestand der Individualpsychologie in Deutschland zu untergraben«.[631]

Während seines Aufenthalts in Berlin kommunizierte Sperber mit Adler vor allem brieflich. Dieser Briefverkehr lässt wachsende Spannungen zwischen beiden erkennen, zumal Adler über die sehr kritischen Äußerungen Sperbers zur institutionalisierten Individualpsychologie und ihn selbst verärgert gewesen sein dürfte. Schließlich brachen die beiden miteinander.[632] Insgesamt war dieser Bruch wohl das Ergebnis einer längeren Entwicklung.[633] Sperber selbst stellte ihn in den Kontext von Verhaltensweisen, die Adler auch früher schon gegenüber Mitstreitern, gegen die er »ein Mißtrauen gefaßt hatte«, an den Tag gelegt habe. »In solchen Fällen war er unfähig, selbst den geringsten Einwand zugunsten der ungerecht Verstoßenen auch nur anzuhören.« Sperber habe geahnt, »zu fürchten« begonnen, »daß er eines Tages auch über mich so vernichtende Urteile fällen und keinen Rekurs zulassen würde«.[634] Dies sei dann auch eingetreten, zehn Jahre nach ihrer ersten Begegnung, als Sperber sich weigerte, einem Vorschlag Adlers Folge zu leisten und »ein ausführliches Buch über *Sigmund Freud und die Psychoanalyse*« zu »schreiben«. Sperber wollte sich nicht für »eine Kampfschrift gegen Freud« zur Verfügung stellen, »die [...] jedem als [...] wenn auch indirekte, persönliche Abrechnung Adlers mit dem Begründer der Psychoanalyse erscheinen mußte«.[635] Obgleich Sperber für seine Ablehnung des Angebots, das auch eine Finanzierung umfasst hätte, andere Gründe angegeben habe, sei das Verhältnis zu Adler rasch erkaltet. Nur noch zwei persönliche Begegnungen hätten stattgefunden, und deren letzte – ausgerechnet aufgrund von Bemühungen Ruth Künkels, der Ehefrau Fritz Künkels, zustande gekommen – sei höchst unangenehm verlaufen. »[F]ast alle [...] Getreuen« Adlers hätten Sperber künftig gemieden, »[d]ie hemmungslosesten Schmeichler unter ihnen [...] sahen mit verglasten Augen an mir vorbei«. Adlers Umfeld habe zu dieser Zeit, also Anfang der 1930er-Jahre bereits stark sektenhafte Züge angenommen, und »Sektierer«

631 Vgl. Sperber, Die vergebliche Warnung, S. 519–523 (Hervorhebungen im Original).
632 Vgl. Stančić, Manès Sperber, S. 159–172; Lévy, Manès Sperber, S. 254 f.
633 Vgl. auch Stančić, Manès Sperber, 166 ff.; Bruder-Bezzel, Geschichte der Individualpsychologie S. 166 ff.
634 Vgl. Sperber, Die vergebliche Warnung, S. 330.
635 Vgl. Sperber, Die vergebliche Warnung, S. 519.

seien »darauf aus, einander und sich selbst in den Treuebeweisen gegenüber dem Haupt der Sekte täglich zu übertreffen«.[636]

3.1.6 Politische und private Umbrüche

1928 hatten Sperber und Mirjam Reiter, die einander im *Schomer* begegnet waren, geheiratet. Sperber selbst beschreibt die Beziehung als unglücklich. Er habe ihr Scheitern »stets als schweres Versagen empfunden«, weist aber zugleich implizit seiner Ehefrau die Hauptverantwortung zu: »[I]hre Empfindlichkeit« habe »sich immer wieder sprunghaft ins Maßlose, Unbeherrschbare« gesteigert und »ihr und« ihm »das Leben höllisch schwer« gemacht. »Sie ging weg, kam wieder, erzeugte Leiden. Wir beide entdeckten, dass ich nicht imstande war, ihr zu helfen, indes so vieles, was ich tat, ihr zur demütigenden Kränkung wurde.«[637] 1931 reisten beide zusammen nach Moskau. Auch hier gab es offenbar Warnungen, was die Lebenswirklichkeiten in der Sowjetunion betraf. Von »rechtfertigende[r] Selbstverleugnung« sei die Rede gewesen und von der »Kunst, sich selber ins Gesicht zu spucken«.[638] Sperber scheint es vorgezogen zu haben, den Blick von derlei Unerfreulichem abzuwenden, obwohl es ihm offenbar nicht jedes Mal gelang. So habe ihn eine »klägliche Szene« auf einem Bahnhof in Leningrad »aufgewühlt«, als ein Polizist in aller Öffentlichkeit einen scheinbar verwirrten Mann verprügelte.[639] Er habe, wenngleich des Umstandes »gewahr«, dass er als Gast »sowjetische[r] Institutionen [...] zahllose Privilegien genossen« hatte,

> »die Zustände nur mit jener toleranten Unaufmerksamkeit betrachtet, dank derer man sich leicht mit dem Übel abfinden kann, dessen Nachbar und Nutznießer man absichtslos geworden ist.«[640]

Weitere Erschütterungen sollten folgen. In Deutschland war die Kommunistische Partei (KPD), auf Stalins Geheiß, nicht bereit, gemeinsam mit den Sozialdemokraten gegen die Nationalsozialisten vorzugehen.[641] Die Problematik die-

---

636 Vgl. Sperber, Die vergebliche Warnung, S. 520–522.
637 Vgl. Sperber, Die vergebliche Warnung, S. 352 f., 475.
638 Vgl. Sperber, Die vergebliche Warnung, S. 483 ff., 489 ff.
639 Vgl. Sperber, Die vergebliche Warnung, S. 490 f.
640 Vgl. Sperber, Die vergebliche Warnung, S. 495.
641 Vgl. z.B. Duhnke Horst: Die KPD von 1933 bis 1945. Köln: Kiepenheuer & Witsch 1972, S. 18 ff.; Flechtheim, Ossip K.: Die Kommunistische Partei Deutschlands in der Weimarer Republik. Offenbach am Main: Bollwerk-Verlag Karl Dott 1948, S. 168 ff.; vgl. auch Sperber, Die vergebliche Warnung, S. 525 ff., 535 ff., 538 ff. Zur »Stalinisierung« der deutschen KP vgl. z.B. auch Weber, Die Wandlung des deutschen Kommunismus, insbes. S. 53 ff., 120 ff., 186 ff.

ses Ansatzes entging auch motivierten Parteigängerinnen und Parteigängern spätestens dann nicht, als die KPD 1931 die Forderung der Nationalsozialisten nach einem »Plebiszit« zu Abberufung der »sozialdemokratischen preußischen Regierung« unterstützte.[642] Sperber arbeitete weiterhin mit der KP zusammen, nicht zuletzt auch mit dem »Propagandisten der Komintern«, Willi Münzenberg, dem er ein keineswegs unfreundliches Porträt widmet.[643] Gleichwohl habe ihn die Überlegung zu beunruhigen begonnen, dass »das Geschwätz vom sozialfaschistischen Hauptfeind« (damit war die Sozialdemokratie gemeint) »nicht auf Irrtum und Verblendung zurückzuführen wäre«. Erstmals habe Sperber die Möglichkeit erwogen, dass man sich aus Moskauer Sicht »mit dem Sieg Hitlers im Voraus abfand und deshalb alles unterließ, was tatsächlich eine Einheitsfront gegen ihn ermöglichen würde«.[644]

Die zu diesem Zeitpunkt längst von Moskau aus gelenkte Kommunistische Partei Deutschlands (KPD) hatte in den frühen 1930er-Jahren Positionen bezogen, die Sperber im zweiten Band seiner Autobiografie als wenig erträglich beschreibt. So gab die KP wiederholt die »*Generallinie*« aus, dass »[d]ie SPD [...] nach wie vor die Hauptstütze der Bourgeoisie« sei. Daher sei »der Hauptstoß innerhalb der Arbeiterklasse gegen die SPD zu richten«. Die KPD behielt diese Position auch noch 1932, als die NSDAP bei den Reichstagswahlen »11,75 Millionen Stimmen« errungen hatte.[645] Die Idee, gemeinsam mit den Sozialdemokraten (zusammen hätten SPD und KPD über rund 13 Millionen Stimmen verfügt) gegen die Nationalsozialisten vorzugehen, stieß in der Komintern auf massive Ablehnung.[646] Die Weimarer Republik war während ihres gesamten Bestandes mit politisch motivierter Gewalt konfrontiert. Schon in den Anfängen der Republik hatten Angehörige von Freicorps aus politischen Gründen gemordet, und zahlreiche politische Morde blieben Signa der Weimarer

642 Vgl. Sperber, Die vergebliche Warnung, S. 480. Vgl. dazu z. B. auch Hoppe, Bert: In Stalins Gefolgschaft. Moskau und die KPD 1928–1933. München: Oldenbourg 2007, S. 205 ff.; Ribhegge, Wilhelm: Preußen im Westen. Kampf um den Parlamentarismus in Rheinland und Westfalen 1789–1947. Münster: Aschendorff Verlag 2008, 488 ff.

643 Vgl. Sperber, Die vergebliche Warnung, S. 507 ff.

644 Vgl. Sperber, Die vergebliche Warnung, S. 529. Vgl. z. B. auch Schönhoven, Klaus: Reformismus und Radikalismus. Gespaltene Arbeiterbewegung im Weimarer Sozialstaat. München: Deutscher Taschenbuch Verlag 1989 (dtv 4511), S. 133 f.; Winkler, August: Arbeiter und Arbeiterbewegung in der Weimarer Republik. Der Schein der Normalität. Berlin/Bonn: Dietz 1985, S. 681 ff.

645 Vgl. Sperber, Die vergebliche Warnung, S. 525 (Hervorhebungen im Original).

646 Vgl. Sperber, Die vergebliche Warnung, S. 526 ff.; vgl. z. B. auch Weber, Hermann: Der »Antifaschismus«-Mythos der SED. In: Freiheit und Recht 1/2005, S. 2.

Zeit.[647] Anfang der 1930er-Jahre stellte sich die politische Lage, auch infolge der massiven Wirtschaftskrise seit 1929, noch weitaus beunruhigender dar. »Saalschlachten« zwischen paramilitärischen Parteiverbänden der extremen Rechten und Linken gehörten zum Alltag.[648] Sperber etwa spricht von einer »Stimmung des Bürgerkriegs«, und die Nationalsozialisten fühlten sich bereits als künftige Herrscher.[649] Längst hatte Joseph Goebbels, seit 1926 Gauleiter der NSDAP in Berlin, begonnen, das politische System der Republik offen zu attackieren. Als der Jurist Bernhard Weiß (1880–1951) im Jahr 1927 zum Vizepolizeipräsidenten von Berlin ernannt und offenkundig wurde, dass dieser die demokratischen und rechtsstaatlichen Grundlagen der Republik gegenüber radikalen politischen Gruppierungen zu schützen entschlossen war, erkor ihn Goebbels zur Zielscheibe. Dies passte umso besser in das Konzept des Demagogen, als Weiß einer jüdischen Familie entstammte, der Deutschen Demokratischen Partei angehörte und ein entschiedener Gegner der Nationalsozialisten war.[650] Goebbels hetzte während dessen gesamter Amtszeit, die bis zum »Preußenschlag« (1932) dauerte, gegen Weiß. Dazu erfand er einprägsame und volkstümliche Schmähungen, die auf wenig erklärungsbedürftige Weise den alltäglichen Antisemitismus vieler Deutscher ansprechen konnten. Insbesondere nannte Goebbels Weiß »Isidor«, womit er eine seit Ende des 19. Jahrhunderts gängige antisemitische Verballhornung von und Zuschreibung bestimmter Eigenschaften an Namen aufgriff.[651]

---

647 Vgl. z. B. Hofmann, Ulrike Claudia: »Verräter verfallen der Feme!« Fememorde in Bayern in den zwanziger Jahren. Köln/Weimar/Wien: Böhlau 2000; Nagel, Imela: Fememorde und Femeprozesse in der Weimarer Republik. Köln/Wien: Böhlau 1989; Martin Sabrow: Der Rathenaumord. Rekonstruktion einer Verschwörung gegen die Republik von Weimar. München: Oldenbourg 1994.

648 Vgl. Sperber, Die vergebliche Warnung, S. 531. Vgl. z. B. auch Kolb, Eberhard: Die Weimarer Republik. 6., überarbeitete u. erweiterte Aufl. München: Oldenbourg 2002 (Oldenbourg Grundriss der Geschichte, hg. v. Jochen Bleicken, Lothar Gall u. Hermann Jacobs, Bd. 16), S. 112 ff.

649 Zum Zitat vgl. Sperber, Die vergebliche Warnung, S. 531.

650 Vgl. Bering, Dietz: Kampf um Namen. Bernhard Weiß gegen Josef Goebbels. Stuttgart: Klett-Cotta 1991, insbes. S. 93 ff., 123 ff., 229 ff., 241 ff., 283 ff., 353 ff.; Berger, Michael: Eisernes Kreuz und Davidstern. Die Geschichte jüdischer Soldaten in deutschen Armeen. Berlin: trafo 2006, S. 203–207; Berger, Michael: Eisernes Kreuz – Doppeladler – Davidstern: Juden in deutschen und österreichisch-ungarischen Armeen; der Militärdienst jüdischer Soldaten durch zwei Jahrhunderte. Berlin: Trafo 2010, S. 146–250.

651 Vgl. Bering, Kampf um Namen, S. 145–227; Bering, Dietz: Der Name als Stigma. Antisemitismus im deutschen Alltag 1812–1933. Stuttgart: Klett-Cotta 1992, insbes. S. 203–396; Longerich, Peter: Joseph Goebbels. Biographie. München: Siedler 2010, S. 102 ff., 157 f.

Nicht zuletzt der erwähnte »Preußenschlag«, also der Sturz der preußischen, SPD-geführten Regierung im Juli 1932 mittels einer Notverordnung des Reichspräsidenten Hindenburg samt Einsetzung des Reichskanzlers Papen als Reichskommissar für Preußen, hatte vermutlich eine entmutigende Wirkung auf viele der Wenigen, die zu diesem Zeitpunkt noch an Demokratie und Republik geglaubt haben.[652] Für Sperber manifestiert sich in diesem Zusammenhang nicht zuletzt das fragwürdige Lavieren der Kommunistischen Partei. Habe sie »ein Jahr vorher mit den Nazis in einem Plebiszit die Absetzung« der preußischen »Regierung gefordert«, sei sie »nun [...] mit der Aufforderung [...] an die Arbeiterklasse« herangetreten, »gegen die Absetzung mit einem Generalstreik zu protestieren«.[653] Deutschland habe sich in einem »Zustand des Bürgerkriegs« befunden.[654] Unter diesen Rahmenbedingungen kündigten die Nationalsozialisten für den 22. Jänner 1933 einen Aufmarsch in Berlin an, und zwar »auf dem Bülowplatz«. Dort, »im Karl-Liebknecht-Haus«, befand sich das »Hauptquartier« der Kommunistischen Partei. Seitens der Behörden wurde der Aufmarsch gestattet.[655] Möglicherweise, so räsoniert Sperber, hoffte Kurt von Schleicher, seit Dezember 1932 Reichskanzler, auf Zusammenstöße zwischen Nationalsozialisten und Kommunisten, worauf Hindenburg sich schwergetan haben würde, Hitler zum Reichskanzler zu ernennen.[656] Sollte dies Schleichers Kalkül gewesen sein, so ging es nicht auf, denn die KPD-Führung untersagte ihrer Anhängerschaft strikt, irgendwelche Aktivitäten gegen den Aufmarsch der Nazis zu setzen. Sperber spricht von einem »*Totstellreflex*«, der umso irritieren-

---

652 Vgl. z. B. Kershaw, Ian: Hitler. 1889–1936. Aus dem Englischen v. Jürgen Peter Krause u. Jörg W. Rademacher. München: Deutscher Taschenbuch Verlag 2002, S. 463.

653 Vgl. Sperber, Die vergebliche Warnung, S. 514.

654 Vgl. Sperber, Die vergebliche Warnung, S. 531.

655 Vgl. Sperber, Die vergebliche Warnung, S. 535; vgl. dazu auch Duhnke, Die KPD von 1933 bis 1945, S. 41 f.; Flechtheim, Die Kommunistische Partei Deutschlands in der Weimarer Republik, S. 183 (Flechtheim irrt sich allerdings im Datum und nennt den 23. Jänner 1933).

656 Vgl. Sperber, Die vergebliche Warnung, S. 535. Zu Versuchen Kurt von Schleichers, eine Ernennung Hitlers zum Reichskanzler im Jänner 1933 zu verhindern, indem der Reichspräsident den Reichstag bei gleichzeitigem Aufschub von Neuwahlen auflösen sollte, vgl. z. B. Kershaw, Hitler. 1889–1936, S. 516 ff.; Erdmann, Karl Friedrich: Die Weimarer Republik. 13. Aufl. München: Deutscher Taschenbuch Verlag 1999 (Gebhard Handbuch der deutschen Geschichte, hg. v. Herbert Grundmann, Bd. 19), S. 305 f. Kurt von Schleicher wurde Ende Juni 1934 im Zuge jener Mordserie, die die Nazis bzw. zunächst Goebbels als »Röhm-Putsch« bezeichneten (vgl. z. B. Kershaw, Hitler. 1889–1936, S. 627–662; Longerich, Joseph Goebbels, S. 265–270; Longerich, Peter: Heinrich Himmler. Biographie. München: Pantheon 2010, S. 180–186), ermordet. Vgl. z. B. Kershaw, Hitler. 1889–1936, S. 648; Gruchmann, Lothar: Justiz im Dritten Reich 1933–1940. Anpassung und Unterwerfung in der Ära Gründner. 3., verb. Aufl. München: Oldenbourg 2001, S. 442 ff.

der gewesen sei, als die KP davor jahrelang, in Zeiten »der Prosperität und der politischen Windstille« nicht allein »an ihre Mitglieder«, sondern gleich »an alle deutschen Arbeiter fortgesetzt die Aufforderung ergehen« habe lassen, »sich für einen Aufstand bereit zu halten, der [...] kaum später als am übernächsten Tag ausbrechen würde«.[657]

Im Zuge der sogenannten »Machtergreifung« durch Nationalsozialisten im Jahr 1933 wurde Sperber verhaftet.[658] Nicht nur aus Sperbers Sicht begann der NS-Terror spätestens nach dem Reichstagsbrand »legal«.[659] Sperber versuchte seine Parteiarbeit fortzusetzen und versteckte in diesem Zusammenhang auch mehrere Schusswaffen in seiner Wohnung.[660] Kurz darauf erfolgte seine Verhaftung, er weist darauf hin, dass er die ganze Zeit befürchtet habe, man werde ihn mit den versteckten Waffen konfrontieren. Sperber wurde zunächst in *Schutzhaft* genommen, wo er aufgrund der Hilfe eines SS-Offiziers, dessen Mutter einige seiner Kurse besucht hatte, ein gewisses Maß an Unterstützung erfahren habe. Die Verlegung in ein Gefängnis habe Schikanen mit sich gebracht, zumal »der Anblick« seiner »Bücher« die Aufseher dort »erbittert« habe. Nach einigen Wochen erfolgte Sperbers Freilassung, wobei er zugleich aufgefordert worden sei, »besser noch am gleichen Tag das Land zu verlassen«.[661] Er sei dennoch zunächst zu Mirjam gefahren. Zwar hatte er von ihr bereits vor seiner Verhaftung getrennt gelebt, doch waren sie nach wie vor verheiratet. Bei Mirjam sei Sperber drei Tage lang geblieben, ehe er über Prag und Kroatien nach Wien reiste.[662]

657 Vgl. Sperber, Die vergebliche Warnung, S. 536.

658 Vgl. Sperber, Die vergebliche Warnung, S. 556–577. Zur Diskussion um den Begriff »Machtergreifung« vgl. z. B. Berentzen, Katrin: Machtergreifung. In: Eitz, Thorsten/Stötzel, Georg (Hg.): Zeitgeschichtliches Wörterbuch der deutschen Gegenwartssprache. Hildesheim: Olms 2002, S. 232 ff.

659 Vgl. Sperber, Die vergebliche Warnung, S. 544. Vgl. dazu und insbesondere zur »Verordnung des Reichspräsidenten zum Schutz von Volk und Staat«, auf die Sperber hier wohl anspielt, Kershaw, Hitler. 1889–1936, S. 582 ff.; Raithel, Thomas/Strenge, Irene: Die Reichstagsbrandverordnung. Grundlegung der Diktatur mit den Mitteln des Weimarer Ausnahmezustandes. In: Vierteljahreshefte für Zeitgeschichte, Bd. 48 (2000), S. 413–460.

660 Vgl. Sperber, Die vergebliche Warnung, S. 554.

661 Vgl. Sperber, Die vergebliche Warnung, S. 555–577.

662 Vgl. Sperber, Die vergebliche Warnung, S. 553, 577.

3.2 Literarische Umsetzungsweisen

3.2.1 Autobiografie: Theoretisches und Technisches, Strukturfragen

Was die grundlegenden Kennzeichen von Sperbers autobiografischem Schreiben betrifft, erlaube ich mir, an dieser Stelle auf Abschnitt 2.1. zu verweisen. Gegliedert ist »Die vergebliche Warnung« in zwei Teile, deren erster sich mit den Jahren zwischen dem Ende des Ersten Weltkriegs und 1927 beschäftigt, als Sperber nach Berlin übersiedelte.[663] Der zweite Teil nimmt Bezug auf die Jahre, die Sperber in Berlin verbrachte, beginnend mit seiner Mitarbeit am dortigen Institut für Individualpsychologie und seinen Aktivitäten in der Kommunistischen Partei, dem Bruch zwischen Sperber und Adler sowie schließlich der beginnenden Herrschaft des Nationalsozialismus und Sperbers Inhaftierung durch Polizei und SA. Der Band endet mit seiner Freilassung bei gleichzeitiger Aufforderung, Deutschland umgehend zu verlassen.[664] Wie schon in »Die Wasserträger Gottes« findet sich auch in »Die vergebliche Warnung« keine weitere Kapitelgliederung. Die Kenntlichmachung jeweils neuer Abschnitte im Fließtext erfolgt durch eingeschobene Leerzeilen.

Hervorzuheben ist hinsichtlich dieses (sowie des dritten) Bandes eine Vielzahl an Schilderungen persönlicher Begegnungen mit Zeitgenossinnen und Zeitgenossen, die einem breiteren Publikum durchwegs teils bekannt waren bzw. es noch heute sind. Damit verbinden sich jeweils kleine, meist scharf konturierte Porträts der betreffenden Personen aus Sicht des Autobiografen, etwa von Egon Erwin Kisch, der Schriftstellerin und Individualpsychologin Alice Rühle-Gerstel, Bert Brecht, Wilhelm Reich, Alfred Döblin, Willi Münzenberg oder dem Zagreber Arzt Benno Stein.[665]

Was ich oben als eine Art metaleptisches Verfahren bezeichnet habe, lässt sich auch in »Die vergebliche Warnung« finden.[666] Auf diese Weise gelingt es Sperber, die Erzähl- und Zeitebenen zu verschränken und eine Möglichkeit für die Einbindung individualpsychologischer Deutungen zu schaffen.

---

663 Vgl. Sperber, Die vergebliche Warnung, S. 259–416.

664 Vgl. Sperber, Die vergebliche Warnung, S. 419–577.

665 Vgl. Sperber, Die vergebliche Warnung, S. 384 ff.428 ff., 460 ff., 467 f., 468 ff., 507 ff., 510 ff.

666 Vgl. oben, 2.2.4.3. Vgl. Sperber, Die vergebliche Warnung, z. B. 287 ff., 314 ff., 326 ff., 342 f., 357 f., 422 ff., 498, 515, 528 ff.

3.2.2 Möglichkeiten und Grenzen (rein) narratologischer Betrachtungsweisen

Für Wolfgang Müller-Funk stellen »die bürgerkriegsähnlichen Auseinandersetzungen den Hintergrund der ersten dramatischen Wende (›turning point‹) in der erzählten Lebensgeschichte« dar.[667] Letzteres trifft zu, nämlich grundsätzlich im Sinne einer narrativen Technik. Es wäre aber auch überlegenswert, dies im Sinne *einer* (anstatt der ersten) »dramatischen Wende« in Sperbers lebensgeschichtlichen Erzählungen zu konkretisieren. Zurecht weist Müller-Funk darauf hin, dass Sperbers Darlegungen zu seinem Erleben der Ereignisse am 15. Juli 1927 erstaunlich ungebrochen die Perspektive des jungen Protagonisten der Autobiografie heranziehen.[668] Dass er dabei Ergebnisse damals neuerer Forschung außer Acht lässt, bringt Müller-Funk mit dem Umstand in Verbindung, dass »nach dem Zweiten Weltkrieg Frankreich Sperbers politische Heimat geworden« sei.[669] Allerdings könnte die vollständige Exkulpierung, die Sperber der Sozialdemokratie und ihren Organisationen bezüglich des Justizpalastbrandes selbst zuteil werden lässt, vielleicht auch andere Motive enthalten als Desinteresse an einer Revision seiner ursprünglichen Sichtweise. Erzähltheoretisch ließe sich hier zudem an die Spezifika homodiegetischen Erzählens erinnern, wie es der Gattung *Autobiografie* eignet.[670] Doch würde man sich hier ein metaleptisches bzw. reflexives Durchbrechen dieser Erzählweise erwarten, wie es an anderen Stellen von Sperbers autobiografischen Arbeiten so häufig vorkommt. Gerade hier findet sich nichts Derartiges, und so drängt sich die Frage auf, warum. Eine mögliche Erklärung, die maßgeblich auf die Erzählstruktur von Sperbers entwicklungsgeschichtlich angelegter Autobiografie Bezug nimmt, könnte darin liegen, dass Sperber eine Begründung für seine Entscheidung benötigt, künftig nichts mehr von den Sozialdemokraten zu erwarten und Teil der kommunistischen Bewegung zu werden, trotz aller Fragezeichen, die sich damit für seinen Protagonisten verbinden. Den Sozialdemokraten wäre in dieser Lesart von Sperbers Lebensgeschichte seitens ihres Helden kein anderer Vorwurf zu machen als der, entscheidungsschwach zu sein und vor der alles entscheidenden politischen Aktion zurückzuschrecken. Sperber verdeutlicht dies in der Abschiedsszene mit Alexander Weissberg an diesem Tag: »Ein zweites Mal lassen wir uns den Otto Bauer nicht erschlagen«,

667 Vgl. Müller-Funk, Schwerbewaffnete Menschenjäger und mutlose Sozialdemokraten, S. 141.
668 Vgl. Müller-Funk, Schwerbewaffnete Menschenjäger und mutlose Sozialdemokraten, S. 144 ff.
669 Vgl. Müller-Funk, Schwerbewaffnete Menschenjäger und mutlose Sozialdemokraten, S. 144.
670 Vgl. auch Müller-Funk, Schwerbewaffnete Menschenjäger und mutlose Sozialdemokraten, S. 142.

hätten sie unisono und unter Gelächter gesagt. Sperber bezieht sich dabei auf eine Anekdote über den sozialdemokratischen Spitzenfunktionär Otto Bauer, demzufolge eines Tages das Gerücht von der Ermordung des Politikers kursiert sei. »Streiks und Demonstrationen« seien bereits erwogen, umgehende Rache in Aussicht genommen worden. Das Gerücht erwies sich jedoch als unrichtig, die Aufregung habe sich gelegt. Bauer selbst hat die ganze Angelegenheit zu einem pointierten Kommentar gegenüber dem Chefredakteur der *Arbeiterzeitung*, Friedrich Austerlitz, veranlasst: »Und hätten die mich wirklich erschlagen, so hättet ihr die Schlagzeile für die AZ fertig gehabt: ›Ein zweites Mal lassen wir uns den Genossen Bauer nicht erschlagen.‹«[671]

So kann sich der Protagonist in Sperbers Erzählung in einer so dramatischen wie entscheidenden Situation vor dem Hintergrund klarer Frontverläufe und Alternativen zu einer Entscheidung durchringen, mit der er in weiterer Folge noch lange hadern wird, auch und gerade im Rahmen seiner Autobiografie. Insofern ließe sich die These aufstellen, dass Sperber den Justizpalastbrand im Rahmen seiner Autobiografie als griffiges Element des Bruchs oder Wendepunkts nach einer Krise inszeniert, an dem er jenes *»symbolträchtige Unrecht«* klar festmachen kann, dessen Erörterung ansonsten vielleicht eher einen philosophischen Essay füllen als einer Autobiografie die erforderliche Spannung verleihen könnte.[672] Gerade in Hinblick auf Austerlitz erscheint Sperbers Rede von *»symbolträchtige*[m] *Unrecht«* zugleich wie eine Spiegelung. Sperber führt aus, es handle sich bei dieser Art Unrecht um ein solches, das in »Menschen [...] das Gefühl [...] erweck[e] [...], daß die Justiz die Gerechtigkeit und mit ihr die Opfer verhöhnt, so daß deren Mörder als Helden paradieren dürfen«.[673] In Friedrich Austerlitz' berühmt gewordenen Leitartikel zu den Urteilen im Schattendorf-Prozess hatte es am 15. Juli 1927 geheißen:

> »[D]ie Versagung der Gerechtigkeit ist das Schlimmste, was den arbeitenden Menschen getan werden kann, und wenn sie das einmal erkennen und ihr Bewußtsein von dieser niederdrückenden Tatsache erfüllt wird, ist es um die Rechtsordnung geschehen. [...] [I]st diese aufreizende Freisprechung von Menschen, die Arbeiter getötet haben, weil sie Arbeiter getötet haben, nicht schon selbst der Bürgerkrieg? Wir warnen sie alle, denn aus einer Aus-

---

671 Sperber, Die vergebliche Warnung, S. 404.

672 Zum »symbolträchtige[n] Unrecht« vgl. Sperber, Die vergebliche Warnung, S. 398 (Hervorhebung im Original). Zu Müller-Funks Lesart (im Unterschied zu der hier vorgeschlagenen) vgl. Müller-Funk, Schwerbewaffnete Menschenjäger und mutlose Sozialdemokraten, S. 145.

673 Vgl. Sperber, Die vergebliche Warnung, S. 398.

saat von Unrecht, wie es gestern geschehen ist, kann nur schweres Unheil entstehen.«[674]

3.2.3 Topografie

Auch in »Die vergebliche Warnung« sind topografische Bezugnahmen sehr wichtig für die Darstellung von Sperbers persönlicher Entwicklung. Während Wien nach und nach an Bedeutung verliert, wird Berlin der nächste Ort für den Protagonisten, an dem er sich neuen Zielen zuwenden und wichtige Pläne vorantreiben kann. Zunächst aber ist es noch eine andere Stadt, Amsterdam, die für Manès Sperber, der gerade einmal vierzehn Jahre alt ist, als er zum ersten Mal dorthin kommt, zu einem Ort der Perspektivenerweiterung wird, und zwar in zweierlei Hinsicht: in Richtung Kunst sowie im Hinblick auf eine differenziertere, nicht mehr naive Sichtweise des Judentums, in der er sich dieses, auf eine durch Zweifel und rationale Durchdringung vertiefte, vielleicht sogar nobilitierte Weise wieder erschließen und zu eigen machen kann. So begegnen wir dem Helden von Sperbers Autobiografie in einem wesentlichen Moment persönlicher Reifung und des Erwachsenwerdens.

3.3 Individualpsychologische Perspektive

3.3.1 Vorüberlegungen

Von seinen Inhalten her beschäftigt sich der zweite Band von Manès Sperbers Autobiografie sehr stark mit der Individualpsychologie und der Beziehung zwischen Sperber und Alfred Adler. Zugleich werden hier wieder individualpsychologische Themen für die autobiografische Erzählung selbst relevant bzw. konfigurieren sie die Art der Darstellung. Gewiss, in diesem Teil spielen entwicklungspsychologische Fragen und Rekonstruktionen keine große Rolle mehr, zumal *Entwicklungspsychologie* bei Freud wie bei Adler als etwas verstanden wird, das sich allein oder doch ganz wesentlich auf die Kindheit bezieht. Erst Autoren wie Erik H. Erikson oder Jean Piaget haben auf der Grundlage psychoanalytischer Theoriebildung die Vorstellung nachhaltig verändert, dass emotionale oder intellektuelle *Entwicklung* mit dem Ende der Kindheit abgeschlossen

674 [Austerlitz, Friedrich:] Die Mörder von Schattendorf freigesprochen! In: Arbeiter-Zeitung. Zentralorgan der Sozialdemokratie Österreichs. Nr. 193, 40. Jg., 15. Juli 1927, S. 2.

sei.[675] In Sperbers Darstellung ist die persönliche Entwicklung seines Protagonisten ebenfalls keineswegs mit der Pubertät abgeschlossen, jedenfalls nicht mit knapp dreizehn Jahren (»Die vergebliche Warnung« setzt mit der Gründung der Republik Deutschösterreich ein, am 12. November 1918[676]). Doch auch danach scheint sich Sperber durchaus als Lernenden verstanden zu haben, der im Modus der individualpsychologisch inspirierten Selbsterziehung versucht, sein eigenes Leben handelnd zu gestalten.[677]

3.3.2 Erinnerungen

Wie schon der erste Band von Sperbers Autobiografie beginnt auch der zweite mit Bezugnahmen auf und einem Räsonnement über Erinnerungen. Es darf hier wieder angemerkt werden, dass nach Adlers Verständnis Erinnerungen große Bedeutung zukommt, wenn man dem *Lebensplan* eines Menschen auf die Spur kommen möchte.[678] Die Erinnerung, die Sperber auf den ersten Seiten in »Die vergebliche Warnung« erörtert, bezieht sich auf einen »uralte[n] jüdische[n] Geiger« auf der Marienbrücke, die über den Donaukanal führte.[679] Seine »Erinnerung« zeige ihm »den Alten [...] stets so, wie er in jenem Revolutionswinter aussah«. Ein »kalte[r] Wind [...] bläst [...] über die Brücke«, Menschen »laufen [...] hastig« an ihm vorbei, »miserabel gekleidet«. Und der Musiker selbst, genauer, sein »graue[s] Gesicht unter den Schneeflocken« schien auf etwas zu verweisen, das »mit uns allen [...] zusammenhing«.[680] Die Bedeutung der »aufdringliche[n] Anwesenheit des mitten in der Menge der Passanten grenzenlos vereinsamten Alten« sei Sperber allerdings lange unklar geblieben. Weshalb vor allem, so fragt er ganz Adlerianisch, »drängt« ihm sein Gedächtnis

675 Vgl. Erikson, Erik H.: Identität und Lebenszyklus. Drei Aufsätze. Übers. v. Käte Hügel. 15. Aufl. Frankfurt am Main: Suhrkamp 1995 (stw 16). Piaget, Jean: Über Pädagogik. Mit einer Einleitung v. Silvia Parrat-Dayan. Weinheim et al.: Beltz 1999.

676 Vgl. Sperber, Die vergebliche Warnung, S. 261.

677 Vgl. dazu auch Licharz, Werner: Umkehr – Dialog – Toleranz. In: Licharz, Werner/Kauffeldt, Leo/Schießer, Hans-Rudolf (Hg.): Die Herausforderung Manès Sperber. Ein treuer Ketzer auf der Brücke ohne anderes Ufer. Frankfurt am Main: Haag und Herchen 1988 (Arnoldshainer Texte, Bd. 50), S. 79–97; Schießer, Hans-Rudolf: Kontinuität und Bruch. Lernen von einem Re-Negierer. In: Moses, Stéphane/Schlör, Joachim/Schoeps, Julius H. (Hg.): Manès Sperber als Europäer. Eine Ethik des Widerstands. Berlin: Edition Hentrich 1996 (Studien zur Geistesgeschichte, hg. v. Julius H. Schoeps, Bd. 18), S. 263–277.

678 Vgl. Adler, Wozu leben wir?, S. 65.

679 Vgl. Sperber, Die vergebliche Warnung, S. 262 f. Zur Marienbrücke vgl. z. B. Achleitner, Friedrich: Österreichische Architektur im 20. Jahrhundert. Ein Führer. Band 3/1: Wien. 1.–12. Bezirk. Salzburg: Residenz-Verlag 1990, S. 111

680 Vgl. Sperber, Die vergebliche Warnung, S. 263.

»diese unerheblichen Einzelheiten, diese nebensächlichen Szenebilder in den Vordergrund«? Möglicherweise handle es sich um eine »Schleiererinnerung«, die auftreten könne, sobald die »wirkliche« Erinnerung »nicht faßlich oder unwillkommen« ist. Was allerdings feststehe, sei eines der von ihm »in Romanen, Essays und Vorträgen [...] am häufigsten« gebrauchten »Gleichnisse«, das einer »Brücke, die nicht wirklich existiert, sondern sich Stück um Stück unter den Schritten dessen ausbreitet, der den Mut aufbringt, seinen Fuß über den Abgrund zu setzen«. Zugleich sei »[d]er werdende, doch nie vollendete Mensch auf der Brücke, die nur so weit reicht wie sein Mut, somit nie weit genug, [...] der Held oder Unheld« aller Bücher Sperbers »geworden«.[681]

Die »Monate« nach »der Revolution«, also nach den Umbrüchen im November 1919, verband Sperber mit einer »völlig bildlose[n] Erinnerung an eine Empfindung«. Diese sei bis zu seinem zwanzigsten Lebensjahr »sehr häufig« aufgetaucht. Konkret handelte es sich um »eine besondere Art von Bangnis«, die auch die Intensität eines »heftige[n] Schrecken[s]« annehmen konnte. Sie sei »von dem Übermaß des Erhofften hervorgerufen« worden. Ausdrücklich bezieht sich Sperber hier auf Adlers Begriff des *Organdialekts,* konkret eines »›Organdialekt[s]‹ des Zweifels, den« er sich selbst »zu lange verheimlicht hatte«. Es sei gewesen, als würde er sich selbst über einen Irrtum hinwegtäuschen.[682] Nicht sehr überraschend stehen diese Überlegungen am Beginn von Ausführungen zu revolutionärer Begeisterung im Spätherbst 1918. Mochte es zunächst danach ausgesehen haben, als würden sich revolutionäre, im weitesten Sinne marxistisch orientierte Bewegungen in verschiedenen europäischen Ländern durchsetzen, so insbesondere die ungarische Räterepublik, deren zentrale Gestalt Béla Kun war, habe es nicht lange gedauert, und Wien »wurde zum Asyl der besiegten Revolutionäre Mitteleuropas und des Balkans«. Man tröstete sich in marxistischen Kreisen mit der Überzeugung, dass »[d]er Triumph der Konterrevolution [...] nichts anderes bedeuten [...] konnte [...] als eine [...] nur flüchtige Episode«.[683]Vermutlich dachte auch Sperber selbst in diese Richtung, viel-

681 Vgl. Sperber, Die vergebliche Warnung, S. 264.

682 Vgl. Sperber, Die vergebliche Warnung, S. 265. Zum Begriff Organdialekt vgl. Kapitel A. Vgl. Adler, Organdialekt, S. 250–259.

683 Vgl. Sperber, Die vergebliche Warnung, S. 265 f. Zur ungarischen (und anderen) Räterepublik(en) vgl. dazu z. B. auch Koller, Christian/Marschik, Matthias: Mehr als eine »Diktatur der Verzweiflung«. Die ungarische Räterepublik 1919 und ihr Nachwirken. Einleitung. In: Koller, Christian/Marschik, Matthias (Hg.): Die ungarische Räterepublik 1919. Innenansichten – Außenperspektiven – Folgewirkungen. Wien: Promedia 2018, S. 7–16; Koller, Christian: Räte auf drei Kontinenten. Die ungarische Räterepublik als Teil einer transnationalen Bewegung. In: Koller, Christian/Marschik, Matthias (Hg.): Die ungarische Räterepublik 1919. Innenansichten – Außenperspektiven – Folgewirkungen. Wien: Promedia 2018, S. 47–68; Saun-

leicht schon mit dreizehn Jahren, wenn man Entwicklungen im *Schomer* seit 1918 berücksichtigt.

Immerhin hat er, zumindest nach Angaben seines Autobiografen, in diesem Alter bereits Sympathien für den Marxismus im Allgemeinen sowie die Bolschewiki im Besonderen erkennen lassen.[684] Dass dies alles auch unter den Auspizien großen materiellen Elends stand, darf nicht außer Acht gelassen werden.[685] Später dürfte Sperber vieles davon als Selbstbetrug eingeschätzt haben, zumindest soweit es die Einschätzungen von Entwicklungen in der Sowjetunion und dem ideologischen *Unterbau* dazu betraf. Dies betont Sperber in Hinblick auf seine Moskauer Reise »im Sommer 1931«, während derer er auch Béla Kun traf, der inzwischen in Moskau lebte. In Bezug auf Kun war Sperber offenbar bereits gewarnt worden, doch habe er dies zunächst ignoriert.[686] Denn »[ü]berall – außer in Béla Kuns Ungarn und in Rußland – war Terror für meinesgleichen konterrevolutionäres Verbrechen und Fortsetzung der Kriegsgreuel; der rote Terror aber war […] die Notwehr, in welcher sich das Neue, Gute gegen das Alte, Böse verteidigen mußte«.[687] Das *Gesetz der Geschichte* mag ihm, als er an seiner Autobiografie schrieb, auch nicht viel anders erschienen sein als Koestlers Nikolas Salmanowitsch Rubaschow, der in der »Geschichte« eher ein »Orakel« sah, »das

ders, Edward: Jouranlismus als Weg zur Macht. Das Leben Bela Kuns bis zum Scheitern der ungarischen Räterepublik. In: Koller, Christian/Marschik, Matthias (Hg.): Die ungarische Räterepublik 1919. Innenansichten – Außenperspektiven – Folgewirkungen. Wien: Promedia 2018, S. 83–102; Weidermann, Volker: Träumer. Als die Dichter die Macht übernahmen. Köln: Kiepenheuer & Witsch 2017.

684 Vgl. Sperber, Die Wasserträger Gottes, S. 218 f., 238 ff., 225 f. Zu Entstehung und Entwicklung des Haschomer Hazair im Wien der Jahre nach dem 1. Weltkrieg vgl. z. B. Ehlers, Heinrich/Segal, Tálma/Talmi, Arie (Hg.): Haschomer Hazair. Ein Nest verwundeter Kinderseelen. Wien: Mandelbaum 2006, S. 12–35.

685 Vgl. Sperber, Die Wasserträger Gottes, S. 221 f., 247 ff.

686 Eine »sowjetische Psychologin« wies ihn vor seinem Gespräch mit Kun darauf hin, »[w]as er in Ungarn angestellt hat« und auch im russischen Herrschaftsgebiet beziehungsweise der Sowjetunion »während des Bürgerkrieges furchtbar gewütet« habe, insbesondere auf der Krim, »aus revolutionärem Übereifer natürlich«. Vgl. Sperber, Die vergebliche Warnung, S. 267. Zu Kuns Aktivitäten während des Russischen Bürgerkriegs vgl. z. B. Borsányi, György: The life of a Communist revolutionary, Béla Kun. Translated by Mario Feny. Boulder, Colorado: Social Sciences Monographs 1993, pp. 50 seqq. Kun seinerseits fiel im übrigen den stalinistischen Säuberungen des Jahres 1938 zum Opfer; vgl. Borsányi, The life of a Communist revolutionary, p. 436; Chase, William: Microhistory and Mass Repression: Politics, Personalities, and Revenge in the Fall of Béla Kun. In: The Russian Review 67 (2008), pp. 454–483.

687 Sperber, Die vergebliche Warnung, S. 268.

seinen Urteilsspruch erst sprach, wenn die Kiefern dessen, der frage, längst zu Staub zerfallen waren«.[688]

3.3.3 »[L]eben können, ohne stets auf der Hut zu sein«[689]

Seinen Aufenthalt in Amsterdam kurz nach Ende des Ersten Weltkriegs beschreibt Sperber maßgeblich unter zwei Aspekten: der Gewinnung neuer Aspekte jüdischer Identität und eines Zugangs zu Kunst, der ihm bis dahin verborgen geblieben war. Dieser Zugang wird ihm von einem sephardischen Juden eröffnet, von dem er schreibt, er habe ihn zufällig getroffen. Insofern verschränken sich die beiden genannten Aspekte in Sperbers Amsterdam-Erzählung, wenn man diesen Abschnitt seiner Autobiografie so bezeichnen darf. Mit vierzehn Jahren ist unser Autor nun in die Lebensphase der Pubertät eingetreten, die in der klassischen Psychoanalyse stark vernachlässigt wird, in der Individualpsychologie vielleicht eine Spur weniger. Immerhin beschäftigt sich Adler explizit mit dieser Phase im menschlichen Leben, die er »Jugendalter« nennt. Er meint, es gäbe zwar »viele Gefahren im Jugendalter«, doch sei es »nicht richtig, daß es den Charakter ändern kann«. Vielmehr bringe dieser Lebensabschnitt »das heranwachsende Kind in neue Lagen und« stelle es »vor neue Prüfungen«. Der oder die Heranwachsende müsse nun »beweisen, daß« er oder sie »kein Kind mehr« sei.[690]

Insgesamt ist Sperbers Deutung dieser Phase in seinem Leben von seiner intellektuellen und emotionalen Entwicklung geprägt, besonders durch die Gewinnung einer spezifischen Perspektive auf das Judentum, das in seinem Leben seit seiner frühen Kindheit von großer Bedeutung war. Diese hat sich gewandelt, ebenso wie die Deutung dessen, was *Judentum* konkret für Sperber bedeuten mochte. Die Bedeutung scheint sich nicht verringert, sondern eben lediglich gewandelt zu haben, und die Deutung ist in gewisser Weise *erwachsener* geworden. Die kindliche Befassung mit dem Judentum war zunächst eine solche der strebsamen Aneignung und Übernahme religiöser Lehren und Gebote gewesen, die entwicklungspsychologisch betrachtet gewiss auch noch teilweise einer Verankerung in einem magisch-mystischen Weltbild entsprechen. Deren schon ins Abergläubische weisende Spitzen inaugurierten in Sperbers späterer Selbstbetrachtung erste kritische Auseinandersetzungen mit religiösen Lehren

688 Vgl. Koestler, Arthur: Sonnenfinsternis. Roman. Nach dem deutschen Originalmanuskript. Mit einem Vorwort v. Michael Scammell und einem Nachwort v. Matthias Weßel. 2. Aufl. Coesfeld: Elsinor 2018, S. 30.

689 Sperber, Die vergebliche Warnung, S. 287.

690 Vgl. Adler, Wozu leben wir?, S. 146.

sowie zahlreichen Regeln, deren konsequente, man könnte fast sagen, fanatische Anwendung Sperber als Quell massiver, wenn nicht traumatisierender Verunsicherungen identifiziert. All dies führt in seiner Darstellung zu einer Abkehr von den religiösen Lehren und Geboten des orthodoxen, chassidischen Judentums. In der Schilderung seines Amsterdam-Aufenthalts entwickelt sich ein differenziertes und modifiziertes Verständnis von *Judentum*. Bezugnahmen, Adaptionen und Wandlungen, zugleich aber stete Relevanz desselben durchzieht Sperbers Autobiografie wie eine Konstante.

Es spricht nicht zuletzt für diese Lesart, dass sich die Personen, die Sperber gewissermaßen zu gewandelten Betrachtungsmöglichkeiten und damit Horizonterweiterungen hinführen, sephardische Juden und Jüdinnen sind. Dies ist schlicht eine zutreffende Beschreibung von Erlebtem, weist allerdings auch auffällige symbolische Implikationen auf. Die Sephardim werden den Aschkenasim, den Jüdinnen und Juden Osteuropas, oft gegenübergestellt. Beide Gruppen standen in keineswegs konfliktfreien Beziehungen zueinander.[691] Die Sephardim beziehungsweise ihre Vorfahren stammten ursprünglich von der Iberischen Halbinsel und wanderten nach dem Ende der andalusischen Kalifate und ihrer Vertreibung aus Spanien und Portugal teils in das osmanische Reich aus, teils nach Westafrika, und teils nach Nord- und Südeuropa, wobei die Niederlande und insbesondere Amsterdam Anfang des 20. Jahrhunderts bereits auf eine lange sephardische Tradition zurückblicken konnten.[692] Nicht nur das Rijksmuseum mit bis dahin unbekannten künstlerischen Perspektiven, beispielsweise auf Rembrandt und Frans Hals, erschließt sich Sperber in seiner Darstellung aufgrund des Hinweises eines sephardischen Juden, den er als Zufallsbekanntschaft schildert. Auch Einsichten in »das alte jüdische Amsterdam« und damit verbunden in die Gedankenwelt eines Spinoza oder da Costa werden durch Vermittlung einer sephardischen Jüdin respektive ihres Vaters möglich.[693] Selbst der von seinen Anhängern als Messias verehrte Sabbatai Zwi, ein jüdischer Gelehrter des 17. Jahrhunderts, dessen im Schtetl »voller Verachtung« gedacht worden war,

691 Vgl. z.B. Ben-Sasson, Haim Hillel: Vom 7. bis zum 17. Jahrhundert. Das Mittelalter. In: Ben-Sasson, Haim Hillel (Hg.): Geschichte des jüdischen Volkes. Von den Anfängen bis zur Gegenwart. Sonderausgabe München: Beck 1992, S. 475, 607 f., 848 ff.; Gerber, Jane S.: »Im Osten weilt mein Herz …«. In: Lange, Nicholas de (Hg.): Illustrierte Geschichte des Judentums. Aus dem Englischen v. Christian Rochow. Lizenzausgabe Darmstadt: Wissenschaftliche Buchgesellschaft 2000, S. 213; Sorkin, David: Auf dem Weg in die Moderne. In: Lange, Nicholas de (Hg.): Illustrierte Geschichte des Judentums. Aus dem Englischen v. Christian Rochow. Lizenzausgabe Darmstadt: Wissenschaftliche Buchgesellschaft 2000, S. 235 f.

692 Vgl. z.B. Sorkin, Auf dem Weg in die Moderne, S. 229 ff.; Ben-Sasson, Vom 7. bis zum 17. Jahrhundert. Das Mittelalter, S. 779 ff., 878 ff.

693 Vgl. Sperber, Die vergebliche Warnung, S. 277, 283 f.

erscheint facettenreicher denn vermutet.[694] Die Zugehörigkeit zum Judentum, verbunden mit der Schwierigkeit, genau zu definieren, was darunter zu verstehen sei, und die Selbstvergewisserung hinsichtlich seiner jüdischen Identität erweist sich für Sperber als lebenslanges Unterfangen. In einem schon erwähnten, 1979 veröffentlichten Essay bezeichnet sich Sperber als »ungläubige[n] Jude[n]«. Er verweist dabei auf seine »umfassende, alles durchdringende jüdische Erziehung«, die ihn »geformt« habe und in deren Rahmen eine frühe Lektüre der »Bibel im Original«, parallel zu jener der Grimm'schen Märchen und der »Zeitung, die aus Wien kam«, erfolgt sei. Was sich als beständig erwiesen habe, seien »die von der biblischen Ethik angeordneten Lebensregeln« gewesen, »deren gebieterischste für« ihn »unabänderlich geblieben« sei, nämlich »den Einklang von Glauben und Tun, von Theorie und Praxis zu erlangen« und im »Sinne« des so Gefundenen »zu leben«.[695] Er skizziert auf diese Weise gewissermaßen die Phasen seines jüdischen Selbstverständnisses, die in der Amsterdam-Episode veranschaulicht wird.

3.3.4 Zeit-Räume

»Sehr früh« sei er, so Sperber, »in den *Zeit-Raum*« gestellt worden, »der alle Kinder Israels verbinden soll, nachdem sie im geographischen Raum seit Jahrtausenden voneinander getrennt, ›zersät und zerstreut‹ sind«. Nach dieser Auffassung »hatten [...] [n]icht nur jene Ahnen, die Weggenossen Mosis waren, [...] am Fuße des Berges Sinai die Zehn Gebote angenommen, sondern alle, die nachher kamen [...]«[696] Diese Sichtweise dürfte mit dem Beginn der Diaspora entstanden sein und bis heute große Bedeutung für viele Jüdinnen und Juden haben. So führte die Judaistin und Schriftstellerin Dara Horn in einem Interview zu ihrem Roman »All Other Nights« aus:

694 Zu Sabbatai Zwi (oder Zvi) vgl. v. a. Scholem, Gershom: Sabbatai Zwi. Der mystische Messias. Übertragen v. Angelika Schweikhart. Nachdruck der deutschen Erstauflage. Berlin: Jüdischer Verlag 2014. Insbesondere in Teilen des orthodoxen Judentums geriet Sabbatai Zwi nicht zuletzt deshalb in Verruf, weil er sich 1666 entschlossen hatte, ein Angebot des Sultans anzunehmen, nämlich zum Islam zu konvertieren (die Alternative hätte in einer Beweisführung seiner Messianität bestanden, und zwar so, dass Pfeile auf ihn abgeschossen worden wären, die er, wäre er der Messias, abwehren können sollte). In Amsterdam hingegen konnte er selbst nach diesem Schritt auf Unterstützung oder zumindest Verständnis rechnen. Vgl. z. B. Scholem, Sabbatai Zwi, S. 583 ff.

695 Vgl. Sperber, Mein Judesein, S. 57.

696 Vgl. Sperber, Die vergebliche Warnung, S. 337.

> »Jeder Jude wächst auf mit dem Gefühl, dass auch er auf dem Berg Sinai stand, als Moses von Gott die Tafel mit den Zehn Geboten erhielt. Jeder Nachkomme des jüdischen Volkes darf sich als körperlich anwesend bei diesem Akt empfinden. Wir alle standen am Berg Sinai. Das Judentum lehrt dich, dass die Vergangenheit alles ist, dass das Wichtigste, was dir je geschehen ist, sich Tausende von Jahren vor deiner Geburt zugetragen hat.«[697]

Auch bei Elias Canetti finden sich ähnliche Überlegungen. Für Jüdinnen und Juden habe es »bis vor wenigen Jahren« (gemeint ist wohl die Gründung des Staates Israel) keine »territoriale oder sprachliche Einheit« gegeben. »Oberflächlich betrachtet, vom ordinären Standpunkt der Selbsterhaltung aus, sollten sie alles daransetzen, vergessen zu machen, daß sie Juden sind, und es selber vergessen.« Dies gelte nicht zuletzt für die zahlreichen »Glaubenslosen«. Doch sie seien nicht imstande zu »vergessen […], meist wollen sie es auch nicht. Man muß sich fragen, worin diese Menschen Juden bleiben, was sie zu Juden macht […]«.[698] Mit dieser Frage hat sich auch Sperber beschäftigt, Freud und viele andere.[699] Canetti fragt, »was das letzte, allerletzte« sei, »das« Jüdinnen und Juden »mit anderen verbindet, wenn sie sagen: Ich bin Jude.« Seine Antwort lautet, dass »dieses letzte […] am Anfang ihrer Geschichte« stehe »und […] sich mit unheimlicher Gleichmäßigkeit im Laufe dieser Geschichte wiederholt« habe. Es handle sich um den *»Auszug aus Ägypten«*. Die entsprechende »Überlieferung« zeige »ein Volk, gezählt zwar, aber in ungeheuren Mengen«, das »vierzig Jahre lang durch den Sand« ziehe. Canetti verweist darauf, dass dem »sagenhaften Urvater« dieses Volkes »eine Nachkommenschaft angekündigt worden« sei, »zahlreich wie der Sand am Meer. Nun ist sie da und wandert, ein anderer Sand,

697 Zitiert bei Birkmann, Sigrid: Der Spion, der liebte. Deutschlandfunk, 07.01.2010, https://www.deutschlandfunk.de/der-spion-der-liebte.700.de.html?dram:article_id=84390 (abgerufen: 22.01.2020). Vgl. Horn, Dara: All Other Nights. New York: Norton 2009.

698 Vgl. Canetti, Elias: Masse und Macht. 113.–115. Tsd. Frankfurt am Main: Fischer Taschenbuch Verlag 1993, S. 196.

699 Vgl. Sperber, Mein Judesein, insbes. S. 56 ff.; Freud, Sigmund: Totem und Tabu. Einige Übereinstimmungen im Sittenleben der Wilden und der Neurotiker (1912–13). In: Freud, Sigmund: Fragen der Gesellschaft. Ursprünge der Religion. Hg. v. Alexander Mitscherlich u. a. Frankfurt am Main: Fischer 1993 (Sigmund Freud Studienausgabe, Bd. IX), S. 293; Arendt, Hannah: The Jew as Pariah: A Hidden Tradition (April 1944). In: Arendt, Hannah: The Jew as Pariah: Jewish Identity and Politics in the Modern Age. Edited and with an introduction by Ron H. Feldman. New York: Grove Press 1978, pp. 67–90.

durch den Sand.« Eben »[d]as Bild dieser Menge, die Jahre und Jahre durch die Wüste zieht«, sei »zum Massensymbol der Juden geworden«.[700]

3.3.5 Grenzen therapeutischer Möglichkeiten

Sperber gibt in seiner Autobiografie eine durchaus wohlwollende Einschätzung seiner selbst als Psychotherapeut. Er habe »auch als Psychologe, Pädagoge und Therapeut mancherlei zustande gebracht«. Allerdings gäbe es auch »die Erinnerung an ein immer aufs neue wiederholtes Versagen«, und zwar in den Jahren 1924 bis 1926. Sperbers »damalige Freundin«, die er »Y.« nennt, sei »von einer Eifersucht besessen« gewesen, »die sie [...] in Depressionen gestürzt« habe. Y. habe immer wieder gedroht, Suizid zu verüben, und Sperber sei nicht in der Lage gewesen, ihr zu helfen. Er räumt selbst ein, er »hätte [...] manche Krise [...] vermeiden können, wenn« er »nicht dies unterlassen und jenes getan hätte«. Und so habe er in sich eine beunruhigende »Monaden-Verschlossenheit [...] entdeckt«, die sich auch in anderen Zusammenhängen so geäußert hätte, dass er »[d]en Ruf« eines anderen Menschen schlichtweg nicht hörte, obwohl dies für die betreffende Person höchst unangenehme Folgen hätte haben können.[701] Heute würde man vom Erfordernis der *Selbsterfahrung* sprechen, also davon, dass jemand, der als Psychotherapeut oder Psychotherapeutin tätig sein möchte, zuvor sich selbst einigermaßen kennenlernt, jene Seiten der eigenen Persönlichkeit, die ihm oder ihr vielleicht nicht so gut gefallen, vor allem auch blinde Flecken der eigenen Wahrnehmung. Dies gar nicht so sehr, um mit dem Ziel grundlegender Veränderung daran zu arbeiten, sondern vor allem, um beurteilen zu können, wo sich je eigene Probleme und mögliche Engführungen eigener Sichtweisen auf eine therapeutische Beziehung auswirken könnten.[702] Sperber verweist offen auf sein durchaus hohes Selbstwertgefühl. Er sei »nie ein Ausbund an Bescheidenheit gewesen« und habe über ausgeprägtes »Sendungsbewußtsein« verfügt.[703] Doch »[e]rst jetzt«, also beim Schreiben seiner

700 Vgl. Canetti, Masse und Macht, S. 196 f. (Hervorhebungen im Original). Vgl. dazu auch Wieprecht-Roth, Stefanie: »Die Freiheit in der Zeit ist die Überwindung des Todes«. Überleben in der Welt und im unsterblichen Werk. Eine Annäherung an Elias Canetti. Würzburg: Königshausen & Neumann 2004, S. 222.

701 Vgl. Sperber, Die vergebliche Warnung, S. 377–379. Der konkrete »Ruf«, den er nicht vernommen habe, war der einer Freundin, mit der er im Salzkammergut durch hohen Schnee wanderte. Als sie hingefallen sei und nicht mehr habe weiterkönnen, hätte sie nach ihm gerufen, und er sei weitergegangen.

702 Vgl. z. B. Jaeggi, Eva: Und wer therapiert die Therapeuten? 3. Aufl. Stuttgart: Klett-Cotta 2003, insbes. S. 46 ff., 82 ff.

703 Vgl. Sperber, Die vergebliche Warnung, S. 423 f.

Autobiografie, frage sich Sperber »erstaunt«, »[w]as« eigentlich sein »Selbstvertrauen [...] begründet« hätte. Dies erfordere eine komplexe »Antwort«, die »vielerlei einbegreifen« müsse. Unter anderem habe sich nicht nur sein »Selbstvertrauen« förderlich auf das »Vertrauen« seiner Patientinnen und Patienten ausgewirkt, er selbst habe dieses »Vertrauen« umgekehrt so nötig gehabt »wie einen Bissen Brot«. Dies führt ihn zu einer anderen, überaus spannenden Frage: »Wer behandelt wen?«[704]

Patienten wie der schon erwähnte russische Dissident, den Sperber »Robert Plontin« nennt, seien angetan gewesen von seinen »Traumdeutungen«, wenngleich er sich bereits damals in Distanz gesehen habe zu gängigen Freud-Deutungen. Eine *»verdüsternde, verfinsternde Aufklärung«* habe sich bemerkbar gemacht, »ein Obskurantismus sui generis«. Denn »Neurotiker«, die »alle« ihre »Taten«, ihr »Versagen« und »Leiden psychologisch auf« die eigene »Vergangenheit und diese wieder auf die Vergangenheit anderer, der Eltern vor allem« zurückführten, würden hoffen, »solcherart eine schrankenlose Freiheit zu erringen«, die jedoch vor allem »die Gegenwart [...] vernebelte«.[705] Doch wie auch immer, »Wunder« dürfe man sich von psychotherapeutischen Unternehmungen nicht erwarten, wohl aber »die Herstellung einer besonders gearteten Beziehung, eine Partnerschaft«. Die Fähigkeit und Bereitschaft des Therapeuten oder der Therapeutin, dem oder der jeweils anderen möglichst vorbehaltslos zuzuhören, erscheint als unverzichtbare Voraussetzung für das Entstehen und Gelingen einer solchen Beziehung.[706] Mit diesen Überlegungen mutet Sperber aus heutiger Sicht erstaunlich zeitgenössisch an. Die zentrale Bedeutung einer gelingenden therapeutischen Beziehung für psychotherapeutische Verfahren bezweifelt heute kaum noch jemand, und eine Therapie »auf Augenhöhe« scheint inzwischen ebenfalls selbstverständlich. In den 1920er- und 1930er-Jahren, aber auch weitaus später im 20. Jahrhundert war dem hingegen nicht so.[707] Ein sehr signifikantes Beispiel für Sperbers Auffassungen zu den Grenzen der Möglichkeiten von Psychotherapie wurde bereits in Kapitel A geschildert, im Zusammenhang mit der Behandlung eines psychotischen Patienten, den Sperber »Joseph« nennt. Bei dieser Gelegenheit betont Sperber seine Skepsis, jedes Leiden therapeutisch

704 Vgl. Sperber, Die vergebliche Warnung, S. 442 f.

705 Vgl. Sperber, Die vergebliche Warnung, S. 447, 459 (Hervorhebungen im Original).

706 Vgl. Sperber, Die vergebliche Warnung, S. 458.

707 Vgl. z. B. Slunecko, Thomas: Psychotherapie – eine Lagebestimmung. In: Slunecko, Thomas (Hg.): Psychotherapie. Eine Einführung. Wien: Facultas 2009 (UTB 3247), S. 11–28; Stumm, Gerhard: Geschichte, Paradigmen und Methoden der Psychotherapie. In: Slunecko, Thomas (Hg.): Psychotherapie. Eine Einführung. Wien: Facultas 2009 (UTB 3247), S. 29–84.

beheben zu können, wie ihm generell Selbstbeschränkung in den therapeutischen Zielen angebracht schien.[708]

3.3.6 Individualpsychologische Selbsterziehung

Zu individualpsychologisch inspirierter Selbsterziehung gehörte für Sperber nicht nur der unbedingte Wille, beispielsweise von seiner Lungenerkrankung zu genesen, der er ab einem bestimmten Zeitpunkt nicht »den kleinsten Platz« mehr »in« seinem »Leben einzuräumen« bereit gewesen sei. Dieser Wille sollte gelebt werden, und dies konnte sich auch in symbolischen Handlungen ausdrücken wie dem Zerbrechen eines Fieberthermometers.[709] Was Sperber »Vorstellungstherapie« nannte, war für ihn Teil selbsterzieherischer Verfahren. Diese Therapie bestand darin, »die unmittelbare Zukunft« zu erproben, indem der Selbsttherapeut »gewisse Handlungen seelisch trainierte«. Sperber habe dabei keineswegs »leichte[s] Gelingen« imaginiert, sondern im Gegenteil »überdeutliche Vorstellungen von Schwierigkeiten, von unvorhergesehenen Hindernissen, die mühsam überwunden werden mußten«. Gerade die Gepflogenheit, über die »ungünstigsten Hypothesen« nachzudenken und sich deren Folgen vorzustellen, habe ihn »ermutigt«, da er stets zu dem Ergebnis gelangt sei, es werde »auch im schlimmsten Falle nicht so schlimm sein«, um »etwas unterlassen« zu müssen, das ihm »logisch, richtig, anständig und somit notwendig« erschienen sei.[710] Den eben skizzierten »Kunstgriff der *Vorstellung vom negativsten Fall*« habe Sperber auch während seiner *Schutzhaft* im März 1933 in Berlin angewandt. Dabei stellte er sich die »Folgen« vor, die »ein Entschluß im schlechtesten Falle zeitigen« könnte und dachte darüber nach, »wie schlimm sie wirklich wären und was«, so sie einträten, »noch« zu »tun« möglich wäre.[711] Im konkreten Fall sei er zu dem Ergebnis gelangt, dass er »verloren« und es am besten war, sich »ohne Wehleidigkeit damit« abzufinden. Auch in diesem Fall sieht Sperber eine »*pessimistische Ermutigung*« vorliegen, weil, »[w]er ohne Hoffnung lebt, […] nicht mehr […] verzweifelt«. Er habe sich entschlossen, »als *Toter im Wartestand* zu leben« und solchermaßen »nichts mehr« zu fürchten. Auch dies sei eine Form der »*Gegenwarts-Entrückung*« gewesen, allerdings eine »verkehrte, von aller Zukunft abgeschnittene«.[712] Als sich die Art seiner Behandlung verbesserte, weil der Sohn einer ehemalige Besucherin seiner Kurse offenbar ein SS-Offizier war

708 Vgl. oben, Kapitel A.
709 Vgl. Sperber, Die vergebliche Warnung, S. 374, 376.
710 Vgl. Sperber, Die vergebliche Warnung, S. 377.
711 Vgl. Sperber, Die vergebliche Warnung, S. 569 (Hervorhebungen im Original).
712 Vgl. Sperber, Die vergebliche Warnung, S. 569 f. (Hervorhebungen im Original).

und ihm gewisse Erleichterungen verschaffte, sei er zwar bei seiner »*negativen Gewißheit*« geblieben, habe allerdings auch ein Tagesprogramm festgelegt, »an das« er »sich strenge hielt«. Es bestand vor allem aus Lektüre und Schreiben »›im Kopf‹«. Optimismus hätte er keinen zugelassen, denn dieser hätte wieder das Tor zur Verzweiflung aufgestoßen.[713]

Ehe er sich konsequent zu dieser Art der Selbstdisziplinierung durchgerungen habe, dürfte Sperber mit massiven emotionalen Schwankungen konfrontiert gewesen sein, die in solchen Situationen alles andere als ungewöhnlich sind.[714] Ist er mit anderen Gefangenen zusammen gewesen, hätten sich seine »Befürchtungen« abgeschwächt, während Ängste und Selbstvorwürfe nachts höchst präsent geworden sind. Tagsüber ist es möglich gewesen, sie zu »desaktualisier[en]«, nachts hingegen nicht.[715]

3.3.7 (Individualpsychologische) Selbstreflexion

Die schon erwähnte Gepflogenheit Sperbers, im seiner Autobiografie schreibend innezuhalten, ist nicht allein unter philologischen Gesichtspunkten von Interesse. Auch und vielleicht gerade aus individualpsychologischer Sicht verdient sie Beachtung. So berichtet Sperber über »Schwierigkeiten«, in die er gerät, während er an seinem Buch schreibt, und die ihn zu einer Unterbrechung veranlassen. Eine solche sei keinen »äußerlichen Gründen« geschuldet, »sondern« dem Umstand, dass »man plötzlich des Weges nicht mehr sicher ist und nicht des Ziels, zu dem man hinstrebt«. Vor allem aber traue »man dem sonst so verläßlichen Kompaß nicht mehr«, würde »die Magnetnadel« verdächtigen, »daß sie ›den Norden verloren‹ habe«. Auch Romanfiguren könnten ihrem Autor derlei Schwierigkeiten beschweren, »jedoch nur dann, wenn er selbst sie auf einen Abweg gebracht hat«. Er »mache« etwa an einer bestimmten Stelle »halt«, weil er sich »der Mitte dieses autobiographischen Buches [...] nähere«. Wer einen Roman verfasse, sei »frei, einschneidende Veränderungen vorzunehmen«. Auch diese Freiheit sei begrenzt, allerdings weniger »als in den meisten Lebenslagen und geradezu selbstherrlich im Vergleich mit jenem der sein eigenes Leben erzählt«. Der »Autobiograph« ist »belagert, umzingelt, umdrängt von so vielem, das bleibt, auch wenn er es unerwähnt gelassen hat«.[716] Zu die-

713 Vgl. Sperber, Die vergebliche Warnung, S. 571 f. (Hervorhebungen im Original).
714 Vgl. dazu allg. z. B. Gurris, Norbert F./Wenk-Ansohn, Mechthild: Folteropfer und Opfer politischer Gewalt. In: Maercker, Andreas (Hg.): Posttraumatische Belastungsstörungen. 3. Aufl. Berlin/Heidelberg: Springer 2009, S. 477–499.
715 Vgl. Sperber, Die vergebliche Warnung, S. 563.
716 Vgl. Sperber, Die vergebliche Warnung, S. 342 f.

sen Überlegungen passt vielleicht auch eine spätere Reflexion Sperbers, die dem Umstand Rechnung trägt, dass seine Autobiografie so wenige intime Details enthalte, über ihn »selbst, über Liebe und Ehe. Ist das nicht merkwürdig, nicht verdächtig?« Er beantwortet diese rhetorische Frage mit Hinweisen auf seine Abneigung »gegen die publike Indiskretion«.[717] Allzu intime Äußerungen über das eigene Privatleben würden zwangsläufig andere Menschen involvieren, eine Folge des Umstands, dass einem Menschen besagtes Privatleben eben niemals alleine gehöre, sondern vieles daran untrennbar auch ein Teil des Lebens anderer Menschen geworden sei.

Doch keineswegs alles in Sperbers Erzählung seines Lebens ist Sublimierung.[718] Die Auslassungen verraten vielleicht mehr über das Verhältnis zwischen Erzählung und Erleben als das explizit Gesagte. Besonders augenfällig wird dies nicht zuletzt in Sperbers Ausführungen zum Justizpalastbrand, in der die Perspektiven des Autors und seines Hauptprotagonisten so augenfällig zusammenfallen.[719] Was die Erzählung hier fast schon überdeutlich an den Rand rückt, ist der Ort des Protagonisten bei den geschilderten Ereignissen selbst.[720] Sperber berichtet, dass er, »Alex« (gemeint ist vermutlich Alexander Weissberg) »und viele andere unseresgleichen […] dem Parlament gegenüber […] standen«, ein »›Posten‹«, von dem sie sich im Lauf des Tages »kaum mehr als etwa 300 Meter entfernt hatten«. Es habe sich um einen »Beobachterposten« gehandelt, »auf den uns niemand gestellt hatte«.[721] Die Demonstranten hätten gehandelt, wie sie gehandelt hätten, weil sie gedacht hätten: »Es ist nicht möglich, es kann nicht sein!« Diese Überzeugung (Sperber spricht sogar von Wissen) ergibt sich für den Autobiografen aus den Empfindungen seines jugendlichen Helden. Wenn die Paramilitärs des Schutzbundes »[k]amen, so wollten wir uns ihnen anschließen; endlich würden wir Waffen in die Hand bekommen«. Doch daraus wurde nichts, und so traten Sperber und Weissberg den Heimweg an.[722] In der Abschiedsszene der beiden wird deutlich, dass sie das Ausbleiben einer martialischen Intervention durch die Sozialdemokratie nicht guthießen. »›Ein zweites Mal lassen wir uns den Otto Bauer nicht erschlagen […]‹«, hätten sie beide zugleich gesagt.

---

717 Vgl. Sperber, Die vergebliche Warnung, S. 474.

718 Zur Terminologie vgl. Freud, Drei Abhandlungen zur Sexualtheorie, S. 85 f., 140 f.; Laplanche/Pontalis, Das Vokabular der Psychoanalyse, S. 478–481.

719 Vgl. auch Müller-Funk, Schwerbewaffnete Menschenjäger und mutlose Sozialdemokraten, S. 142.

720 Vgl. auch Müller-Funk, Schwerbewaffnete Menschenjäger und mutlose Sozialdemokraten, S. 148.

721 Vgl. Sperber, Die vergebliche Warnung, S. 399 f., 402 f.

722 Vgl. Sperber, Die vergebliche Warnung, S. 403 f.

»›Nicht ein zweites Mal‹, das war der Kehrreim der schwächlichen, stets unausgeführten Drohungen, mit denen die Sozialisten auf die wachsende Aggressivität der herrschenden Christlichsozialen Partei und der Bürgerkriegstruppen reagierten.«[723]

Alexander Weissberg war, so Sperbers eigene Einschätzung, Marxist und verkehrte in Kreisen »kommunistische[r] Intellektuelle[r]«.[724] Mit der Wendung »viele andere unseresgleichen« macht Sperber seine eigene Position am 15. Juli 1927 deutlich. Er ist weder neutraler Beobachter noch steht er aufseiten der Sozialdemokratie, auch wenn er zu einer eigentümlichen Exkulpation derselben ansetzt. Zwar sei niemals »mit Sicherheit festgestellt« worden, »[w]ie es zur Brandstiftung gekommen« sei. Allerdings bestünde eine »negative Gewißheit«, und zwar, dass

»weder die Sozialdemokraten noch irgendeine ihrer vielen Organisationen [...] – niemand, der zum sozialdemokratischen Lager gehörte, [...] diese politisch wahnwitzige Tat gewünscht, geplant oder verübt«

habe.[725]

Anders als beispielsweise Elias Canetti erwägt Sperber die Möglichkeit einer eigendynamisch handelnden Masse nicht.[726] Als einzige psychologische Erklärung bleibt der schon erwähnte Hinweis auf »*symbolträchtige*[s] *Unrecht*«. Nichts sonst könne »Menschen in solch leidenschaftliche Bewegung« versetzen und »das Gefühl« geben, »daß die Justiz die Gerechtigkeit und mit ihr die Opfer verhöhnt, so daß deren Mörder als Helden paradieren dürfen«.[727]

Sperber betont, wie wichtig seine Erfahrungen im Kontext des Justizpalastbrandes für ihn waren, ein »Erlebnis«, das »nie aufgehört« habe »zu wirken«. Das Vorgehen von Regierung und Polizei sei »ein *symbolträchtiges Unrecht*« gewesen und habe jenes »*negative* Staunen« wachgerufen, das schon seine »Zweifel an

723 Sperber, Die vergebliche Warnung, S. 404.

724 Vgl. Sperber, Die vergebliche Warnung, S. 363. Wie Sperber selbst, wandte sich auch Weissberg im Lauf der Zeit von der KP ab; 1936 wurde er in der Sowjetunion verhaftet, überlebte aber den »Großen Terror«. Später gab er, im Rahmen eines Gerichtsverfahrens, ebenso wie in seinem Buch »Hexensabbat«, ausführliche Beschreibungen der stalinistischen Repression. Vgl. z. B. Baberowski, Jörg: Verbrannte Erde. Stalins Herrschaft der Gewalt. 2. Aufl. Frankfurt am Main: Fischer Taschenbuch 2019 (Fischer TB 19637), S. 352 (mit weiteren Nachweisen).

725 Vgl. Sperber, Die vergebliche Warnung, S. 399.

726 Vgl. Canetti, Masse und Macht, insbes. S. 9–100. Vgl. dazu auch Müller-Funk, Schwerbewaffnete Menschenjäger und mutlose Sozialdemokraten, S. 145 ff.

727 Vgl. Sperber, Die vergebliche Warnung, S. 398.

Gottes Macht und Gerechtigkeit und schließlich an seiner Existenz geweckt hatte«, und das ihn nun »an der Rationalität des Menschen« zweifeln ließ.[728] Er sagt es nicht explizit, doch indem er den Justizpalastbrand und seine Überlegungen dazu in unmittelbare Nähe zu seiner Übersiedlung nach Berlin mit all ihren Implikationen rückt (zu denen auch der Beitritt zur Kommunistischen Partei gehörte), entsteht der deutliche Eindruck einer lebensentscheidenden Veränderung. Mirjana Stančić spricht gar von einem »*Scharniererlebnis*«, einem »Schlüsselerlebnis, das seine zukünftigen Lebensentscheidungen im wesentlichen beeinflußte«.[729] Ob diese Einschätzung nicht ein wenig überzogen ist, wäre hinterfragenswert. Sperber suggeriert eine Lesart im Sinne Stančićs zweifellos selbst, wenn er schreibt, das »Erlebnis« des 15. Juni 1927 habe sein »Verhalten fast so stark mitbestimmt wie das Geschehen auf dem Zablotower Friedhof im Winter 1915«.[730] Allerdings hatte sich Sperbers Nähe zu Marxismus und KP schon seit geraumer Zeit angebahnt, gefördert auch durch Entwicklungen im *Schomer*.[731] Dies sollte nicht nur zu einem Ortswechsel führen, sondern auch die Beziehung zu Adler nachhaltig verändern.

Implizit oder explizit individualpsychologisch inspirierte Selbstreflexion kann aber nicht nur hinsichtlich drastischer Veränderungen in Sperbers Lebensdarstellung angenommen werden, sondern auch für die ex post von ihm selbst als solche erkannten oder eingestuften *blinden Flecken* in seiner Weltwahrnehmung. Dazu zählt insbesondere das wiederholt problematisierte Thema seiner langen Anhänglichkeit an die Kommunistische Partei und die Sowjetunion, ungeachtet zahlreicher Hinweise, die Sperber bezüglich der Lebenswirklichkeiten unter Stalin erreichten und zu denen auch Erlebnisse in der UdSSR selbst zählten. Sein »Bedürfnis, zu hoffen und deshalb zu glauben«, sei unverändert »stark« geblieben, auch wenn ihn spätestens »im August 1931 […] Zweifel« zu plagen begonnen hätten, anlässlich der erwähnten Unterstützung der NSDAP bei ihren Bemühungen, die preußische Regierung abzusetzen.[732] Sperber schildert seine Zweifel als sehr tiefgehend, vielleicht eher unbewusst, was sie aber gerade aus individualpsychologischer Sicht möglicherweise besonders gravierend erscheinen lassen. Einige Monate nach seiner Reise in die Sowjetunion, im Jahr 1931, sei Sperber »gegen Ende der Nacht weinend« erwacht. Grund sei ein »Traum« gewesen, der in einer sowjetischen Stadt spielte und »ein Pogrom« zum Inhalt hatte. In diesem Traum habe er sich Hilfe von »eine[r] Gruppe *Kom-*

728 Vgl. Sperber, Die vergebliche Warnung, S. 406.
729 Vgl. Stančić, Manès Sperber, S. 123, 126 (Hervorhebung im Original).
730 Vgl. Sperber, Die vergebliche Warnung, S. 406.
731 Vgl. Sperber, Die vergebliche Warnung, 274 ff.
732 Vgl. Sperber, Die vergebliche Warnung, S. 480 f.

somolzen (junger Kommunisten)« erhofft, worauf ihn eine Frau angeschrien habe: »›Komm, Verrückter! Die Komsomolzen machen ja den Pogrom, die Komsomolzen!‹«[733] Gleichwohl sei er lange Zeit »entschlossen« geblieben, »an die Partei zu glauben«.[734] Das Gefühl, keine Alternativen zu haben, wird immer wieder anhand konkreter Referenzen verdeutlicht, nicht nur durch solche auf die später »falsche Alternative« genannte Gegenüberstellung von Faschismus bzw. Nationalsozialismus und Kommunismus à la Stalin.[735] So weist Sperber auf die »ungewöhnliche Bedeutung der Gleichgültigkeit« hin, die »dem Terror seit jeher und überall förderlich ist«.[736] Im Blick auf den Winter 1932/33 spricht Sperber von einer »Apathie breiter Schichten«, erklärt sie allerdings hauptsächlich mit »der verwirrenden und schließlich paradox neutralisierenden Wirkung des Feinddenkens«. Denn dieses »dräng[e] die Ängstlichen dazu, sich der Diktatur zu unterwerfen«.[737] Unter den Auspizien nationalsozialistischer Herrschaft mochte sich dieses Phänomen darin äußern, dass selbst jemand wie Gottfried Benn, »ein Prototyp jener Intellektuellen, welche von den Nazis als ›Kulturbolschewisten‹ beschimpft wurden«, seine »rückhaltslos[e]« Unterstützung des Regimes bekundete. »Es war eines jener damals häufigen feigen Wagnisse, die nur Angstbesessene in der Panik vollbringen.«[738]

3.4 Resümierende Überlegungen

Auch in »Die vergebliche Warnung« werden Erinnerungen in Hinblick auf den *Lebensplan* des Protagonisten untersucht, was neuerlich in der Weise geschieht, dass besagte Erinnerungen als erwähnenswerte Aspekte der Autobiografie eingeführt und in weiterer Folge einer Deutung unterzogen werden. Diese verweist zugleich auch wieder darauf, dass die Auswahl selbst durch bestimmte

733 Vgl. Sperber, Die vergebliche Warnung, S. 493. Zum Antijudaismus bzw. Antisemitismus stalinistischer Prägung vgl. z. B. Snyder, Timothy: Bloodlands. Europa zwischen Hitler und Stalin. Aus dem Englischen v. Martin Richter. Ungekürzte Ausgabe. 3. Aufl. München: Deutscher Taschenbuch Verlag 2016, insbes. S. 343–379; Baberowski, Verbrannte Erde, insbes. S. 472 ff.; Brent, Jonathan/Naumov, Vladimir P.: Stalin's Last Crime. The Doctor's Plot. London: Murray 2003, pp. 94 ff., 123 ff.

734 Vgl. Sperber, Die vergebliche Warnung, S. 500.

735 Vgl. Sperber, Die falsche Alternative, S. 285–290.

736 Vgl. Sperber, Die vergebliche Warnung, S. 376.

737 Vgl. Sperber, Die vergebliche Warnung, S. 533.

738 Sperber, Die vergebliche Warnung, S. 551. Zu Benn vgl. Dyck, Joachim: Der Zeitzeuge. Gottfried Benn 1929–1949. Göttingen: Wallstein 2006, insbes. S. 88 ff., 95 ff., 128 ff., 134 ff.; Thamer, Hans-Ulrich: Verführung und Gewalt. Deutschland 1933–1945. Berlin: Siedler 1986, S. 300 f.

Fragestellungen und nicht etwa durch eine möglichst akkurate Darstellung von Ereignissen in einer bestimmten Abfolge geleitet ist. So beginnt Sperber den zweiten Band seiner Autobiografie mit einer scheinbar isolierten und auch ein wenig desparaten Erinnerung, nämlich jener an einen alten jüdischen Musikanten, der im Herbst 1918 auf der Wiener Marienbrücke Geige zu spielen pflegte. Umgehend schließt der Autobiograf die Frage an, weshalb er sich gerade an diesen Musikanten so deutlich erinnere, und ob diese Erinnerung nicht möglicherweise etwas anderes verdecke. Ähnlich verhält es sich mit den Schilderungen von Sperbers Aufenthalt in Amsterdam kurz nach Kriegsende, die zunächst fast im Stil des Berichts einer Reise begegnen, die ein Jugendlicher im Sommer 1919 unternahm, erstmals im Leben alleine unterwegs. Sehr rasch aber lässt die Darstellung erkennen, dass es in diesem Zusammenhang doch sehr stark um das Thema Gemeinschaftsgefühl geht, und den Bestand einer Zugehörigkeit, die Sperber ganz offenkundig lebenslag sehr wichtig war, nämlich jener zum Judentum. In Amsterdam gelingt es dem Protagonisten seine Haltung zur prägenden Kultur seiner Kindheit in einer Weise zu modifizieren, die es ihm fortan erlauben wird, ihr die Treue zu halten, ohne gleichwohl ihren religiösen Kern zu akzeptieren. Bezugspunkt dieses Wandels in der Erzählung ist eine Zufallsbekanntschaft, die der Protagonist kurz nach seiner Ankunft in Amsterdam macht und die ihm die Welt eines weltläufigen sephardischen Judentums erschließt. Dieser neu gewonnene Horizont ermöglicht ihm zugleich den Zugang zur bildenden Kunst, ein Thema, das für ihn neu und unvertraut ist.

Dass die Individualpsychologie selbst in »Die vergebliche Warnung« sehr stark zum Thema wird, liegt nicht zuletzt daran, dass Sperber in diesem Band seine persönliche Beziehung zu Alfred Adler und seinem Umfeld ausführlich erörtert. Auch diese Thematik wird narrativ erschlossen, wobei des Protagonisten gesundheitliche Probleme Anfang der 1920er-Jahre als Anknüpfungspunkt fungieren. Zum ersten Mal sei er in einer Lungenheilanstalt, durch einen Mitpatienten, eindringlich auf Alfred Adler hingewiesen worden und habe, nach Wien zurückgekehrt, dessen Vorlesungen und Seminare an der Volkshochschule zu besuchen begonnen. In der Folge entwirft der Autobiograf die Geschichte einer wissenschaftlichen Entdeckungsreise und einer persönlichen Freundschaft, deren Ausgang in Form einer Trennung schon früh seine Schatten vorauswirft. Dieser Einschätzung gibt Sperber, der Autobiograf, insbesondere mit der relativ ausführlich gehaltenen Schilderung seiner Arbeit mit Joseph, der unter wahnhaften Störungen leidet, und bezüglich dessen Heilung Sperber, der Therapeut, sehr grundlegende Meinungsverschiedenheiten mit Adler hegt. Auch Wendungen wie »[m]ehrere Jahre nachher, als alles zu Ende war, fragte ich mich«, lassen bereits früh im Text erahnen, wie sich die Freundschaft zwischen Sperber und Adler entwickeln wird.[739]

Prolepsen, Vorausdeutungen, dienen zweifellos dem Spannungsaufbau, im konkreten Fall lassen sie aber auch die Einbettung der autobiografischen Erzählung in deutend-psychologische Überlegungen erkennen. Hier etwa könnten sie lauten: Weshalb ist diese Gemeinschaft zerbrochen, war Adler tatsächlich ein Lehrer-Meister oder hat ihn mein doch noch sehr junges Ich zu einem solchen idealisiert? Was macht der Verlust von Gemeinschaft mit einem Menschen, welche Bewältigungsstrategien lassen sich entwickeln? Zugleich sind es eben solche Überlegungen, von denen her die Narration selbst, deren Boden stets nur interimistisch verlassen, aber nie vollends aufgegeben wird, maßgeblich strukturiert wird.

739 Vgl. Sperber, Die vergebliche Warnung, S. 329.

4 »Bis man mir Scherben auf die Augen legt«

4.1 Zentrale Inhalte

4.1.1 Sperbers ambivalentes Verhältnis zur Kommunistischen Partei

Ehe er nach Wien zurückreiste, verbrachte Sperber drei Tage mit Mirjam in ihrer Berliner Wohnung.[740] In Wien blieb er nicht lange, schon im Frühling 1933 reiste Sperber nach Jugoslawien weiter, wo er rund ein Jahr lang blieb. Vom Sommer 1934 bis Sommer 1935 arbeitete er im Auftrag der Kommunistischen Partei am *»Institut zum Studium des Faschismus«* in Paris mit und beschäftigte sich dabei vor allem mit einer Ausstellung zur Aufklärung über den Faschismus.[741] Er hielt der KP immer noch die Treue, obwohl er wusste, dass die stalinistischen Schauprozesse im Gange waren. Dabei ging es ihm seiner eigenen Darstellung zufolge wohl auch um Rücksichtnahmen angesichts der permanenten faschistischen Bedrohung.[742] Erst 1937 trat Sperber aus der Kommunistischen Partei aus und verfasste die Schrift »Zur Analyse der Tyrannis«.[743] Ausschlaggebend dürfte die stalinistische Politik in Spanien gewesen sein, deren verspätete Unterstützung der republikanischen Seite mehr und mehr in den Versuch überging, Linientreue durchzusetzen.[744] Die Erfahrung, geächtet zu werden, die er bereits nach dem Bruch mit Adler durch dessen Umfeld erfahren hatte, erlebte Sperber in der Folge erneut, diesmal seitens linientreu bleibender Kommunistinnen und Kommunisten.[745] Bemerkenswert ist, dass Sperber so lange gezögert hat, eher er

---

740 Vgl. Sperber, Die vergebliche Warnung, S. 577.

741 Vgl. Sperber, Bis man mir Scherben auf die Augen legt, S. 609 f., 633 ff., 668 ff.; Stančić, Manès Sperber, S. 262 ff.

742 Vgl. Sperber, Bis man mir Scherben auf die Augen legt, S. 711 ff.

743 Vgl. Sperber, Bis man mir Scherben auf die Augen legt, S. 699 ff., 739 ff.; Stančić, Manès Sperber, S. 285 ff., 307 ff.

744 Vgl. Sperber, Bis man mir Scherben auf die Augen legt, S. 731.

745 Vgl. Sperber, Bis man mir Scherben auf die Augen legt, S. 734 ff. Zu Reaktionen ehemaliger Parteifreundinnen und -freunde am Beispiel von Anna Seghers vgl. auch ibid., S. 670.

mit der Kommunistischen Partei brach. Dabei hatte er, zumindest seinen autobiografischen Ausführungen zufolge, schon lange mit der Partei und ihren wechselnden *Generallinien* gehadert.[746] Dies mag auch persönliche bzw. berufliche Gründe gehabt haben, darunter nicht zuletzt das schon erwähnte Gefühl eines Fehlens von Alternativen. Im Herbst 1933 bezogen Manès und Mirjam Sperber eine Wohnung in Zagreb, im Jänner 1934 wurde ihr gemeinsamer Sohn Vladimir Friedrich Uri geboren.[747] Dies mag den Druck auf beide verstärkt haben, zumal sich ihre Handlungsspielräume einschränkten. Im Februar 1934 endete der kurze Bürgerkrieg in Österreich damit, dass sich das ständestaatliche Regime mit Waffengewalt gegen die sozialdemokratische Opposition durchsetzte und sein autoritäres Staatswesen auch formal etablieren konnte.[748]

Sperber selbst sei im Frühjahr 1934 einem »Ruf der Partei« gefolgt, um in Paris »eine[r] wichtige[n] Ideologische[n] Arbeit im internationalen Maßstab« nachzugehen. Konkret ging es darum, »als ›ideologischer‹ Leiter » am »›Institut zum Studium des Faschismus‹, INFA genannt«, mitzuwirken. Mirjam habe sich indes »mit dem Kind [...] in Wien« niedergelassen.[749] In Paris sei er, so berichtet Sperber, auch Arthur Koestler wiederbegegnet, zu dem er damals »großes Zutrauen« gefasst habe, umso mehr, als sich Koestler ohne »Selbstinszenierung«, »unverstellt«, gezeigt habe und »sein Streben nach innerer Wahrhaftigkeit« erkennen habe lassen.[750] Seiner Tätigkeit für das INFA widmet Sperber den zweiten Teil des letzten Bandes seiner Autobiografie.[751] Worin diese Tätigkeit genau bestanden hat, bleibt in Sperbers Darstellung einigermaßen verschwommen. Der Autobiograf beschreibt eher die Pariser Kollegen und die Gespräche mit ihnen, dabei insbesondere mit Otto Bihaly, der aus Jugoslawien stammte und sich in Paris »Peter oder Pierre Merin« nannte. Mit ihm habe Sperber »über die Parteilinie« gesprochen, »als ob sie keineswegs in Frage gestellt werden könn-

746 Zum Thema Generallinie und KPD vgl. z. B. Hoppe, In Stalins Gefolgschaft. Moskau und die KPD 1928–1933, S. 308.

747 Vgl. Sperber, Bis man mir Scherben auf die Augen legt, S. 622 f.

748 Sperber, Bis man mir Scherben auf die Augen legt, S. 623 ff., weist ausführlich auf den Februaraufstand und einige seiner Folgen hin, allerdings mit primärem Fokus auf seine eigene Adaption der Ereignisse in »Der verbrannte Dornbusch«. Zum österreichischen Ständestaat bzw. Austrofaschismus vgl. z. B. Hanisch, Ernst: Der lange Schatten des Staates. Österreichische Gesellschaftsgeschichte im 20. Jahrhundert. Wien: Ueberreuter 1994 (Österreichische Geschichte 1890–1990, hg. v. Herwig Wolfram), S. 310–336; Tálos, Emmerich: Das austrofaschistische Herrschaftssystem. Österreich 1933–1938. Berlin/Münster/Wien: Lit 2013 (Politik und Zeitgeschichte, Bd. 8).

749 Vgl. Sperber, Bis man mir Scherben auf die Augen legt, S. 627 f., 633.

750 Vgl. Sperber, Bis man mir Scherben auf die Augen liegt, S. 644.

751 Vgl. Sperber, Bis man mir Scherben auf die Augen legt, S. 633–698.

te«.[752] Auch der Begegnung mit einer »junge[n] Genossin« aus Polen namens Rynia widmet die Autobiografie breiten Raum, zudem einer »internationalen Ausstellung zur Aufklärung über den Faschismus«.[753] Was auch immer Sperber genau in Paris für die INFA gemacht hat, es dürfte wohl nicht so gewesen sein, dass er zu dieser Zeit offen kritisch gegenüber der Parteilinie aufgetreten wäre. Angesichts des hohen Organisationsgrades der Komintern wäre er ansonsten kaum als *ideologischer Leiter* einer ihrer Einrichtungen beschäftigt worden, gleich, ob mit oder ohne Anführungsstriche, bezahlt oder nicht.[754] Er schreibt selbst, er habe »[u]m jene Zeit [...] alles« getan »und [...] vieles« unterlassen, »nur um« sich »in Eintracht mit den Genossen zu fühlen«. Er habe »die Sache der Partei« vertreten, öffentlich wie »in persönlichen Gesprächen«.[755] Andere Perspektiven schienen sich eher zu verschließen, wie für ihn etwa die *Saarabstimmung* 1934 indiziert haben dürfte, die mit seinem überwältigenden Ergebnis für eine »Vereinigung mit Deutschland« endete.[756]

Folgt man Sperbers Darstellung, so dürfte ihm eine »zögernd und noch recht undeutlich« einsetzende »Wendung der kommunistischen Politik« entgegengekommen sein, die damit aufzuhören begann, »die Sozialisten« als Feinde zu betrachten. Dies habe »auch die Aussicht der INFA« verbessert, »auf Kreise einzuwirken, die man bis dahin gemieden hatte«.[757] Und immerhin habe er »die Volksfrontpolitik als Strategie des Antifaschismus schon lange vorher als die einzig richtige« betrachtet.[758] Gleichwohl sah er das Ende der »INFA-Periode als [...] deprimierende Enttäuschung für so viele Menschen«.[759] Die INFA-Angestellten hätten ihr Gehalt zunächst unregelmäßig und dann gar nicht mehr erhalten, eine interne »Intrige [...] des Komintern-Delegierten«, der die INFA überwachte, habe dazu geführt, dass Koestler und Bihaly das Institut verlassen hätten. Im Sommer 1935 sei die INFA schließlich aufgelöst worden.[760] Innerhalb der Kommunistischen Partei der Sowjetunion und mithin der Komintern bahnten sich zudem Veränderungen wenig erfreulicher Art an, habe doch die Ermordung des Politbüromitglieds Sergej Kirow in Leningrad »eine Kette furchtbarer Ereig-

752 Vgl. Sperber, Bis man mir Scherben auf die Augen legt. S. 639.
753 Vgl. Sperber, Bis man mir Scherben auf die Augen legt, S. 653–658.
754 Zur Nichtexistenz von Meinungsfreiheit innerhalb der Komintern vgl. z. B. Duhnke, Die KPD von 1933 bis 1945, S. 150 ff, 157 ff., 163 ff., 175 ff., 274 ff., 324 ff.
755 Vgl. Sperber, Bis man mir Scherben auf die Augen legt, S. 661.
756 Vgl. Sperber, Bis man mir Scherben auf die Augen legt. S. 662–665. Zur Volksabstimmung über das Saarland vom 13. Jänner 1935 vgl. z. B. Kershaw, Hitler. 1889–1936, S. 686 ff.
757 Vgl. Sperber, Bis man mir Scherben auf die Augen legt, S. 652 f.
758 Vgl. Sperber, Bis man mir Scherben auf die Augen legt, S. 711. Vgl. dazu auch ibid., S. 653.
759 Vgl. Sperber, Bis man mir Scherben auf die Augen legt, S. 655.
760 Vgl. Sperber, Bis man mir Scherben auf die Augen legt, S. 653 f., 668 f.

nisse« nach sich gezogen. Der aus heutiger Sicht von einem Einzeltäter, Leonid Nikolaew, verübte Anschlag wurde als Ergebnis einer Verschwörung gedeutet.[761] Stalin leitete aus dieser behaupteten Konspiration eine wichtige Legitimation der seit 1935 einsetzenden Verhaftung von Parteiangehörigen, der Moskauer Prozesse (ab 1936) und des Großen Terrors insgesamt ab.[762]

Während der Zeit seiner offenbar nicht regelmäßig bezahlten Tätigkeit habe ihn, so Sperber, sein »Freund Beno Stein unterstützt, sooft er vermuten mußte, daß ich es nötig hatte«.[763] Stein war Arzt und lebte in Zagreb. Mit ihm und seiner Ehefrau Vera war Sperber eng befreundet. Zusammen mit Freunden hätten die Steins »eine Individualpsychologische Vereinigung in Zagreb« gegründet. Beno Stein, »etwa zehn Jahre älter« als Sperber, sei »in der ersten Stunde« ihrer »Begegnung« sein »Freund« geworden. Sperber beschreibt ihn als »weltoffen, er bewahrte seine jugendliche Begier, zu lernen und zu verstehen; in ihm wirkten Klugheit und Güte zusammen, nicht gegeneinander«.[764]

1936 lernte er bei einer öffentlichen Diskussion seine spätere zweite Frau Zenija (Jenka) Zivçon kennen, die aus seiner »lettisch-jüdische[n]« Familie stammte.[765]

Nach dem Ende der INFA begab sich Sperber 1935 für kurze Zeit nach Wien, wo er überlegt habe, sich »wieder ganz der Psychologie« zu »widmen«. Dagegen habe der Umstand gesprochen, dass Österreich eine Art »Mausefalle« gewesen sei, die jederzeit »zur Ostmark des Dritten Reiches herabsinken konnte«. Zudem seien in beruflicher Hinsicht »vielfache Widerstände der orthodoxen Adlerianer« zu befürchten gewesen.[766] So sei Sperber nach »Zagreb und Dalmatien« gereist, wo er »wenige Monate […] verbracht« habe, die ihm »neuen Mut« gegeben hätten. Auf Drängen eines jugoslawischen KP-Angehörigen habe er von Wien »illegales Material« nach Zagreb transportiert und erst im Nachhinein erfahren, dass der Zug, in dem er gefahren war und den er aus Zeitgründen frühzeitig verlassen hatte, »besonders scharf perlustriert« worden sei. Gezielt hätte man nach Koffern mit »doppelte[m] Boden« gesucht. Sperber hatte einen

761 Vgl. Sperber, Bis man mir Scherben auf die Augen legt, S. 665 f.

762 Vgl. z. B. Baberowski, Jörg: Der rote Terror. Die Geschichte des Stalinismus. 4. Aufl. Frankfurt am Main: Fischer Taschenbuch 2018, insbes. S. 135–208; Baberowski, Verbrannte Erde, S. 212–368; Sebag Montefiore, Simon: Stalin. Am Hof des roten Zaren. Aus dem Englischen v. Hans Günter Holl. 4. Aufl. Frankfurt am Main: Fischer 2005, insbes. S. 169–340.

763 Vgl. Sperber, Bis man mir Scherben auf die Augen legt, S. 654.

764 Vgl. Sperber, Bis man mir Scherben auf die Augen legt, S. 511.

765 Vgl. Sperber, Bis man mir Scherben auf die Augen legt, S. 718 f.

766 Vgl. Sperber, Bis man mir Scherben auf die Augen legt, S. 687 f.

solchen mit sich geführt. Er vermutete, denunziert worden zu sein, möglicherweise durch ein KP-Mitglied.[767]

4.1.2 Verschärfung der Spannungen

Trotz all des damit einhergehenden Unbehagens entschloss sich Sperber nicht, die Partei zu verlassen. Auch die Moskauer Schauprozesse, die im Jahr 1936 begannen, gaben noch nicht den Ausschlag für einen Bruch mit der KPD.[768] »In diesen Schauprozessen«, so Sperber, »klagten sich Unschuldige selber an, indem sie Verbrechen gestanden, die sie nicht begangen hatten, welche überdies nur Fiktion waren.«[769] Dass dem so war, steht heute wohl weitgehend außer Zweifel.[770] Weshalb aber, darüber gehen die Auffassungen auseinander. Jörg Baberowski etwa weist darauf hin,

> »daß es Feinde gab, die die sozialistische Ordnung bedrohten, [...] mochten auch die Angeklagten nicht zweifeln. Indem sie zugaben, was die Parteiführung von ihnen verlangte, stellten sie die Ordnung wieder her, der sie ihr gesamtes Leben gewidmet hatten.«[771]

767 Vgl. Sperber, Bis man mir Scherben auf die Augen legt, S. 688 f.

768 Zu Beginn und Kontext der Moskauer Schauprozesse vgl. z. B. Baberowski, Der rote Terror. Die Geschichte des Stalinismus, S. 149 ff.

769 Sperber, Bis man mir Scherben auf die Augen legt, S. 724.

770 Zu einer zumindest innerhalb der Geschichtswissenschaften heute weitgehend unstreitigen Sichtweise vgl. z. B. Snyder, Timothy: Bloodlands. Europa zwischen Hitler und Stalin. Aus dem Englischen v. Martin Richter. München: Beck 2011, insbes. S. 23 ff., 43 ff., 79 ff., 169 ff.,319 ff., 343 ff. Dazu, dass dies zum Teil noch lange nach den Ereignissen, deren Zeitgenosse Sperber war, häufig anders gesehen wurde und Teil ideologischer Kontroversen z. B. in Westdeutschland war, vgl. z. B. Enzensberger, Hans Magnus: Tumult. Berlin: Suhrkamp 2014, S. 232 f. Dort erzählt Enzensberger, der an anderer Stelle seine eigene frühe Begeisterung für den Marxismus-Leninismus zu ironisieren sucht (vgl. ibid., S. 9 ff., 37 ff.) von einem Gespräch mit seiner ersten Ehefrau Dagrun: »Das Bedürfnis nach Religion kann aller Zweifel Herr werden. Mit steinernem Gesicht erklärte dieses zarte Geschöpf mir, die Moskauer Prozesse seien ein Muster der Volksjustiz gewesen, ganz zu schweigen von Trotzki – diesem Verräter sei ganz recht geschehen. Nur die bürgerliche Propaganda verleumde den Kameraden Stalin.« Zu heutigen Annäherungsversuchen »[i]n Putins Russland« (zu dieser Formulierung vgl. Politkowskaja, Anna: In Putins Russland. Aus dem Russischen v. Hannelore Umbreit u. Ulrike Zemme. Lizenzausgabe Frankfurt am Main: Fischer Taschenbuch Verlag 2008 [Fischer TB 17927]) vgl. z. B. Creuzberger, Stefan: Stalinismus und Erinnerungskultur. In: Bundeszentrale für politische Bildung: Aus Politik und Zeitgeschichte, 61. Jg., 49–50/2011, S. 42–47.

771 Baberowski, Der rote Terror. Die Geschichte des Stalinismus, S. 151 f.

Für Baberowski stehen die öffentlichen Selbstanklagen während der Moskauer Prozesse also im Wesentlichen vor dem Hintergrund »der mentalen Verfassung der meisten Bolschewiki«. Er weist zugleich auf den massiven Druck hin, unter dem die Angeklagten standen:

> »Wer nicht gestand, wurde mit den erzwungenen Aussagen von Freunden und Mitarbeitern konfrontiert oder den Tschekisten [Angehörigen der Geheimpolizei Tscheka, HHD] gefoltert.«[772]

Die Frage, »warum [...] die Angeklagten in den Moskauer Prozessen [...] imaginäre Verbrechen« gestanden, anstatt die Gelegenheit eines öffentlichen Auftritts vor Gericht wahrzunehmen und »die Ankläger«, zugleich »Stalin schärfstens anzugreifen«, erschien Sperber, aber auch seinem Freund Arthur Koestler »bedrängend, ja obsessiv«.[773] Koestler versuchte sie im Rahmen eines Romans zu beantworten, der zuerst unter dem Titel »Darkness at Noon« veröffentlicht wurde.[774] Nach Sperbers Lesart ging es in diesem Roman darum,

> »das Schicksal einer Hauptfigur der Moskauer Prozesse so darzustellen, daß der Weg eines Mannes wie Bucharin sich deutlich abzeichne – der Weg, der ihn nach langen Verhören und rücksichtslosen Gewissensprüfungen [...]

772 Baberowski, Der rote Terror. Die Geschichte des Stalinismus, S. 151.

773 Vgl. Sperber, Bis man mir Scherben auf die Augen legt, S. 795. Zur Freundschaft mit Koestler und ihrer Entstehung aus Sperbers Sicht vgl. Sperber, Bis man mir Scherben auf die Augen legt, S. 727 f. Zu Koestlers Sicht vgl. Koestler, Arthur: Abschaum der Erde. Gesammelte autobiographische Schriften, 2. Band. Wien/München/Zürich: Molden 1971, S. 339. Koestler erwähnt dort, dass Sperber ihm Ende der 1930er-Jahre (Sperber selbst datiert den Beginn der Freundschaft mit 1937) »ein [...] naher Freund geworden« sei. Er beschreibt den »marxistische[n] Adlerschüler« als »brillant, logisch, didaktisch mit einer Spur von Rhetorik«. Zur Zusammenarbeit Koestlers und Sperbers bei einem »Sexuallexikon«, dessen ersten Band Koestler 1934 unter dem Pseudonym »Dr. A. Costler« herausgab, vgl. Koestler, Arthur: Frühe Empörung. Gesammelte autobiographische Schriften, 1. Band. Wien/München/Zürich: Molden 1970, S. 472. Koestler weist in diesem Zusammenhang darauf hin, dass Sperber »ausübender Psychotherapeut war, bevor er sich einen Namen als Schriftsteller machte«.

774 Vgl. Koestler, Arthur: Darkness at Noon. Aus dem Deutschen übersetzt v. Daphne Hardy. London: Cape 1940. Das ursprünglich auf Deutsch verfasste Manuskript ging verloren, der Roman erschien auf Deutsch unter dem Titel »Sonnenfinsternis« als Rückübersetzung aus dem Englischen. Vgl. z. B. Koestler, Arthur: Sonnenfinsternis. Zürich: Atlantis 1946. Im Jahr 2015 fand Matthias Weßel, der damals an seiner Dissertation arbeitete, in der Zentralbibliothek Zürich das Originalmanuskript, das 2018 veröffentlicht wurde; vgl. Koestler, Arthur: Sonnenfinsternis. Roman. Nach dem deutschen Originalmanuskript. Mit einem Vorwort v. Michael Scammell und einem Nachwort v. Matthias Weßel. 2. Aufl. Coesfeld: Elsinor 2018.

> schließlich zur Kapitulation führt, das heißt zur Teilnahme an der mörderischen Posse, die ihm seine Todfeinde aufzwingen wollen.«[775]

Im persönlichen Gespräch mit Koestler habe Sperber das Manuskript unmittelbar nach der Lektüre gelobt und gemeint,

> »er habe ein äußerst komplexes Thema [...] so bildhaft und zugleich gedankenreich behandelt, daß selbst der verstockteste Stalinist die Wahrheit erkennen und damit durchschauen mußte, daß er Opfer einer Irreführung geworden«

sei. Diese Hoffnung sei allerdings irrig gewesen. Doch Koestler und er hätten sich »auch darin beide« geirrt, »daß« sie »die Wirkung der psychischen Folter und der körperlichen Mißhandlungen nicht in Rechnung stellten«. Erst nach Kriegsende hätten sie erfahren, »daß die Mittel, fiktive Selbstanklagen zu erzwingen, weit zahlreicher, härter, quälender gewesen waren, als« sie es sich »je hätten vorgestellt hatten«:[776] »Wir glaubten damals«, räsoniert Sperber an anderer Stelle, »so gut wie alles erfaßt, insbesondere den Mechanismus der Stalinschen Prozesse durchschaut zu haben. Das traf zu, jedoch nicht ganz.«[777] Was die von den Schergen des Sowjetregimes angewandten Methoden angeht, Angeklagte zu Geständnissen zu *überreden,* bleiben Koestlers Vermutungen gewiss hinter den realen Verhältnissen zurück. Intellektuelle Zermürbungstaktik auf der einen, Schlafentzug auf der anderen Seite wenden die Verhörexperten bei Nikolas Salmanowitsch Rubaschow an.[778] Dass es noch brutalere Folterverfahren gab als den Entzug von Schlaf, ist hinlänglich bekannt.[779]

Rubaschow bleibt sich der Austauschbarkeit seiner eigenen Sichtweisen und Haltungen mit jenen seines ersten Gegenübers im Verhör, Iwanoff, bewusst. Dieser weist sogar explizit darauf hin.[780] Doch wird es wohl niemals möglich sein, die innersten Gedanken und Gefühle eines anderen Menschen zu erschließen, schon gar nicht vollständig. Koestlers Rubaschow allerdings denkt und empfindet durchaus ähnlich, wie es Jörg Baberoswki für viele der Angeklagten vermutet. »Das Grauen, das« für Rubaschow »von No. 1 ausging, bestand vor allem

---

775 Sperber, Bis man mir Scherben auf die Augen legt, S. 796.
776 Vgl. Sperber, Bis man mir Scherben auf die Augen legt, S. 796.
777 Sperber, Bis man mir Scherben auf die Augen legt, S. 728.
778 Vgl. Koestler, Sonnenfinsternis, S. 81 ff., 134 ff., 188 ff.
779 Vgl. z. B. Baberowski, Verbrannte Erde, insbes. S. 362 ff.; Sebag Montefiore, Stalin. Am Hof des roten Zaren, insbes. S. 261 ff.
780 Vgl. Koestler, Sonnenfinsternis, S. 84 ff., 93.

darin, daß er möglicherweise recht hatte.«[781] In den Verhören mit der zweiten Person, die Rubaschow unter Einsatz von Schlafentzug befragt, einem Offizier namens Gletkin, bildet sich eine Art »Spielregel« zwischen beiden heraus. Sobald »Gletkin [...] der Nachweis gelang, daß der Kern der Anschuldigung richtig war – selbst dann, wenn dieser Kern einen nur logischen, gleichsam abstrakten Charakter trug – [...]«, erhält er »freie Hand [...], um die fehlenden Details dazuzukonstruieren«.[782] Am Ende kann Gletkin, den Rubaschow, wie Iwanoff offenbar aus dem Großbürgertum, möglicherweise aus dem Adel stammend, ob dessen proletarischen Herkunft und Bildungsferne im Grunde verachtet, zugleich aber als guter Parteimann bewundert, seinen Widerpart überreden, sich für die Partei zu opfern:

> »Ihre Aufgabe ist [...], die Opposition verächtlich zu machen. Ihre Aufgabe ist es, den Massen begreiflich zu machen, daß Opposition ein Verbrechen ist und Oppositionelle Verbrecher sind.«[783]

Diese Aufgabe bewältigt Rubaschow in seinem öffentlichkeitswirksam in Szene gesetzten Prozess bravourös.[784] Die Partei dankt es ihm, indem er in den Gefängniskeller geführt und erschossen wird.[785] Als eigenen Versuch einer Antwort auf die erwähnte Frage betrachtete Sperber seine »Zur Analyse der Tyrannis« und den darin unternommen Versuch, »die psychisch zermürbende Wirkung des totalitären Unterdrückungsmechanismus« aufzuzeigen.[786]

Ungeachtet der hohen Komplexität von Faktoren, die solchen Selbstanklagen zugrunde liegen, dürften psychische Aspekte und politische Überzeugungen keine geringe Rolle dabei spielen. Für Sperber selbst wurde das Dilemma, fern von geheimpolizeilichen Verhören in Moskau, immer drängender.[787] So schildert er seine beginnende Selbstverachtung. Er habe sich vor allem »betroffen« und »schuldig« gefühlt »wegen der eigenen Kapitulation, der eigenen Doppelzüngigkeit [...] und durch dieses grauenhafte Spektakel gedemütigt und entwertet«. Seine »eigene Vergangenheit« habe er »als eine ungewollte Komplizität an einer grausamen, wahrheitsvernichtenden Daueraktion einer winzigen Machtgruppe

781 Koestler, Sonnenfinsternis, S. 30.
782 Vgl. Koestler, Sonnenfinsternis, S. 198.
783 Koestler, Sonnenfinsternis, S. 211. Zu Rubaschows ambivalenter Haltung Gletkin gegenüber vgl. ibid., S. 193 ff.
784 Vgl. Koestler, Sonnenfinsternis, S. 214 ff.
785 Vgl. Koestler, Sonnenfinsternis, S. 231 f.
786 Vgl. Sperber, Bis man mir Scherben auf die Augen legt, S. 795.
787 Vgl. Sperber, Bis man mir Scherben auf die Augen legt, S. 724 ff.

ansehen« müssen. Doch »[w]er sich selber feind« werde, »gerät in Gefahr, jeden Ausblick auf die Zukunft zu verlieren«.[788] Dieser Thematik widmet er sich auch anhand seiner Romanfigur Dojno Faber, die gewissermaßen ein Alter Ego darstellt.[789] Schließlich wirft Sperber ganz explizit die Frage auf: »Wie konnte ich so lange, bis 1937, dabeibleiben – ich, der nicht glaubte, und bereits recht früh das Wesentliche der Vorgänge erraten hatte, durch welche die Prozesse ermöglicht wurden?« Er beantwortet diese Frage mit Hinweis auf seine Präferenz der »Volksfrontpolitik« als antifaschistischer »Strategie«.[790]

Im Zusammenhang mit dem Spanischen Bürgerkrieg erwies sich für Sperber die Unmöglichkeit, der Partei länger anzugehören. Obwohl er nicht persönlich an diesem Krieg teilnahm, waren es Ereignisse während desselben, die sich für Sperbers künftiges Verhalten gegenüber dem Stalinismus als bestimmend erwiesen. Ähnlich drastische Brüche mit der Kommunistischen Partei Stalinscher Prägung vollzogen insbesondere Arthur Koestler und George Orwell nach den Erfahrungen mit dem Stalinismus in Spanien. Anders als Sperber waren sie beide selbst den Kriegshandlungen sehr nahe oder unmittelbar darin involviert gewesen. »Stalin hatte«, so Sperber, »befohlen, im Westen Europas einen Moskauer Schauprozess der vor allem in Katalonien wohlangesehenen Partei zu inszenieren […]«.[791] Bei besagter Partei handelte es sich um die *P.O.U.M*, ein Kürzel für *Partido Obrero de Unificación Marxista (Arbeiterpartei der Marxistischen Einheit)*. Inzwischen ist einiges über die Niederschlagung und Vernichtung der P.O.U.M im Sommer 1937 geschrieben worden.[792] Weil dicht am Geschehen, frei von falschen Idealisierungen und hellsichtig für die Mechanismen totalitärer Repression, bleibt Orwells »Homage to Catalonia« in diesem Zusammenhang ungebrochen ein relevantes Buch. Vermutlich hat es prägend auf jene Sichtweise der Entwicklungen innerhalb des fragilen antifrankistischen Bündnisses im Spanien des Jahres 1937 gewirkt, die sich auch bei Sperber fin-

788 Vgl. Sperber, Bis man mir Scherben auf die Augen legt, S. 726.

789 Vgl. unten, Kapitel C.

790 Vgl. Sperber, Bis man mir Scherben auf die Augen legt, S. 711. Zur »Volksfrontpolitik« der Komintern vgl. z. B. Duhnke, Die KPD von 1933 bis 1945, insbes. S. 277 ff.

791 Vgl. Sperber, Bis man mir Scherben auf die Augen legt, S. 731.

792 Vgl. z. B. Gorkin, Julián: Stalins langer Arm. Die Vernichtung der freiheitlichen Linken im spanischen Bürgerkrieg. Mit einem Vorwort v. Willy Brandt. Aus dem Französischen v. Heinz Abosch. Köln: Kiepenheuer & Witsch 1980; Alba, Victor/Schwartz, Stephen: Spanish Marxism versus Soviet Communism. A History of the P.O.U.M. in the Spanish Civil War. New Brunswick, New Jersey: Transaction Publishers 2009; Saña, Heleno: Die libertäre Revolution. Die Anarchisten im Spanischen Bürgerkrieg. Hamburg: Edition Nautilus 2001, insbes. S. 111 ff., 127 ff., 167 ff., 199 ff.; Schauff, Frank: Der verspielte Sieg. Sowjetunion, Kommunistische Internationale und Spanischer Bürgerkrieg 1936–1939. Frankfurt/New York: Campus 2004, insbes. S. 44 ff.

det.[793] Ob Sperber das Buch gekannt hat, ist ungewiss, aber die Perspektive ist offenkundig ähnlich.

Sperbers Freund Arthur Koestler, der sich etwa zu Beginn des Zweiten Weltkriegs mit George Orwell zu befreunden begann, war seit Ende Jänner 1937 in Málaga gewesen. Die Stadt wurde damals noch von Regierungstruppen kontrolliert, allerdings am 8. Februar 1937 von den Truppen der Putschisten um Francisco Franco eingenommen. Es waren Truppen unter dem Befehl von General Queipo de Llano, den Koestler im Sommer 1936 interviewt hatte. In seinem Anfang 1937 erschienen Buch »Menschenopfer unerhört« berichtete Koestler über seine »Reise in das Hauptquartier der Rebellen«, sein Interview mit Queipo de Llano und die grausamen Methoden der aufständischen Offiziere, die auch vor Kindern und Jugendlichen nicht Halt machten.[794] Koestler war im Auftrag des »News Chronicle«, einer als liberal geltenden britischen Tageszeitung, tätig, für die er auch 1937 wieder in Spanien unterwegs war.[795] Sein wichtigster Kontaktmann in Sevilla, wo sich Queipos Hauptquartier 1936 befand, war ein »Kapitän Bolin« gewesen, »Leiter des Pressedepartements beim Rebellenhauptquartier«. Von eben diesem Bolin wurde Koestler in Málaga verhaftet. Dessen Rachegelüste waren ihm bereits kolportiert worden.[796] Nur aufgrund der Intervention eines englischen Freundes, Sir Peter Chalmers-Mitchell, sei er nicht sofort erschossen worden. In seinem Buch »Ein Spanisches Testament«, das Manès Sperber in seiner Autobiografie erwähnt, berichtet Koestler von den diversen Stationen seiner folgenden Gefangenschaft, nächtlichen Hinrichtungen, seiner eigenen standrechtlichen Verurteilung zum Tode in Abwesenheit.[797] Sir Peter und Koestlers Ehefrau Dörte gelang es, in England die öffentliche Meinung zu mobilisieren, dass von einer Erschießung des Journalisten zunächst abgesehen wurde.[798] Letzten Endes kam er im Zuge eines Gefangenenaustauschs frei.[799]

793 Vgl. Orwell, George: Homage to Catalonia. London: Secker & Warburg 1938.

794 Vgl. Koestler, Menschenopfer unerhört. ... Ein Schwarzbuch über Spanien. Paris: Editions du Carrefour 1937 (Zitat auf S. 9).

795 Vgl. Koestler, Arthur: Ein Spanisches Testament [1937]. Berlin/München/Zürich/Wien 2018, S. 11.

796 Vgl. Koestler, Ein Spanisches Testament, S. 60 f.

797 Vgl. Koestler, Ein Spanisches Testament, S. 62 ff., 103–258, 259. Zur Erwähnung bei Sperber vgl. Sperber, Bis man mir Scherben auf die Augen legt, S. 728.

798 Vgl. Koestler, Ein Spanisches Testament, S. 227 f., 259 f. Vgl. auch Sperber, Bis man mir Scherben auf die Augen legt, S. 727.

799 Vgl. Koestler, Ein Spanisches Testament, S. 253.

4.1.3 Bruch mit der KP[800]

1937 war Sperber noch einige Monate lang für das »Comité mondial des Jeunes contre la guerre et le fascisme«, dem er seit 1935 angehörte, tätig. Das »Comité«, eine Gründung »der Jugend-Komintern«, wurde auch von dieser »finanziert« und »geleitet«. Man habe »den Posten« eines »ständigen Mitarbeiter[s]« angeboten, weil er sich, obwohl kein Angehöriger der Jugend-Komintern, »seit langem nicht nur psychologisch, sondern auch politisch mit Jugendfragen befaßt hatte«. Seine Tätigkeit sei »im wesentlichen« die eines »Berater[s]« gewesen, doch habe es sich »von selbst [...] verstand[en] [...], daß« er »bei der Herausgabe von Zeitschriften, Propaganda-Texten und Büchern mitzuwirken hatte«.[801] Als Teil des »Weltcomité[s]« der Jugendbewegung der Komintern wurde das Pariser Comité durch »aus Moskau nach Paris entsandte Leute der Jugend-Komintern« bis in alle »Einzelheit[en] [...] kontrolliert«. So habe sich das in Paris angesiedelte »Comité« als »bürokratische Fiktion zwischen zwei Realitäten« erwiesen, den Bestrebungen »viele[r] junge[r] Menschen in der Welt, die aufrichtig gegen jede autoritäre Herrschaft [...] kämpfen wollten« einerseits, und »der absoluten Herrschaft der Stalinschen Clique« andererseits.[802]

Mochte Sperber zu dieser Zeit auch schon ausgeprägte Bedenken gegenüber der Komintern und Stalin gehegt haben, so berichtet er, dass sich seine »Beziehung zu« der Funktionärsgruppe, die das »Comité« leitete, »angenehm« gestaltet habe. Insbesondere über »Marcel, de[n] permanente[n] Leiter des Pariser Büros«, wisse er »nur Gutes [...] zu sagen«. Daher nenne er den »wahren Namen« des Funktionärs nicht, der nach Kriegsende in die Tschechoslowakei zurückgekehrt, in hohe Parteiämter aufgerückt, Anfang der 1950er-Jahre inhaftiert und nach Stalins Tod rehabilitiert worden war. Lob von seiner Seite hätte »Marcel« nach Auffassung Sperbers auch noch in den 1970er-Jahren »schaden« können.[803] Anders verhielt es sich mit einem Mann namens »Michal«, dessen Klarnamen Sperber nennt: »Farkas«, und sein Träger sollte »später [...] als Generaloberst bekannt und als Minister in Rakosis Regierung berüchtigt werden«.[804] In der Tat fungierte Mihály Farkas seit 1948 als ungarischer Verteidigungsminister. Generalsekretär der ungarischen KP, der ebenfalls

800 Diesem Thema, dem Bruch mit der KP und dessen unmittelbarer Vorgeschichte, ist der dritte Teil von »Bis man mir Scherben auf die Augen legt« gewidmet; vgl. Sperber, Bis man mir Scherben auf die Augen legt, S. 699–738.

801 Vgl. Sperber, Bis man mir Scherben auf die Augen legt, S. 705.

802 Vgl. Sperber, Bis man mir Scherben auf die Augen legt, S. 706.

803 Vgl. Sperber, Bis man mir Scherben auf die Augen legt, S. 707.

804 Vgl. Sperber, Bis man mir Scherben auf die Augen legt, S. 729 f.

1948 gegründeten »Magyar Dolgozók Pártja« (»Partei der Ungarischen Werktätigen«, abgekürzt MDP), war Mátyás Rákosi, ab 1952 auch Ministerpräsident Ungarns. Er pflegte einen an Stalin orientierten autoritären, durchaus auch als staatsterroristisch bezeichneten Führungsstil.[805] Farkas gilt als mitverantwortlich für politische *Säuberungen* in Ungarn. Diese waren auch antijüdisch bzw. antisemitisch eingefärbt, insofern sie den Mythos jüdischer Verschwörungen aufgriffen und damit die Verfolgung von politisch unliebsamen Personen jüdischer Herkunft zu legitimieren suchten.[806]

In Sperbers Erinnerung machten sich entsprechende Verhaltensmuster bei »Michal« auch schon Mitte der 1930er-Jahre bemerkbar. »[E]r« sei »ein Beispiel dafür« gewesen, »was die Stalinsche Dressur aus einem mittelmäßigen Mann machen konnte«, vor allem, wenn er Persönlichkeitsmerkmale wie »Schlauheit, Herrschsucht und egoistische Rücksichtslosigkeit« in das Konditionierungsprogramm mitbrachte. Allerdings habe sich der Mann vermutlich auch als lebensrettend für Sperber erwiesen, weil er sein Ansuchen, »einer kämpfenden Einheit der internationalen Brigade« in Spanien zugeteilt zu werden, nach einigen Wochen des Zuwartens ablehnte. Sperber vermutete, der Grund dafür sei gewesen, dass er auf die Nachricht von der Zerschlagung der P.O.U.M. mit »Entsetzen« reagiert habe.[807]

Sperber schildert die Wirkung der Vorgänge in Spanien im Zusammenhang mit der P.O.U.M., aber auch die Reaktion von Funktionären der »Jugend-Komintern« auf die Bombardierung Guernicas am 26. April 1927 durch Angehörige der *Legion Condor,* als so unerträglich, dass er sich zum offenen Bruch mit der Kommunistischen Partei entschied.[808]

805 Vgl. Apor, Balázs: Leader in the Making: The Role of Biographies in Constructing the Cult of Mátyás Rákosi. In: Apor, Balázs/Behrends, Jan C./Jones, Polly/Rees, E. A. (eds.): The Leader Cult in Communist Dictatorship. Stalin and the Eastern Bloc. Houndmills, Basingstoke, Hampshire/New York: Palgrave MacMillan 2004, pp. 63–80; Schmidt-Schweizer, Andreas: Die Staatspartei in Ungarn (1944–1989). Vom Vasallen Moskaus zum Vorreiter der Systemtransformation. In: Backes, Uwe/Heydemann, Günther/Vollnhals, Clemens (Hg.): Staatssozialismen im Vergleich. Staatspartei – Sozialpartei – Opposition. Göttingen: Vandenhoeck & Ruprecht 2019 (Schriften des Hannah-Arendt-Instituts für Totalitarismusforschung, Bd. 64), S. 191 ff.

806 Zu Farkas vgl. z. B. Apor, Leader in the Making, pp. 67 seqq. Klimó, Árpád v.: »A Very Modest Man«: Béla Illés, or How to Make a Career through the Leader Cult. In: Apor, Balázs/Behrends, Jan C./Jones, Polly/Rees, E. A. (eds.): The Leader Cult in Communist Dictatorship. Stalin and the Eastern Bloc. Houndmills, Basingstoke, Hampshire/New York: Palgrave MacMillan 2004, pp. 56 seq.

807 Vgl. Sperber, Bis man mir Scherben auf die Augen legt, S. 730.

808 Vgl. Sperber, Bis man mir Scherben auf die Augen legt, S. 730 ff. Zur Bombardierung Guernicas vgl. z. B. Beevor, Antony: Der Spanische Bürgerkrieg. Aus dem Englischen übertragen v. Michael Bayer. München: Bertelsmann 2006, S. 285 ff.; Thomas, Hugh: Der spanische

»Als ich sie [Angehörige einer »Delegation der sozialistischen Jugend Spaniens um Santiago Carrillo«, Anm. HHD] in aufgeräumter Stimmung antraf,[...] zögerte ich, ihnen von dem fürchterlichen Schicksal Guernicas zu erzählen. Ich entdeckte jedoch bald, daß sie davon bereits Kenntnis hatten, denn Abendblätter lagen auf den Tischen herum; es schien allen aber selbstverständlich, daß das Fest seinen Fortgang nahm.«[809]

Sperber habe gefühlt, »zu diesen Menschen keineswegs« zu gehören, »obwohl« er »mit ihnen den Feind gemein hatte«. Doch seien sie eben diesem Feind »so ähnlich« geworden«, dass »uns die gemeinsame Gegnerschaft nicht mehr verbinden [...] konnte«.[810] Sperber verweist auf seine eigenen Erlebnisse während des Ersten Weltkriegs auf dem Friedhof von Zablotow und schreibt, dass »das verängstigte Kind [...], das« er »22 Jahre zuvor gewesen« sei, »wieder präsent« geworden sei »und in den Jahren, die da folgten, nicht wieder verschwinden sollte«.[811] Sperber trat »Mitte des Jahres 1937« förmlich aus der kommunistischen Partei aus. Dazu verfasste er einen ausführlichen Brief, an ehemalige Parteifreunde gerichtet, in denen er die Gründe für seinen Entschluss darlegte.[812] In der Autobiografie findet sich dazu nichts.

Bei seinem Bruch mit der Kommunistischen Partei sei er davon ausgegangen, »daß die meisten« seiner Bekannten, die aus diesem Umfeld stammten, »sich von« ihm »abwenden« würden.[813] Sperber scheint auch später keinen Anlass gehabt zu haben, diese Einschätzung einer Revision zu unterziehen. Er schildert die für ihn erwartbaren Reaktionen ausführlich am Beispiel von Anna Seghers, die ihn um 1947 bei einer zufälligen Begegnung in Paris »gar nicht mehr erkannte und auch dann, als ich mich nannte, nicht erkennen wollte«. Dies habe ihn keineswegs »gleichgültig« gelassen, »[d]enn was ich einmal an ihr bewundert habe, bewundere ich auch heute noch«.[814] Zugleich sei ihm bewusst gewesen, dass Seghers, die er 1935 in Paris kennengelernt hatte, den Kontakt zu ihm unmittelbar nach seinem Parteiaustritt noch eine Weile auf-

---

Bürgerkrieg. Deutsche Übertragung v. Walter Theimer. Berlin/Frankfurt am Main/Wien: Ullstein 1962, S. 326ff. Zur Legion Condor vgl. z. B. Schüler-Springorum, Stefanie: Krieg und Fliegen. Die Legion Condor im Spanischen Bürgerkrieg. Paderborn et al.: Schöningh 2010, insbes. S. 105–214.

809 Vgl. Sperber, Bis man mir Scherben auf die Augen legt, S. 732.

810 Vgl. Sperber, Bis man mir Scherben auf die Augen legt, S. 732.

811 Vgl. Sperber, Bis man mir Scherben auf die Augen legt, S. 733.

812 Zur Datierung des undatierten Briefes vgl. Stančić, Manès Sperber, S. 317. Sie druckt den Brief in der Folge im Wortlaut ab (vgl. ibid., S. 317–320).

813 Vgl. Sperber, Bis man mir Scherben auf die Augen legt, S. 735.

814 Vgl. Sperber, Bis man mir Scherben auf die Augen legt, S. 670.

rechterhalten hatte, um etwaige Pläne seinerseits, öffentlich gegen die Partei Stellung zu beziehen, auszuloten. Sie sei in hohem Maße »entschlossen« gewesen, »sich in keinem einzigen Fall von der jeweiligen Parteilinie zu entfernen«. Während sie unter vier Augen durchaus auch über Stalin gespöttelt habe, sei dies in ihren öffentlichen Äußerungen nicht einmal andeutungsweise vorgekommen. Im Gegenteil, sie sei, »nach Deutschland zurückgekehrt«, »Ulbrichts Dichterin« geworden, eine »stalinsche, später ulbrichtsche Jasagerin«, wie alle in der »herrschende[n] Schicht« der Kommunistischen Partei »in jeder Hinsicht von der herrschenden Clique Stalins abhängig«. Dabei seien ihr »die wirklichen Verhältnisse der Sowjetunion und der stalinschen Bürokratie« bewusst gewesen. Seghers habe den »gleiche[n] Zynismus« praktiziert wie »atheistische Aristokraten Frankreichs im 18. Jahrhundert«, die vom »Volk« gefordert hätten, »fromm und kirchengläubig« zu bleiben.[815]

4.1.4 Zerbrochene und neue Gemeinschaften

Seinen Bemühungen, Teil der Kommunistischen Partei zu sein, und den Schwierigkeiten, dies durchzuhalten sowie schließlich dem Bruch mit der Partei widmet Sperber in seiner Autobiografie breiten Raum. Er spricht dies explizit an, wenn er die schlichte Frage aufwirft: »Warum schreibe ich über diese Periode so ausführlich?« Er tue dies vor allem für »Leser, die jetzt [also Mitte der 1970er-Jahre, Anm. HHD] jung sind oder in der Mitte ihres Lebens stehen«. Gerade im »letzten Viertel« des 20. Jahrhunderts sei

> »es gleichermaßen schwer und notwendig, so klar wie nur möglich den einen und den anderen der Widersprüche darzulegen, um zu zeigen, wie es möglich war zu glauben, daß man die Forderungen des geistigen Anstands mit eklatanten Widersprüchen versöhnen könnte, ja müßte.«[816]

Sperber kehrte im Sommer 1937 nach Wien zurück, Jenka nach Lettland.[817] Er verfasste seinen Essay »Zur Analyse der Tyrannis«.[818] In diesem Jahr starb auch Alfred Adler in Aberdeen. Sperber schrieb, wie erwähnt, einen Nachruf, der aber nie veröffentlicht wurde. Im zweiten Band seiner Autobiografie meint er, es habe »viele Jahre gedauert«, bis er »den Schmerz [...] [ü]ber das tiefe Leid [...] überwand [...], das Adler« ihm zugefügt habe. Adler habe ihm »das Böse

815 Vgl. Sperber, Bis man mir Scherben auf die Augen legt, S. 670–673.
816 Vgl. Sperber, Bis man mir Scherben auf die Augen legt, S. 708.
817 Vgl. Sperber, Bis man mir Scherben auf die Augen legt, S. 739 f.
818 Vgl. Sperber, Bis man mir Scherben auf die Augen legt, S. 744 ff., 746

weitergegeben, das Freud ihm zugefügt hatte. Doch eben dank Adler war ich fähig, diesem seinem Beispiel nicht zu folgen«.[819] Er sei, so Sperber, damals häufig an Adlers Stammcafé, dem Café Siller, vorbeigekommen, ohne es allerdings zu betreten. Auch seinen Plan, mit Adlers Witwe Raisa Kontakt aufzunehmen, habe er nicht umgesetzt. Seine Haltung zur Psychotherapie ist durch grundlegende Skepsis gekennzeichnet gewesen, und insbesondere glaubte er nicht (mehr) an Heilungsmöglichkeiten auf psychotherapeutischer Basis. Doch die »Förderung zur Selbsterziehung« betrachtete er, wie offenbar später auch in »Alfred Adler oder Das Elend der Psychologie«, als wichtige Möglichkeit von Psychotherapie. Er habe sich nicht dazu durchringen können, seine Tätigkeit als Psychotherapeut wieder aufzunehmen, weil er »Ungeduld« empfunden hätte, wenn Menschen »Hilfe« bei der Bewältigung von »Schwierigkeiten« suchten, »die [...] im Hinblick auf das Elend der Zeit eitel und unerheblich erscheinen konnten«.[820] Trotz des Bruchs mit Adler und der Ablehnung, die Sperber in deren Gefolge durch viele Personen aus dessen Umfeld erfahren hatte, wären doch Kontakte aufrecht geblieben. Sperber berichtet in diesem Zusammenhang auch von Gesprächen mit »orthodoxe[n] Adlerianer[n]«, die »insgeheim« seinen Rat suchten, im Sinn dessen, was man heute psychotherapeutische Supervision nennen würde. Es ging um Schwierigkeiten in Therapien, um »Probleme [...], mit denen sie im einen oder anderen Fall nicht fertig wurden«. Sperber habe helfen können, denn

> »[n]och immer erspürte und erriet ich schnell den ›Knotenpunkt‹ eines Falles, die verräterische Verschränkung von Erlebnis und Fiktion, die negative Übertreibung in der Selbstdarstellung des Neurotikers, das individuelle Ausredesystem in seiner Verschiebung von Ursache und Wirkung, von Provokation und Leiden.«[821]

Sperbers Leben habe sich damals in »drei Enklaven« abgespielt, in Kaffeehäusern, bei Jugendfreunden aus dem Umfeld des *Schomer* und in dem Zimmer, das er in der Wohnung seiner Eltern bewohnte. Er konstatiert eine gewisse Antriebslosigkeit Oblomow'scher Provenienz.[822] Er habe ein »Doppelleben« geführt, und

819 Vgl. Sperber, Die vergebliche Warnung, S. 524.

820 Vgl. Sperber, Bis man mir Scherben auf die Augen legt, S. 749–751.

821 Sperber, Bis man mir Scherben auf die Augen legt, S. 751 f.

822 Zu Oblomow vgl. Gontscharow, Iwan: Oblomow. Roman. Neu übers. v. Vera Bischitzky. München/Wien: Hanser 2012; Rohse, Heide: Unsichtbare Tränen. Effi Briest – Oblomow – Anton Reiser – Passion Christi. Psychoanalytische Literaturinterpretationen zu Theodor Fontane, Iwan A. Gontscharow, Karl Philipp Moritz und Neuem Testament. Königshausen & Neumann, Würzburg 2000, S. 33–69.

»[n]iemand« habe »die gefährliche Mutlosigkeit ermessen« können, in der er »dahinlebte«, obgleich er sie gar nicht verborgen habe. Seine alten Freunde und Freundinnen hätten seine tiefe »Bedrückung« gespürt und ihn mehr oder minder vor sich selbst gerettet.[823] Auch sei es ihm gelungen, sich »neben der ›Freiheit von‹ die ›Freiheit zu‹ wieder zu erobern«, außerdem, in Österreich einen Verlag für »Zur Analyse der Tyrannis« zu finden. Das Publikationsprojekt ist nicht über die »Bürstenabzüge« des Buches hinausgekommen, denn kurz darauf wurde Österreich Teil des nationalsozialistischen Deutschen Reiches.[824] Eine allgemeine Erwartung dazu konstatiert Sperber schon für den Herbst 1937.[825] Auch habe er wieder begonnen, »›im Kopf‹ zu schreiben«, einen Roman oder eine Erzählung über einen Mann, »der mitten auf der Strecke den Zug verläßt und über die von Herbstregen völlig aufgeweichten Felder in die Ferne stapft – zu keinem Ziel hin, nur in die Ferne, in die weiteste Ferne«.[826] Diese Idee hatte ihn zuvor schon beschäftigt.[827]

Im Dezember 1937 kehrte Sperber nach Paris zurück, kurz nachdem Jenka ebenfalls wieder dort eingetroffen war.[828] Mirjam und Vladimir flüchteten nach Jugoslawien, von dort nach Italien. Sperbers Eltern emigrierten 1939 nach England, ebenso seine zwei Brüder. Die ganze Familie überstand den Krieg.[829] Die Flucht war durch zahlreiche Schwierigkeiten einschließlich behördlicher Quälereien belastet. So verweist Sperber auf den »hemmungslosen Judenhaß« in Wien, der es den neuen nationalsozialistischen Machthabern erleichterte, »zahllose eifrige Komplizen« zu »finden [...], um Juden zu erniedrigen, und niederträchtige Schergen für die Konzentrationslager und später für die Vernichtungslager«.[830] In Wien habe auch »[d]as französische Konsulat [...] ohne Zögern zur Diskriminierung der Juden« beigetragen, durch schikanöse Wartezeiten, die Antragstellerinnen und Antragsteller zwangen, sich bis auf die Straße anzustellen, was wiederum der einheimischen Bevölkerung Gelegenheit bot, die Warten-

823 Vgl. Sperber, Bis man mir Scherben auf die Augen legt, S. 740, 745.
824 Vgl. Sperber, Bis man mir Scherben auf die Augen legt, S. 744–747, 752 f.
825 Vgl. Sperber, Bis man mir Scherben auf die Augen legt, S. 743 f.
826 Vgl. Sperber, Bis man mir Scherben auf die Augen legt, S. 753.
827 Vgl. Sperber, Bis man mir Scherben auf die Augen legt, S. 743.
828 Vgl. Sperber, Bis man mir Scherben auf die Augen legt, S. 754 f.
829 Vgl. Stančić, Manès Sperber, S. 356 ff., 370 f., 425.
830 Vgl. Sperber, Bis man mir Scherben auf die Augen legt, S. 765. Wie zutreffend diese Darlegungen Sperbers waren, wird allein schon im Blick auf das Personal, das für die Massenmorde in den Vernichtungslagern Belzec, Sobibor und Treblinka (»Aktion Reinhardt«) verantwortlich war, sowie auf jenes des Mitarbeiterstabes von Adolf Eichmann deutlich. Vgl. z. B. Snyder, Bloodlands, S. 261–283; Longerich, Heinrich Himmler, S. 602 ff.; Lehnstaedt, Stephan: Der Kern des Holocaust. Belzec, Sobibór, Treblinka und die Aktion Reinhardt. München: Beck 2017, insbes. S. 38 ff.

den zu verhöhnen.[831] Auch auf Entscheidungen über Einreisevisa mussten die Betroffenen lange warten und erhielten dann nicht selten negative Bescheide. So auch Mirjam Sperber, trotz Bemühungen Manès' um Intervention von französischer Seite. Später habe er erfahren, dass die Ehefrau des Bekannten, den er um Hilfe gebeten hatte, »eine besonders intolerante Kommunistin«, ihren Mann »daran gehindert« hatte, »die Familie eines Renegaten zu retten. Mirjam und Vladim blieb allein die Möglichkeit, nach Jugoslawien zu fliehen.[832] Konkret schreibt Sperber, dass »Zagreber Freunde« Mirjam die Einreise nach Jugoslawien ermöglicht hätten, »das Kind« habe »sie vorausschicken können«.[833] Sperbers Eltern entschlossen sich erst 1939 zur Flucht. Zwar sei es Manès Sperber gelungen, ihnen »ein englisches Visum zu besorgen«, doch hätten sie gezögert, Wien zu verlassen, der Vater habe in Österreich »seine Pension« bezogen, »ihn schreckte die völlige Mittellosigkeit ab«. Am 2. September 1939 verließen sie Wien und reisten »über Deutschland und Holland nach England«.[834]

Bereits 1934 hatte die von André Gide beim Verlag Gallimard herausgegebenen *Nouvelle Revue Française* (NRF) ein Manuskript Sperbers mit dem Titel »Sozialcharakterologie« angenommen. Dort arbeitete unter anderem Bernhard Groethuysen, ein aus Berlin stammender Philosoph und Autor, der Sperber mit André Malraux bekannt machte.[835] So habe sich ihm, in den Worten seiner Biografin Mirjana Stančić, der »Olymp der französischen Intellektualität« aufgetan.[836] Nach seiner Rückkehr im Winter 1937 verstärkte sich Sperbers Kontakt zu Malraux, Sperber spricht von »zahllosen Gesprächen«, die sie in den folgenden Monaten geführt hätten.[837] Ökonomisch scheint sich Sperber in dieser Zeit vor allem als Ghostwriter über Wasser gehalten zu haben, ein Tätigkeitsfeld, das sich ihm durch Vermittlung Arthur Koestlers erschlossen hat.[838] Auch für die Wochenzeitung »Die Zukunft«, die Willi Münzenberg, nachdem er selbst mit der KP gebrochen hatte, gemeinsam mit Koestler und anderen herausgab,

831 Vgl. Sperber, Bis man mir Scherben auf die Augen legt, S. 765. Vgl. zum Kontext z. B. auch Hanisch, Der lange Schatten des Staates, S. 338–342.

832 Vgl. Sperber, Bis man mir Scherben auf die Augen legt, S. 765.

833 Vgl. Sperber, Bis man mir Scherben auf die Augen legt, S. 780. Vgl. auch Stančić, Manès Sperber, S. 263. Auf die auffallend unpersönliche Bezeichnung für seinen Sohn komme ich noch zurück.

834 Vgl. Sperber, Bis man mir Scherben auf die Augen legt, S. 780 f.

835 Vgl. Sperber, Bis man mir Scherben auf die Augen legt, S. 645–648.

836 Vgl. Stančić, Manès Sperber, S. 269.

837 Vgl. Sperber, Bis man mir Scherben auf die Augen legt, S. 755 f.

838 Vgl. Sperber, Bis man mir Scherben auf die Augen legt, S. 761 ff. Zu Koestlers eigenen Aktivitäten, »während der Hungerjahre des Exils auf irgendeine Weise« schreibend seinen »Lebensunterhalt« zu »verdienen«, vgl. Koestler, Frühe Empörung, S. 471–476.

schrieb Sperber Beiträge.[839] Der deutsch-sowjetische Nichtangriffspakt vom August 1939 habe »[f]ür die gesamte antifaschistische Bewegung [...], für die gesamte Linke [...] die größte politische und moralische Niederlage« bedeutet, »die ihr je zugefügt worden war«. Dennoch habe Sperber »Stalins Verrat am Antifaschismus« auch als Befreiung empfunden, und zwar als solche »von der letzten Hypothek, die uns noch an den verrotteten Kommunismus gebunden hatte«, und dies *»endgültig«*.[840]

4.1.5 Bleibende Themen

Kurz nach Kriegsbeginn meldete sich Sperber freiwillig zur französischen Armee. Auch hinsichtlich dieser Entscheidung weist er darauf hin, dass der Bruch mit der kommunistischen Partei für ihn entlastend gewirkt habe, da es »[g]emäß der neuen Parteilinie [...] nunmehr [...] galt, sich der inzwischen als imperialistisch abgestempelten französischen Armee zu entziehen«.[841] Sperber beschreibt eindringlich die »demoralisierende Alarm-Politik« in Paris Anfang September 1939 (bei jeder Sichtung eines deutschen Flugzeuges, das sich der französischen Grenze näherte, wurde Fliegeralarm gegeben) sowie die beginnende polizeiliche Repression gegen ehemals oder aktuell deutsche Staatsangehörige. »[I]n jenen Tagen«, so Sperber, »war die französische Polizei hauptsächlich damit beschäftigt, antinazistische Emigranten in Sportstadien zu konzentrieren [...]«. Anfang Oktober wurde unter anderem auch Arthur Koestler verhaftet, »auf einem Sportplatz gefangengehalten und schließlich« in das südfranzösische »Internierungslager Vernet« verbracht.[842] Im Dezember 1939 rückte Sperber in die französische Armee, genauer: eine »Infanterie-Kompanie ausländischer Freiwilliger« ein, die von »Unteroffizieren der Fremdenlegion« ausgebildet wurden.[843] Diese Ausbildung bezeichnet Sperber als »brutal«, »unzulänglich« und »verfehlt«. Er beschreibt ermüdende und kaum sinnvolle

839 Vgl. Sperber, Bis man mir Scherben auf die Augen legt, S. 767 f. Zu Koestlers Sicht auf Münzenberg vgl. Koestler, Frühe Empörung, S. 460–470.

840 Vgl. Sperber, Bis man mir Scherben auf die Augen legt, S. 790, 798 (Hervorhebung im Original).

841 Vgl. Sperber, Bis man mir Scherben auf die Augen legt, S. 792, 798, 791.

842 Vgl. Sperber, Bis man mir Scherben auf die Augen legt, S. 794–797. Vgl. in diesem Zusammenhang auch Koestler, Abschaum der Erde, S. 345–523.

843 Vgl. Sperber, Bis man mir Scherben auf die Augen legt, S. 801, 822; Stančić, Manès Sperber, S. 356 ff.
Sperber beschreibt auch diverse Abschiede im Vorfeld, insbesondere von Malraux und Koestler, welch Letzterer ihm »eine weiße Pille« überreicht habe, »für den Fall, daß der sofortige Tod der einzige Ausweg wäre«, sowie von Jenka. Vgl. Sperber, Bis man mir Scherben auf die Augen legt, S. 800 f.

Exerzierübungen, die eine »Abhärtung der Soldaten als das eigentliche Ziel der Ausbildung« hätten erkennen lassen. Nützliche Hinweise auf adäquate Verhaltensweisen während kriegerischer Auseinandersetzungen hätten gefehlt, eine Einübung darauf nicht stattgefunden.[844] In Kampfhandlungen verwickelt zu werden, blieb Sperber allerdings erspart, angesichts der »fast kampflos[en]« Kapitulation, die Philippe Pétain dem Deutschen Reich in seiner Funktion als Premierminister am 17. Juni 1940 anbot.[845] Pétain führte in weiterer Folge den »État français«, das Vichy-Regime, das mit dem nationalsozialistischen Deutschland kollaborierte.[846] Die Demobilisierung erwies sich als hürdenreich, nachdem »fast alle [...] Offiziere« seiner Einheit »verschwunden« waren, immer wieder »Unteroffiziere der Fremdenlegion« die bereits entwaffneten Soldaten zu Übungen abkommandierten. »Am frühen Morgen zogen wir [...] in das nahegelegene Wäldchen, wo wir – immer unter Befehl – uns die Zeit mit den dümmsten Pfadfinderspielen und derbsten Bauernraufereien vertreiben mußten«. Von einem schließlich anrückenden Hauptmann seien sie ausgiebig beschimpft und bedroht worden, als »ein aus der Fremde in das gutmütige Frankreich eingebrochenes Gesindel«. Erst im August 1940 habe die Demobilisierung tatsächlich stattgefunden, wobei den Ausgemusterten beschieden worden sei, dass ihnen kein Anspruch auf eine »Prime de Démobilisation« zustehe.[847] In Hinblick auf den »Zusammenbruch Frankreichs im Sommer 1940« weist Sperber darauf hin, dass, was danach geschehen ist, »noch« sein »heutiges Dasein [...] beschattet«. Man habe,

> »[w]as ich seither geschrieben habe, [...] nicht richtig gelesen, wenn man darin nicht den unauslöschlichen Schmerz entdeckt hat, der die nicht desaktualisierbare Erinnerung an all das durchtränkt, was so vielen unschuldigen Menschen, besonders aber meinem Volk angetan worden ist.«[848]

844 Vgl. Sperber, Bis man mir Scherben auf die Augen legt, S. 801, 815.

845 Vgl. Sperber, Bis man mir Scherben auf die Augen legt, S. 816f. Vgl. dazu z. B. auch Kershaw, Hitler. 1936–1945, S, 403.

846 Vgl. z. B. Rousso, Henry: Vichy. Frankreich unter deutscher Besatzung. Aus dem Französischen übers. v. Matthias Grässlin. München: Beck 2009 (BsR 1910); Thalmann, Rita: Gleichschaltung in Frankreich. 1940–1944. Aus dem Französischen übers. v. Eva Groepler. Hamburg: Europäische Verlagsanstalt 1999; Vinen, Richard: The Unfree French. Life under Occupation. London: Penguin 2006.

847 Vgl. Sperber, Bis man mir Scherben auf die Augen legt, S. 816–824.

848 Sperber, Bis man mir Scherben auf die Augen legt, S. 829. Mit »meinem Volk« ist zweifellos das jüdische Volk gemeint; vgl. dazu auch Sperber, Mein Judesein, 43–64; Sperber, Gedächtnis, S. 93–109; Sperber, Manès: Kleines Memorial. In: Sperber, Manès: Churban oder die unfaßbare Gewißheit. Wien et al.: Europaverlag 1979, S. 101–110.

Inzwischen war Jenka in dem namentlich nicht genannten Ort eingetroffen, an dem Sperber stationiert war, und gemeinsam begaben sie sich nach Marseille. Es ließ sich keinerlei Gelegenheit auftun, das Land zu verlassen. In seiner Autobiografie verweist Sperber in diesem Zusammenhang auf eine Szene, die er im dritten Teil der »Träne«, dem Roman »Tiefer als der Abgrund« entwirft:

»›Die Aussichten sind nicht so schlecht!‹, erklärte ein früherer deutscher Minister. […] ›Man muß jedenfalls nach Portugal. Das zu erreichen sollte keine Hexerei sein. […] […] [D]ie Portugiesen gewähren kein Einreisevisum, sondern nur die Durchreise. Das ist nicht so schlimm, man kann ein chinesisches Visum kaufen, erschwinglich. Aber die Chinesen wollen ja gar nicht, daß wir hingehen; darum bestehen sie darauf, daß man ein südamerikanisches Visum, möglichst ein Durchreisevisum zeigt. […] Wenn man […] ein südamerikanisches und ein chinesisches Visum hat, dann ist man fraglos ein gut Stück weiter. […] […] Aber wie kommen Sie nach Portugal? Über Spanien wohl, ausgezeichnet! Die Spanier sind so übel nicht, jedenfalls nicht so schlimm, wie man befürchtet hat. […] Aber natürlich brauchen Sie ein Durchreisevisum. Das geben sie Ihnen auch. […] Unter der Voraussetzung natürlich, daß Sie ein französisches Ausreisevisum haben. Und das bekommt man nicht. Oder sagen wir: Sie werden es nicht bekommen. […] [D]aß Ihnen, einem Frontkämpfer, die Préfecture einen *Titre de voyage* ausstellt, ist ausgeschlossen. Es wäre gegen die Stipulationen des Waffenstillstandes.‹«[849]

Sperber zog sich gemeinsam mit Jenka nach Hauts-de Cagnes zurück, wo sich »etwa 40 Fremde« aufhielten, »entschlossen, bis zum Ende des Krieges dazubleiben«. Manès und Jenka schlossen Freundschaften, etwa mit dem Maler Geer van Velde, der in Cagnes lebte, und dessen Bilder, so Sperber, sein weiteres schriftstellerisches Schaffen stark beeinflusst hätten.[850] In dieser Zeit ist er »häufig als Psychologe in Anspruch genommen« worden, ansonsten habe er »etwas Geld mit Deutschstunden« verdient.[851] Auch Malraux besuchte Sperber in Cagnes, die beiden unterhielten sich über die Résistance und deren Potential, »aus einer Bewegung kollaborationsfeindlicher Propagandisten in eine Reihe wohlorganisierter, zusammenhängender Kampfgruppen verwandel[t]«

849 Sperber, Tiefer als der Abgrund, S. 683 f. (Hervorhebungen im Original). Vgl. auch Sperber, Bis man mir Scherben auf die Augen legt, S. 825 f.

850 Vgl. Sperber, Bis man mir Scherben auf die Augen legt, S. 833.

851 Vgl. Sperber, Bis man mir Scherben auf die Augen legt, S. 834, 832.

werden zu können.[852] Malraux leitete später selbst eine solche »Kampfgruppe«, einen »›Marquis‹«, eine »schnell erstarkende militärische Widerstandsgruppe«. Er habe Sperber, ähnlich »[w]ie Alfred Adler 20 Jahre vorher es getan hatte, [...] aufs wirksamste« ermutigt, »indem er« ihm »unbeschränkt Vertrauen und Zutrauen entgegenbrachte«.[853]

Im Winter 1940 habe er »zu schreiben« begonnen, »nachdem« er »alle Bedenken zerstreut hatte, die« ihn »bis dahin davon abgehalten hatten«. Es sei ihm darum gegangen, »eine Zuflucht« zu »finden vor dem Dasein, das« ihm, sobald er »es mit« ihm »allein zu tun hatte, stets aufs neue unerträglich« geworden sei. »Mit jedem Federstrich« habe er sich »von dieser ausgehöhlten, mit vergeblichen Worten nutzlos vertriebenen Zeit« entfernt und »zu« sich, »zur nahen Vergangenheit zurück« gefunden. Sein Schreiben schildert er zu dieser Zeit als eher planlos, gekennzeichnet durch »viel zu lange« Beschreibungen »von geschlossenen Räumen und von Landschaften, von Wanderungen« und »unwesentlichen Episodenfiguren«. Gleichwohl verfasste er »drei oder vier Seiten [...] täglich«. Das ist keinesfalls wenig, auch wenn sich Sperber Zeit ließ und mit einer Stahlfeder schrieb, also vermutlich einer solchen, die regelmäßig in ein Tintenfass getaucht werden musste.[854] Was damals begann, war die Romantrilogie »Wie eine Träne im Ozean«, oder besser deren erster Band, »Der verbrannte Dornbusch« wie Sperber selbst im Vorwort zur Gesamtausgabe feststellt: »Die ersten Abschnitte dieses Werkes sind im Winter 1940 entstanden – mitten in der ›Zeit der Verachtung‹. Ich schrieb, wie der einsame Wanderer, verloren in tiefer Nacht, singen oder zu sich selbst sprechen mag.«[855]

Als »die Festnahme und [...] Verschickung der nicht in Frankreich geborenen Juden« unter der Ägide von »Pétain und Laval« anfingen, versteckte sich Sperber zunächst in einem Gartenpavillon nahe dem von ihm und Jenka bewohnten Haus in Cagnes.[856] Es gelang ihm, über Malraux' Vermittlung, seine Manuskripte bei dem Schriftsteller und Litertaturnobelpreisträger des Jahres 1937 Roger Martin du Gard zu verstecken. Sein »Schreiben« musste er nun, wie schon

852 Vgl. Sperber, Bis man mir Scherben auf die Augen legt, S. 836 f., 838.

853 Vgl. Sperber, Bis man mir Scherben auf die Augen legt, S. 839.

854 Vgl. Sperber, Bis man mir Scherben auf die Augen legt, S. 835 f.

855 Sperber, Manès: Vorwort. In: Sperber, Manès: Wie eine Träne im Ozean. Romantrilogie. Ungekürzte Ausgabe. 12. Aufl. München: Deutscher Taschenbuch Verlag 2006, S. 5. Vgl. dazu auch Sperber, Bis man mir Scherben auf die Augen legt, S. 836. Vgl. auch Stančić, Manès Sperber, S. 362 f.

856 Vgl. Sperber, Bis man mir Scherben auf die Augen legt, S. 851 f. Zu den Verhaftungen und Deportationen vgl. ausführlich z. B. Mayer, Michael: Staaten als Täter. Ministerialbürokratie und »Judenpolitik« in NS-Deutschland und Vichy-Frankreich. Ein Vergleich. München: Oldenbourg 2010 (Studien zur Zeitgeschichte, Bd. 80), insbes. S. 263 ff.

bei früheren Gelegenheiten »in Gedanken« fortsetzen, was »nur sehr langsam vonstatten« gegangen sei.[857] Mithilfe von »Freunde[n], junge[n] Menschen, die« ihm »in keiner Weise verpflichtet« gewesen seien, gelang es Sperber, im September 1942, über einen Bergpass in die Schweiz zu wandern.[858] In Zürich habe er erfahren, dass auch Jenka und Dan die französisch-schweizerische Grenze überquert hätten. Sie seien in Lausanne »von der Polizei aufgefangen und in einem Heim der Heilsarmee untergebracht« worden. Sperber selbst musste sich in ein »Auffanglager«, konkret »[e]ine stillgelegte Textilfabrik [...] im Dorf Girenbad bei Hinwill« begeben.[859] Dort traf er einen Bekannten aus Cagnes wieder, den Übersetzer Franz Fein. Feins Schwester, die Schauspielerin Maria Fein, habe er bereits in einem Wiener Theater »bewundert«, in Jean Cocteaus Drama »Die Höllenmaschine«, worin sie gemeinsam mit ihrer Tochter Maria Becker aufgetreten war.[860] Maria und Franz Fein stammten aus einer jüdischen Familie, sie waren beide ebenfalls über Frankreich in die Schweiz emigriert, Maria Becker lebte schon länger in der Schweiz, seit 1938 war sie Ensemblemitglied des Schauspielhauses Zürich.[861] Sperber schreibt, er habe »beide Marien« bewundert. »[M]it Maria Fein« habe ihn »eine Freundschaft« verbunden, »die fast so seltsam« gewesen sei »wie diese ungewöhnliche Frau« selbst.[862]

Generell betont Sperber immer wieder das Knüpfen neuer Freundschaften während seiner Flucht, so insbesondere bereits in Cagnes. Bei der »Freundschaft«, die Jenka und er mit Geer van Velde »und seiner Frau Elisabeth« geschlossen hätten, habe es sich um eine solche gehandelt, die »nur enden« werde, »wenn keiner von uns mehr sein wird«.[863] Als eine weitere »dauernde, bedeutungsvolle Freundschaft« bezeichnet Sperber seine Beziehung zu Adolf und Luise Mau-

857 Vgl. Sperber, Bis man mir Scherben auf die Augen legt, S. 853 f.

858 Vgl. Sperber, Bis man mir Scherben auf die Augen legt, S. 855. Zur Datierung vgl. Stančić, Manès Sperber, S. 362.

859 Vgl. Sperber, Bis man mir Scherben auf die Augen legt, S. 855–860.

860 Vgl. Sperber, Bis man mir Scherben auf die Augen legt, S. 860, 865. Die Aufführung fand vermutlich in der Wiener Urania statt, wo Maria Fein das genannte Stück (eine Adaption des Ödipus-Mythos) in eigener Übersetzung selbst inszenierte. Vgl. Danielcyzk, Julia: Maria Fein. In: Kotte, Andreas (Hg.): Theaterlexikon der Schweiz, Bd. 1. Zürich: Chronos 2005, S. 571.

861 Zu Franz Fein vgl. auch Fallada, Hans: In meinem fremden Land. Gefängnistagebuch 1944. Hg. v. Jenny Williams u. Sabine Lange. Berlin: Aufbau 2017, S. 118 ff. Zu Maria Fein vgl. Danielcyzk, Maria Fein, 570 f.; Weniger, Kay: »Es wird im Leben dir mehr genommen als gegeben ...«. Lexikon der aus Deutschland und Österreich emigrierten Filmschaffenden 1933 bis 1945. Eine Gesamtübersicht. Hamburg: ACABUS-Verlag 2011, S. 165. Zu Maria Becker vgl. Blubacher, Thomas: Maria Becker. In: Kotte, Andreas (Hg.): Theaterlexikon der Schweiz, Bd. 1. Zürich: Chronos 2005, S. 141–142.

862 Vgl. Sperber, Bis man mir Scherben auf die Augen legt, S. 866.

863 Vgl. Sperber, Bis man mir Scherben auf die Augen legt, S. 833.

rer. Dr. Adolf Maurer war evangelischer Pfarrer in Zürich. Kennengelernt hatte ihn Sperber, als »[d]as Evangelische Hilfswerk für Flüchtlinge«, für das Maurer offenbar aktiv war, begann, ihn zu unterstützen. So gelang es, Sperbers »Paria-Status [...] als *Flüchtling* in den eines *Emigranten*« zu erreichen.[864] Sperber betont die ungewöhnliche Konstellation zwischen gläubigen Protestanten und ihm als »ungläubige[m] Juden«, die aber zu keiner Zeit problematisch gewesen sei. Er beschreibt Maurer als jemanden, der »Gott um Gottes willen [...] liebte [...] und sein treuer Knecht bis« an sein Lebensende blieb. Zugleich sei er »auch ein Dichter« gewesen, »der vielen Gläubigen in der Seelennot Mut und Hoffnung eingeflößt« habe.[865] Über Adolf Maurer fand Sperber nach eigenem Bekunden Zugang zur »Museumsgesellschaft«, einer »altehrwürdigen [...] Vereinigung, die [...] ihren Mitgliedern angenehme Lesesäle bietet, in denen man alle nennenswerte[n] Periodica und eine ganz ausgezeichnete Leihbibliothek« finde. Sperber habe sich dort vor allem mit »historische[n] Werken, Memoiren aus dem 17. und 18. Jahrhundert« befasst sowie »fast alle Theaterstücke« gelesen, »die in Paris zwischen 1919 und 1930 aufgeführt worden waren«.[866] Ein Jahr lang lebte Sperber, wie es scheint, im Haus der Maurers, »bis Jenka und Dan die Aufenthaltsbewilligung im Züricher Kanton erhielten«.[867] Besuche in Lausanne, wo beide dieses Jahr verbrachten, gestalteten sich aus finanziellen Gründen schwierig. Dennoch sei es Sperber gelungen, eine Beziehung zu Dan aufzubauen, in den er, gleich seinem Vater in ihn selbst, »unbegrenztes Vertrauen« gesetzt habe.[868]

In Zürich hätten ihn dann allerdings auch schreckliche Nachrichten aus Jugoslawien erreicht. Eine Frau aus Zagreb, die gemeinsame Bekannte hatte, habe ihm zu allen Personen, nach deren Ergehen er gefragt habe, erklärt, dass sie tot seien. So war sein Freund, der Arzt Beno Stein, von Deutschen »gefangengenommen« und vermutlich getötet worden.[869] Dr. Stein war Sperber offenbar ein besonders enger und auch hilfreicher Freund gewesen.[870] Stein dürfte nicht zuletzt die Flucht von Mirjam und Vladimir Sperber aus Jugoslawien nach Italien ermöglicht haben.[871] Auch »berichtete« die namentlich nicht genannte Frau aus Zagreb, »daß die Ustaschi eine größere Anzahl von jüdischen Jungen verschleppt und an« der »adriatische[n] Küste« grausam ermordet hätten. »Man-

864 Vgl. Sperber, Bis man mir Scherben auf die Augen legt, S. 864, 863 (Hervorhebungen im Original).
865 Vgl. Sperber, Bis man mir Scherben auf die Augen legt, S. 864.
866 Vgl. Sperber, Bis man mir Scherben auf die Augen legt, S. 871.
867 Vgl. Sperber, Bis man mir Scherben auf die Augen legt, S. 863.
868 Vgl. Sperber, Bis man mir Scherben auf die Augen legt, S. 872 f.
869 Vgl. Sperber, Bis man mir Scherben auf die Augen legt, S. 877.
870 Vgl. Sperber, Bis man mir Scherben auf die Augen legt, S. 654.
871 Vgl. Stančić, Manès Sperber, S. 236, FN 10.

che dieser Jungen«, so Sperber, »hatte ich seit ihrer frühen Jugend gekannt.«[872] »Die sicherste Zuflucht« vor all der Trauer und Verzweiflung, die daraus folgen mochte, sei, so Sperber, »das Schreiben« gewesen. Er fuhr fort mit der Arbeit an dem Buch, das später den Titel »Der verbrannte Dornbusch« tragen sollte und »beschrieb einen Aufstand, den schnell besiegten Aufstand der österreichischen Sozialisten von 1934«. Sperber habe »[d]amals« den »Beschluß« gefasst, dass, sollte er seine »Manuskripte« wiederfinden, »die Roger Martin du Gard für« ihn »aufbewahrte«, würde« er »sie, zusammen mit dem, was« er »inzwischen im Dachstübchen des Pfarrhauses schrieb, veröffentlichen«.[873]

In einem »überfüllten Repatriierungszug« kehrten Jenka, Dan und Manès schließlich (wohl im September 1945[874]) »von Genf nach Paris« zurück. Manès Sperber sei »beklommen« gewesen »vor der Wiederkehr, die« er »bald als eine Heimkehr empfand und bald als eine Rückkehr ins Exil«. Paris habe sich verändert gehabt. »Mehr als irgendeine andere Weltstadt« sei »Paris die Heimat der Heiterkeit gewesen«, doch nun wäre »man überall auf griesgrämige Menschen« gestoßen. Legendenbildungen nahmen ihren Lauf, insbesondere solche »nationalistische[r]« Provenienz. »Frankreich« hätte »von Anfang an [...] aktiven Widerstand gegen die Regierung und gegen das Pétain-Regime geleistet«. Aus Sperbers Sicht, die er insbesondere auch Malraux in Briefen mitteilte, habe die »moralische Gefahr« bestanden, »daß sich in Frankreich eine falsche Einmütigkeit um eine riesenhaft aufgeblasene Lüge bilden könnte und daß dies eine Verwirrung der Geister herbeiführen würde«, umso mehr, als de Gaulle und »die Kommunisten« gleichermaßen »ein Interesse [...] an dieser Entstellung der noch zu überprüfenden Wahrheit« gehabt hätten.[875] Kurz nach Kriegsende habe Sperber Malraux wiedergetroffen, der Mitglied der Regierung Charles de Gaulles war und dort alsbald das »Informationsministerium« leiten sollte.[876] Sperber wurde dort »Chargé de Mission« und als solcher in »die Gestaltung der [...] Presse, des Rundfunks und des Verlagswesens« in den durch Frankreich »verwaltete[n] oder jedenfalls kontrollierte[n] Gebieten Deutschlands und Österreichs« involviert.[877] Sperbers Reisen nach Deutschland und Österreich boten ihm die Gelegenheit, »Menschen« zu treffen, »von denen« er »wußte, daß sie

872 Vgl. Sperber, Bis man mir Scherben auf die Augen legt, S. 877 f. Zu den Gräueltaten der Ustascha vgl. allgemein z. B. Korb, Alexander: Im Schatten des Weltkriegs. Massengewalt der Ustaša gegen Serben, Juden und Roma in Kroatien. Hamburg: Hamburger Edition 2013, insbes. S. 357–428.

873 Vgl. Sperber, Bis man mir Scherben auf die Augen legt, S. 878 f.

874 Vgl. Stančić, Manès Sperber, S. 425.

875 Vgl. Sperber, Bis man mir Scherben auf die Augen legt, S. 880–882.

876 Vgl. Sperber, Bis man mir Scherben auf die Augen legt, S. 885 ff., 891 f.

877 Vgl. Sperber, Bis man mir Scherben auf die Augen legt, S. 896.

auch in den schwersten Stunden unbeugsam geblieben waren«.[878] Er berichtet auch von solchen, die sich »aus dem gleichen Grund alliiertenfreundlich« verhielten, »aus dem sie Nazis gewesen waren: aus einem Opportunismus, dessen Skrupellosigkeit grenzenlos war im Jahre 1933 und im Jahre 1945 grenzenlos blieb«.[879] Sperber übte seine Tätigkeit im Informationsministerium auch noch eine Weile aus, nachdem Malraux die Regierung de Gaulle verlassen hatte.[880] Nicht allein in Deutschland

> »klagten [...] [d]ie Schuldigen, die Mitschuldigen und Verantwortlichen [...], daß man sie nur mißbraucht hatte und ihnen nun unrecht tat, ja ein Unrecht zufügte, wenn man sie an ihre nahe Vergangenheit erinnerte.«[881]

Die Betonung antistalinistischer Positionen blieb für Sperber ein wichtiges Thema. 1945 und in den Jahren danach sah er sich in Frankreich mit stalinistischer Propaganda konfrontiert, derzufolge »sich der Westen kulturell in der letzten Phase seines unaufhaltsamen Niedergangs befinde«, insbesondere »seine Literatur wie seine anderen Künste dekadent und steril seien«. Malraux, »aber auch Sartre, der damals noch kein Sympathisant war« wurden als »›Hyänen mit Schreibmaschinen im Dienste von Wallstreet‹« diffamiert.[882] Vor allem gegen Malraux hätten »[d]ie Kommunisten [...] eine Verleumdungskampagne« geführt, »in der die Blödheit zuweilen der Niedertracht den Rang« abgelaufen habe.[883] Der »Alltag der Franzosen« sei »den Lesern der sowjetischen Presse so lügnerisch dargestellt worden, daß sich die kommunistischen Blätter Frankreichs davor hüteten, auch nur ein Wort davon zu erwähnen«.[884] Wenn Sperber betont, wie sehr er sich über das Wiedersehen mit Arthur Koestler gefreut habe, spiegelt dies vielleicht auch ein gewisses Gefühl der Isolation, denn beim neuerlichen Zusammentreffen mit dem alten Freund habe er ein »Gefühl der Übereinstimmung« empfunden, das er »stets dringend« gebraucht habe, »besonders aber seit« seinem »Bruch mit dem Kommunismus«. »[E]ine Überzeugung aufzugeben oder zu verschweigen, selbst wenn sie« die ersehnte »Eintracht« mit anderen »stören« sollte, dazu habe er sich nie durchringen können. Denn

878 Vgl. Sperber, Bis man mir Scherben auf die Augen legt, S. 903.
879 Vgl. Sperber, Bis man mir Scherben auf die Augen legt, S. 905.
880 Vgl. Sperber, Bis man mir Scherben auf die Augen legt, S. 906 f.
881 Vgl. Sperber, Bis man mir Scherben auf die Augen legt, S. 883.
882 Vgl. Sperber, Bis man mir Scherben auf die Augen legt, S. 890 f.
883 Vgl. Sperber, Bis man mir Scherben auf die Augen legt, S. 887 f.
884 Vgl. Sperber, Bis man mir Scherben auf die Augen legt, S. 891.

»[j]eder bestimmt aus eigener Machtvollkommenheit den Preis, den er für das Leben zahlen oder verweigern darf; jeder bestimmt ebenso das *sacrificium intellectus*, das er für die Erhaltung der so wertvollen Eintracht mit seinen Freunden bringen darf. Der Einklang des einzelnen mit sich selbst bestimmt seine Echtheit; wer aber auf diese verzichtet, entwertet nicht nur selbst, sondern alle Freundschaft.«[885]

Ganz in diesem Sinne hat sich Sperber später auch kritisch mit Sartre auseinandergesetzt. Im ebenfalls durchaus autobiografisch zu nennenden Abschnitt »Zeitgenossen« seines Bandes »Eine Brücke zwischen heute und morgen« schildert er die Wandlungen, die er in Sartres politischer Haltung erlebt habe. So hätte er, als er Sartre 1946 kennen lernte, keinen Anlass für die »Vermutung« gehabt, dieser würde »über den Stalinismus anders« denken als Arthur Koestler oder Sperber selbst. Zudem habe »sich Sartre [...] [i]m persönlichen Verkehr [...] als überaus freundlich, ja herzlich« erwiesen, »frei [...] von jeder Pose«. Auch sei er in den ersten Jahren nach Kriegsende »ein entschiedener Gegner jeder Diktatur« gewesen, »auch der stalinschen, ein Feind all dessen, was die Freiheit der Person einengen oder gar gefährden konnte«.[886] Sartre, der schon während der deutschen Besetzung Frankreichs begonnen hat, »die Vereinbarkeit seiner Seinsphilosophie mit dem Marxismus zu beweisen«, sei später »der wirksamste intellektuelle Propagandist der stalinschen und poststalinschen Politik« geworden, »ohne« allerdings jemals »der kommunistischen Partei beizutreten«. Er habe sich im Zuge dessen »jeden Irrtum zu eigen« gemacht, »dem er auf der Seite jener begegnete, die er als die wahre Linke, das echte Proletariat betrachten wollte«. Sartre habe nur »sehr wenig von der Geschichte der Arbeiterbewegung, der Parteien und Gewerkschaften« gewusst und vor diesem Hintergrund dazu geneigt, »das Proletariat mit der kommunistischen Partei und diese mit der Sowjetunion und schließlich mit Stalin zu identifizieren«.[887] An anderer Stelle resümierte er, Sartre, »der politische Fragen melodramatisch-aggressiv und nicht selten töricht behandelt« habe, sei »nur einer der vielen Intellektuellen« gewesen,

»die für sich selbst, für ihre Lebensweise und für ihre Arbeitsbedingungen mit Recht unbeschränkte Freiheit verlang[t]en, sich aber in hemmungslose

885 Sperber, Bis man mir Scherben auf die Augen legt, S. 896 (Hervorhebungen im Original). Zu den Schwierigkeiten, denen sich Sperber und andere, die mit der Kommunistischen Partei gebrochen hatten, nach 1945 gegenübersahen, vgl. z. B. Stančić, Manès Sperber, S. 428 ff.
886 Vgl. Sperber, Nur eine Brücke zwischen gestern und morgen, S. 39 f.
887 Vgl. Sperber, Nur eine Brücke zwischen gestern und morgen, S. 40 f.

Propagandisten einer Diktatur verwandel[t] [hätten], »unter der andere, freilich nicht sie, aller Freiheit beraubt«

worden seien.[888]

Neben dem literarischen Schaffen und seiner konsequenten Kritik an totalitären Systemen können Individualpsychologie beziehungsweise deutende Psychologie und das Judentum als bleibende Themen gelten, mit denen sich Sperber intensiv beschäftigt hat.[889] Sperber wurde 1946 Lektor und Übersetzer für deutsche Literatur im Verlag Calmann-Lévy.[890] In dieser Funktion besorgte er auch die vermutlich erste französische Übersetzung des »Tagebuch[s] der Anne Frank«.[891] Bis 1953 veröffentlichte Sperber die autobiografische Trilogie »Wie eine Träne im Ozean«, die auch verfilmt wurde, 1970 »Alfred Adler und Das Elend der Psychologie«, ab 1974 die Autobiografie »All das Vergangene«, »Individuum und Gemeinschaft« (1934 verfasst, 1978 veröffentlicht), 1980 »Nur eine Brücke zwischen Gestern und Morgen«. Er erhielt 1975 den Georg-Büchner-Preis und 1983 den Friedenspreis des Deutschen Buchhandels, war in literarischen Kreisen europaweit vernetzt und wurde unter anderem auch seitens der österreichischen Sozialdemokratie stark umworben. Zudem hatte er Kontakte zu Schriftstellern in der DDR.[892] Mehrere Reisen führten ihn nach Israel.[893] Manès Sperber starb am 5. Februar 1984 in Paris.[894]

4.2 Literarische Umsetzungsweisen

4.2.1 Struktur

Die Gliederung von »Bis man mir Scherben auf die Augen legt« unterscheidet sich insofern von jener der anderen beiden autobiografischen Schriften Sperbers, als dieses Buch aus insgesamt sieben Teilen und einem Epilog besteht. Es

888 Vgl. Sperber, Manès: Das Wüten der Gewalt, I. Teil: Die Schreckensherrschaft oder Die Gewalt von oben. In: Sperber, Manès: Essays zur täglichen Weltgeschichte. Wien/München/Zürich: Europaverlag 1981, S. 459.

889 Es sei hier nur nochmals auf seine Monografie »Alfred Adler oder das Elend der Psychologie« (1970) sowie den Essayband »Churban oder die unfaßbare Gewißheit« (1979) verwiesen.

890 Vgl. Sperber, Bis man mir Scherben auf die Augen legt, S. 924 ff.,

891 Vgl. Sperber, Die vergebliche Warnung, S. 287 f. Vgl. dazu auch Stančić, Manès Sperber, S. 455 f.

892 Vgl. Sperber, Scherben, S. 924; Patka/Stančić, Die Analyse der Tyrannis, S. 174 ff; Stančić, Manès Sperber, S. 450 ff.

893 Vgl. Stančić, Manès Sperber, S. 573 ff., 581 ff.

894 Vgl. Stančić, Manès Sperber, S. 606 ff.

ist kleinteiliger strukturiert als die beiden anderen Bände. Anders als deren Teile tragen jene des dritten Bandes von Sperbers Autobiografie keine Überschriften. Der erste Teil behandelt Sperbers kurze Rückkehr nach Wien sowie diverse Aufenthalte in Prag, Zagreb und Paris während des Jahres 1933.[895] Teil zwei nimmt Bezug auf die Jahre 1934 bis 1936, während derer sich Sperber hauptsächlich in Paris aufhielt und an Aufbau und Etablierung des von der Komintern subventionierten »›Instituts zum Studium des Faschismus‹, INFA genannt«, teilnahm.[896] Im dritten Teil behandelt Sperber insbesondere seinen Bruch mit der Kommunistischen Partei, letzten Endes ausgelöst durch die stalinistische Politik während des Spanischen Bürgerkrieges.[897] Teil vier schildert Sperbers kurze Aufenthalte in Wien und Dalmatien, denen bald eine neuerliche Rückkehr nach Paris folgte, wo Sperber, um sich zu finanzieren, eine Tätigkeit als Ghostwriter begann und in den Medien den sogenannten »Anschluss« Österreichs an das Deutsche Reich und unmittelbar das Heraufdämmern des Zweiten Weltkriegs miterlebte.[898] Im fünften Teil schildert Sperber seine Teilnahme am Krieg als Freiwilliger der französischen Armee, deren Kapitulation und die Gefährdungen, denen er und seine Lebensgefährtin Jenka Zivçon ausgesetzt waren, als das Vichy-Regime begann, Jüdinnen und Juden zu verfolgen und in deutsches Einflussgebiet zu verbringen.[899] Der sechste Teil behandelt Sperbers hochgradig gefährdete und prekäre Lage während der letzten Kriegsjahre in der Schweiz.[900] Teil sieben befasst sich mit Sperbers Aktivitäten während der ersten Nachkriegsjahre als Angehöriger des Kabinetts von Andrè Malraux. »[A]ls Chargé de Mission« blieb Sperber auch nach Malraux' Rücktritt bis 1948 »im Französischen Generalkonsulat für die besetzten Gebiete« tätig. In dieser Funktion reiste er nach Deutschland und Österreich.[901] Der restliche Abschnitt des siebenten Teils skizziert Sperbers wachsende Fokussierung auf sein literarisches Schaffen und seine Tätigkeit als Verlagslektor seit Ende der 1940er-Jahre. Zusammen mit Jenka und dem gemeinsamen Sohn Dan lebte Sperber von da an hauptsächlich in Paris.[902] Der Epilog, Teil von »Bis man mir Scherben auf

895 Vgl. Sperber, Bis man mir Scherben auf die Augen legt, S. 581–632.
896 Vgl. Sperber, Bis man mir Scherben auf die Augen legt, S. 633–698; Zitat von S. 633.
897 Vgl. Sperber, Bis man mir Scherben auf die Augen legt, S. 699–738.
898 Vgl. Sperber, Bis man mir Scherben auf die Augen legt, S. 739–800.
899 Vgl. Sperber, Bis man mir Scherben auf die Augen legt, S. 801–854.
900 Vgl. Sperber, Bis man mir Scherben auf die Augen legt, S. 855–883.
901 Vgl. Sperber, Bis man mir Scherben auf die Augen legt, S. 885–931. Zu den Zitaten vgl. ibid., S. 896, 916.
902 Vgl. Sperber, Bis man mir Scherben auf die Augen legt, S. 917–931.

die Augen legt«, resümiert bestimmte grundlegende Fragen autobiografischen Schreibens, spezifisch im Blick auf Zeit und Gedächtnis.[903]

Auch im dritten Band seiner Autobiografie setzt Sperber seine Skizzen persönlicher Begegnungen mit zahlreichen mehr oder minder prominent gebliebenen Zeitgenossinnen und Zeitgenossen fort. So insbesondere mit Arthur Koestler, der Sperber ein enger persönlicher Freund werden sollte, und mit André Malraux, der in Sperbers weiterem Leben ebenfalls eine erhebliche Rolle spielen sollte.[904] Auch Döblin begegnet wieder.[905] Besonders eindringlich ist die Darstellung von Sperbers Gesprächen mit Anna Seghers, deren linientreues Verhalten auch ihre persönlichen Umgangsformen bestimmt habe. Seiner Bewunderung der Literatin Seghers hätte dies allerdings keinen Abbruch getan.[906]

4.2.2 Topografie

In »Bis man mir Scherben auf die Augen legt« hebt Sperber so deutlich wie in den beiden anderen Bänden die Bedeutung bestimmter Orte für den Verfasser hervorhebt. Dabei ist Paris besonders wichtig. War Zablotow im ersten Band Zentrum der Welt für das kindliche Ich des Autobiografen und Wien ein dann langsam erschlossener und in der Erschließung entzauberter Sehnsuchtsort gewesen, so wird im zweiten Band nach Wien Berlin zum wesentlichen Ort des Erzählers. Der dritte Band schließlich zeigt Paris als zentralen Ort im Leben des Protagonisten, den er zwar unter großem Druck verlassen muss, den er aber immer wieder aufsucht und sich neu erschließt.

Mit den verschiedenen bedeutsamen Orten eng verwoben, setzt auch »Bis man mir Scherben auf die Augen legt« eine Entwicklungsgeschichte fort. Hier kreist sie in örtlicher Hinsicht vor allem um Paris, wobei es, wie schon hinsichtlich früher bedeutsamer Orte in Sperbers autobiografischen Texten, zu beachten gilt, dass sich damit keineswegs das Konzept der Zugehörigkeit zu einem Staatsvolk oder einer wie auch immer definierten Nation verbindet. Zablotow war wichtig wegen des Schtetls, Wien war in der Vorstellungswelt des Kindes der Mittelpunkt eines riesigen Reiches, in dessen Zentrum wiederum ein den Juden

903 Vgl. Sperber, Bis man mir Scherben auf die Augen legt, S. 933–936.

904 Vgl. Sperber, Bis man mir Scherben auf die Augen legt, S. 662 ff., 648 ff., 726 ff., 760, 799 ff., 827 ff., 838 ff., 885 ff. Zur Freundschaft zwischen Sperber und Malraux vgl. z. B. auch Stančić, Manès Sperber, S. 269 ff., 362 ff., 425 ff., 458 f., 501 f. Zu jener zwischen Sperber und Koestler vgl. ibid., S. 233 ff., 272 ff., 332 ff., 402 ff., 427 ff., 445 ff., 450 ff. Vgl. auch Cesarini, David: Arthur Koestler. The Homeless Mind. London: William Heineman 1998, insbes. S. 139 f., 152 ff., 268 ff., 382 f.

905 Vgl. Sperber, Bis man mir Scherben auf die Augen legt, S. 898 ff.

906 Vgl. Sperber, Bis man mir Scherben auf die Augen legt, S. 670 ff.

und Jüdinnen wohlgesonnener Kaiser saß, und wo sich stattdessen immerhin der *Schomer* und damit verbunden stabile Freundschaften finden ließen, Bibliotheken nicht zu vergessen. Berlin war im Grunde Wirkungsstätte des Psychotherapeuten und politischen Aktivisten Sperber, mit dieser Stadt verbindet sich im Vorstellungshorizont des Erzählers ein Geflecht an Hoffnungen, die um Marxismus und Kommunistische Partei kreisen und die doch immer wieder säkulare messianische Ideen durchschimmern lassen. Paris wird in den Jahren vor, während des Zweiten Weltkriegs und danach zum Ort der reifen Entscheidungen, der langfristigen persönlichen Verbindungen und der tragfähigen Beziehungen. Mit alledem korreliert nicht zuletzt jene Hinwendung zu einem nicht-religiösen Konzept von Judentum, in dem sich Sperber in hohem Maße gefunden zu haben scheint. Dies verbindet zugleich frühere Phasen seiner Entwicklungsgeschichte, die er über die drei Bände seiner Autobiografie elaboriert. Was Sperber als sein »Judesein« bezeichnet, eine komplexe und auch komplizierte Konfiguration, in die vieles, vor allem auch an persönlicher Erfahrung, Lebensgeschichte und persönlichem Empfinden einfließt, war und bleibt in höchstem Maße Bezugspunkt seines Selbstverständnisses. Deshalb ist, wenn er von seinem Volk spricht, in aller Regel das jüdische gemeint. Formulierungen der Art, dass sich »die Kroaten« in Jugoslawien »[a]ls Volk und als Staatsbürger [...] gleichermaßen entmündigt« gefühlt hätten, »des Rechts auf ihre Identität beraubt«, weist in die gleiche Richtung.[907] In diesem Zusammenhang kann beispielsweise auch an Hannah Arendts Auseinandersetzung mit dem Minderheitenbegriff der Zwischenkriegszeit in »Elemente und Ursprünge totaler Herrschaft« gedacht werden. Die künstliche Bildung von Nationalstaaten auf der Basis des »nationale[n] Selbstbestimmungsrecht[s]« habe bestimmte Bevölkerungsgruppen zu Trägerinnen der Staatsnation gemacht, während alle anderen auf einem bestimmten Territorium lebenden Gruppen zu »Minderheiten« als »der unglückselig verbleibende Rest« wurden, bezüglich derer aus staatlicher Sicht in der Regel das »Interesse« bestanden habe, sie »zu assimilieren oder zu liquidieren«. Jüdinnen und Juden seien in diesem Horizont von jeher »die ›*minorité par excellence*‹« gewesen.[908]

907 Vgl. Sperber, Bis man mir Scherben auf die Augen legt, S. 600.

908 Vgl. Arendt, Hannah: Elemente und Ursprünge totaler Herrschaft. Antisemitismus, Imperialismus, Totalitarismus. 9. Aufl. München: Piper 2003, S. 564 f., 571 f., 574 (Hervorhebungen im Original). Damit ist nichts über Möglichkeiten und Grenzen, einen Begriff wie jüdisches Volk außerhalb religiöser Bezugsrahmen zu bestimmen, ausgesagt. Vgl. zum Problem aus der Perspektive eines heutigen kritischen Historikers Sand, Shlomo: Die Erfindung des jüdischen Volkes. Israels Gründungsmythos auf dem Prüfstand. Aus dem Hebräischen v. Alice Meroz. Ungekürzte Taschenbuchausgabe Berlin: List 2011. Doch kommt es darauf, wie so oft,

Beachtenswert bleibt bei alledem, dass Sperber sein literarisches Schreiben gleichwohl nicht in Paris wieder aufnimmt, sondern an einem gänzlich abgelegenen Ort, Hauts-de-Cagnes, unter Bedingungen massiver Bedrohung und Bedrängnis.

4.2.3 Metalepse

Auch in Bezug auf »Bis man mir Scherben auf die Augen legt« lässt sich die These weiterführen, dass Sperber die beiden Erzählebenen seiner Autobiografie immer wieder miteinander verwebt und zueinander in Beziehung setzt, bis sie gewissermaßen in eine Konvergenzbeziehung treten.[909]

4.3 Individualpsychologische Perspektive

4.3.1 Identitäten

4.3.1.1 Vorbemerkungen

Vermutlich wäre ein Begriff wie *Zugehörigkeiten* besser, doch erweist sich der Identitätsbegriff als hartnäckig. Dabei ist er streng genommen hochproblematisch, vor allem, wenn es um soziale oder kulturelle Identitäten geht. Die Idee einer Gruppenidentität wirft begriffliche Schwierigkeiten auf, denn sie würde strenggenommen vollständige Übereinstimmung hinsichtlich bestimmter Merkmale voraussetzen. Derlei wird aber weder theoretisch noch praktisch irgendwo zu erzielen sein.[910] Daher wird in diesem Zusammenhang primär auf allfällige kollektive oder *kulturelle* Erinnerungen von Menschen Bezug genommen, die einer bestimmten Gruppe zugerechnet werden.[911] Diese können aber niemals einhellig ausfallen, zu komplex und heterogen sind menschliche Gesellschaf-

---

im Zweifel gar nicht an. Entscheidend ist vielmehr, welches spezifische Verständnis dieses Syntagmas im Einzelfall lebensbestimmend war/ist und welche Perspektive der Selbst- oder Fremdzuschreibung eines Individuums oder einer Gruppe dem zu Grunde liegt.

909 Vgl. Sperber, Bis man mir Scherben auf die Augen legt, z. B. 613 ff., 658 ff., 830 ff.

910 Zu diesem Problem vgl. grundsätzlich z. B. schon Pannenberg, Wolfhart: Person und Subjekt. In: Marquard, Odo/Stierle, Karlheinz (Hg.): Identität. 2. Aufl. München 1996 (Poetik und Hermeneutik VIII), S. 407–422.

911 Zur Terminologie vgl. insbes. Halbwachs, Maurice: Das kollektive Gedächtnis (1939). Aus dem Französischen v. Holde Lhoest-Offermann. Frankfurt am Main: Suhrkamp 1991; Assmann, Jan: Das kulturelle Gedächtnis. Schrift, Erinnerung und politische Identität in frühen Hochkulturen. 2., durchges. Aufl. München: Beck 1997.

ten.[912] Allerdings muss eine Art Kanon dessen gefunden werden, das des gemeinsamen Erinnerns würdig ist, denn allzu viel käme dafür in Betracht. *Kanon* und *Zensur* stehen jedoch zwangsläufig in einer wechselseitigen Beziehung.[913] Um es mit Peter Burke kurz auf den Punkt zu bringen: »Wer wir sind, hängt davon ab, wer wir waren. Allerdings gibt es hier einen bedeutsamen Zirkelschluss: wer wir glauben gewesen zu sein, hängt davon ab, wer wir glauben zu sein.«[914] Insofern ist bei der Frage nach Zugehörigkeiten Vorsicht angeraten, und vielleicht könnte Per Olov Enquists Frage, mit wem man denn gerne begraben sein möchte, hier Klarheit schaffen.[915] Dies können wir im Falle Sperbers nicht beantworten, die Frage nach Zugehörigkeiten, die sich im dritten Band seiner autobiografischen Schriften noch einmal in unterschiedlichen Zusammenhängen bemerkbar macht, kann also nur in behutsamer Annäherung erörtert werden.

4.3.1.2 Topografisches

An einer Stelle von »Bis man mir Scherben auf die Augen legt« spricht Sperber fast liebevoll von der seiner Auffassung nach in Frankreich verbreiteten Begeisterung für das *Lernen.* »Häufiger als irgendwo anders habe ich unter den Franzosen den ›Lerner‹, jenen Typus des Städtels gefunden, den ich seit meiner Kindheit bewundere.«[916] Er liebe Paris aber ganz allgemein, »unvermindert und wohl auch unverringerbar seit 1929«. Anders als Wien, letzten Endes »eine kleine Großstadt«, sei Berlin »nahe daran« gewesen, »eine Weltstadt« zu werden. Paris jedoch habe unzweifelhaft »den unverwechselbaren Rhythmus einer Weltstadt« erkennen lassen, »in der sich Kraftlinien aus allen Weltrichtungen schneiden oder vereinen«. Zugleich offeriere Paris auch »dörfliche Einsamkeit«, die besonders offenkundig im »fast unvermeidliche[n] *Quartierismus*« Ausdruck finde. »Wer […] wirklich« in Paris »heimisch geworden« sei, »beschränk[e] sich immer mehr auf sein Wohlviertel«. Nicht zuletzt preist Sperber »das Sprachniveau des Pariser Volkes«. Es sei »das höchste […] arbeitende[r] Menschen

912 Vgl. z. B. Sen, Amartya: Die Identitätsfalle. Warum es keinen Krieg der Kulturen gibt. Aus dem Englischen v. Friedrich Giese. München: Beck 2007, S. 33 f.

913 Vgl. z. B. Assmann, Aleida/Assmann, Jan: Kanon und Zensur. In: Assmann, Aleida/Assmann, Jan (Hg.): Kanon und Zensur. Archäologie der literarischen Kommunikation II. München: Fink 1987, S. 7–27.

914 Burke, Peter: Reden und Schweigen. Zur Geschichte sprachlicher Identität. Aus dem Englischen v. Bruni Röhm. Berlin: Wagenbach 1994 (Kleine kulturwissenschaftliche Bibliothek, Bd. 46), S. 12.

915 Vgl. Enquist, Per Olov: Die Kartenzeichner. Fragile Utopien. Aus dem Schwedischen v. Wolfgang Butt. München/Wien: Hanser 1997, S. 7–15.

916 Sperber, Bis man mir Scherben auf die Augen legt, S. 684; vgl. auch Sperber, Die Wasserträger Gottes, S. 59, 63.

irgendeiner […] Großstadt«. Vermutlich ist es nicht zufällig, dass Sperber diese Beobachtung in engen Zusammenhang mit einer anderen rückt: Die Pariserinnen und Pariser widerstünden in höherem Maße als andere Menschen »in Europa und wohl auch sonstwo den Lockungen der Vulgarität«. Sie »bewahrten auf natürlichste Weise ihre Individualität, sie wurden nicht zum Vulgus«.[917]

Als unerfreuliche Erfahrung nennt Sperber den Umstand, »daß in Frankreich mehr als in irgendeinem andern Lande ein Versprechen keine verbindliche Zusage, sondern eine Höflichkeit, meist eine hinausgeschobene […] Ablehnung« darstelle.[918] Sperber macht diese Bemerkung in Zusammenhang mit Professor Lahy, der zugesagt gehabt habe, ihm Arbeit zu verschaffen. Später, im Zusammenhang mit seinen Bemühungen, Mirjam und Vladim Visa für Frankreich zu verschaffen, erwähnt er einen »französischen Intellektuellen«, der ihm »versprochen« habe, »beim Innen- oder Außenministerium zu intervenieren, sobald das Gesuch in Paris angelangt sein würde«. Dieser »Bekannte« habe sein Versprechen allerdings ganz bewusst nicht eingelöst, weil seine Ehefrau, »eine besonders intolerante Kommunistin, […] ihn daran gehindert« habe, »die Familie eines Renegaten zu retten«.[919] Insofern liegt der Sachverhalt im zweiten Fall zwar deutlich anders als in jenem Professor Lahys, allerdings lässt sich eine strukturelle Gemeinsamkeit erkennen: Es sind, aus welchen Gründen immer, *Franzosen,* nicht genuin *Pariser,* die aus Sperbers Sicht ihre Versprechen nicht einhalten.

Für die sogenannte Zwischenkriegszeit konstatiert Sperber »Paris eine hohe Kultur«, die »ihren Reifegrad erreicht hatte und nun zu überschreiten begann«. Doch hatten »[d]ie Deutschen, in deren Bilderbuchvorstellung Frankreich die Heimat der Dekadenz war, […] vor Verdun« erfahren müssen, »daß die ›dekadenten […]‹ Franzosen so gut standhalten und sterben konnten wie sie selbst«. Nach 1918 habe »Frankreichs Niedergang« »begonnen«.[920] Diese Überlegung wird nicht weiter ausgeführt, ist aber vermutlich auf den »Zusammenbruch im Sommer 1940« bezogen, der für Sperber sehr enttäuschend gewirkt haben dürfte.[921] Die daraus resultierenden Probleme haben Sperbers Einschätzung zufolge den Krieg überdauert, zumal sie auch dem fragwürdigen Verhalten vieler KP-Angehöriger geschuldet gewesen sei,

917 Vgl. Sperber, Bis man mir Scherben auf die Augen legt, S. 684–686 (Hervorhebung im Original).
918 Vgl. Sperber, Bis man mir Scherben auf die Augen legt, 696 f.
919 Vgl. Sperber, Bis man mir Scherben auf die Augen legt, S. 765.
920 Vgl. Sperber, Bis man mir Scherben auf die Augen legt, S. 783–785.
921 Vgl. Sperber, Bis man mir Scherben auf die Augen legt, S. 681, 814 ff.

»die im September 1939 auf Stalins Befehl die antifaschistische Bewegung verlassen und 1940 zur Verbrüderung mit den deutschen Soldaten aufgerufen hatten, ehe sie, gleich nach Ausbruch des deutsch-russischen Krieges, aufs energischste wieder antifaschistisch und patriotisch wurden.«[922]

Ein daraus resultierender verzerrter Blick auf eigenes Handeln hätte es erschwert, »Frankreichs Trauma des demütigenden Zusammenbruchs zu heilen«. Dazu »wäre« Sperbers Auffassung nach »die Suche nach der Wahrheit notwendig gewesen«.[923] Der Richtigkeit dieser Überlegung hier nachspüren zu wollen, würde bedeuten, den Rahmen der vorliegenden Untersuchung zu sprengen. Doch lässt sich sagen, dass Reflexionen dieser Art mit zumindest gleich gutem Recht für Deutschland und mehr noch für Österreich angestellt werden können.[924] Beides schließt sich keineswegs aus, im Grunde mögen die Motive unterschiedlich gewesen sein, so doch die Verhaltensmuster nicht unähnlich.[925] Wenn Sperber darauf nicht eingeht, mag es damit zusammenhängen, dass »Frankreich nach dem Zweiten Weltkrieg« seine »politische Heimat geworden bzw. geblieben ist«.[926] Gleichwohl, auch in diesem Zusammenhang bleibt Sperbers Enttäuschung weitgehend auf Frankreich bezogen, spielt Paris diesbezüglich eher am Rande eine Rolle, wenn der Autobiograf konstatiert, die Stadt habe nach dem Zweiten Weltkrieg viel von ihrem zuvor typischen Flair verloren.[927]

Eine der Reisen, die Sperber im Rahmen seiner Arbeit für das Informationsministerium bzw. das »Französische Generalkonsulat für die besetzten Gebiete«

922 Sperber, Bis man mir Scherben auf die Augen legt, S. 882.

923 Vgl. Sperber, Bis man mir Scherben auf die Augen legt, S. 882 f.

924 Vgl. in diesem Zusammenhang z. B. Cohen, Bernard/Rosenzweig, Luc: Der Waldheim-Komplex. Aus dem Französischen v. Jürgen Doll u. Ruth Vogel. Mit einem Essay v. Peter Handke und einem Nachwort des Republikanischen Clubs Österreich. Wien: Verlag für Gesellschaftskritik 1987, insbes. S. 79–98; Wodak, Ruth/Nowak, Peter/Pelikan, Johanna/Gruber, Helmut/de Cilia, Rudolf/Mitten, Richard: »Wir sind alle unschuldige Täter!« Diskurshistorische Studien zum Nachkriegsantisemitismus. Frankfurt am Main: Suhrkamp 1990 (stw 881), insbes. S. 210–281.

925 Zur Kollaboration und zum Nachkriegsrassismus und -faschismus in Frankreich vgl. z. B. Ory, Pascal: Les Collaborateurs 1940–1945. Paris: Éditions du Seuil 1976; Paxton, Robert O.: La France de Vichy 1940–1944. Paris: Éditions du Seuil 1999; Fekl, Walther: Affaires Barbie/Bousquet/Touvier/Papon. In: Schmidt, Bernhard et al. (Hg.): Frankreich-Lexikon. 2. Aufl. Berlin: Erich Schmidt 2006, S. 39 ff.; Hüser, Dietmar: Vom »Un-Skandal« des Algerienkrieges zum »Post-Skandal« der Gedächtniskultur. Die Pariser Polizei-Repressionen vom 17. Oktober 1961. In: Gelz, Andreas/Hüser, Dietmar/Ruß, Sabine (Hg.): Skandale zwischen Moderne und Postmoderne. Interdisziplinäre Perspektiven auf Formen gesellschaftlicher Transgression. Berlin: de Gruyter 2014 (Linguae & Litterae 32), S. 183–213.

926 Vgl. Müller-Funk, Schwerbewaffnete Menschenjäger und mutlose Sozialdemokraten, S. 144.

927 Vgl. Sperber, Bis man mir Scherben auf die Augen legt, S. 881.

machte, führte ihn 1946 nach Wien. Dieses »Wiedersehen« erscheint im dritten Band von Sperbers Autobiografie ambivalent, in gewisser Weise ähnlich wie beim ersten Ankommen in dieser Stadt durch Diskrepanzen zwischen Vorstellungen und Erleben gekennzeichnet. Die Vorstellungen speisten sich diesmal eher aus Erinnerungen denn aus Wünschen, und so stehen persönliche Erinnerungen und eigentümliche Wiederbegegnungen im Zentrum von Sperbers Darstellung. Und so »schaltete […] [d]er Selektionsprozeß des Gedächtnisses […] fast alles aus, was nicht im Erlebnisbereich des ganz jungen Menschen geschehen war.«[928] Was ihm auffiel, war eine merkliche Provinzialisierung der Stadt, die sich nicht allein darin manifestierte, dass man dort plötzlich Leute antraf, die Lederhosen trugen, sogar noch mit den »weißen Stutzen«, die einst Erkennungsmerkmale der illegalen Nazis gewesen waren.[929]

4.3.1.3 »Judesein«

Mehr als die religiösen Inhalte selbst verband sich für Sperber, wie er schon in »Die Wasserträger Gottes« darlegt, der Umstand des Lernens als solcher mit der Idee dessen, was er »Judesein« nennt.[930] Aber *Lernen* ist in diesem Verständnis niemals nur Ansammeln von Wissensbeständen, sondern stets auch dessen verstehendes Verarbeiten. Dieses habe Sperber gemäß seiner eigenen Darstellung auch früh zum Zweifel an den gelernten Inhalten geführt.[931] Diese Auffassung eines Wissenserwerbs einerseits in einem systematischen Sinn (wer die heiligen Schriften des Judentums lesen wollte, musste zunächst einmal Hebräisch lernen), andererseits im Sinne reflektierten Erschließens des Gelernten (Religionskritik auf Basis intimer Kenntnis der kritisch hinterfragten Lehren) ähnelt in der Tat dem Vorgehen des großen jüdischen Religionsgelehrten, Ketzers und Philosophen Baruch de Spinoza, dessen Ideen und Schriften der junge Manès Sperber in Amsterdam kennengelernt hat.[932] Zugleich weist Sperbers Bildungs-

928 Vgl. Sperber, Bis man mir Scherben auf die Augen legt, S. 922.

929 Zu Lederhosen bzw. Bundhosen und weißen Stutzen vgl. Vgl. Sperber, Bis man mir Scherben auf die Augen legt, S. 919. Zur politischen Symbolik vgl. z. B. Diem, Peter: Die Symbole Österreichs. Zeit und Geschichte in Symbolen. Wien: Kremayr & Scheriau 1995, S. 258; Pollack, Martin: Die Frau ohne Grab. Bericht über meine Tante. München/Wien: Hanser 2019, S. 49. Zum Eindruck der Provinzialisierung allgemein vgl. Sperber, Bis man mir Scherben auf die Augen legt, S. 922.

930 Zur Formulierung vgl. Sperber, Mein Judesein, S. 43.

931 Vgl. Sperber, Die Wasserträger Gottes, S. 53.

932 Vgl. Sperber, Die vergebliche Warnung, S. 283. Zum philologisch fundierten religionskritischen Vorgehen Spinozas vgl. insbes. Spinoza, Baruch de: Theologisch-politischer Traktat. Hg. v. Wolfgang Bartuschat. Hamburg: Meiner 2012, insbes. S. 119–144. Vgl. dazu z. B. auch Grözinger, Karl Erich: Jüdisches Denken. Theologie – Philosophie – Mystik. Bd. 3: Von der Religionskritik der Renaissance zu Orthodoxie und Reform im 19. Jahrhundert. Frank-

konzept Parallelen zu jenem Adornos auf, der systematisch fundierte, reflektierte Bildung von vordergründiger Halbbildung abgrenzte.[933] Dass daraus auch ein hoher Anspruch an intellektuelle Redlichkeit folgt, ergibt sich im Grunde sehr konsequent. Das »sacrificium intellectus« zu bringen, auf Zuruf der KP, mag Sperber mithin so wenig vertretbar erschienen sein wie seinem Freund Djuka Cvijić, der diese Haltung »in Moskau mit seinem Leben« gebüßt habe.[934]

Auch gewisse Ähnlichkeiten zu Hannah Arendts Überlegungen drängen sich hier wieder auf.[935] Arendt hatte im Kontext jüdischer Emigration die Forderung erhoben, Jüdinnen und Juden sollten, anstatt sich »an die [...] Nation anzupassen«, auf deren Territorium sie sich jeweils aufhielten oder Aufenthalt zu nehmen gezwungen waren, sich auf eine spezifisch jüdische Identität besinnen oder eine solche entwickeln. Sie verweist dabei auf Bernard Lazars Begriff »bewusster Parias« (»conscious pariahs«), den sie, auch unter Bezug auf Heinrich Heine und Franz Kafka, dem Konzept des »Parvenus« entgegensetzt. Gemeint ist jedenfalls ein säkularer Begriff von »Judesein«, um Sperbers Terminus zu verwenden. Arendt sieht einen Anknüpfungspunkt für eine positiv gewendete Konzeption des Paria im Kontext einer Neudeutung der Figur des Schlemihls bei Heine. In Heines Gedicht »Prinzessin Sabbat« erscheine der »Paria nicht länger als der *Schlemihl*«. »Unschuld« sei »das Kennzeichen des *Schlemihls*«, und eine gewisse Skurrilität.[936] Den »Paria, ausgeschlossen von der offiziellen Gesellschaft und ohne andere Sehnsucht als jener, in ihr angenommen zu werden«, kennzeichne der Umstand, dass er »sich in natürlicher Weise dem zuwendet, was die gewöhnlichen Leute unterhält und erfreut«. Bei genauerem Hinsehen sei es auch gar nicht mehr der

> »ausgegrenzte Paria, der als der *Schlemihl* erscheint, sondern jene, die in den geordneten Rängen der Gesellschaft leben und die die großzügigen

furt am Main/New York: Campus 2009, S. 177–184; Popkin, Richard H, Spinoza and Bible scholarship. In: Garrett, Don (ed.): The Cambridge Companion to Spinoza. Cambridge et al.: Cambridge University Press 1996, pp. 383–407.

933 Adorno, Theodor W.: Theorie der Halbbildung. In: Adorno, Theodor W.: Soziologische Schriften I. Hg. v. Rolf Tiedemann unter Mitwirkung v. Gretel Adorno, Susan Buck-Morss u. Klaus Schultz. Lizenzausgabe Darmstadt: Wissenschaftliche Buchgesellschaft 1998 (Gesammelte Schriften, Bd. 8), S. 93–121.

934 Vgl. Sperber, Bis man mir Scherben auf die Augen legt, S. 618.

935 Vgl. auch Arendt, Elemente und Ursprünge totaler Herrschaft, S. 574 (Hervorhebungen im Original).

936 Vgl. Arendt, The Jew as Pariah, pp. 70 seq. (Hervorhebung im Original). Zum genannten Gedicht Heines vgl. Heine, Heinrich: Prinzessin Sabbath [1851]. In: Heine, Heinrich: Romanzero. Illustriert von Wiener Künstlern. Grafrath: Boer 2019, S. 151–156.

Gaben der Natur für die Götzenbilder [idols] sozialen Privilegs und Vorurteils getauscht haben.«[937]

Auf derlei Tauschhandel eingegangen zu sein, kennzeichne insbesondere den »Parvenu«. In der Distanziertheit des Paria »von allen Hervorbringungen des Menschen« erschließe sich für Heine, was er als »Essenz der Freiheit betrachtet«.[938] In Bernard Lazares Konzept des »bewussten Paria« werde dieser Ansatz dahingehend weiterentwickelt, dass »der emanzipierte Jude zu einem Bewusstsein seiner Position, und dessen gewahr, ein Rebell dagegen werde – der Verteidiger eines unterdrückten Volkes«.[939] Auch wenn sich Sperber sehr kritisch mit Arendts Eichmann-Buch auseinandergesetzt hat, hätten sich an dieser Stelle möglicherweise Konvergenzen ergeben.[940] »Juden meiner Art«, schreibt er in »Mein Judesein«,

> »werden in ihrem Selbstwertgefühl durch die antisemitische Entwertungs- und Erniedrigungstendenz keineswegs betroffen; sie durchschauen die Motive der Verächter und verachten sie«.[941]

An der Basis antijüdischen Hasses macht Sperber durchaus im Sinne »deutender Psychologie« (vermutlich hätten hier weder Freud noch Adler grundsätzlich widersprochen) Angst aus. Unter Verwendung Adlerianischen Vokabulars führt er aus, dass »sich« ihm

> »der Judenhaß recht früh als ein extrem aggressiver Verfolgungswahn enthüllt [habe], als eine völlig falsche, daher stets mißlingende Überkompensation einer Geist und Gemüt beherrschenden Allophobie, einer amokläuferischen Angst vor den andern, die der Hassende jedoch vor sich selbst zu verheimlichen sucht.«[942]

Im dritten Band seiner Autobiografie greift er das Problem der erzwungenen Emigration von Menschen mit jüdischem Glauben, kultureller Zugehörigkeit

---

937 Arendt, The Jew as Pariah, p. 71.
938 Vgl. Arendt, The Jew as Pariah, pp. 71 seq. (Hervorhebung im Original).
939 Vgl. Arendt, The Jew as Pariah, p. 76.
940 Zu Sperbers Kritik vgl. Sperber, Churban oder die unfaßbare Gewißheit, S. 84–92.
941 Sperber, Mein Judesein, S. 54 f.
942 Vgl. Sperber, Mein Judesein, S. 53 f. Vgl. dazu auch ausführlich Sperber, Manès: Über den Haß. In: Sperber, Manès: Essays zur täglichen Weltgeschichte. Wien/München/Zürich: Europaverlag 1981, S. 131–157.

zum Judentum oder jüdischem Familienhintergrund aus Deutschland auf. Er kommt dabei auf den aus »Die Wasserträger Gottes« geläufigen Begriff der »Luftexistenz« zurück, von dem er sich und seine Familie im ersten Band seiner Autobiografie abgegrenzt hat. Doch waren »die mittellosen Emigranten«, so Sperber, in den 1930er-Jahren zu einer solchen Existenz verurteilt. »Die Welt brauchte keine Emigranten und erwehrte sich nur schwer des Verdachts, daß diese Flüchtlinge ihre Niederlage nicht nur verschuldet, sondern auch verdient haben mußten.«[943] Zugleich beschäftigt ihn das Thema seiner eigenen Haltung zu Deutschland, unabhängig von den Spezifika des NS-Regimes. Trotz allem habe er sich »*gegen den Bruch mit Deutschland* [...] [ge]*wehrt*«, doch sei »in Auschwitz«, obgleich er dort »nicht gewesen« ist, seine »Beziehung zu alledem, was Deutschland für mich während langer Jahre bedeutet hatte, verhöhnt, zerschlagen, vergast, ausgerottet worden«.[944] Sperber schrieb nach 1945 sowohl auf Deutsch als auch auf Französisch, ließ sich aber nie mehr in Deutschland oder Österreich nieder.[945]

4.3.1.4 »Das Kind«

Es mutet auffällig und fast schon seltsam störend an, wenn ein so aufmerksamer Beobachter und sensibler Interpret wie Manès Sperber seinen älteren Sohn wiederholt als »das Kind« bezeichnet.[946] Vladimir Friedrich Uri wurde »[a]m 29. Januar 1934« geboren, seine Eltern trennten sich in Wien, als Sperber auf dem Weg nach Paris war.[947] »[W]ar es nicht unvernünftig, ja wahnwitzig, daß Leute wie wir im Jahre 1934 ein Kind in die Welt setzten?«, schildert Sperber einen Gedanken, der ihm anlässlich der Geburt gekommen sei und den er zurückgewiesen habe.[948] Über seine Beziehung zu Vladimir erfahren wir in Sperbers Autobiografie wenig bis gar nichts. Wiederholt nennt er »Mirjam und Vladim« namentlich, wenn er etwa schreibt, sie seien »in Jugoslawien in Sicherheit« gewesen, allerdings nur »[b]is zum deutschen Überfall«. Anschließend wurden sie offenbar nach Italien (Friaul) gebracht, wo ein »Zwangsaufenthalt

943 Vgl. Sperber, Bis man mir Scherben auf die Augen legt, S. 676. Wie zutreffend diese Einschätzung Sperbers war, der sich hier auf das Jahr 1933 bezieht, erweist ein Blick auf die Konferenz von Évian, die fünf Jahre später, an der Schwelle zum Krieg, abgehalten wurde. Vgl. dazu Thies, Jochen: Évian 1938. Als die Welt die Juden verriet. Essen: Klartext Verlag 2017.

944 Vgl. Sperber, Bis man mir Scherben auf die Augen legt, S. 848.

945 Vgl. z. B. Stančić, Manès Sperber, insbes. S. 549 ff., 573–606.

946 Vgl. Sperber, Bis man mir Scherben auf die Augen legt, S. 628, 780.

947 Vgl. Sperber, Bis man mir Scherben auf die Augen legt, S. 623, 628.

948 Vgl. Sperber, Bis man mir Scherben auf die Augen legt, S. 623.

in einem Dorf unweit von Udine angeordnet« wurde.[949] In diesem Zusammenhang zählt Sperber das »Bewußtsein der eigenen Hilf- und Wehrlosigkeit« zur »conditio judaica«. »[J]eder Augenblick konnte jene vernichten, ohne die das eigene Dasein schwer denkbar war, ohne die es verkrüppelt, sinnlos zu werden drohte.«[950]

In anderem Zusammenhang ist Vladim lediglich »das Kind«, das Mirjam nach Jugoslawien »hatte […] vorausschicken können«.[951] Dies lädt gewissermaßen fast aufdringlich zu einer psychoanalytischen bzw. individualpsychologischen Deutung ein. Derlei wollten wir strikt vermeiden. Allerdings geht es hier nicht darum, den Verfasser des gegenständlichen Referenztextes zu *analysieren,* sondern letztlich seine Begriffsverwendung. Nahe läge gewiss eine *Fehlleistung* im Sinne Freuds. Dieses Konzept hat Sperber sehr kritisch beäugt.[952] Das Alltägliche ist für Sperber zudem weniger ein Bezugsrahmen für komplexe unbewusste Konflikte, sondern eher etwas, das mittels »elendige[r] Zauberkünste […] seine Herrschaft selbst in der Hölle täglich aufs neue antritt«. Dies werde daran offenkundig, dass »[s]elbst der größte Kummer […] nicht dauernd den kleinen Sorgen« widerstehe, »die sich zu Bergen häuften«.[953] Unabhängig davon, wie man zu dieser Einschätzung stehen mag, es wäre vermutlich in der Tat ein wenig platt, hier einfach eine Fehlleistung zu vermuten, die weder dem Verfasser noch der Lektorin oder dem Lektor über die ganze Strecke des Produktionsprozesses, den das Manuskript auf seinem Weg zum Buch vermutlich durchlaufen hat, aufgefallen wäre.[954] Liebäugelte man allerdings einen Moment lang mit ihr, so schimmerte vielleicht ein Versuch durch, keine allzu große emotionale Bindung zu seiner ersten Familie erkennen oder auch aufkommen zu lassen, lebte der Autobiograf doch längst mit Jenka zusammen. Deren gemeinsamer Sohn Dan, geboren »[a]m 20. Juni 1942«, wird stets namentlich genannt.[955] Gleichwohl betont Sperber das enge Verhältnis zum erwachsenen Vladim und legt zudem eine freundschaftliche Beziehung zu Mirjam nahe.[956]

949 Vgl. Sperber, Bis man mir Scherben auf die Augen legt, S. 848.
950 Sperber, Bis man mir Scherben auf die Augen legt, S. 849.
951 Vgl. Sperber, Bis man mir Scherben auf die Augen legt, S. 780.
952 Vgl. oben Kapitel A.
953 Vgl. Sperber, Bis man mir Scherben auf die Augen legt, S. 849.
954 Auch wenn das heute nur noch schwer vorstellbar sein mag, Anfang der 1980er-Jahre war es durchaus noch ganz üblich, Bücher einem Lektorat und Korrektorat zu unterziehen, wobei sich Verlage für beides zuständig fühlten.
955 Vgl. hier Sperber, Bis man mir Scherben auf die Augen legt, S. 850.
956 Vgl. Sperber, Bis man mir Scherben auf die Augen legt, S. 926.

4.3.1.5 Psychologie

»Menschenkenntnis als soziale Charakterologie« – dieser Buchtitel (der später in »Individuum und Gemeinschaft« geändert wurde) fasst gewissermaßen einen zentralen Kritikpunkt Sperbers an und seine Auffassung von einer adäquat betriebenen Psychologie zusammen.[957] Es handelt sich um die Überzeugung, dass jede Psychologie und Psychotherapie, die sich allein auf die Erforschung intrinsischer Abläufe beschränke und soziale Kontexte außer Acht lasse, hochgradig reduktionistisch verfahre.[958] Ähnliche Überlegungen stellt Sperber zum Unvermögen der Psychologie an, »zur richtigen Einschätzung« von Kunst und noch weniger »zur Erklärung des künstlerischen Schaffens beitragen« zu können, weil sie eben auf den »Künstler« fixiert bleibe.[959] Dessen ungeachtet lassen sich auch im dritten Teil von Sperbers Autobiografie zahlreiche Stellen finden, an denen der Autobiograf im Sinne dessen argumentiert, was er »deutende Psychologie« nannte.[960] So etwa, wenn es um die unterschiedlichen Auswirkungen des Bruchs mit dem Kreis um Adler oder den »Organdialekt«, der sich im Rahmen einer Erkrankung bemerkbar macht, geht.[961]

4.3.2 Erinnerungen und Lebensplan

In »Die vergebliche Warnung« hatte Sperber von einem Rat Alfred Adlers angesichts seiner ersten literarischen Versuche berichtet, sich zumindest vorerst entweder der Psychologie oder der Schriftstellerei zu widmen. Er habe daraufhin beschlossen, sich im Alter von »neunzehn Jahre[n]« als Psychologe zu betätigen, dies allerdings »mit 35 […] aufzugeben und Schriftsteller zu werden«.[962] Wenn Sperber also in »Bis man mir Scherben auf die Augen legt« schildert, etwa zur Mitte seines vierten Lebensjahrzehnts in Hauts-de-Cagnes mit dem Verfassen literarischer Werke begonnen zu haben, wäre es gleichwohl verwegen, das ohne weiteres als Ausformung eines *Lebensplans* deuten zu wollen, nicht allein, weil das Alter von neunzehn Jahren zwar kein hohes ist, die Entwicklung eines

957 Zur Arbeit an dem Buch vgl. Sperber, Bis man mir Scherben auf die Augen legt, S. 615 ff. Zu seinem weiteren Schicksal vgl. oben, Kapitel A, 2.3.5.

958 Vgl. Kapitel A. Vgl. dazu z. B. auch Schmidt, Rainer: Individuum und Gemeinschaft. Manès Sperbers Beiträge zur Individualpsychologie Alfred Adlers. In: Moses, Stéphane/Schlör, Joachim/Schoeps, Julius H. (Hg.): Manès Sperber als Europäer. Eine Ethik des Widerstands. Berlin: Edition Hentrich 1996 (Studien zur Geistesgeschichte, hg. v. Julius H. Schoeps, Bd. 18), S. 234–253.

959 Vgl. Sperber, Bis man mir Scherben auf die Augen legt, S. 650 ff.

960 Vgl. oben Kapitel A.

961 Vgl. Sperber, Bis man mir Scherben auf die Augen legt, S. 749 ff., 844.

962 Vgl. Sperber, Die vergebliche Warnung, S. 348.

Lebensplans im Sinne Adlers dann jedoch schon abgeschlossen sein müsste.[963] Allerdings darf vielleicht vermutet werden, dass Sperber daran gelegen war, einen solchen Zusammenhang zumindest nahezulegen, ihn zu einem Deutungsmodell seiner Selbstdarstellung zu machen. Insofern wäre ein zentrales individualpsychologisches Konzept für die Konstruktion seiner Autobiografie relevant. Das eigene Lebensalter, in dem er den entsprechenden Beschluss ansiedelt, störte dabei nicht wirklich, zumal die Grundlagen dafür immerhin schon deutlich früher gelegt worden sein könnten, etwa in Sperbers kindlichen Introspektionen samt dem dabei zutage getretenen Dilemma zwischen dem Ausleben der eigenen Fantasie in Form des Erzählens von unzutreffend als erlebt behaupteten Begebenheiten und einem strengen Anspruch auf Wahrhaftigkeit.[964]

Auch für Adler ist ein *Lebensplan* keineswegs etwas, das wie ein Computerprogramm abgespielt wird, sondern in seiner konkreten Umsetzung abhängig von Rahmenbedingungen und konkreten Entscheidungsspielräumen ist.[965] Was die spezifische Umsetzung in Sperbers Darstellung getriggert haben mag, wäre der erzwungene Rückzug in Hauts-de-Cagnes, das Gefühl, der Zukunft verlustig gegangen zu sein und sich daher mit der Vergangenheit zu beschäftigen.[966] All dies korreliert Sperber auch mit einem »Wiederholungstraum«, der 1944 erstmals aufgetreten sein dürfte. Darin befand er sich in einem Zug, der von Basel kommend die deutsche Grenze passierte und gerade noch von einer SS-Patrouille durchsucht wurde, obwohl eigentlich schon die Aliierten eingetroffen sein sollten. »So wußte ich, daß ich um einen Tag, vielleicht um einige Stunden zu früh gekommen war.« Was er im Traum zunächst empfunden habe, sei »Wut gegen« sich »selbst« sowie seine »wahnwitzige Ungeduld« gewesen, dann aber eine »schmerzlose Resignation, eine vollkommene Ruhe«. Erst nach Veröffentlichung von »Der verbrannte Dornbusch« sei dieser Traum verschwunden.[967] Insofern kann man in der (Wieder-)Aufnahme des literarischen Schreibens auch eine Strategie sehen, eine Zukunft zu erlangen. Eine Randbemerkung in anderem Zusammenhang weist in diese Richtung. Bei ihrer letzten Begegnung ehe sie einrückten, habe ihm Arthur Koestler »eine weiße Pille« gegeben, »für den Fall, daß der sofortige Tod der einzige Ausweg wäre«. Doch sei ihm diese

963 Vgl. z. B. Adler, Alfred: Zur Kinderpsychologie und Neurosenforschung (1914), S. 36 ff. Vgl. dazu schon oben, Kapitel A.

964 Vgl. Sperber, Die Wasserträger Gottes, S. 95 ff.

965 Vgl. z. B. Adler, Alfred: Individualpsychologie in der Schule (1929). Vorlesungen für Lehrer und Erzieher. In: Adler, Alfred: Schriften zur Erziehung und Erziehungsberatung (1913–1937). Hg. v. Wilfried Datler, Johannes Gstach u. Michael Wininger. Göttingen: Vandenhoeck & Ruprecht 2009 (Alfred Adler Studienausgabe, hg. v. Karl Heinz Witte, Bd. 4), S. 151 ff.

966 Vgl. Sperber, Bis man mir Scherben auf die Augen legt, S. 830 ff., 835 ff.

967 Vgl. Sperber, Bis man mir Scherben auf die Augen legt, S. 880 f.

mutmaßliche Suizidpille verloren gegangen, und zwar »während des Rückzugs […], gerade am Ende der Nacht, in der ich befürchtete, daß der anbrechende Tag für mich der letzte sein könnte«.[968]

Das schon mehrfach erwähnte Motiv der Suche nach Erinnerungen, die Hinweise auf den Lebensplan geben könnten, findet in diesem Band von Sperbers Autobiografie gewissermaßen ein neues Motto: »Das werd ich nicht vergessen, bis man mir Scherben auf die Augen legt.« Die Frage, »was« hinter »Vorfälle[n]« stecken könnte, die in seinem »Gedächtnis […] einen ungewöhnlichen, sachlich unangemessenen Platz […] bewahren« würden, treibt den Autobiografen weiterhin um. Dass er dabei nach wie vor auf etwas wie den Adler'schen *Lebensplan* zu stoßen bestrebt ist, tut sich hier vielleicht auch in einer Bemerkung zu Lektüren von Romanen Dostojewskis kund:

> »Ich stieß häufig auf jene extremen Situationen, in denen der Held, durch sich selbst, durch eigenes Versagen aufs äußerste entwertet, am Ende in außergewöhnlichen Taten Zuflucht suchen muß.«[969]

4.3.3 Entwicklungen und Krisen

Im ersten Teil von »Bis man mir Scherben auf die Augen legt« sind sowohl sozial- als auch individualpsychologische Überlegungen von Interesse, sie sind miteinander verwoben. Sperber beschreibt für Wien im Jahr 1933 eine »furchtbare Notlage«, die weite Teile der Bevölkerung, insbesondere der Arbeiterinnen- und Arbeiterschaft, erfasst habe. Diese habe nicht der »Wille zur Revolution« angestachelt, sondern eher »beten« gelehrt. Den »Endphase-Optimismus« derer, die sich marxistischen Idealen ganz allgemein und der KP im Besonderen verbunden fühlten, habe dies aber nicht gemindert, schließlich habe man selbst die »schlimmsten Niederlagen« als »umwegige Etappen zum Siege der großen Sache, der proletarischen Revolution« betrachten können.[970] Diese Idee von einem *Gesetz der Geschichte,* die insbesondere in einer leninistisch inspirierten Lesart des Marxismus keine geringe Rolle spielt, kann zweifellos als eine Möglichkeit der Weltdeutung gesehen werden, die Sperber im fraglichen Zeitraum oder aber in der rückwirkenden Betrachtung überzeugend erschienen sein mag.[971]

968 Sperber, Bis man mir Scherben auf die Augen legt, S. 800.

969 Sperber, Bis man mir Scherben auf die Augen legt, S. 599.

970 Vgl. Sperber, Bis man mir Scherben auf die Augen legt, S. 593.

971 Vgl. Sperber, Bis man mir Scherben auf die Augen legt, S. 593 f.; später kritisch: Sperber, Manès: Die polizistische Geschichtsauffassung. In: Sperber, Manès: Essays zur täglichen Weltgeschichte. Wien/München/Zürich: Europaverlag 1981, S. 103–129. Zur Idee eines Ge-

Individualpsychologisch betrachtet kann die geschilderte Sichtweise aber auch als Ausdruck einer bis zur Grandiosität gesteigerten Kompensation gedeutet werden.[972]

Eine solche Deutung ließe sich anhand der äußerst prekären ökonomischen Lage Sperbers zu dieser Zeit vertiefen, über die er nichts Genaueres preisgibt. Wir erfahren, dass er keine eigene Wohnung hatte, sondern in jener seiner Eltern lebte, wobei er zugleich seine schon in Berlin angestellten Überlegungen anklingen lässt, nicht lange in Wien zu bleiben, sondern bald nach Zagreb weiterzureisen.[973] Worüber Sperber im Zusammenhang mit ökonomischen Verhältnissen berichtet, sind die Lebensbedingungen anderer, die »fremde Not«, deren »Zeuge« er geworden sei und die allein schon angesichts von »etwa 600.000 Arbeitslose[n]« zweifellos enorm war.[974] Umgekehrt erzählt Sperber von einem ungeplanten Treffen mit einer Frau, die er früher einmal für kurze Zeit umworben habe. Sie hatte keine materiellen Sorgen, da sie eine Köchin beschäftigte. Soziale oder politische Probleme hätten sie gleichgültig gelassen, nur »[w]as sie […] unmittelbar berührte«, sei für sie von Interesse gewesen.[975] Womöglich ist sie, so räsoniert Sperber aus der zeitlichen Distanz des Autobiografen, »auf ihre Weise die Lebensklügere« gewesen. Womöglich ist er tatsächlich ein »Verschwender [s]einer Kräfte« gewesen, »unfähig«, sich »auch nur vorzustellen, daß man irgendeinen Sinn in einem Leben um des Lebens willen finden könnte«. Als »sinngebend, sinnschaffend«, ist ihm stets nur »das Seinsollende«, niemals »das Sein« erschienen.[976] »Fast«, so Sperber etwas später, »glichen wir dem Hasardspieler, der das Letzte auf seine Karte setzt und ausruft: ›Natürlich verlier' ich auch diesmal!‹« Dieser »Ausruf« ist aber nur »ein jämmerlicher magischer Trick, denn er glaubt natürlich nicht, daß er verlieren wird.«[977]

---

setzes der Geschichte vgl. z. B. auch Koestler, Sonnenfinsternis, z. B. S. 32, 65; Baberowski, Verbrannte Erde, S. 53, 66 f.

972 Zur Kompensation vgl. z. B. Adler, Alfred: Kindererziehung (1930). In: Adler, Alfred: Schriften zur Erziehung und Erziehungsberatung (1913–1937). Hg. v. Wilfried Datler, Johannes Gstach u. Michael Wininger. Göttingen: Vandenhoeck & Ruprecht 2009 (Alfred Adler Studienausgabe, hg. v. Karl Heinz Witte, Bd. 4), S. 207 ff.

973 Vgl. Sperber, Bis man mir Scherben auf die Augen legt, S. 597.

974 Vgl. Sperber, Bis man mir Scherben auf die Augen legt, S. 594. Vgl. dazu z. B. auch Hanisch, Der lange Schatten des Staates, S. 295–309; Sandgruber, Roman: Ökonomie und Politik. Österreichische Wirtschaftsgeschichte vom Mittelalter bis zur Gegenwart. Wien: Ueberreuter 1995 (Österreichische Geschichte, hg. v. Herwig Wolfram), S. 382–395; Jahoda, Marie/Lazarsfeld, Paul Felix/Zeisel, Hans: Die Arbeitslosen von Marienthal. Ein soziographischer Versuch über die Wirkungen langandauernder Arbeitslosigkeit. Mit einem Anhang zur Geschichte der Soziographie. 25. Aufl. Frankfurt am Main: Suhrkamp 2015 (es 769).

975 Vgl. Sperber, Bis man mir Scherben auf die Augen legt, S. 595.

976 Vgl. Sperber, Bis man mir Scherben auf die Augen legt, S. 596.

977 Sperber, Bis man mir Scherben auf die Augen legt, S. 613.

Dies korreliert mit der Deutung eines »Wiederholungstraum[es]«, der Sperber damals »heimsuchte«. In diesem Traum »geschah nichts – es wurde nur gesprochen«. Sperber stellt eine Assoziation mit seinen »langen Gespräche[n]« her, die er mit Gleichgesinnten geführt habe, unter »äußerlich unverändert[en]« Rahmenbedingungen, im Café Herrenhof oder im Wienerwald. Sie hätten sich »›den Mund fuselig [sic!]‹« geredet, und das, obwohl sich in Österreich erst kürzlich ein autoritäres Regime etabliert hatte und »die Nazigefahr« evident war. In und vor allem nach diesen Träumen sind ihm, »der seit seiner frühesten Jugend Sprachen so sehr geliebt [...] hatte, [...] Worte zum Ekel« geworden. Dieser Wiederholungstraum ist jahrelang immer wieder aufgetreten und erst verschwunden, als Sperber sich »endlich damit abgefunden« hat, »das Geschehen, die *tägliche Weltgeschichte* so tatenlos zu ertragen wie der Bauer stumm, mit griesgrämiger Geduld die Launen des Wetters erleidet«.[978] Vielleicht, so könnte man unter individualpsychologischen Gesichtspunkten ergänzen, sieht Sperber in diesem Traum einen deutlichen Hinweis auf einen erforderlichen Entwicklungsprozess, der ihn zwar keinesfalls gleichgültig gegenüber Vorgängen außerhalb seines unmittelbar lebensweltlichen Horizonts macht, jedoch davon absehen lässt, sich in ideologische Dogmen zu verrennen und zu versuchen, die Welt mittels gleichermaßen ausufernden wie tatenlosen Redens zu verändern.[979] Denn nicht nur, dass in dem Traum »nur gesprochen« wird, scheint wichtig. Zumindest ebenso relevant ist der Umstand, dass »nichts geschah«. Das erstaunt auf den ersten Blick angesichts des Umstands, dass auch Worte Taten werden können, und die Leserin/der Leser meinen könnte, Sperber als *homme des lettres*, aber auch als *deutender Psychologe* sei der Macht gewahr gewesen, die Worten zukommen kann. Vielleicht löst sich diese Irritation aber auf, wenn man Sperbers an anderer Stelle im Text vorgenommene, sehr konkrete Deutung dieses Traums heranzieht. Er interpretiert ihn gegen Ende von »Bis man mir Scherben auf die Augen legt« konkret in Bezug auf die »kampflose Niederlage in Deutschland« sowie als »Reaktion auf die so beredte Hoffnungslosigkeit [...], in der wir die Dinge hatten kommen und über uns ergehen lassen«.[980] Krisenhafte Veränderungen, die Sperber als Entwicklungsmöglichkeiten deutet, ohne an irgendeinem Punkt naiver Schönfärberei zu verfallen, erwähnt er auch an verschiedenen weiteren Stellen des dritten Bandes seiner Autobiografie.[981]

978 Vgl. Sperber, Bis man mir Scherben auf die Augen legt, S. 592 f., 589 f.
979 Zur Ablehnung von »Glaubensdogmen« vgl. auch Sperber, Bis man mir Scherben auf die Augen legt, S. 812.
980 Vgl. Sperber, Bis man mir Scherben auf die Augen legt, S. 806.
981 Vgl. Sperber, Bis man mir Scherben auf die Augen legt, S. 674 f., 740 ff., 744 ff., 778 ff.

4.3.4 Reflexion des Schreibprozesses

Wie im ersten und zweiten Band seiner Autobiografie setzt Sperber auch im dritten das Mittel schreibenden Unterbrechens des Schreibens ein und reflektiert das Geschriebene unter dem Gesichtspunkt seiner Sichtweisen als Autobiograf oder aber von Erlebnissen und Erfahrungen seiner Gegenwart als Autor, die er in mittelbare oder unmittelbare Beziehung zum Gegenstand seiner autobiografischen Darlegungen stellt. Wie schon in »Die Wasserträger Gottes« begegnen wir dem räsonierenden Autobiografen zunächst wieder an einem offenbar für ihn wichtigen Ort, dem Jardin du Luxembourg. Er fragt sich dabei, ob »wir«, gemeint ist wohl eine Gruppe politisch Gleichgesinnter, »das Geschehen erkannt oder verkannt« hätten. Obgleich sie in der Lage gewesen wären, »viel voraus[zusehen]«, bis hin zu konkreten Abläufen, hätten sie doch »dahin[gelebt], als ob sich nichts von alledem je wirklich ereignen müßte«.[982] Ob freilich irgendetwas »anders gekommen« wäre, »hätten« sie es »rechtzeitig erkannt«, vermag der »Erinnerer« nicht zu sagen. Ihn gehe allerdings »der Mensch an, so wie er ist und solange er für das, was er tut, die Verantwortung tragen kann«. Ein »Recht auf Gleichgültigkeit« und »Unwissenheit« will er niemandem zubilligen.[983] Im Grunde bezieht sich diese Überlegung noch einmal auf die im vorangegangenen Abschnitt erörterte Frage, wie weit »Sinn« vor allem im »Seinsollende[n]« oder auch anderswo gefunden werden könne. Sperber lässt diese Frage offen, lenkt aber nochmals auf ein Konzept der Verantwortung. Im Grunde gleichen diese Überlegungen stark der Struktur eines Reflexionsvorgangs, vielleicht auch in der Form eines Selbstgesprächs, beziehungsweise bilden sie ein solches ab. Auch wenn es keine abschließend befriedigende Antwort gibt, wird der Versuch denkender Erschließung eines grundlegenden Problems aufgenommen und neuerlich aufgegriffen.

Die nächste schreibende Unterbrechung des Erzählflusses erfolgt, wie Sperber darlegt, nachdem er »viel auf Reisen gewesen« war. Er räumt ein, dass er doch einiges »von der INFA-Zeit erzählen« hätte »müssen«, das »aufschlußreich« gewesen wäre, »historisch, politisch und nicht zuletzt persönlich«.[984] In der Tat sind die Informationen Sperbers, die er in seiner Autobiografie über seine konkrete Tätigkeit bei der INFA gibt, überaus spärlich. Fast könnte man als Leserin oder Leser versucht sein, ein beredtes Schweigen zu vermuten. Sperber weist sogar selbst auf das Problem hin, ohne irgendwelche Ergänzungen vorzu-

982 Vgl. Sperber, Bis man mir Scherben auf die Augen legt, S. 613.
983 Vgl. Sperber, Bis man mir Scherben auf die Augen legt, S. 614f.
984 Vgl. Sperber, Bis man mir Scherben auf die Augen legt, S. 658.

nehmen. Stattdessen geht er darauf ein, seine autobiografischen Abhandlungen »ohne die geringsten Notizen« zu schreiben. Er müsse sich daher auf sein »selektives Gedächtnis verlassen und jenes Auswahlprinzip anwenden, das« ihn »in der Wahl von Inhalt und Form all dessen lenkt, was« er schreibe.[985] Hier ist ein interessanter Punkt im Hinblick auf die Kriterien von Sperbers autobiografischem Schreiben angesprochen. Er erläutert ihn an dieser Stelle nicht weiter, sondern verweist auf seine Träume in der Zeit, während derer er an den fraglichen Passagen geschrieben hat. Dies allein scheint schon recht deutlich dafür zu sprechen, dass individualpsychologische Themen und Konzepte von entscheidender Bedeutung für seine *Auswahlprinzipien* waren. Nach einer allgemeinen Bemerkung über »Wiederholungsträume«, deren konkrete Ausprägung altersspezifische Charakteristika aufweise, gelangt er zu spezifischen »Unrechts-Träumen«. Diese hätten ihn »zu den ersten Emigrationsjahren« zurückgeführt, und er sei darin zwar »scheinbar nur [...] ein Zeuge«, doch stehe »der Träumer [...] auch dann im Mittelpunkt des Geschehens, wenn er sich als Zuschauer erblickt«.[986] Die Richtigkeit dieser Auffassung erhellt schon daraus, dass der Träumer den Traum hervorbringt, generiert, es ist der Traum einer bestimmten Person, die gleichzeitig Autor, Regisseur ist und gleichzeitig als Schauspieler sämtliche Rollen besetzt, auch wenn die ganze Aufführung unbewusst vor sich geht.[987] Von all den Eindrücken, Hoffnungen und unterschiedlichen Möglichkeiten, die er in Paris vorfand, habe sein Gedächtnis »fast ausschließlich die Frustration in den Vordergrund gedrängt, und die Mittellosigkeit, in der Moskau entgegen allen Versprechungen alle Mitarbeiter ließ«. Warum auch die auffällig ausführliche Erinnerung an Rynia, wenn sie doch gar keine nähere Beziehung verband und er zudem anderweitig »liebte und geliebt wurde«?[988] Allerdings: Rynias Lied, so schreibt er, habe eine Erinnerung an Tracz, einen Tagtraum ausgelöst.[989] Möglicherweise, das legt Sperber zumindest nahe, hat das Erlebnis bei ihm auch deshalb starke Emotionen hervorgerufen und sich zu einer Erinnerung verdichtet. Wie auch immer, der Gedanke, dass hier mancherlei Unangenehmes verdrängt oder bewusst verschwiegen wird, liegt nahe, und auch der Autobiograf selbst scheint sich darüber im Klaren:

> »Um jene Zeit tat ich alles und unterließ ich vieles, nur um mich in Eintracht mit den Genossen zu fühlen. Ich vertrat die Sache der Partei nicht

985 Vgl. Sperber, Bis man mir Scherben auf die Augen legt, S. 659.
986 Vgl. Sperber, Bis man mir Scherben auf die Augen legt, S. 660.
987 Vgl. schon Freud, Die Traumdeutung, insbes. S. 280–487.
988 Vgl. Sperber, Bis man mir Scherben auf die Augen legt, S. 661.
989 Vgl. Sperber, Bis man mir Scherben auf die Augen legt, S. 656 f.

nur in öffentlichen Versammlungen [...], sondern auch in persönlichen Gesprächen.«[990]

Jedenfalls aus einer retrospektiven Betrachtung heraus tat er das zu einer Zeit, zu der die stalinistische »Tyrannei [...] in den Moskauer Prozessen ihren [...] Höchstpunkt« erreicht habe.[991] Vielleicht, diese Möglichkeit ist nicht von der Hand zu weisen, war Sperber, dem Autobiografen und Verfasser von »Zur Analyse der Tyrannis«, die er auf eine Ebene mit Arthur Koestlers »Darkness at Noon« stellt, einfach nur peinlich, was er noch Mitte der 1930er-Jahre nachdrücklich verfochten hatte? Womöglich bedurfte es gar keiner unbewussten Verdrängungsprozesse, sondern der Widerwille, darüber zu sprechen, die Selbstverachtung, die sich bei der Erinnerung an manches Verhalten und Gespräch aus dieser Zeit eingestellt haben mochte, waren stark genug, um eben diese Erinnerungen nicht öffentlich werden zu lassen? Dann wäre der Verdrängungsaspekt, auf den sich Sperber bezieht, und der offenkundige Lücken in seiner Darstellung erklären soll, weniger Ausdruck einer genuin psychoanalytischen oder individualpsychologischen Perspektivierung respektive Re-Konstruktion der eigenen Lebensgeschichte, sondern an dieser Stelle eher Mittel zum Zweck, um etwas ganz und gar Unerfreuliches zu vermeiden. Sperbers eigenes Räsonnement lässt die Annahme einer Vermeidungsstrategie durchaus zu oder legt sie vielleicht sogar nahe. Insofern gelangt man, gleich wie die Ausführungen zur spezifischen Selektivität seines Gedächtnisses in diesem Zusammenhang gelesen werden mag, immer wieder zu einem stark psychoanalytisch-individualpsychologischen Instrumentarium zur Deutung der eigenen Existenz.[992] Zudem kann Verdrängung oder Vermeidung für die oder den Betroffene/n durchaus nützlich sein; denn »[w]er sich selber feind« werde, »gerät in Gefahr, jeden Ausblick auf die Zukunft zu verlieren«.[993] Eine letzte schreibende Unterbrechung seiner autobiografischen Erzählung ist dem Thema »Fremdsein oder Fremdwerden« gewidmet, das er mit Franz Kafka in Zusammenhang bringt. Beides, auch »das Befremden und Befremdetwerden« habe stets »psychologische oder metaphysische Gründe«. Er führt dies nicht näher aus, es ließe sich jedoch vermuten, dass er sich hier nicht zuletzt auf Marthe Roberts Kafka-Interpretation

990 Sperber, Bis man mir Scherben auf die Augen legt, S. 661.
991 Vgl. Sperber, Bis man mir Scherben auf die Augen legt, S. 662.
992 Zur Vermeidung als Abwehrmechanismus vgl. z. B. Laplanche/Pontalis, Das Vokabular der Psychoanalyse, S. 30 ff.; König, Karl: Abwehrmechanismen. 4. Aufl. Göttingen: Vandenhoeck & Ruprecht 2007, S. 75.
993 Vgl. Sperber, Bis man mir Scherben auf die Augen legt, S. 726.

bezieht.[994] Wie auch immer, die konkreten Überlegungen kreisen um ein Haus »in der Vallée de Chevreuse« in der Nähe von Paris, in dem er »leben und arbeiten kann«, das ihm zwar offenbar nicht gehört, in dem er aber »nicht weniger zu Hause, nicht fremder und nicht heimischer« sei, »als Monsieur Dupont aus Paris oder Dumour aus Lyon es [...] wäre«. Anders die Fremdheit der Emigrationszeit, eine »Fremdheit all dessen, in dem ich mich nur peripher geduldet fühlte«, doch hing diese weniger an einem Ort, als dass sie »mit meiner Situation und den sie kennzeichnenden dominierenden Widersprüchen zu tun« hatte.[995] Auch wenn Sperber das schreibende Unterbrechen der autobiografischen Erzählung nach diesen Darlegungen nicht mehr weiter fortsetzt, berichtet er doch weiter über Schreibprozesse, und zwar in Bezug auf »Der verbrannte Dornbusch«.[996]

4.3.5 Gegen die Uhr rennen

Mit zunehmendem Alter, so Sperber, stelle sich das Gefühl ein, »gegen die Uhr« zu »renne[n]«. Er bezieht sich dabei auf einen Abschnitt der Tour de France, in dem die Teilnehmer jeweils »einzeln starten und sich daher« allein »mit der Uhr messen müssen«. Gegenüber »dem Tod« sei er »[m]it den Jahren [...] toleranter« geworden, und auch wenn er sich »posthume Präsenz« in der Wahrnehmung künftiger Leserinnen- und Leserschaft wünsche, so sei ihm doch »[n]ur die ›Religion des guten Gedächtnisses‹ [...] geblieben«. In den Räumen der Volksbibliothekfiliale Hafnergasse sei er »unerwartet zum Erben« geworden, Erbe »fremde[n] Leben[s]« in zahlreichen Büchern. Zu diesem Geflecht der Literatur hat er nun selbst beigetragen, und insofern muss die Erkenntnis, dass »[n]ichts [...] mit uns begonnen [...] hat« und »nichts [...] mit uns enden [...] wird«, keine betrübliche sein. »[D]as Ziel« des gegen die Uhr anrennenden Läufers und mithin der »Sinn« liege »in seinem Tun und nicht an dessen Ende«.[997]

994 Vgl. Robert, Marthe: Einsam wie Kafka. Übers. v. Eva Moldenhauer-Michel. Frankfurt am Main: Fischer 1985. Die französische Originalausgabe erschien bei Calmann-Lévy, offenbar unter Mitwirkung Sperbers; vgl. Stančić, Manès Sperber, S. 480, FN 96.

995 Vgl. Sperber, Bis man mir Scherben auf die Augen legt, S. 682.

996 Vgl. Sperber, Bis man mir Scherben auf die Augen legt, S. 830 ff.

997 Vgl. Sperber, Bis man mir Scherben auf die Augen legt, S. 734–736.

4.4 Resümierende Überlegungen

Gemeinschaften und Zugehörigkeiten, Lebensplan und das Schreiben als solches lassen sich als Themen nennen, die in »Bis man mir Scherben auf die Augen legt« durch die geschilderten, teils abenteuerlichen Ereignisse und Begegnungen schimmern. Mit diesem Band nähert sich der an seiner Lebensgeschichte scheibende Autobiograf schon sehr seiner Gegenwart, und er setzt die unterschiedlichen zeitlichen Ebenen gegen dessen Ende hin auch mehr und mehr ineinander. Dementsprechend wird die Frage nach stabilen und verlorenen Gemeinschaften (das Judentum im ersten, die Gemeinschaft des Marxismus und jener der Adler-Jüngerinnen und -Jünger im zweiten Fall) intensiv erörtert, anhand der erzählenden Darstellung persönlicher Entwicklungen, Gespräche und Erfahrungen mit anderen Menschen, mit immer neuen Anläufen unter verschiedenen Gesichtspunkten. Womöglich willentlich gesetzte Fehlleistungen im Zusammenhang mit Sperbers familiärer Situation könnten als Verweise auf Unausgesprochenes gedeutet werden, die blinden Flecken des Autobiografen gewissermaßen, denen zugleich Leerstellen in der Autobiografie entsprechen, etwa wenn der erstgeborene Sohn des Protagonisten wiederholt als *das Kind* tituliert wird. Bewusst oder unbewusst gelingt es, auf etwas hinzuweisen, das zu sagen unangenehm oder unerfreulich wäre, nämlich die zu vermutende emotionale Distanz zwischen den Eltern des Kindes.

Dem Lebensplan nähert sich der Autobiograf nun nicht mehr über frühe Erinnerungen an, er bezieht aber gleichwohl (jüngere) Erinnerungen in seine Deutung der schriftstellerischen Tätigkeit seines Helden ein. So fließt in die Erzählungen, wie Sperber während des Krieges unter sehr unerquicklichen persönlichen Umständen wieder literarisch zu schreiben begonnen hat, der Umstand ein, dass Sperber zum fraglichen Zeitpunkt etwas älter als Mitte dreißig gewesen sein dürfte. Der Leserin/dem Leser des zweiten Bandes von Sperbers Autobiografie kann unmöglich entgangen sein, welchen Plan der Protagonist dort zum Wechsel von einer psychologischen auf eine schriftstellerische Karriere etwa in diesem Alter entwickelt hat. Jetzt, unter Rahmenbedingungen, die dem Helden der Autobiografie widriger nicht sein könnten und innerhalb derer seine Handlungsmöglichkeiten in sehr hohem Maße reduziert sind, beginnt er, Schritte zu setzen in Richtung einer unbewusst schon lange geplanten Veränderung. Die evidente und stete Durchdringung der Ebene von Ereignissen und Erfahrungen, die Gegenstände der Narration bilden, durch deutend-psychologische Figuren, Konzepte und Reflexionen scheint den Eindruck zu bestätigen, dass Sperbers Autobiografie das Leben des Protagonisten in Form einer Art Selbstbeschreibung in einem genuin individualpsychologischen Sinn zu erfassen sucht.

5 Zur Relevanz individualpsychologischer Perspektiven für Sperbers autobiografisches Schreiben

Im Grunde lässt sich sagen, dass Sperbers autobiografische Schriften aufgebaut sind wie eine individualpsychologisch inspirierte Selbstanalyse (jedenfalls so, wie Sperber *Individualpsychologie* auffasst). Damit einher geht ein umfassender Versuch der Selbstsuche oder Selbstfindung, der sich an einem spezifischen Authentizitätsanspruch im Sinne von »Echtheit«, verstanden als »Einklang des einzelnen mit sich selbst« orientiert. Das *»sacrificium intellectus«* hingegen erscheint in höchstem Maße ablehnungswürdig.[998] Soweit es dabei um *Identitäts-* oder Zugehörigkeitsfragen geht, spielen für Sperber, wie in ganz unterschiedlichen Zusammenhängen über alle drei untersuchten Texte hinweg sehr deutlich erkennbar wurde, *Judentum* und »Judesein« eine erhebliche Rolle, auch und gerade, wenn die konkreten Bedeutungen, die Sperber beiden Begriffen zuschreibt, im Laufe seiner autobiografischen Darstellung teils gravierenden Wandlungen unterliegen. Ausgehend vom chassidischen Judentum von Zablotow verändert sich Sperbers Zugang zum Judentum, der Dogmen und des Aberglaubens ledig, nicht unwesentlich nach Art des *Schomer* und verbindet sich schließlich mit den für ihn bleibenden Aspekten der marxistischen Theorie. Konkret legt Sperber dies anhand des Kibbuz-Modells dar, das für ihn Elemente jüdisch-messianischer und sozialistischer Utopie zu einer lebbaren und vorbildlichen Existenzform verbindet.[999]

Aus individualpsychologischer Sicht muss allein diese Entwicklungslinie wie eine gelungene Selbsttherapie erscheinen, aus philologischer wie eine zeitgemäße Form des Entwicklungsromans, eine Erzählung von Selbst(er)findung und jenem »kämpferischen Akt der Autoemanzipation«, den Sperber als für

998 Vgl. Sperber, Bis man mir Scherben auf die Augen legt, S. 896 f. (Hervorhebungen im Original). Zum sacrificium intellectus vgl. auch ibid., S. 618.

999 Zum Bleibenden aus der marxistischen Theorie vgl. ausführlich Sperber, Das Elend der Psychologie, S. 259 ff. Zum Kibbuz vgl. insbes. Sperber, Manès: Israelisches Tagebuch. In: Sperber, Manès: Churban oder die unfaßbare Gewißheit. Wien et al.: Europaverlag 1979, S. 138–147 (117–147).

seine Generation unabdingbare Voraussetzung auf dem Weg zu persönlicher, aber auch kollektiver Freiheit betont hat.[1000] Daraus erfließt aber keinesfalls ein Widerspruch, sondern viel eher eine spannende Interaktion oder aber etwas, das eben auf mehreren Ebenen oder in unterschiedlichen Hinsichten *funktioniert.*

In literarischer Perspektive können die drei Bücher, jedes für sich, aber auch in ihrem trilogischen Zusammenhang als anspruchsvolle Entwicklungsgeschichte mit Elementen der Metalepse sowie philosophischer Essayistik betrachtet werden. Der Spannungsbogen, wie er aus klassischen Erzählstrukturen bekannt ist, bleibt gewahrt, es gibt Peripetien und Fallhöhen, Krisen und deren Überwindung. Zugleich lassen sich alle drei Bände von Sperbers Autobiografie, aber eben auch die Trilogie als Ganze im Sinne einer individualpsychologischen Selbstsuche, oder besser und spezifischer: einer individualpsychologischen Selbstanalyse lesen, ohne dass den Texten irgendwie Gewalt angetan würde. Dass Sperbers Auffassung von *Individualpsychologie* eine spezifische, im Sinne *orthodoxer* AdlerianerInnen vielleicht sogar eine solche ist, die sehr weit entfernt von den angeblichen oder tatsächlichen Intentionen Alfred Adlers liegt, tut dieser Einschätzung keinen Abbruch. Denn erstens konnte gezeigt werden, dass Sperbers Überlegungen zum Thema *deutende Psychologie* in sehr intensiver und enger Beschäftigung sowie Auseinandersetzung mit Konzepten Adlers entstanden sind, und zweitens lässt sich sagen, dass *Individualpsychologie* historisch wie systematisch mehr ist als eine bestimmte Lesart der Schriften Adlers oder auch eine Art Beglaubigung von *Orthodoxie* durch den *Meister.*[1001] Sollte es gleichwohl auf Letztere ankommen, so ließe sich geltend machen, dass Sperber eine solche Beglaubigung zuteil wurde, mit Brief und Siegel im Wortsinn, wenngleich zu einem bestimmten Zeitpunkt seiner Zusammenarbeit mit Adler.[1002]

Indizien für das Vorliegen einer Selbstanalyse bietet die für eine Autobiografie zumindest nicht selbstverständliche Erwähnung von Träumen, zumal von Wiederholungsträumen. Hier nur nochmals das sehr signifikante Beispiel, ein »Wiederholungstraum […], der im Jahre 1944 auftauchte«. Der Träumende »befand« sich dabei

> »in einem Zug, der gerade Basel verlassen hatte und langsam über die deutsche Grenze rollte. Man erwartete eine alliierte Militärkontrolle, statt ihrer

1000 Vgl. Sperber, Alfred Adler oder Das Elend der Psychologie, S. 263.

1001 Zu Sperbers eigenen psychologischen bzw. psychotherapeutischen Auffassungen vgl. oben, Kapitel A, insbes. Abschnitt 3. Dazu, dass Individualpsychologie nicht auf die Lehren Alfred Adlers reduziert werden kann, vgl. z. B. nur Bruder-Bezzel, Geschichte der Individualpsychologie, insbes. S. 85–147; Kenner, Der zerrissene Himmel, S. 57–223.

1002 So zumindest Sperber, Die vergebliche Warnung, S. 423.

erschienen SS-Männer. Wahrscheinlich geschah dies zum letzten Mal, denn die amerikanischen Tanks nahten. Noch waren sie aber nicht da. Zum letzten Mal holte die SS Passagiere aus dem Zug, die ihr nicht gefielen. So wußte ich, daß ich um einen Tag, vielleicht um einige Stunden zu früh zurückgekommen war. Die Wut gegen mich selbst und über die wahnwitzige Ungeduld, die ich mit meinem Leben bezahlen würde, wich einer schmerzlosen Resignation, einer vollkommenen Ruhe: sie glich einer betäubten Qual, die bald mit dem Tode enden würde.

Dieser Traum kam, mit kaum merklichen Varianten, auch nach dem Kriege wieder und verschwand erst im Jahre 1949, nachdem ich den *Brennenden Dornbusch* veröffentlicht hatte.«[1003]

Sperber betont dabei, dass er es 1944 keineswegs mehr »in Betracht« gezogen hätte, sich »je wieder in Deutschland niederzulassen«.[1004]

Auch das für Adlers psychotherapeutische Theorie grundlegende Konzept des *Lebensplans* und von diesem her gedeutete Erinnerungen spielen, wie gezeigt werden konnte, eine durchgängig zentrale Rolle in Sperbers autobiografischem Schreiben. Dies betrifft nicht zuletzt seine Deutung der Wiederentdeckung bzw. Wiedergewinnung literarischen Schreibens durch den Hauptprotagonisten seiner Autobiografie.

In vielleicht noch höherem Maße scheint für Sperbers autobiografische Spurensuche das Konzept des *Gemeinschaftsgefühls* von Bedeutung zu sein. Die Erfahrung des Ausgestoßenseins aus für ihn hochgradig wichtigen Gemeinschaften, die Sperber sehr drastisch schildert, scheinen eine Erfahrung und/oder Befürchtung seiner Kindheit zu spiegeln.[1005] Aus individualpsychologischer Perspektive hätte Sperber versucht, einen allfälligen Konflikt zwischen dem Streben nach »Einklang [...] mit Freunden« auf der einen und dem »entschiedenen Willen« auf der anderen Seite, »an einer Überzeugung nicht wankend zu werden, selbst wenn niemand sie mit mir teilen will«, zu lösen, indem er sich passende Gemeinschaften gesucht hat.[1006] In Wien zuerst den *Schomer*, dann der Kreis um Adler, danach die erweiterte individualpsychologische Community, schließlich die Kommunistische Partei. Gebrochen hat er mit Adler und seinen Anhängerinnen und Anhängern (keineswegs mit der Individualpsychologie) und der Kommunistischen Partei (nicht mit dem Marxismus). Alle diese Brüche

1003 Sperber, Bis man mir Scherben auf die Augen legt, S. 879 f.

1004 Sperber, Bis man mir Scherben auf die Augen legt, S. 879.

1005 Zu den Befürchtungen aus Sperbers Kindertagen, nämlich gleich seinem Urgroßvater Reb Boruch zu vereinsamen, vgl. insbes. Sperber, Die Wasserträger Gottes, S. 47–51.

1006 Zu den Zitaten vgl. Sperber, Die Wasserträger Gottes, S. 51.

zogen Verluste an sozialen Kontakten, mehr noch, an sozialen Netzwerken nach sich. Hinzu kamen Feindschaften, zu denen frühere Freundschaften oder doch jedenfalls Allianzen mutiert waren. All das hätte leicht zu der gefürchteten Vereinsamung à la Reb Boruch führen können. Sperber bemühte sich, so lässt sich seine Selbstdarstellung lesen, demgegenüber um neue Gemeinschaften, um jene von Literaten und Literatinnen etwa. Exemplarisch mutet hier die Beziehung zu André Malraux an, die ja durchaus auch wieder neue Verbindungen nach sich zog, Zugehörigkeiten zu neuen Kreisen. Vielleicht steht auch die immer wiederkehrende Beschäftigung Sperbers mit »[s]einem Judesein« in diesem Kontext (neben anderen Motiven, gewiss), denn neben der Trauer und dem Versuch, das Unbegreifliche und Unerträgliche irgendwie erfassbar zu machen, konnte es dabei nicht zuletzt um die modifizierte Wiedergewinnung verloren gegangener Gemeinschaft gehen. Nicht in einem religiösen Sinn, aber in einem solchen emotionaler, kultureller, historischer Zugehörigkeit.[1007] Gewiss ist eine andere wesentliche Komponente von Sperbers jüdischer Identität eine solche säkularen Messianismus':

> »Längst gehorchte ich nicht mehr den Geboten […], die den Alltag des frommen Juden beherrschen. Aber die Zuversicht, mit der ich den Messias erwartet hatte, war die gleiche geblieben. Unser messianisches Gegenstück hieß revolutionäre Aktivität.«[1008]

Gewissermaßen als Schwachstelle jeder Selbstanalyse kann das Fehlen eines Gegenübers gelten. Ein innerer Dialog ermöglicht bei allen Potentialen, die er bietet, zwei Aspekte nicht, die für das Gelingen einer Psychoanalyse häufig nicht ohne Relevanz sind, nämlich einerseits Übertragung und Gegenübertragung, andererseits die Möglichkeit der Rück- bzw. Nachfrage (wie vorsichtig auch immer formuliert), die nicht zuletzt Zweifeln des Gegenübers nachzuspüren helfen kann.[1009] Sperber macht besagten inneren Dialog in Form zahlreicher Unterbrechungen reflexiver Art sehr deutlich. Von allen möglichen Varianten, besagte Einschübe zu interpretieren, scheint mir diese die überzeugendste. Zugleich können besagte Unterbrechungen zugleich als Aufschübe oder Momente des

---

1007 Vgl. Sperber, Mein Judesein, S. 43–64.

1008 Sperber, Die Wasserträger Gottes, S. 38. Zu messianischem Denken bei Sperber vgl. v. a. auch Horch, »Messianische Zuversicht«, S. 187–213; Bouretz, Die zerbrochene Zeit der Hoffnung, S. 207–232.

1009 Zu Übertragung und Gegenübertragung als zentralen Elemente für »Technik und Methodik« psychoanalytischer Verfahren vgl. z. B. List, Psychoanalyse, insbes. S. 233 ff., 241 ff. Zum Aspekt des Nachfragens vgl. ibid., S. 247 ff., 254 f., 256 ff.

Innehaltens während eines analytischen Prozesses gedeutet werden. Fast selbstverständlich drängen sich Rückfragen bei Sperbers Selbstanalyse wiederholt auf. Zum Teil thematisiert sie der Autobiograf auch durchaus selber. Was zum Beispiel hat Sperber tatsächlich bei der INFA gemacht, und war alle Parteiloyalität in dieser Zeit tatsächlich nur noch oder ganz überwiegend Taktik? Oder ist das Selbstwertgefühl des Autobiografen doch nicht hinreichend stabil, um die Einsicht ertragen zu können, als erwachsener Mensch voller Überzeugung Auffassungen vertreten zu haben, derer er sich später hochgradig geschämt hat?

Der Auslassungen sind nicht wenige, und der Verweis auf die Selektivität des eigenen Gedächtnisses lässt offen, wodurch eben diese bedingt gewesen sein könnte.[1010] Augenfällig wird dies nicht zuletzt mit Sperbers hinsichtlich der konkreten Umstände nicht näher spezifizierten Austritt aus der KP.[1011] Dass er zu diesem Thema einen Brief aufgesetzt hat, der ausführliche Erklärungen seiner Abkehr von der Partei enthält, erwähnt er nicht. Da nicht bekannt ist, wann Sperber diesen Brief konzipiert und ob bzw. falls ja, wann er ihn überhaupt abgeschickt hat, gehe ich an dieser Stelle nicht näher darauf ein. Für meine Untersuchung ist er allerdings insoweit von Interesse, als er ein weiteres Indiz zu der Vermutung beisteuert, dass der Parteiaustritt für Sperber schwieriger als in seiner Autobiografie dargestellt und voller Ambivalenzen gewesen sein dürfte.[1012]

Auslassungen gibt es auch auf einer sehr persönlichen Ebene; so heißt es etwa, in der Beziehung zur Freundin »Y.«, an deren Eifersucht Sperbers therapeutische Möglichkeiten gescheitert seien, habe es »Krise[n]« gegeben, die vermeidbar gewesen wären, sofern Sperber »nicht dies unterlassen und jenes getan hätte«.[1013] Genaueres gibt der Autobiograf nicht preis.

Während seiner Inhaftierung in Berlin 1933 habe er, so Sperber, »den Kunstgriff der *Vorstellung vom negativsten Fall*« zur Anwendung gebracht und sich »ohne Wehleidigkeit damit« abgefunden, »verloren« zu sein. Sein Zustand sei der eines »*Tote*[n] *im Wartestand*« gewesen, frei von jeglicher Furcht.[1014] Doch was geschieht in der Folge? Wir wissen es nicht, nur, dass sich Sperbers Lage geändert habe, als »[e]ines Tages [...] ein [...] junger SS-Mann« vor seiner Zelle erschien.[1015] Ob und inwieweit Sperber in einen Zustand der Suizidali-

1010 Zum angesprochenen Verweis vgl. Sperber, Bis man mir Scherben auf die Augen legt, S. 659.
1011 Vgl. Sperber, Bis man mir Scherben auf die Augen legt, S. 733 ff.
1012 Der Brief ist, samt einer handschriftlichen Anmerkung Sperbers zitiert bei Stančić, Manès Sperber, S. 317–320, die ihn dem Nachlass Sperber im Literaturarchiv der Österreichischen Nationalbibliothek entnommen hat.
1013 Vgl. Sperber, Die vergebliche Warnung, S. 378.
1014 Vgl. Sperber, Die vergebliche Warnung, S. 569 f. (Hervorhebungen im Original).
1015 Vgl. Sperber, Die vergebliche Warnung, S. 571 (Hervorhebungen im Original).

tät geraten war, bleibt offen. Auch wissen wir nicht, was Sperber von dem Individualpsychologen Erwin Ringel gehalten haben mag, doch bei aller Vorsicht gegenüber einer allzu groben Verallgemeinerung von dessen Konzept des »Präsuizidalen Syndrom[s]«, das er in den 1950er-Jahren entwickelt hat, fällt doch auf, dass bestimmte Aspekte desselben auf Sperbers kurze Beschreibung zu passen scheinen. Insbesondere, was Ringel »Einengung« nennt, könnte hier vorliegen, namentlich dessen erste Stadien, »Verlust der expansiven Kräfte« und »Stagnation«.[1016] Es würde gewiss zu weit führen, diese Thematik hier zu vertiefen, der Hinweis allerdings könnte einmal mehr eine mögliche Schmerzgrenze in Sperbers autobiografischer Selbstanalyse indizieren.

Eine Autobiografie ist gewiss mehr als eine öffentliche Selbstanalyse. Selbst-Inszenierungen, auch das Bemühen, Interesse der Leserinnen und Leser aufrecht zu erhalten, spielen dabei eine bedeutsame Rolle, auch der Wunsch, einem bestimmten, in letzter Konsequenz wohl selbst gesetzten literarischen Anspruch zu genügen. Aber all dies spricht keineswegs dagegen, Sperbers autobiografische Texte auch oder gar vornehmlich als Ausdruck einer individualpsychologisch inspirierten Selbstanalyse zu lesen, ohne sie darauf zu reduzieren. Es geht hier keineswegs darum, die *einzig wahre* Lesart von Texten zu finden, zumal eine solche als höchst fragwürdige Vorstellung betrachtet werden muss, die hier keinesfalls geteilt wird. Allerdings kann eine Lesart (von mehreren möglichen) vorgeschlagen werden, und wie ich meine, mit guten Gründen. Dass in Sperbers autobiografischen Texten an individualpsychologischen Bezügen und Orientierungen kein Mangel herrscht, konnte im Rahmen dieses Kapitels in vielfacher Hinsicht herausgearbeitet werden. Doch ist mehr als das zu konstatieren. Im weitesten Sinn konfigurieren individualpsychologische Deutungsmodelle und Fragestellungen Sperbers autobiografische Texte. Aus ihnen leiten sich nicht nur zahlreiche Themen und konkrete Auswahlkriterien ab. Sie bilden gleichsam das Gerüst, dem entlang die vordergründig streng chronologisch verfahrende Darstellung aufgebaut ist. Von den frühen Erinnerungen, die den Lebensplan des Protagonisten zu erschließen oder zu begreifen helfen sollen, über wegweisende Parameter in den lebensplanbestimmenden Werthaltungen über familiäre Konflikte, die unbewusst geblieben sind, die Auseinandersetzung mit Minderwertigkeitsgefühlen und den Versuch, sie zu kompensieren, bis hin zur Erprobung von Gemeinschaften, alten wie neuen, von denen die meisten scheitern, was wiederum den Blick des Autobiografen auf das *Gemeinschaftsgefühl* selbst modifizieren

1016 Vgl. Ringel, Erwin: Der Selbstmord. Abschluss einer krankhaften psychischen Entwicklung. Eine Untersuchung an 743 geretteten Selbstmördern. 11., unveränderte Aufl. Hohenwarsleben: Westarp 2017, S. 117.

wird, erstreckt sich diese Lebensgeschichte, die, bei aller zeitlichen, örtlichen und kulturellen Bedingt- und Begrenztheit menschlicher Handlungsspielräume doch zu einem Entwicklungsprozess wird, der unbewusst in frühen Lebensphasen Entstandenes auch spät im Leben zur Ausfaltung kommen lässt. All dies erfolgt keineswegs im Sinn eines blinden Mechanismus, der schlicht ein vorgegebenes Programm abspult, sondern sich im Modus durch eigene Vorstellungen entwickelt. Dabei bleibt, unter Heranziehung adäquater *deutend-psychologischer* Instrumentarien Spielraum für Modifikationen, sofern eben die grundlegenden Dispositionen erkannt und reflektiert werden können.

Teil C: Sperbers literarisches Werk unter dem Blickwinkel individualpsychologischer Theorien und Methoden

1 Einleitung

Im Folgenden möchte ich nun der Frage nachgehen, ob und inwieweit die Individualpsychologie Einfluss auf Sperbers literarisches Schaffen hatte. Ich untersuche neben den drei Bänden der Romantrilogie »Wie eine Träne im Ozean« auch weitere (posthum) veröffentlichte Texte, nämlich den frühen Roman »Charlatan« und das Romanfragment »Der schwarze Zaun«. Ergänzend, aber nicht als eigenen Untersuchungsgegenstand ziehe ich das Roman- und Dramenfragment »Sokrates« sowie Sperbers Essay über den »Tod des Sokrates« heran. Noch ein weiterer Essay wird im Verlauf dieses Kapitels vertiefend herangezogen, da er Überlegungen enthält, die in einigen der genannten Texte ebenfalls eine Rolle spielen, nämlich »Zur Analyse der Tyrannis«. Ich habe mich bei meiner Untersuchung vor allem deshalb auf die genannten Texte beschränkt, um ihr einen vertretbaren Umfang zu geben. Außerdem finden sich, wie ich in diesem Kapitel darlegen werde, in allen genannten Arbeiten zahlreiche Bezüge zu Denkfiguren, Modellen und Themen der Individualpsychologie bzw. dessen, was Sperber in einem weiteren Sinn »deutende Psychologie« genannt hat.[1017]

Auffassungen und Sichtweisen mit Bezügen zu individualpsychologischen Ansätzen werden als (ein) zentrales motivationales Konzept aller in diesem Kapitel behandelter Texte untersucht. Darauf liegt der Fokus, nicht, weil es keine anderen Konzepte gäbe oder diese anderen nicht wichtig wären, ganz im Gegenteil.[1018] Doch die Fragestellung dieser Arbeit ist auf den genannten

1017 Vgl. Sperber, Alfred Adler oder Das Elend der Psychologie, S. 19 ff.; vgl. auch Kapitel A.

1018 Zu denken ist, gerade im Hinblick auf die Romane der »Träne«-Trilogie an politische, moralische, historische und das Judentum betreffende Motivationsstränge. Vgl. z. B. Bouretz, Die zerbrochene Zeit der Hoffnung, S. 207–233; Horch, »Messianische Zuversicht«, S. 187–213; Kalinski, Alma: Sperber's Novelistic Trilogy as a Narrative Form of Confronting with History. Master-Thesis. Univ. Zagreb 2005; Kauffeldt, Leo: Kontinuität und Bruch in der Legende vom verbrannten Dornbusch. In: Moses, Stéphane/Schlöhr, Joachim/Schoeps, Julius H. (Hg.): Manès Sperber als Europäer. Eine Ethik des Widerstands. Berlin: Edition Hentrich 1996 (Studien zur Geistesgeschichte, Bd. 18, hg. v. Julius H. Schoeps), S. 278–289; Kröhnke, Karl: Das Motiv der vergeblichen Warnung bei Manès Sperber. In: Moses, Stéphane/Schlöhr,

(möglichen) Zusammenhang gerichtet. Sie entspringt weder einer willkürlichen Betrachtungsweise, noch tut sie den Texten oder ihrem Verfasser Gewalt an. Denn Sperbers erzählerische Arbeiten enthalten viele Topoi, die der Welt der *Psychologie* und *Psychotherapie* (in einem jeweils weiten Sinn) höchst vertraut, ansonsten aber, zumindest in der bei Sperber vorkommenden Intensität, Dichte und Häufung, noch dazu über alle hier in Rede stehenden Arbeiten hinweg, eher ungewöhnlich für literarische Texte sind. Träume, entwicklungspsychologische Fragen, Lebenspläne und -entwürfe, Ängste, Minderwertigkeitsgefühle und darauf bezogene Kompensationsbestrebungen, Selbsterziehung, das Unbewusste, durchaus als »das Unverstandene« im Sinne Adlers,[1019] sowie nicht zuletzt die Gestalt *des Psychologen* selbst, bestimmte aus ihren Biografien heraus deutbare Grundhaltungen sowie Einstellungen vieler Protagonistinnen und Protagonisten indizieren die große Bedeutung deutend-psychologischer Themen sehr nachdrücklich. Vielleicht lässt sich in diesem Zusammenhang sogar folgende These wagen: Sperber könnte in seinen Romanen eine (erzählerische) Fortentwicklung bzw. Neudeutung individualpsychologischer Motive und Ansätze geleistet haben, beispielsweise mit der Figur des *Lehrer-Meisters,* die in der Autobiografie vorkommt, insbesondere in der literarischen Gestalt Erich von Stettens, vielleicht aber auch Bynies in »Die verlorene Bucht« oder Ons im »Charlatan und seine Zeit«.

Doch mag sich zuallererst die Frage stellen, was denn überhaupt ein literarischer Text sei. Mit Überlegungen dazu lassen sich Bibliotheken füllen, und weder möchte ich einen weiteren Beitrag zu diesem Thema liefern, noch es im Rahmen dieser Abhandlung zu Sperber eingehender vertiefen. Ich belasse es daher bei der pragmatischen Auffassung, dass jedenfalls Romane einer sozialen Kommunikationsform zugerechnet werden können, die sich mit dem Begriff *Literatur* übertiteln lässt.[1020] Es handelt sich um fiktionale Texte, die insofern »komplexer […] sind […] als faktuale«, als »sie außer der realen noch einer zweiten,

Joachim/Schoeps, Julius H. (Hg.): Manès Sperber als Europäer. Eine Ethik des Widerstands. Berlin: Edition Hentrich 1996 (Studien zur Geistesgeschichte, Bd. 18, hg. v. Julius H. Schoeps), S. 50–72; Rohrwasser, Michael: Kommunist, Exkommunist, Antikommunist. In: Hemecker, Wilhelm/Stančić, Mirjana (Hg.): Ein treuer Ketzer – Manès Sperber. Wien: Zsolnay 2000 (Profile. Magazin des Österreichischen Literaturarchivs, Bd. 6), S. 58–71; Zipes, Jack: Wolyna: Manès Sperbers Beschäftigung mit der »Judenfrage«. In: Moses, Stéphane/Schlöhr, Joachim/Schoeps, Julius H. (Hg.): Manès Sperber als Europäer. Eine Ethik des Widerstands. Berlin: Edition Hentrich 1996 (Studien zur Geistesgeschichte, Bd. 18, hg. v. Julius H. Schoeps), S. 122–137; vgl. auch Corbin-Schuffels, Anne-Marie: Manès Sperber. Un combat contre la tyrannie (1934–1960). Bern et al.: Peter Lang 1996, pp. 321 seqq.

1019 Zu Adlers Konzept des Unbewussten in Sperbers Lesart vgl. Kapitel A.

1020 Vgl. z. B. Vogt, Jochen: Einladung zur Literaturwissenschaft. 7., erweiterte u. aktualisierte Aufl. München: Fink 2016 (UTB 2072), S. 183–190.

fiktionalen« oder »imaginären […] Kommunikationssituation angehören«.[1021] Die als Untersuchungsgegenstände herangezogenen Texte behandle ich in der Reihenfolge ihrer (mutmaßlichen) Entstehung. Dieses Vorgehen ermöglicht es einerseits, Veränderungen im psychologischen Denken Sperbers auch in Hinblick auf seine Romane in adäquater Weise zu berücksichtigen, andererseits dem Umstand Rechnung zu tragen, dass Sperber in seinen erzählerischen Texten Bezüge und Querverweise zu seiner Autobiografie, aber auch zu anderen seiner literarischen Arbeiten herstellt, sodass sich sogar eine Schlüsselfigur aus dem letzten Band von »Wie eine Träne im Ozean« auch in »Der schwarz Zaun« an prominenter Stelle wiederfindet.

Konkret werden die Arbeiten Sperbers anhand der konkreten Fragestellung entlang der Aspekte von »Was« und »Wie« einer Erzählung untersucht. Auf der Handlungsebene werden dabei zunächst in groben Zügen wesentliche inhaltliche Elemente des Textes kontextuiert und nachgezeichnet (Abschnitt 1), danach wird der motivationalen Ebene Beachtung geschenkt, wobei hier mögliche individualpsychologische Bezüge im Vordergrund stehen (Abschnitt 2). Diese Bezüge konnten bei allen behandelten Texten als soweit vorhanden angenommen werden, dass eine solche Sichtweise jedenfalls stichhaltig erscheint. Es soll noch einmal explizit betont werden, dass *deutend-psychologische* Themen und Ansätze im Hinblick auf die in den Texten erkennbaren Motivierungen neben anderen Motivationssträngen bestehen, allerdings in sehr prominenter Weise. Anschließend wird der Blick auf die aus Perspektive der jeweiligen Erzählung wichtigen Figuren des Textes gerichtet und in Bezug auf sie bzw. ihre Konstellationen zu anderen Gestalten werden individualpsychologische Anknüpfungspunkte herausgearbeitet (Abschnitt 3). Den literarischen Umsetzungsmodi allfälliger individual- bzw. deutend-psychologischer Motive und Figurencharakterisierung ist jeweils der abschließende Abschnitt gewidmet (Abschnitt 4).

1021 Zum Zitat vgl. Martínez/Scheffel, Einführung in die Erzähltheorie, S. 19, 21. Zum Thema Erzählung vgl. Einleitung, S. 13 ff..

2 »Charlatan und seine Zeit«

2.1 Zentrale Inhalte

Der Roman[1022] beginnt mit einem Tagebuch, verfasst von Iwan Semjonowitsch Sacharzoff, genannt *Wanja*. Er schreibt das Tagebuch vermutlich nicht allein für sich selbst, stellt er sich doch namentlich vor, nennt sein Alter (»29 Jahre«) und seine Profession: »Berufsrevolutionär«. Als solcher befindet er sich »wegen staatsgefährlicher Umtriebe in Haft«.[1023] Er hat in seiner Jugend bei der Arbeit in einem Sägewerk einen Arm verloren und seine Karriere als Revolutionär damit begonnen, dass er im Auftrag »der Partei« Auftragsmorde verübte. Opfer des ersten sollte der *»agent provocateur Wesseljski«* sein, doch Sacharzoff irrte sich in der Türnummer und erschoss jemand anderen.[1024] Diese Lebensphase war aus seiner Sicht geprägt durch eine sehr unglückliche Liebesbeziehung zu einer jungen Frau namens Ljisotschka, der er zumindest unterschwellig Mitverantwortung für den Verlauf seines ersten Mordes zuschieben möchte.[1025] Ljisotschka und er, beide Mitglieder einer revolutionären Gruppe, hatten 1909 geheiratet, ein Sohn, Saschenka, war zur Welt gekommen, und Ljisotschka sei in eine schwere Krise gestürzt. Schließlich nahm sich ihre Mutter Saschenkas an, ihr Vater brachte Ljisotschka in ein Sanatorium.[1026] Von dort schrieb sie Wanja einen »grausame[n] Brief«, der ihn erreichte, just als er sich anschickte, Wesseljski zu ermorden und stattdessen den Musikhistoriker Bzezinsky erschoss.[1027]

Im zweiten Kapitel tritt Sacharzoff als Anführer von Rotarmisten auf, die eine Stadt einnehmen und die Einwohnerschaft terrorisieren. Einer der Honoratioren ist ein früherer Mitschüler Wanjas, der ihn schikaniert hat und den Sacharzoff für seinen Verweis vom Gymnasium verantwortlich macht. In einem Wut-

1022 1924 verfasst, 2004 aus dem Nachlass veröffentlicht.
1023 Vgl. Sperber, Charlatan und seine Zeit, S. 11.
1024 Vgl. Sperber, Charlatan und seine Zeit, S. 66f. (Hervorhebungen im Original.)
1025 Vgl. Sperber, Charlatan und seine Zeit, S. 49ff., 66.
1026 Vgl. Sperber, Charlatan und seine Zeit, S. 52ff.
1027 Vgl. Sperber, Charlatan und seine Zeit, S. 67.

anfall erschießt er den Mann.[1028] Bald darauf lernt Sacharzoff den Titelhelden des Romans kennen, Marcell Haran, der sich selbst als »Charlatan« bezeichnet. Haran bringt ihm Nachricht von Ljisotschkas Vater, wird sehr rasch ein enger Vertrauter Sacharzoffs und liest auch dessen Aufzeichnungen aus der Haft.[1029] Von Haran erfährt Sacharzoff, dass sein Sohn Saschenka tödlich verunglückt ist.[1030] Haran, Sohn reicher Eltern, der sein Vermögen verloren und sein Psychologiestudium nicht abgeschlossen hat, nennt als seine »Beschäftigung«, »in den Seelen anderer Menschen spazieren zu gehen«. Auf viele Menschen nehme er »Einfluss«, so auch auf Sacharzoff.[1031] Das abschließende Kapitel spielt 1924 in Wien, wo Haran in äußerst bescheidenen Verhältnissen lebt. Sacharzoff und Ljisotschka, die inzwischen wieder ein Paar sind, kommen ihn besuchen. Zwischen Ljisotschka und Marcell entsteht, obwohl ihr Verhältnis von Anfang an gespannt anmutet, eine sehr komplizierte Liebesaffäre. Diese Entwicklung ist im Kontext einer Art psychologischen Spiels angesiedelt, das Marcell und Wanja betreiben, und das traurig endet, mit Ljisotschkas Suizid. Haran bleibt ernüchtert zurück und rückt von Zynismus und Selbstüberhöhung ab. Er begleitet Sacharzoff in die Sowjetunion, wo er, ganz Adlerianisch, darangehen will, ein Erziehungsprogramm zu entwickeln.[1032]

2.2 Motivationsebene: individualpsychologische bzw. deutend psychologische Aspekte

2.2.1 Vorüberlegungen

Matías Martínez und Michael Scheffel verstehen unter

> »Motivierung […] den Inbegriff der Beweggründe für das in einem erzählenden oder dramatischen Text dargestellte Geschehen […]. […] Die Motivierung integriert die Ereignisse in einen Erklärungszusammenhang.«[1033]

Im Falle komplexer Erzähltexte darf angenommen werden, dass es mehrere »Motivierung[en]« oder »Motivation[en]« geben kann, häufig wohl auch

1028 Vgl. Sperber, Charlatan und seine Zeit, S. 22 ff., 64.
1029 Vgl. Sperber, Charlatan und seine Zeit, S. 77, 82.
1030 Vgl. Sperber, Charlatan und seine Zeit, S. 77.
1031 Vgl. Sperber, Charlatan und seine Zeit, S. 81, 104 f.
1032 Vgl. Sperber, Charlatan und seine Zeit, S. 141–199.
1033 Vgl. Martínez/Scheffel, Einführung in die Erzähltheorie, S. 115.

wird, insbesondere, wenn es mehrere »Beweggründe für das [...] dargestellte Geschehen« gibt. In Sperbers frühem Romanmanuskript »Charlatan und seine Zeit« lässt sich für Handlungsverlauf und Verhalten der Figuren ein primärer Motivationsstrang erkennen, der auf einer spezifisch *psychologischen* Weltbetrachtung gründet. Dies tritt bereits in den ersten Reden des Titelhelden zutage, der repräsentativ für die Gestalt *des Psychologen* schlechthin betrachtet werden kann. Daneben spielen aber auch andere motivierende Momente eine Rolle, insbesondere die Eigendynamik politischer Revolutionen, die durchaus als stark soziokulturell geprägt betrachteten Interaktionen zwischen Frauen und Männern sowie die Identitätssuche eines in jüdischem Umfeld sozialisierten Menschen in anderen sozialen Umgebungen. Eine sehr starke, wenn nicht dominierende *Motivation* kann mit *deutende Psychologie* übertitelt werden, wobei die »Psychologie des Revolutionärs«[1034] genauso interessiert wie die Psychologie von Geschlechterverhältnissen oder *der Psychologe* als solcher. Der hier interessierende *(psychologische)* Motivationsstrang würde darauf zielen, »Ereignis[se]« zu »erklär[en] [...], indem« sie »als Wirkung[en] in einen Ursache-Wirkungs-Zusammenhang ein[ge]bettet« werden, »der als empirisch wahrscheinlich oder zumindest möglich gilt« und wäre in der Terminologie von Martínez und Scheffel als »kausal« zu bezeichnen.[1035] Im Folgenden werden einige konkrete individualpsychologische oder *deutend-psychologische* Themen und Aspekte herausgreifen, denen im »Charlatan und seine Zeit« Relevanz zukommt.

2.2.2 Zentrale individualpsychologische Themen

2.2.2.1 Minderwertigkeit, Kompensation, Überkompensation[1036]

Für Alfred Adler ist das Gefühl der *Minderwertigkeit* etwas jedem Menschen Vertrautes, das seinen Ausgang bei der inferioren Stellung von Kindern ihren Eltern gegenüber nehme und sich verstärke, wenn organische Leiden frühzeitig auftreten. Je nachdem, wie stark diese *Minderwertigkeit* erlebt und in der Erziehung bewusst oder unbewusst forciert wird, gestaltet sich das Bedürfnis heraus, sie zu kompensieren.[1037] Vor diesem Hintergrund lautet die *»Lebensfrage des Nervösen«* Sperber zufolge:

1034 Vgl. Sperber, Die vergebliche Warnung, S. 322.
1035 Vgl. Martínez/Scheffel, Einführung in die Erzähltheorie, S. 116.
1036 Vgl. Kapitel A.
1037 Vgl. Sperber, Alfred Adler oder Das Elend der Psychologie, S. 241; Adler, Menschenkenntnis, S. 75–79.

> »*Wie muß ich mein Leben ausgestalten, um meine Überlegenheitstendenz zu befriedigen, mein unabänderliches Minderwertigkeitsgefühl in ein Gefühl der Gottähnlichkeit zu verwandeln?*«[1038]

Anhand zweier Begebenheiten aus dem Leben des Revolutionärs Wanja Sacharzoff scheint dieses Problem geradezu exemplifiziert zu werden. Wanja muss das Gymnasium aufgrund eines »Malheur[s]« abbrechen, eines Raufhandels mit dem »Liebling« der Lehrer. Dieser Sohn »eines reichen und mächtigen Beamten« der »Kreisstadt«, wird, obwohl »dumm« und faul, mit »ausgezeichnete[n] Noten« überhäuft. Seine »Aufgaben« schreiben die Mitschüler. Als er Sacharzoff im Streit »Sohn einer Hündin« nennt, fängt Wanja an, »ihn mit Fäusten zu bearbeiten und [...] hätte ihn totgeschlagen«, wäre »nicht ein Lehrer« im »Klassenzimmer« erschienen, »der eifrigste Protektor des Lieblings«. Der Lehrer beginnt nun seinerseits, Wanja zu misshandeln, der sich wehrt und drei Tage später der Schule verwiesen wird. Auch um sich selbst zu bestrafen, fängt Sacharzoff daraufhin als »einfache[r] Arbeiter in dem Sägewerk« an, das auch seinen Stiefvater beschäftigt, und wo er wenig später bei einem Unfall einen Arm verliert.[1039] Jahre danach, nun schon im Rahmen der eigentlichen Erzählhandlung, erobert ein Trupp Rotarmisten unter Sacharzoffs Kommando eine Stadt. Eine Gruppe von Bürgern wird verhaftet. Unter ihnen befindet sich des Kommandeurs früherer Rivale am Gymnasium, den er immer nur »Liebling« nennt und der sich weigert, zum Klang der »Internationale« aufzustehen. Das Gespräch mit Sacharzoff, dem er daraufhin vorgeführt wird, eskaliert rasch und endet damit, dass dieser »Liebling« erschießt. Auslöser ist wohl, dass »Liebling« seinen Gegner wieder »Sohn einer Hündin« und anschließend »Vieh« nennt.[1040]

Der skizzierte Handlungsstrang ist für den Verlauf des Romans insgesamt wichtig, denn einerseits werden hier Verhaltensmuster eines wichtigen Protagonisten sehr scharf herausgearbeitet und mit einer impliziten psychologischen Erklärung versehen, andererseits auch spätere, irrational anmutende Verhaltensweisen Sacharzoffs möglicherweise vor diesem Hintergrund erklärlich. Ein vordergründig nahe liegendes Rachemotiv anzunehmen, griffe zu kurz, denn Sacharzoff schreitet erst in dem Moment zur Anwendung äußerster Gewalt, als die alte Beleidigung, die ihm vor allem in der Perspektive der Lehrer seine damalige strukturelle, unaufholbare Unterlegenheit gegenüber dem wenig talentierten und gar nicht fleißigen, aber stets protegierten »Liebling« und die damit

---

1038 Adler, Praxis und Theorie der Individualpsychologie, S. 57 (Hervorhebungen im Original).
1039 Vgl. Sperber, Charlatan und seine Zeit, S. 22–24.
1040 Vgl. Sperber, Charlatan und seine Zeit, S. 62–65.

verbundene schwere Kränkung des eigenen Selbstwertgefühls auf existentiell erfahrbare Weise vergegenwärtigt wird, erneut ausgesprochen wird. An Ljisotschka schreibt er noch in der Mordnacht, er habe »*Liebling* [...] *lediglich deshalb* [...] *erschossen, weil*« er »*ihn und auch*« sich selbst »*davon überzeugen wollte, dass ich nun genügend Macht habe, um Rache zu nehmen für alles, was Entehrendes mir je angetan wurde*«.[1041] Doch nicht Rache ist hier – zumindest aus Adlerianischer Sichtweise – das entscheidende Wort, sondern Macht. Insofern erklärt Sacharzoff sein eigenes Verhalten als (über)kompensatorische Handlung.

Später sucht Wanja andere Menschen (in diesem Fall Marcell und Ljisa) auf die Probe zu stellen, ob sie ihm denn auch treu sind, wobei er von vornherein das Gegenteil vermutet. Damit löst er eine Reihe von Handlungen aus, an deren Ende Ljisas Suizid steht. Konkret beschließt er, »die Festigkeit unserer Beziehung zu erproben«, wie er es schon früher getan hat. »Es bleibt«, schrieb er in seinem Gefängnistagebuch, »eben für Menschen meiner Art immer unverständlich, wie ihn jemand lieben kann [...]. Dieser [...] Zweifel an der Liebe Ljisotschkas zu« ihm sei »schuld« gewesen »an allem«.[1042] Wanja reist ab, nach jeweils einer Auseinandersetzung mit Marcell und Ljisotschka, bei denen es vordergründig um andere Dinge geht.[1043] Brieflich teilt er Ljisotschka mit, dass er sie »*verloren*« habe, und kehrt erst zurück, nachdem er von ihrem Suizid erfahren hat.[1044]

Vor allem im zweiten Kapitel wird mehrfach auf die Einarmigkeit Sacharzoffs hingewiesen, die ihm auch hinderlich ist, etwa beim Schreiben oder wenn er ein Podium erklimmt.[1045] Im Sinne Adlers könnte auch dieser Umstand geeignet sein, kompensatorische bzw. überkompensatorische Handlungen zu motivieren, weil es in den Bereich dessen fällt, was er »Organminderwertigkeit« nennt. Damit sind zwar in allererster Linie »unfertige, in der Entwicklung zurückgebliebene, im ganzen oder in seinen Teilen in seinem Wachstum gehemmte oder veränderte Organ[e]« gemeint.[1046] Aus Adlers Sicht geht es also um Schwierigkeiten, die ein Mensch bereits während seiner kindlichen Entwicklung mit einem seiner Organe sieht oder die ihm von seiner Umwelt als solche dargestellt werden. Sacharzoff hat seinen Arm während seiner Adoleszenz verloren, war also nicht von Geburt an mit seiner *Einarmigkeit* konfrontiert, wurde von dieser allerdings in einer sehr vulnerablen Phase seiner persönlichen Entwicklung ereilt. Sach-

1041 Vgl. Sperber, Charlatan und seine Zeit, S. 68 (Hervorhebungen im Original).
1042 Vgl. Sperber, Charlatan und seine Zeit, S. 50.
1043 Vgl. Sperber, Charlatan und seine Zeit, S. 144–146.
1044 Vgl. Sperber, Charlatan und seine Zeit, S. 156, 196–199 (Hervorhebungen im Original).
1045 Vgl. Sperber, Charlatan und seine Zeit, S. 59, 61, 66.
1046 Zitiert nach Ansbacher/Ansbacher (Hg.), Alfred Adlers Individualpsychologie (2004), S. 24 f.

arzoffs kompensatorische Bemühungen, »der einarmig Starke, der Führer« zu »sein«, lassen sich individualpsychologisch durchaus auch von daher deuten.[1047]

Weitere signifikante Anwendungsbeispiele des Paares Minderwertigkeitsgefühl sowie Überkompensation liefert Marcell Haran, der, letztlich ein verarmter Erbe und gescheiterter Student, ständig bestrebt ist, sich anderen Menschen als überlegen zu präsentieren. Gegenüber Wanja ist er fast schon in aufdringlicher Weise bestrebt, sich als großen Menschenkenner und Manipulator darzustellen. »Sie werden mir beichten«, prophezeit er, »sich vor mir [...] vollkommen entblößen«, »beherrsche« er doch

> »virtuos einen [...] unzüchtigen Griff, das gerade jenes Schutzhäutchen, das [...] jeder Mensch [...] um sich geschaffen« habe, »zerreisst, hinter dem sich [...] all das verbirgt, was den Menschen in seiner ganzen Wirrnis erst verständlich macht«.[1048]

Ljisa erklärt er später sogar eine dazu passende »Methode«. Sie bestehe darin, einen

> »Menschen, den« er »gewinnen will [...], vorerst« zu »zerbreche[n]. [...] Ich zerbreche sein System, nehme ihm allen Glauben an sich und mache ihn dann [...] zum Partner meines Lebens, das ihm als ein grosser Unfug, als eine Schändlichkeit erschienen ist«.[1049]

Sein Vorgehen ist mithin nicht nur hochgradig manipulativ, sondern auch destruktiv für sein jeweiliges *Objekt.* Es impliziert zugleich ein kompensatorisches, genauer überkompensatorisches Moment als Reaktion auf explizite, implizite oder bloß von Marcell als solch empfundene Kränkungen, die seine Minderwertigkeitsgefühle befeuern. Man denke nur an den von ihm vermuteten Anschein seines Lebens als »Unfug« und »Schändlichkeit« in den Augen anderer.

Auch Harans fast schon zwanghafte Extrovertiertheit wirkt aufdringlich und kompensatorisch. Mit Sacharzoff und Ljisotschka im Café verhält er sich, als müsse er den Alleinunterhalter geben. Geschwätzig hält er Monologe, in denen er andere Kaffeehausbesucher, ihr Aussehen, Auftreten oder ihm bekannte Eigenschaften abfällig kommentiert. Unter anderem erwähnt er auch den »Selbstmordversuch« einer Frau, deren »Aeusseres« seiner Meinung nach »großen

1047 Vgl. Sperber, Charlatan und seine Zeit, S. 15.
1048 Vgl. Sperber, Charlatan und seine Zeit, S. 80.
1049 Sperber, Charlatan und seine Zeit, S. 153 f.

Eindruck« auf Ljisotschka macht. Letztere spricht er ständig mit »Frau Ljisa« an.[1050] Sie bringt schließlich den Eindruck zur Sprache, der wohl auch bei manchen Leserinnen und Lesern entstehen kann: »Sie sprechen zu gern und zu viel«, fertigt sie Marcell ab, ehe sie Wanja auffordert, die Rechnung zu begleichen.[1051]

Dass Marcell sich zumindest teilweise über sein Handeln und seine Beweggründe im Klaren ist und diese wiederum eng mit dem Phänomen des Minderwertigkeitsgefühls zusammenhängen, wird auch deutlich, als er Wanja gegenüber erkennen lässt, seinen Plan, Ljisa und ihn auf die Probe zu stellen, durchschaut zu haben, und zugleich dessen Scheitern verkündet. Noch während Sacharzoff verreist ist, schreibt ihm Marcell, dass Ljisotschka ihm *»noch am Tage«* von Wanjas *»Abreise«* wurde, *»was man in unseren Kreisen Freundin nennt«*. Dies hänge auch damit zusammen, dass er, Marcell, ein rachsüchtiger Mensch sei, und Wanja habe ihn schwer beleidigt. Am Abend ihres letzten Treffens in einem Kaffeehaus hatte er sich rundweg geweigert, ihm Geld zu leihen und ihm damit seinen *»völligen Mangel an einer sozialen Position* [...] *zum Bewußtsein gebracht«*. Ljisotschka sei im Übrigen melancholisch, er, Marcell, *»sage«* ihren *»Selbstmord* [...] *im Laufe der nächsten zwei Wochen voraus«*.[1052]

2.2.2.2 Das Unbewusste als das Unverstandene

Während das *Unbewusste* bei Freud viel mit verdrängten Schuldgefühlen auf der Basis einer bestimmten, recht restriktiven Auffassung von Moral zu tun habe, gehe es bei Adler in diesem Zusammenhang um Aspekte der eigenen Gefühls- und Vorstellungswelt, die unverstanden bleiben.[1053] Im »Charlatan und seine Zeit« tritt *das Unverstandene* besonders augenfällig in zwei beinahe aufeinander abgestimmten Träumen Marcells und Ljisas zutage, in denen der jeweils anderen Person zentrale Bedeutung zukommt. Marcells Traum von Ljisa wird zuerst geschildert. Der Träumende befindet sich in einem »grossen Salon«, in dem sich »Frauen« aufhalten, die »alle [...] von ihm einmal geliebt waren«. Da eilt er rasch aus dem Raum und findet sich »in einem sehr kleinen, engen Zimmer« wieder, worin es zudem sehr finster ist. Er will ein Zündholz entflammen und fühlt »sich« zugleich »schwach werden«. »Gas [...] strömt [...] ihm durch [...] Nase und [...] Mund [...] in die Lunge«, doch findet der Träumende den Gashahn nicht. So denkt er »Hol's der Teufel«, und versucht nicht weiter, sich zu retten. Plötzlich wird dann doch ein Streichholz entzündet, Ljisotschka steht da und fragt Marcell, weshalb er »sterben« wolle. »›Stützen Sie

1050 Vgl. Sperber, Charlatan und seine Zeit, S. 130–133.
1051 Vgl. Sperber, Charlatan und seine Zeit, S. 135.
1052 Vgl. Sperber, Charlatan und seine Zeit, S. 158 (Hervorhebungen im Original).
1053 Vgl. Kapitel A.

sich auf mich und kommen Sie mit hinaus in die freie Luft. Sie werden bald wieder hergestellt sein!‹«[1054]

In ihrem Traum spaziert Ljisa eine »Dorfstrasse« entlang, »froh und in beseligender Erwartung«. Haran, den sie bei ihrer ersten Begegnung »Herr Marcell« genannt hat, heißt im Traum »Charlatan« und kommt während ihres Spaziergangs »[p]lötzlich [...] auf sie zu«. Dies ruft bei ihr »[E]rstaun[en]« und »[E]rschreck[en]« hervor. Als er sie »mein Liebchen« tituliert, reagiert sie empört und fordert ihn auf, »die primitivsten Anstandsregeln zu beachten«. Er »lacht [...] und befiehlt ihr, sich zu setzen«. Sie weist auf das Fehlen einer »Sitzgelegenheit« hin, worauf er sie »an der Schulter« packt »und [...] ihren Körper brutal [...] wendet«. In das Sichtfeld von Ljisas Traum-Ich tritt ein »lange[r] rote[r] Diwan«. Sie und Marcell setzen sich, wobei ihr »Charlatan [...] höhnisch lächelnd« erklärt, dass sie »zusammen[gehören]«, und verweist dabei auf »das Kainszeichen« auf seiner »Stirn«. Sie will ihn »wegstossen« und bemerkt, »dass er nackt ist«. Dies erregt sie, dennoch versucht sie zu fliehen. Er reißt ihr das Kleid vom Leib, und die »Fetzen« beginnen »zu brennen«. Als sie selber »nackt« ist, »berührt« er »sie unzüchtig, dass sie erschauert«. Ihre Bitten, »von ihr zu lassen«, quittiert er mit Häme: »Nun wirst du auch brennen, hehe hehe, brennen!« Mit tränenfeuchtem Gesicht erwacht sie und erklärt Wanja, dass sie seinen »Freund nicht mehr sehen« wolle. »Und dein Freund soll er auch nicht mehr sein, dieser – Charlatan!«[1055] Ljisa ist verwirrt über ihre Gefühle im Traum und empfindet sie als bedrohlich. Insofern erscheint es ihr am besten, den Umgang mit dem Objekt dieser beängstigenden Gefühle zu vermeiden. Doch Wanja hegt den Verdacht, dass eben solche Gefühle vorhanden sein könnten, und um die beiden dazu zu zwingen, dass sie ihn von der Unrichtigkeit seines Verdachts überzeugen, setzt er eben jene Ereignisse in Gang, die nicht nur seinen Verdacht wie eine »self-fulfilling prophecy« bestätigen, sondern für Ljisa letztlich fatale emotionale Entwicklungen in Gang bringen.[1056]

Die geschilderten Träume muten in ihrer spezifischen Konstruktion etwas sehr gewollt an, die Symbolik wirkt aufdringlich (insbesondere die vielen Frauen in Marcells Traum, die »rote Couch« in jenem Ljisas), doch illustrieren sie anschaulich die Adler'sche Rede vom *Unbewussten* als dem *Unverstandenem* plastisch.

Auch Ruth kommt in einem Traum Marcells vor, von dem er Ljisa erzählt. Dieser Traum bildet im Wesentlichen eine Begebenheit ab, die sich »einmal«

1054 Vgl. Sperber, Charlatan und seine Zeit, S. 136f.
1055 Vgl. Sperber, Charlatan und seine Zeit, S. 135f.
1056 Zu »self-fulfilling prophecy« vgl. z.B. Merton, Robert K.: The self-fulfilling prophecy. In: The Antioch Review 8 (1948), pp. 193–210.

während einer »Wintertour« ereignet hat. Ruth ging hinter Marcell und stürzte, ohne dass ihm irgendetwas auffiel oder er ihr Rufen um Hilfe bemerkte. Sie musste sich selbst unter großer Anstrengung wieder hochrappeln und ihrem schon weit vorausgeeilten Freund nachkommen. Sie kommentierte den Vorfall mit den Worten »›Du wirst mich verlassen, wenn ich – gerade durch deine Schuld – zu tief gesunken sein werde.‹«[1057] Etwas sehr Ähnliches wie der geschilderte Trauminhalt lässt sich in kaum variierter Form auch in Sperbers Autobiografie nachlesen, wenngleich ohne den zuletzt zitierten Satz.[1058]

2.2.2.3 Entwicklungspsychologie

Ursachen für die skizzierten Verhaltensweisen Wanjas und Marcells werden in »Charlatan und seine Zeit« explizit oder andeutungsweise mit entwicklungspsychologischen Überlegungen in Zusammenhang gebracht. In Bezug auf beide erweist sich das Gefühl des Verlassenwerdens ebenso wie die Angst davor als wichtige Triebkraft ihres Handelns. Harans Vater etwa hat seine Familie verlassen, als der Sohn »12 Jahre alt« war. Mit seinem Verhalten ist der Vater dem Beispiel seines eigenen Vaters gefolgt.[1059] In Marcells Haltung zu Frauen, mit denen er intime Beziehungen pflegt, spiegelt sich diese mutmaßlich traumatisierende Erfahrung wider. Angst erscheint hier als vorherrschendes Gefühl, dem Haran mit prophylaktischer Aggression zu begegnen sucht. Seine »Eifersucht« sei, erklärt er Wanja, »so gross, dass« er eine »Frau schon zu einer Zeit [...] verlasse [...], da sie noch nicht ahnen kann, warum ich dies tue, das ist: bei ihrem ersten ehebrecherischen Blicke«.[1060] Kaum verwunderlich, verlangt er sich selbst umgekehrt keinesfalls eine auch nur annähernd so loyale Haltung gegenüber seinen Freundinnen ab. Generell, so diagnostiziert Ruth, ist sein »Eigentumsgefühl in Bezug auf Menschen [...] sehr ausgeprägt«.[1061]

»[V]erzärtelte Kind[er]« wollten im Extremfall »Nehmende bleiben« und würden sich, so Sperbers Adler-Lesart, wünschen, »stets geliebt zu werden und nicht zu lieben«. Damit verbinde sich die Vorstellung, die »Liebe« der jeweils »nächsten Umwelt« sei jederzeit bedroht. Wo immer dieser Verdacht Nahrung findet, würden die Betroffenen »Verratserlebnis[se]« sehen. Gerade in diesen Fällen schaffe »[d]as Erlebnis der Verlassenheit« Bedingungen für erhebliches »Misstrauen«.[1062]

1057 Vgl. Sperber, Charlatan und seine Zeit, S. 169.
1058 Vgl. Sperber, Die vergebliche Warnung, S. 377–379.
1059 Vgl. Sperber, Charlatan und seine Zeit, S. 104.
1060 Vgl. Sperber, Charlatan und seine Zeit, S. 140.
1061 Vgl. Sperber, Charlatan und seine Zeit, S. 177.
1062 Vgl. Sperber, Alfred Adler oder Das Elend der Psychologie, S. 128 f.; vgl. Kapitel A.

Wanja war insofern früh auf sich alleine gestellt, jedenfalls seiner eigenen Einschätzung nach, als er seine Mutter als monströses, alkoholabhängiges Wesen betrachtet und seinen Stiefvater als »Säufer« und schwachen Mensch erlebt hat.[1063] Seine diesbezüglichen Erfahrungen, die *Härte des Lebens* betreffend, sowie durch seine eigenen Startnachteile noch verstärkte Minderwertigkeitsgefühle hätten zu jener Gefühlskälte geführt, die sich in Sacharzoffs Brief äußert, den er Ljisotschka nach dem Mord an »Liebling« schreibt. Wanja verfasst diesen Brief in aufgewühlter Gemütsverfassung unmittelbar nach dem Mord. Er wirft ihr vor, ihm *»in der trostlosesten Zeit«* seines »Lebens«, im Jahr 1910, einen *»grausame*[n] *Brief«* geschickt zu haben. Vor diesem Hintergrund sei es auch, anlässlich seines ersten Auftragsmordes für die Partei, zu der erwähnten Verwechslung gekommen, die er allerdings nicht als *»tragisch«*, sondern *»nur grotesk und komisch«* erlebt habe. Er schildert auch den Mord an *»Liebling«*, den er *»lediglich deshalb* [...] *erschossen«* habe, um *»ihn und auch«* sich *»selbst davon zu überzeugen, daß«* er *»nun genügend Macht habe, um Rache zu nehmen für alles, was Entehrendes«* ihm *»je angetan wurde«*.[1064] Allerdings scheint er den Brief aufzubewahren, also nicht zu verschicken.[1065]

Marcell Haran, der mit fünfzehn Jahren über ein großes Vermögen verfügte und »schon als Kind [...] Einfluss auf die Menschen [...] hatte«, passt vermutlich ganz unproblematisch in die Kategorie *verzärteltes Kind*.[1066] Was Wanja betrifft, so ließe sich einwenden, dass gerade er, der so viel Schlimmes in seinem Leben erfahren habe, doch bestimmt kein *verzärteltes Kind* gewesen sei. Allerdings versteht Adler unter einem solchen eines, das dahingehend »trainiert worden« ist, »daß es erwartet, daß seine Wünsche wie Gesetze behandelt werden und daß es nimmt, ohne zu geben«. Ein solches Kind »genieß[e] eine bevorzugte Stellung, ohne etwas dafür zu tun, als sein angeborenes Recht«.[1067] Wanja schildert seine Kindheit und Jugend als einigermaßen schwierig infolge des Alkoholismus und wohl auch der beschränkten ökonomischen Mittel seiner Mutter und seines Stiefvaters, wobei er sich in Relation zu anderen Kindern und Jugendlichen benachteiligt gefühlt habe. Allerdings heißt es auch, die Mutter sei »keine schlechte Frau« gewesen und der Stiefvater habe, obwohl selbst dem Alkohol verfallen und durch eine »klebrige, sehr selbstgefällige Güte« gekennzeichnet, große Stücke auf Wanja gehalten, zumal dieser »als Kind [...] sehr viel Fähigkeiten« an den Tag gelegt habe, »die von den Lehrern anerkannt wurden

1063 Vgl. Sperber, Charlatan und seine Zeit, S. 21.
1064 Vgl. Sperber, Charlatan und seine Zeit, S. 67 f. (Hervorhebungen im Original).
1065 Vgl. Sperber, Charlatan und seine Zeit, S. 69.
1066 Vgl. Sperber, Charlatan und seine Zeit, S. 105.
1067 Vgl. Adler, Wozu leben wir?, S. 22.

und« den Stiefvater »stolz machten«, sodass er ihm den Zugang zum Gymnasium ermöglicht habe.[1068] Im Sinne Adlers kann das durchaus schon als »Verzärtelung« durchgehen, zumal Wanja das Zeigen seiner Fähigkeiten keineswegs als anstrengend betrachtet, war er doch schon in seiner Kindheit ein begeisterter Leser.[1069] Dass er sich seiner Familie »schämte«, steht dazu nicht im Widerspruch.[1070] Nach seinem Unfall im Sägewerk wurde Wanja in die Familie des Sohnes des Sägewerksbesitzers integriert, der Sohn ermöglichte ihm schließlich auch den Abschluss des Gymnasiums.

2.2.2.4 Lebensplan

Aus Adlers Sicht sei »[d]*er Mensch prospektiv*«, an einem »[i]rgendwann [...] suggestiv [...] gebildete[n] *Lebensplan*« orientiert, den er zu erfüllen suche.[1071] Dies geschehe frühzeitig und basiere auf der »Vorstellung einer beglückenden Zukunft«, als »unverlierbare[s] Projekt«. Diese Vorstellung ihrerseits gründe auf »besondere[n], zumeist mißdeutete[n] Erlebnisse[n]«.[1072] Adlers Überlegungen zum *Lebensplan* kommt in Sperbers Lesart erhebliche Bedeutung zu, wobei er selbst eher den Begriff »Leitlinie« verwendet.[1073] Erschließen lässt sich der Lebensplan Adler zufolge am besten anhand von – möglichst frühen – Erinnerungen.

> »Es gibt«, so Adler, »keine ›zufälligen Erinnerungen‹; aus der unberechenbar großen Anzahl von Eindrücken, die den Menschen treffen, wählt er nur jene als Erinnerungen aus, von denen er [...] spürt, daß sie für seine Entwicklung wichtig waren.«[1074]

Die frühen Erinnerungen Wanjas kreisen um die Verachtung, die er für seine Mutter und seinen Stiefvater hegte. Sein »erste[s] Kindheitserlebnis«, an das er sich erinnern kann, siedelt er in seinem »vierte[n] Lebensjahr« an. Ein »Wimmern« weckte ihn aus dem Schlaf, und er fand seine »besoffene Mutter« vor, die vergebens versuchte, »sich mit« seiner »Hilfe aufzurichten«. Schließlich begann

1068 Vgl. Sperber, Charlatan und seine Zeit, S. 21.
1069 Vgl. Sperber, Charlatan und seine Zeit, S. 21 f.
1070 Vgl. Sperber, Charlatan und seine Zeit, S. 22.
1071 Vgl. Sperber, Alfred Adler oder Das Elend der Psychologie, S. 90 (Hervorhebungen im Original). Zum Lebensplan vgl. z. B. Adler, Zur Kinderpsychologie und Neurosenforschung, insbes. S. 36 ff.
1072 Vgl. Sperber, Alfred Adler oder Das Elend der Psychologie, S. 91.
1073 Vgl. Sperber, Alfred Adler oder Das Elend der Psychologie, S. 216 f. Vgl. zum Ganzen Kapitel A.
1074 Adler, Wozu leben wir?, S. 65. Vgl. Kapitel B.

sie, ihn »wild zu küssen«, doch ihr Geruch nach Alkohol stieß ihn ab. »›Du, du stinkst ja, du stinkst‹«, rief er seiner Erinnerung zufolge als Kind. Doch nicht minder verachtete er seinen Stiefvater, Semjon Nikolajewitsch. Dieser ist sein »negatives Vorbild« gewesen. »Meine Entwicklung muss weit weg von diesen Menschen führen. Ich gerade, ich muss stark werden!«[1075] Das wird er auch in gewisser Weise, jemand, der ungeachtet des Verlusts eines Armes, Macht über *Leben und Tod* erlangt und stets die Kontrolle zu wahren sucht, was ihm aber nur bedingt glückt. So begeht er seinen ersten Mord aus Versehen, einen weiteren (den an »Liebling«) in einem Wutanfall, und zuletzt trägt er dazu bei, dass Ljisa zum Suizid schreitet, weil er sein Handeln am Wunsch orientiert hat, seinen Verdacht ihrer Untreue bewiesen oder widerlegt zu sehen. Dies gründet in dem von Sperber gezeichneten Psychogramm darin, dass die erheblichen Bemühungen, seine Minderwertigkeitsgefühle zu kompensieren, der Entwicklung gelassener Stärke und authentischer Souveränität im Wege stehen.

Was Marcell Haran betrifft, so spricht auch er von den Erinnerungen an seine Familie, den Vater, der die Familie verlassen hat, die Großmutter väterlicherseits, »die Hungers gestorben sein dürfte«, obwohl die Familie über großes Vermögen verfügte, den Großvater, der von »religiöse[m] Wahnsinn [...] besessen« war. Der Verlust seines Vermögens hat »grosse Angst vor der Armut« ausgelöst, er »begann fleißig zu studieren«, um »Universitätsprofessor« zu werden, brach aber das Studium ab.[1076] Irgendwie hat es den Anschein, der Lebensplan Harans habe mit der reichen Familie väterlicherseits zu tun, für deren Angehörige keinerlei Notwendigkeit bestand, sich um ihren Lebensunterhalt Sorgen zu machen. »Menschen meiner Art arbeiten nie, sie beschäftigen sich aber immer mit etwas«, so lautet einer der ersten Sätze, die er an Iwan richtet.[1077] Seine Beschäftigung besteht in der Manipulation anderer Menschen, die ihm seinem eigenen Bekunden nach leichtfällt und auf deren Basis er in Wien einen *Lebensstil* pflegt, der durchaus groteske Züge trägt. Der Anfang des dritten Teils zeigt Marcell jedenfalls beinahe schon als die Karikatur eines Bohemiens. Wenn er am frühen Nachmittag in seinem billigen Hotelzimmer erwacht, schreit er herum, um nachbarliche Rufe nach Ruhe zu provozieren, denen er mit der Frage nach der Uhrzeit antwortet. Gegen fünf Uhr nachmittags verlässt er für gewöhnlich seine Unterkunft, wandert er Richtung Schottentor, setzt sich zunächst in den Votivpark und begibt sich anschließend in »ein kleines Studentencafé, in dem er seine Zeche schuldig bleiben kann.«[1078] Wenn er beim

1075 Sperber, Charlatan und seine Zeit, S. 13.
1076 Vgl. Sperber, Charlatan und seine Zeit, S. 104 f.
1077 Vgl. Sperber, Charlatan und seine Zeit, S. 81.
1078 Vgl. Sperber, Charlatan und seine Zeit, S. 121 f.

Kartenspiel gewinnt, geht er danach in ein »Literatencafé«, wo er sich in Diskussionen hervortut und anderen erklärt, »dass sie so konstruiert und so wenig blutvoll seien wie die Kunst, die sie schaffen«. Zuweilen hält er Vorträge, die andere dann für Artikel oder Feuilletons verwenden, manchmal wird er auch dafür bezahlt.[1079] Seinen Lebensunterhalt bestreitet Haran, wie später erkennbar wird, teils aus Gewinnen beim Kartenspielen, teils aus Zahlungen, die ihm sein nach wie vor reicher Bruder zukommen lässt.[1080] Die Darstellung als *Bohemien* zu Beginn des dritten und letzten Teils des Buches gewinnt in ihrer grotesken Überzeichnung zugleich satirische Züge und unterliegt raschem, in seiner Abruptheit teils nur schwer nachvollziehbarem Wandel. Ungeachtet seines eigenen *Lebensstils* beklagt Haran bei seinem Kaffeehausbesuch mit Wanja und Ljisa, »den Menschen« im Café fehle »eine leitende Lebensidee, die über ihr Einzeldasein hinaus Gültigkeit hätte«. »[I]m Sinne eines Wiener Psychologen« handle es sich bei ihnen um »schwere Neurotiker«.[1081] Damit verbinden sich auch teils überdeutliche Hinweise auf Suizide und Suizidalität.[1082]

2.2.2.5 Gemeinschaftsgefühl

Das Themenfeld *Suizidalität* hängt in diesem Roman wohl eng mit einer anderen von Alfred Adler vehement betonten Idee zusammen, nämlich jener des *Gemeinschaftsgefühls*. Für Adler sind »[a]lle Versager«, und zu diesen rechnet er auch »Selbstmörder«, also deshalb

> »Versager, weil ihnen das Gemeinschaftsgefühl und die Anteilnahme an der Gemeinschaft fehlt. Sie packen die Aufgaben der Arbeit, der Freundschaft und des Geschlechtslebens ohne die Überzeugung an, daß sie durch gemeinschaftliche Bemühungen gelöst werden können.«[1083]

In Hinblick darauf erlangt Esther Marians Kritik an Adlers Individualpsychologie sowie deren Adaption bei Sperber zweifellos volle Berechtigung. Die Auffassung vom »Neurotiker als einem verwöhnten Lebensfeigling«, der sich bloß »den Pflichten der Gemeinschaft entzieh[en]« wolle, und das auch noch »auf

1079 Vgl. Sperber, Charlatan und seine Zeit, S. 123f.
1080 Vgl. Sperber, Charlatan und seine Zeit, S. 123, 157, 160f., 166f., 176.
1081 Vgl. Sperber, Charlatan und seine Zeit, S. 134.
1082 Vgl. Sperber, Charlatan und seine Zeit, S.
1083 Vgl. Adler, Wozu leben wir?, 16f.

Kosten anderer«, sei Ausdruck von »Verachtung« und »Ressentiment«.[1084] Bei Sperber finde sich diese Auffassung zu wiederholten Malen.[1085] Dabei verweist Marian allein auf »Individuum und Gemeinschaft«, einen Band, der zwar erst 1978 veröffentlicht wurde, aber in der ersten Hälfte der 1930er-Jahre entstanden noch eine sehr große Nähe zum parteiförmig organisierten Kommunismus und einer bestimmten Auffassung von Marxismus ebenso erkennen lässt wie eine entsprechende Lesart individualpsychologischer Theorie.[1086] Einzig entgegenhalten lässt sich Marians Kritik, dass sie in ihrer Pauschalität, sowohl was die Adler'sche Individualpsychologie als auch deren Rezeption bei Sperber angeht, zu pauschal verfährt.

Ljisa wird hinsichtlich sozialer Beziehungen desintegriert geschildert, und daraus ließe sich dann auf Ursachen für ihre Instabilität schließen. Aus einer aristokratischen Familie stammend, schließt sie sich »revolutionären Kreisen« an, nachdem sie »7 Jahre in einem« überaus vornehmen »Mädchenpensionate in Petersburg« verbracht hat. In besagten Kreisen lernt sie auch Wanja kennen, die beiden heiraten und unternehmen eine längere Auslandsreise. Bald nach ihrer Rückkehr geraten sie in Untersuchungshaft.[1087] Suizidalität und psychisches Leiden werden in Zusammenhang mit Ljisa von Anfang an erwähnt, da sich zumindest einer ihrer Brüder, wenn nicht beide, das Leben genommen haben soll(en) und der Aufenthalt in der Untersuchungshaft den Aufzeichnungen Sacharzoffs zufolge sehr ungünstig auf ihre Gemütsverfassung gewirkt habe.[1088] Ljisa »hatte für nichts mehr Interesse«, und nach der »schwere[n] Geburt« des gemeinsamen Sohnes Saschenka bezieht sich dies auch auf das Kind. Ihre Mutter nimmt den Jungen mit auf das elterliche Gut, der Vater bleibt bei Ljisotschka und bringt sie dann in ein »Schweizer Sanatorium«, von wo aus sie Sacharzoff eine Art Abschiedsbrief zukommen lässt.[1089] Niemand hat Mitgefühl mit Ljisa, Marcell nicht, aber auch nicht Ruth, immerhin eine Ärztin, die bemerkt, wie kritisch es um die Frau steht. Stattdessen seziert sie im Gespräch mit Ljisa den Begriff *Liebe* in Charlatans Worten und erklärt, weder liebe sie ihn noch er sie. Zugleich gelangt sie zu der Überzeugung, dass sich Ljisa in einem »Anfall von schwerer Melancholie« befinde, den sie nur »überleben« würde, wenn Ruth

1084 Vgl. Marian, Esther: Nachwort. In: Sperber, Manès: Zur Analyse der Tyrannis. Ein sozialpsychologischer Essai. Hg. v. Wilhelm W. Hemecker mit einem Nachwort v. Esther Marian. Graz: Leykam 2006, S. 118 f.

1085 Vgl. Marian, Nachwort, S. 119.

1086 Vgl. Marian, Nachwort, S. 127, Anm. 55, wo sie auf Sperber, Individuum und Gemeinschaft, S. 62 f., 234, verweist.

1087 Vgl. Sperber, Charlatan und seine Zeit, S. 51 f.

1088 Vgl. Sperber, Charlatan und seine Zeit, S. 52 f.

1089 Vgl. Sperber, Charlatan und seine Zeit, S. 53 f.

sich ihr gegenüber anders verhielte, tröstlich, »mütterlich«. Doch das bringt sie nicht über sich, »[a]uch mir hat niemand geholfen«, räsoniert sie.[1090] Dies entspricht durchaus der etwa von Esther Marian konstatierten Distanz bis hin zur Verachtung gegenüber psychisch leidenden Menschen, die sie generell mit der Individualpsychologie verbindet. Zur Ehrenrettung Letzterer und insbesondere ihrer Adaption durch Sperber lässt sich der Hinweis vorbringen, dass es sich bei den kritisierten Auffassungen um bestimmte Ausprägungen oder Facetten von Individualpsychologie handelt, die sich auch in Sperbers Auffassung derselben späterhin gewandelt hat. Die Beziehung zu Marcell entwickelt sich für Ljisa jedenfalls nicht günstig. Marcells Traum nach dem ersten gemeinsamen Treffen sowie eine Bemerkung Wanja gegenüber, er habe sich im Weltkrieg zur Armee gemeldet, weil er »dachte«, er werde »eher Gelegenheit haben«, sein »Leben ohne viele Regiespesen abzuschließen«, enthüllen, dass er selbst mit suizidalen Neigungen ringt.[1091] Ljisa »zwingt sich, zu glauben und laut auszurufen, dass sie« Marcell »liebt«.[1092] Gleichzeitig kann sie sich kaum verhehlen, dass er sie »quält«.[1093] Dies räumt er im Übrigen selbst leichthin ein.[1094] Nachdem Wanja ihr geschrieben hat, dass er sie wohl *»verloren«* habe, und Marcell zum Antritt einer gemeinsam vereinbarten Reise nicht erscheint, lernt Ljisa Marcells Freundin Ruth kennen, die sich aber nur von Marcell verabschieden wolle. In Ljisas Wahrnehmung verfestigt sich in der Folge die »Vorstellung, dass Charlatan Ruth und nur diese liebe«. Schließlich hat Ruth selbst gesagt, sie allein liebe »in ihm Charlatan«, nicht Marcell.[1095] Als Marcell Ljisa gegenüber dann auch noch einen gleichgültigen Ton anschlägt, eskaliert für sie die Situation. In einem tranceähnlichen Zustand sieht Ljisa Ruth vor sich, die sie auffordert, »nicht« zu »[s]tören«. Sie verfasst einen Brief an ihren Vater, worin sie ausführt, *»nun«* erst *»um«* die *»Schlechtigkeit der Menschen«* zu wissen. Die Menschen, denen sie in Wien begegne, hätten *»Maschinen, die sie selber regulieren«*, anstelle von *»Seelen«*. Sie könne ihre *»Gedanken nicht ordnen«* und werde *»in den nächsten Stunden verrückt werden«*.[1096] Wanja kündigt sie in einem Brief an, sie *»werde heute sterben«*, doch treffe Marcell daran keine Schuld.[1097]

1090 Vgl. Sperber, Charlatan und seine Zeit, S. 181 f.
1091 Zu Harans suizidal motiviertem Kriegsdienst vgl. Sperber, Charlatan und seine Zeit, S. 106.
1092 Vgl. Sperber, Charlatan und seine Zeit, S. 154.
1093 Vgl. Sperber, Charlatan und seine Zeit, S. 151.
1094 Vgl. Sperber, Charlatan und seine Zeit, S. 152.
1095 Vgl. Sperber, Charlatan und seine Zeit, S. 156, 170, 164 (Hervorhebung im Original).
1096 Vgl. Sperber, Charlatan und seine Zeit, S. 175, 178 f. (Hervorhebungen im Original).
1097 Vgl. Sperber, Charlatan und seine Zeit, S. 179.

Gemeinschaft hat in diesem Roman offenbar sehr viel mit Glauben-Wollen und Glauben-Können zu tun. So heißt es an früherer Stelle, dass Wanja das Auftreten einer früheren politischen Leitungsgestalt, der er anhing, Boris, zunächst für »gekünstelt« gehalten, dann aber angefangen habe, »an ihn [...] zu glauben«. Vor allem aufgrund des Einflusses eines anderen politischen Lehrmeisters, On, trat Sacharzoff aus Boris' Gruppe aus, die zu diesem Zeitpunkt bereits in Auflösung begriffen war, nicht zuletzt aufgrund polizeilicher Verfolgung. »Boris war sehr nervös und ängstlich, was er so krampfhaft zu verbergen suchte, daß wir seinen Zustand umso klarer erkennen konnten.«[1098]

Nicht ohne Signifikanz scheint, dass Wanja am Ende des Romans, statt wie geplant mit Ljisa, mit Marcell nach Russland zurückreist. Sie »sind [...] wieder Freunde und bemüht, alles Störende zu vergessen«.[1099] Die Freundschaft geht so weit, dass sie unterwegs halt machen, damit Wanja Marcells Mutter kennen lernen kann.[1100] Traditionellerweise waren es in den europäischen Gesellschaften die Verlobten oder potentiell Verlobten, die den Eltern vorgestellt wurden. Die Frage drängt sich auf, ob diese seltsam robuste Freundschaft, die etwas so »Störende[s]« wie den Suizid der Geliebten eines Freundes, in den der andere Freund involviert war, nicht eine verbrämt sexuell konnotierte Komponente aufweist oder doch in all ihrer Komplexität als stabiler erscheint, als es die Beziehung eines der beiden zu Ljisotschka gewesen ist. Es ist nicht ganz abwegig, an dieser Stelle über verbrämte Homosexualität nachzudenken. In Alfred Adlers hochproblematischer Auffassung würde es sich dabei allerdings um eine »Perversion« handeln, die »eine[n] der mißratenen Kompensationsversuche bei Menschen mit starkem Minderwertigkeitsgefühl« darstelle,

> »eine Revolte des vermeintlichen Schwächegefühls gegen Forderungen, die sich aus dem gesellschaftlichen Leben ohne Zwang ergeben und zielt auf einen fiktiven, subjektiv begründeten Triumph der Überlegenheit«.[1101]

Ob diese aus heutiger Sicht jedenfalls widerlegte Position, die einer weitreichenden psychologischen und psychiatrischen Pathologisierung von Homosexualität seit dem 19. bis weit ins 20. Jahrhundert korrespondiert, tatsächlich

1098 Vgl. Sperber, Charlatan und seine Zeit, S. 36.
1099 Vgl. Sperber, Charlatan und seine Zeit, S. 196.
1100 Vgl. Sperber, Charlatan und seine Zeit, S. 197 f.
1101 Adler, Alfred: Das Problem der Homosexualität und sexueller Perversionen (1930). In: Adler, Alfred: Gesellschaft und Kultur (1897–1937). Hg. v. Almuth Bruder-Bezzel. Göttingen: Vandenhoeck & Ruprecht 2009 (Alfred Adler Studienausgabe, hg. v. Karl Heinz Witte, Bd. 7), S. 100.

Sperbers eigener Sicht entsprach, ist fraglich.[1102] Immerhin schildert er die Beziehung zwischen Wanja und Marcell auf eine Weise, die keineswegs frei von Sympathie ist. Aus Adlers Sicht wären wohl beide schwächelnde Gestalten, die, anstatt sich den »Forderungen« des »gesellschaftlichen Leben[s]« zu stellen, auf imaginärer und kommunikativer Ebene »Triumph[e] der Überlegenheit« inszenieren.

2.2.2.6 Psychologie als solche, die Gestalt des Psychologen und jene des Lehrer-Meisters

Marcell Haran sieht und präsentiert sich selbst immer wieder als »Psychologe«. Seine akademischen Studien sind zwar ohne Abschluss geblieben, weil seine Dissertation zum Thema »Versuch einer Charakterologie des Menschen« nicht approbiert wurde.[1103] Doch kann er als eine Art *angewandter Psychologe* durchgehen, erlaubt ihm seine Fähigkeit, »Einfluss auf die Menschen« auszuüben, seine »Bekannten« auszunützen.[1104] Marcells Beschäftigung bestehe darin, »in den Seelen der anderen spazieren zu gehen, damit, solche Experimente zu machen, wie« er »sie« auch »mit« Sacharzoff »vorhabe«.[1105] Seine »Methode« ist es, andere zu »zerbrechen«, sie zu Komplizen seines »Lebens« zu machen, das ihnen eben noch »als ein grosser Unfug [...] erschienen« wäre.[1106]Als »Psychologe« › so Marcell, sei er »Vivisekteur, der auch im Privatleben den blutigen Mantel und in den Händen stets die unangenehmen Werkzeuge trägt«.[1107] Haran nennt sich bei seinem ersten Auftritt selbst einen »Charlatan«.[1108] Später präsentiert er sich ausführlicher als ein solcher, denn damit ist er zugleich einer der »Repräsentanten unseres Jahrhunderts«, da auch die »Begründer« der Psychologie, in deren »Zeit« man gerade lebe, »eben Charlatans« seien. »[S]ie preisen die Lüge und müssen die Wahrheit sprechen.« Es handle sich um faustische

1102 Gegen diese Tendenzen vgl. allerdings schon Freud, Sigmund: Über die Psychogenese eines Falles von weiblicher Homosexualität (1929). In: Freud, Sigmund: Zwang, Paranoia und Perversion. Hg. v. Alexander Mitscherlich u. a. Frankfurt am Main: Fischer 2012 (Sigmund Freud Studienausgabe, Bd. VII), S. 257–281; Freud, Drei Abhandlungen zur Sexualtheorie, S. 52–56. Aus heutiger Sicht vgl. z. B. Rauchfleisch, Udo: Hetero-, Homo-, Bisexualität In: Mertens, Wolfgang/Waldvogel, Bruno (Hg.): Handbuch psychoanalytischer Grundbegriffe. Stuttgart: Kohlhammer 2000, S. 355–363; Till, Wolfgang: Homosexualität. In: Stumm, Gerhard/Pritz, Alfred (Hg.): Wörterbuch der Psychotherapie. Wien/New York: Springer 2000, S. 278.

1103 Vgl. Sperber, Charlatan und seine Zeit, S. 105.

1104 Vgl. Sperber, Charlatan und seine Zeit, S. 105.

1105 Vgl. Sperber, Charlatan und seine Zeit, S. 81.

1106 Vgl. Sperber, Charlatan und seine Zeit, S. 153 f.

1107 Vgl. Sperber, Charlatan und seine Zeit, S. 153.

1108 Vgl. Sperber, Charlatan und seine Zeit, S. 82.

Gestalten, »Spieler um die Wahrheit, Marktschreier des Gewissens und des Geistes«.[1109] Die Gestalt des Psychologen erscheint in Harans Sicht einerseits voller Ambivalenzen, geheimnisvoll und gefährlich. Bei der Bezeichnung »Charlatan« könnte es sich um eine ironische Begriffsverwendung oder überhaupt um ein Geusenwort handeln.

Dem marxistischen Theoretiker On, den Haran mit diesen Sichtweisen konfrontiert, machen diese wenig Eindruck. On gibt sich selbst als Kenner der »moderne[n] Psychologie« und äußert starke Zweifel, ob »man darauf, was« Haran »gerade vorgetragen« hat, »ein System aufbauen« könne. Als Haran selbstbewusst entgegnet, dass er dies nicht bloß glaube, sondern wisse, fertigt ihn On mit kurzen Hinweisen auf seine Person ab. »Sie sind gewiss sehr klug, sehr erfahren und menschenkundig, aber Sie leben an der Welt, die ich meine, und ihrem Geschehen vorbei«. Arbeiten würde Haran ja auch nichts, er habe »nie für andere, für eine Menschengemeinschaft etwas geleistet«. Aber er ist noch jung, so bestehe denn Hoffnung.[1110]

Für Wanja wiederum könnte jener On dem entsprechen, was Sperber in »Die Wasserträger Gottes« als »Lehrer-Meister« bezeichnet. »Im Elternhaus galt es als gewiß, daß man einem Lehrer-Meister viel mehr Dank und Ehrerbietung schulde als dem besten Vater.«[1111] Sacharzoff bewundert On. In seinem Tagebuch schwärmt er regelrecht für ihn, der »eine Sicherheit [...] bewies [...], die« Sacharzoffs bisherigen politischen Anführer »Boris völlig aus der Fassung brachte«. On wirkt auf Sacharzoff, obwohl bereits »46 Jahre alt«, als er ihn kennenlernt, »jugendlich, manchmal fast jungenhaft in Gebärden und Bewegungen« und verkörpert »de[n] internationale[n] Typus des intellektuellen Juden«.[1112] Ons Auftreten, und mehr noch seine inhaltlichen Positionen und seine Rhetorik, erinnern augenfällig an Lew Trotzki, worauf auch Mirjana Stančić im Nachwort zu der von ihr edierten Ausgabe des »Charlatan« hinweist.[1113] Wanja widerspricht On selbst dann nur sehr zaghaft, als dieser ein Plädoyer für revolutionären »Terror« hält, obwohl er offenbar Bedenken hat. Nur unter Einsatz »alle[r]« ihnen »zur Verfügung gestellt[en] [...] Mittel« ist die »Position« der Bolschewiken zu »halten«, zumal sie »[d]ie revolutionären Intellektuellen« nicht auf ihrer Seite

1109 Vgl. Sperber, Charlatan und seine Zeit, S. 116.

1110 Vgl. Sperber, Charlatan und seine Zeit, S. 107, 116f.

1111 Sperber, Die Wasserträger Gottes, S. 208.

1112 Vgl. Sperber, Charlatan und seine Zeit, S. 38f.

1113 Vgl. auch Sperber, Charlatan und seine Zeit, S. 41–45; Stančić, Nachwort, S. 207. Zu in diesem Zusammenhang relevanten Verhaltensweisen und Haltungen Trotzkis vgl. z.B. Deutscher, Isaac: The Prophet Armed. Trotsky 1879–1921 [1954]. London: Verso 2003, pp. 175 seqq., 206 seqq.

hätten, »weil sie für Demokratie und Freiheit sind«. Sie seien »Kulturmenschen«, die sich »hüten« müssten, »einer proletarischen Revolution [...] die Wege zu bereiten«, sei es doch möglich, dass »nach deren Sieg [...] ein barbarisches Zeitalter anbricht«. Im Übrigen stehe ihnen »die große Indolenz« entgegen, die lediglich »eine Unmenge von Ausredesystemen« hervorbringe.[1114] Bei aller Nähe der Figur On zum historischen Lew Trotzki bleibt der Umstand, dass das französische Pronomen »on« im Deutschen mit »man« oder »wir« zu übersetzen wäre. Insofern wäre der On des Romans vielleicht nicht nur eine Person, die dem realen Trotzki bzw. der Vorstellung des empirischen Autors von ihm sehr nahe wäre, sondern geradezu exemplarische Züge trägt, so ist, wie *man* eben im besten Fall sein sollte. In den Romanen der »Träne«-Trilogie fällt diese Rolle dem Historiker Erich von Stetten zu, der allerdings differenzierter und subtiler gezeichnet ist als On.

Psychologisches Talent wird im »Charlatan« fast ausschließlich zu manipulativen Zwecken eingesetzt, sieht man einmal von Ruth ab, die sich vielleicht aus Selbstschutz nicht in Ljisas Probleme, die sie sehr wohl als solche erkennt, hineinziehen lassen möchte. Auch Wanja bedient sich eines psychologischen Kalküls zu Zwecken der Machtkonsolidierung. Wie er in einem Brief an Ljisotschka ankündigt, nutzt Sacharzoff bereits lange bestehende Konflikte zwischen Tataren und Armeniern, um für Terror und Unsicherheit in der von ihm kontrollierten Stadt zu sorgen. Den »Vertretern« derselben erklärt er, dass es nicht seine Angelegenheit sei, »den Streit zwischen diesen Völkerschaften zu entscheiden«. Gewiss werde er keinen »revolutionären Kämpfer opfern, um« ihnen »die Ruhe wiederzugeben, die sie brauchen, um ihr geliebtes Leben in der Weise, die Sie normal nennen, weiterzuführen«.[1115] Diese Gewaltherrschaft, die auch durchaus in Einklang mit Ons Terrorkonzept steht, ist im Roman von Erfolg gekrönt, »herrschen [...] [e]inige Monate nachher« doch »Ruhe und Sicherheit [...] [i]n der Stadt«.[1116]

Von Marcells Seite ist auch die Beziehung mit Ljisa als eine Art psychologisches Experiment gestaltet, er ergeht sich ihr gegenüber immer wieder in Belehrungen zu psychologischen Fragen.[1117] »Ich habe dich vor mir gewarnt«, erklärt er ihr, ob er sie »fortstossen« werde, wisse er nicht, und im Übrigen sei »Wanja [...] ein wunderbarer Mensch«.[1118] Er präsentiert sich ihr selbst als »Psychologen«, und als solcher fände er sich selbst abstoßend. Dies gehe so weit,

1114 Vgl. Sperber, Charlatan und seine Zeit, S. 119f.
1115 Vgl. Sperber, Charlatan und seine Zeit, S. 70f.
1116 Vgl. Sperber, Charlatan und seine Zeit, S. 75.
1117 Vgl. Sperber, Charlatan und seine Zeit, S. 148, 150f., 153f.
1118 Vgl. Sperber, Charlatan und seine Zeit, S. 151.

»dass« er »die ausgezeichnete Meinung, die« er stets von sich selbst »gehabt habe, zu verlieren« fürchtet.[1119] Während Ljisa langsam an der für sie unerträglichen Situation zerbricht, scheint Marcell weder viel für sie zu empfinden noch sie als Gesprächspartnerin ernst zu nehmen. Das kommt zum Ausdruck, wenn er ihr bekundet, »die Frauen vor« ihr ebenfalls »gequält« zu haben, vielleicht etwas »weniger geschmacklos als« sie.[1120]

2.2.2.7 Erziehung als Perspektive

Angesichts dieses frühen »Elends der Psychologie«, um Sperbers Werk zu zitieren, eröffnet sich für Haran ein Ausweg in pädagogischer Tätigkeit. Sperber selbst betrachtete *Erziehung* als Perspektive von *Psychologie* in einem weiten Sinn, wobei allerdings Selbsterziehung miteingeschlossen gedacht wird.[1121] Ehe Marcell mit Wanja gemeinsam Richtung Sowjetunion reist, entwickelt »Charlatan« in aller Kürze und Gedankenschärfe ein umfangreiches Programm zur »Organisierung aller Schulen in« Sacharzoffs »Departement«. Dabei spricht er ausnahmsweise »sachlich und ausserordentlich klar. In anderthalb Stunden hat er Wanja seine Methoden und seine Anschauungen klargelegt«. Dieser »ist begeistert«.[1122] Damit fügt sich letzten Endes auch die in Wanjas Gefängnistagebuch darzustellen gesuchte »Psychologie des Revolutionärs« in die nicht nur von Sperber als zentrales Anliegen Adlers betrachtete Idee einer pädagogischen Verbesserung der Welt ein.[1123]

1119 Vgl. Sperber, Charlatan und seine Zeit, S. 153.

1120 Vgl. Sperber, Charlatan und seine Zeit, S. 152.

1121 Vgl. Kapitel A.

1122 Vgl. Sperber, Charlatan und seine Zeit, S. 196.

1123 Vgl. Kapitel A. Zur Relevanz Alfred Adlers bzw. der Individualpsychologie auf pädagogische Fragen und umgekehrt vgl. z. B. Datler, Wilfried/Gstach, Johannes/Wittenberg, Lutz: Individualpsychologische Erziehungsberatung und Schulpädagogik im Roten Wien der Zwischenkriegszeit. In: Zwiauer, Charlotte/Eichelberger, Harald (Hg.): Das Kind ist entdeckt. Erziehungsexperimente im Wien der Zwischenkriegszeit. Wien: Picus 2001, S. 227–269; Gstach, Johannes/Datler, Wilfried: Zur Geschichte und Konzeption der individualpsychologischen Erziehungsberatung im Wien der Zwischenkriegszeit. In: Zeitschrift für Individualpsychologie (2001), S. 200–221; Rüedi, Jörg: Die Bedeutung Alfred Adlers für die Pädagogik. Eine historische Aufarbeitung der Individualpsychologie aus pädagogischer Perspektive. Bern/Stuttgart: Haupt 1988; Rüedi, Jörg: Gibt es eine individualpsychologische Pädagogik? In: Zeitschrift für Individualpsychologie (2016), S. 358–378.

2.3 Figuren[1124]

2.3.1 Vorbemerkungen oder Deutend-Psychologisches in der Figurencharakterisierung

Wie bereits hinsichtlich motivationaler Fragen angesprochen, treten gerade in der Figurengestaltung individualpsychologische oder eben *deutend-psychologische* Konzepte und Ideen augenfällig zutage. Dabei stechen das *Minderwertigkeitsgefühl,* das im Fall Wanjas und Marcells eine zentrale Rolle spielt, gepaart mit Versuchen der Überkompensation hervor, einschließlich der Thematik des *verzärtelten Kindes* im Falle Marcells, aber auch Wanjas, weiters die Genese und Entwicklung sowie das Scheitern eines *Lebensplanes* (sehr anschaulich im Fall Wanjas und Marcells) sowie immer wieder das *Gemeinschaftsgefühl* in unterschiedlichen Facetten und Schattierungen der Figuren und ihrer Aktionen miteinander. Ein zentrales Thema ist zweifellos die Gestalt *des Psychologen,* die in Marcell Haran personifiziert wird, voller heftiger Ambivalenzen und mit all den Zweifeln behaftet, die Sperber trotz seines Enthusiasmus für Alfred Adler Mitte der 1920er-Jahre umgetrieben haben mochten. Dass sie am Ende in der Pädagogik ihre Berufung und Zuflucht findet, wäre eine durchaus Adlerianische Wendung, so abrupt und überraschend sie auch kommen mag. Auch die *Psychologie des Revolutionärs* kommt im »Charlatan« vor, die, wenngleich kein Adler'sches Konzept, doch sehr früh von Sperber in den Rahmen der Individualpsychologie einzugemeinden gesucht wurde.

2.3.2 Protagonistinnen und Protagonisten

2.3.2.1 Iwan »Wanja« Semjonowitsch Sacharzoff

Wanja begegnet zunächst als Verfasser eines Tagebuchs, an dem er während seines Aufenthalts in einem (allem Anschein nach zaristischen) Gefängnis schreibt, wo er wegen revolutionärer Tätigkeiten einsitzt.[1125] Seine Mutter sei ein »Scheusal« gewesen, das ihn »gebar […], als sie an der Massakrierung von Juden teilnahm« und ausgiebig dem Alkohol zusprach.[1126] Der Stiefvater »Semjon Nikolajewitsch« wiederum erwies sich als »schwacher, unbedeutender, ein wenig dummer Mensch«, selbst »ein Säufer«, der Sacharzoffs »Mutter das Sau-

---

1124 Die Reihenfolge der Darstellung orientiert sich hier am jeweils ersten aktiven Auftreten der Person im Roman.

1125 Vgl. Sperber, Charlatan und seine Zeit, S. 8, 14 f., 21 ff., 30 f.; zu Sacharzoffs autobiografischen Darlegungen vgl. ibid., S. 12–54.

1126 Vgl. Sperber, Charlatan und seine Zeit, S. 12 f.

fen beigebracht« habe.[1127] »Bücher halfen« ihm in seiner Jugend »über vieles hinweg, das sonst nur schwer zu ertragen gewesen wäre«. Im Alter von fünfzehn Jahren, zwei Jahre vor dem Abschluss, muss er das Gymnasium nach einer gewaltförmigen Auseinandersetzung mit einem anderen Schüler (den er »Liebling« nennt und später ermorden wird) sowie einem Lehrer verlassen.[1128] Seine daraufhin aufgenommene Arbeit in einem Sägewerk bringt Wanja zwar finanzielle Unabhängigkeit, doch nachdem er ein knappes Dreivierteljahr im Sägewerk gearbeitet hat, erlitt er einen Arbeitsunfall mit einer »Holzschneidemaschine«, als dessen Folge er seinen linken Unterarm einbüßt. Der Sohn des Sägewerksbesitzers setzt sich daraufhin für ihn ein und ermöglicht es ihm, die gymnasialen Abschlussprüfungen extern nachzuholen. Auch lässt er Wanja bis zum Abschluss seiner schulischen Ausbildung bei sich und seiner Familie wohnen.[1129] Später schließt sich Sacharzoff einer »sozialrevolutionären [...] Gruppe« an, deren Zentrum ein »Führer«, genannt »Boris«, bildet, und die anarchistisch orientiert ist. Doch dann lernt er einen Mann namens On kennen, der ihn »vollkommen zu überzeugen vermocht[e] und so« Sacharzoffs »Austritt aus der Gruppe bewirkt«.[1130] On ist ein »Führer der Partei«, also wohl der Kommunistischen Partei (KP), dessen Klugheit auch »Boris« rühmt.[1131] Individualpsychologisch wäre hier an das Gemeinschaftsgefühl zu denken, da Wanja sehr intensiv nach einer für ihn passenden Gemeinschaft sucht, und die Vorstellung eines *Lehrer-Meisters* im Sinne Sperbers.

Die in Wanjas Tagebuch immer wieder erwähnte Ljisotschka stammt aus einer adeligen Familie. Ihre beiden Brüder haben sich das Leben genommen, wobei der jüngere auch einem Badeunfall zum Opfer gefallen sein könnte.[1132] Sie »verbrachte [...] 7 Jahre in einem der vornehmsten Mädchenpensionate in Petersburg« und wendet sich danach, während ihres Studiums, »den revolutionären Kreisen« zu. Ljisotschka und Sacharzoff heiraten und treten eine längere Auslandsreise an, die Ljisotschkas Vater finanziert.[1133] Kurz nach ihrer Rückkehr geraten sie in Untersuchungshaft, was sich sehr ungünstig auf Ljisotschkas psychische Verfassung auswirkt. Nach der Geburt ihres gemeinsamen Sohnes Saschenka kümmern sich ihre Eltern um sie und das Kind.[1134] In die-

1127 Vgl. Sperber, Charlatan und seine Zeit, S. 13, 21.
1128 Vgl. Sperber, Charlatan und seine Zeit, S. 22–24.
1129 Vgl. Sperber, Charlatan und seine Zeit, S. 25–29.
1130 Vgl. Sperber, Charlatan und seine Zeit, S. 31 f.
1131 Vgl. auch Sperber, Charlatan und seine Zeit, S. 41–45; Stančić, Nachwort, S. 207.
1132 Vgl. Sperber, Charlatan und seine Zeit, S. 52.
1133 Vgl. Sperber, Charlatan und seine Zeit, S. 51.
1134 Vgl. Sperber, Charlatan und seine Zeit, S. 53.

sem Zusammenhang drängt sich aus individualpsychologischer Perspektive das Konzept von Minderwertigkeitsgefühl und Kompensation auf, wie es in dem geradezu enormen Unterschied im sozialen Status Wanjas und Ljisas unter den Bedingungen des späten Zarenreiches Ausdruck findet.[1135] Wanjas vorherrschendes Gefühl während seiner Zeit im Gefängnis ist »Hass«. »Wut«, »Hass« und »Trauer« kennzeichnen seine emotionale Befindlichkeit, zumindest während er sein Tagebuch schreibt. Er gibt auch Gründe dafür an, die mit seiner gegenwärtigen Lage, einer gescheiterten Beziehung und früher erfahrenen Ungerechtigkeiten zu tun haben.[1136] Zum Scheitern der Beziehung hat er selbst beigetragen, und auch in anderen Zusammenhängen lässt sich schwer leugnen, dass seine eigenen Verhaltensweisen an der weiteren, für ihn ungünstigen Entwicklung teilhatten. Zumindest räumt er ein, das »Glück«, das er im Zusammenleben mit Ljisotschka fand, »[ge]tötet« zu haben.[1137] Gleichwohl will er aus »ohnmächtige[m] Hass des Schwachen« seine »Kraft« gewinnen. Am Ende seines Gefängnistagebuchs proklamiert er: »Hass und Rachsucht müssen uns stärken!«[1138]

Sperber hat sich wiederholt mit dem Thema »Hass« beschäftigt, allerdings keine regelrechte Theorie des Hasses entwickelt, sondern das Thema im Kontext von »*Allophobie*« generell und Antijudaismus bzw. Antisemitismus im Speziellen erörtert, als »das zugleich ängstliche und aggressive Mißtrauen gegenüber dem *Fremden*«.[1139] Solcher »Haß« sei »wahrhaftig und total«, im Unterschied zu »*funktionelle*[m]« Hass, der allein auf propagandistischen Machenschaften gründe, etwa während eines Krieges.[1140] Er richte sich gegen Menschen, die in einem bestimmten Umfeld als »[a]ndersartig« wahrgenommen werden und insofern »Neugier, oft auch eine nicht sehr deutlich empfundene Scheu« einflößen, zugleich »Mißtrauen« hervorrufen. Schließlich sei »jeder Fremde [...] potentiell ein Feind«. In jedem Fall dränge »der Haß die von ihm Verfolgten zu Reaktionen, die ihn zu begründen scheinen«.[1141] Im Wahrnehmungshorizont von Sperbers Theorie könnte Hass also durchaus mit Minderwertigkeitsgefühlen der Hassenden korrelieren, weil sie Gefühle wie Misstrauen und Neid zu för-

1135 Vgl. z. B. Lindert, Peter H./Nafziger, Steven: Russian Inequality on the Eve of Revolution. In: The Journal of Economic History, Vol. 74 (2014), pp. 767–798.

1136 Vgl. Sperber, Charlatan und seine Zeit, S. 8, 14 f., 21 ff.; zu Sacharzoffs autobiografischen Darlegungen vgl. ibid., S. 12–54.

1137 Vgl. Sperber, Charlatan und seine Zeit, S. 16.

1138 Vgl. Sperber, Charlatan und seine Zeit, S. 15, 55.

1139 Vgl. Sperber, Über den Hass, S. 132 f.; Sperber, Churban, S. 9 (Hervorhebung jeweils im Original).

1140 Vgl. Sperber, Über den Hass, S. 132 f.

1141 Vgl. Sperber, Churban, S. 10 f.

dern geeignet sind. Diese These lässt sich vielleicht unter ergänzender Heranziehung einiger Thesen des Philosophen Aurel Kolnai (1900–1973) erhärten, der in den 1930er-Jahren aus einer Position, die an der Schnittstelle einer an Sigmund Freud orientierten Psychoanalyse und Husserl'scher Phänomenologie angesiedelt war, einen sehr ausführlichen Essay zum Thema »Hass« verfasst hat. Es lässt sich behaupten, dass Kolnais Ansatz Mitte der 1930er-Jahre ähnliche Überlegungen wie jenem Sperbers zugrunde liegen, diese allerdings allgemeiner gehalten und konsequent zu Ende gedacht sind[1142]. Kolnai ging mit einer unter anderem an psychoanalytischen Ansätzen orientierten Methode an Gefühle oder Affekte heran, darunter eben auch jenen des Hasses. Als »Grundtönung des Hasses« nennt Kolnai dabei Empfindungen wie »Feindschaft, Widerstreben, Ablehnung, Gefühlseinstellung negativer Art«. »Haß« ist »ein wesentliches, mitentscheidendes Element der Lebensgestaltung selbst«.[1143] Für derlei Intensität bedürfe es eines Gegenstandes, eines Objekts, das die hassende Person zumindest als »ebenbürtig«, womöglich sogar überlegen anzusehen vermag. Letzteres sei der Intensität des Hasses förderlich, denn am eindringlichsten könne man »den Vornehmeren, den Bedeutenderen, den Gebildeteren ‚mit dumpfem Ressentiment' hassen«.[1144] Dieser Gedanke wiederum lässt sich konsequent mit dem Gefühl der Minderwertigkeit, wie es bei Adler beschrieben wird, in Zusammenhang bringen. Zudem wird das Hassobjekt aus Kolnais Sicht in moralischer Hinsicht zu diskreditieren gesucht. Könnte der Hass, in Sperbers Worten, nicht hinlänglich mit (scheinbaren) Gründen versehen werden, erwiese sich aus Kolnais Sicht »[d]er persönliche Einsatz, den der Haß mitbedingt«, als disproportional und »sinnlos«.[1145] Nach Kolnai impliziert *Hass* den Willen, das Hassobjekt vollständig zu vernichten, was über dessen Tod hinausweist und Diffamierung oder Auslöschung der Erinnerung an die oder den Betreffenden miteinschließt.[1146] Für die »Psychologie des Revolutionärs«, wie Sperber sie in den 1920er-Jahren verstanden haben mag, kann dies als ein starkes Movens und Erklärung für irrationale Handlungen einschließlich aller

1142 Vgl. zu Kolnai z. B. Dunlop, The Life and Thought of Aurel Kolnai. Aldershot: Ashgate 2002; Honneth, Axel: Nachwort. In: Kolnai, Aurel: Ekel, Hochmut, Haß. Zur Phänomenologie feindlicher Gefühle. Mit einem Nachwort v. Axel Honneth. 2. Aufl. Frankfurt am Main: Suhrkamp 2008 (stw 1845), S. 143–175; Liessmann, Konrad Paul: Philosophie des verbotenen Wissens. Friedrich Nietzsche und die schwarzen Seiten des Denkens. Wien: Zsolnay 2000, S. 209 ff.

1143 Vgl. Kolnai, Aurel: Versuch über den Haß. In: Kolnai, Aurel: Ekel, Hochmut, Haß. Zur Phänomenologie feindlicher Gefühle. Mit einem Nachwort v. Axel Honneth. 2. Aufl. Frankfurt am Main: Suhrkamp 2008 (stw 1845), S. 101 f.

1144 Vgl. Kolnai, Versuch über den Haß, S. 103.

1145 Vgl. Kolnai, Versuch über den Haß, S. 110.

1146 Kolnai,Versuch über den Haß, S. 105.

Opfer dienen, die dafür erbracht, aber auch von anderen eingefordert werden. Hatte Sacharzoff am Ende des ersten Kapitels, an dem auch seine Tagebucheinträge schließen, erfahren, dass »man« ihn »nach Kaukasien schicken« werde, in ein Lager, begegnet er im zweiten Kapitel als Anführer einer Gruppe von Rotarmisten, die eine Stadt einnehmen.[1147] Er wird nun als jemand geschildert, der »mit einer eigenartigen Wollust an« seinen »seelischen Schmerzen« hänge »und sich ihnen deshalb zeitweilig ganz überl[ässt]«. In einen solchen Zustand gerät Sacharzoff insbesondere, wenn er an Ljisotschka denkt, von der er nicht einmal weiß, ob sie noch lebt oder tot ist.[1148] Adlers Idee des *verzärtelten Kindes* schimmert augenfällig durch.

Zumindest in dieser Hinsicht erlangt er »[e]inige Monate nachher« Gewissheit, als ihn ein Schreiben ihres Vaters, Pjotr Alexandrowitsch, erreicht. Sie »sei [...] noch im Ausland« und würde »finanzielle Unterstützung« benötigen, die ihr der Vater jedoch nicht mehr geben könne. Überbracht wird der Brief von einem »Kriegsgefangene[n], der eineinhalb Jahre auf« Pjotr Alexandrowitschs »Gut gewesen« sei, »ein ungewöhnlich intelligenter und interessanter Mensch«, dessen sich Sacharzoff »annehmen« solle.[1149] Es handelt sich um Marcell Haran, den titelgebenden Antihelden des Romans, der sich selbst einen »Charlatan« nennt.[1150] Haran unterrichtet Sacharzoff vom Tod seines Sohnes, der beim Schlittschuhlaufen eingebrochen und ertrunken ist. Wanja bleibt angesichts dieser Nachricht überaus gefasst und lässt keine emotionale Regung erkennen, zumindest indiziert nichts, was er sagt, eine solche, noch gibt die auktoriale Erzählinstanz irgendwelche Hinweise in diese Richtung. »Schrecklich, schrecklich«, kommentiert er den Tod des Kindes bloß und lässt sich sogleich mit Haran auf eine eher grundsätzliche Diskussion der Frage ein, ob dem Tod des Jungen eine suizidale Komponente innegewohnt haben könnte.[1151] Auch diese Darstellung verweist ganz unverhohlen auf Adlers Überlegungen zum *verzärtelten Kind,* das zwar geliebt werden wolle, aber selbst nicht zu lieben imstande sei.

> Das »Ziel [...] [d]iese[r] herangewachsenen verwöhnten Kinder [...] bleib[e] unverändert dasselbe. Für sie ist der Sinn des Lebens: der Erste zu sein, als der Bedeutendste anerkannt zu werden, alles zu bekommen, was sie wünschen.« Sie seien »dazu erzogen, zu nehmen, nicht zu geben«.[1152]

1147 Vgl. Sperber, Charlatan und seine Zeit, S. 54–61.
1148 Vgl. Sperber, Charlatan und seine Zeit, S. 74.
1149 Vgl. Sperber, Charlatan und seine Zeit, S. 75 f.
1150 Vgl. Sperber, Charlatan und seine Zeit, S. 77, 82.
1151 Vgl. Sperber, Charlatan und seine Zeit, S. 77.
1152 Vgl. Adler, Wozu leben wir?, S. 23.

Deutet man Wanja als ein solches »herangewachsene[s] verwöhnte[s] Kind« im Sinne Adlers, würde dies – immer unter den Auspizien der einschlägigen Adler'schen Theorie, von der angenommen darf, dass Sperber sie auch 1924 geteilt haben dürfte – auch seine Haltung gegenüber Frauen erklären. Das stete Misstrauen, das er Ljisa gegenüber hegt und das auch durch seine Minderwertigkeitsgefühle noch verstärkt wird, aber auch gegenüber der Ehefrau seines frühen Gönners, Sohn des Sägewerksbesitzers, der ihn nach seinem Unfall unterstützte. »Diese Frau verehrte ich«, heißt es in Wanjas Tagebuch.[1153] Sie habe »jene bezwingende Majestät« entwickelt, »die das Leiden dem Menschen manchmal verleiht«. Welcher Art das Leiden war, bleibt offen, es heißt nur kryptisch, dass es »physisch ein Frauenleiden gewesen sein« müsse. Jedenfalls hatte die namenlos bleibende Frau »ihr Leiden gewissermaßen künstlerisch ausgebildet und gefiel sich gewiss in ihm«. Insbesondere »trug« sie »stets die quälende Gelangweiltheit zur Schau, die sie […] gewiss auch empfand«.[1154] Möglicherweise sind Wanjas Verehrung und das für ihn selbst überraschende Vertrauen, das er seiner Gastgeberin entgegenbrachte, dem Umstand geschuldet, dass er Verhaltensweisen begegnete, die seinem eigenen Empfinden entsprachen und die er selbst gerne an den Tag gelegt hätte.

Bald erlangt Haran wachsenden Einfluss auf Sacharzoff.[1155] Vielleicht verdankt es sich diesem Umstand, dass Sacharzoff Ljisotschka schließlich einen sehr versöhnlichen Brief schreibt, der von seiner Liebe zu ihr handelt.[1156] Sein früheres Lob des »*Hass*[es]«, der »[i]*m Anfange alles neuen Werdens steh*[e]« klingt hier nicht mehr an, und auch dem Satz, dass »*der Starke* […] *kein Recht auf Sentimentalität*« habe, wird er untreu, sofern er sich denn noch als *stark* begreift. In seinem zweiten Schreiben an Ljisotschka mutet ihn manches »*banal*« und »*kitschig*« an, er lässt es »*trotzdem stehen*«.[1157] 1924 sucht Sacharzoff Haran in seinem Wiener Hotelzimmer auf. Er ist für ein paar Wochen in Wien, hat einen Abstecher nach Deutschland vor und wird anschließend mit Ljisotschka, die inzwischen in Wien lebt, zurück nach Russland reisen.[1158] Nach dem ersten, wenig geglückten Zusammentreffen vermutet Wanja, dass Ljisotschka Marcell »liebt« und dies hinter vordergründiger Antipathie sowie »Angst« verbirgt. Gleichwohl oder gerade deshalb forciert er den Kontakt zwischen beiden.[1159]

1153 Vgl. Sperber, Charlatan und seine Zeit, S. 28.
1154 Vgl. Sperber, Charlatan und seine Zeit, S. 27.
1155 Vgl. Sperber, Charlatan und seine Zeit, S. 83 ff.
1156 Vgl. Sperber, Charlatan und seine Zeit, S. 82 f.
1157 Vgl. Sperber, Charlatan und seine Zeit, S. 68 f., 82 (Hervorhebungen im Original).
1158 Vgl. Sperber, Charlatan und seine Zeit, S. 126.
1159 Vgl. Sperber, Charlatan und seine Zeit, S. 129 ff., 138.

Bald hat er das Gefühl, dass »[u]m diese beiden Menschen […] ein Wall […] wächst«, der ihn selbst »ausschliessen könnte«.[1160] Sein Versuch, Ljisa und Marcell auf die Probe zu stellen, endet mit Ljisas Suizid.[1161] Zunächst macht er Haran verantwortlich, söhnt sich aber rasch aus und reist mit ihm gemeinsam nach Russland.[1162] Ihre Freundschaft hat eine neue Qualität.

2.3.2.2 Marcell Haran

Ljisoschkas Vater nennt ihn einen »ungewöhnlich intelligente[n] und interessante[n] Mensch[en]«.[1163] Marcells »Blick« wird als »feurig und spöttisch« beschrieben, wobei »dieses Feuer« auch »plötzlich […] erlöschen […] kann […] und dann […] spricht aus« Harans Augen »eine Traurigkeit und Wundgehetztheit, die gefangennimmt und entwaffnet«.[1164] Einen »Beruf« hat er nach eigener Auskunft nicht. »Menschen« seiner »Art arbeiten nie«, erklärt er, »sie beschäftigen sich aber immer mit etwas«.[1165] »Menschen meiner Art«, das kann sich auf Harans Haltung dem Leben gegenüber beziehen, es kann aber auch, was nicht unwahrscheinlich ist, eine Anspielung auf seine Herkunft aus einer vermögenden Familie darstellen, in der es weder erforderlich noch erstrebenswert war, über eine bezahlte Erwerbstätigkeit nachzudenken. Genauere Angaben zu seiner Biografie macht Haran erst sehr viel später, nach Zerwürfnis und Versöhnung mit Sacharzoff auf dessen Drängen hin. Er ist 1892 geboren, der Großvater, »ein russischer Jude«, »war sehr reich und übergab sein gesamtes Vermögen noch zu seinen Lebzeiten seinem Sohne«, Harans Vater. Mit fünfzehn konnte Marcell nach eigenen Angaben bereits »fast« über »die Hälfte seines Vermögens« frei verfügen, mit achtzehn war er pleite, »ruiniert« vor allem durch Börsenspekulationen. Er nahm ein Studium auf, doch wurde seine Dissertation zum Thema »›Versuch einer Charakterologie des Menschen‹ […] nicht approbiert«.[1166] Das Thema *verzärteltes Kind* ist im Fall Marcells beinahe schon sehr dick aufgetragen.

Als Marcell nach Wien zurückkehren will, mit der Aussicht, womöglich nochmals in den Krieg geschickt zu werden, hält ihn Sacharzoff zurück, damit er On kennen lerne.[1167] Marcell beeindruckt On samt seinen psychologischen

1160 Vgl. Sperber, Charlatan und seine Zeit, S. 139.
1161 Vgl. Sperber, Charlatan und seine Zeit, S. 144–159, 178–187.
1162 Vgl. Sperber, Charlatan und seine Zeit, S. 156, 196–199 (Hervorhebungen im Original).
1163 Vgl. Sperber, Charlatan und seine Zeit, S. 75 f.
1164 Vgl. Sperber, Charlatan und seine Zeit, S. 79.
1165 Vgl. Sperber, Charlatan und seine Zeit, S. 81.
1166 Vgl. Sperber, Charlatan und seine Zeit, S. 104 f.
1167 Vgl. Sperber, Charlatan und seine Zeit, S. 107 f.

Charaden und seiner Selbstpräsentation als »Charlatan« wenig.[1168] Dies wäre ein weiterer Hinweis darauf, dass On über den Dingen steht, ein *Lehrer-Meister* eben, und deshalb empfindet er Marcells Attitüden und Selbstinszenierungen als ähnlich schal und angeberisch, wie es viele heutige Leserinnen und Leser tun. In Wien, 1924, führt Marcell das fast schon satirisch dargestellte Leben eines Bohemiens. Kaum tauchen Ljisa und Wanja auf, finden Ljisa und Marcell zueinander, zunächst auf unbewusster Ebene, in Träumen, ehe sie es bewusst tun.[1169] Zwischen beiden entwickelt sich eine Beziehung, angefacht durch Wanjas Versuch, Ljisas Treue bzw. Marcells Loyalität ihm gegenüber zu testen.[1170] Viel später sagt Marcell in einem Brief an Wanja Ljisas Suizid voraus, und als die Vorhersage eintritt, ist weder Wanja zurückgekehrt, noch hat Marcell etwas unternommen, um die vermutete Entwicklung zu stoppen. Im letzten Gespräch mit Ljisa gibt sich Marcell emotional distanziert, im Grunde gänzlich unempathisch, und sieht zu, wie sie mit einem Revolver hantiert, wobei er ihr erklärt, »knallefektuöse Situationen [...] nicht [...]« zu mögen. Das sei »geschmacklos«. Immerhin denkt er über Optionen nach: »›Nun ein Sprung nach vorne, dann ein Schritt, die Hand umdrehen, den Revolver entwinden.‹« Er tut nichts dergleichen, sondern schließt die Augen, als sie die Waffe an ihre Stirn hält. Danach »setzt [...] er [...] sich ans Fenster« und »raucht«. »Er denkt: Zum Teufel! Ein Racheakt war es!« Auch Ruth wünscht er zum »Teufel«, geht aber später zu ihr und erzählt, was vorgefallen ist.[1171] Anders als gegenüber Ljisa verhält sich Marcell in den Gesprächen mit Ruth. Sie scheint ihm wichtig zu sein, er könne sich »nicht vorstellen, dass« sie ihm »unerreichbar werden könnte«. Doch da hat sie bereits beschlossen auszuwandern.[1172] In den Gesprächen mit Ruth sind keine Überlegenheitsattitüden von seiner Seite zu erkennen. Offen räumt er ein, dass Ljisa »unmenschlich an« ihm »leidet«. Das empfindet er immerhin als »quälend«.[1173] Als Ljisa sich das Leben genommen hat, »klingt massloser Schmerz in seiner Stimme durch«, aber nur gegenüber Ruth, anderen gegenüber verhält er sich eher verstört, abwesend.[1174]

Als Sacharzoff nach Harans Entlassung aus der Untersuchungshaft wieder bei ihm auftaucht, nähern sich die beiden an. Marcell wird Wanja nach Russland begleiten und sich im »Erziehungs- und Unterrichtswesen« betätigen. Dar-

1168 Vgl. Sperber, Charlatan und seine Zeit, S. 107, 116 f.
1169 Vgl. Sperber, Charlatan und seine Zeit, S. 135–137, 139 ff.
1170 Vgl. Sperber, Charlatan und seine Zeit, S. 142 f., 146 f., 158.
1171 Vgl. Sperber, Charlatan und seine Zeit, S. 186–190.
1172 Vgl. Sperber, Charlatan und seine Zeit, S. 176.
1173 Vgl. Sperber, Charlatan und seine Zeit, S. 173.
1174 Vgl. Sperber, Charlatan und seine Zeit, S. 188 f.

über »spricht« er »sachlich und ausserordentlich klar«, worüber »Wanja [...] begeistert« ist. Die Freundschaft ist wiederhergestellt, und auf dem Weg in die Sowjetunion besuchen sie sogar noch Harans Mutter in dessen »Heimatstädtchen«.[1175] Marcells Mutter, Tochter eines »polnische[n] Baron[s]«, lebt »in einem galizischen Städtchen«, in dessen Nähe ihres Vaters »Gut« liegt.[1176] Dort führt Marcell seinen Freund ans Grab des Arztes Raoul Keller, der obwohl Protestant, auf dem jüdischen Friedhof begraben liegt, »der besten Menschen einer«.[1177] Warum diese Eloge auf einen der Leserin/dem Leser am Ende des Romans gänzlich Unbekannten so plötzlich kommt, bleibt rätselhaft, doch dürfte die Vermutung nicht abwegig sein, es könnte sich um einen Hinweis auf Alfred Adler handeln. Auch Adler war Arzt, zudem Protestant, wenngleich qua Konversion aus dem Judentum, was wiederum den Konnex zum jüdischen Friedhof erklären würde. Das mag umwegig gedacht sein, aus Sperbers Perspektive wäre es aber eine Würdigung gewesen, Adler zumindest posthum dem Judentum einzugemeinden. Wie schon an anderer Stelle angedeutet, ist das Thema »Grabzugehörigkeit« für die Frage, wie ein Mensch seine sozialen Zugehörigkeiten oder auch jene anderer Menschen bestimmt, von nicht zu unterschätzender Relevanz.[1178] Alfred Adler war zum Zeitpunkt, da Sperber sein Manuskript vollendet haben dürfte, am Leben und mag die seltsame Eloge, falls es denn eine ist, bei der Lektüre als wenigstens verstörend empfunden haben.

2.3.2.3 Ljisa, auch »Ljisotschka« genannt

Über sie erfahren wir zunächst aus der Perspektive Wanjas. Diese Sichtweise ist, bis weit ins zweite Kapitel hinein, mit großer Vorsicht zu genießen, macht er Ljisotschka doch erhebliche Vorwürfe, während er zugleich außerstande ist, von ihr loszukommen. Auffallend ist, dass Wanja durchgängig die Koseform *Ljisotschka* verwendet, auch wenn er die Namensträgerin anklagt, ihr Vorhalte macht und einräumt, ihr gegenüber zumindest verbal, möglicherweise physisch, gewalttätig geworden zu sein.[1179] In seinem Gefängnistagebuch berichtet er, dass sie in einem noblen Mädchenpensionat gewesen sei, sich dann sozialrevolutionär betätigt und Wanja in diesem Zusammenhang kennengelernt habe. Die beiden kamen einander näher, heirateten, unternahmen eine Auslandsreise. Die Verhaftung nach ihrer Rückkehr habe Ljisa stark belastet. Im Anschluss an die »schwere Geburt« des gemeinsamen Sohnes habe sie jegliches Interesse

1175 Vgl. Sperber, Charlatan und seine Zeit, S. 196 f., 176.
1176 Vgl. Sperber, Charlatan und seine Zeit, S. 106 f.
1177 Vgl. Sperber, Charlatan und seine Zeit, S. 198.
1178 Vgl. Enquist, Die Kartenzeichner, S. 7–15.
1179 Vgl. Sperber, Charlatan und seine Zeit, S. 16 f.

verloren. Schließlich habe Ljisotschkas Vater sie in ein »Schweizer Sanatorium« gebracht, von wo sie Wanja einen für ihn kränkenden und aufwühlenden Brief geschickt hat.[1180] Nach dem Mord an seinem ehemaligen Schulkollegen schickt ihr Sacharzoff einen als gehässig aufzufassenden Brief, der die beleidigte Attitüde des Adler'schen *verzärtelten Kindes* erkennen lässt, in Verbindung von Vorwurf und megalomaner Selbstüberhebung.[1181] Abzuschicken scheint er ihn allerdings nicht.[1182] Nachdem Wanja die Bekanntschaft Harans gemacht hat, schreibt er einen zweiten Brief.[1183] Ihn scheint er auch verschickt zu haben, denn Ljisa sendet eine sehr freundliche Antwort. Sie wolle nicht nach Russland zurückkehren, *»dort* [...] *wäre«* ihr *»alles so schwer erträglich«*, lädt ihn aber ein, sie zu besuchen.[1184] Der Besuch findet statt und führt dazu, dass Ljisotschka und Wanja langsam wieder zueinander finden, denn zu Beginn des dritten Teils erfährt die Leserin/der Leser, dass Ljisotschka im Jahr 1924 in Wien lebt und Sacharzoff nach Russland zu begleiten gedenkt.[1185] In Wien trifft Ljisa auf Haran, dem sie während der Zeit, als er auf dem Gut ihres Vaters gelebt hat, nicht begegnet ist.[1186] Informationen zu seiner Person, aufgrund derer sie meint, es sei schwer, sich ihn als »befangen« vorzustellen, stammen von Wanja.[1187]

Bereits in ihren ersten Gesprächen mit Marcell ist eine gewisse Spannung erkennbar, die gleichermaßen von Antipathie wie von möglicher sexueller Attraktion getragen sein könnte, wobei das eine das andere keinesfalls ausschließt. Die Vermutung sexueller Anziehung indiziert der Traum Ljisotschkas, der unmittelbar nach dem Kaffeehausbesuch mit Wanja und Marcell geschildert wird. Danach erklärt sie Wanja weinend, dass sie seinen »Freund nicht mehr sehen« wolle. »Und dein Freund soll er auch nicht mehr sein, dieser – Charlatan!«[1188] Gleichwohl kommen Ljisa und Marcell einander näher. Wanjas Versuch, sie auf die Probe zu stellen, endet damit, dass sie eben das tun, was er befürchtet. Ihnen ist auch durchaus klar, was vor sich geht. »»Wanja ist sehr eifersüchtig, das ist das Hässliche an ihm‹«, meint Ljisotschka. »»Ich leide unter seiner Eifersucht und seinem Misstrauen. [...] In der Angst, mich zu verlieren, stößt er mich ab und –‹« »› – zu mir her‹«, ergänzt Marcell den Satz.[1189] Diese Einschätzungen

1180 Vgl. Sperber, Charlatan und seine Zeit, S. 51–53.
1181 Vgl. Sperber, Charlatan und seine Zeit, S. 66–69.
1182 Vgl. Sperber, Charlatan und seine Zeit, S. 69.
1183 Vgl. Sperber, Charlatan und seine Zeit, S. 66–68, 82 f.
1184 Vgl. Sperber, Charlatan und seine Zeit, S. 92 f. (Hervorhebungen im Original).
1185 Vgl. Sperber, Charlatan und seine Zeit, S. 126.
1186 Vgl. Sperber, Charlatan und seine Zeit, S. 149.
1187 Vgl. Sperber, Charlatan und seine Zeit, S. 127 f.
1188 Vgl. Sperber, Charlatan und seine Zeit, S. 136.
1189 Vgl. Sperber, Charlatan und seine Zeit, S. 149.

machen nur auf der Basis einer Psychologie des *Minderwertigkeitsgefühls* und der Idee des *verzärtelten Kindes* Sinn und widerspiegeln diese Konzepte insofern in beinahe aufdringlicher Weise. Ein weiteres Gespräch mit Ruth bringt Ljisa keine Erleichterung, eher im Gegenteil.[1190] Als sich Ljisa das Leben nimmt, ist Marcell anwesend. Der Suizid steht am Ende einer letzten verbalen Konfrontation, in der Ljisa Marcell als in hohem Maße gefühlskalt erleben muss.[1191]

2.3.2.4 Ruth

Ruth war früher Krankenschwester. Zur Zeit der Handlung im Sommer 1924 ist sie Ärztin, hat promoviert und wird einen Mann namens Otto heiraten, »einen Kollegen«, mit dem sie, selbst »Jüdin«, nach »Palästina« gehen möchte, um sich dort »an[zu]siedeln«.[1192] 1919 war sie aus Marcells »Heimatstädtchen« nach Wien gekommen, um ihn, der »hungerte und [...] krank [...] wurde«, zu »pfleg[en]«. Sie kam auf Vermittlung seiner Mutter und wurde »ihm [...] einzigartige Zweieinigkeit [...] Mutter und Geliebte«, die ihn »gesund machte«.[1193] Gegenüber Ljisa zitiert Ruth wörtlich einige von Marcells Aussprüchen und bezeichnet sich in diesem Zusammenhang selbst als »seine beste Schülerin, die einzige, die es verstanden hat, seine Lehren auch auf ihn und gegen ihn anzuwenden«. Konsequent nennt sie ihn »Charlatan«, zumal sie auch »die einzige« sei, die »in« Marcell »Charlatan liebt«, anders als etwa Ljisa, die »in ihm wohl Marcell« liebe.[1194] Die Frage bleibt, was eine so selbstständige und eigenwillige Frau, eine Akademikerin – eine rare Spezies im Österreich der 1920er-Jahre – an jemandem wie Marcell Haran beeindrucken könnte. Weshalb, so ließe sich rätseln, erkennt sie, anders als On, nicht die Begrenztheit seiner Ansichten, die teils ja nur dazu dienen, ein möglichst leichtes Leben zu legitimieren? Verspürt sie ihm gegenüber Beschützerinnengefühle oder so etwas wie mütterliche Regungen, im Sinne eines Weiblichkeitskonzepts, das sich auch bei Adler findet?[1195] Oder bleibt sie Projektionsfläche für männliche Eitelkeiten und Fantasien? Auch diese schlichte Möglichkeit könnte zutreffen.

1190 Vgl. Sperber, Charlatan und seine Zeit, S. 181 f.
1191 Vgl. Sperber, Charlatan und seine Zeit, S. 186 f.
1192 Vgl. Sperber, Charlatan und seine Zeit, S. 197, 165, 172.
1193 Vgl. Sperber, Charlatan und seine Zeit, S. 176.
1194 Vgl. Sperber, Charlatan und seine Zeit, S. 181, 164.
1195 Vgl. z. B. Adler, Wozu leben wir?, S. 102 f.

2.4 Literarische Umsetzungsweisen[1196]

2.4.1 Vorüberlegungen

»Charlatan und seine Zeit« war Teil jener Manuskripte, die Sperber im ersten Band seiner Autobiografie als frühe schriftstellerische Versuche bezeichnet, von deren Veröffentlichung er unter dem Einfluss von Adlers Rat, sich auf die Psychologie zu konzentrieren, jedoch absah.[1197] Sperbers Entscheidung mag vielleicht von Bedenken gegenüber seinem Romanmanuskript getragen gewesen sein, womöglich entsprach es nicht seinen eigenen Ansprüchen. Doch das ist reine Spekulation, und wenn eine heutige Leserin/ein heutiger Leser solchen hypothetischen Überlegungen des Autors durchaus einiges abgewinnen könnte, stellt dies keinerlei Indiz für deren tatsächliches Vorhandensein dar. Bei alledem darf nicht außer Acht gelassen werden, dass Manès Sperber, als er das Manuskript des »Charlatan« abgeschlossen haben dürfte, gerade einmal neunzehn Jahre alt war.[1198] Zugleich ist zu beachten, dass Alfred Adlers Kenntnisnahme von Sperbers Bemühungen, für zwei seiner Manuskripte einen Verlag zu finden, kaum zufällig gewesen sein dürfte. Sperber zufolge sei Adler von Albert Ehrenstein über seine Bemühungen informiert worden.[1199] Wie Edward Timms in einem Aufsatz über »[d]ie Wiener Kreise« sehr instruktiv dargelegt hat, war Adler in den 1920er-Jahren in eine Vielzahl »kreative[r] Interaktion[en]«, die in unterschiedlichen »Gruppen oder Kreisen« Ausdruck fanden, involviert.[1200] Während er um 1910 im Feld dieser Interaktionsstrukturen noch eher randständig positioniert war, mit Überschneidungen zu den Kreisen etwa von Sigmund Freud, Karl Kraus, Rosa Mayreder oder Eugen Böhm von Bawerk, ist er in den späten 1920er-Jahren sehr stark an den Schnittstellen diverser künstlerischer (literarischer wie musikalischer) Kreise zu finden.[1201]

Über weite Strecken mutet der »Charlatan« wie ein *Thesenroman* an, der ein bestimmtes Konzept *des Psychologen* veranschaulichen möchte. Eine viel-

1196 Die Überlegungen dieses Abschnitts beziehen sich allein auf jenen Rahmen, den meine Fragestellung absteckt. Konkret geht es also um literarische Aspekte in der Umsetzung der von mir untersuchten motivationalen Ebene und der Figurencharakterisierung. Es mag zweifellos auch andere geben, doch sind diese nicht Gegenstand der vorliegenden Arbeit.

1197 Vgl. Sperber, Die vergebliche Warnung, S. 347 f.; vgl. auch Stančić, Nachwort, S. 203 f.

1198 Zur Datierung des Manuskripts vgl. Stančić, Nachwort, S. 204.

1199 Vgl. Sperber, Die vergebliche Warnung, S. 347 f.

1200 Vgl. Timms, Edward: Die Wiener Kreise. Schöpferische Interaktionen in der Wiener Moderne. In: Nautz, Jürgen/Vahrenkamp, Richard (Hg.): Die Wiener Jahrhundertwende. Einflüsse, Umwelt, Wirkungen. Wien/Köln/Graz: Böhlau 1993, S. 129 f.

1201 Vgl. Timms, Die Wiener Kreise, S. 130, 140.

schichtige, geheimnisvolle Figur soll es sein, faustisch, dämonisch, zugleich kühl rational wie mit den feinsten Verästelungen menschlicher Gefühlswelten vertraut, ein Lehrer und Manipulator gleichermaßen, Verführer von Frauen, leichtlebig und zugleich stets auf der Suche nach Geist und Wahrheit. Bei Lichte betrachtet ist das Resultat aber doch eine eher skurrile Gestalt, nämlich ein Mensch, der eine überaus bescheidene Existenz pflegt und ohne beständige Zuwendungen oder die Dummheit anderer, die sich beim Kartenspiel ausnehmen lassen, kaum überleben könnte. Seine psychologischen Einlassungen und Experimente erzielen verheerende Wirkungen, besonders drastisch im Fall von Ljisa. Dem entsprechen teils Probleme der literarischen Umsetzung, etwa wenn Ruth, die sich als höchst bedeutsam für den weiteren Handlungsverlauf erweist, sehr spät im Roman ganz plötzlich, wie eine *dea ex machina* eingeführt wird.[1202] Eine Erklärung, was es mit ihr auf sich hat, wird nachgeschoben.[1203] Die Verhaltensweisen Harans sind so, dass sie nicht zu ein und derselben Person passen. Einerseits ein fauler und skurriler Bohemien, ein Schwätzer und Schnorrer, andererseits ein fast schon diabolischer Manipulator, temporeich und furchteinflößend. Das geht sich irgendwie nicht aus. Ähnliches gilt für Wanja; erst trauert er um seinen Sohn, und als er von dessen Ableben erfährt, regt ihn das offenbar nicht sonderlich auf. Sein Verhalten Ljisa gegenüber mutet geradezu sadistisch und von einer fast schon psychotischen Haltung ständigen Argwohns getragen an.

Bei alledem darf auf gar keinen Fall übersehen werden, dass es sich um einen der vermutlich ersten literarischen Versuche eines Neunzehnjährigen handelt, der in einer Sprache schreibt, die er sich erst wenige Jahre davor erschlossen hat. Zugleich ist er bestrebt, anspruchsvolle Themen, die ihn gerade umtreiben und ihn umzutreiben wohl nie aufhören werden, in eine literarische Form zu bringen. All dies ist beachtlich und verdient zweifellos Anerkennung. Wenngleich daher der Roman als Roman nicht sonderlich gelungen anmutet – Sperber hat ihn zu Lebzeiten auch nicht veröffentlicht –, verdeutlicht er doch zahlreiche Ideen und Vorstellungen, die Sperber in intensivem Austausch mit der Individualpsychologie sowie seiner Vorstellung von Psychologie generell entwickelt hat, in ihrer Applikation auf ihn teils persönlich, teils aus Berichten anderer und aus Lektüren vertrauter Lebenswelten. Nicht zuletzt auch die »Psychologie des Revolutionärs« wird hier bereits einbezogen, ein Thema, das ihn intensiv beschäftigte, als er Alfred Adler kennenlernte. Insofern ist dieser Roman trotz seiner Holprigkeit und seinen konstruktiven Defiziten ein Anschauungsbeispiel für die Art, in der

1202 Vgl. Sperber, Charlatan und seine Zeit, S. 169.
1203 Vgl. Sperber, Charlatan und seine Zeit, S. 176 f.

Sperber – späterhin mit mehr Kunstfertigkeit – immer wieder darangegangen ist, Fragen individualpsychologischer oder auch psychoanalytischer Prägung in literarischer Form zu verarbeiten. Bei alledem wird Sperbers Beschäftigung mit der Lebensform *des Psychologen* und *Künstlers* deutlich, die er in diesem Roman vielleicht eher schablonenhaft entwickelt, die in seinen späteren literarischen Arbeiten eine wichtige Rolle spielen sollte.

2.4.2 Darstellungsmodalitäten[1204]

2.4.2.1 Aufbau und Zeit

Der Roman besteht aus zwei Teilen und drei Kapiteln. Kapitel 1 und 2 bilden den ersten Teil. Das erste Kapitel umfasst Wanjas Gefängnistagebuch, das zweite Wanjas und Marcells Erlebnisse in Russland. Teil 2 besteht aus dem dritten Kapitel, worin die Begebenheiten in Wien im Jahr 1924 geschildert werden. Die Romanhandlung folgt vielfach einer chronologischen Abfolge von Ereignissen. Wanjas Tagebuch und Marcells geraffte Skizze seiner Lebensgeschichte im zweiten Kapitel stellen hingegen Analepsen dar, ebenso die Erinnerung Marcells an Ruths Hilfe am Ende des Ersten Weltkriegs.[1205]

Da zahlreiche Passagen in den Kapiteln 2 und 3 in Form direkter Rede oder von Briefen gehalten sind, kann diesbezüglich von »*zeitdeckende*[m] Erzählen« gesprochen werden. Die Tagebucheinträge sowie alle von der auktorialen Erzählinstanz bestrittenen Teile können als »*zeitraffende*[s] bzw. *summarische*[s] Erzählen«[1206] gelten. Insofern ist offenbar eine »zeitliche Koinzidenz von Erzähltem und Erzählen« angestrebt.[1207] Die Erzählung erstreckt sich über mehrere Jahre. Im Großen und Ganzen liegt also zeitraffendes Erzählen vor. Die Frequenz der Erzählung ist singulativ.[1208]

1204 Das folgende Schema lehnt sich an Martìnez/Scheffel, Einführung in die Erzähltheorie, S. 33 ff., 50 ff, 71 ff, 94 ff., an.

1205 Zum Begriff »Analepse« als der »nachträglich[en]« Darstellung »ein[es] Ereignis[ses] [...], das zu einem früheren Zeitpunkt stattgefunden hat als dem, den die Erzählung bereits erreicht hat«, vgl. Martínez/Scheffel, Einführung in die Erzähltheorie, S. 36 (Hervorhebung im Original). Zu den hier genannten Passagen aus dem »Charlatan« vgl. Sperber, Charlatan, S. 7–55, 104–107, 176.

1206 Vgl. Martínez/Scheffel, Einführung in die Erzähltheorie, S. 44 (Hervorhebung im Original).

1207 Vgl. Martínez/Scheffel, Einführung in die Erzähltheorie, S. 75 (Hervorhebungen im Original).

1208 Zur Terminologie vgl. Vgl. Martínez/Scheffel, Einführung in die Erzähltheorie, S. 45, 48.

2.4.2.2 Modus

Im 2. und 3. Kapitel werden Ereignisse sowie auch Worte und Gedanken erzählt. Die tendenziell auktoriale Erzählweise wird durch direkte Figurenrede oder schriftliche Äußerungen von Protagonistinnen und Protagonisten durchbrochen, insbesondere in Form von Briefen. Das erste Kapitel des Romans ist vollständig aus der Perspektive einer Figur erzählt, die zudem als Ich-Erzähler (eben Verfasser eines Tagebuchs) fungiert. Mittel- oder Unmittelbarkeit der Erzählung variieren über den Roman hinweg sehr stark. Dementsprechend ist auch die Fokalisierung in den drei Kapiteln unterschiedlich gestaltet. Sie umfasst »*Nullfokalisierung*« ebenso wie »[i]*nterne Fokalisierung*« (Letztere vor allem eben im ersten Kapitel).[1209]

Im ersten Kapitel wird aus der Perspektive einer Figur erzählt. Hier ist der »Ich-Erzähler« selbst eine Figur der Erzählung.[1210] An zahlreichen Stellen des zweiten und dritten Kapitels findet die auktoriale Erzählform Durchbrechungen in Form direkter Rede. Wie in seinen späteren Arbeiten setzt Sperber dabei auf dialogische Abfolgen der Redebeiträge, sodass der auktoriale Erzähler fast gänzlich in den Hintergrund rückt.[1211] Franz Stanzels Erzähltheorie nach wäre dies »[e]in wichtiges Moment im Zusammenhang mit dem Zurücktreten des Erzählers«.[1212]

Gedanken oder Erinnerungen von Protagonistinnen und Protagonisten werden teils von der auktorialen Erzählinstanz geschildert, teils aus der Perspektive der oder des Betroffenen, auch direkt, vor allem in Briefform und in Gestalt von Wanjas Tagebuch. »*Die Darstellung von Innenwelt*«, auf welcher Letzterer in unserem Zusammenhang naturgemäß das Hauptaugenmerk liegt, erfolgt im »Charlatan« mithin auf unterschiedliche Weisen.[1213] Sie wird im ersten Kapitel in Form von Wanjas Tagebuch, also aus Sicht einer handelnden Figur vermittelt, in den Folgekapiteln teils aus der Perspektive eines »Allwissenheit voraussetzende[n] Gedankenbericht[s] eines auktorialen Erzählers«, mehr noch aber im Rahmen von Dialogen, direkter Rede also.[1214]

Konkrete Informationen über Wanja erhält die Leserin/der Leser zunächst aus dessen Gefängnistagebuch, also von der Figur selbst. Dabei ist zu beachten,

---

1209 Zur Terminologie vgl. Vgl. Martínez/Scheffel, Einführung in die Erzähltheorie, S. 68 (Hervorhebungen im Original).

1210 Vgl. Martínez/Scheffel, Einführung in die Erzähltheorie, S. 95, die Erzähltheorie Stanzels zusammenfassend.

1211 Vgl. z. B. Sperber, Charlatan und seine Zeit, S. 62–64, 105–107, 176–178, 192–194.

1212 Vgl. Stanzel, Theorie des Erzählens, S. 244.

1213 Zum Zitat vgl. Stanzel, Theorie des Erzählens, S. 171 (Hervorhebungen im Original).

1214 Zu den zitierten Passagen vgl. Stanzel, Theorie des Erzählens, S. 172.

dass sich der Verfasser dieses Tagebuchs sehr klar an ein Publikum wendet und weniger für sich selbst schreibt, ansonsten würde er sich nicht so förmlich vorstellen, wie er es tut. Er erklärt bei dieser Gelegenheit, dass ein »Tagebuch« nicht nur »ein Brief an sich selbst« sei, sondern eine »Gelegenheit, sich zweckentsprechend zu inszenieren«.[1215] Insofern spricht er nicht nur ein unspezifisches »Du« an, sondern phasenweise auch Ljisotschka sowie den Untersuchungsrichter, diesen mit deutlich ironischem Unterton.[1216] Das Tagebuch umfasst das gesamte erste Kapitel des Romans.[1217] In den Folgekapiteln macht sich Wanja in Form direkter Rede sowie in Briefen bemerkbar, mehr noch wird er aus der Perspektive der auktorialen Erzählinstanz dargestellt. Diese Darstellung umfasst auch seine Gedankenwelt und sein Gefühlsleben, die in hohem Maße aus den Erläuterungen des Erzählers erkennbar werden.

Eine erste Auskunft über Marcell erhält die Leserin/der Leser aus einem Brief von Lijsotschkas Vater. Marcell selbst kommt in Briefen und in direkter Rede zu Wort, wobei er viel und ausführlich über sich spricht. Auch alle anderen Figuren sprechen immer wieder über ihn. Die auktoriale Erzählinstanz gibt ebenfalls einige Erläuterungen ab, insbesondere zu Marcells Wiener Lebensstil. Ljisa kommt in Briefen und direkter Rede zu Wort, ist aber zugleich eine Figur, über die andere sehr bestimmte Meinungen vertreten, ihr, aber auch gegenüber Dritten, so vor allem Marcell. Die auktoriale Erzählinstanz ist, soweit es um Ljisa geht, vergleichsweise zurückhaltend.

Ruth macht sich in direkter Rede, in diversen Gesprächen mit Marcell und Ljisa bemerkbar. Auch in Gedanken und Erinnerungen Marcells, die von der auktorialen Erzählinstanz vermittelt werden, erhalten wir ein paar Informationen über Ruth.

Auffallend sind die Unterschiede in der Schärfe der Figurenzeichnung. Ljisa weist kaum eigene Konturen auf, sondern bildet eher eine Projektionsfläche für Wanja und Marcell. Als solche wird sie auch der Leserin/dem Leser präsentiert. Insgesamt mutet manches im »Charlatan« ein wenig sexistisch an, denn selbst die promovierte Ärztin Ruth zitiert ganz ergriffen die fragwürdigen Weisheiten Marcells, der bei Lichte besehen doch ein ziemlicher Schwätzer ist, und zeigt sich noch stolz darauf, diese »Lehren« eigenständig anwenden zu können, sogar gegen Haran selbst. Auch bleiben Ruth und Ljisa ohne eigenen Nachnamen, Ljisa trägt vermutlich den ihres Mannes, zumindest wird das irgendwo angedeutet, aber eigenständig und eigennamentlich sind nur die männlichen Protagonisten.

1215 Vgl. Sperber, Charlatan und seine Zeit, S. 10 f.
1216 Vgl. z. B. Sperber, Charlatan und seine Zeit, S. 10, 15 ff., 30 f.
1217 Vgl. Sperber, Charlatan und seine Zeit, S. 7–55.

Für die hier beleuchtete psychologische Motivation bedeutet dies, dass die entsprechenden Themen klar und unverstellt geschildert bzw. durch die Leserin/den Leser sehr schnell erkannt werden können. Es könnte zugleich ein Indiz dafür sein, dass besagte Themen stark im Vordergrund stehen, vorrangig gegenüber einer allfälligen Erzeugung von Spannung oder elaboriert kunstvoller Darstellung.

2.4.3 Kontexte

Historische Kontexte bilden einerseits die Oktoberrevolution 1917, Teile ihrer Vorgeschichte und ihre Folgen, sowie das Wien der 1920er-Jahre. Soweit es die Revolution im Russischen Reich betrifft, bezieht sich Sperber auf zeitgenössische Berichte, vermutlich eher wohlwollend eingefärbte. Selbst hat er die Sowjetunion erst 1931 bereist, was er vorfand, hat er nach seiner Rückkehr nach Berlin in überaus freundlichem Licht dargestellt[1218] Die Gewaltförmigkeit des Umbruchs klingt an, wenn Wanja den Konflikt zwischen der armenischen und der tatarischen Bevölkerungsgruppe nützt, um das Establishment der Stadt einzuschüchtern. Doch sehr rasch entwickelt sich aus alledem eine friedliche und gedeihliche Phase. Ein heutiger Blick auf die Umbrüche des Jahres 1917 und den nachfolgenden Bürgerkrieg wird eines weitaus konfliktreicheren und brutaleren Verlaufs gewahr. Bereits in dieser Phase setzten die Bolschewiki Terror als Herrschaftsinstrument ein, und in Ansätzen mochten sich sogar schon die Konturen späterer Machtkämpfe abzeichnen.[1219] Eine Außenperspektive des Jahres 1924 konnte all dies kaum einfangen und war daher auf eingeschränkte und je nach politischer Orientierung derer, von denen sie stammten, entsprechend präfigurierten Informationen abhängig. Da Sperber in diesen Jahren Interesse am Marxismus hegte, ist anzunehmen, dass sich sein Kenntnisstand aus Quellen speiste, die den Bolschewiki eher zu- als abgeneigt waren.[1220]

Über Sperbers eigene Wahrnehmungen zu Wien in den Jahren nach dem Ersten Weltkrieg findet sich einiges in seiner Autobiografie, das auch in den »Charlatan« Eingang findet, etwa das Kaffeehaus als Ort sozialer Interaktion, aber auch einer omnipräsenten Armut. Anklänge an den Schomer sind erkennbar, dessen Mitglieder vielfach nach Palästina reisten, um sich, wie die Ärztin Ruth und ihr Ehemann, dort anzusiedeln.[1221] Noch andere zeithistorische Bezüge lassen sich

1218 Vgl. Sperber, Die vergebliche Warnung, S. 483 ff.
1219 Vgl. z. B. Baberowski, Verbrannte Erde, S. 49–80.
1220 Vgl. auch Kapitel B.
1221 Vgl. auch Kapitel B.

erkennen, so etwa anhand der komplizierten Familiengeschichte Marcells, die Entwicklungen in Galizien seit dem späten 19. bis ins 20. Jahrhundert darstellt.

Wenig überraschend spiegelt der Roman neben dem Interesse an Revolutionen und Revolutionären auch ein zentrales Thema Sperbers in den 1920er-Jahren, die Individualpsychologie.

3 »Der verbrannte Dornbusch« (»Wie eine Träne im Ozean«, Band 1)

3.1 »Wie eine Träne im Ozean« – Vorüberlegungen

Drei Romane und/oder eine Romantrilogie: Je nachdem, worauf hier der Fokus gelegt wird, ergeben sich unterschiedliche Herangehensweisen. Es soll im Folgenden der Blick aus einer Reihe von Gründen, die im philologischen Teil dieses Unterkapitels genauer ausgeführt werden, trotz aller Zusammenhänge zwischen den drei Romanen auf diese im Einzelnen gerichtet werden. Ein solcher Zugang ist keineswegs heuristischen Zwecken geschuldet, um ein Herausarbeiten allfälliger individualpsychologischer Bezüge zu erleichtern. Vor allem hilft er, jenseits unübersehbarer erzählerischer Kontinuitäten sowie einer offenkundigen chronologischen Abfolge der drei Romane vorhandene Brüche und perspektivische Veränderungen grundlegender Art nicht aus dem Blick zu verlieren. Dies betrifft schon das Personal der drei Romane. Begegnet in »Der verbrannte Dornbusch« sowie in »Tiefer als der Abgrund« Dojno Faber als herausragender Protagonist, so ändert sich dies in »Die verlorene Bucht« merklich. Manche im ersten Roman wichtige Personen wie Stetten oder Sönnecke verlassen die Erzählung in diesem Band wieder, andere tauchen überhaupt erst spät auf, wie Bynie (im dritten Roman), andere wie insbesondere Edi Rubin durchlaufen sehr weitreichende und tiefgehende Wandlungen.

Abgesehen davon wurden die drei Romane der Trilogie (»Der verbrannte Dornbusch«, »Tiefer als der Abgrund« sowie »Die verlorene Bucht«) zwischen 1949 und 1955 zunächst separat veröffentlicht, teils in deutscher Sprache, teils in französischer und englischer Übersetzung, erst 1961 in deutscher Sprache als Trilogie unter dem Gesamttitel »Wie eine Träne im Ozean«.[1222] Sperber selbst

1222 1949 erschien »Der verbrannte Dornbusch« im Internationalen Universum Verlag (Mainz), im gleichen Jahre eine Übersetzung von Blanche Gidon und Manès Sperber, 1950 eine französische Version des zweiten Romans, »Plus profond que l'Albine«, auch wieder von Sperber und Gidon übertragen, aber keine deutsche Ausgabe. 1951 erschien bei Doubleday (New York) eine englische Übersetzung des ersten Bandes, 1952 »La baie perdu«, mithin der dritte

stellt den Prozess des Schreibens am ersten dieser Romane in seiner Autobiografie so dar, dass keineswegs zwingend davon ausgegangen werden muss, es sei von vornherein eine Romantrilogie beabsichtigt oder der Text auf eine solche hin angelegt gewesen. Zwar ist die mögliche oder vermutete *intentio auctoris* weder notwendiges noch hinreichendes Analyseinstrument, und die Bände eins und zwei enden jeweils mit einer Art *Cliffhanger*, doch könnten sie auch ohne Fortsetzung für sich selbst bestehen. Die Teile zwei und drei knüpfen hinsichtlich des Personals an Band eins an, und insofern enthält »Der verbrannte Dornbusch« Voraussetzungen, die für das Verständnis von »Tiefer als der Abgrund« und »Die verlorene Bucht« wohl zumindest teilweise konstitutiv sind. Da sich konzeptionelle Dispositionen und Figurenzeichnung umso deutlicher zeigen, je näher ein jeweils zu untersuchender Text an das Auge der Betrachterin/des Betrachters herangezoomt wird, möchte ich, ganz unabhängig von Überlegungen dieser Art, auf die drei Romane/Trilogieteile im Einzelnen eingehen. Überlegungen zu literarischen Umsetzungsweisen der hier erörterten motivationalen Aspekte und Figurenkonstellationen finden sich hingegen gesammelt für alle drei Romane der Trilogie in Unterkapitel 5.

3.2 »Der verbrannte Dornbusch«

3.2.1 Zentrale Inhalte

3.2.1.1 »Die Legende vom verbrannten Dornbusch«[1223]

Im Folgenden wird nun genauer auf Inhalte des ersten Romans der (späteren) Trilogie eingegangen, im Blick auf allfällige individualpsychologische Bezüge und Denkfiguren.

Vorangestellt ist dem Roman eine Parabel biblischen Stils, »Die Legende vom verbrannten Dornbusch«. Sie handelt von einer Gruppe von Menschen, die ihre alten Siedlungen und damit verbundenen Gemeinwesen verlassen, um sich im Umkreis eines »*brennenden*[n] *Dornbusch*[s]« einzurichten. Als dieser

Roman in französischer Übersetzung von Sperber und Gidon. Die deutschsprachige Version »Die verlorene Bucht« erschien 1955 bei Kiepenheuer & Witsch (Köln), wo 1961 dann auch erstmals alle drei Romane in einem Band, als Trilogie eben, herauskamen. Vgl. Stančić, Manès Sperber, S. 619 f., 622, 625. Blanche Gidon ist vor allem als Übersetzerin Joseph Roths hervorgetreten; vgl. z. B. Tautou, Alexis: Neues zur Biografie der französischen Roth-Übersetzerin Blanche Netter-Gidon. In: Pesnel, Stèphane/Tunner, Erika/Lunzer, Heinz/Lunzer-Talos, Victoria (Hg.): Joseph Roth -Städtebilder. Berlin: Frank & Timme 2016, S. 289–298.

1223 Sperber, Der verbrannte Dornbusch, S. 9.

abbrennt, sind die Menschen, die ihre Hoffnungen auf den Dornbusch und ein Ende der »*Tage der Finsternis und* […] *Kälte*« gesetzt hatten, enttäuscht und stellen die Schuldfrage. Die »*neuen Herren*« verbieten daraufhin unter Androhung gewaltsamen Todes auch nur zu behaupten, »*daß der Dornbusch verbrannt*« sei. Allein »*dem Feinde*« leuchte das »Licht« des brennenden Dornbuschs »*nicht, nur er friert in seiner Wärme*«. Das sagen sie »*auf dem Aschenhügel; um sie war eine große Helle, sie kam vom Lichte der Fackeln in den Händen der neuen Sklaven*«. Letztere singen auf Geheiß der »*neuen Herren*« auch »*überall und zu jeder Stunde das Lob vom brennenden Dornbusch*«. »[D]*ie*[,] *die Wahrheit sagten*«, wurden, soweit »[d]*ie neuen Schergen der neuen Herren*« ihrer habhaft werden konnten, »*aus*[ge]*rotte*[t]«. Gleichwohl vermögen besagte *Herren* »*die Hoffnung nicht*« zu »*vernichten, die alt ist wie die Trauer und jung wie die Morgendämmerung*«. Allein, sie hat einen »*bittren Geschmack*«: »*Wir waren müde des ewigen Anfangs.*«[1224]

Im Grunde ist damit ein zentrales Themenfeld der drei in »Wie eine Träne im Ozean« versammelten Romane angesprochen: Die Hoffnungen zahlreicher Menschen auf die Kraft revolutionärer, konkret marxistischer Ideen und insbesondere ihrer Ausgestaltung im Rahmen kommunistischer Parteien, die damit verbundenen Aufbruchsstimmungen und die gewaltigen Enttäuschungen, die der Stalinismus für viele bekennende wie engagierte Kommunistinnen und Kommunisten bereithielt. Die Verfolgung derjenigen, die *die Wahrheit* sagen, aber auch die Schwierigkeiten, zu schmerzhaften Wahrheiten vorzudringen und ein Weltbild sowie eine Lebenswelt aufzugeben oder wenigstens sehr grundlegend zu modifizieren, bilden wesentliche thematische Bezugspunkte aller drei Romane. Der Frage, was derlei Entwicklungen und Veränderungen mit den von ihnen betroffenen Menschen machen, spürt Sperber in allen drei Romanen eingehend und sensibel nach, und schon von daher ergeben sich individualpsychologische Referenzen.

3.2.1.2 »Die nutzlose Reise«[1225]

Der erste Teil in »Der verbrannte Dornbusch« betitelt mit »Die nutzlose Reise« setzt Anfang der 1930er-Jahre ein.[1226] Josmar Goeben, ein KP-Angehöriger aus Deutschland, soll nach Jugoslawien reisen, um Kurierdienste zu erledigen. Er arbeitet unter der Ägide von Herbert Sönnecke, einem altgedienten Haudegen und aktuell Reichstagsabgeordneten der deutschen KP. Josmar ist linientreu. Der skeptische, fast schon abtrünnige jugoslawische Genosse Vasso, mit dem Josmar

1224 Vgl. Sperber, Der verbrannte Dornbusch, S. 9 f. (Hervorhebungen im Original).
1225 Sperber, Der verbrannte Dornbusch, S. 11.
1226 Vgl. Sperber, Der verbrannte Dornbusch, S. 19.

im Vorfeld seiner Reise spricht, ist ihm mit seinen kritischen Reden suspekt, Goeben gedenkt ihn zu denunzieren. Schließlich »gab« es »eine Parteilinie«.[1227] Josmars Reise führt zunächst von Berlin nach Wien, wo er seinen alten Schulfreund Edi Rubin trifft, einen »mancherorts sogar berühmte[n] Biologe[n]«. Auch hier verbindet sich Privates mit politischem Aktivismus. Josmar, der sich im Gespräch mit Rubin noch deutlicher denn zuvor als orthodoxes KP-Mitglied erweist, will seinen Freund dazu überreden, »den illegalen kommunistischen Parteien des Balkans« behilflich zu sein. Rubin »lehnt […] nicht ab«, stellt aber die Bedingung, dass ein sowjetischer Biologe, Iwan G. Gorenko, »heraus[ge]lassen« würde.[1228] Josmar reist nach Jugoslawien weiter, wo er bald auf Denis »Dojno« Faber trifft. Dessen geschiedene Ehefrau Relly hat er bereits in Wien getroffen, sie ist inzwischen mit Edi Rubin liiert.[1229] Dojno führt ähnliche Reden wie Vasso, mit dem er befreundet ist.[1230] Doch auch linientreue Funktionäre finden sich in Jugoslawien, allen voran »Karel der Techniker«. Faber selbst äußert seine Kritik an der Parteilinie nicht allzu laut, denn immerhin »wütet […] der Terror in diesem Land«, begünstigt oder gar ermöglicht durch »die Gleichgültigkeit der Unbeteiligten«.[1231] Dieser Terror manifestiert sich im Jugoslawien der Königsdiktatur in Gestalt des »Kommissar[s] der politischen Polizei« Miroslav Hrvatic, genannt »Slavko«. Dessen Karriere hat während des Ersten Weltkriegs begonnen, als eine Art kaiserlicher Militärrichter, auf dessen Geheiß »die Bäume geschmückt« wurden »mit serbischen Männern, serbischen Knaben, montenegrinischen Frauen«. Gleichwohl oder vielleicht gerade deshalb hat ihn die Polizei des neuen, serbisch dominierten Königreichs der Serben, Kroaten und Slowenen in ihre Reihen aufgenommen, denn »[e]in ordentlicher Staat braucht eine Polizei«.[1232]

Slavko erschießt den KP-»Genossen« Andrej Bocek »›auf der Flucht‹«, hängt die Tat allerdings dem aus Belgrad entsandten Doktor Maritsch an, von dem Slavko überzeugt ist, er »sollte […] ihn überwachen und im geeigneten Augen-

1227 Vgl. Sperber, Der verbrannte Dornbusch, S. 13–24.
1228 Vgl. Sperber, Der verbrannte Dornbusch, S. 29–31.
1229 Vgl. Sperber, Der verbrannte Dornbusch, S. 39 f., 30, 34.
1230 Vgl. Sperber, Der verbrannte Dornbusch, S. 41 f.
1231 Vgl. Sperber, Der verbrannte Dornbusch, S. 39 f.
1232 Vgl. Sperber, Der verbrannte Dornbusch, S. 54, 58 f. Zur Königsdiktatur seit 1929 vgl. z. B. Marković, Predrag: Die »Legitimierung« der Königsdiktatur in Jugoslawien und die öffentliche Meinung. In: Oberländer, Erwin/Ahmann, Rolf (Hg.): Autoritäre Regime und Ostmittel- und Südosteuropa 1919–1944. Paderborn et al.: Schöningh 2001, S. 577–631; Ramet, Sarbrina: Die drei Jugoslawien. Eine Geschichte der Staatsbildungen und ihrer Probleme. Nach erw. u. korr. Vorlage übers. v. Isabel Ströhle, Georg Seiderer, Konrad Clewing. München: Oldenbourg 2011, S. 119–162. Zum Königreich der Serben, Kroaten und Slowenen allgemein vgl. Ramet, Die drei Jugoslawien, S. 65–118.

blick zu Fall bringen«. Außerdem lässt sich Maritsch, Sohn eines aufstrebenden Politikers und selbst Mitglied der Kommunistischen Partei, dazu hinreißen, Slavko zu schlagen, nachdem dieser ihn beleidigt hat. Kurz nach Andrejs Beerdigung wird Maritsch selbst erschossen, vermutlich von »Slavkos Mordbuben«. Slavko geht aus der Angelegenheit gestärkt hervor, und »[d]ie Partei kehrte in den Untergrund zurück«. Über eine symbolische Kundgebung während der Beerdigung reicht ihr Aktionismus nicht hinaus, und »Slavko, mächtiger als je, stellte die Ruhe vollkommen wieder her«. Aber in der Bevölkerung »meinte [...] man«, die Partei »hätte die Rebellion genauso vorbereitet, wie sie sich abgespielt hatte. Das Politbüro beschloß, daß dies die Wahrheit sein sollte«.[1233] Während seines Aufenthalts in Jugoslawien lernt Josmar auch Vassos Ehefrau Mara und den Dichter Djura kennen.[1234] Als der Kellner des Hotels, in dem Goeben wohnt, und der als »Verbindungsmann« zwischen ihm und der lokalen KP fungiert hat, verhaftet wird, erklärt Karel Josmar, dieser müsse das Land verlassen. Ein mit Dojno befreundeter Arzt, Doktor Kral, bringt Josmar in die Nähe der Grenze.[1235] Am Ende einer abenteuerlichen Wanderung kann er sie schließlich mit Mühe überqueren.[1236]

3.2.1.3 »Die Vorbereitung«[1237]

Etwa ein Jahr danach hält sich Dojno Faber in Wien auf, vor allem um Edi Rubins Unterstützung für »Genossen« aus Jugoslawien zu erlangen. Während seines Wien-Aufenthalts besucht Dojno seinen alten Universitätslehrer, Erich von Stetten. Die beiden führen sehr grundsätzliche Gespräche, die nicht zuletzt zahlreiche Auskünfte über Haltungen und Vergangenheit beider enthalten.[1238] Später reist Faber über Prag nach Berlin weiter. Auf der Fahrt erlebt er, wie die Bahnarbeiter den von der KP proklamierten Generalstreik ignorieren.[1239] In Berlin trifft er Vasso und Mara wieder, aber auch Herbert Sönnecken und andere KP-Funktionäre.[1240] Classen, offenbar der offizielle »Führer« der KP, äußert nur »kraftlosen, kraftmeierischen Zeitungsjargon«. Dojnos unausgesprochener

1233 Vgl. Sperber, Der verbrannte Dornbusch, S. 65–67, 69 f., 73–78.

1234 Vgl. Sperber, Der verbrannte Dornbusch, S. 79–97. Beide erlangen im weiteren Verlauf der drei Romane zentrale Bedeutung.

1235 Vgl. Sperber, Der verbrannte Dornbusch, S. 99–101. Der Arzt ist hier allerdings noch namenlos. Wie er heißt, erfährt die Leserin/der Leser erst im dritten Teil der Trilogie; vgl. Sperber, Die verlorene Bucht, S. 840, 756 ff.

1236 Vgl. Sperber, Der verbrannte Dornbusch, S. 101–106.

1237 Sperber, Der verbrannte Dornbusch, S. 107.

1238 Vgl. Sperber, Der verbrannte Dornbusch, S. 121–144.

1239 Vgl. Sperber, Der verbrannte Dornbusch, S. 145–147.

1240 Vgl. Sperber, Der verbrannte Dornbusch, S. 161.

Auffassung nach hätte Classen einen »gute[n] Organisationsleiter eines Unterbezirks« abgegeben. Flamm alias Pal hält in den Gesprächen Fabers mit Sönnecke und Classen die Parteilinie hoch, deren unhinterfragbare Richtigkeit er zu betonen nicht müde wird, obwohl er eines nüchternen Blicks auf die tatsächlichen politischen Entwicklungen keinesfalls entbehrt.[1241] »Wir werden«, erklärt er in Bezug auf künftige Misserfolge, »schreiben, daß die unteren Funktionäre es wieder einmal nicht verstanden haben«.[1242] Sönnecke, für Faber »der einzige Kopf in der Parteiführung«, verliert indes bereits deutlich an Macht, »er tritt immer mehr in den Hintergrund«.[1243] Nur wenige innerhalb der KP sind bereit, nicht »an der Verschwörung gegen die Wahrheit« teilzunehmen. Im Grunde ist es in dieser Phase von Sperbers Erzählung nur Vasso, der die Bereitschaft bekundet, im Gegensatz zu Pal, aber auch zu Mara. Die Verschwörung besteht im Verschweigen, und auch Dojno selbst nimmt daran teil.[1244]

3.2.1.4 »Nicht die Toten werden Gott preisen …«[1245]

Ein weiteres Jahr später ist Sönnecke in verschiedenen deutschen Städten im Untergrund tätig, »auf Befehl der Partei«.[1246] Seine Arbeit für die KP gestaltet sich unter den Bedingungen nationalsozialistischer Repression äußerst schwierig, immer wieder werden »Genossen« verhaftet, offenbar gibt es Verräter in den eigenen Reihen. Zu den Verhafteten gehört Albert Gräfe, der von seiner schwangeren Freundin Erna zunächst eher unwissentlich denunziert wird. Von ihr erpresst die Gestapo Informationen. Als ihr das Ausmaß ihres Handelns bewusst wird, nimmt sie sich das Leben.[1247] Was sie nicht, Sönnecke hingegen doch weiß, ist, dass »Albert und seine Leute« tatsächlich Opfer eines Gestapomanns waren, der auch für die KP arbeitet, und zu Zwecken der Tarnung, in Absprache mit Komintern-Funktionären, Verhaftungen liefern muss. Albert Gräfe schien in der Komintern als *Bauernopfer* geeignet, hatte er doch begonnen, »seine eigene Politik« zu machen, »Einheitsfront um jeden Preis, mit Tod und

1241 Vgl. Sperber, Der verbrannte Dornbusch, S. 162 f.
1242 Sperber, Der verbrannte Dornbusch, S. 164.
1243 Vgl. Sperber, Der verbrannte Dornbusch, S. 162.
1244 Vgl. Sperber, Der verbrannte Dornbusch, S. 165 f.
1245 Sperber, Der verbrannte Dornbusch, S. 173. Es handelt sich um eine Übersetzung des ersten Teils von Psalm 6,6; vgl. z. B. The Complete Jewish Bible with Rashi Commentary, Tehilim, Psalms, Chapter 6, https://www.chabad.org/library/bible_cdo/aid/16227/jewish/Chapter-6.htm (abgerufen: 16.09.2020).
1246 Vgl. Sperber, Der verbrannte Dornbusch, S. 177 f.
1247 Vgl. Sperber, Der verbrannte Dornbusch, S. 179–192. Zu Alberts vollem Namen vgl. ibid., S. 360.

Teufel gegen die Nazis«. Da beschloss der »Apparat«, also »Polizei und [...] Nachrichtendienst der Partei«, dass er »abgesägt werden« müsse.[1248]

Nicht lange vor diesen Ereignissen liegt der kurze, blutige Bürgerkrieg in Österreich, in dessen Wirren auch Stetten gerät. Sein Sohn Walter und dessen Frau sind zu Besuch, sie sind Nationalsozialisten oder zumindest in enger Verbindung mit solchen. Immerhin hat es Walter vermocht, die Freilassung des zwischenzeitlich in Berlin inhaftierten Dojno Faber zu erwirken.[1249] Stetten hält es zuhause nicht aus. Er geht hinaus, gelangt mitten in die Kampfhandlungen, erlebt »die Mißhandlung eines schwerverletzten Mannes«. Umgehend versucht er, sich für diesen einzusetzen, zunächst bei »einem der wichtigsten Männer der Regierung«, dann bei einem einflussreichen Prälaten, Monsignore Graber, doch vergebens.[1250] Bald darauf treffen Josmar, Sönnecke, Faber, Stetten, Vasso, Mara, Edi und einige linientreue KP-Leute wie Karel und der schon erwähnte »Bärtchen« genannte Russe im Prager Haus eines Freundes von Dojno zusammen. Zu ihnen gesellt sich eine Frau namens Hanusia.[1251] Ihr Ehemann Hawrylo gehörte unter dem Namen »Hans« der Gruppe an, mit der Edi im österreichischen Bürgerkrieg gekämpft hat, und der unterwegs zur Grenze seinen Verletzungen erlegen ist. Nur Edi hat sie von dem »kleine[n] rothaarige[n] Mann mit dem mathematisch-scharfen Verstand und dem erstaunlich harten Willen« erzählt. Hanusia und Hawrylo stammten aus einem Dorf in Ostgalizien, das von einem »polnischen Grafen« beherrscht wurde. Dessen »Schloß« lag »über dem Dorf«. Nach dem Krieg schloss sich Hawrylo »der Partei« an, überwarf sich später mit ihr, »aber sie steckte in ihm tiefer als die Erinnerung an eine gedemütigte Liebe«.[1252]

Das Gespräch im Haus von Fabers Bekanntem enthüllt sehr dramatisch die Konflikte im Umfeld der Kommunistischen Partei, die längst eine persönliche Ebene erreicht haben. »Die Waffen des Feindes sind nicht so mörderisch wie die Lügen, mit denen die Führer der Opfer die Welt erfüllen.«[1253] Diese Anklage Hanusias löst insbesondere bei »Bärtchen« Empörung aus. Stetten springt ihr bei, und danach auch Dojno, der beginnt, über seine Erfahrungen in einem Konzentrationslager zu berichten. Vor allem schildert er, wie die NS-Schergen »den Dichter zu Tode gefoltert haben«. Dass diese Ausführungen durchaus Hanusias Vorwurf stützen, wird schnell erkennbar, sodass »Bärtchen« des

1248 Vgl. Sperber, Der verbrannte Dornbusch, S. 216 f.
1249 Vgl. Sperber, Der verbrannte Dornbusch, S. 218 ff.
1250 Vgl. Sperber, Der verbrannte Dornbusch, S. 231–246.
1251 Vgl. Sperber, Der verbrannte Dornbusch, S. 287–289.
1252 Vgl. Sperber, Der verbrannte Dornbusch, S. 264 f., 278–286, 302.
1253 Sperber, Der verbrannte Dornbusch, S. 289.

»Dichter[s]« Ansehen herabzusetzen sucht, als eines »kleinbürgerliche[n] Anarchist[en] mit gewissen sozialen Ideen, ein[es] ewige[n] Rebell[en]«. »[A]uch ein Sojwetdeutschland [...] hätte [...] ihn liquidieren müssen«, erklärt der Linientreue ganz »offen«.[1254] Dojno und Hanusia bleiben »einige Monate« zusammen, »sorglos« und »auf Reisen«, mit Unterstützung Stettens.[1255]

Sönnecke entdeckt indes, dass ein Teil der KP durch einen Gestapo-Agenten, einen früheren Kommunisten, der längere Zeit in Gestapo-Haft gefoltert und manipuliert worden war, unterwandert wurde. Möglich wird ihm diese Entdeckung mithilfe eines eigenen Doppelagenten, Friedrich Wilhelm von Klönitz, der, ein geheimer Bewunderer Rosa Luxemburgs, in leitender Funktion bei der Gestapo arbeitet. Allerdings kann Sönnecke aus seinen Erkenntnissen keine weiteren Konsequenzen ziehen, als den Gestapo-Agenten, Hannes mit Namen, sowie dessen KP-Bezirksleiter Klaus Störte mit dem Ergebnis seiner Recherchen zu konfrontieren. Dann müssen er und Josmar fliehen, da die Gestapo sie offenbar aufgespürt hat. Von Klönitz wird erschossen, Sönnecke flieht in die Sowjetunion, wo er alsbald den Stalinistischen *Säuberungen* zum Opfer fallen wird, und Goeben, durch Schüsse verletzt, versucht in Berlin, bei einer ehemaligen Nachbarin unterzutauchen.[1256] Goebens frühere Nachbarin, Theodora »Thea« Lengberg, holt ihren Ehemann, den Chirurgen Wilhelm Lengberg zu Hilfe, einen Nationalsozialisten, der Goeben versorgt und ihm zur Flucht in die Schweiz zu verhelfen verspricht. Geplant ist diese für die Nacht vom 30. Juni auf den 1. Juli 1934, die später von den Propagandisten der Nazis »Nacht der langen Messer« genannt wurde und in der sie den erfundenen »Röhm-Putsch« vereitelt zu haben behaupteten.[1257] Tatsächlich wurden bei dieser Gelegenheit nicht nur zahlreiche hochrangige SA-Funktionäre verhaftet und ermordet, sondern auch Regimegegner, frühere politische Widersacher und andere Personen, die Entscheidungsträgern des Regimes nicht genehm waren.[1258] In »Der verbrannte Dornbusch« zählt dieser Tage auch der Schriftsteller Jochen von Illming zu den Verfolgten, »diese[r] sonderbare Nazi, der immer wieder durchblicken ließ, daß er es zum Kreml nicht viel weiter hatte als zum Braunen Haus« und ebenfalls

1254 Vgl. Sperber, Der verbrannte Dornbusch, S. 292 f.

1255 Vgl. Sperber, Der verbrannte Dornbusch, S. 306 f.

1256 Vgl. Sperber, Der verbrannte Dornbusch, S. 308–333.

1257 Vgl. Sperber, Der verbrannte Dornbusch, S. 336 ff., 345–352. Zu den diversen Bezeichnungen dieser Säuberungen vgl. z. B. Nebelin, Manfred: Röhm-Putsch. In: Benz, Wolfgang/Graml, Hermann/Weiß, Hermann (Hg.): Enzyklopädie des Nationalsozialismus. 3. Aufl. München: Deutscher Taschenbuch Verlag 1998, S. 703–705; Kershaw, Hitler. 1889–1936, S. 627–662; Longerich, Joseph Goebbels, S. 265–270; Longerich, Heinrich Himmler, S. 180–186.

1258 Vgl. allg. z. B. Kershaw, Hitler. 1889–1936, S. 648; Gruchmann, Justiz im Dritten Reich, S. 442 ff.

mit Thea befreundet war. Er sucht bei ihr Zuflucht, wird aber von »SS-Männer[n]« aus ihrer Wohnung geholt, schwer misshandelt und fortgebracht. Goeben ist davor auf eigene Faust geflohen.[1259]

3.2.1.5 »… noch die ins Schweigen hinabsteigen«[1260]

In Norwegen trifft Dojno Faber mit Albert Gräfe zusammen. Gräfe ist aus dem Konzentrationslager entkommen, in das er nach Verbüßung einer Gefängnisstrafe deportiert worden war.[1261] Seitens der Partei teilt man ihm mit, dass der Ausbruch aus dem KZ, zumal in Verbindung mit der Tötung eines SS-Mannes, ohne vorherige Rücksprache mit der KP »genau genommen« nicht zulässig gewesen sei. Dennoch habe er herauszufinden versucht, wer ihn an die Gestapo verraten hat, er hat schließlich die Auskunft erhalten, dass Herbert Sönnecke der Verräter wäre, dessen »Verbindung mit den Feinden […] eine alte Geschichte« gewesen sei. Gräfe glaubt das alles nicht, und Faber dämmert, »[d]aß sie Sönnecke drüben«, also in der Sowjetunion, »umbringen wollen«.[1262] Von Faber, einem »Freund Sönneckes« erwartet sich Gräfe Unterstützung, bekommt aber nur vorsichtige und vage Antworten. »Lärm« zu »schlagen« könne nichts verhindern.[1263] Am nächsten Tag tritt Dojno als Propagandaredner der KP auf. Dabei beginnt er zu stocken, kommen ihm doch Sönnecke und dessen Kinder in den Sinn, mit denen man ihn in Moskau wohl erpresst. Faber beschließt, »als einfacher Soldat nach Spanien« zu »gehe[n], an die Front«. Karel solle dies veranlassen, was dieser allerdings nicht tut. »Der Mißbrauch eines Bürgerkriegs zum Zwecke des Selbstmordes ist selbst dir verwehrt«, erklärt er Dojno. Im »Luxusappartement« eines Hotels in Rouen erfährt Faber aus Karels Mund vom Schicksal Sönneckes und Vassos.[1264] Beide sind bereits tot, in Moskau ermordet worden. »Den Sönnecke haben sie wie ein störrisches Rindvieh zum Erschießen schleppen müssen.«[1265] Er habe sich geweigert, die ihm zugedachte Rolle in einem Schauprozess einzunehmen. Vasso hingegen sei »[s]tumm« geblieben, »wie sie« ihn »zum Sterben geführt haben«.[1266] Karel empfiehlt auch Dojno, zu »verstumm[en] für lange

1259 Vgl. Sperber, Der verbrannte Dornbusch, S. 351–356.

1260 Sperber, Der verbrannte Dornbusch, S. 357. Dies nun Sperbers Übersetzung für den zweiten Teil von Psalm 6,6; vgl. z. B. The Complete Jewish Bible with Rashi Commentary, Tehilim, Psalms, Chapter 6, https://www.chabad.org/library/bible_cdo/aid/16227/jewish/Chapter-6.htm (abgerufen: 16.09.2020).

1261 Vgl. Sperber, Der verbrannte Dornbusch, S. 359–365.

1262 Vgl. Sperber, Der verbrannte Dornbusch, S. 366 f.

1263 Vgl. Sperber, Der verbrannte Dornbusch, S. 372 f.

1264 Vgl. Sperber, Der verbrannte Dornbusch, S. 379 f.

1265 Sperber, Der verbrannte Dornbusch, S. 386.

1266 Vgl. Sperber, Der verbrannte Dornbusch, S. 387.

Zeit«, wozu der sich schon zuvor bereit erklärt hat, »weil es die anderen gibt, die Hitler und die Slavkos«.[1267] Dojnos emotionale Verfassung entwickelt sich aus Sicht Rellys, die gemeinsam mit Edi in Paris weilt, besorgniserregend. Sie schreibt an Stetten, dieser reist nun an.[1268] Er überredet Dojno, mit ihm nach Wien zu fahren, was dieser nach einigem Zögern tut. In der letzten Szene des Romans befinden sich Faber und Stetten auf der Zugfahrt nach Wien.[1269]

3.2.2 Motivationsebene: individualpsychologische bzw. deutend psychologische Aspekte

3.2.2.1 Vorüberlegungen

In den Romanen der Trilogie »Wie eine Träne im Ozean« erweist sich die Motivationslage als deutlich komplexer denn im »Charlatan«. Zusätzlich zu und vordergründig augenfälliger als im weitesten Sinn psychologische Themen begegnen Fragen jüdischer Identitätsfindung in tendenziell oder akut feindlichen Umgebungen sowie jene nach der Interaktion zwischen Menschen und einer politischen Bewegung auf dem Weg zu totalitären Strukturen als motivierend. Ganz zurecht wurde auf Bezüge zum Judentum, historische und geschichtsphilosophische Fragen und insbesondere Sperbers wechselnde Haltungen zum Marxismus allgemein sowie vor allem zur Kommunistischen Partei im Besonderen als motivational tragende Aspekte der drei Romane verwiesen.[1270] Diese primär ins Auge fallenden Motivationen werden durchgängig mit psychologischen Deutungen, expliziten wie impliziten *deutend-psychologischen* Erklärungen menschlichen Handelns verknüpft, und zwar in einer Weise, dass gerade dieser Motivationsstrang alle anderen durchdringt und kontinuierlich sämtliche Romane der Trilogie durchwirkt, bis hin zur Ein-

1267 Vgl. Sperber, Der verbrannte Dornbusch, S. 455, 429.

1268 Da Stettens Sohn Walter den Säuberungen vom Sommer 1934 zum Opfer fiel, seine Ehefrau Marlies damals »hochschwanger« war und ihre Tochter nun drei Jahre alt ist, wissen wir im Übrigen, dass die Erzählung im Jahr 1937 angelangt ist. Vgl. Sperber, Der verbrannte Dornbusch, S. 437–443.

1269 Vgl. Sperber, Der verbrannte Dornbusch, S. 453 f.

1270 Vgl. z. B. Bouretz, Die zerbrochene Zeit der Hoffnung, S. 207–233; Horch, »Messianische Zuversicht«, S. 187–213; Kalinski, Sperber's Novelistic Trilogy as a Narrative Form of Confronting with History, insbes. S. 33 ff.; Kauffeldt, Kontinuität und Bruch in der Legende vom verbrannten Dornbusch, S. 278–289; Kröhnke, Das Motiv der vergeblichen Warnung bei Manès Sperber, S. 50–72; Rohrwasser, Kommunist, Exkommunist, Antikommunist, S. 58–71; Zipes, Manès Sperbers Beschäftigung mit der »Judenfrage«, S. 122–137; Corbin-Schuffels, Manès Sperber. Un combat contre la tyrannie, pp. 321 seqq. Deutliche Bezüge zum Judentum ergeben sich im Grunde schon deutlich durch die aus Psalm 6, 6 entnommenen Kapitelüberschriften, vgl. Sperber, Der verbrannte Dornbusch, S. 173, 357.

führung eines wahrhaften *Psychologen* mitten in der schlimmsten Verwüstung sämtlicher Lebensverhältnisse, am Ende jeder vernünftigerweise vertretbaren Hoffnung, in Gestalt des jugendlichen Rabbiners Bynie.

3.2.2.2 Zentrale individualpsychologische Themen

3.2.2.2.1 Minderwertigkeit, Kompensation, Überkompensation

Auch in »Der verbrannte Dornbusch« lässt sich die Auffassung nachdrücklicher Wirkung von Minderwertigkeitsgefühlen und Kompensationsbemühungen gleich in Hinblick auf mehrere handelnde Personen veranschaulichen. So empfindet sich Mara als Kind »hässlich«, was sie zu der Überzeugung bringt, ihr »Vater« werde »wohl der einzige Mann bleiben […], dem sie gefiel«.[1271] Der Vater ist Offizier, außerdem schreibt er Gedichte, ein Geheimnis, das er mit Mara teilt, die ihrerseits seine Gedichte verwahrt, wie es ihre Schwestern mit Liebesbriefen tun. Eines dieser Gedichte ist dem kroatischen Bauernführer Matias Grubec gewidmet; da es kurz vor dem Attentat von Sarajewo in kroatischer Sprache veröffentlicht wird, gerät der Vater in Schwierigkeiten, und nur der Kriegsbeginn verhindert sein Ausscheiden aus der Armee. Er fällt »im serbischen Feldzug«. Mara ihrerseits begann in ihren Schulaufsätzen »Dinge« zu schreiben, »für die man seit Kriegsausbruch vors Standgericht gestellt wurde«.[1272] In seiner Autobiografie nennt Sperber die Vorstellung eigener Hässlichkeit als besonders instruktives Beispiel für Minderwertigkeitsgefühle.

Im Jahr 1937 erklärt Karel Dojno in Rouen seine Sicht der Welt, bevor und nachdem er ausführlich berichtet (hat), wie Herbert Sönnecke und Vasso Militsch ums Leben gebracht worden waren. Der »Heldentod an der Front« sei Dojno Faber verwehrt, wer das dürfe, »bestimmt die Partei oder was sich bis auf weiteres noch so nennt, also wir, die Karels«.[1273] Überhaupt »haben […] die Karels […] das letzte Wort und nicht die Dojnos und Vassos«.[1274] Diesen Umstand verdankten die beiden und ihresgleichen allerdings sich selbst. »Welche Macht hätten die Vassos und die Dojnos über die Karels haben können – und was habt ihr aus uns gemacht: eure Henker im Dienste eines Super-Karel!«[1275] Offener kann fragwürdig kompensatorisches Verhalten im Grunde kaum zum Ausdruck gebracht werden.

1271 Vgl. Sperber, Der verbrannte Dornbusch, S. 233.
1272 Vgl. Sperber, Der verbrannte Dornbusch, S. 82–85.
1273 Vgl. Sperber, Der verbrannte Dornbusch, S. 381.
1274 Vgl. Sperber, Der verbrannte Dornbusch, S. 380.
1275 Sperber, Der verbrannte Dornbusch, S. 382.

Ein begeisterter, ebenfalls von massiven Kompensationsbestrebungen getriebener Henker ist der Kommissar Hrvatic alias Slavko. Der »[e]inzige Sohn eines Dorfschullehrers, [...] in die Stadt geschickt«, um zu »studieren«, in den Wirren seiner eigenen politischen Aktivitäten und dann des Krieges schließt er das Studium nicht ab, übt im Krieg aber dennoch die Funktion eines Richters aus, der zahlreiche Todesurteile ausspricht. Auch »14–15jährige Knaben« lässt er hinrichten, wo immer sein »Detachement durchkommt, zeichnet es seinen Weg an den Bäumen; es gibt Alleen von Gehenkten«.[1276] Den aus Belgrad entsandten Dr. Maritsch, »Sohn« eines »zukünftigen Ministers«, duzt er und spricht in herabsetzender Weise zu ihm, worauf der so Adressierte ihn ohrfeigt. Schon tags darauf unterschiebt er Maritsch einen Mord, den er selbst begangen hat und lässt ihn schließlich ermorden, um Unruhen zu befeuern, die er dann umso härter niederschlagen kann.[1277]

Eine andere und zweifellos hochproblematische Facette des Themas *Minderwertigkeitsgefühl,* diesmal gepaart mit heftigen Angstgefühlen, könnte sich in Bezug auf den Dichter Illming ergeben, der zu einer Art Ikone rechter Kriegsrhetorik avanciert ist. Ursprünglich hieß der Dichter Fritz Müller, er war im Ersten Weltkrieg »ein Held« geworden, danach ein Lobsänger des Heldentums, »Erinnerung übermenschlicher Stärke, Verachtung des Todes durch die Kameradschaft der Lebenden, Kämpfenden und unbesiegbare, unvergeßliche Gier nach dem Sieg«.[1278] Auch ein Gedicht auf den Mord an Rosa Luxemburg hat er verfasst, eine »Ode an« ihre »Mörder«, worin es heißt: »*›Eure Gebärden preise ich, die herrlichen, tödlichen.‹*« Er scheint es 1918 veröffentlicht zu haben; zwanzig Jahre später räumt er ein, dass es »kein gutes Gedicht gewesen« sei, allerdings wäre »[d]ie Beseitigung jener Frau [...] mehr als nur eine Notwendigkeit« gewesen.[1279] »Von Illming, in dem« Fritz Müller »auferstand, konnte etwas, was Müller nicht vermocht hatte: Er verachtete nun aufrichtig und hoffärtig alles, was ihm Angst machte. Denn er hatte die Angst nicht verloren [...]«.[1280] Jedenfalls in den geschützten Sphären seines Privatlebens lässt Illming möglicherweise homosexuelle Neigungen erkennen, sodass jemand, der neugierig genug wäre, ihrer durchaus gewahr werden könnte. So fallen etwa Josmar, als er Sönnecke abholen kommt, an den Wänden »Fotos« auf, »die nackte junge Männer zeigten«.[1281] Dieser Umstand könnte zusammen mit Illmings ambi-

1276 Vgl. Sperber, Der verbrannte Dornbusch, S. 58.
1277 Vgl. Sperber, Der verbrannte Dornbusch, S. 57 f., 69–78.
1278 Vgl. Sperber, Der verbrannte Dornbusch, S. 210.
1279 Vgl. Sperber, Tiefer als der Abgrund, S. 586 (Hervorhebungen im Original).
1280 Vgl. Sperber, Der verbrannte Dornbusch, S. 211.
1281 Vgl. Sperber, Der verbrannte Dornbusch, S. 215.

valenter Haltung zum Nationalsozialismus dazu beigetragen haben, dass er am 30. Juni 1934 von SS-Schergen aus der Wohnung Thea Lengbergs gezerrt wird.[1282] In unserem Zusammenhang interessieren mögliche kompensatorische Aspekte von Illmings Verhalten, die mit einer Umformung oder vielleicht Abwehr zumindest nach außen hin verborgener homosexueller Neigungen im Modus martialischer Rhetorik und dem Pflegen eines bestimmten, damit im Zusammenhang stehenden Bildes von Männlichkeit korrelieren könnten.[1283]

3.2.2.2.2 Das Unbewusste (das Unverstandene)

Unverstanden gebliebene Aspekte der eigenen Entwicklung und Persönlichkeit, die gleichwohl handlungsleitend wirken, finden sich mehrfach. Als etwa Josmar Goeben einem Bekannten Edi Rubins, dem Sozialdemokraten Hofer, erklärt, »daß die Sozialisten Verräter, Sozialfaschisten und somit der Hauptfeind der Arbeiterklasse« seien, und unnachgiebig deklamiert, »Stalin irr[e] sich nicht«, hat Edi den Eindruck, Josmars – ihm persönlich unbekannten – Vater, »den Herrn Oberlandesgerichtsrat Goeben«, zu erkennen, »der einen armen Teufel degradiert, erledigt«.[1284]

Im letzten Jahr des Ersten Weltkriegs unterstützt Mara »kroatische Bauern«, die »einzeln und in Gruppen aus der Armee zu entlaufen begannen und sich zu ›grünen Cadres‹ zusammenschlossen«, indem sie ihnen auf ihrem Gut »Zuflucht« bietet. Sie beteiligt sich an der Organisation dieser »›Cadres‹«, und »nach dem Zusammenbruch« begegnet sie Vasso, der »die Kommunistische Partei […] organisierte«. Eigentlich hätte sie »einen neuen Mattias Grubec« gesucht, gefunden allerdings nicht. Sie und Vasso bleiben zusammen. Nach dem »Staatsstreich […] zehn Jahre später« ordnet »die Internationale« Vassos »Emigration« an. Mara wird verhaftet und gefoltert. Die Folge ist »eine tiefe Bewußtlosigkeit«; die Folterknechte legen Mara in einer Schlucht ab, sie wird gefunden, und ihr

---

1282 Vgl. Sperber, Der verbrannte Dornbusch, S. 351–356. Zu Röhms angeblicher Homosexualität, die nicht nur von seinen Mördern, sondern auch von Kritikern des Regimes abfällig beurteilt wurde, vgl. z. B. zur Nieden, Susanne: Aufstieg und Fall des virilen Männerhelden. Der Skandal um Ernst Röhm und seine Ermordung: In: zur Nieden, Susanne (Hg.): Homosexualität und Staatsräson: Männlichkeit, Homophobie und Politik in Deutschland 1900–1945. Frankfurt am Main/New York: Campus 2005, S. 147–192; zur Nieden, Susanne: Der homosexuelle Staatsfeind – zur Geschichte einer Idee. In: Raphael, Lutz/Tenorth, Heinz-Elmar (Hg.): Ideen als gesellschaftliche Gestaltungskraft im Europa der Neuzeit. Beiträge für eine erneuerte Geistesgeschichte. München: Oldenbourg 2006, S. 395–397.

1283 Zum Thema Homosexualität bei Adler und zur demgegenüber mutmaßlich differenzierten Haltung bereits in Sperbers »Charlatan« vgl. Abschnitt zu »Charlatan«. Zu neueren Untersuchungen von entsprechenden Abwehrmechanismen vgl. z. B. Wiesendanger, Kurt: Heterosexismus und Homophobie. In: Psychoscope 2/2002, S. 6–9.

1284 Vgl. Sperber, Der verbrannte Dornbusch, S. 32–34.

schlägt nun eine »Welle der Sympathie« entgegen, die sich weiter verstärkt, als vermutet wird, dass Mara sehr aktiv an einigen Racheaktionen gegen Polizisten beteiligt ist.[1285] Wie das Verwahren der väterlichen Gedichte gleich Liebesbriefen, wären angebliche Konflikte mit weiblichen Familienmitgliedern und die Suche nach einem Mann, der dem Helden eines väterlichen Gedichts ähnelt, durchaus im Sinne einer unbewussten Orientierung von Maras Beziehungsverhalten an der internalisierten Idealisierung des Vaters deutbar. Wie immer derlei Annahmen zu bewerten sein mögen, der Roman drängt der Leserin/dem Leser eine solche Deutungsoption geradezu auf.

3.2.2.2.3 Lebensplan, Lebensstil

1937 verdingt sich Edi Rubin in Paris als Bridgelehrer und zögert die Abreise nach Amerika hinaus. Dojno gegenüber erklärt er dies als »eine jüdische Schwäche«, schließlich vergingen auch, wenn er sich von Menschen trenne, zwischen Planung und Ausführung ungefähr sechs Jahre. »Drei Jahre für einen Abschied von Europa« seien, gemessen daran, »nicht viel«.[1286] Insofern zieht er eine bestimmte Vorstellung von *jüdischer Identität* als Erklärung dafür heran, ob im Literalsinn oder ironisch gewendet, spielt an dieser Stelle im Grunde keine große Rolle, denn Edi bringt sein zumindest vordergründig irrationales Verhalten mit einem grundlegenden Konzept in Verbindung, das sich für sein Leben gewissermaßen als Konstante erweist. Auch in Bezug auf andere Protagonisten des Romans erweisen sich die individualpsychologischen Konzepte von *Lebensstil* und *Lebensplan* in hohem Maße als bedeutsam, denn wie sie sich in bestimmten Situationen verhalten, erfließt immer wieder aus den bewussten oder unbewussten Entscheidungen, die auf leitende Konzepte ihrer biografischen Entwicklung zurückgeführt werden können. So bleibt Goeben über weite Strecken jemand, der Autorität auszustrahlen bestrebt scheint und dabei doch nur Worte und Habitus anderer, etwa seines Vaters oder von Parteifunktionären, zum Vorschein bringt.[1287] Ein ähnlicher Verdacht drängt sich bei den KP-Funktionären Bärtchen und Classen auf, die nur Parteiparolen von sich geben, doch erfahren wir über sie zu wenig, um Hypothesen zu ihrem Lebensplan aufstellen zu können.[1288] Ihr *Lebensstil* als – aus individualpsychologischer Sicht – Konsequenz dieses *Plans* wirkt recht aufschlussreich.

Aus Alfred Adlers und auch aus Sperbers Sicht sind Menschen prospektiv ausgerichtet, weshalb die Erforschung der je eigenen Vergangenheit weniger

1285 Vgl. Sperber, Der verbrannte Dornbusch, S. 86–93.
1286 Vgl. Sperber, Der verbrannte Dornbusch, S. 437.
1287 Vgl. Sperber, Der verbrannte Dornbusch, S. 32, 34.
1288 Vgl. Sperber, Der verbrannte Dornbusch, S. 162, 287 f., 289.

bedeutsam ist, als die Möglichkeit, eine Zukunft antizipieren zu können.[1289] Entsprechende Erfahrungen macht auch Dojno Faber, dem im Konzentrationslager jegliche Vorstellung von Zukunft abhanden kommt.

> »Es brauchte nicht lange und man wurde dessen gewahr, wie gefährlich die tägliche Alleinherrschaft der Gegenwart und wie trostlos lähmend der nächtliche Trost der Vergangenheit werden mußte«.[1290]

3.2.2.2.4 Gemeinschaftsgefühl

Das etwa noch im »Charlatan und seine Zeit« oder in »Zur Analyse der Tyrannis« fast ungebrochen positiv bewertete Gemeinschaftsgefühl gewinnt in »Der verbrannte Dornbusch« eine unverkennbar düstere Färbung.[1291] Besonders anschaulich erfolgt dies in einer Szene, in deren Zentrum der altgediente deutsche KP-Funktionär Sönnecke steht. Sie spielt im März 1934. Auf Geheiß der Partei hält sich Sönnecke, dessen Haltung derselben gegenüber bereits einigermaßen ambivalent ist, undercover in Berlin auf und ist unterwegs zu einem konspirativen Treffen.

> »Er setzte seinen Weg langsam fort [...]. In der Nähe der U-Bahn-Station fand er ein Taxi. Der Chauffeur sagte, er würde wohl einige Umwege machen müssen wegen des Riesenaufmarsches, zu dem man sich schon überall versammelte, ganze Straßenzüge würden überhaupt ganz abgesperrt sein. Sönnecke besann sich erst jetzt: Es war gerade ein Jahr, da waren sie zur Macht gelangt. Erst ein Jahr. Es war das längste seines 47jährigen Lebens. [...] Das Café war fast leer. [...] Der zuerst kaum vernehmliche dumpfe, rhythmische Lärm wurde immer deutlicher, der Anmarsch begann. [...] Die erste Staffel, die da heranmarschierte, mußte nun wohl ganz nahe sein. Sie marschierte gut; das macht den Leuten Spaß, wenn sie den eigenen Schritt von dem der anderen nicht heraushören können. In gleichem Schritt und Tritt. Doch Sönnecke hörte nichts mehr, sein Ohrensausen war zu stark. Er wußte, das bedeutete Angst.«[1292]

Viele marschierende Menschen sind zu sehen, und schließlich, »auf dem großen Platz [...] ein riesiges Lager, an dessen Rändern das unruhige Fackellicht den Bannkreis bezeichnete, aus dem es für den einzelnen kein Entrinnen mehr geben

---

1289 Vgl. Sperber, Alfred Adler oder Das Elend der Psychologie, S. 91.
1290 Sperber, Der verbrannte Dornbusch, S. 294.
1291 Zur »Analyse der Tyrannis« vgl. ausführlich später.
1292 Sperber, Der verbrannte Dornbusch, S. 205 f.

könnte«.[1293] Ganz klar erkennbar geht es hier nicht um das Phänomen *Masse* als solches und seine Eigendynamik. Eher werden an dieser Stelle Erschütterungen des *Gemeinschaftsgefühls* beschrieben, das nunmehr deutlich bedrohliche Formen annimmt. Für die Marschierenden stellt sich ein solches Gefühl wohl ein, mag es die eine oder der andere auch als beklemmend empfinden. Aber diese *Gemeinschaft* ist klar aversiv und exklusiv für jene, die sie nicht umfasst, in höchstem Maße bedrohlich, auch auf emotionaler Ebene, noch ehe konkrete Gewaltakte gesetzt werden.

In eine ähnliche Richtung weisen Erfahrungen, die Dojno Faber im Konzentrationslager gemacht hat. »[I]m Lager« sei etwas geschehen, »das uns auch innerlich zu Gefangenen machte«. Dieses Geschehen bestand in der Annahme einer »Disziplin«, die »tief« in die Betroffenen eingedrungen sei. »Sobald wir uns dareingefunden hatten, hatten wir uns ein zweitesmal zu Gefangenen gemacht. In jedem von uns war ein Wächter, saß ein Feind.«[1294] Diese Bemerkungen erinnern selbst noch in der Wortwahl *(Disziplin)* frappant an sehr viel später formulierte Überlegungen Michel Foucaults zu biopolitischer Sozialdisziplinierung und Menschendressur auf der Basis internalisierter Überwachung.[1295] Die Internalisierung der eingeübten Regeln und Werthaltungen schafft eine un-heimliche Form von Gemeinschaft mit anderen Opfern ähnlicher Dressur, deutlich spür-, aber kaum artikulierbar. »Es mag zutreffen«, schreibt Sigmund Freud, »daß das Unheimliche das Heimlich-Heimische ist, das eine Verdrängung erfahren hat und aus ihr wiedergekehrt ist, und daß alles Unheimliche diese Bedingung erfüllt.« Freud möchte den Begriff zwar darüber hinaus auf »*verdrängte* infantile Komplexe« beziehen, die »durch einen Eindruck wieder belebt werden«, doch könnte die erste Definition durchaus geeignet sein, Ambivalenzen im Gemeinschaftsgefühl zu erhellen, wie sie in »Der verbrannte Dornbusch« beschrieben werden.[1296]

Aber auch selbstgewählte Gemeinschaften können sich als problematisch erweisen, etwa wenn Menschen dazu verleitet werden, sich zwischen Alternativen zu entscheiden, die bei Lichte besehen untragbar sind. Sperber hat später von einer »falsche[n] Alternative« gesprochen, die konkret aus KP-Sicht suggerierte, es sei eine Entscheidung zu treffen zwischen Kommunismus, wie er von der sowjetischen Parteiführung verstanden werde, und diversen Faschismen,

1293 Vgl. Sperber, Der verbrannte Dornbusch, S. 207.

1294 Sperber, Der verbrannte Dornbusch, S. 294.

1295 Vgl. dazu z. B. den Überblick bei Dreyfus/Rabinow, Michel Foucault, S. 164 ff.

1296 Freud, Sigmund: Das Unheimliche (1919). In: Freud, Sigmund: Psychologische Schriften. Hg. v. Alexander Mitscherlich u. a. Frankfurt am Main: Fischer 1989 (Sigmund Freud Studienausgabe, Bd. IV), S. 268, 271 (Hervorhebung im Original).

insbesondere dem Nationalsozialismus.[1297] Vor diesem Hintergrund lassen sich wohl nicht zuletzt auch vordergründig befremdliche Verhaltensweisen Dojno Fabers erklären. So weicht er Albert Gräfe in ihrem ersten Gespräch aus und antwortet selbst auf die Frage, ob er »ein Freund Herbert Sönneckes« sei, nur sehr zögerlich und das erst, als sie wiederholt wird.[1298] Auf irgendeine Handlung oder Aussage zugunsten Sönneckes will sich Dojno schon gar nicht einlassen.[1299] Gräfe hingegen hat genug von der »Partei«, der »Sowjetunion«, die es seinem Dafürhalten nach »gar nicht mehr gibt«.

> »[H]ätte eine proletarische Partei einen Mann wie mich dem Feind ausgeliefert, hätte sie es nötig einen Mann wie Sönnecke zu entehren und totzuschlagen? Hat sie es nötig, dann ist sie eben nicht unsere Partei. Nirgends in der Welt werden so viele Kommunisten umgebracht wie in Rußland.«[1300]

Faber hingegen findet den »Fall Sönnecke nicht anders, nicht empörender als die anderen. Sönnecke hatte geschwiegen, er selbst hatte geschwiegen, warum sollte er jetzt sprechen?« Dojno sei, so sagt er, seit Beginn der Moskauer Prozesse »wie vereist in Einsamkeit«. Doch solle Gräfe bedenken, »was [...] es noch für eine Hoffnung« gäbe »als die, die wir an die Partei geknüpft haben, an die Partei und an Rußland«. Gräfe erwidert, dass der Sinngehalt von Fabers Ausführungen jenen des »alten Schlager[s], der [...] Valencia [...] hieß«, glichen. »Die Worte waren gewiss saublöd, aber ich habe ihn gern gehört, alle hat es gepackt damals.«[1301] Schließlich versteigt sich Faber in Bezug auf Sönnecke zu einer zynischen Bemerkung, die bei ihm selbst »körperliches Unbehagen« auslöst, sobald er sie »ausgesprochen« hat:

> »Entweder er akzeptiert, wie die alten Bolschewiken in einem Prozeß mitzuspielen, dann können wir von hier aus nichts daran ändern. [...] Oder er lehnt es ab, dann werden sie ihn umbringen, ohne irgend etwas darüber verlauten zu lassen. [...] Was auch immer sie ihm antun, Sönnecke bleibt frei, zu wählen.«

»Es gibt«, entgegnet Gräfe, »zwei Möglichkeiten, in jeder von beiden bringen sie ihn um, in jeder behältst du den Kopf hoch oben und das sonst so geschwätzige

1297 Vgl. Sperber, Die falsche Alternative, S. 285–290.
1298 Vgl. Sperber, Der verbrannte Dornbusch, S. 361, 367.
1299 Vgl. Sperber, Der verbrannte Dornbusch, S. 369, 370.
1300 Sperber, Der verbrannte Dornbusch, S. 371.
1301 Vgl. Sperber, Der verbrannte Dornbusch, S. 369–371.

Maul geschlossen.«[1302] Dojno Faber hat Bedenken bezüglich der Partei, er äußert sie allerdings nicht laut, sondern verschriftlicht sie. Seine Aufzeichnungen gelangen rasch an die Partei, übermittelt von Fabers aktueller Freundin, mit der er in Paris zusammenlebt.[1303]

Auch Herbert Sönnecke vertritt eine ähnliche Sichtweise wie Faber. Dem Vorgehen des KP-»Apparat[s]« vermag er immer weniger abzugewinnen, etwa als Albert Gräfe aus parteitaktischen Überlegungen von KP-Funktionären an die Gestapo ausgeliefert wird, doch versucht er lange Zeit, sich solche Erfahrungen unter Berufung auf das Alternative-Argument schönzureden. »[A]uch ich mag diese Dinge nicht«, erklärt er etwa Josmar Goeben. »Aber bedenke, wenn die Partei jetzt nicht einig bleibt, wenn wir jetzt auch nur die geringste Abweichung zulassen, dann ist es um uns geschehen.«[1304]

Insgesamt wird das Gefühl, keine Alternativen zu haben, immer wieder anhand konkreter Referenzen verdeutlicht, nicht nur durch solche auf die »falsche Alternative«.[1305] In seiner Autobiografie weist Sperber auch auf die »ungewöhnliche Bedeutung der Gleichgültigkeit« hin, die »dem Terror seit jeher und überall förderlich ist«.[1306] Im Blick auf den Winter 1932/33 spricht er von einer »Apathie breiter Schichten«, erklärt sie allerdings hauptsächlich mit »der verwirrenden und schließlich paradox neutralisierenden Wirkung des Feinddenkens«, das »die Ängstlichen« dränge, »sich der Diktatur zu unterwerfen«.[1307] In »Der verbrannte Dornbusch« ist die »Gleichgültigkeit« geradezu Signum fragwürdigster politischer Entwicklungen. »Die Gleichgültigkeit ist allgegenwärtig«, erklärt Faber Josmar Goeben bei ihrer ersten Begegnung. »Jeder Machtherrschaft ist sie stets die sicherste Stütze, der verläßlichste Schutz gewesen«.[1308]

Umgekehrt geht es, jedenfalls aus Fabers oder Goebens Sicht, auch um das Bedürfnis, den Willen, zu glauben. So habe sich »Josmar« nach Dojnos Überzeugung »niemals von dem Bedürfnis befreien können, zu glauben. […] [T]agelang« habe er »der entnervendsten Gefahr trotzen können, aber er hält nicht eine Minute stand, ist er nicht des Absoluten gewiß.« Für Relly ist derlei Analyse hingegen »Geschwätz«.[1309] Allerdings lenkt auch die auktoriale Erzählinstanz den Blick der Leserin/des Lesers in anderem Zusammenhang auf

1302 Sperber, Der verbrannte Dornbusch, S. 373.
1303 Vgl. Sperber, Der verbrannte Dornbusch, S. 381 f., 384 f.
1304 Sperber, Der verbrannte Dornbusch, S. 217
1305 Vgl. Sperber, Die falsche Alternative, S. 285–290.
1306 Vgl. Sperber, Die vergebliche Warnung, S. 376.
1307 Vgl. Sperber, Die vergebliche Warnung, S. 533.
1308 Sperber, Der verbrannte Dornbusch, S. 39.
1309 Vgl. Sperber, Der verbrannte Dornbusch, S. 448.

Goebens Glaubensbedürfnis. So beginnen Goeben im Lauf der Zeit durchaus Zweifel am KP-Apparat zu quälen. Vor allem als er erfährt, dass Albert Gräfe von der KP an die Gestapo ausgeliefert wurde, setzt ihm dies zu, doch lässt er sich von dem zu diesem Zeitpunkt selbst gar nicht mehr linientreuen Herbert Sönnecke beschwichtigen. »Josmar verlangte nichts Besseres, als zu glauben. Und es tat gut, Sönnecke so sprechen zu hören. Und es war wahr, nicht auf die Mittel kam es an, sondern nur [...] auf das Ziel.«[1310]

Selbst nachdem er die Kommunistische Partei verlassen hat, hält Faber ihr unter dem Gesichtspunkt eines scheinbar ausweglosen Entscheidungszwangs zwischen Stalinismus und Faschismus die Treue. Gerne spräche er »[g]egen die Mörder Vassos und Sönneckes [...]« und klagte sich selbst als deren »geistigen Komplicen, als ›schlechten Zeugen‹« an. Doch »würde« er damit »plötzlich auf die andere Seite zu stehen kommen. Es gibt kein Niemandsland zwischen den Fronten [...].«[1311] Stetten vermag diese Überlegungen nicht nachzuvollziehen: »Sie geben die Partei auf und bleiben freiwillig Gefangener der parteiischen Wahrheit, obschon Sie nun endlich erkannt haben, daß sie eine weltumfassende Unwahrheit ist.«[1312] Ungeachtet dieses Auffassungsunterschieds nimmt Dojno Stettens Vorschlag an, ihn nach Wien zu begleiten, »vollangestellter Redakteur der Historischen Revue« zu werden und »sich ein wenig« auszuruhen. Ehe die »Hakenkreuzler« anrückten, müssten sie das Land allerdings wieder verlassen.[1313] Auf diese Weise bildet sich auch wieder eine Gemeinschaft, eine funktionierende, kleine.

Das *Gemeinschaftsgefühl* im Adler'schen Sinn kann in »Der verbrannte Dornbusch« gerade in selbstgewählten (kleinen) Gemeinschaften seine Wirksamkeit bewahren, in welche Richtung sich diese auch entwickeln mögen. So erschüttern die Schilderungen von den Morden an Sönnecke und Vasso Millitsch im Zuge der Säuberungen in Moskau Dojno tief, vor allem die Ermordung Vassos. »Nun er so gestorben ist, ist alles fraglich.«[1314] In der Folge versinkt er in tiefer Trauer, »der gläubige Jude trauert«, meint Stetten nicht ohne Ironie, als er Faber in Paris sieht, »Schiwah heißt das, glaube ich, und sieben Tage hat das zu dauern«.[1315] Mit ihrem »Judesein« befasst sich Faber, gemeinsam mit Edi Rubin 1937 in Paris tatsächlich ein wenig intensiver als bisher. Edi, so mahnt ihn Dojno, solle doch mit Relly und dem Sohn Paul Europa verlassen. Er zögere zu lange, »schon seit

1310 Vgl. Sperber, Der verbrannte Dornbusch, S. 217.
1311 Vgl. Sperber, Der verbrannte Dornbusch, S. 445.
1312 Vgl. Sperber, Der verbrannte Dornbusch, S. 446.
1313 Vgl. Sperber, Der verbrannte Dornbusch, S. 446 f.
1314 Sperber, Der verbrannte Dornbusch, S. 434.
1315 Vgl. Sperber, Der verbrannte Dornbusch, S. 444.

bald drei Jahren«. »Das muß«, räsoniert Edi, »so eine jüdische Schwäche sein.« Faber darauf: »Ich bin auch Jude.« »Nun ja, eben«, antwortet Rubin, »seit wieviel Jahren brechen Sie mit der Partei und sind noch immer nicht weggegangen.« Faber enthüllt, dass er nun doch »weggegangen« sei, nicht, wie Rubin vermutet, »einen neuen Weg gefunden« hätte, sondern »den Weg verlassen« habe, da »er nicht zum Ziele«, sondern »von ihm weggeführt« habe.[1316]

3.2.2.2.5 Organdialekt

Eine Form körpersprachlichen Ausdrucks kann nach Adlers Sicht nicht zuletzt auch beim Auftreten bestimmter organischer Beschwerden angenommen werden.[1317] Im konkreten Fall würde heute vermutlich eher von psychosomatischen Beschwerden gesprochen: Als er am Tag nach seinem Gespräch mit Gräfe über Sönnecke eine Propagandarede für die KP hält, verspürt Dojno Faber plötzlich »eine lähmende Schwäche« und muss abbrechen, stand er doch kurz davor zu sagen: »›Sönneckes zwei halbwüchsige Kinder sind in Rußland, er ist nicht frei, zu wählen.‹«[1318]

3.2.2.2.6 Psychologie als solche, die Gestalt des Psychologen sowie jene des Lehrer-Meisters

Es hat den Anschein, als wäre Stetten eine Art Ersatzvater für Dojno Faber, doch hier scheint Vorsicht angeraten. Eher mutet er der Gestalt des »Lehrer-Meister[s]« ähnlich an.[1319]. Vielleicht liegt hier sogar ein genuiner Beitrag Sperbers zur »deutenden Psychologie«, gewissermaßen als Gegenentwurf zum überdimensionierten *Vater* der Psychoanalyse und Individualpsychologie. Die Attraktion dieser Figur läge darin, dass man von ihr etwas *lernen* kann, und sie verbindet psychologische Erwägungen mit solchen der jüdischen (insbes. chassidischen) Tradition, aber auch dem literarischen Schreiben. Insofern appliziert Sperber die Figur in seiner Autobiografie auch auf Adler, zumindest implizit.[1320] Der »Lehrer-Meister« hat Relevanz für die lebenslang Lernenden bzw. Lernen-Wollenden. Diese sind keineswegs ausschließlich Jüdinnen und Juden.

1316 Sperber, Der verbrannte Dornbusch, S. 437.
1317 Vgl. Kapitel A.
1318 Vgl. Sperber, Der verbrannte Dornbusch, S. 375.
1319 Sperber, Die Wasserträger Gottes, S. 208.
1320 Vgl. Kapitel B.

3.2.3 Figuren

3.2.3.1 Vorbemerkung

In den folgenden Ausführungen zu den Figuren und den Konstellationen, in denen sie zueinanderstehen, werden jene Protagonistinnen und Protagonisten berücksichtigt, denen entweder Schlüsselrollen für einzelne oder mehrere Romane der Trilogie zukommen und/oder die im Hinblick auf individualpsychologische Konzepte besondere Aufmerksamkeit verdienen. Um keine Bedeutungshierarchien auf welcher Grundlage auch immer zu bilden, folgt die Reihenfolge ihrer Darstellung jener ihres erstmaligen aktiven Auftretens im Roman.[1321]

In der Figurengestaltung treten individualpsychologische oder eben *deutend-psychologische* Konzepte und Ideen hervor. Schon im Hinblick auf die motivationale Ebene konnte herausgearbeitet werden, dass diese Ebene stark in der Figurenzeichnung Ausdruck findet. Das bei Adler so wesentliche *Minderwertigkeitsgefühl* erweist sich etwa bei Mara wie bei Karel als zentrales Movens.

Das *Unbewusste* als das *Unverstandene* wird anhand von Maras Motiven gerade für ihr politisches Handeln hervorgehoben. Ihr Konflikt mit weiblichen Familienmitgliedern kann im Adler'schen Sprachgebrauch zudem als Ausdruck »männliche[n] Protest[s]« gewertet werden, also des Bestrebens, sich energisch weiblichen Rollenklischees zu entziehen.[1322]

Erschütterungen des frühzeitig entwickelten *Lebensplans,* daraus folgendes Scheitern oder die Vornahme von Adaptionen können im Grunde für alle Figuren konstatiert werden, selbst für den in mehrfacher Hinsicht etablierten Stetten. Die unbewussten Lebensentwürfe zumindest aller im Folgenden erwähnter Personen geraten ins Wanken, müssen modifiziert oder neu konfiguriert werden, was sich in Gestalt von als erheblich krisenhaft empfundenen Veränderungen bemerkbar macht.

Das in Adlers Theorie relevante Gemeinschaftsgefühl begegnet in den Figurenkonstellationen in »Der verbrannte Dornbusch« in so vielen Zusammenhängen, dass es allgegenwärtig wirkt. Die politischen Gemeinschaften, die, obwohl selbst gewählt, Eigendynamiken entfalten, von denen sich viele der Beteiligten

1321 Auf die Namensthematik komme ich noch näher zu sprechen.

1322 Vgl. Sperber, Der verbrannte Dornbusch, S. 84. Zum »männliche[n] Protest« bei Adler vgl. insbes. Adler, Alfred: Der psychische Hermaphroditismus im Leben und in der Neurose. Zur Dynamik und Therapie der Neurosen. In: Adler, Alfred: Persönlichkeit und neurotische Entwicklung. Frühe Schriften (1904–1912). Hg. v. Almuth Bruder-Bezzel. Göttingen: Vandenhoeck & Ruprecht 2009 (Alfred Adler Studienausgabe, Bd. 1), S. 103–113; Adler, Über männliche Einstellung bei weiblichen Neurotikern, S. 187–212.

überrollt fühlen und die deshalb erodieren, sind davon eher weniger erfasst als kleinere Gemeinschaften, die sich ebenfalls wandeln, verfestigen oder gleichfalls in Krisen geraten. Konkret findet dies Ausdruck in den mannigfachen Krisen vieler Figuren, die Anhängerinnen und Anhänger einer Kommunistischen Partei oder zumindest marxistischer Ideologie sind. Sie erleben Entwicklungen einer mehr und mehr zentral aus der Sowjetunion gesteuerten Kommunistischen Internationale, wobei sie diesen Entwicklungen nicht oder nicht ausreichend entgegengetreten sind, als sie es wohl vor Einsetzen der Romanhandlung vielleicht noch konnten.[1323] Im zwei- oder dreipersonalen Bereich verändern sich Gemeinschaftsformationen (z. B. Relly – Dojno, Relly – Edi) oder sie gewinnen neue Qualitäten (z. B. Dojno – Stetten).

3.2.3.2 Protagonistinnen und Protagonisten

3.2.3.2.1 Josmar Goeben

Goeben hat sich vom gläubigen Katholiken, dem sein jüdischer Mitschüler Edi Rubin ein »goldenes Kreuz« rettete, zu einem gläubigen KP-Aktivisten gewandelt. Eigentlich heißt er Joseph-Maria Goeben, doch »nun [...] verteidigt« der katholisch erzogene Sohn eines Richters »ein anderes Kreuz«, wie Edi Rubin denkt.[1324] Er hat ein technisches Studium absolviert und versucht, eine »zerbrochene Ehe« mit einer Parteigenossin namens Lisbeth hinter sich zu bringen. Auch deshalb begibt er sich bereitwillig auf die Reise nach Jugoslawien.[1325] Diese Reise beginnt in Berlin mit einer Empörung über Vasso, der sich überaus kritisch zur »Parteilinie« äußert und den er bei Sönnecke anzuschwärzen gedenkt.[1326] Verdrängungen und unbewusste Motive bieten sich für einen ersten Eindruck von Goeben an. Eine gewisse antisemitische Attitüde hat sich Josmar ebenfalls bewahrt, man könnte vielleicht sagen, von seinem alten in den neuen Glauben *gerettet.* Edi Rubin trägt bei ihrer Begegnung 1930 in Wien einen »breiten goldenen Ring mit [...] Rubinen«, »viel zu breit«, nach Josmars Dafürhalten. Doch »vielleicht«, so denkt er auch, »wäre« ein solcher »Ring für Edi und [...] für die Juden seiner Art charakteristisch«.[1327] Während seines Aufenthalts in Wien spricht Goeben aus Edi Rubins Sicht »nicht eine eigene Sprache, sondern einen

1323 So zumindest auch das Resümee Karels; vgl. Sperber, Der verbrannte Dornbusch, S. 382.
1324 Vgl. Sperber, Der verbrannte Dornbusch, S. 29 f.
1325 Vgl. Sperber, Der verbrannte Dornbusch, S. 13–28.
1326 Vgl. Sperber, Der verbrannte Dornbusch, S. 21.
1327 Vgl. Sperber, Der verbrannte Dornbusch, S. 30.

Jargon«.[1328] Rubin missfällt Josmars Art, mit Andersdenkenden zu sprechen.[1329] Auf seiner Reise nach Jugoslawien wird Goeben nachdenklich:

> »Je mehr er von dem Land wußte, umso mehr verschwamm ihm das Bild [...]. Die festgefügte Meinung, wie sie etwa in der ›Einschätzung‹ und in den ›Thesen zur Lage‹ des Politbüros ausgedrückt war, blieb für ihn gültig, natürlich, aber ihr Zusammenhang mit der Wirklichkeit wurde immer lockerer.«[1330]

1932 treffen wir den ehemaligen »Chefingenieur« Goeben in einem Radioladen, wo er zu bestimmten Tages- und Nachtzeiten Funksprüche entgegennimmt und sie weiterleitet, insbesondere an »den Genossen Flamm«. *Flamm* ist ein Tarnname, den ein aus Ungarn stammender Mann, der von seinen Bekannten »Pal« genannt wird, im Rahmen seiner Tätigkeit für die KP führt.[1331] Einst war er enger Vertrauter und offener Bewunderer Lew Trotzkis, und mit diesem wurde er in die Verbannung nach Alma-Ata geschickt.[1332] Nach einem Jahr gab er eine »Reueerklärung« ab, und schließlich ließ ihn sich Stalin persönlich vorführen. Nach dem Leben in Alma-Ata und dem Befinden von Stalins großem Rivalen im Kampf um die Nachfolge Lenins befragt »erzählte« Pal und »verriet aufs neue den Freund und Führer«. Damit erwarb er sich »das [...] Recht, ein Hanswurst zu sein«, das er fürderhin »bewahrt[e]«. 1932 bekleidet er in der deutschen KP eine wichtige Funktion.[1333]

Trotz aller Zweifel bleibt Josmar der KP sehr treu. Thea Lengberg bietet ihm sogar an, »ihn [...] von der Partei los[zu]kaufen«, was Goeben erkennen lässt, dass sie von seinen politischen Idealen »nichts verstanden hatte«. »Vielerlei konnte fraglich werden, nur eben das nicht: das Recht, das die Sache, die Partei auf den Menschen, auf sein Leben hatte.« Die Frage, ob »sie auch ein Recht auf sein Glück« habe, erscheint Josmar »lächerlich«.[1334] Insofern geht die Partei seiner Auffassung nach auch seiner sich entwickelnden Beziehung mit Thea

1328 Vgl. Sperber, Der verbrannte Dornbusch, S. 32.
1329 Vgl. Sperber, Der verbrannte Dornbusch, S. 34.
1330 Sperber, Der verbrannte Dornbusch, S. 80.
1331 Vgl. Sperber, Der verbrannte Dornbusch, S. 152. Dazu, dass Goeben einstmals »Chefingenieur« war, vgl. Sperber, Der verbrannte Dornbusch, S. 110.
1332 Zu Trotzkis Verbannung nach Alma-Ata (heute in Kasachstan gelegen) im Jänner 1928 vgl. z. B. Rubenstein, Joshua: Leon Trotsky. A Revolutionary's Life. London/New Haven: Yale University Press 2011, pp. 144–153.
1333 Vgl. Sperber, Der verbrannte Dornbusch, S. 157 f.
1334 Vgl. Sperber, Der verbrannte Dornbusch, S. 348 f.

Lengberg vor. Thea erwägt noch andere Optionen, doch überschlagen sich die Ereignisse, am 30. Juni 1934.[1335]

Josmar gelingt die Flucht aus Deutschland, denn ein paar Jahre später, so erfahren wir, kämpft er im Spanischen Bürgerkrieg. Allerdings sei er dort auch gefallen, wie Edi Rubin Dojno Faber im Jahr 1937 in Paris berichtet. »[S]chwer verwundet« sei Josmar »irgendwo bei Teruel [...] zwischen den Linien liegen geblieben«. Pflichtgemäß, wie es der Befehl vorsah, habe er sich das Leben genommen, auf dass er nicht vom Feind aufgegriffen werde.[1336] Es stellt sich allerdings heraus, dass Josmar »schwer, doch nicht gefährlich verwundet« und sogar in Paris angekommen sei. Zwar sei »Josmar zwischen den Linien liegen geblieben«, doch hätten ihn »Kameraden« gerettet. Das Gerücht von seinem Ableben hätten, so ist Edi Rubin überzeugt, jene verbreitet, »die wußten, daß er ›planmäßig‹ hätte sterben sollen«.[1337]

3.2.3.2.2 Herbert Sönnecke

Sönnecke, in den frühen Weimarer Jahren polizeilich gesucht und offenbar nicht nur in die *Ruhrkämpfe* involviert, ein enger Gefolgsmann Rosa Luxemburgs, ist ein altgedienter KP-Funktionär und Anfang der 1930er-Jahre Reichtstagsabgeordneter. Er sieht sich selbst als »einfache[n] Mensch[en]«. Nach dem *Preußenschlag* beginnt er sich auf konfliktreiche Zeiten vorzubereiten.[1338] 1934 lebt er »auf Befehl der Partei« nach zwei Auslandsaufenthalten wieder in Deutschland, und ist stark in die Untergrundaktivitäten der KP involviert.[1339] Seine Kinder schickt er in die Sowjetunion, von seiner Ehefrau Herta hat er sich entfremdet. Sie ist weder von seiner Auffassung bezüglich der »Weltgeschichte« noch von der Sowjetunion begeistert und schlägt ihm vor, doch lieber gemeinsam nach Dänemark auszuwandern.[1340] Mit der Parteilinie steht Sönnecke zunehmend in Konflikt. »[I]n der Emigration«, also auf seinen Reisen nach Moskau, »war [...] die Luft [...] nicht zu atmen. War man einige Stunden da, so sehnte man sich nach der Front zurück.«.[1341] Insbesondere ein

---

1335 Vgl. Sperber, Der verbrannte Dornbusch, S. 350–353.

1336 Vgl. Sperber, Der verbrannte Dornbusch, S. 438.

1337 Vgl. Sperber, Der verbrannte Dornbusch, S. 447.

1338 Vgl. Sperber, Der verbrannte Dornbusch, S. 14f., 150, 193. Zu den Ruhrkämpfen vgl. z.B. Krüger, Gerd: »Aktiver« und passiver Widerstand im Ruhrkampf 1923. In: Kronenbitter, Günther/Pöhlmann, Markus/Walter, Dierk (Hg.): Besatzung. Funktion und Gestalt militärischer Fremdherrschaft von der Antike bis zum 20. Jahrhundert. Paderborn et al.: Schöningh 2006, S. 119–130. Zum Preußenschlag vgl. oben Kapitel B.

1339 Vgl. Sperber, Der verbrannte Dornbusch, S. 177–179.

1340 Vgl. Sperber, Der verbrannte Dornbusch, S. 200–202.

1341 Vgl. Sperber, Der verbrannte Dornbusch, S. 178.

Erlebnis in Leningrad setzt ihm zu; dort war ein Mann »vom Bürgersteig auf die Straßenbahngeleise getreten« und wurde daraufhin von einem Polizisten brutal verprügelt, eine Szene, die Sperber in seiner Autobiografie als selbst erlebt berichtet.[1342] Dieses Erlebnis zählt er zu den »dunklen Punkten« in seinem Leben, ähnlich seinem Umgang mit von der KP fallen gelassenen Mitgliedern, gegen die er pflichtgemäß »Vorwürfe [...] erhob [...], die allmählich zu Anklagen wurden, die Todesurteile herausforderten«.[1343] Doch überzeugt er sich immer wieder, wenngleich mit Mühe, von der Notwendigkeit seines Handelns. »Wer das Gesetz der Geschichte auf seiner Seite hatte, der ging nicht unter.«[1344]

Als er sich eines Tages zu einem konspirativen Treffen in Berlin begibt, gerät er in einen »Riesenaufmarsch« und wird da erst gewahr, dass es »gerade ein Jahr« her ist, »da [...] sie zur Macht gelangt [...] waren«.[1345] Sein Kontaktmann Max erscheint in Begleitung, Sönnecke flieht aus dem Café, in dem sie sich treffen wollten, gerät in immer größere Menschenmengen, die alle straff militärisch gegliedert marschieren und findet schließlich Zuflucht im Haus des Schriftstellers Jochen von Illming. Trotz offenkundiger Verachtung für die KP und die Sowjetunion gewährt Illming, der abgesehen von aller inhaltlichen Nähe kein Parteigänger der Nationalsozialisten ist, Sönnecke Unterschlupf, bis ihn Josmar als SS-Mann verkleidet abholen kommt.[1346] Die beiden konkreten Erlebnisse Sönneckes haben mit dem Thema *Gemeinschaftsgefühl* zu tun. Im ersten Fall bemüht sich Sönnecke, vermutlich um des Erhalts dieses Gefühls willen, Fragwürdiges erst gar nicht zur Kenntnis zu nehmen, im zweiten erweist sich das Erlebte gewissermaßen als düsterer Wiedergänger dieses Gefühls, als seine Schattenseite.

In Moskau soll Sönnecke schließlich eine ganze Reihe von Verfehlungen und weitreichenden Verrat gestehen. Insbesondere die Taten der von ihm selbst als Verräter enttarnten Personen soll er als seine eigenen ausgeben.[1347] Er lässt sich nicht brechen, auch nicht in einer sehr emotionalen Konfrontation mit Pal, der einräumt, »[a]lles« sei »schon so verfälscht, daß niemand mehr die Wahrheit herausfinden wird«.[1348] Sönneckes Tochter Klara versucht, ihn zum Einlenken zu bewegen, im Interesse seiner Kinder, vergebens.[1349] Schon in der folgenden

1342 Vgl. Sperber, Der verbrannte Dornbusch, S. 194 f.; vgl. Sperber, Die vergebliche Warnung, S. 495 (s. auch Kapitel B).
1343 Vgl. Sperber, Der verbrannte Dornbusch, S. 194.
1344 Sperber, Der verbrannte Dornbusch, S. 204.
1345 Vgl. Sperber, Der verbrannte Dornbusch, S. 204 f.
1346 Vgl. Sperber, Der verbrannte Dornbusch, S. 215 ff.
1347 Vgl. Sperber, Der verbrannte Dornbusch, S. 388–399.
1348 Vgl. Sperber, Der verbrannte Dornbusch, S. 399.
1349 Vgl. Sperber, Der verbrannte Dornbusch, S. 398 f.

Nacht »wurde Sönnecke liquidiert: hinterrücks erschossen«.[1350] Sönnecke hält konsequent an bestimmten Idealen fest, die er an Rosa Luxemburg bewundert haben mag. Er nennt sie fast zwanzig Jahre nach ihrem Tod »d[ie] Führerin«, im Sprachgebrauch von »Zur Analyse der Tyrannis« Sperbers ein Gegenbegriff zum »Tyrannen«.[1351] Auf unbewusster Ebene hat die Erinnerung an sie, die Gespräche mit ihr, alles taktische Kalkül, alle Parteidisziplin überdauert. Auch wenn er es »verstand [...] zu schweigen« und »gehorchen gelernt [...] hatte«, bleiben doch »frei auftauchende Erinnerung[en]«, die sich in manchen »Augenblicken« bemerkbar machen und Sönnecke »zu verwirren drohen«.[1352]

3.2.3.2.3 Vasso Millitsch

Vasso hat einen sehr frühen Auftritt im Roman, in einem Gespräch mit Josmar. Diesen irritiert er mit seinen kritischen Reden. »[G]roße Gefahr« für die Partei bringe, »was wir selber tun«. Er hegt »Zweifel«, macht »Vorschläge zur Abänderung« der »Aktivität, von der« er »nichts Gutes erwarten kann«.[1353] Ehe er auf Moskauer Zuruf von seiner Funktion abgelöst wird, unter Federführung Karels, war er ein sehr ranghoher jugoslawischer KP-Funktionär.[1354] Letztlich fällt Vasso den Stalinistischen *Säuberungen* zum Opfer. Es gelingt ihm noch, Mara zu überreden, Moskau und »ihn zu verlassen«, als »es feststand, daß er verloren war«. Als er verhaftet wird, soll er auf »fünf [...] Bogen« Papier »seine Autobiographie schreiben, aufrichtig Fehler und Abweichungen verzeichnen, deren er sich im Verlauf seiner politischen Laufbahn schuldig gemacht hatte«.[1355] »[I]n Gedanken« begann er Briefe zu schreiben, häufig an Dojno. Schließlich wird er von einem Funktionär namens Mirin verhört, einst sein Schüler, »nicht der klügste und nicht der interessanteste«, inzwischen »der besondere Sekretär ›des größten Führers aller Zeiten‹«.[1356] Stalins Sekretär legt Vasso ein Schriftstück mit »[n]eun Paragraphen« vor, »Forderungen, die er zu erfüllen hatte, wollte er leben bleiben«. Neben einer »Reueerklärung« und Untertänigkeitsbekundungen gegenüber dem »›Führer des Weltproletariats‹« soll er »vernichtende Erklärungen« gegen diverse führende Funktionäre der jugoslawischen KP einschließlich Karels abgeben, außerdem umfassende, publizistisch verwertbare Lobgesänge auf die »vollkommen[e]« Verwirklichung des »Sozialismus

1350 Vgl. Sperber, Der verbrannte Dornbusch, S. 399.
1351 Vgl. Sperber, Der verbrannte Dornbusch, S. 193.
1352 Vgl. Sperber, Der verbrannte Dornbusch, S. 194.
1353 Vgl. Sperber, Der verbrannte Dornbusch, S. 21, 23.
1354 Vgl. Sperber, Der verbrannte Dornbusch, S. 39–49.
1355 Vgl. Sperber, Der verbrannte Dornbusch, S. 400.
1356 Vgl. Sperber, Der verbrannte Dornbusch, S. 413.

[…] in der Sowjetunion« verfassen sowie die Rechtmäßigkeit der »Prozesse« bekunden, »in denen die alten Führer der Internationale verurteilt worden waren«, als »sicherste[s] Mittel […], den Weltfrieden zu retten«.[1357] Vasso Militsch verfasst denn auch eine Erklärung, allerdings nicht in der gewünschten Art. Mirin erklärt er, »[d]ie Theorie, daß die Massen revolutionär sind«, sei »früher vielleicht brauchbar« gewesen, »obschon nie ganz richtig. Jetzt aber ist sie unbrauchbar und falsch.«[1358] Vasso wird »noch 35 Tage« in einer »winzigen Zelle« gefangen gehalten und sodann erschossen.[1359]

Wie schon in seinem Gespräch mit Josmar zu Beginn des Romans bemerkbar ist, sieht Vasso die Entwicklung der Kommunistischen Partei sehr scharfsinnig und klar, ist aber nicht bereit, mit dem Strom zu schwimmen. Auch später ist er der einzige in Dojnos Umfeld, der sich nicht an einer umfassenden »Verschwörung gegen die Wahrheit« zu beteiligen bereit ist.[1360] Seine noch in der Kindheit gründenden, vielleicht in seinen Lebensplan eingeflossenen Grundhaltungen, das Streben, die Welt von ihren eigenen Üblen, die für ihn wohl vor allem in sämtlichen Formen sozialer Ungerechtigkeit Ausdruck finden, hält Vasso möglicherweise davon ab, sich rigider Parteidisziplin unterzuordnen.[1361] Gemeinschaften sind für ihn wichtig, allen voran aber die selbstgewählten, kleinen vor allem, etwa mit Dojno und mit Mara.

3.2.3.2.4 Eduard »Edi« Rubin

Er begegnet der Leserin/dem Leser das erste Mal, als er seinen ehemaligen Schulfreund Josmar Goeben in Wien trifft. Als Biologe beruflich etabliert, bahnt sich nach einer gescheiterten Ehe eine neue Beziehung zur Relly an, die zuvor mit Dojno Faber verheiratet war. Politisch steht Edi Rubin der Sozialdemokratie nahe, nimmt aber gegenüber politischen Fragen eine eher entspannte Haltung ein und wird, wie es im zweiten Roman heißt, von Dojno zu dieser Zeit als »wohlwollende[r] Skeptiker« gesehen, dem die Annehmlichkeiten des Lebens keineswegs fremd sind.[1362] Dies zeigt sich daran, dass er in politischen Debatten nicht aufbrausend wird und durchaus auch bereit ist, kommunistischen Parteileuten zu helfen, wenn die KP ihrerseits etwas für ihn oder viel-

1357 Vgl. Sperber, Der verbrannte Dornbusch, S. 414–416.
1358 Vgl. Sperber, Der verbrannte Dornbusch, S. 421.
1359 Vgl. Sperber, Der verbrannte Dornbusch, S. 426–428.
1360 Vgl. Sperber, Der verbrannte Dornbusch, S. 165.
1361 Vgl. Sperber, Der verbrannte Dornbusch, S. 22.
1362 Vgl. Sperber, Tiefer als der Abgrund, S. 517.

mehr für einen seiner Kollegen, einen in Moskau politisch verfolgten Biologen, zu tun bereit ist.[1363]

Dojno Faber erklärt ihm, dass er ihn als »Individualist[en]« betrachtet, und Edi Rubin bestätigt diese Einschätzung gern. Ihm geht es um den Einzelnen, das Individuum.[1364] Darin ist er dem Baron von Stetten ähnlich. Ideologische Divergenzen scheinen Edi von jeher nicht besonders wichtig gewesen zu sein. Gemessen am Wert persönlicher Beziehung verloren sie jede Relevanz. So hatte er, »[d]er ungläubige Jude«, einst dem »dreizehnjährigen Josmar« sein »goldenes Halskreuz« gerettet, als einige »Kameraden [...] es ihm scherzhaft entreißen wollten«. So waren sie Freunde geworden.[1365]

Edis Judentum wird mehr thematisiert als jenes Dojnos, obwohl beide explizit erst nach Dojnos Gespräch mit Karel, während dessen Letzterer von der Ermordung Vassos und Sönneckes berichtet, darauf Bezug nehmen und sich über »jüdische Schwäche[n]« austauschen.[1366] »Sie gehören, mein lieber Dr. Rubin, zum alten, klugen Volk«, spricht ihn etwa Stetten schon lange davor in Prag an.[1367]

Während des Bürgerkriegs in Österreich schließt sich Edi Rubin einem Trupp von »Schutzbündler[n]« an und flieht mit diesen in die Tschechische Republik. Auf die Frage des Sozialdemokraten Hofer, ob er es denn bereue, zu den sozialdemokratischen Kämpfern gekommen zu sein, verneint Rubin. »Diese Niederlage ist ein Sieg im Vergleich zu dem, was sich im vorigen Jahr in Deutschland abgespielt hat. Nur keine kampflose Niederlage.«[1368] Später, in Prag, erklärt er Dojno, Stetten und anderen, dass ihm »der Gedanke unerträglich« gewesen sei, »ein ganzes Volk« könnte »gleichgültig seine Avantgarde verbluten lassen«. Er habe »nicht zu den verdächtigen Zeugen gehören« wollen, zumal er »an liebe Menschen dachte, die« er »im Kampf wußte«. Letzten Endes wollte er aber weniger kämpfen als »die Verwundeten [...] pflegen und den Freunden [...] raten, wegzulaufen, mit dem Wahnsinn Schluß zu machen [...]«.[1369]

Edi und Relly treffen sich in Paris. Edi hat von »zuständiger Stelle« die Auskunft erhalten, er könne »ohne Gefahr nach Österreich zurückkehren und seine Arbeit an der Universität Wien wieder aufnehmen«. Ein »solch ›österreichisches Schicksal« will er allerdings nicht, und er müsste es auch gar nicht

1363 Vgl. Sperber, Der verbrannte Dornbusch, S. 30–34.
1364 Vgl. Sperber, Der verbrannte Dornbusch, S. 114.
1365 Vgl. Sperber, Der verbrannte Dornbusch, S. 29.
1366 Vgl. Sperber, Der verbrannte Dornbusch, S. 437.
1367 Vgl. Sperber, Der verbrannte Dornbusch, S. 297.
1368 Sperber, Der verbrannte Dornbusch, S. 262.
1369 Vgl. Sperber, Der verbrannte Dornbusch, S. 297.

erwägen, derlei auf sich zu nehmen, da auch ein Angebot aus Amerika für eine »Forschungstätigkeit« vorliegt. Allerdings schieben Edi und Relly ihre Abreise immer wieder auf, »die Trennung von Europa« scheint ihnen schwer zu fallen. Manche meinen, »Edi« habe »den Weg, der gerade ihm so sicher vorgezeichnet war, verloren«.[1370]

Soweit es Edi Rubin betrifft, drängt sich bei einer individualpsychologischen Betrachtungsweise das Thema *Lebensplan* auf, der sich als nicht mehr lebbar erweist. Insbesondere geht Edi die Zukunft, die Perspektive darauf verloren, damit zugleich die Contenance und das Sicherheitsgefühl im Leben. Diese Entwicklung wird in den beiden Folgeromanen weiter vertieft, bis Edi in »Die verlorene Bucht« nach einer neuerlichen traumatischen Erfahrung gänzlich ungewohnte und für den Edi Rubin von »Der verbrannte Dornbusch« weitegehend undenkbare Wege einschlägt. Auch hier tun sich bereits überraschende Facetten seiner Persönlichkeit auf, wenn er aufseiten von Angehörigen des Schutzbundes an den *Februarkämpfen* in Wien und Umgebung teilnimmt. Etwas Unbewusstes, Unverstandenes schimmert durch, das sich in weiterer Folge seinen Weg bahnen wird.

3.2.3.2.5 Relly (Rubin)

Von ihr erfährt die Leserin/der Leser nur den Vornamen. Vor dem Einsetzen der Handlung war sie mit Dojno Faber verheiratet, die Ehe ist aber bereits nicht mehr aufrecht, als die Handlung in »Der verbrannte Dornbusch« beginnt.[1371] Die beiden unterhalten eine freundliche Beziehung zueinander, wie aus dem Gespräch deutlich wird, das Relly mit Dojno führt, als sie ihn nach seinem Gespräch mit Edi im Jahr 1932 in Wien zum Taxistandplatz begleitet.[1372] Es stört sie Dojnos Missachtung menschlicher Individuen, die er, vielleicht vor allem, wenn es sich um Frauen handelt, auf »charakteristische F[ä]ll[e]« reduziert.[1373]

Für »die Geheimnistuerei« von »Leute[n]« wie Mara oder Vasso, »die durch Dojno ins Haus gekommen waren«, hat sie nichts übrig.[1374] Stetten nimmt sie nach seinem Bürgerkriegsabenteuer hingegen vorbehaltslos in ihrer Wohnung auf.[1375] Jahre später schreibt sie an Stetten, als sie das Gefühl hat, um Dojno stehe es schlecht, nachdem er von Vassos Tod erfahren hat.[1376] Das Räsonne-

1370 Vgl. Sperber, Der verbrannte Dornbusch, S. 305.
1371 Vgl. Sperber, Der verbrannte Dornbusch, S. 30.
1372 Vgl. Sperber, Der verbrannte Dornbusch, S. 117–119.
1373 Vgl. Sperber, Der verbrannte Dornbusch, S. 110.
1374 Vgl. Sperber, Der verbrannte Dornbusch, S. 257.
1375 Vgl. Sperber, Der verbrannte Dornbusch, S. 253–260.
1376 Vgl. Sperber, Der verbrannte Dornbusch, S. 442 f.

ment Dojnos und Edis über Tapferkeit und die Sehnsucht nach dem Absoluten bei Josmar regt sie auf, »Geschwätz« nennt sie es.[1377]

Rellys Lebensstil scheint ein sehr pragmatisches Interesse an ihrem unmittelbaren Umfeld und eine nüchterne Betrachtung der Welt zu begünstigen. Ob und gegebenenfalls wie sich dies individualpsychologisch deuten oder erklären ließe, muss offen bleiben, dafür sind die Informationen über Relly zu dünn. Insbesondere in »Der verbrannte Dornbusch« und in »Die verlorene Bucht« ist Relly wenig elaboriert gestaltet. Über ihre Gedanken und Gefühle erfahren wir nur in »Tiefer als der Abgrund« ein bisschen mehr.

3.2.3.2.6 Denis »Dojno« Faber

In seinem ersten Auftritt argumentiert Dojno (geboren wohl 1901 oder 1902[1378]) – sehr zum Missfallen Josmar Goebens – ähnlich wie sein Freund Vasso. »Entscheidung[en]« würden »in Moskau«, »von den Russen allein getroffen«, »alles andere« sei »Theater«. Generell breche eine »Zeit des Gehorsams« an, »Unterwerfung unter einen Befehl«, gegründet auf »Angst«. Goeben goutiert das nicht, »[m]an hat nicht recht gegen die Partei«.[1379]

Angesichts der staatlichen Repression, wie sie etwa der Kommissar Hrvatic durchsetzt, »büßt« Dojno aus Sicht Josmars »plötzlich seine Redseligkeit ein«. Er konzentriert sich nur noch auf die konkreten Probleme, die sich nach den Morden an Andrej und an Maritsch ergeben.[1380] Dojno verhält sich wie von Karel prophezeit: »Er kritisiert zwar die Partei, niemals ist ihm ihre Linie recht, aber in der Aktion gehorcht er, da ist er wirksam.«[1381] Die dem Mord an Andrej Bocek vorangegangene Parteisitzung, auf der beschlossen worden war, dass dieser das Land verlassen sollte, um sich »besser ausbilden« zu »können« und zu »verstehen«, dass es »keine Opposition mehr« gibt, »keine geben […] darf«, besucht Dojno zwar, bringt sich aber nicht weiter ein. Bocek geht mit den Worten: »Zum erstenmal, seit ich zur Bewegung gekommen bin, handle ich gegen meine Überzeugung […]«.[1382] Aber er gehorcht, vielleicht, doch dies wird hier noch nicht explizit ausgesprochen, im Blick auf die scheinbar einzigen Alternativen (Gleichgültigkeit oder die Königsdiktatur). Ähnliche Motive könnten auch für das Handeln Dojnos nach Boceks Tod bestimmend sein.

1377 Vgl. Sperber, Der verbrannte Dornbusch, S. 448.
1378 Vgl. Sperber, Tiefer als der Abgrund, S. 459.
1379 Vgl. Sperber, Der verbrannte Dornbusch, S. 41 f.
1380 Vgl. Sperber, Der verbrannte Dornbusch, S. 72-
1381 Sperber, Der verbrannte Dornbusch, S. 46.
1382 Sperber, Der verbrannte Dornbusch, S. 49.

1932 sucht Dojno Faber Edi Rubin auf, wegen nicht näher konkretisierter Hilfsdienste für KP-Mitglieder aus Jugoslawien.[1383] Als Rubin Faber auf den Biologen Gorenko anspricht, dessen Freilassung er zur Bedingung seiner Unterstützung gemacht hatte, erklärt ihm Dojno, dass sein Kollege »gestanden« habe. In »lange[n]«, an Edi Rubin übermittelten »Buchbestelllisten« hätte er »in chemischer Schrift« Botschaften an »die Führer der Opposition im Ausland« untergebracht, an die sie wiederum von einem »Angestellte[n] der Buchhandlung« weitergeleitet worden seien. Rubin kann dieses Geständnis nicht nachvollziehen, aber Faber erklärt ihm, es gebe »den einzelnen« gar »nicht«, hingegen »[e]ine Revolution« sehr wohl, und diese sei »zur Gestalt gewordene Idee«, »etwas Großes, Erhabenes«.[1384] Später, wohl 1937, erfährt Faber von Karel Genaueres über die Umstände dieses Geständnisses.

> »Er [Gorenko, Anm. HHD] hat alles zugegeben, sogar daß er die Sonne den werktätigen Völkern gestohlen und an die Kapitalisten für eine 18karätige Goldfeder verscheuert hat, oder so was Ähnliches hätte er zugegeben.«[1385]

Karel macht sich darüber lustig, dass eine »Frau« Gorenko dazu gebracht habe, zuzugeben,

> »er hätte sich mit Biologie nur zu beschäftigen begonnen, um die Arbeitermacht zu untergraben, und, zum Beispiel, die Kunden einer Fabrikskantine mit Fischen zu vergiften, die in einem 2000 Kilometer entfernten Ort in die Konserven getan worden sind.«[1386]

Fabers Beziehungen zu Frauen erweisen sich von Anfang an als kompliziert und spannungsvoll. »Der verläßliche, pausbäckige Alltag gelingt nicht. Und gerade auf ihn kommt es an.« So erklärt er sich oder vielmehr Relly das Phänomen zumindest.[1387] Auch die Beziehung zu Hanusia endet abrupt, eines Tages geht sie »weg«. Sie hinterlässt zwar einen »kurzen Abschiedsbrief«, nennt aber »keinen Grund« für ihren »heimlichen Abgang«.[1388]

1383 Zur Datierung vgl. Sperber, Der verbrannte Dornbusch, S. 111, 144 (dort ist von einem Zeitungsbericht über einen »Staatsstreich in Preußen« die Rede; gemeint kann im Grund nur der sogenannte Preußenschlag vom 20. Juli 1932 sein; zu diesem vgl. Kapitel B mit weiteren Nachweisen).
1384 Sperber, Der verbrannte Dornbusch, S. 114 f.
1385 Sperber, Der verbrannte Dornbusch, S. 384.
1386 Sperber, Der verbrannte Dornbusch, S. 384.
1387 Vgl. Sperber, Der verbrannte Dornbusch, S. 119.
1388 Vgl. Sperber, Der verbrannte Dornbusch, S. 306.

Offenbar hat Faber in Wien Geschichte studiert, insbesondere bei dem Professor Erich von Stetten, der einer der wichtigsten Menschen in seinem Leben geworden ist. Dies trotz aller Divergenzen in den politischen Ansichten und daraus resultierender Reibereien.[1389] In jedem Fall kann Dojno Faber als eine Art Lieblingsschüler Stettens gelten, den dieser noch in den 1930er-Jahren weder Denis noch Dojno nennt, sondern »Dion«.[1390] Mit *Dion* könnte Dion von Syrakus gemeint sein, dafür sprächen auch dessen mutmaßliche Freundschaft mit Platon, das *sizilianische Abenteuer* des Letzteren und Dions eigene politische und militärische Aktivitäten im Kontext von Tyrannensturz und möglicher Errichtung einer eigenen Tyrannis.[1391]

Es wäre zweifellos mehr als verwegen, die literarische Figur Dojno Faber vor dem autobiografischen Hintergrund ihres empirischen Autors zu deuten. Allerdings reicht Sperbers Identifikation mit diesem literarischen »Alter Ego« recht weit. Wie Sperber kommt Faber aus einem Schtetl, mit ihm teilt der Autobiograf auch sonst eine ganze Reihe von Empfindungen und Erlebnissen.[1392]

Die Erfahrungen der Haft in einem nationalsozialistischen Konzentrationslager lassen Dojno zwar kritischer gegenüber der KP und ihrer konkreten Politik zurück, doch an einen Bruch denkt er offenbar keineswegs. Vielleicht noch weniger als früher, erscheint es ihm doch wie Verrat an den noch Internierten, sich von der Partei abzuwenden.[1393] Vielmehr räsoniert er mit Vasso über die Frage des Schweigens und alternativer Bündnisse, geht aber nicht allzu weit über Aussagen hinaus, die tatsächliche Überzeugungen wiedergeben und geeignet sind, Funktionäre wie »Bärtchen« zu provozieren. So, als er davon berichtet, wie »der Dichter« zu Tode gefoltert worden sei, den »Bärtchen« so verachtet.[1394] Hanusia wird ihn kurz darauf warnen: »[I]hr werdet nicht siegen, weil es Lügen sind. Immer mehr, immer neue werdet ihr erfinden müssen […]«.[1395] Gleich-

1389 Sperber, Die Wasserträger Gottes, S. 208.

1390 Vgl. Sperber, Der verbrannte Dornbusch, S. 126.

1391 Vgl. z. B. Schüller, Alexander: Warum musste Dion sterben? In: Engels, David/Geis, Lioba/Kleu, Michael (Hg.): Zwischen Ideal und Wirklichkeit. Herrschaft auf Sizilien von der Antike bis zum Spätmittelalter. Stuttgart: Steiner 2010, S. 63–89; Breitenbach, Hermann: Platon und Dion. Skizze eines ideal-politischen Reformversuches im Altertum. Zürich: Artemis 1960; Sprute, Jürgen: Dions syrakusanische Politik und die politischen Ideale Platons. In: Hermes 100, 1972, S. 294–313. Vgl. dazu auch Stettens Ausführungen zu den »grauenhaften politischen Dummheiten Platos« in einem Manuskript, das den Titel »Der Held unserer Zeit« trägt und »mit einem Delta«, eben für »Dion«, gekennzeichnet ist; vgl. Sperber, Die verlorene Bucht, S. 1026.

1392 Vgl. Sperber, Die Wasserträger Gottes, S. 56, 82.

1393 Vgl. Sperber, Der verbrannte Dornbusch, S. 276.

1394 Vgl. Sperber, Der verbrannte Dornbusch, S. 275–277, 291–293.

1395 Sperber, Der verbrannte Dornbusch, S. 303.

wohl haben die Misshandlungen und Erniedrigungen, die Dojno an sich selbst erleben musste, durchaus neue Einsichten nach sich gezogen, nicht zuletzt, was die Frage menschlicher »Würde« angeht:

> »Der blutige, beschmutzte Körper, die zerbrochenen Knochen – all das bleibt in den Händen der Folterer, doch der Gefolterte löst sich ab von der Gegenwart, die jenen gehört. [...] Seine Würde wurde in dem Augenblick unantastbar, da die Hoffnung auf den Tod ihm den Schmerz erträglich, weil zum Versprechen des nahen Endes werden läßt.«[1396]

Im »Luxusappartement« eines Hotels erfährt Faber später aus Karels Mund vom Schicksal Sönneckes und Vassos. Beide sind bereits tot, in Moskau ermordet.[1397] Vor der Abreise nach Wien trifft Dojno noch einmal mit Djura zusammen. Sie gedenken Vassos und grübeln über eine »neue Bewegung« nach. Schließlich vereinbaren sie »Kennworte«, um sich weiterhin über »Boten« verständigen zu können.[1398] Dann fährt er mit Stetten einem Neubeginn entgegen. Die Zeit allerdings, die ihm dafür zur Verfügung steht, werde, erfährt die Leserin/der Leser, kürzer sein, als Dojno meint.[1399]

Dojno Fabers innere Zerrissenheit könnte, individualpsychologisch gesprochen, in frühen Verunsicherungen und Zugehörigkeitswünschen zu suchen sein, eine Vermutung, für deren Stützung sich erst in den beiden Folgeromanen konkretere Hinweise finden. Dojno schwankt zwischen der Sehnsucht nach Gemeinschaft und jener nach Integrität, eine Spannung, die in »Der verbrannte Dornbusch« trotz seines gegen Ende vollzogenen Bruchs mit der Kommunistischen Partei ungelöst bleibt. Wenn letztlich irgendetwas Faber dazu bringt, sein Verhältnis zur KP als einer für ihn wesentlichen *Gemeinschaft* zu überdenken und den Gedanken auch Handlungen folgen zu lassen, so sind dies andere, kleinere Gemeinschaften. Ansonsten können selbst massive psychosomatische Leidenszustände nicht viel an seinem Verhalten in Sachen KP ändern. Erst als Dojno von der Ermordung Vassos erfährt, seines wohl engsten Freundes, beginnt er im Sinne seiner schon lange schwelenden Zweifel zu handeln. Seine erste emotionale Reaktion ist Trauer, vielleicht gleichermaßen um Vasso wie um sich selbst, als einem Menschen, dem die lange Zeit gehegte Vorstellung einer konkreten Zukunft abhandengekommen ist.

1396 Sperber, Der verbrannte Dornbusch, S. 291.
1397 Vgl. Sperber, Der verbrannte Dornbusch, S. 379 f., 386 f.
1398 Vgl. Sperber, Der verbrannte Dornbusch, S. 448–453.
1399 Vgl. Sperber, Der verbrannte Dornbusch, S. 453 f.

3.2.3.2.7 Karel

Dojno meint, Karel wirke »unmäßig dick«, was er aber gar nicht ist. Er nehme »nur immer mehr Platz weg, als sein breiter Körper braucht«. Zugleich könne »niemand so schnell verschwinden wie er«. Karel, von Dojno auch als »Techniker« apostrophiert, er verrate Menschen »aus Treue«, so etwa Vasso, sei »schlau«, und nur in einer Hinsicht »intelligent«, insofern er nämlich »alle Schwächen anderer Menschen« entdecke. Karels »Treue« sei selektiver Art.[1400] Er leitet »die Sitzung des Landeskomitees« der KP, bei der ein Mann mit dem Decknamen »Winter«, der eigentlich Vladko heißt, Vassos Position in der Parteihierarchie übernimmt.[1401] In dieser Sitzung wird klar, dass Karel und Winter keinerlei Widerspruch gegen die bereits festgelegte Parteilinie zu dulden bereit sind, auch nicht, wenn die Existenz eines »Genossen [...], dessen Charakter« einer der Teilnehmer lobt, davon abhängt. Es gehe, erläutert Winter diesem Teilnehmer, Vojko Brankovic, darum, »[b]ei der Wahl der Waffen« allein »an den Sieg zu denken«. Brankovic wird später von den Schergen Slavkos verhaftet. Mara und ihre Tante versuchen ihn zu befreien, doch wird er bei einem »Fluchtversuch« erschossen.[1402] Spätestens da ist Dojno, wie er Karel später darlegt, in Bezug auf ihn »mißtrauisch« geworden.[1403] Und in der Tat ist Karel für Slavko eine wichtige Informationsquelle, als Vojko und Andrej erschossen werden.[1404]

1937 erklärt Karel Dojno in Rouen seine Sicht der Welt, bevor und nachdem er eingehend über die Morde an Herbert Sönnecke und Vasso Millitsch gesprochen hat.[1405] Zuletzt räsoniert Karel über *Schuld* und *Unschuld*. Als er von Slavko verhaftet worden sei, unterzog man ihn tagelanger Folter, doch dann beendete Slavko diese Art »Verhör«. Offenbar hing dies mit Karels Freundin Zlata zusammen, denn bald stellte ihn Slavko vor die Wahl, *auszupacken*, »wie es sich gehört«, oder Zlata »nie [...] wieder« zu sehen. Karel schwieg beharrlich weiter, nach einem Monat ließ Slavko ihn gehen.[1406] Bald darauf erfuhr er, dass Zlata Slavkos »Geliebte« geworden sei. Im Auftrag der Partei musste Karel »die Verbindung mit ihr wieder« aufnehmen, »in den Sumpf hineingehen, im Zwielicht leben, in einem Alptraum voller Zweideutigkeiten«. Doch allein auf diese Weise »konnte der Apparat gerettet werden, so konnte ich viele Genossen retten«. Insofern verwahrt sich Karel gegen Dojnos Einschätzung, er habe »mit

1400 Vgl. Sperber, Der verbrannte Dornbusch, S. 42, 45.
1401 Vgl. Sperber, Der verbrannte Dornbusch, S. 46; Sperber, Die verlorene Bucht, S. 760.
1402 Vgl. Sperber, Der verbrannte Dornbusch, S. 47 f., 92–97.
1403 Vgl. Sperber, Der verbrannte Dornbusch, S. 433.
1404 Vgl. Sperber, Der verbrannte Dornbusch, S. 430–435.
1405 Vgl. Sperber, Der verbrannte Dornbusch, S. 380–386, 428–435.
1406 Vgl. Sperber, Der verbrannte Dornbusch, S. 430 f.

Slavko nicht nur die Frau, sondern Geheimnisse geteilt«, weil er ja nicht direkt mit Slavko kommuniziert habe.[1407] Andrej hätte er gleichwohl zu schützen versucht, Vojko hingegen nicht. »Er war für die Partei verloren.« Es gebe also »unter uns, den Toten und den Überlebenden, keine Unschuldigen«.[1408]

Angst scheint ein bedeutsames Movens für Karels Handeln.[1409] Prinzipien oder die Idee persönlicher Identität sind ihm fremd, sein Streben nach Macht, vermutlich als besonders nachdrückliche Angstbewältigungsstrategie, lässt ihn zum beinahe bilderbuchartigen Apparatschik werden, der selbst mit dem faschistischen Polizeioffizier Slavko paktiert, wenn dies im Interesse der Partei liegt. Auch Minderwertigkeitsgefühle und das unbewusste Bemühen, sie kompensatorisch zu überwinden, scheinen Karels Machtstreben zu beflügeln. Deutlich wird dies etwa, wenn er Dojno erklärt, dass allein »die Partei« bestimme, wem der »Heldentod an der Front« zustehe, und sich selbst dabei mit *der Partei* in eins setzt.[1410]

3.2.3.2.8 Djura (Georg Dragutin Zagorjac[1411])

»Djura, der Dichter [...] hatte viele Berufe ausgeübt«, »Dorfschullehrer, Flieger, Schauspieler, Theaterregisseur und schließlich Schafzüchter [...] war« er »gewesen«, doch seit seinem achtzehnten Lebensjahr hat er sich schriftstellerisch betätigt. Sogar der Kommissar Slavko hatte sich für Djuras literarische Aktivitäten interessiert, als der Poet im Gefängnis saß. So lange er schrieb und Slavko die Ergebnisse lesen ließ, habe dieser ihn geschützt. Eine erste Begegnung mit ihm macht die Leserin/der Leser aus der Perspektive Josmar Goebens, der von Djura zu Mara geleitet wird. Was Goeben an Djura am auffälligsten erscheint, ist sein »Mund«, der »bald [...] ein riesiges Maul« war, »bald [...] ein lippenloser Mund, der immer kleiner wurde«.[1412] Goeben hat einen der Romane Djuras gelesen, war aber nicht recht schlau aus ihm geworden, weil das Buch an einer dramatischen Stelle endet, ohne dass der Leser/die Leserin erfahren würde, wie die geschilderte Szene weitergeht. Goeben »mochte« diesen Roman so wenig wie dessen Autor. »Gewiß, der Mann war für die Bewegung sehr wichtig, aber es war schwer, in ihm einen wirklichen Kommunisten zu sehen.«[1413]

1407 Sperber, Der verbrannte Dornbusch, S. 435.
1408 Vgl. Sperber, Der verbrannte Dornbusch, S. 432–435.
1409 Vgl. dazu Sperbers eigene, individualpsychologisch inspirierte Überlegungen v. a. in der »Analyse der Tyrannis«.
1410 Vgl. Sperber, Der verbrannte Dornbusch, S. 381.
1411 Vgl. Sperber, Die verlorene Bucht, S. 806.
1412 Vgl. Sperber, Der verbrannte Dornbusch, S. 79–81.
1413 Sperber, Der verbrannte Dornbusch, S. 81

Später begegnet Djura Vasso in einem Moskauer Gefängnis, wo er zusammen mit vier früheren hochrangigen jugoslawischen KP-Funktionären interniert ist, die »Jahreszeitenmänner« genannt werden, weil ihre Decknamen jeweils einer Jahreszeit entsprechen.[1414] Er erzählt eine Art »umgedreht[er] [...] Auferstehungsgeschichte«, in der Vasso beim Versuch, einen Säufer aus dem Sumpf zu ziehen, selbst in demselben versinkt. Vasso »stirbt« in dieser Erzählung »20igjährig, seine« politischen »Taten«, nämlich die »Partei der Armen und Unterdrückten« zu gründen, »bleiben ungetan«. Doch »bleibt [...] [i]n den Überlebenden nicht einfach eine Leere zurück«, sondern sie erkennen ihre eigene »Schuld«, weil auch sie den Säufer haben schreien hören, ohne zu reagieren. »Wer es« aber »billigt, daß ein Mensch [...] zugrunde geht, der bereitet seinem Sohn, seinem Bruder, den Tod.«[1415] Wenig später wird Djura aus dem Gefängnis entlassen, das »›Missverständnis‹«, dessentwegen er in Haft war, sei »aufgeklärt« worden.[1416] In seinem Gespräch in Paris mit Dojno wird deutlich, dass Djura massive Zweifel am Vorgehen der KP hegt. Er denkt über das Lernen aus Fehlern und eine »Revision« nach, über »neue [...] Grundlagen«.[1417]

Djura kann aus deutend-psychologischer Perspektive als eine Art idealtypischer Gegenentwurf zu Karel betrachtet werden. Er scheint keineswegs frei zu sein von Angst, und wie in »Die verlorene Bucht« deutlich werden wird, ist er es auch nicht, im Gegenteil. Doch ist seine Angst, in Sperbers Worten aus anderem Zusammenhang, nicht »aggressiv«, sondern »sozial adressiert«.[1418] Sie äußert sich dementsprechend in steten Bemühungen um Aufmerksamkeit, was sich in Josmars wenig wohlwollender Perspektive im Bild eines ständig in Bewegung befindlichen Mundes anschaulich verdichtet.

3.2.3.2.9 Mara (Millitsch)

Mara stammt aus einer Familie des österreichisch-ungarischen »Militäradel[s]«. Die Landessprache lernte sie im Grunde »nur [...], um sich mit den Dienstboten zu verständigen«. Die Sprache, der man sich im Wesentlichen bediente, war hingegen »[D]eutsch mit ausgeprägt wienerischem Akzent, vermischt mit vielen französischen Wörtern und Satzbrocken«. Mit ihrem Vater, einem Major der k.u.k.-Armee, unterhielt sie sich gelegentlich in jener gar nicht gut beleumundeten Sprache, woraus sich eine »geheime Gemeinschaft« ergab. Die Beziehung Maras zu ihrer Mutter und ihren Schwestern war spannungsreich.

1414 Vgl. Sperber, Der verbrannte Dornbusch, S. 405 ff.
1415 Vgl. Sperber, Der verbrannte Dornbusch, S. 408 f.
1416 Vgl. Sperber, Der verbrannte Dornbusch, S. 412.
1417 Vgl. Sperber, Der verbrannte Dornbusch, S. 449.
1418 Vgl. Sperber, Individuum und Gemeinschaft, S. 206.

Mara fühlte sich »häßlich« und ging davon aus, dass sie nur ihrem Vater würde gefallen können.[1419]

Mara, die »Maria-Theresia-Elisabeth getauft« worden war und in ihrer Familie »Betsy« genannt wurde, ist, so konstatiert Josmar Goeben, »klein« und »zierlich« und hat in der Schwester ihres Vaters, Marie-Therese, eine offenbar treue Begleiterin von auffälliger Statur. Josmars erster Eindruck von ihr wirkt einigermaßen sexistisch: »Sie war unmäßig dick, auf ihren riesigen Schultern thronte über zu kurzem Hals ein hageres Vogelgesicht.« Doch muss Josmar bald einsehen, dass Maras Tante interessante Dinge zu sagen hat, »in einem Gemisch aus wienerischem Deutsch, Französisch und Kroatisch«.[1420] Maras äußeres Erscheinungsbild wird an mehreren Stellen, auch in den beiden folgenden Romanen, als für verschiedene Beobachter/innen auffällig beschrieben. Josmar etwa sieht Mara als »eine kleine, zierliche Person, auch ihr Gesicht wäre unansehnlich gewesen ohne die Augen, große, dunkle Augen, die tief wie in einem Versteck lagen.«[1421] Relly findet Jahre später in Paris, dass in Maras »junge[m] Greisenantlitz etwas Bezwingendes […] lag«.[1422]

Die Idealisierung des Vaters, die Art ihres Umgangs mit seinen Gedichten, die jenem ihrer Schwestern mit Liebesbriefen entspricht, sowie ihre spätere Suche nach einem Freund oder Liebhaber, der dem Helden eines der väterlichen Gedichte ähnlich sein soll, legt ohne Zweifel eine freudianisch geprägte, klassisch psychoanalytische Deutung nahe. Allerdings stellt sich der Sachverhalt, mehr Adlerianisch gewendet, ein bisschen anders dar, vielleicht eher im Sinne dessen deutbar, was Alfred Adler *männlichen Protest* nennt. Bei Mara würde sich dies in Gestalt einer klaren und systematischen Abkehr von tradierten Geschlechtsrollenzuschreibungen äußern. Anders als Adler war sich Sperber, jedenfalls zur Zeit, als er »Alfred Adler oder Das Elend der Psychologie« verfasste, unzweifelhaft der sozialen Konstruiertheit solcher Rollenklischees und -zuschreibungen bewusst.[1423]

3.2.3.2.10 Erich von Stetten

Der Baron von Stetten ist oder war Professor an der Universität Wien, wo er Geschichte lehrt(e). In dieser Funktion »untergrub« er »althergebrachte Meinungen« sowie »feste Institutionen« und attackierte schließlich auch »das Kaiserhaus«. Das Letztere »zog« es »vor«, Stettens »überaus peinliche Ungebühr

1419 Vgl. Sperber, Der verbrannte Dornbusch, S. 233.
1420 Vgl. Sperber, Der verbrannte Dornbusch, S. 88, 94 ff.
1421 Vgl. Sperber, Der verbrannte Dornbusch, S. 88.
1422 Vgl. Sperber, Tiefer als der Abgrund, S. 513.
1423 Vgl. Kapitel A.

[...] zu ignorieren«, doch seine »Kollegen [...] gaben ihrer Ablehnung der Expektorationen des Professors von Stetten einen zwar stets würdigen, doch darum nicht weniger ostentativen Ausdruck«. Auch wenn diese ihn als »Sozialisten« bezeichnen mochten oder sein Schüler Dojno Faber ihn eine Zeit lang als »konservative[n] Revolutionär« sieht, so ist es doch gar nicht möglich, »ihn zu etikettieren«.[1424] Vielmehr fühlt sich Stetten einem »prinzipiellen Nonkonformismus« verpflichtet. Dementsprechend war er »gegen den Krieg« und »während der Revolution [...] gegen die Revolution«.[1425]

Für Stetten zählt stets das Individuum. Gegenüber dem der Regierung Dollfuß nahestehenden Monsignore Graber erklärt er seine Überzeugungen während des österreichischen Bürgerkriegs im Februar 1934 sehr dezidiert: »Der Mensch ist einzig, sein Leben ist es. Hic et nunc salta! Ein anderswo gibt es nicht, später ist zu spät.«[1426] Er »habe«, so legt er bei gleicher Gelegenheit dar,

> »die Religion des guten Gedächtnisses gepredigt: das echte historische Bewußtsein, dem sich die Vergangenheit, zwar dunkel in Einzelheiten, doch unübersichtlich in ihrem Strom darbietet.«[1427]

Auch Selbstachtung zu wahren, ist für Stetten von großer Bedeutung. Sein jüngerer Sohn Einhard, der Stetten viel näherstand als sein älterer Walter, fiel im November 1917, gerade einmal »17 Jahre und 127 Tage« alt, während »der vierten Isonzoschlacht«. Es wäre möglich gewesen, es »sich« zu »›richten‹«, also Einfluss geltend zu machen und den Sohn gewissermaßen aus der Schusslinie bringen zu lassen. Doch Stetten »hatte die Dynastie angegriffen«, und darin lag ein »Hindernis« für »alle seine Bemühungen« in dieser Angelegenheit. »Man erwartete, daß er seine Fehler gutmache, früher konnte nichts geschehen.« Dazu hätte gehört, eine »Audienz beim Kaiser« zu erflehen und vor allem öffentlich eine »Sinnesänderung« bezüglich »seine[r] kriegs- und preußenfeindliche[n] Stellung« zu bekunden. Zu alledem konnte sich Stetten nicht durchringen. »Ich hatte Angst vor der Selbstverachtung«, erklärt er Dojno im Jahr 1932, »ich blieb

1424 Vgl. Sperber, Der verbrannte Dornbusch, S. 122–124.

1425 Vgl. Sperber, Der verbrannte Dornbusch, S. 127, 122.

1426 Sperber, Der verbrannte Dornbusch, S. 244. Im letzten Teilsatz wird, bewusst oder unbewusst, Peter Altenberg zitiert: »Später ist zu spät!«; Altenberg, Peter: Fechsung. In: Das Buch der Bücher von Peter Altenberg, Bd. 2, zusammengestellt von Karl Kraus, hg. v. Gerlach, Rainer. Mit einem Essay v. Wilhelm Genazino. Göttingen: Wallstein 2009, S. 459 (Hervorhebung im Original).

1427 Sperber, Der verbrannte Dornbusch, S. 243.

meinem einzigen Gesetze, der Wahrhaftigkeit, treu. […] Und […] starb mit meinem Einhard«.[1428]

Von Dojno Faber, seinem ehemals geschätzten, »Dion« genannten Schüler, fühlt sich Stetten bei ihrer Begegnung in Wien 1932 enttäuscht. Er hatte in ihm nicht nur einen intellektuell Ebenbürtigen, sondern auch einen gleichgesinnten Nonkonformisten gesehen. Doch »Sie haben sich mit einer Macht verschwägert, mit dem schlimmsten aller Pöbel, dem herrschenden.«[1429] Während der Februarkämpfe im Österreich des Jahres 1934 versucht Stetten zu verhindern, dass ein Schwerverletzter hingerichtet wird, allerdings ohne Erfolg. Er führt in diesem Zusammenhang ein ausführliches Gespräch mit Monsignore Graber, in dem er einigen seiner Ansichten in grundlegender Weise Ausdruck gibt, etwa der Idee von der »Religion des guten Gedächtnisses« oder dem unhintergehbaren Wert des einzelnen Menschen.[1430]

Im Sommer 1934 fällt Stettens Sohn Walter den NS-*Säuberungen* zum Opfer, Dojnos alter Lehrer kümmert sich folglich um seine dreijährige Enkeltochter Agnes, deren Vormund er zu werden hofft. Ihrer Mutter Marlies stellt er eine großzügige Rente in Aussicht, ein Plan, dem Marlies zunächst zustimmt.[1431] »Er hatte sich ein Leben lang davor gehütet, der Narr einer Person, eines Gefühls, einer Idee, einer Bewegung zu sein, nun endlich gab er nach, er war der Narr eines kleinen Kindes.«[1432] Auf Bitten Rellys fährt Stetten schließlich nach Paris und überredet Dojno, ihn nach Wien zu begleiten, was schließlich auch gelingt.[1433]

Individualpsychologisch fällt bei Stetten vor allem das konsequente und auch mutige Festhalten an Prinzipien auf, die wohl auch seinem *Lebensplan* und dem daraus folgenden *Lebensstil* entsprechen. Dazu gehört *Selbstachtung*, und diese rangiert für Stetten höher als jeglicher Gemeinschaftsbezug, wichtiger sogar als das Wohlergehen seines jüngeren Sohnes. Im Sinne dessen, was er als richtig ansieht, ist Stetten bereit, teils Risiken und Nachteile für sich selbst in Kauf zu nehmen. Das Vergessen, man könnte vielleicht auch sagen, das Verdrängen ins Unbewusste, scheint ihm ein Gräuel zu sein, und dennoch drängt sich gleich zu Beginn des Folgeromans der Verdacht auf, er wäre selber so wenig frei davon wie irgendein anderer Mensch.

1428 Vgl. Sperber, Der verbrannte Dornbusch, S. 139 f.
1429 Sperber, Der verbrannte Dornbusch, S. 127.
1430 Vgl. Sperber, Der verbrannte Dornbusch, S. 243 ff.
1431 Vgl. Sperber, Der verbrannte Dornbusch, S. 437–443.
1432 Sperber, Der verbrannte Dornbusch, S. 441.
1433 Vgl. Sperber, Der verbrannte Dornbusch, S. 446–454.

4 »Tiefer als der Abgrund« (»Wie eine Träne im Ozean«, Band 2)

4.1 Zentrale Inhalte

4.1.1 »Die vergebliche Heimkehr«[1434]

Zu Beginn des zweiten Romans von Sperbers Trilogie hält sich Dojno Faber in Wien auf. Es ist Sommer, in Wien herrscht große Hitze, Stetten ist mit seiner Enkeltochter Agnes in ein Landhaus gefahren. Faber, nach wie vor in Trauer um Vasso, soll nachkommen. Das tut er nach einer Weile auch, allerdings reisen Stetten und seine Enkelin bald nach seiner Ankunft wieder ab. Dojno bleibt im Landhaus und durchstöbert Tagebücher Stettens.[1435] Nach dem »Anschluss« Österreichs an das Deutsche Reich im März 1938 halten sich Faber und Stetten in Wien auf. Nur mit Mühe gelingt es Faber, unterstützt von dem schon länger »in der Illegalität« lebenden Sozialdemokraten Hofer sowie von Mara und ihrer Tante, das Land zu verlassen. Stetten wird von der Gestapo verhaftet und schwer misshandelt, seine frühere Schwiegertochter Marlies setzt sich für seine »Freilassung« ein, allerdings fordert sie das Sorgerecht für Agnes.[1436] Dojno, Mara, ihre Tante und deren langjähriger Verlobter, Graf Robert Prevedini, genannt »Putzi«, begeben sich nach Paris, wo Stetten zu ihnen stößt.[1437]

4.1.2 »Die Verbannung«[1438]

In Paris versucht Mara vergeblich, den jugoslawischen Polizeikommissar Hrvatic, genannt Slavko, zu ermorden.[1439] Edi überlegt, mit Josmar gemeinsam »eine

1434 Sperber, Tiefer als der Abgrund, S. 457.
1435 Vgl. Sperber, Tiefer als der Abgrund, S. 459–480.
1436 Vgl. Sperber, Tiefer als der Abgrund, S. 495–506, 530.
1437 Vgl. Sperber, Tiefer als der Abgrund, S. 498, 505 f., 530 f.
1438 Sperber, Tiefer als der Abgrund, S. 507.
1439 Vgl. Sperber, Tiefer als der Abgrund, S. 522–529.

Spielwarenfabrik auf kooperativer Basis zu errichten«.[1440] Karel taucht auf und manipuliert Dojno, eine Reise anzutreten, um einen Mann namens Wolfan davor zu warnen, dass sowjetische Agenten seine Ermordung planten. Wolfan, »einer der wenigen Chefs des ganzen Apparats außerhalb Rußlands«, hatte kurz zuvor »mit der Partei« gebrochen.[1441] Dojno leiht sich Geld von Stetten und tritt die Reise an. Er warnt Wolfan, auch vor der Besucherin, die plötzlich auftaucht, Margit, von der Wolfan erzählt, sie sei ihm »die erste Frau gewesen«. Zwar habe sie selbst berichtet, dass man sie geschickt habe, um ihn »in eine Falle zu locken«, doch auch wenn sie ihren Auftrag ausführte, würde er nichts unternehmen. Faber reist ab und liest wenig später in einer Zeitung über den Mord an Wolfan, in den eine Frau verwickelt gewesen sei, deren Beschreibung unschwer Margit erkennen lässt.[1442]

Später versucht Dojno, Edi und Relly davon zu überzeugen, ihrer Ehe noch eine Chance zu geben. Der wohlhabende junge Wissenchaftler Gerald, mit dem sich Relly trifft, ist ihm zwar sympathisch, doch findet er, dass Relly nach wie vor Edi liebt, auch wenn der sich verändert habe und es Relly nicht gut geht. Eine Weile gemeinsam auf dem Land zu verbringen, würde den beiden helfen, findet Dojno, das Geld dafür solle sich Edi von Stetten borgen, als Ghostwriter arbeiten und es auf diese Weise zurückzahlen.[1443]

Albert Gräfe wird neuerlich Opfer einer Gewalttat, diesmal im Zusammenhang mit einer »Versammlung«, in deren Rahmen er über das Schicksal Herbert Sönneckes hätte sprechen wollen, der im »Juni 1937 […] ohne Prozeß […] in Moskau getötet worden war«. In der Nacht vor der »Veranstaltung« wird Gräfe »von drei Männern überfallen und so schwer mißhandelt, daß er bis zum Morgen bewußtlos liegenblieb«. Mara geleitet Gräfe »über die Schweizer Grenze«. Albert Gräfe, »bei der Präfektur als ›Doppelagent der Gestapo und GPU‹ angezeigt«, erlangt »langsam sein Gleichgewicht wieder und« befreundet sich mit Mara.[1444]

In einer Straßenbahn sieht Dojno eine Frau, deren Aussehen ihn an die Göttin Artemis erinnert, wie sie auf Francs-Banknoten abgebildet ist, und tags darauf begibt er sich auf die Suche nach ihr. Sie heißt Gaby Le Roy, ist sehr katho-

1440 Vgl. Sperber, Tiefer als der Abgrund, S. 514, 518 f.
1441 Vgl. Sperber, Tiefer als der Abgrund, S. 537–543 (hier S. 541).
1442 Vgl. Sperber, Tiefer als der Abgrund, S. 543–556.
1443 Vgl. Sperber, Tiefer als der Abgrund, S. 559–564. Wie in Sperbers Autobiografie ist auch hier statt von Ghostwriting von »Negerarbeit« oder »Negerschreiberei« die Rede. Vgl. ibid., S. 564, 567. Zu den Formulierungen in der Autobiografie vgl. Sperber, Bis man mir Scherben auf die Augen legt, S. 761 ff.
1444 Vgl. Sperber, Tiefer als der Abgrund, S. 570.

lisch und fromm, sie beginnt eine Beziehung mit Dojno.[1445] Stetten und Faber arbeiten an einem Buch, das sich zunächst dem »soziologische[n] Aspekt des Krieges« widmen soll, dessen Themen aber zunehmend um »Kriegstechnik und [...] Strategie« kreisen. Nachdem sie ihre geplanten und zunächst eher vage angedeuteten Tätigkeiten immer wieder aufgeschoben haben, ziehen sich die beiden »in ein einsames Haus [...] auf einem Hügel« zurück, wo sie die Monografie im Rahmen eines strikten Zeitplans und mithilfe eines Diktiergeräts voranbringen.[1446] Gaby leistet ihnen Gesellschaft, ist allerdings empört, als sie kritischer Einlassungen zum Vorgehen der französischen Armee während des Ersten Weltkriegs gewahr wird.[1447]

Josmar Goeben ist wieder mit Thea Lengberg zusammen, offenbar heiraten die beiden.[1448] In den Tagen des *Münchner Abkommens* machen sie Dojno und Stetten auch mit Jochen von Illming bekannt, das Gespräch wird recht einseitig, ein selbstgefälliger Monolog Illmings, dem schließlich Thea ihre eigenen Erinnerungen an die Verhaftung des Dichters im Juni 1934 entgegenhält. Die Szene endet mit einem Wutanfall Josmars, als Illming eine alberne Bemerkung über Sönnecke fallenlässt.[1449]

Zu Beginn des Jahres 1939 ist die »Freundschaft« von Stetten und Faber »zum erstenmal [...] wirklich gefährdet«. Stetten drängt darauf, Europa zu verlassen, Faber hingegen will nicht »fahnenflüchtig« werden angesichts des »unvermeidlich gewordenen[en] [...] Krieg[es]«, den »das Jahr 39 [...] bringen [...] mußte«. Stetten solle »sich [...] [r]etten«, er, Faber, könne dies in Form einer Flucht nicht tun. Stetten erklärt, er werde sich ohne Dojno »nicht wegrühren«, dieser »verurteil[e]« ihn, mit ihm »zusammen elendig zugrunde zu gehen, als Geisel der Gestapo ausgeliefert«.[1450] Auch Dojnos Beziehung mit Gaby wird loser, er zieht sich zurück, zumal seine Einkünfte »noch« geringer sind »als früher«, er deshalb in »eine[r] winzige[n] Mansardenstube« wohnt und auch »zu wenig« isst. Schließlich »wartet« Gaby »an der Place St. Michel« darauf, »daß er vorbeikäme«, was dann auch der Fall ist. Sie begleitet ihn in seine Mansardenkammer,

1445 Vgl. Sperber, Tiefer als der Abgrund, S. 564–569.
1446 Vgl. Sperber, Tiefer als der Abgrund, S. 571.
1447 Vgl. Sperber, Tiefer als der Abgrund, S. 571–575.
1448 Vgl. Sperber, Tiefer als der Abgrund, S. 570, 582, 585.
1449 Vgl. Sperber, Tiefer als der Abgrund, S. 582–586. Zum Münchner Abkommen vgl. z. B. Evans, Richard J.: Das Dritte Reich 2: Diktatur, 1. Aus dem Englischen übers. v. Udo Rennert. München: Deutsche Verlags-Anstalt 2006, S. 805–833. Der Roman ist nun jedenfalls im September 1938 angelangt.
1450 Vgl. Sperber, Tiefer als der Abgrund, S. 588.

beschließt »zu bleiben«, womöglich »war es die letzte Nacht, die sie zusammenblieben«.[1451]

Nächtliche Besucher schrecken sie auf, Albert Gräfe und Djura erscheinen mit Milan Petrovitsch, einem KP-Angehörigen, der bis vor kurzem in »einem nordsibirischen Lager« inhaftiert gewesen war. Es seien »ganz besondere Umstände und die Opfer einiger Mitgefangener« gewesen, die ihm die Flucht ermöglicht hätten. Er sollte die »Führer der tschechischen Kommunisten« aufsuchen und ihnen erzählen, was sich in den sibirischen Lagern abspielte, dass dort »Zehntausende Genossen« unter schrecklichen Bedingungen festgehalten würden, deren »sofortige Freilassung« von »den Russen« zu fordern sei. »[S]ofortige energische Aktionen auf den inneren Linien« seien erforderlich. Doch weder die Führung der tschechischen KP noch jene der deutschen oder die der französischen sei bereit gewesen, Petrovitschs Darlegungen ernst zu nehmen, geschweige denn Handlungen zu setzen, um dem Treiben Stalins und seiner Leute entgegenzutreten.[1452] Petrovitsch zählt hunderte Namen von Insassinnen und Insassen der stalinistischen Konzentrationslager auf, die er auswendig gelernt hat, darunter auch »die Kinder Sönneckes«. Er spricht über

> »die Welle der Verhaftungen, die überfüllten Massenzellen, die Einzelzellen, die Verurteilungen ohne Gericht, ohne Verteidigung, den Transport in den überfüllten Waggons, den aussichtslosen Kampf gegen die Kriminellen unter den Mitgefangenen, Durst, Hunger, die endlosen Märsche, die Schikanen […]«.[1453]

Dojno erklärt schließlich, dass sie ihm glaubten, gleichwohl jedoch »vorderhand nichts tun« würden. Dies habe einen »Grund« und dieser »einen Namen: Hitler«. Er sei »[d]er Hauptfeind«, während »Rußland der sicherste, der einzig verläßliche Verbündete« sei. Einen »Verbündeten« dürfe »man nicht vor der Schlacht schwächen«. Petrovitsch ist empört, schleudert seinen Zuhörern entgegen, dass sie »[v]errückt oder blind« seien. »Stalin hat alle seine Verbündeten umgebracht.« Dojnos Vorschlag, ihm zur Flucht nach Norwegen zu verhelfen, weist er entschieden zurück.[1454]

1939 veröffentlichen Faber und Stetten ihre »Studien zur Soziologie des modernen Krieges« auf Deutsch »in einem kleinen Pariser Verlag«. Kurz darauf wird Stettens »Vermögen in Österreich […] konfisziert, seine Konten in

1451 Vgl. Sperber, Tiefer als der Abgrund, S. 589–592.
1452 Vgl. Sperber, Tiefer als der Abgrund, S. 593–595.
1453 Sperber, Tiefer als der Abgrund, S. 595.
1454 Vgl. Sperber, Tiefer als der Abgrund, S. 597.

Schweizer Banken« werden auf Ersuchen deutscher Behörden »gesperrt«. Die rechtliche Grundlage dafür bildet eine Klage, die Stettens frühere Schwiegertochter namens seiner Enkelin eingebracht hat. Stetten berechnet, dass seine finanziellen Mittel gerade noch ein halbes Jahr ausreichen würden, um seinen Lebensunterhalt bestreiten zu können. Um ein wenig zu sparen, mietet er zwei Hotelzimmer, eines davon beherbergt Stettens bereits an Dojno vermachte Bücher und Faber selbst.[1455]

Als im August 1939 die Unterzeichnung des deutsch-sowjetischen Nichtangriffspaktes bekannt wird, sorgt dies für Erschütterungen bei vielen Anhängerinnen und Anhängern der Kommunistischen Partei. Dass dieses Abkommen, wie »die kommunistische Presse« behauptet, »den Weltfrieden [...] rettet«, ist für manche von Dojnos Bekannten, die sich nach seinem Bruch mit der KP von ihm abgewandt hatten und nun wieder Kontakt zu ihm suchen, schwer nachvollziehbar. Einem von ihnen scheinen »in einer unsäglich grausamen Weise alle Opfer entwertet«. Dojno selbst meldet »sich freiwillig für den Kriegsdienst in der französischen Armee« und wartet auf seine Einberufung.[1456] Kurz nach Kriegsbeginn erfährt Stetten, dass »sich [...] [a]lle aus Deutschland und Österreich stammenden Männer, die das siebzigste Lebensjahr nicht überschritten hatten, [...] binnen kürzester Frist in ein Stadion begeben [...] mußten«. Er gerät außer sich, weil ihm der französische Staat zunächst »Visum und [...] Aufenthaltserlaubnis verweigert« hat und ihn nun internieren will. Schließlich erleidet er einen »Herzanfall«. Ein »ältere[r] französische[r]« Arzt, Dr. Meunier, versorgt ihn und stellt sicher, dass Stetten nicht in ein »Lager gehen« muss.[1457] Zahlreiche »Emigranten« werden allerdings »in jenem Stadion zusammengepfercht«, unter sehr harten Bedingungen, darunter auch Edi und Josmar, wie Stetten von Relly und Thea erfährt. Indessen lässt Maras Tante, »[d]ie Baroneß«, Stetten über Djura ausrichten, dass sie ihn »in ihrem Haus in Dalmatien erwarten« werde, spätestens nach dem Krieg. »Wir werden alle hinkommen«, meint Djura, »wie der brave Soldat Schwejk sagt, um sechs Uhr abends nach dem Weltkrieg«.[1458]

Stettens Pläne sind jedoch andere. Als Faber zwei Tage nach diesem Gespräch ins Hotel zurückkehrt, findet er einen Brief seines alten Lehrers vor, worin es heißt, er *»gehe mit«* Albert Gräfe, der *»weg«* müsse, *»über die Grenze«*. Er werde sich aus *»Belgien oder Norwegen«* melden.[1459] Weitere zwei Tage später kehrt

1455 Vgl. Sperber, Tiefer als der Abgrund, S. 602.
1456 Vgl. Sperber, Tiefer als der Abgrund, S. 607.
1457 Vgl. Sperber, Tiefer als der Abgrund, S. 611–616.
1458 Vgl. Sperber, Tiefer als der Abgrund, S. 619 f.
1459 Vgl. Sperber, Tiefer als der Abgrund, S. 621 (Hervorhebungen im Original).

Albert Gräfe nach Paris zurück. »Er hatte« den schwerkranken »Stetten in einem Haus an der Landstraße hinter Arras lassen müssen.«[1460] Dojno eilt zusammen mit Meunier in das besagte Haus, doch treffen sie Stetten nicht mehr lebend an.[1461] An Stettens Beerdigung nehmen neben Dojno und Relly noch Gaby und Stettens Pariser Kollege Werlé teil. Wie von Djura vermutet, war die Beziehung zwischen Dojno und Gaby nicht von langer Dauer, doch am Tag von Stettens Begräbnis, über das Relly sie informiert hat, bleibt sie bei Dojno. Ihre religiöse Haltung hat sich verstärkt, »dank dem Beistand« eines »Priesters«, des Abbé Perret, hat sie »sich« damit »abgefunden, ohne Dojno zu leben«.[1462] Schließlich wird Dojno zur Armee eingezogen, und zusammen »[m]it über dreihundert anderen Freiwilligen« begibt er sich auf die Reise.[1463]

4.1.3 »Jeannot«[1464]

Im dritten und letzten Teil des Romans begegnen wir Dojno als Briefschreiber im Auftrag seines Armeekameraden Leo, der des Schreibens, zumindest in französischer Sprache, nicht ausreichend kundig ist.[1465] Nutznießer dieser Tätigkeiten ist Bernard, der »eigentlich [...] Jankel-Berl« heißt, und dessen Bekanntschaft Dojno am Bahnhof von Lyon gemacht hat. Bernard macht sich Sorgen, wie er sich »beim Militär was dazuverdienen« könne, denn im Gegensatz zu den »anderen [...] Juden« bei der Armee sei er kein »Schneider«.[1466] Faber verzichtet also auf seine »Belohnung«, die ihm Leo für das Briefeschreiben schuldet, zugunsten Bernards. Der Lohn soll in Form von Zigaretten abgegolten werden, und zwar in der Weise, dass Bernard, während Dojno einen Brief schreibt, Psalmen singt, und die Anzahl der am Ende geschuldeten Zigaretten soll jener der gesungenen Psalmen entsprechen.[1467] Bernard trägt aber auch sonst gerne Psalmen vor, etwa wenn er mit anderen Soldaten zusammen in einem Gasthaus sitzt. Eines Abends bedroht ihn ein betrunkener Gefreiter bei solcher Gelegenheit mit einem Gewehr und kündigt an, ihn zu erschießen. Ein Mann namens

1460 Sperber, Tiefer als der Abgrund, S. 624.

1461 Vgl. Sperber, Tiefer als der Abgrund, S. 624–628.

1462 Vgl. Sperber, Tiefer als der Abgrund, S. 634.

1463 Vgl. Sperber, Tiefer als der Abgrund, S. 643.

1464 Sperber, Tiefer als der Abgrund, S. 647.

1465 Vgl. Sperber, Tiefer als der Abgrund, S. 649. Zum Unvermögen, auf Französisch zu schreiben, vgl. auch S. 655, wo Litwak zu Faber bemerkt: »Deine jüdischen Schneiderlein können noch immer nicht Französisch [...]«.

1466 Vgl. Sperber, Tiefer als der Abgrund, S. 644. Auf dem Bahnhof von Lyon hatte Bernard »ein sonderbares Lied« gesungen, »zum Teil jiddisch, zum Teil russisch«.

1467 Vgl. Sperber, Tiefer als der Abgrund, S. 650.

Mischa Litwak, als »lächerlicher Soldat« verschrien, bringt den Gefreiten mit einem selbstbewusst gerufenen Befehl aus dem Konzept und entwaffnet ihn.[1468] Gegenüber Faber gibt er sich kurz darauf als Bekannter Djuras zu erkennen und erzählt ihm, dass er früher unter dem Namen Sergej Libow bekannt gewesen sei. »Der ›lächerliche Soldat‹, das war eines der wenigen Genies der russischen Revolution, ein legendenumwobener Mann.«[1469]

Nach einer Auseinandersetzung mit einem »junge[n] Leutnant« wird Litwak unter fadenscheinigen Begründungen »in den Kotter« geworfen. Faber lässt sich schließlich auch einsperren, wird allerdings »[a]m elften Tag seiner Haft« von Dr. Meunier herausgeholt, der ihm anbietet, seine Entlassung »wegen körperlicher Unzulänglichkeit aus dem Militärdienst« zu ermöglichen und ihm außerdem eine Existenz als Schriftsteller zu finanzieren. Nach zwei Tagen Bedenkzeit lehnt Faber ab und kehrt wieder zu seiner Truppe zurück.[1470] Wenig später ist »man […] besiegt«, die französische Armee in Auflösung begriffen. Eine Gruppe von »etwa 25 Soldaten«, die nicht bereit sind, »zu kapitulieren«, verlässt ihre Brigade, darunter auch Dojno Faber und Litwak. Ein Mann namens Antonio ist ebenfalls dabei, außerdem Pedro, »den sie Pierrot nannten«, Bernard und ein Maurer mit Namen Berthier.[1471] Sie erfahren, »daß Marschall Pétain um Waffenstillstand angesucht […] und erklärt hatte […], man« müsse »den Kampf aufgeben«. Von »[e]inem Offizier«, der derlei »öffentlich« sage, ehe noch ein »Waffenstillstand unterzeichnet ist«, sei »das Schlimmste zu befürchten«, erklärt Litwak.[1472] Er fällt kurz darauf, im Kampf gegen deutsche Soldaten, die Pedro getötet haben, gemeinsam mit Bernard.[1473] »Die Gruppe zerfiel, nur vier Mann – Antonio, Berthier, Faber und Leo – blieben zusammen. Sie ließen sich mit dem großen Strom [der Flüchtenden, HHD] mitschwemmen.«[1474] Am Tag des Waffenstillstandsabkommens, also am 22. Juni 1940, kommen sie in der »Gegend von Grenoble« an.[1475]

Wie seine Kollegen wird Dojno Faber demobilisiert, ohne einen Anspruch auf »die Demobilisierungsprämie«. In Marseille trifft er auf einen »frühere[n] deutsche[n] Minister«, der ihm schildert, wie seine »Aussichten« stünden, die »nicht so schlecht seien«.

1468 Vgl. Sperber, Tiefer als der Abgrund, S. 651 f.
1469 Sperber, Tiefer als der Abgrund, S. 654.
1470 Vgl. Sperber, Tiefer als der Abgrund, S. 658–666.
1471 Vgl. Sperber, Tiefer als der Abgrund, S. 669–672.
1472 Vgl. Sperber, Tiefer als der Abgrund, S. 675.
1473 Vgl. Sperber, Tiefer als der Abgrund, S. 677 f.
1474 Sperber, Tiefer als der Abgrund, S. 680.
1475 Vgl. Sperber, Tiefer als der Abgrund, S. 680. Zum Waffenstillstand von Compiègne vom 22. Juni 1940 vgl. z. B. Mayer, Staaten als Täter, S. 39.

»›Man muß jedenfalls vorerst nach Portugal. Das zu erreichen sollte keine Hexerei sein. ‹ [...] ›[D]ie Portugiesen gewähren kein Einreisevisum, sondern nur die Durchreise. Das ist nicht so schlimm, man kann ein chinesisches Visum kaufen, erschwinglich. Aber die Chinesen wollen ja gar nicht, daß wir hingehen; darum bestehen sie darauf, daß man ein südamerikanisches Visum, möglichst ein Durchreisevisum zeigt. [...] Wenn man [...] ein südamerikanisches und ein chinesisches Visum hat, dann ist man fraglos ein gut Stück weiter.‹ [...] ›[...] Aber wie kommen Sie nach Portugal? Über Spanien wohl, ausgezeichnet! Die Spanier sind so übel nicht, jedenfalls nicht so schlimm, wie man befürchtet hat. [...] Aber natürlich brauchen Sie ein Durchreisevisum. Das geben sie Ihnen auch. [...] Unter der Voraussetzung natürlich, daß Sie ein französisches Ausreisevisum haben. Und das bekommt man nicht. Oder sagen wir: Sie werden es nicht bekommen. [...] [D]aß Ihnen, einem Frontkämpfer, die Préfecture einen *Titre de voyage* ausstellt, ist ausgeschlossen. Es wäre gegen die Stipulationen des Waffenstillstandes.‹«[1476]

Sperber verweist auf diese Passage auch im dritten Band seiner Autobiografie, um seine eigene Lage in Marseille nach der Kapitulation Frankreichs zu illustrieren.[1477] Faber kann sich ein wenig Nahrung beschaffen und versucht eine Möglichkeit zu finden, um Frankreich verlassen zu können. Seine Perspektiven in Frankreich sind angesichts der »Auslieferungsklausel« im »Waffenstillstandsvertrag« desaströs.[1478] Sowohl seine Anfragen beim britischen Secret Service als auch eine weitere im »Büro des amerikanischen Komitees« erweisen sich als erfolglos. Von Karel angebotene Hilfe weist Dojno zurück und beschließt, sich das Leben zu nehmen. Nachdem er einen langen Abend mit dem Ehepaar Liebmann und die Nacht in deren Haus verbracht hat, begibt sich Dojno zum Meer und findet dort neben einer Jolle einen »Junge[n]« namens Jean-Pierre Garnier, genannt Jeannot, der »acht oder neun Jahre alt sein [...] mochte«. Seine Pflegeeltern, die ihn, nachdem »seine Mutter getötet worden« war, »zwei Monate« lang betreut hatten, haben ihn ausgesetzt, ausgestattet mit einem Brief, in dessen »Nachschrift« sie »das Kind, eine arme Dorfwaise, bestens empfeh-

1476 Sperber, Tiefer als der Abgrund, S. 683 f. (Hervorhebungen im Original). Vgl. auch Sperber, Bis man mir Scherben auf die Augen legt, S. 825 f.

1477 Vgl. Sperber, Bis man mir Scherben auf die Augen legt, S. 825 f.; vgl. Kapitel B.

1478 Vgl. Sperber, Tiefer als der Abgrund, S. 685 ff., 694. Zu antijüdischen Forderungen der Vertreter des Deutschen Reiches und einer eigenständigen antijüdischen Politik des Vichy-Regimes, wie sie namentlich im »Statut des Juifs« vom Oktober 1940 zum Ausdruck kam, jedoch bereits zuvor proklamiert worden war, vgl. z. B. Mayer, Staaten als Täter, S. 41 ff., 47–68.

len«.[1479] Dojno verspricht ihm, sich um ihn zu kümmern, künftig »alles« mit ihm »zusammen« zu »machen«. Die beiden brechen auf und gelangen in ein »Wäldchen«, »hinter« dessen »Bäumen [...] sie die Häuser eines friedlichen Dorfes weiß und rosa schimmern« sehen.

4.2 Motivationsebene: individualpsychologische bzw. deutend psychologische Aspekte

4.2.1 Vorüberlegungen

Auch hier gilt die Feststellung, dass bestimmte im Roman erkenn- oder vermutbare Motivationen nach Maßgabe der Fragestellung für die vorliegende Abhandlung dargestellt und erörtert werden, unbeschadet anderer, die es ebenfalls gibt oder geben mag.

4.2.2 Zentrale individualpsychologische Themen

4.2.2.1 Das Unbewusste (das Unverstandene)

Über Josmar Goeben heißt es:

> »Seit seiner Kindheit war es so gewesen, immer hatte er einen älteren Freund gebraucht, zu dem er grenzenloses Vertrauen haben durfte. Und nun, seit Sönneckes Tod, lebte er ohne einen Führer.«[1480]

Diese Ausführungen verweisen gleich auf zwei Überlegungen, die im Lauf von Sperbers Beschäftigung mit der Individualpsychologie relevant waren: Einerseits das Verhältnis zwischen Adler und Freud (siehe in »Alfred Adler oder Das Elend der Psychologie«) sowie das Konzept des »Führers« im Gegensatz zum »Tyrannen« (siehe in »Zur Analyse der Tyrannis«). Sperber sah ein wichtiges Moment zur Erklärung von Freuds Verhalten Adler gegenüber in Freuds selbst beschriebenem Bedürfnis nach einem intimen Freund oder einem gehassten Feind, möglichst sogar in einer Person.[1481] Dies impliziert im Grunde durchaus eine deutliche Erweiterung relevanter Personenkonstellationen in prägenden Phasen menschlicher Entwicklung über die psychoanalytische Triade des

1479 Vgl. Sperber, Tiefer als der Abgrund, S. 685–705.
1480 Vgl. Sperber, Tiefer als der Abgrund, S. 587.
1481 Vgl. Kapitel A; Freud, Die Traumdeutung, S. 465.

ödipalen Konflikts hinaus.[1482] Der zitierte Satz verweist zugleich darauf, dass sich mit diesen anderen Konstellationen auch Machtfragen und -konflikte verbinden können.

Der zweite und hier vor allem interessierende Aspekt klingt in dem hochproblematisch anmutenden Wort »Führer« an. Die so benannte Gestalt nimmt in Sperbers 1937 verfasstem Essay »Zur Analyse der Tyrannis« einen prominenten Platz ein. In »Zur Analyse der Tyrannis« sieht Sperber den »Wille[n] zur Macht« als »die Krankheit der Schwachen, die niemandem ihre eigene Schwäche verzeihen«.[1483] »Machtstrebige« würden »die *Wirklichkeit des Scheins* erzwingen« wollen, also andere zur Anerkennung ihrer sehr spezifischen Sicht der »Wirklichkeit« nötigen. Für Sperber ist diese Voraussetzung mit jener einer psychotischen Weltsicht vergleichbar, nur dass Psychotiker und Psychotikerinnen »die Welt« allein im eigenen »Kopf [...] verrück[en]«. Um »Macht über die anderen zu erlangen«, müsse ein »aggressiv Aengstliche[r]« hingegen etwas in der Welt außerhalb des eigenen Kopfes verändern und die anderen »schwach« machen.[1484] Um dies bewerkstelligen zu können, bedürfe es bestimmter Rahmenbedingungen. Sperbers Grundeinsicht in »Zur Analyse der Tyrannis« besteht darin, dass »die Tyrannis [...] nicht entstehen« könne »ohne die Zustimmung wenigstens eines Teiles des Volkes«.[1485] Allgemeiner gewendet: »Die Tyrannis, das ist nicht nur der Tyrann, allein oder mit seinen Komplizen, sondern das sind auch die Untertanen, seine Opfer, die ihn zum Tyrannen gemacht haben.«[1486] Diese These ist unmittelbar einleuchtend. Kein repressives Regime kann von einer einzigen Person oder einer kleinen Gruppe von Menschen etabliert und für Monate oder gar Jahre aufrechterhalten werden und Gehorsam erzwingen. Zwar wird, da unbekannt ist, wer für das Regime tätig ist und wer nicht, in einem ausgereiften Spitzelsystem früher oder später regelkonformes Verhalten internalisiert werden.[1487] Doch ganz ohne eine signifikante Gruppe

1482 Mit Erik H. Erikson kann wohl durchaus davon ausgegangen werden, dass Menschen sich ihr ganzes Leben lang in Entwicklungsprozessen befinden; vgl. Erikson, Identität und Lebenszyklus.

1483 Vgl. Sperber, Zur Analyse der Tyrannis, S. 44 f.

1484 Vgl. Sperber, Zur Analyse der Tyrannis, S. 45, 44.

1485 Vgl. Sperber, Zur Analyse der Tyrannis, S. 48.

1486 Vgl. Sperber, Zur Analyse der Tyrannis, S. 16.

1487 Zu Dressur und Internalisierung ganz allgemein vgl. insbes. Foucault, Überwachen und Strafen, S. 176 ff. Zu einem allgegenwärtigen Spitzelwesen vgl. exemplarisch Kowalczuk, Ilko-Sascha: Stasi konkret. Überwachung und Repression in der DDR. München: Beck 2013, insbes. S. 185–246; Zu entsprechenden Aspekten eines totalitären Systems vgl. z. B. Schafranek, Hans: V-Leute und »Verräter«. Die Unterwanderung kommunistischer Widerstandsgruppen durch Konfidenten der Gestapo. In: Internationale wissenschaftliche Korrespondenz zur Geschichte der deutschen Arbeiterbewegung 3/2000, S. 300–349.

überzeugter Untertaninnen und Untertanen, die freiwillig den Direktiven des Despoten oder der Despotin folgen, wird sich eine Despotie vermutlich nicht auf die Beine stellen lassen. Im Jahr 1937 war Sperber trotz seiner grundlegenden »Feststellung« viel daran gelegen, das Volk vom Verdacht, es wäre schlicht ein dummer, leicht manipulierbarer Haufen, zu exkulpieren.[1488] Namentlich Gustave Le Bon hatte diesen Verdacht in seiner »Psychologie des Foules«, im Deutschen meist mit »Psychologie der Massen« übersetzt, vorgetragen und war auf breite Resonanz gestoßen.[1489] Berühmt wurde Freuds Rezeption von Le Bons Thesen, der sie in »Massenpsychologie und Ich-Analyse« aufgegriffen und unter psychoanalytischen Gesichtspunkten weiterentwickelt hat.[1490] Sperbers Freund Raymond Aron, dem er 1939 ein Exemplar von »Zur Analyse der Tyrannis« zugeeignet hat (jenes, das später Grundlage der Neuauflage werden sollte), hielt große Stücke auf Le Bons Massenpsychologie.[1491] Sperber hingegen, trotz oder gerade wegen seines Bruchs mit der Kommunistischen Partei kurz vor Abfassung des Essays, war nach seinem Verständnis weiterhin konsequenter Marxist, und als solcher mochte er sich 1937 dagegen sträuben, *die Masse* zu schmähen. Außerdem war Sperbers Haltung zur Idee des *Gemeinschaftsgefühls,* wie er sie bei Adler gefunden und weitergedacht hatte, damals noch weit weniger ambivalent als einige Jahre später, als er an den Romanen der »Träne«-Trilogie schrieb.

In »Zur Analyse der Tyrannis« konstatiert Sperber, dass »sich« die allermeisten »Menschen [...] mit einem Defizit an Lebensfreude abfinden« müssten, so gut wie keine Möglichkeit hätten, ihren »Geltungsanspruch [...] im sozialen Rahmen durchzusetzen«, und nicht zuletzt als Folge von alledem »eine mehr oder minder bewusste Sehnsucht« verspürten, »aus« ihrem »Alltag auszuspringen«. Weiters seien viele Einzelne gar nicht in der Lage, die »allgemeinen gesellschaftlichen Vorg[ä]ng[e] [...] zu erkennen« oder gar »zu verstehen«.[1492] Es sei eben »viel leichter«, die »fürchterlichsten Teufel« zu bekämpfen als »Erscheinungen« in ihrem Zusammenhang zu erfassen, »die« tatsächlich für missliche lebensweltliche Folgen (etwa den Niedergang eines kleinen Handelsbetriebs) verantwortlich sind. Denn sie »hängen« keineswegs selten »so kompliziert zusammen, dass man sie genau nur an jenem Ende sieht, mit dem sie

1488 Zum Feststellungscharakter vgl. Sperber, Zur Analyse der Tyrannis, S. 16. Zu Sperbers Verteidigung des Volkes vgl. insbes. Sperber, Zur Analyse der Tyrannis, S. 47 ff.

1489 Vgl. Le Bon, Gustave: Psychologie des foules. Paris: Alcan 1925; Le Bon, Gustave: Psychologie der Massen. Übers. v. Rudolf Eisler. 11. Aufl. Hamburg: Nikol 2014.

1490 Vgl. Freud, Massenpsychologie und Ich-Analyse, S. 67 ff.

1491 Vgl. dazu auch Marian, Nachwort, S. 104.

1492 Vgl. Sperber, Zur Analyse der Tyrannis, S. 49.

einen in der Gewalt haben«.[1493] Tyrannis-Aspiranten würden auf den »Hass« breiter Bevölkerungsschichten »gegen den Alltag« spekulieren und ihn für ihre eigenen Zwecke ausnützen. Wer eine Tyrannis auf den Weg bringen wolle, verspreche »Macht«. Er (oder sie) »appelliert an die Millionen kleiner verhinderter Tyrannen, die ähnliche Sehnsüchte und Wünsche haben wie er selbst, für die allerdings diese Süchte nicht zum Zwang geworden sind«.[1494] In der aufkommenden Tyrannis würden nun mehrere Bedürfnisse zahlreicher Menschen bedient. So werde der bislang verpönte »Hass« legitimiert, da die Welt konsequent polar in *Gut* und *Böse* geschieden würde und der »Hass« gegen die als *böse* Deklarierten geradezu »einen Beweis adeliger Gesinnung« darstelle.[1495] Außerdem versprechen Anwärter auf die Funktion von Tyrannen, Wunder zu vollbringen.[1496] Auch diesbezüglich relativiert Sperber die Verantwortung derer, die solchen Versprechungen Glauben schenken: »Gegenüber einem Leiden, gegen das man nicht ankämpfen zu können meint, wird man leicht wundergläubig.« Allerdings: »Das Wunder« sei »die Hoffnung der Untätigen und der untätig Leidenden. Somit der Feigen.« Und diese würde »sich nach einem […] sehnen, der den Mut für sie alle hätte, Kraft für sie alle […]«.[1497] Was den künftigen Tyrannen und seine Untertanen aus psychologischer Perspektive verbindet, ist nach Sperbers Auffassung eine gescheiterte Kompensationsleistung. Zu gelungener »Kompensation« benötige »man erhöhten Mut und vertieftes kritisches Bewußtsein.« Beides fehle vielen einzelnen Menschen, und Einzelne seien es doch auch, »die das Volk bilden«.[1498] Kompensation sei aber, so Sperber aus klar individualpsychologischer Perspektive, ein elementares Erfordernis in der Bewältigung oder besser »Ueberwindung« des »Minderwertigkeitsgefühl[s]«. Aus aggressiver Ängstlichkeit nach Macht strebenden Menschen, also künftigen Tyrannen (oder Tyranninnen), gelinge diese Kompensation nicht oder zumindest nicht adäquat.[1499]

Menschen hätten, so Sperber in einer durchaus spezifischen Interpretation Adler'scher Theorien, »die Verleitung zum perspektivischen Fehler […] zu überwinden«. Des Menschen »gleichsam unendliche Nähe zu sich selbst in der lebenslänglichen Situation« bringe ihn unter den Bedingungen der modernen

1493 Vgl. Sperber, Zur Analyse der Tyrannis, S. 54.
1494 Vgl. Sperber, Zur Analyse der Tyrannis, S. 52 f.
1495 Vgl. Sperber, Zur Analyse der Tyrannis, S. 54.
1496 Ich verzichte an dieser Stelle und in der folgenden Darstellung von »Zur Analyse der Tyrannis« weitgehend auf die Beifügung der jeweils weiblichen Wortformen, weil Sperber selbst durchgängig das generische Maskulinum verwendet.
1497 Vgl. Sperber, Zur Analyse der Tyrannis, S. 56.
1498 Vgl. Sperber, Zur Analyse der Tyrannis, S. 57.
1499 Vgl. Sperber, Zur Analyse der Tyrannis, S. 35.

Welt in »die Schwierigkeit, Beziehungen zu schaffen, in denen er sich als Ich nur bewähren kann, wenn er sich als Du bewährt […]«. Die Widersprüche, die in diesem Zusammenhang auftreten, würden durch die »gesellschaftlich-wirtschaftliche Misere« sowie die Aussicht auf weiteren Krieg verschärft. Doch ganz grundsätzlich stünden Menschen vor der »Aufgabe […] zu planen und zu leben, als ob des Lebens kein Ende wäre, obwohl« sie »stündlich den Tod abwehren« müssen.[1500] Diese »Ueberwindung« ist prozesshaft gedacht und wird mit dem Adler'schen Begriff der »Kompensation« synonymisiert.[1501]

> »Alle Fähigkeit, die der Mensch erwerben oder ausbilden muss, erlangt er in dieser fortgesetzten Tätigkeit des Ausgleichs des Fehlenden, das erfordert ist, von der Umwelt, allgemein: vom Leben angefordert wird.«

Solchermaßen gehe es im Prozess der »Ueberwindung« oder »Kompensation« stetig »vorwärts, soferne es muss, und nur weil es muss, in jenem ›Trotzdem!‹, das Thomas Mann im Sinne Nietzsches als Beweggrund der Kunst bejahte […]«.[1502] Es ist durchaus möglich, dass diese Kompensationsleistung nicht gelinge. Dies vor allem, wenn das ursprüngliche Minderwertigkeitsgefühl, das zunächst schlicht eine Folge der inferioren Lage eines Kindes gegenüber den Eltern (verschärft noch durch die Vorgaben und Praktiken autoritärer Erziehung) darstellt, »sich verselbstständigt«.[1503] Dann entstehe ein »*sekundäre*[s] Minderwertigkeitsgefühl«, und in weiterer Folge könne sich die »*Kompensationsgrenze*« in einer sehr spezifischen Weise verschieben.[1504]

1500 Vgl. Sperber, Zur Analyse der Tyrannis, S. 34.

1501 Zu Adlers Kompensationskonzept vgl. Kapitel A.

1502 Vgl. Sperber, Zur Analyse der Tyrannis, S. 35. Zu unterschiedlichen Bezugnahmen Thomas Manns auf Friedrich Nietzsche im und vor dem hier relevanten Zeitraum vgl. z. B. Reed, Terence J.: Thomas Mann und die literarische Tradition. In: Koopermann, Thomas (Hg.): Thomas-Mann-Handbuch. 2. Aufl. Stuttgart: Kröner 1995, S. 98–103.

1503 Vgl. Sperber, Zur Analyse der Tyrannis, S. 35. Zum Minderwertigkeitsgefühl und seiner Grundlage in der Situation, in der sich grundsätzlich jeder Mensch als Kind findet, vgl. Adler, Die Theorie der Organminderwertigkeit und ihre Bedeutung für Philosophie und Psychologie, S. 51–63; vgl. Kapitel A.

1504 Vgl. Sperber, Zur Analyse der Tyrannis, S. 35 f. (Hervorhebungen im Original). Sperber gebraucht hier sehr auffällig ein Vokabular, das stark an jenes Sigmund Freuds erinnert, und zwar an dessen Überlegungen zum »sekundären Narzissmus«. In seiner Abhandlung »Zur Einführung des Narzissmus« unterscheidet Freud zwischen Objektlibido und Ichlibido. »Je mehr die eine verbraucht, desto mehr verarmt die andere.« Freud, Sigmund: Zur Einführung des Narzissmus (1914). In: Freud, Sigmund: Psychologie des Unbewußten. Hg. v. Alexander Mitscherlich u. a. Frankfurt am Main: Fischer 1989 (Sigmund Freud Studienausgabe, Bd. III.), S. 43. Die höchste Entwicklungsstufe der Objektlibido sei der Zustand der Verliebtheit (Aufgeben der eigenen Persönlichkeit). Freud konstatiert, dass dem Autoerotismus, dem uran-

Für Sperber hat, was er sekundäres Minderwertigkeitsgefühl nennt, viel mit Angst zu tun, die er insofern als Feigheit einstuft, als er ihre Träger »Feiglinge« nennt. Für anderen Menschen gefährlich sei die »Art Feigling«, die »zu feige ist, sich zur Feigheit zu bekennen«.[1505] Es handelt sich um Personen, deren psychische Verfasstheit Sperber anhand des Beispiels eines nach außen hin besonders tatkräftig und entschlossen wirkenden Anführers schildert, der sich angesichts der bevorstehenden Durchquerung eines Waldes massiv ängstigt. Deshalb lässt er den Wald niederbrennen und behauptet, es wimmle dort vor Feinden. Auf diese Weise wird es ihm möglich, den (verkohlten) Wald schließlich an der Spitze seiner Leute als besonders ruhmreicher Sieger zu erobern.[1506] Kurzgefasst, der Tyrann war aus Sperbers Sicht im Prozess der Kompensation in der Kindheit entwickelter Minderwertigkeitsgefühle nicht erfolgreich.[1507] Dies gilt auch für die begeisterte Anhängerschaft, die angetan ist vom »Mythos« des gefährlichen »Feinde[s]«, aber nicht minder von der Verheißung der wundersamen *Erlösung* aus allen Schwierigkeiten. Wer so denke, habe Probleme eben nicht überwunden und halte deren Überwindbarkeit aus eigener Anstrengung auch gar nicht für möglich, sondern erwarte, dass jemand anders sie mit einem Schlag beseitigt. Insofern meint Sperber, »[d]as Wunder« sei »die Hoffnung der Untätigen und der untätig Leidenden«.[1508]

Trotz all dieser Einschätzungen bricht Sperber in »Zur Analyse der Tyrannis« nicht mit seiner emphatischen Einschätzung des Gemeinschaftsgefühls, wie sie insbesondere in »Individuum und Gemeinschaft« begegnet.[1509] Dies führt ihn auch zu teils höchst fragwürdigen Einschätzungen, für die er jeden Beleg schuldig bleibt. So behauptet er, »spätere Tyrannen« seien in ihrer Kindheit »unter jenen« zu finden,

---

fänglichen Triebzustand, in dem Ichtriebe und Sexualtriebe noch nicht geschieden sind, eine Stufe der psychischen Entwicklung folge, in der sich die Sexualtriebe auf das Ich, gleichsam ein erstes Liebesobjekt, richten. Dies ist die Phase des primären Narzissmus (verbunden mit einem großartigen Hochgefühl). Beim sekundären, späteren Narzissmus wird die Libido wieder von den Objekten abgezogen und dem Ich zugewandt. Dies ist erneut mit Größenwahn und Abwendung von Interesse von der Außenwelt (Personen und Dinge) verbunden, wie es nach Freud bei Kindern, »primitiven Völkern« und Schizophrenen zu beobachten ist. »Narzissmus in diesem Sinne wäre keine Perversion, sondern die libidinöse Ergänzung zum Egoismus des Selbsterhaltungstriebes, von dem jedem Lebewesen mit Recht ein Stück zugeschrieben wird.« Freud, Zur Einführung des Narzissmus, S. 41.

1505 Vgl. Sperber, Zur Analyse der Tyrannis, S. 36.

1506 Vgl. Sperber, Zur Analyse der Tyrannis, S. 36 f.; Sperber, Alfred Adler oder Das Elend der Psychologie, S. 242; vgl. auch Kapitel A.

1507 Vgl. Sperber, Zur Analyse der Tyrannis, S. 37.

1508 Vgl. Sperber, Zur Analyse der Tyrannis, S. 54, 56.

1509 Vgl. Sperber, Individuum und Gemeinschaft, insbes. S. 115 f.; zum Gemeinschaftsgefühl bei Adler sowie zu späteren Einschätzungen Sperbers vgl. auch Kapitel A.

> »die sich ungerne der Gemeinschaft anschliessen, dann gewöhnlich gegen die führenden Kinder intrigieren und früher oder später aus dieser Gemeinschaft wieder ausgesondert werden«.

»[E]her ein Abseitiger« sei der spätere Tyrann gewesen, »häufig auch ein Verträumter und Sentimentaler«. »Kindergemeinschaften« ließen sich »[e]inen Tyrannen« auch gar nicht »gefallen«, es sei denn, sie stünden selbst »im offenen Gegensatz zur Umwelt«.[1510] In der Pubertät entwickle »der zukünftige Tyrann in seiner Vorstellung jene Machtpläne, von denen er sich nie mehr« befreien werde. Der »Ehrgeiz« der betreffenden Person werde nun »auch für« deren »Umgebung fühlbar«. Den Tyrannen in spe zeichneten »gemeinschaftsfremde Einstellung« aus, er wolle »›anders als die anderen‹« sein. Da der so eingestellte Jugendliche zunächst nicht erfolgreich in der Erreichung seiner Ziele sei, würden ihn »[s]tark depressive Neigungen« plagen, die sich nicht zuletzt »in oft wiederkehrenden Selbstmordgedanken« äußerten. Doch gelängen »de[m] zukünftige[n] Tyrann[en]« nun auch »erste beispielhafte Erfolge«, nämlich das Anwerben wenigstens eines »erste[n] Anhänger[s]«. Dieser werde exemplarisch, »das Modell eines Anhängers, ein Musterbeispiel, das später massenhaft werden« würde.[1511]

Im Nachwort zur Neuausgabe von »Zur Analyse der Tyrannis« aus dem Jahr 2006 hält Esther Marian zutreffend fest, dass es sich hier um »[e]ine der fragwürdigsten Thesen« von Sperbers »Essay« handle.[1512] Sie entspreche der im letzten Abschnitt des Textes vorgeschlagenen Unterscheidung zwischen »Fuehrung und Tyrannis«. Dort versucht Sperber am Beispiel zweier zentraler Protagonisten jener Phase der Französischen Revolution, die später als »Terreur« bezeichnet wurde, nämlich Maximilien de Robespierre und Georges Danton, den schmalen Grat, der »Führer« und »Tyrann« trenne, auszuleuchten.[1513] Während »[d]er Führer [...] der Diener« einer »Idee« sei, schwinge sich »der Tyrann« zu deren »Herr[en]« auf. »Der Führer« nehme seine Verantwortung gegenüber »dem Volk und den anderen Instanzen, die es geschaffen« habe, wahr, »[d]er Tyrann« hingegen sei auf die ihm – wohl von eben diesem Volk – gegebene »Macht« fixiert und wolle sie um jeden Preis behalten.[1514] Beide, »Tyrann« und »Führer«, werden also in Bezug auf eine sie ermächtigt habende Gemeinschaft betrachtet und bewertet. Der einzige, aus Sperbers Sicht zentrale Unterschied bestehe darin, dass sich »[e]in Führer« der »Verantwortung«, die seine Funktion mit sich bringe,

1510 Vgl. Sperber, Zur Analyse der Tyrannis, S. 63.
1511 Vgl. Sperber, Zur Analyse der Tyrannis, S. 64.
1512 Vgl. Marian, Nachwort, S. 120 f.
1513 Vgl. Sperber, Zur Analyse der Tyrannis, S. 93 ff.
1514 Vgl. Sperber, Zur Analyse der Tyrannis, S. 91.

bewusst bleibe wie einer Bürde. »Der Tyrann« hingegen wünscht als »[u]nfehlbar« betrachtet zu werden.[1515] Robespierre sei »ein Führer« gewesen, hätte allerdings »wie ein Tyrann« geendet. Er habe »prätendiert, dass er unfähig sei, sich zu irren und [...] seinen Glauben an seine Unfehlbarkeit mit dem Blute seiner Freunde besiegelt«. Schließlich sei »[d]er Tyrannenfeind [...] den Tyrannentod« gestorben.[1516] Aber auch seiner Anhängerschaft könne ein Vorwurf nicht erspart bleiben, hätten sie »Robespierre und Saint-Juste« doch »in nicht enden wollenden Ovationen zugejubelt, als es gegen die Revolutionäre ging«. Insofern dränge sich unter Umständen der »Schluss« auf, »dass die Menschen, so wie sie noch sind, *die Tyrannen,* von denen sie unterdrückt werden, *verdienen,* und die *Führer,* die sie brauchen, *verderben*«. Ein solche Auffassung gehe »wahrscheinlich zu weit«, zumindest würde sie »doch nicht genügend weit zu einem verbesserten Verständnisse führen«.[1517] Womöglich dachte Sperber seine eigenen Überlegungen kurz zu Ende und erschrak vor dem Ergebnis?

Jedenfalls räumt er ein, dass »[d]er Führer [...] in steter Gefahr« sei, »weil« ihn das Volk selbst oder wenigstens zurückgebliebene Teile des Volkes [...] magisch sehen, ihn gleichsam in die Position des Tyrannen zu drängen versuchen«.[1518] Angesichts dieser für den oder die Betroffene/n durchaus verführerischen Möglichkeit formuliert Sperber abschließend sechs »Sätze einer Prophylaxis zur Vermeidung der Tyrannis«. Diese handeln davon, eine Überhöhung von Menschen zu götterähnlichen, irrtumsunfähigen, legendenumrankten Wesen zu unterlassen, sie beinhalten eine grundlegende Absage an jedes Denk- oder Kritikverbot, umfassen aber auch die Forderung an allfällige »Führer«, sich niemals »von der Gemeinschaft«, der sich die »Führung« verdankt, »ab[zu]sonder[n], sich ihr gegenüber« zu »verselbstständig[en]«. Wenn sonst keine Möglichkeit mehr bleibe, das »Regime« eines »Führer[s]« von einer »Tyrannis« abzugrenzen, sei es von größter Wichtigkeit, die entsprechende »Periode äusserst abzukürzen«.[1519] Dass die Überlegungen Sperbers in den zuletzt geschilderten Abschnitten IV. und VI. von »Zur Analyse der Tyrannis« hochgradig problematisch sind, bedarf im Grunde keiner eingehenden Begründung. Die tendenzielle Idealisierung jeglicher Gemeinschaft, auch um den Preis massiver Abwertung von Individuen, sowie der im letzten Teil verwendete Führerbegriff können schon für sich als hinlänglich fragwürdig gelten. Eine Führergestalt, ganz unabhängig von der Begriffsverwendung durch die Nazis oder

1515 Vgl. Sperber, Zur Analyse der Tyrannis, S. 91 f.
1516 Vgl. Sperber, Zur Analyse der Tyrannis, S. 93 f.
1517 Vgl. Sperber, Zur Analyse der Tyrannis, S. 95.
1518 Vgl. Sperber, Zur Analyse der Tyrannis, S. 92.
1519 Vgl. Sperber, Zur Analyse der Tyrannis, S. 97 f.

die italienischen Faschisten, ist durchaus keine demokratisch-diskursive Einrichtung, auch wenn Begriffe wie *leader* oder *leadership* im Englischen nach wie vor *unschuldig* verwendet werden. Den Begriff »Führer« zu einer Zeit, als er bereits als Bezeichnung für den Anführer der Nationalsozialisten in Gebrauch stand, positiv besetzen zu wollen, mutet besonders eigentümlich an.[1520] Die Behauptung eigener Unfehlbarkeit wurde später gerade den Führern totalitärer Bewegungen zugeschrieben, mit ausführlichen empirischen Belegen.[1521]

Was die Idealisierung von *Gemeinschaften* betrifft, so kann durchaus auf Freuds Beobachtung verwiesen werden, »das Gemeinschaftsgefühl der Massen« benötige »zu seiner Ergänzung die Feindseligkeit gegen eine außenstehende Minderzahl«.[1522] Dies entspricht dem für autoritäre Bewegungen ausgeprägten Freund-Feind-Denken, das die Nationalsozialisten ausgiebig praktiziert haben.[1523] Die »außenstehende Minderzahl« waren *die Juden*.[1524] Was das Lob der Gemeinschaft zulasten des Individuums in Hinblick auf Kindheit und Jugend späterer Tyrannen betrifft, so bietet Sperber wie gesagt keinerlei Nachweis für seine Behauptungen an. In Sperbers späteren Darstellungen psychologischer Phänomene hat sich diese Praxis gewandelt. In »Zur Analyse der Tyrannis« behauptet Sperber schlicht, seine Ausführungen zu »Kindheit und […] Jugend des Tyrannen« würden »von ungezählten« gelten.[1525] Abgesehen vom Fehlen wünschenswerter Nachweise ergibt sich hier eine grundlegende Schwierigkeit aus einer weiteren These, die Sperber unbelegt formuliert, näm-

1520 Zum Führerbegriff vgl. Schmitz-Berning, Vokabular des Nationalsozialismus, S. 240–245.

1521 Vgl. Arendt, Elemente und Ursprünge totaler Herrschaft, S. 740 f.

1522 Vgl. Freud, Sigmund: Der Mann Moses und die monotheistische Religion. In: Freud, Sigmund: Fragen der Gesellschaft. Ursprünge der Religion. Hg. v. Alexander Mitscherlich u. a. Frankfurt am Main: Fischer 1993 (Sigmund Freud Studienausgabe, Bd. IX.), S. 538.

1523 Vgl. grundsätzlich z. B. Koselleck, Reinhart: Zur historisch-politischen Semantik asymmetrischer Gegenbegriffe. In: Koselleck, Reinhart: Vergangene Zukunft. Zur Semantik geschichtlicher Zeiten. 3. Aufl. Frankfurt am Main: Suhrkamp 1995 (stw 757), S. 211 f. Zu konkreten Ausprägungen vgl. z. B. Longerich, Goebbels, S. 102 ff., 237 ff., 255 ff.; Friedländer, Saul: Das Dritte Reich und die Juden. Gesamtausgabe. Aus dem Englischen übers. v. Martin Pfeiffer. München: Deutscher Taschenbuch Verlag 2006, insbes. S. 195–357.

1524 Das ist selbstverständlich nicht zwangsläufig der Fall, es kann jede Person oder Personengruppe treffen, die von einer wie immer sich konstituierenden Mehrheit als soziale Außenseiterinnen und Außenseiter eingestuft werden. Vgl. z. B. Mayer, Hans: Außenseiter. 8. Aufl. Frankfurt am Main: Suhrkamp 2016 (st 736), S. 458. Zum spezifischen Begriff von Jüdinnen, Juden und Judentum der NS-Ideologie, wie sie auch in den Nürnberger Gesetzen zum Ausdruck gelangt sind, vgl. Schmitz-Berning, Vokabular des Nationalsozialismus, S. 328 f. Zum jüdischen Selbstverständnis im rabbinischen Denken vgl. hingegen Grintz, Yehoshua M./Posner, Raphael: Jew. In: Skolnik, Fred/Berenbaum Michael (eds.): Encyclopaedia Judaica, 2nd edition, Vol. 11. Detroit et al.: Thomson Gale 2007, pp. 253–255.

1525 Vgl. Sperber, Zur Analyse der Tyrannis, S. 65.

lich dass jeder »Tyrann […] auch seine Vergangenheit beherrschen« wolle. Deshalb schreite er zum »*Mord an seiner Vergangenheit*«, lösche deren Spuren so weit als möglich und erfinde eine neue, möglichst heroische.[1526] Sperber hat in seinem Essay einen Tyrannen im Grunde als Gewaltherrscher wie Hitler oder Stalin verstanden.[1527] Sofern die zweite These (Kontrolle des Tyrannen über die eigene Vergangenheit) zutrifft, wird die erste (Tyrannen als machtorientierte Außenseiter während ihrer Kindheit und Jugend) im Grunde weder veri- noch falsifizierbar sein, zumindest solange der Tyrann (die Tyrannin) lebt und die Tyrannis aktiv ist. In diesem Zeitraum wird alles, was zur Person des Tyrannen (der Tyrannin) gewusst werden kann, weitgehend durch diesen (diese) selbst oder sein (ihr) Umfeld gefiltert und gesteuert. Dauert die Tyrannis lange genug oder ist sie sehr gründlich in ihren Gestaltungsbemühungen, wird möglicherweise auch *der Nachwelt* nicht mehr viel verwertbares Material zur Verfügung bleiben. Insofern bestand jedenfalls 1937, unter der Voraussetzung einer Geltung von These 2, keinerlei Möglichkeit, einigermaßen valide Aussagen über Kindheit und Jugend eines der beiden genannten Despoten zu treffen. Soweit sich dies aus heutiger Sicht beurteilen lässt, mögen Sperbers Ausführungen vielleicht für Hitler gelten (doch ist hier manches strittig bzw. eben schwer bis gar nicht feststellbar, so etwa Hitlers sozialer Status innerhalb der *peergroup* seiner Schulkollegen), für Stalin eher weniger. Was im Fall Hitlers gänzlich außer Acht bleibt, ist der gut gesicherte despotische Vater und die diesem gegenüber defensive Mutter.[1528]

Sperbers Idealisierungen von Gemeinschaft/en und Gemeinschaftsgefühl haben sich in den Jahren nach Abfassung »Zur Analyse der Tyrannis« gewandelt. Dies findet in den Romanen der Trilogie »Wie eine Träne im Ozean« ver-

---

1526 Vgl. Sperber, Zur Analyse der Tyrannis, S. 62 (Hervorhebungen im Original).

1527 Vgl. Sperber, Manès: Vorwort und Rückblick (1974). In: Sperber, Manès: Zur Analyse der Tyrannis. Ein sozialpsychologischer Essai. Hg. v. Wilhelm W. Hemecker mit einem Nachwort v. Esther Marian. Graz: Leykam 2006, S. 17 ff. (9–19). Zu den Begriffen Tyrann und Tyrannis vgl. begriffsgeschichtlich Dreher, Martin/Heller, Jürgen: Tyrannis. In: Ritter, Joachim/Gründer, Karlfried (Hg.): Historisches Wörterbuch der Philosophie, Basel: Schwabe Verlag. DOI: 10.24894/HWPh.5504. Zu neueren Zugängen zur Tyrannis bzw. zum Tyrannen vgl. z. B. Greenblatt, Stephen: Der Tyrann. Shakespeares Machtkunde für das 21. Jahrhundert. Aus dem Englischen von Martin Richter. Berlin: Siedler 2018; Snyder, Timothy: Über Tyrannei. 20 Lektionen für den Widerstand. Aus dem Amerikanischen v. Andreas Wirthensohn. München: Beck 2018.

1528 Vgl. Kershaw, Hitler 1889–1936, S. 277 ff., 29 ff.; zu den Eltern vgl. ibid., S. 42–50, zur Frage, ob Hitler als »›Nummer eins‹ […] unter den Schulkameraden« habe gelten können, s. ibid., S. 47. Zu Stalins Jugend vgl. insbes. Sebag Montefiore, Simon: Der junge Stalin. Aus dem Englischen v. Bernd Rullkötter. Frankfurt am Main: Fischer Taschenbuch Verlag 2008, S. 53 ff., 65 ff.

schiedentlich Ausdruck, später auch in Sperbers fragmentarisch gebliebenen »Sokrates«-Texten.[1529] Sokrates im Roman- und Dramenfragment Sperbers steht in Konflikt mit der Gemeinschaft der Polis Athen, von der er aber zugleich nicht lassen kann. Andere Gemeinschaften, in denen er lebt, wie jene mit Xanthippe und Chairephon, scheinen ihm nicht in gleicher Weise wichtig zu sein. Er stellt sie im Zweifel hintan. Zugleich ist für ihn »[n]ichts [...] wirklich von Belang, nichts gefährlich außer dem Zweifel, ein Gerufener zu sein. Gerufen, nicht nur berufen.«[1530] Außerdem sei »es wahr, daß niemand mich erniedrigen kann, wenn nur das Bewußtsein meines eigenen Wertes stark genug ist und unerschütterlich bleibt«.[1531] Dies zu erreichen, ist nicht so einfach. Aber es wird erreichbar gegen, nicht durch eine Gemeinschaft. »[A]bsolute Treue«, so Sperber in seinem »Sokrates«-Essay, habe Sokrates »stets [...] den Gesetzen der Polis« gegenüber »bewahrt«, zumindest soweit es deren »Sinn« betraf, nicht unbedingt ihren »Buchstaben«. So trat er »in der Funktion eines präsidierenden Prytanen im Rat der Fünfhundert als einziger gegen ein Urteil« auf, »das er mit guten Gründen als ungerecht ansah«. Auch habe er sich geweigert, »einem Befehl der Tyrannen« Folge zu leisten, der vorsah, »einen unschuldigen Mitbürger zu ermorden«. Eine »sehr hohe Meinung von der direkten Demokratie« habe Sokrates nicht gehegt, dies gehe »aus den Schriften Platons deutlich hervor«.[1532]

Angstgeleitetes Machtstreben, falsche Alternativen infolge verkürzten Denkens, despotische Willkür sowie die Ohnmacht der Untertanen und Untertaninnen, all diese Themen durchziehen den Roman motivational. Die Berücksichtigung von Sperbers individualpsychologisch orientiertem Versuch, das Phänomen der Tyrannis zu analysieren, erlaubt es zu verdeutlichen, in welch hohem Maß individualpsychologische Themen und Modelle strukturierend in diesem Roman wirken. »Tiefer als der Abgrund« weist eine stark politische Thematik auf und befasst sich mit Entwicklungen der Komintern sowie deren Folgen insbesondere auf AnhängerInnen und SympathisantInnen kommunistischer Parteien, die Mitte bis Ende der 1930-er Jahre in Frankreich lebten. All dies unter den Vorzeichen eines nahenden Weltkriegs und wachsender Bedrohung

1529 Vgl. Sperber, Manès: Sokrates [Roman]. In: Sperber, Manès: Sokrates. Roman, Drama, Essay. Wien/Zürich: Europaverlag 1988, S. 13–73; Sperber, Manès: Sokrates [Drama]. In: Sperber, Manès: Sokrates. Roman, Drama, Essay. Wien/Zürich: Europaverlag 1988, S. 75–133; Sperber, Manès: Der Tod des Sokrates. In: Sperber, Manès: Sokrates. Roman, Drama, Essay. Wien/Zürich: Europaverlag 1988, S. 135–149. Zum fragmentarischen Charakter dieser Texte vgl. ganz explizit auch Sperber, Manès: Vorwort. In: Sperber, Manès: Sokrates. Roman, Drama, Essay. Wien/Zürich: Europaverlag 1988, S. 10.

1530 Vgl. Sperber, Sokrates, S. 61.

1531 Vgl. Sperber, Sokrates, S. 71.

1532 Vgl. Sperber, Sokrates, S. 144.

durch den Nationalsozialismus. Zugleich befasst sich der Roman grundlegend mit Themen von Despotie oder Tyrannis und deren aus Sicht betroffener Individuen weitgehend *unbewusster*, weil *unverstandener* Voraussetzungen und Folgen.

4.2.2.2 Lebensplan, Lebensstil

Der *Lebensplan* erschließt sich Adler zufolge über – möglichst frühe – Erinnerungen. Unter dem Eindruck von Stettens Ableben erinnert sich Dojno an den Tod seiner Eltern während einer Epidemie zur Zeit des Ersten Weltkriegs.[1533] Gemeinsam mit seiner Schwester hat Dojno »das Städtchen« schließlich verlassen und ist nach Wien gegangen.[1534]

Suizidalität erweist sich in »Tiefer als der Abgrund« als häufig variiertes Thema, das in den konkreten Fällen mit dem Scheitern von *Lebensplänen* in Zusammenhang gebracht werden kann. Dabei darf nicht übersehen werden, dass der Phase der NS-Herrschaft aus spezifischen Gründen eine besonders hohe Zahl an Selbsttötungen korreliert.[1535] Auch Dojno Fabers Suizidgedanken haben mit der fatalen Situation zu tun, in die ihn der deutsche Sieg gegen Frankreich und dessen Folgen gebracht haben. Sein Umgang mit der Situation verweist aus individualpsychologischer Sicht zweifellos auf seinen *Lebensplan.*[1536]

Das Verhalten der Liebmanns deutet ebenfalls auf Suizidalität hin, sie kredenzen »die letzten Flaschen, von« ihrem »eigenen Weingut«, und Heinrich ist »alles gestattet«, Gertrud ermutigt ihn dazu, seine »Havannas und den Cognac zu holen«. »Ich habe«, erklärt ihm Gertrud unter Verwendung der Vergangenheitsform, »an dir auch das geliebt, daß du, ein so kluger Mann, immer noch gern staunst.«[1537] Später, gegen Ende in »Die verlorene Bucht«, wird diese Mutmaßung noch durch Meuniers Beteuerung erhärtet, »von« Frau Liebmann »nie ein Wort bekommen und« sie »nie gesehen« zu haben.[1538] In »Der schwarze Zaun« schließlich findet diese Mutmaßung eine Bestätigung.[1539]

Nicht zuletzt Stettens Tod könnte eine verdeckt-suizidale Komponente aufweisen. Im Sommer 1939 stellt Stetten fest, dass er unter Entbehrungen noch

1533 Vgl. Sperber, Tiefer als der Abgrund, S. 630 f. Die Bezüge zu Sperbers Autobiografie sind hier teilweise sehr stark, abgesehen von dem Umstand, dass Sperbers Familie von der geschilderten Epidemie verschont geblieben war. Vgl. dazu Sperber, Die Wasserträger Gottes, S. 139 ff., und vgl. Kapitel B.

1534 Vgl. Sperber, Tiefer als der Abgrund, S. 631.

1535 Vgl. dazu ausführlich Goeschel, Christian: Selbstmord im Dritten Reich. Frankfurt am Main: Suhrkamp 2011.

1536 Vgl. Sperber, Tiefer als der Abgrund, S. 694 f.

1537 Vgl. Sperber, Tiefer als der Abgrund, S. 696, 698.

1538 Vgl. Sperber, Die verlorene Bucht, S. 728.

1539 Vgl. Sperber, Der schwarze Zaun, S. 69.

Geld hat, um ein halbes Jahr lang seinen Lebensunterhalt zu bestreiten.[1540] Außerdem bleibt die Frage offen, wie er den Verlust seiner geliebten Enkeltochter verkraftet haben mag.

Des Weiteren lässt sich sagen, dass auch ein Kompaniekollege Dojno Fabers bei der französischen Armee, ein Mann, der sich Litwak nennt und früher Libow hieß, auf den Verlust seines Kindes resignativ reagiert, wobei in seinem Fall starke Schuldgefühle hinzukommen. Er habe, so erzählt Litwak, früher ein hoher sowjetischer KP-Funktionär, in Moskau, im Juni 1935, in einer »Sitzung« gegen einen Mann »Stellung« genommen, »der seit Jahren sein bester Freund gewesen war«. Er »besiegelte seinen Untergang, um sich selbst zu retten«. Weil sein Wagen zur Reparatur musste, »fuhr« er »mit dem Zug nach Hause«, wo er in der Folge »später als gewöhnlich eintraf«. Sein vierjähriger Sohn Jewgeni lief ihm »jubelnd« entgegen, er wurde von einem »Lastwagen« erfasst, der »in rasender Schnelligkeit und die Ecke« gebogen kam und »zu spät […] bremste«.[1541] Von daher klärt sich auf, wie Litwak »zu tief gestürzt« sei, »tiefer als der Abgrund«.[1542] Für Libow war »[m]it« dem »Tod« seines Sohnes »alles zu Ende«. Sieben Wochen später tauchte er in Polen unter.[1543] Er kämpfte in Warschau und schlug sich später »über Rumänien nach Jugoslawien« durch, wo er Djura, Mara und Albert Gräfe kennenlernte.[1544] Dann begibt er sich als Soldat in die französische Armee, und es scheint, er wolle kämpfen um des Kämpfens (und vielleicht auch Sterbens) willen, nicht für oder gegen etwas.

4.2.2.3 Gemeinschaftsgefühl

In »Tiefer als der Abgrund« spielt die »falsche Alternative« in Bezug auf selbstgewählte Gemeinschaften keine geringe Rolle. So etwa als Dojno, obwohl er die Partei bereits verlassen hat, Milan Petrovitsch erklärt, dass er, Djura und Gräfe »vorderhand nichts tun« würden. Denn Hitler sei »[d]er Hauptfeind« und die Sowjetunion »der sicherste, der einzig verläßliche Verbündete«.[1545] Die Auffassung des älteren Arbeiters Lagrange, es sei zwar »wichtig«, »Recht« zu »haben«, »viel wichtiger« allerdings, »nicht allein« zu sein, bringt die im Roman immer wieder thematisierte Sehnsucht nach Gemeinschaft (welcher Art immer) deutlich zum Ausdruck.[1546] Das Bestreben, um keinen Preis allein sein zu wollen,

1540 Vgl. Sperber, Tiefer als der Abgrund, S. 602.
1541 Vgl. Sperber, Tiefer als der Abgrund, S. 663.
1542 Vgl. Sperber, Tiefer als der Abgrund, S. 656.
1543 Vgl. Sperber, Tiefer als der Abgrund, S. 663.
1544 Vgl. Sperber, Tiefer als der Abgrund, S. 654.
1545 Vgl. Sperber, Tiefer als der Abgrund, S. 597.
1546 Vgl. Sperber, Tiefer als der Abgrund, S. 641.

das als Handlungsmotiv alles andere zu überlagern vermag, bleibt gewissermaßen als Residuum eines im Grunde schon gänzlich zum Gemeinschaftsterror depravierten Gemeinschaftsgefühls. Gleiches gilt für den erwähnten Wunsch, an etwas, woran auch immer, zu »glauben«.[1547]

Jenseits davon finden die authentischen Möglichkeiten menschlicher Gemeinschaft noch einmal im Bild des Briefeschreibers eine auffallende symbolische Verdichtung. Dojno schreibt, nicht zuletzt, um Betrand dabei zu helfen, an Zigaretten zu kommen. Litwak erzählt ihm später von seinem Vater, der auch Briefe für andere geschrieben hat. Wie Faber stammt Litwak aus einer jüdischen Familie. Sein Vater »ist [...] Buchbinder in einem Städtchen von 4000 Einwohnern«. Dessen Tätigkeit besteht darin, »ein altes Gebetbuch oder die Fünf Bücher Mosis [...] ein[zu]binden«. Doch kämen nur ganz arme Leute mit solchem Ansinnen zu Litwaks Vater, die »kein Geld haben, sich diese notwendige Literatur zu beschaffen«. Angesichts dessen sei des Vaters »wichtigstes Geschäft [...] immer das Briefschreiben gewesen«. Auch dafür musste er auf Geld warten, aber von Zeit zu Zeit kam Geld aus Amerika, und die Kundschaft zahlte. Falls die potentiellen »amerikanischen Spender« nach drei Briefen noch immer keine »Dollar« schickten, verfasste der Vater »aus eigener Initiative« einen vierten Brief, »in einem Gemisch von Jiddisch und Hebräisch«, worin er »um Geld« bat, »[a]uf Jiddisch«, und »hebräisch [...] dem Empfänger [...] bewies [...], daß die Wohltat dem Gebenden weit mehr zugute kommt als dem Empfänger«. Dazu verwendete er »wunderbar passende Zitate«, die »gewiß [...] keiner [...] der Leser [...] verstehen würde«. Nur »Liebesbriefe [...] waren ein sicheres Geschäft«.[1548] Faber, so Litwak, erinnere ihn an diesen seinen Vater, und dies sei »kein Kompliment«.[1549] Damit verbinden sich psychoanalytisch gewendet *Projektionen* und das Thema der *Übertragung*, daneben lässt sich aber auch der Verweis auf ein beliebtes literarisches Motiv erkennen. Was genau tut jemand, der für andere Menschen Briefe schreibt? So jemand bringt vermutlich nicht nur zu Papier, was der/die andere sagt, sondern auch was er/sie meint, dass das Gegenüber sagen sollte, wollte, gerne würde, müsste. Dieser Umstand wird in Bezug auf Dojno und Litwaks Vater thematisiert. Er erfließt aus dem Umstand, dass sich der des Lesens und Schreibens kundige Mensch in aller Regel wohl tatsächlich besser ausdrücken kann als jemand, der beides oder eins von beiden nicht kann bzw. zumindest meint, dass dem so ist. Es wird jemandem eine Stimme geliehen, und aus diesem Gemeinschaftsprojekt ergibt sich etwas Neues,

1547 Vgl. Sperber, Tiefer als der Abgrund, S. 639.
1548 Vgl. Sperber, Tiefer als der Abgrund, S. 661.
1549 Vgl. Sperber, Tiefer als der Abgrund, S. 660.

dessen Zurechnung an eine der beteiligten Personen allein hochproblematische Folgen haben kann.[1550]

4.2.2.4 Psychologie als solche, die Gestalt des Psychologen sowie des Lehrer-Meisters

Ausgelotet werden nicht zuletzt Grenzen und Möglichkeiten psychologischer Einsicht: Litwaks Auffassung, dass »[m]an die Taten, [...] niemals wirklich die Motive kenne«, variiert einen Gedanken, der in »Tiefer als der Abgrund« noch an anderen Stellen auftritt. So räsonierte Djura an früherer Stelle, dass »Petrovitschs Auftauchen [...] Dojnos Beziehung zu Gaby zerstören [...] mußte«. Die Frage, »[w]arum« dem so sei, erfordere literarische Erfindungsgabe. »Für Taten und Unterlassungen Motive zu finden, war« allerdings »das leichteste am ganzen Handwerk.«[1551] Gegenüber Stetten meint Djura später: »Man kennt die Taten des Menschen, aber ihn selbst nur ein wenig besser, als er sich selber kennt.«[1552]

Die Figur des *Lehrer-Meisters* kehrt in »Tiefer als der Abgrund« wieder, nicht nur in Bezug auf Josmar Goeben und Herbert Sönnecke, sondern auch indirekt: Wenn Dojno Faber Dr. Meuniers Angebot, als sein Financier zu fungieren und ihm die Möglichkeit des Schreibens zu bieten, ablehnt, verweist dies durchaus auf eben diese Thematik. »[I]ch ziehe es vor, hier zu bleiben«, sagt er, »ein mittelmäßiger Infanterist, frei von jeder Verantwortung«. Dojno gibt sogar der fragwürdigen Hoffnung Ausdruck, in absehbarer Zeit »fähig« zu »sein, den Dingen, die da kommen, zu begegnen wie der dümmste Bauer dem Regen«. »Das«, erwidert der Arzt, werde ihm »nie gelingen«. Er, Faber, selbst habe ihm einmal gesagt, dass »die Naivität unter Umständen nichts anderes als die feige Flucht vor einer Einsicht« sei, »die einen mit Verantwortung beladen würde«. Wenn jemand dies »einmal eingesehen« habe, sei es ihm nicht mehr möglich, »zur Naivität zurückzuflüchten«.[1553] Gründe für Dojnos Ablehnung des Vorschlags werden keine genannt, doch drängt sich der Eindruck auf, Faber wolle keinen *Ersatz* für Stetten, und falls doch, so zumindest nicht Meunier. Als Kandidat fällt der Arzt, wie am Ende des Folgeromans »Die verlorene Bucht« deutlich wird, in puncto Prinzipientreue, Gelassenheit und innerer Stärke massiv gegen Stetten ab. Vielleicht ist er aber auch bloß *menschlicher*, weil er alles daransetzt

1550 Eine sehr prominente literarische Ausfaltung dieses Themas findet sich in Edmond Rostands 1897 veröffentlichtem Drama »Cyrano de Bergerac«; vgl. Rostand, Edmond: Cyrano de Bergerac. Paris: Gallimard 1997.

1551 Vgl. Sperber, Tiefer als der Abgrund, S. 601.

1552 Sperber, Tiefer als der Abgrund, S. 621.

1553 Vgl. Sperber, Tiefer als der Abgrund, S. 665.

und sich bis zur Selbstaufgabe verbiegt, um seinen Sohn Alain zu retten, was Stetten bei Einhard gerade nicht getan hat?[1554]

4.3 Figuren[1555]

4.3.1 Vorbemerkungen oder Deutend-Psychologisches in der Figurencharakterisierung

Auch in diesem Roman kommen in der Gestaltung der Figuren individual- bzw. deutend-psychologische Ansätze zum Tragen. So sind Strebungen menschlichen Handelns in »Tiefer als der Abgrund« vielfach durch *Unbewusst-Unverstandenes* bedingt oder wenigstens mitbedingt. Nicht nur in Bezug auf Josmar Goeben ist dies auffällig, der im Grunde einen Glauben gegen einen anderen getauscht hat und immer noch auf der Suche nach einem »Führer« ist, sondern für alle Ex-Kommunistinnen und -Kommunisten in diesem Roman scheint dieses Problem signifikant.

Die in »Der brennende Dornbusch« bereits breitflächig angelegte Erosion von Lebensplänen und die Versuche, dem gegenzusteuern bzw. das Scheitern daran bilden in diesem Roman eine Thematik, die auch in vielen Figurendarstellungen und -konstellationen ihren Ausdruck findet.

Die Beschäftigung mit dem *Gemeinschaftsgefühl,* die in »Tiefer als der Abgrund« immer wieder als wichtiges Thema begegnet, verdichtet sich vor allem in Hinblick auf das von Sperber unter dem Titel »falsche Alternative« skizzierten Dilemmas mehrerer Akteurinnen und Akteuren des Romans. Aber auch die Generierung neuer Gemeinschaften, etwa in Dojnos Armeeeinheit oder in Dojnos Zusammentreffen mit Jeannot, wirft Licht auf das Gemeinschaftsgefühl, das bei aller skeptischen Betrachtung in bestimmten Zusammenhängen auch als etwas Förderliches und Erstrebenswertes gelten kann, auf das Menschen zurückkommen und das sie sogar vor suizidalen Handlungen bewahrt.

Weitere wichtige Themen in unserem Fragehorizont sind die Figur *des Psychologen,* die auch mit jener des *Lehrer-Meisters* korreliert sein kann.

1554 Vgl. Sperber, Die verlorene Bucht, S. 1021–1027.
1555 Zur Reihenfolge der Darstellung vgl. die Erläuterungen zu »Der verbrannte Dornbusch«.

4.3.2 Protagonistinnen und Protagonisten

4.3.2.1 Denis »Dojno« Faber

Zu Beginn von »Tiefer als der Abgrund« wirkt Dojno Faber ziemlich verloren, er trauert um Vasso, stöbert in seiner eigenen Vergangenheit, sucht eine flüchtige Bekannte auf, die er Jahre zuvor auf einer Party kennengelernt hat. Sie zu finden ist gar nicht einfach, hat Gusti Lahner ihren Namen doch infolge Eheschließung in Torloni geändert.[1556] Aus ihrer Sicht ist Faber »unglücklich«, hat »aber noch nicht mal gelernt [...], wie man zu sein hat, wenn man unglücklich ist«.[1557]

In Stettens Landhaus öffnet er auf Anregung seines alten Lehrers eine »Truhe« mit »Papiere[n]«, Tagebüchern vor allem. Die Lektüren und andere Tätigkeiten im Haus lenken ihn langsam von seiner Trauer ab, und es »ging aufwärts mit« ihm. Auch die vorderhand günstigen Nachrichten aus Spanien heben Dojnos Stimmung; die republikanischen Streitkräfte haben Teruel eingenommen.[1558] »Es war Zeit, neu zu beginnen.«[1559]

Fabers Gespräch mit Wolfan verdeutlicht die Fortdauer seines stetig konflikthafter verlaufenden Verhältnisses zu den Entwicklungen in der KP während der zurückliegenden Jahre. Dojno stellt Vergleiche zwischen der Entwicklung der christlichen Kirche samt ihrer Vereinnahmung paganer Motive und Figuren und jener des Stalinismus an. Anders als früher neigt er nun einer deutlich skeptischeren Haltung gegenüber geschichtlichen Entwicklungen zu. »[I]ch würde mich auf das gute Gedächtnis der Welt nicht verlassen. Werden wir besiegt, wird Stalin in 100 Jahren [...] ein Gottessohn sein.«[1560] Der Mord an Wolfan und dessen konkrete Begleitumstände, nicht zuletzt auch die mögliche Beteiligung Karels daran und dessen Bemühungen, Dojno zu involvieren, trägt weiter zu Fabers Ernüchterung bei.

> »Die Margits, die Karels und die Wolfans waren Komplizen und Opfer zugleich. Wie die Epoche, die sie geformt hatte, waren sie verächtlich, gefährlich und bejammernswert in einem.«[1561]

1556 Vgl. Sperber, Tiefer als der Abgrund, S. 465–468.
1557 Vgl. Sperber, Tiefer als der Abgrund, S. 472.
1558 Vgl. Sperber, Tiefer als der Abgrund, S. 479, »[...] in diesen Tagen, als das Jahr zu Ende ging.« Gedacht ist an den Dezember 1937, als es den Anschein haben mochte, als könnten sich die republikanischen Truppen in Teruel durchsetzen. Vgl. dazu z. B. Thomas, Der Spanische Bürgerkrieg, S. 389 ff.
1559 Sperber, Tiefer als der Abgrund, S. 479.
1560 Vgl. Sperber, Tiefer als der Abgrund, S. 550.
1561 Sperber, Tiefer als der Abgrund, S. 558.

Als »der Arbeiterführer« Dr. Grunder, der zuletzt ebenfalls in Paris gewohnt hatte, stirbt, arbeitet Dojno mit Stetten an einem Nachruf.[1562] Dojno spricht dabei

> »[v]on der Leidenschaft der Vernunft […], von der Einsamkeit des wahrhaft Ausgereiften inmitten der Menschen, die fast niemals reifen, sondern nur altern, die fast niemals erfahren, sondern nur erleben, so daß ihnen bald alles Erlebnis zur Wiederholung wird«.[1563]

Gaby findet das »[s]eltsam«, weil sie »den Eindruck […] hatte, daß Dojno über jemanden gesprochen hat, der ihm zum Verwechseln ähnlich ist.« Stetten meint dazu, »[d]er Nekrologist zeichnet sich selbst, wie er zu sein glaubt oder wünscht, im Bilde, das er vom Toten entwirft«.[1564]

Als er des Nahens eines nächsten Krieges gewiss ist, will Dojno Europa nicht mehr verlassen, würde dies aus seiner Sicht doch einer *Fahnenflucht* gleichkommen. Dass er Stetten damit in einen argen Konflikt bringt, belastet ihn nicht sonderlich. Erst während eines Mittagessens mit Gaby entschließt er sich, »nach[zu]geb[en]«, aber nun will Stetten nicht mehr emigrieren.[1565] Dass Gaby in einem Café an der Place St. Michel auf sein Vorüberkommen warten muss, wenn sie ihn überhaupt noch zu Gesicht bekommen will, liegt daran, dass er sich auch von ihr zurückgezogen hat. Es ist vor allem die wachsende Armut, der er sich ausgesetzt sieht, zu belastend geworden.[1566] »Mit einem Toten geht man nicht zum Tanz«, erklärt er Gaby.[1567]

Dies kann mit Minderwertigkeitsgefühlen zusammenhängen, vielleicht aber auch mit Dojnos *Lebensplan.* Dieser würde immerhin seine Bereitschaft, in den Krieg zu ziehen, erklären helfen. Zu Dojnos frühen Erinnerungen (für Adler wichtige Anknüpfungspunkte zum Ergründen des *Lebensplans*) zählt der Tod seiner Eltern im Zuge einer »Epidemie«, »Typhus und Blattern«, bald nachdem »[d]er Krieg […] ins Städtchen« gekommen war. Die Kriegserinnerungen verbinden sich nicht zuletzt mit einer »Koppel verwundeter Pferde, die man nach einer Schlacht durch das Städtchen geführt hatte« und das langsame Abklingen der Epidemie.[1568]

1562 Vgl. Sperber, Der verbrannte Dornbusch, S. 248; Sperber, Tiefer als der Abgrund, S. 576–579.
1563 Sperber, Tiefer als der Abgrund, S. 579.
1564 Vgl. Sperber, Tiefer als der Abgrund, S. 579.
1565 Vgl. Sperber, Tiefer als der Abgrund, S. 591.
1566 Vgl. Sperber, Tiefer als der Abgrund, S. 589.
1567 Sperber, Tiefer als der Abgrund, S. 590.
1568 Vgl. Sperber, Tiefer als der Abgrund, S. 630 f. Die Bezüge zu Sperbers Autobiografie sind hier teilweise sehr stark, abgesehen von dem Umstand, dass Sperbers Familie von der geschilderten Epidemie verschont geblieben war. Vgl. dazu Sperber, Die Wasserträger Gottes, S. 139 ff., und oben, Kapitel B.

»Um [...] eine graue Stute, der die Augen ausgeschossen waren [...] [,] hatte er geweint, wie Tote um sich selbst weinen würden, wenn sie ihren Tod erlebten.« Einige Zeit später hat Dojno »das Städtchen« verlassen, gemeinsam mit seiner Schwester. Sie gingen nach Wien, wo Dojno während einer Demonstration »einige Wochen nach Ausrufung der Republik« einen weiteren Todesfall erlebte, einen Demonstranten, der einer Schussverletzung erlegen ist.[1569] Das Verhältnis Dojnos zu seiner Schwester muss, auch dies wird anhand der Überlegungen deutlich, die Faber zu Gertrud Liebmann anstellt, einmal eng gewesen sein, zumindest »bevor sie geboren hatte«. Sie war »bis spät in der Nacht« wach geblieben, »um seine Heimkehr abzuwarten«.[1570] Einige Kapitel zuvor, im Zusammenhang mit dem Tode Stettens, war zu lesen, dass Dojno gemeinsam mit seiner Schwester das Schtetl seiner Kindheit verlassen hat und nach Wien gelangt ist, während des Ersten Weltkriegs und einige Zeit nach dem Tod der Eltern.[1571] An noch früherer Stelle von »Tiefer als der Abgrund« erzählt Dojno Hofer und seinen fünf »Genossen«, bei denen er einige Tage untertauchen kann, nachdem »die Armee Hitlers [...] die Grenze« überschritten hat und »Österreich [...] nicht mehr [...] ist«, von seiner Schwester. Dabei erfährt die Leserin/der Leser, dass Hanna älter ist als ihr Bruder und nun in den USA lebt, offenbar als deren Staatsangehörige, Dojno sich aber »nicht an sie wandte«. Der Grund dafür bleibt ungenannt.[1572]

Während Petrovitsch Dojno, Albert und Djura eines Nachts die Zustände in der Sowjetunion schildert, liegt Gaby im selben Zimmer, wird immer wieder aus dem Schlaf gerissen, obwohl sie nur »sehr wenig Deutsch [...] versteht« und die Unterhaltung in dieser Sprache geführt wird.[1573] Doch die lange Reihe der Namen, die Petrovitsch aufzählt, bedrücken sie. »Nie hatte der Klang einer menschlichen Stimme sie so gequält.«[1574] Dojnos Körperhaltung wirkt ebenfalls bedrückend auf sie. »Dojno, er saß da, vornübergebeugt, als hätte ihn der Schlaf überwältigt, oder der Tod. Genauso saß Albert da.«[1575] Dojno versucht sie zu beruhigen. Als alle gegangen sind, so vermutet Djura wenig später, würden sie einander in den Armen liegen. Gaby wäre der Ansicht, »dies wäre die letzte Nacht der Entfremdung zwischen ihnen gewesen«, dabei »aber hatte sie ihn [...] [i]n dieser Nacht [...] endgültig verloren«.[1576] Diese Einschätzung erweist sich als

1569 Vgl. Sperber, Tiefer als der Abgrund, S. 631.
1570 Vgl. Sperber, Tiefer als der Abgrund, S. 697, 699.
1571 Vgl. Sperber, Tiefer als der Abgrund, S. 631.
1572 Vgl. Sperber, Tiefer als der Abgrund, S. 497.
1573 Vgl. Sperber, Tiefer als der Abgrund, S. 594–597.
1574 Sperber, Tiefer als der Abgrund, S. 597.
1575 Sperber, Tiefer als der Abgrund, S. 596.
1576 Vgl. Sperber, Tiefer als der Abgrund, S. 600.

zutreffend.[1577] Die Erzählungen Petrovitschs und mehr noch seine Entscheidung für etwas, das Sperber später häufig als »falsche Alternative« bezeichnet hat, belasten Faber auch körperlich. Ähnlich wie einige Jahre zuvor, als Albert Gräfe erzählt hat, wie die deutsche KP mit ihm umgegangen war, plagt Dojno diesmal wieder eine »Schwäche« des Herzens, die »in die Glieder« ausstrahlt und »dieses Gefühl« hervorruft, »daß die Füße ihn nicht mehr tragen, die Hände nichts mehr greifen können, daß seine Stimme ungehört verhallen müßte«.[1578] Bei dieser in heutigem Sprachgebrauch psychosomatischen Reaktion machte sich in Adler'scher Terminologie eben ein *Organdialekt* bemerkbar.

Relly konstatiert, dass Dojno Stetten »[s]eit Vassos Tod […] immer ähnlicher geworden« sei, außer in einer Sache: Anders als Stetten finde er sich »mit dem Unrecht« ab, »wenn seine Aufdeckung der Sache nicht mehr nützlich ist.« Ihn schütze »noch immer« sein »dialektisches Gewissen«. Zudem habe er sich nur aus »Feigheit […] zur Armee« gemeldet. »Aus dir einen Rekruten zu machen, eine zukünftige anonyme Leiche – solches Ende suchst du seit Vassos Tod, jetzt endlich bist du […] auf der endgültigen Flucht.«[1579] Dojno meint, sie gehörten »vielleicht« der »erste[n] Generation an, die ohne Illusionen leben« müsse. Auf Rellys Einwand, es sei fraglich, ob, was sie führten, »Leben« genannt werden könne, meint er, »[n]iemand« sei »immer unglücklich, niemand lebt nur im Schatten. Selbst im Konzentrationslager haben wir manchmal gelacht […]«.[1580]

Kurz bevor er zur Armee eingezogen wird, hält Dojno Faber ein Referat vor einer kleinen Gruppe von »Genossen«. Faber solle, so Pierre Giraud, ein alter Bekannter von ihm, dazu beitragen, »den Nebel aus ihren Köpfen auszutreiben«. Doch Fabers Vortrag gerät »nicht gut«, spricht der Redner doch »herausfordernd, verbittert und kategorisch«. Ein junger Mann, Doucet mit Namen, nennt ihn einen »Konterrevolutionär«, woraufhin Dojno die Contenance verliert. Er stehe »für die Genossen, die in Rußland, in Deutschland, in Spanien, in Jugoslawien, in Österreich gefallen sind«. Auch befinde er sich »[s]eit über einem Jahrzehnt […] im Kampf gegen Hitler und seine Verbündeten«, und ein solcher Verbündeter sei nun eben auch Stalin. Es sei möglich, so Doucet, »objektiv ein Konterrevolutionär zu sein«, sogar »ohne es zu wollen«. Dies müsse »man dia-

1577 Vgl. Sperber, Tiefer als der Abgrund, S. 634.

1578 Vgl. Sperber, Tiefer als der Abgrund, S. 598; vgl. auch Sperber, Der verbrannte Dornbusch, S. 375.

1579 Sperber, Tiefer als der Abgrund, S. 622.

1580 Vgl. Sperber, Tiefer als der Abgrund, S. 623. Die zuletzt zitierte Einschätzung teilt Dojno übrigens mit dem Psychiater Viktor Emil Frankl, ein Adler-Schüler; vgl. Frankl, Viktor E.: … trotzdem Ja zum Leben sagen. Ein Psychologe überlebt das Konzentrationslager. 7. Aufl. München: Penguin 2019, S. 71–74.

lektisch verstehen«. Es erweist sich, dass *Dialektik* für Doucet ein Gefühl darstellt, und Fabers zutreffender Einwand, dass es hier ums Denken gehe, prallt an Doucets Glaubensbekenntnis für Stalin und dem auch von anderen Zuhörern geäußerten Bedürfnis ab, an etwas zu »glauben«.[1581] »›Wir müssen etwas haben, woran wir uns halten können‹, sagte ein älterer Mann.« Fabers Ausruf, sie sollten »überhaupt nicht glauben«, findet kein Verständnis. Lagrange, besagter »ältere Mann«, der eine gewisse Ähnlichkeit mit Sönnecke aufweist, bringt sein Verständnis für Fabers Stalin-Kritik zum Ausdruck und weist Doucet indirekt zurecht, der »fremde Gedanken« ausspreche und »von Dialektik« rede, ohne zu wissen, »was das ist«. Doch Fabers Herangehensweise sei für einen »alte[n] Arbeiter« wie ihn »keine Antwort« auf die Frage, »wohin ich [...] gehe«, wenn er die Partei verlässt. »Recht haben«, meint er, »ist wichtig, aber nicht allein sein ist viel wichtiger.«[1582]

Über Gaby sucht später auch Prälat Graber, der mit dem Abbé Perret, Gabys *geistlichem Beistand*, bekannt ist, den Kontakt zu Faber. Graber war in den Konzentrationslagern Dachau und Buchenwald interniert gewesen, »17 Monate« lang, »die Zeit im Gefängnisspital mitgerechnet«. Er »hätte«, erklärt er, »gerne noch den Baron von Stetten gesprochen«, um »Abbitte« zu leisten. »Er hat damals recht gehabt, man hätte den verwundeten Rebellen Franz Unterberger nicht hinrichten sollen.« Dojno Faber erklärt unverblümt, »kein Beichtvater« zu sein und folglich auch »keine Absolution« zu geben. »Stetten hätte anders gesprochen«, meint Graber, nun selbst auf Krücken angewiesen, wie einst der Mann, für den sich Stetten eingesetzt hat. Faber gibt ihm recht. »Vielleicht. Er spottete gern, aber es tat ihm weh, jemandem weh zu tun.« »Sie sind härter«, meint darauf Graber. »Ja. Aber nicht so hart wie Sie, Monsignore«, entgegnet Faber.[1583]

Während des Krieges im ländlichen Frankreich stationiert, erleichtert Dojno seinem neuen Freund Bertrand das Leben, indem er als Belohnung für seine Tätigkeit als Briefeschreiber Zigaretten einfordert, die Bertrand bekommt. Als Mischa Litwak, ehemals Sergej Libow, bei Dojnos Armeeeinheit auftaucht, nähern sich die beiden rasch an. Als Litwak arrestiert wird, sorgt er zunächst dafür, dass er zur Bewachung eingeteilt wird und versorgt ihn vor allem mit Schokolade und Zigaretten. Nach rund zwei Wochen lässt er sich ebenfalls einsperren, um dem Inhaftierten Gesellschaft leisten zu können. Zugleich hat er die weitere Beschaffung diverser Güter sichergestellt.[1584] Litwaks Sicht der Welt verdeutlicht nicht zuletzt seine Art, zu erzählen, die »immer [...] darauf hin-

1581 Vgl. Sperber, Tiefer als der Abgrund, S. 637–639.
1582 Vgl. Sperber, Tiefer als der Abgrund, S. 639–641.
1583 Vgl. Sperber, Tiefer als der Abgrund, S. 635 f.
1584 Vgl. Sperber, Tiefer als der Abgrund, S. 650–659.

aus[läuft]: Es gibt keine wirkliche Verbindung zwischen den Menschen. Man kennt die Taten, kennt niemals wirklich die Motive.«[1585] Als Litwak, Pedro und Betrand fallen, wäscht Faber die Gesichter der Toten. Doch

> »kam ihm seine Gegenwart abhanden. [...] [S]ein Gefühl war alledem weit entrückt, so als wäre er unversehens an ein altes Geheimnis erinnert, darüber er nicht mehr zu trauern brauchte. Als wäre der Schmerz, der ihn so betäubte, schon seit langem betäubt.«[1586]

Dennoch versucht er Leo zu beruhigen, der die Repressionen der Nazis, aber auch von französischer Seite fürchtet.

> »Hitler wird mir sagen, du mußt dir noch einen Namen nehmen. Er hat Angst, wenn auf meinen Papieren nur Zalmen-Leib Jankelewicz steht, ohne Israel dazu, wird man glauben, ich bin der jüngere Bruder vom römischen Papst. Gut, soll sein Israel. Aber weißt du, was er tun wird? Er wird die Franzosen ausplündern, er wird sie kränken, er wird sie beleidigen [...]. Sie sind's nicht gewöhnt, die Franzosen.« So würden »sie schlecht werden! Und gegen wen? Gegen uns?«[1587]

Dojno gelingt es nicht, Leo zum Einschlafen zu bewegen, und

> »[z]um erstenmal, seit er denken konnte, schien's ihm möglich, daß er gleichgültig werden könnte: gegenüber den Menschen, ihren Hoffnungen, ihren Irrtümern, ihrer Klage. Das wäre die Rettung, dachte er, die verächtliche Rettung. [...] So war die Erhabenheit der Natur Gleichgültigkeit. War sie verächtlich? In diesem Augenblick beneidete Dojno jeden Steinsplitter darum, daß er kein Mensch war.«[1588]

Nach seiner Demobilisierung erhofft er sich Hilfe von britischen und US-amerikanischen Stellen, allerdings vergeblich. Im »Büro des amerikanischen Komitees« trifft er auf einen Mann namens Richard Bellac, der dort eine beratende Tätigkeit ausübt. Sie kennen einander von früheren Aktivitäten, und Faber vergleicht seine gegenwärtige Situation mit jener Milan Petrowitschs, als dieser ihm

1585 Sperber, Tiefer als der Abgrund, S. 662.
1586 Sperber, Tiefer als der Abgrund, S. 678.
1587 Sperber, Tiefer als der Abgrund, S. 681.
1588 Sperber, Tiefer als der Abgrund, S. 682.

vor dem Krieg vom Vorgehen des sowjetischen Regimes berichtet hat.[1589] Die einzige Hilfe, die ihm angeboten wird, kommt von Karel, aber dies lehnt Faber ab. Er »erinnere« sich »genau an die Rettung Ottokar Wolfans«.[1590] »Zwei Tage hatte er sich gegeben«, um »die Ausreise aus Frankreich zu sichern«. Sollte dies nicht gelingen, »so gab er auf«. Faber betrachtet dies als »›Aktion‹«, die »zu Ende« zu »führen« sei.[1591] Das Konzept der »›Aktion‹ […], die, einmal beschlossen, auszuführen war«, hat Dojno aus seinen Tagen als politischer Aktivist beibehalten und längst auf persönliche Unternehmungen übertragen, wie bereits zu Beginn des Romans, gelegentlich in seiner Suche nach Gusti Lahner, erkennbar wird.[1592] Bei der Option des Aufgebens, und das bedeutet wohl, des Suizids, ist er angelangt, als er Heinrich Liebmann trifft, der hofft, Dojno könne ihn vor der Auslieferung an die Deutschen retten. Liebmann, früher »Mitbesitzer und Generaldirektor eines sehr großen Unternehmens«, geht davon aus, dass Faber sich leicht in die Sowjetunion absetzen und in diesem Zusammenhang auch für ihn »intervenieren« könne. Als er erfährt, dass Dojno schon vor Jahren mit der KP gebrochen hat, ist er zunächst »[b]estürz[t]«, beginnt aber alsbald »wieder zu hoffen« und lädt Dojno nachhause zum Abendessen ein.[1593] Im Haus der Liebmanns hält Faber der Ehefrau Heinrich Liebmanns, Gertrud, die ihn zunächst an Gaby, dann an seine Schwester Hanna erinnert, unter steigendem Alkoholeinfluss einen langatmigen, zunehmend zerfasernden Monolog, der immer wieder die Möglichkeit andeutet, Unterstützung von Meunier zu bekommen. Als er vom Haus der Liebmanns aufbricht, offenbar in suizidaler Verfassung, hinterlässt er seinen Gastgebern ein Empfehlungsschreiben an Meunier.[1594] Aus diesem nächtlichen Monolog erfahren wir einiges über Dojnos Gemütszustand. Einerseits ist er fest von einer kommenden Niederlage des NS-Regimes überzeugt: »Wenn England noch drei Monate hält, ist Hitler verloren – in drei, in fünf oder in acht Jahren.« Andererseits will er mit seinem Leben abschließen. Er sagt sich selbst, dass er »[i]n wenigen Stunden […] sterben« werde, und auch seine teils wirren Reden und mehr noch sein Gebaren legen derlei Pläne nahe.[1595] »Alles, was Sie sagen, ist so hoffnungsvoll«, wun-

1589 Vgl. Sperber, Tiefer als der Abgrund, S. 685 f., 690–693.
1590 Vgl. Sperber, Tiefer als der Abgrund, S. 687–690 (hier S. 690).
1591 Vgl. Sperber, Tiefer als der Abgrund, S. 685.
1592 Vgl. Sperber, Tiefer als der Abgrund, S. 467.
1593 Vgl. Sperber, Tiefer als der Abgrund, S. 694 f.
1594 Vgl. Sperber, Tiefer als der Abgrund, S. 695–703.
1595 Vgl. Sperber, Tiefer als der Abgrund, S. 699–702.

dert sich auch Gertrud. »Ich weiß nicht, warum Sie sterben wollen.«[1596] Fabers Optimismus ist nicht frei von utopischen Elementen:

> »Neu [...] war, daß keine Partei, kein Tyrann es mehr wagen konnte, sich zum Glauben an die Niedrigkeit des Menschen zu bekennen; daß die Idee von der Gleichheit, verkehrt zwar und mißbraucht, die bestimmende geworden war; [...] daß es in absehbarer Zeit nicht mehr möglich sein würde, dem Menschen die Freiheit, die er im Kosmos errungen hat, in der Gesellschaft vorzuenthalten.«[1597]

Als er anderntags im Zuge einer vermutlich suizidalen Unternehmung Jeannot findet, sieht Faber von seinen Suizidplänen ab. Dass diese ausgereift sein dürften, wird daran erkennbar, dass Dojno beabsichtigt, mit einem »Boot«, einer »Jolle«, aufs Meer hinauszufahren.[1598] Dojno befindet sich aus individualpsychologischer Sicht in einer ausgeprägten präsuizidalen Einengung. Er findet aber Jeannot, dieser sitzt »neben dem Boot«, das sich Faber ausgesucht hat, wohl um aufs Meer hinauszufahren. Doch »auf einmal« ist der Junge »da«, »du allein und ich allein. Und das verändert natürlich die ganze Lage.« Dojno »habe« eben »noch gedacht, daß es für nichts war, was« er »gelernt« hat. Doch nun kann er jemandem mit seinem Wissen »helfen«, jemandem, der ihn braucht.[1599]

4.3.2.2 Erich von Stetten

Eine der ersten Schilderungen Stettens in »Der verbrannte Dornbusch« bezieht sich auf dessen Trauer um seinen Sohn Einhard, der während des Ersten Weltkriegs gefallen ist. Womöglich, so will es in »Tiefer als der Abgrund« scheinen, verdrängt Stetten etwas Wesentliches in der Beziehung zu diesem Lieblingssohn, während er sich weigert, irgendetwas zu »vergessen«? Als enthüllend könnte sich »das ›*Tagebuch einer Reise*‹« erweisen, dass Dojno in Stettens Unterlagen findet. Stetten hatte sich zehn Jahre nach Kriegsende aufgemacht, um »den Ort« zu »sehen, an dem« sein Sohn Einhard von einer »Granate zerrissen« wurde und »alle jene aufzusuchen, die mit« ihm »die letzten Wochen seines Lebens geteilt haben«. Dojno mutet dieses Unterfangen seltsam an. Stetten, »der die Vergeßlichkeit als ein allgemeines, gefährliches Laster ungestüm anklagte, suchte im Gedächtnis gleichgültiger Menschen Zeugenschaft?«[1600] Nach diversen mehr

1596 Vgl. Sperber, Tiefer als der Abgrund, S. 701 f.
1597 Sperber, Tiefer als der Abgrund, S. 701.
1598 Vgl. Sperber, Tiefer als der Abgrund, S. 704.
1599 Vgl. Sperber, Tiefer als der Abgrund, S. 706.
1600 Vgl. Sperber, Tiefer als der Abgrund, S. 474 (Hervorhebungen im Original).

oder minder enttäuschenden Begegnungen traf Stetten auf seiner Reise »den Kärntner Dorfschmied Alois Furtner«. Furtner konnte von Erinnerungen an den damals siebzehn Jahre alten Einhard berichten, etwa, dass dieser »an der herausfordernden Dummheit des militärischen Betriebs« gelitten habe, »fast noch mehr als an der Grausamkeit des Geschehens«. Einhard sei »so ein zarter junger Mensch« gewesen, »viel zu gut [...] für das Leben«. Häufig habe er von seinem Vater »gesprochen«, aber dieser hätte »sich vielleicht nicht sehr viel um ihn gekümmert. Sie haben ihn halt nicht genug geliebt, das kommt vor, nichts für ungut!«[1601] Stetten enthält sich in seinem Reisetagebuch eines Kommentars zu diesen Ausführungen und geht stattdessen zu allgemeineren, teils fast aphoristischen Betrachtungen über. *»Niemand ist so einsam wie der Mensch, der es ablehnt, zu vergessen. Wer vielen Zeiten angehört, ist niemandem Zeitgenosse.«*[1602] Das ist jedenfalls kein Verdrängen im Sinne Freuds, passt aber durchaus zu Sperbers eigenen Überlegungen dazu in »Alfred Adler oder Das Elend der Psychologie«. In jedem Fall notiert Stetten, ohne es zu kommentieren, das für ihn womöglich Undenkbare. »Nicht sehr viel um ihn gekümmert«, das kann schließlich auch auf Stettens Weigerung gemünzt werden, zwecks Rettung des Sohnes seine Selbstachtung hintanzustellen? Also jemanden, mit allen Konsequenzen, die das haben kann, mehr zu lieben als sich selbst? Sperber geht davon aus, dass Verdrängen mit Schuldgefühlen in Zusammenhang steht. In der Truhe mit Papieren, auf die Stetten Dojno Faber in seinem Landhaus hinweist, findet dieser »viele wohlgeordnete Faszikel«, darunter »das ›*Tagebuch einer Reise*‹«.[1603]

Während der Wochen, ehe der *Bundesstaat Österreich*[1604] zu einem Teil des Deutschen Reiches gemacht wurde, lässt sich Stetten von dem Prälaten Graber, den er wenige Jahre davor, während der *Februarkämpfe*, vergeblich gebeten hatte, ihn bei seinen Bemühungen zu unterstützen, das Leben eines schwer verletzten sozialdemokratischen Kämpfers zu retten, überreden, an politischen Aktivitäten teilzunehmen. Eine Weile lang lässt sich Stetten als Kandidat für ein letztes Einigungsprojekt der hoffnungslos verfeindeten politischen Akteure Österreichs handeln, doch der Versuch scheitert, und Stetten muss die Vorgänge am 11. März 1938 hilflos in Wien miterleben.[1605] Insgesamt erwies sich das gescheiterte Pro-

1601 Vgl. Sperber, Tiefer als der Abgrund, S. 475 f.

1602 Vgl. Sperber, Tiefer als der Abgrund, S. 477 (Hervorhebungen im Original).

1603 Vgl. Sperber, Tiefer als der Abgrund, S. 474 (Hervorhebungen im Original).

1604 Dies war die offizielle Bezeichnung des später vor allem unter dem Begriff Ständestaat bekannt gewordenen Staates. Vgl. Verordnung der Bundesregierung vom 4. April 1934 über die Verfassung des Bundesstaates Österreich, BGBl Nr. 239/1934 (http://alex.onb.ac.at/cgi-content/alex?aid=bgb&datum=19340004&seite=00000437; abgerufen am 03.03.2020).

1605 Vgl. Sperber, Tiefer als der Abgrund, S. 483–489, 490 f.

jekt, schon während es dauerte, für Stetten als mühsam, »vertrug« er es doch »nicht, Männer reifen Alters argumentieren zu hören, als ob Wissen und Meinung, Tatsachen und Vermutungen dasselbe wären«.[1606] Indes teilt ihm Marlies mit, sie wolle ihre Tochter »zurück[holen]«. Kurz darauf wird Stetten von Gestapo-Leuten verhaftet, in das Gebäude des Hotels Métropole gebracht und dort schweren Misshandlungen ausgesetzt.[1607] Marlies erwirkt offenbar seine Freilassung, allerdings nimmt sie Agnes mit sich.[1608]

In Paris, einer Stadt, die Stetten seit seiner Studienzeit vertraut ist, trifft er unter anderem auch auf Albert Gräfe, zu dem er »sofort eine tiefe Sympathie« fasst, desgleich »ein großes Vertrauen in seine Urteilskraft«.[1609] Ein französischer Historiker, Raoul Werlé, mit dem Stetten eine ambivalente Freundschaft verbindet, ist angesichts der von ihm konstatierten »Macht [...], die dieser ›sinistre‹ Mann auf Stetten ausübte«, einigermaßen indigniert. Dass er Gräfe gänzlich uninteressant findet, verübelt ihm wiederum Stetten.[1610] Ganz überwirft sich Stetten mit Werlé im Übrigen nicht, denn als er Gaby gegenüber »den Schwiegervater [...] spielt«, lässt er sich von Werlé in deren Familie einführen.[1611] Werlé erhofft sich Aufklärung von Dojno, doch vermag er dessen Ausführungen nur bedingt zu folgen. Faber schildert »Alberts Schicksal«. Die Art, in der Gräfe mit den »Proben« umgegangen sei, denen er ausgesetzt war, verweise auf einen »edlen und starken, unbezwinglichen Charakter«. Werlé sieht nicht ein, »›wieso die Quantität und selbst die Intensität des Erlebten dem Menschen einen Wert geben sollten. [...]‹«. Aus Dojnos Sicht hätten »[d]ie Ereignisse« der zurückliegenden »Jahre [...] Stetten« gedrängt, »die Menschen darauf zu prüfen, ob ihr Charakter dem immer größer werdenden Druck der Zeit standhalten« könne.[1612]

Beim Verfassen der Monografie über den Krieg, an der er gemeinsam mit Dojno arbeitet, wird ihm bewusst, dass die »wesentliche[n] Zusammenhänge« für die Entstehung des »modernen Krieg[es]« nicht in »Phrasen und ›Ideologien‹« gefunden werden können, sondern tiefer reichen. »[I]n Wirklichkeit [...] ging es [...] stets um die Schaffung größerer staatlicher Einheiten.« Insofern sei die entscheidende Frage im Hinblick auf »*den nächsten Krieg* [...], *ob der Frieden, der ihm folgen wird,* [...] *ein wahrer Weltfrieden sein wird oder*

1606 Vgl. Sperber, Tiefer als der Abgrund, S. 489.
1607 Sperber, Tiefer als der Abgrund, S. 504, schreibt vom »Hotel am Quai des Donaukanals [...], in dem sich die Gestapo installiert hatte«.
1608 Vgl. Sperber, Tiefer als der Abgrund, S. 504–506, 530 f.
1609 Vgl. Sperber, Tiefer als der Abgrund, S. 530, 533.
1610 Vgl. Sperber, Tiefer als der Abgrund, S. 533.
1611 Vgl. Sperber, Tiefer als der Abgrund, S. 571.
1612 Vgl. Sperber, Tiefer als der Abgrund, S. 533 f.

nicht«.[1613] Als das Buch im Sommer 1939 schließlich erscheint, reagieren die Behörden des Nazireiches mit einer Konfiskation von Stettens Vermögen in Österreich, und in der Schweiz sperrt man seine Konten, in Entsprechung eines »offiziell geäußerten Wunsch[es] der deutschen Machthaber«.[1614] Als Stetten nach Kriegsbeginn auch noch erfährt, dass er interniert werden soll, reagiert er fassungslos. Zuerst seien ihm, »weil man ganz genau wußte, daß ich Anti-Nazi bin, […] Visum und […] Aufenthaltserlaubnis« verwehrt worden, nun will man ihn »ins Lager« schicken. Auf Dojnos Beschwichtigungsversuche reagiert er wütend, vorwurfsvoll.

> »Schweigen Sie«, fährt Stetten seinen früheren Schüler an, »ich vertrage nicht mehr Ihr Geschwätz, diesen ganz impermeablen jüdischen Opportunismus. […] [I]ch kann Ihnen wirklich nicht mehr zuhören. Sie haben unsere Auswanderung verhindert. Sie sind blind oder verrückt.«[1615]

Die Formulierung im letzten Satz ist insofern auffällig, als sie abgesehen von der Wortfolge jener entspricht, die Milan Petrovitsch gewählt hat, kurz bevor er, ebenfalls höchst erregt, zusammen mit Albert Gräfe Dojnos Mansardenzimmer verlassen hat: »Verrückt oder blind, das seid ihr.«[1616] Schließlich erleidet er einen »Herzanfall«. Ein »ältere[r] französische[r]« Arzt, Dr. Meunier, sorgt dafür, dass Stetten nicht in ein »Lager gehen« muss. Allerdings soll es, erklärt er Dojno, vermieden werden, dass Stetten etwas von seinen diesbezüglichen Bemühungen erfährt. »Ihr alter Freund soll das Gefühl haben, mitten im Kampf zu stehen.« Noch weniger »zuträglich« als die Aufregung seien ihm »Resignation« oder »Kapitulation«.[1617] Bei dem Versuch, Albert Gräfe über die Grenze zu bringen, nach Belgien oder Norwegen, erleidet Stetten einen neuerlichen »Anfall« und stirbt in einem Haus nahe Arras.[1618] In seinen letzten Stunden ist er genötigt, sich die Ausführungen des Hauseigentümers, eines Herrn Vooring anzuhören, der eine »welterlösende Pilztheorie« entwickelt hat. Würden alle Menschen Pilze züchten und sich davon ernähren, wären sie aller »ihrer materiellen Sorgen« ledig.[1619] Stetten wartet auf Dojno, er hat Albert aufgetragen, diesen zu holen,

1613 Vgl. Sperber, Tiefer als der Abgrund, S. 575 (Hervorhebungen im Original).
1614 Vgl. Sperber, Tiefer als der Abgrund, S. 602.
1615 Sperber, Tiefer als der Abgrund, S. 614.
1616 Sperber, Tiefer als der Abgrund, S. 598.
1617 Vgl. Sperber, Tiefer als der Abgrund, S. 615–617.
1618 Vgl. Sperber, Tiefer als der Abgrund, S. 624.
1619 Vgl. Sperber, Tiefer als der Abgrund, S. 627, 629.

»es ging um Stunden«.[1620] In der Agonie erfasst ihn ein »furchtbare[s] Gefühl, eine Angst, die wie ein fortgesetztes Erschrecken war vor einer namenlosen, immer mächtigeren Drohung«.[1621]

Die Frage einer suizidalen Komponente bei alledem bleibt bestehen, zumal die Formulierung, dass Stetten »noch für sechs Monate zu leben [...] hatte« und sich deshalb auch kaum mit dem Gerichtsverfahren beschäftigt, das Marlies gegen ihn anstrengt, vermutlich gewollt doppeldeutig ist. Sie könnte auf eine suizidale Komponente verweisen.[1622] Die Frage, weshalb er sich mit Gräfe in Richtung Grenze begeben will, beschäftigt nachträglich auch sein Umfeld. Stettens Arzt Meunier mutmaßt, dass Stetten »ein Schuldgefühl gegenüber dem Volk« gehabt haben könnte, doch Dojno ist überzeugt, dass er »frei« davon gewesen sei. »Auch deshalb hat er die Psychoanalyse nie richtig ernst genommen, die ›Brille der Blinden‹ hat er sie genannt.« Eher sei es das Gefühl »›symbolträchtigen Unrecht[s]‹« gewesen sein, dem Gräfe nach Stettens Dafürhalten ausgesetzt gewesen sei. Gräfe »hätte von« Paris »wegkönnen«, zumal er über »gute norwegische Reisepapiere« verfügte. Stattdessen wartete er eine Überprüfung seines »Dossier[s]« ab, um in die Armee eintreten zu können. Das Unterfangen endete in einer Verhaftung, einem Verhör und anschließendem Arrest in einem »Kohlenkeller«, aus dem »er ausgerissen und zu Stetten gelaufen« ist.[1623]

Das Konzept »symbolträchtigen Unrecht[s]« ist in allen drei Romanen der »Träne«-Trilogie von großer Bedeutung, ohne auf individualpsychologische Ansätze zurückgeführt werden zu können.[1624] Aus individualpsychologischer Sicht wäre aber die Frage zulässig und angemessen, warum sich ein Mensch unter Einsatz seines ohnedies schon sehr angeschlagenen physischen Zustandes zwecks Ausgleichs solchen Unrechts weniger in Lebensgefahr bringt, als sehenden Auges sein Ableben zu beschleunigen? Aus dieser Perspektive drängen sich durchaus Fragen des Lebensplans auf. Für Stetten ist nichts so wichtig wie die Frage der Selbstachtung. Sie zu erhalten, ist ihm wichtiger gewesen, als seinen Sohn Einhard zu retten. Vielleicht ist sie ihm auch wichtiger als der Erhalt der eigenen physischen Existenz. Allerdings hat sich in Stettens Leben noch einmal einiges verändert, als seine Enkeltochter Agnes in sein Leben tritt. Er wird der »Narr eines kleinen Kindes«,[1625] und er verliert es, weil die Mutter, eine

1620 Vgl. Sperber, Tiefer als der Abgrund, S. 624.
1621 Vgl. Sperber, Tiefer als der Abgrund, S. 627.
1622 Vgl. Sperber, Tiefer als der Abgrund, S. 602.
1623 Vgl. Sperber, Tiefer als der Abgrund, S. 625.
1624 Zum »symbolträchtigen Unrecht« vgl. Kalinski, Sperber's Novelistic Trilogy as a Narrative Form of Confronting with History, S. 130.
1625 Sperber, Der verbrannte Dornbusch, S. 441.

Nationalsozialistin, letzten Endes das Sorgerecht für sich reklamiert.[1626] Stetten »erwähnte« sie fortan »niemals mehr«. Später, als die Schwiegertochter sein Vermögen einfrieren lässt, indem sie Stetten namens der Enkeltochter verklagt, rechnet er aus, dass seine Mittel noch sechs Monate lang für seinen Lebensunterhalt reichen.[1627] Zu dem Zeitpunkt, als Stetten diesen *Kassasturz* macht, hat er seine Pläne, Europa zu verlassen, bereits aufgegeben. Hatte er zu Beginn des Jahres noch auf rasche Abreise gedrängt und Faber Vorhalte gemacht, weil er ihn, der allein nicht abreisen werde, einem qualvollen Tod überantworte, erklärt er ihm, als Dojno doch umdisponieren möchte, er wolle nun »nicht mehr auswandern«. »[I]ch habe alles reiflich überlegt, wie Kaiser Franz Joseph gesagt hat, als er den Weltkrieg begonnen hat«, meint er voll Ironie.[1628]

4.3.2.3 Mara (Millitsch)

Mara trauert um Vasso, über dessen Todesumstände Djura sie unterrichtet hat, und diese Trauer verbindet sich mit Schuldgefühlen, denn sie »verzieh es sich nicht, daß sie Vassos Drängen nachgegeben und ihn allein gelassen hatte«.[1629] Sie fühlt sich »nutzlos«, gegenüber Dojno äußert sie Suizidgedanken.[1630] In einem Gespräch mit Relly und Dojno im Jardin du Luxsembourg erzählt sie von ihrer Flucht aus Russland, von ihrem Gefühl, dass Vasso tot sei, als sie »nicht mehr weit von Odessa« war, und von grausamen Kindern.

> »Als der Zug […] beschleunigte, machten sie sich an mich heran und nahmen mir alles weg […] und dann schliefen sie ruhig wie in einem Bett. […] Seit damals fürchte ich mich vor Kindern«.[1631]

Als sie in Paris, im Jardin du Luxembourg, »›Slavko‹«, den »berüchtigte[n] Kommissar der jugoslawischen politischen Polizei« sieht, beschließt sie, ihn zu erschießen.[1632] Doch Slavko bemerkt und überlistet sie. Für den Rest seines Aufenthaltes in Paris wird Mara von seinen Leuten in einem Hotelzimmer festgehalten.[1633]

Maras Verhalten Slavko gegenüber könnte als Ungeschicklichkeit betrachtet werden, insofern vielleicht als *Fehlleistung*, einem Konzept, dem Sperber

1626 Vgl. Sperber, Tiefer als der Abgrund, S. 504–506, 530 f.
1627 Vgl. Sperber, Tiefer als der Abgrund, S. 602.
1628 Vgl. Sperber, Tiefer als der Abgrund, S. 588, 591.
1629 Vgl. Sperber, Tiefer als der Abgrund, S. 499.
1630 Vgl. Sperber, Tiefer als der Abgrund, S. 501.
1631 Sperber, Tiefer als der Abgrund, S. 515.
1632 Vgl. Sperber, Tiefer als der Abgrund, S. 522–524.
1633 Vgl. Sperber, Tiefer als der Abgrund, S. 524–529.

bekanntlich kritisch gegenüberstand. Eher, und in diesem Sinne deutet Sperber im Blick auf Adler das Freud'sche Fehlleistungskonzept um, kann an unbewusste Konflikte gedacht werden, die an einer konsequenten Entschlossenheit, den Schergen tatsächlich töten zu wollen, Zweifel aufkommen lassen. Diese können individualpsychologisch auf eine Erschütterung des Lebensplans und damit einhergehenden Perspektivenverlust zurückgeführt werden.[1634]

Maras Ablehnung stereotyper Rollenzuschreibungen bleibt auch in »Tiefer als der Abgrund« erkennbar, nicht zuletzt in ihrer unverblümt geäußerten Furcht vor Kindern, die zwar auf ein konkretes Erlebnis bezogen ist, aber gegenüber Relly geäußert möglicherweise einen unbewussten Mehrwert aufweist. Diese These ließe sich in Hinblick auf Rellys Situation, die sie selbst als wenig perspektivenreich auffasst, vertiefen. Kinder sind, in einer patriarchalen Gesellschaft, noch dazu unter den Auspizien von Krieg und politisch motivierter Verfolgung für Frauen insofern bedrohlich, weil sie als Mütter in ihren Möglichkeiten, insbesondere jenen eigenständiger Lebensgestaltung, massiven Einschränkungen ausgesetzt sind.

4.3.2.4 Relly (Rubin)

In Paris ist sie hauptsächlich um das Befinden ihres Sohnes Pauli besorgt, und das »Leben in Armut« empfindet sie als »eine Beschäftigung, die einen ganz ausfüllt, das erfährt unsereiner erst in der Emigration«.[1635] Sie fühlt sich als »alte Frau«, was Dojno verwundert, denn für ihn »sah […] Relly […] noch immer wie ein Mädchen aus, das gerade zur vollen Reife gelangt ist«.[1636] Sie sucht Männerbekanntschaften, denn Edi habe eine tiefgehende Veränderung durchlaufen, und Relly wisse nicht mehr, wer er sei. Gegenüber Dojno »schilderte sie den Mann, den sie geliebt hatte, wie einen Toten«.[1637] Dojno seinerseits zeigt sich »betroffen«, nicht zu wissen, »wie sie lebt […]. Wir lassen sie nie zu Worte kommen.«[1638] Das Letztere gilt auch für den Roman selbst: Relly kommt selten zu Wort.

Mara, die sie in Paris wiedersieht, ist ihr »fremd geblieben«. Allerdings ist Relly ihr gegenüber wohlwollender gesonnen als noch in »Der verbrannte Dornbusch«, wo sie ihr vorhält, sie und Edi nur »benutzen« zu wollen.[1639] Vor allem als Mara von ihrer Flucht aus Russland und der Grausamkeit von Kindern im

1634 Vgl. dazu Sperber, Tiefer als der Abgrund, S. 516 f.
1635 Vgl. Sperber, Tiefer als der Abgrund, S. 515.
1636 Vgl. Sperber, Tiefer als der Abgrund, S. 514.
1637 Vgl. Sperber, Tiefer als der Abgrund, S. 560.
1638 Vgl. Sperber, Tiefer als der Abgrund, S. 559.
1639 Vgl. Sperber, Der verbrannte Dornbusch, S. 258.

Zug, in dem sie unterwegs war, erzählt, ist Relly betroffen. Mara meint, seit ihren Erlebnissen in besagtem Zug empfinde sie Furcht vor Kindern.[1640] »›Aber jetzt, nicht wahr, jetzt haben Sie doch keine Angst mehr vor Kindern?‹ Rellys Frage klang fast demütig, als wollte sie Verzeihung erbitten«.[1641]

Im Lauf des Romans wächst Rellys Verzweiflung, zumal sich ihre Situation zunehmend verschlechtert. Als Edi kurz nach Kriegsbeginn interniert wird, äußert sie Dojno gegenüber Zweifel, ob man das, was sie führe, überhaupt »Leben« nennen könne.[1642] Es bleibt hier immer auch das Problem eines unbewusst stereotypen Rollenverständnisses. Relly scheint sich weitgehend in die von Mara entschieden zurückgewiesenen, genderbasierten Rollenmuster zu fügen, wenngleich vermutlich aus pragmatischen Gründen.

4.3.2.5 Edi Rubin

Aus Dojnos Perspektive hat sich Edi, als er ihn 1938 in Paris trifft, schon rein äußerlich verändert. Sein »Gesicht war schmäler geworden«, es war nicht mehr das Antlitz »eines genießerischen, wohlwollenden Skeptikers«. Im Profil, links, glich er Gustav Mahler, so findet Dojno, und Edi erklärt, dass mütterlicherseits eine Verwandtschaftsbeziehung bestehe.[1643] Den Plan, in die Vereinigten Staaten auszuwandern, hat Edi, Relly zufolge, »endgültig aufgegeben«. Gemeinsam mit Josmar Goeben plant er die Errichtung einer »Spielwarenfabrik auf kooperativer Basis« in Paris.[1644] Er habe, so Edi zu Dojno, seinen »Standpunkt nie verlassen« und zu keiner Zeit »an die erlösende Wirkung der Massen geglaubt«. Er wende sich »an Personen«, zumal er eine »Gesellschaft, die immer mehr die Organisationsform einer Armee annimmt«, nicht billige.[1645] Relly ist hingegen der Ansicht, Edi habe »sich unvorstellbar verändert«. Insbesondere »die Zartheit seiner Gefühle, die Grenzenlosigkeit seiner Güte, die Weisheit gegenüber den Schwächen des anderen, seine Verläßlichkeit« gehören nach Rellys Auffassung der Vergangenheit an.[1646] Bald nach Kriegsbeginn wird er, wie viele andere aus Österreich und Deutschland Stammende, interniert, nach einer Zeit sogar unter »verschärftem Regime«.[1647] Infolge eines beim Kriegsministerium eingereichten Projekts gilt er »als besonders verdächtig«. Dabei

1640 Vgl. Sperber, Der verbrannte Dornbusch, S. 515.
1641 Sperber, Der verbrannte Dornbusch, S. 516.
1642 Vgl. Sperber, Tiefer als der Abgrund, S. 623.
1643 Vgl. Sperber, Tiefer als der Abgrund, S. 517, 519.
1644 Vgl. Sperber, Tiefer als der Abgrund, S. 514.
1645 Vgl. Sperber, Tiefer als der Abgrund, S. 520.
1646 Vgl. Sperber, Tiefer als der Abgrund, S. 560.
1647 Vgl. Sperber, Tiefer als der Abgrund, S. 619, 623.

habe er, so Relly, »alle Angebote aus Amerika abgelehnt«, um »auf Frankreichs Seite mit[zu]kämpfen«.[1648]

Edis Zukunftsverlust macht sich in »Tiefer als der Abgrund« als Resignation und Antriebslosigkeit bemerkbar. Im Grunde wirkt er in diesem Roman ziemlich passiv, gerade auch auf Relly, und entwickelt wenig perspektivenreiche Pläne. Seine vagen Ziele versanden schließlich im Angesicht äußerer Gewalt, die über ihn hereinbricht.

4.3.2.6 Josmar Goeben

Josmars Verletzungen, die er in Spanien erlitten hat, haben teils bleibende Beeinträchtigungen hinterlassen. Eines seiner Beine »war steif, er würde ein Krüppel bleiben«. Ansonsten waren seine »Verwundungen« aber »gut ausgeheilt« und Josmar ist »sich« auch ansonsten »gleichgeblieben«.[1649] In Paris kommt Josmar wieder mit Thea Lengberg zusammen, die beiden heiraten offenbar.[1650] Goebens Wertschätzung für Sönnecke ist ungebrochen, was in seinem Ausbruch gegenüber Illming sichtbar wird. Dieser spricht davon, dass »Stalin [...] [i]hn und die Narren seiner Art [...] liquidiert« habe. »Ich mag nicht mitanhören, wie man den Mord an Sönnecke billigt und die Mörder rühmt«.[1651] Als Illming Rosa Luxemburg schmäht, deren Anhänger Sönnecke gewesen ist, wird Josmar klar,

> »daß er seit Jahren auf einen Ermordeten wartete, daß er alles im Hinblick auf solch unmögliche Wiederkehr tat. Seit seiner Kindheit war es so gewesen, immer hatte er einen älteren Freund gebraucht, zu dem er grenzenloses Vertrauen haben durfte. Und nun, seit Sönneckes Tod, lebte er ohne einen Führer.«[1652]

Illming ist 1938 »ein vielumworbener Mann«, dessen Schriften in »Zeitschriften« gedruckt werden, die unter der Kontrolle der Kommunistischen Partei stehen. Einige »französische Intellektuelle [...] zitieren ihn und seine Bücher in ihren Artikeln«.[1653] Opfer totalitärer Gewalt wie Sönnecke oder Rosa Luxemburg schmäht er unverhohlen.[1654] Gleichzeitig webt er weiter an seinem eigenen Mythos, ergeht sich in Prognosen zu künftigen Entwicklungen in Europa

1648 Vgl. Sperber, Tiefer als der Abgrund, S. 622 f.
1649 Vgl. Sperber, Tiefer als der Abgrund, S. 518.
1650 Vgl. Sperber, Tiefer als der Abgrund, S. 570, 582, 585.
1651 Vgl. Sperber, Tiefer als der Abgrund, S. 586.
1652 Vgl. Sperber, Tiefer als der Abgrund, S. 587.
1653 Vgl. Sperber, Tiefer als der Abgrund, S. 583.
1654 Vgl. Sperber, Tiefer als der Abgrund, S. 586.

und verdrängt gekonnt seine Erlebnisse vom Juni 1934. »Die Bestien hatten mich in ihrer Gewalt, aber sie fürchteten mich so sehr, daß sie sich nicht trauten, mich anzurühren«, verkündet er. Thea Lengberg erinnert sich hingegen »genau« daran, wie »[s]chwarz uniformierte Männer [...] mit Peitschen auf Illming ein[schlagen]« und ihn »zum Auto [...] schleifen«. Mit Erstaunen stellt sie fest, dass dieser sich »selbst [...] belog«.[1655]

Der Konflikt mit Illming macht vermutlich noch einmal Josmars Lebensplan manifest, gewissermaßen das für ihn zentral Wichtige: etwas oder jemand, woran er *glauben* kann. Später ist zu erfahren, dass er zusammen mit Edi Rubin interniert wurde.[1656] Dies ist zugleich die letzte Mitteilung über Josmar Goeben, die »Tiefer als der Abgrund« bereithält. In »Die verlorene Bucht« tritt er gar nicht mehr in Erscheinung.

4.3.2.7 Karel

In »Tiefer als der Abgrund« begegnet Karel als schwer durchschaubare Gestalt, der es gut gelingt, Faber zu manipulieren. So sucht er Dojno in Paris auf und erzählt ihm von dem außerordentlich wichtigen KP-Funktionär Wolfan, der mit der Partei gebrochen habe und nun getötet werden solle. Karel hätte den Mordanschlag auf Wolfan durchführen und »die Aktion leiten« sollen, doch habe er das nicht über sich gebracht und sei »krank geworden«. Ohne es ausdrücklich von ihm zu verlangen, motiviert er Faber, Wolfan aufzusuchen, was dieser dann auch tut.[1657] »Sie wollen mich retten«, meint Wolfan später zu Dojno, »ich weiß zwar noch nicht warum, aber Karel?«[1658] Von diesem sei anderes zu erwarten, und in der Tat erscheint bald Margit, und als Faber nach Paris zurückkehrt, ist Karel verschwunden.[1659]

Individualpsychologisch betrachtet, bleibt Karel der angstgetriebene Machtmensch, der Gefahren (oder was er dafür hält) von der Partei abwendet, weil sie die Grundlage seiner gesamten Existenz bildet. Wem er damit sonst auf welche Weise schadet, scheint ihn nicht zu kümmern.

1655 Vgl. Sperber, Tiefer als der Abgrund, S. 585.
1656 Vgl. Sperber, Tiefer als der Abgrund, S. 619.
1657 Vgl. Sperber, Tiefer als der Abgrund, S. 541–543.
1658 Sperber, Tiefer als der Abgrund, S. 547.
1659 Vgl. Sperber, Tiefer als der Abgrund, S. 554–558.

5 »Die verlorene Bucht« (»Wie eine Träne im Ozean«, Band 3)

5.1 Zentrale Inhalte

5.1.1 »Unterwegs«[1660]

Zu Beginn von »Die verlorene Bucht« sind rund anderthalb Jahre vergangen, seit Dojno Faber Jeannot begegnet ist. Im November 1941 leben sie in einem Dorf, wo ihn die Leute »gewöhnlich als den Onkel« bezeichnen, wie Jeannot, der diese Benennung aufgebracht hat. Man hält ihn dort für einen Lehrer, der aus einem »fernen Lande [...] nach Frankreich geflüchtet« sei.[1661] Relly und Edi leben mit ihrem Sohn Pauli in einem nahegelegenen Städtchen, das man vom Dorf aus zu Fuß erreichen kann, wenn man nicht mit dem Autobus »hinunterfahren« möchte.[1662] Dojno hält sich eher bedeckt. Seine Wirtin, Frau Brecia, übermittelt ihm Hinweise, wann es von Vorteil ist »weg[zu]fahren«, weil beispielsweise »irgendwelche Herren aus der Stadt [...] kommen« und es besser sei, wenn Faber »nicht im Dorf« zu sehen ist.[1663] So auch zu Beginn des Romans. Mit einem »große[n] Hase[n]«, den ihnen Dojnos ehemaliger Armeekamerad Berthier per Post hat zukommen lassen, begeben sich Dojno und Jeannot zu Relly und Edi. Dort wartet Post auf Dojno. Der Graf Prevedini, Gefährte und Freund von Maras Tante Marie-Therese, der *Baroneß*, und als solcher unter dem Namen »Putzi« bekannt, kündigt seinen Besuch an, desgleichen Dr. Meunier. Prevedinis Brief wurde von einem für Dojno »Unbekannte[n]« verfasst, »der« mit »Roman Skarbek« unterschrieb.[1664] Statt Meunier erscheint vorderhand allerdings Lagrange. Er berichtet Faber von verschiedenen Gerüchten zu dessen

1660 Sperber, Tiefer als der Abgrund, S. 709.
1661 Vgl. Sperber, Die verlorene Bucht, S. 711.
1662 Vgl. Sperber, Die verlorene Bucht, S. 713, 715.
1663 Vgl. Sperber, Die verlorene Bucht, S. 713.
1664 Vgl. Sperber, Die verlorene Bucht, S. 719. Skarbek wird im weiteren Verlauf in »Die verlorene Bucht« eine zentrale Rolle spielen.

angeblichem Ableben im Sommer 1940. Lagrange hat die KP inzwischen verlassen, allerdings erst 1940, und sich an der Gründung einer Widerstandsgruppe beteiligt, die inzwischen weitgehend zerschlagen ist. Nur er selbst, Giraud und ein Jacques Drumont, der die Gruppe und ihre Mitglieder vermutlich verraten hat, sind noch auf freiem Fuß.[1665] Faber solle sich ihnen »anschließen«, doch er lehnt ab. Er »lebe jetzt für Jeannot. [...] Stürbe ich, so wäre es nicht gut für ihn. Er würde noch einmal verwaisen.«[1666]

Schließlich taucht Meunier auf, der noch »einen Verbindungsmann« hatte »abwarten« müssen. Er zeigt Dojno ein Foto von Stettens Grab, um dessen Gestaltung sich Gaby gekümmert hat. Von Frau Liebmann habe er nie eine Nachricht erhalten.[1667] Dies legt nahe, dass die Liebmanns keine weiteren Fluchtpläne verfolgt haben, seit Dojno ihnen begegnet ist, eine Vermutung, die viel später in »Der schwarze Zaun« ausdrückliche Bestätigung findet.[1668] Wenig später kommt Prevedini, in Begleitung von Roman Skarbek, auf Besuch. Er soll einen Brief von Mara bringen, den er dann nicht finden kann, und berichtet vom Tod Albert Gräfes. Gräfe sei von Ustaschi ermordet und seine »furchtbar malträtiert[e]« Leiche vor Maras Gartentor abgelegt worden. Nach Stettens Tod hatten Dojno und Meunier dafür gesorgt, dass Gräfe nach Jugoslawien ausreisen konnte, um sich bei Mara und Djura »in Sicherheit« bringen zu können.[1669] »Mara und noch andere« würden »darauf« bestehen, dass »Dojno zu ihnen nach Dalmatien« komme. Prevedini hat bereits einen »Plan« ausgearbeitet, wie er »Dojno über Italien nach Dalmatien [...] bringen« könne. Noch ehe Dojno ihr etwas sagen kann, ist Relly klar, dass er dieser Aufforderung nachkommen werde.[1670] Alsbald bricht Dojno gemeinsam mit Roman Skarbek nach Dalmatien auf. Skarbek, der einem alten polnischen Adelsgeschlecht entstammt, reist »im Auftrag der polnischen Exilregierung nach Polen zurück«. Dojno und er sollen bis Modena zusammen unterwegs sein, so sieht es Prevedinis Plan vor.[1671] Bei Porto Maurizio verlassen sie das Boot, in dem sie sich versteckt hatten, sie werden von Prevedinis Nichte mit dem Auto abgeholt. Sie nimmt sie in ihr Haus mit und erklärt ihnen, dass sie nun »in Sicherheit« seien.[1672] Namentlich stellt sie sich nicht vor, sondern präsentiert sich als »die Witwe des Barons

1665 Vgl. Sperber, Die verlorene Bucht, S. 721 f., 724 f. Zu Lagrange und Giraud vgl. Sperber, Tiefer als der Abgrund, S. 636–642.
1666 Vgl. Sperber, Die verlorene Bucht, S. 724–726.
1667 Vgl. Sperber, Die verlorene Bucht, S. 727 f.
1668 Vgl. Sperber, Der schwarze Zaun, S. 69.
1669 Vgl. Sperber, Die verlorene Bucht, S. 730–732.
1670 Vgl. Sperber, Die verlorene Bucht, S. 731 f.
1671 Vgl. Sperber, Die verlorene Bucht, S. 730, 734.
1672 Vgl. Sperber, Die verlorene Bucht, S. 737 f.

Giuseppe Lenti, […] Schwester des Grafen Arnaldo Prevedini und […] Nichte des Vizeadmirals«.[1673] Ihr Bruder Arnaldo soll »›echte‹ Dokumente« für Faber und Skarbek bringen und sie dann zum Vizeadmiral geleiten. Seine Ankunft verzögert sich, und so dauert der Aufenthalt der beiden bei der Baronin bis nach Weihnachten.[1674] In der Weihnachtszeit verspielt »Noldi« im Casino von San Remo »zuviel« und unterfertigt »kurzfristige Wechsel«, sodass Prevedini senior in Italien bleiben muss, um »ein Unglück« zu vermeiden, obgleich er sich große Sorgen um Marie-Therese macht. Seinen Informationen nach sind »auf der Insel Kämpfe ausgebrochen«, zwischen Ustaschi und »Rebellen«, bei welch Letzteren es sich um Maras Gruppe handeln müsse. »Also war Marie-Therese mittendrin im Gemetzel.«[1675] Schmuggler sollen Dojno nach Dalmatien bringen. Skrabek begibt sich nach Polen.[1676]

5.1.2 »Die Djura-Brigade«[1677]

Die Rebellengruppe um Mara, die ein kleines Stück einer dalmatischen Insel gegen die Ustaschi verteidigt, ist in arge Bedrängnis geraten. Zwar haben die Rebellen eben erst eine größere Menge Munition erbeutet, doch passt diese nicht in ihr Maschinengewehr. Dafür haben sie drei Tote zu beklagen, eine Höhle müssen sie aufgeben, weil ein Lehrer, dem Djura vertraut hatte, sie an die Ustascha-Leute verraten hat. Im Grunde hält Maras Gruppe nur noch ein Haus und einen Pavillon, zusammen »Renduit« genannt.[1678] Die Insel selbst, die »mit vielen Namen bezeichnet worden« war, von denen wir aber keinen einzigen erfahren, besteht aus einem Hafen, »um den« in einem »Halbkreis« eine »kleine Stadt« liegt. »Hinter ihr, auf dem ›Berg‹, lagen die zwei Dörfer, dazwischen der Hügel und ein längliches Tal, in dem Olivenbäume wuchsen.«[1679]

Nachdem die Ustaschi auf der namenlos bleibenden Insel zur »Macht«, »*Vlast*«, gelangt sind, hat es Verhaftungen und schwere Misshandlungen unter der Zivilbevölkerung gegeben, auch Konfiskationen und andere Schikanen. »Die Insel grollte, aber stumm.«[1680] Nach dem Mord an Gräfe werden der Kommandant »Eder und sein Stellvertreter […] erschossen« aufgefunden. Eders Nach-

---

1673 Vgl. Sperber, Die verlorene Bucht, S. 738.
1674 Vgl. Sperber, Die verlorene Bucht, S. 742–749.
1675 Sperber, Die verlorene Bucht, S. 751.
1676 Vgl. Sperber, Die verlorene Bucht, S. 751 f.
1677 Sperber, Tiefer als der Abgrund, S. 753.
1678 Vgl. Sperber, Die verlorene Bucht, S. 755–759.
1679 Sperber, Die verlorene Bucht, S. 769.
1680 Vgl. Sperber, Die verlorene Bucht, S. 770 (Hervorhebung im Original).

folger Grkic kündigt ein »furchtbares Strafgericht« an, doch geht alsbald das Gerücht, der Vizeadmiral und die *Baroneß* hätten ihn im Zuge eines Gesprächs geschlagen. Kurz darauf fahren beide mit einem italienischen Schiff ab, zwei Tage später kehrt die *Baroneß* »in die Grüne Bucht« zurück. Sie bringt »Kisten« mit, in der Bevölkerung entstehen Gerüchte, dass man sich dort »auf eine Belagerung« vorbereitet. Lange zögern die Ustaschi, die »Festung« anzugreifen, wie »das Haus in der Bucht« genannt wird, doch Anfang Dezember tun sie es dann. Das Gebäude »brannte lichterloh«, seine Bewohnerinnen und Bewohner ziehen sich »auf den Hügel« zurück, in das erwähnte *Renduit.*[1681] Im Jänner folgt der Angriff des »Kader[s]«, bei dem Munition erbeutet werden kann und auf den hin der Gegenangriff der Ustaschi erwartet wird.[1682]

Die Stimmung auf der Insel wandelt sich im Verlauf dieser Konflikte durchaus signifikant. Zunächst wachsen die Sympathien mit der *Baroneß* und Mara. »Diese Ustaschi redeten ununterbrochen von Kroatien, aber wer war das? Nicht der Grkic […] und nicht sein Poglavnic Pavelic […], sondern die große Dame und ihre Nichte, die Witwe.« Die Nichte ist zudem »nicht die Witwe von irgendeinem Baron oder Grafen, sondern von Vasso Millitsch«.[1683] Außerdem geht man davon aus, dass die Leute in der »Grüne[n] Bucht« auf italienische Hilfe zählen können, nicht nur weil Prevedini »ja eigentlich Italiener« ist, sondern vor allem, weil »die besseren Leute […] zusammen[stehen], ob Italiener oder Kroaten oder Österreicher«.[1684] Die Leute in der Stadt um den Hafen werden waghalsig. Sie grüßen »Grkic und seine Leute« zwar, schließlich sind sie »immer noch die Herren«. Auch »fürchtete […] man […] sich noch, aber nicht mehr so wie früher«.[1685] Als sich das Kriegsgeschick wendet und die Leute vom »Grünen Kader« die »Festung« verlassen müssen, verändert sich auch die Haltung der Inselbewohnerinnen und -bewohner. »[N]äher betrachtet, sagte man am Hafen, war dieser Grüne Kader ein Unglück für die Insel. Macht ist Macht, und man stellt sich nicht gegen Vlast.«[1686] Auch der Blick auf Grkic wandelt sich. Ist er zunächst »der feige Grkic«, der nicht angreift, ein »schlaue[r] Defraudant«, so wird er nach der Vertreibung des »Grüne[n] Kader[s]« aus der »Festung« zum »dicke[n], schlaue[n] Grkic«.[1687] Außer Mara und Djura gehört den Rebellen auch der Arzt Kral an. Vladko ist ebenfalls da, der ehemals hohe KP-Funk-

1681 Vgl. Sperber, Die verlorene Bucht, S. 772–774.
1682 Vgl. Sperber, Die verlorene Bucht, S. 767, 774 f.
1683 Vgl. Sperber, Die verlorene Bucht, S. 771, 773.
1684 Vgl. Sperber, Die verlorene Bucht, S. 772.
1685 Vgl. Sperber, Die verlorene Bucht, S. 773.
1686 Sperber, Die verlorene Bucht, S. 774.
1687 Vgl. Sperber, Die verlorene Bucht, S. 773 f.

tionär, der Vasso verdrängt und den »Parteiname[n] Winter« geführt hatte.[1688] Insgesamt gehören siebenundvierzig Personen Maras Gruppe an, doch nur elf davon sind »Genossen, die anderen sind ungeschult, ohne Vergangenheit«.[1689]

Kurz vor dem erwarteten Angriff der Ustaschi führen Mara, Djura und Vladko ein langes Gespräch mit Dragi, einem »jungen Mann«, der zu den »Sljemiten« gehört, einer offenbar fiktiven Gruppierung, benannt »nach dem Berge, auf dem ihre Gründungskonferenz stattgefunden hatte«. Die »Sljemiten« halten Vasso Millitisch die Treue, und weil dieser »in der Nacht vom 17. auf den 18. April 1937« ermordet worden war, werden sie »auch Aprilisten« genannt. Für sie steht fest, dass »Leute von der Partei […] [ü]berall im Land« ihre »Genossen ausgeliefert […] haben«. Auch Vladko war an Millitschs parteiinternem Niedergang beteiligt, dessen wird sich Dragi schließlich bewusst. Selbst jetzt, da er mit der KP gebrochen hat und »die Partei« nach eigenem Bekunden »mehr hass[t]« als Dragi dies tut, versucht Vladko zu differenzieren: »Leute von der Partei, das heißt nicht die Partei. Es können Spitzel gewesen sein und Verräter«, wendet er ein, und nur mit Mühe gelingt es Mara und Djura, Dragi zu überzeugen, dass Vladko aufseiten der »Sljemiten« stehe.[1690]

Letzten Endes werden verzweifelte Verteidigungspläne entwickelt, die enden, als klar wird, dass die Angreifer über Tanks und ein Panzerauto verfügen. Mara und einige ihrer Leute bleiben im Renduit, Djura wird gedrängt, nach Zagreb aufzubrechen und »die Leitung der Sljemiten fürs ganze Land« zu übernehmen. Vladko soll nach Serbien gehen, um »Kontakt mit den Partisanengruppen« aufzunehmen.[1691] Die *Baroneß* hat das Haus am Nachmittag Richtung Hafenstadt verlassen und ist nicht zurückgekehrt.[1692] Schon aus einiger Entfernung sieht Djura, wie das »Renduit« attackiert wird. Djura fühlt »auf einmal« Gewissheit, »daß sie da drüben Mara töteten«. Er lässt sich von zwei Leuten aus Maras Gruppe zu einem Fischerboot bringen, auf dem er die Insel verlässt.[1693]

Tags darauf taucht Djura bei Ljuba auf, die in Sichtweite der Insel auf einer Halbinsel lebt, der Freundin des von Slavko ermordeten Kommunisten Andrej.[1694] In letzter Zeit hat sie für Mara die »Verbindung zwischen der Grünen Bucht und dem Festland« hergestellt. Jahre zuvor war Djura, in den sie damals

1688 Vgl. Sperber, Die verlorene Bucht, S. 758–760; Sperber, Der verbrannte Dornbusch, S. 46 ff.
1689 Vgl. Sperber, Die verlorene Bucht, S. 763.
1690 Vgl. Sperber, Die verlorene Bucht, S. 761 f.
1691 Vgl. Sperber, Die verlorene Bucht, S. 775 f., 785–787.
1692 Vgl. Sperber, Die verlorene Bucht, S. 776.
1693 Vgl. Sperber, Die verlorene Bucht, S. 789–792.
1694 Vgl. Sperber, Die verlorene Bucht, S. 793–796; Sperber, Der verbrannte Dornbusch, S. 54, 60 f.

verliebt war, öfters bei ihr gewesen, damals als Gast des Lehrers Bugat, des späteren Verräters.[1695] Über einen Mann namens Gezeric, der in ihrer Nähe wohnt, einen »Genosse[n]«, bringt Ljuba in Erfahrung, dass Mara zwar schwer durch einen Bauchschuss verletzt wurde, auch einige ihrer Mitstreiter. Sie konnten sich in das »Reduit« zurückziehen, nachdem sie Granaten in das Panzerauto geworfen und die meisten Insassen getötet hatten. Die *Baroneß* sei verhaftet und »zum Spott« in Unterwäsche durch die Stadt geführt worden. Gegen Djura wurde »ein Steckbrief [...] erlassen«. Der Dichter bleibt noch eine Nacht, in der er ein längeres Manuskript verfasst, das Ljuba Dojno übergeben soll, »wenn er endlich käme«.[1696] Wenig später wird Djura in Zagreb verhaftet und kurz darauf in einem Sondergefängnis hingerichtet.[1697] Zwanzig Minuten nachdem man ihn gehängt hat, überbringt ein Kurier dem Gefängnisdirektor ein von Pavelic unterfertigtes Schreiben, wonach die über »Djura verhängte Todesstrafe durch Gnadenakt des Staatschefs in lebenslängliches Zuchthaus umgewandelt wurde«. Der Kurier kommt zu spät, weil er »in einem Dorfe« getrödelt und sich dort »freiwillig an einer Aktion gegen eine serbische Familie« beteiligt hat. Sein »Beuteanteil« wird konfisziert.[1698]

Mit einiger Verspätung gelangt Dojno schließlich in Ljubas Haus. Sie übergibt ihm Djuras Manuskript, das den Titel »*Die verlorene Bucht*« trägt. Der Text handelt von einer Frau aus Jerusalem, bei der Jesus von Nazareth Zuflucht sucht, als dieser vor den römischen Soldaten flieht, die ihn gekreuzigt haben. Einer der Wächter jedoch hat ihn abgenommen, um die anderen zu erschrecken, Jesus hat überlebt und konnte entkommen. Die Frau wird ärgerlich ob seiner Reden, die eher kryptisch anmuten, aber die Behauptung enthalten, er »*habe ihnen das Heil gebracht*«. Ihr Mann hat die Familie eines Tages verlassen, weil »*ihm* [...] [e] *in Galiläer* [...] *die Gedanken verwirrt* [...] *hat* [...] *mit wohltönenden Worten*«. Jesus ist »*eigentlich auch ein Galiläer*«.[1699] Als er erklärt, »*der Gesalbte*« zu sein, den »[m]*an* [...] *ans Kreuz geschlagen*« habe »*wie einen Wegelagerer*«, woran er »*fast gestorben*« wäre, »[f]*ür euch alle*«, hat sie »*entschieden genug*« und fordert ihn auf zu gehen. Da kommen aber auch schon die römischen Soldaten heran, die den Verurteilten auf Befehl ihrer Vorgesetzten wieder einfangen und die Hinrichtung zu Ende bringen sollen. Dies geschieht denn auch, die namenlos bleibende Frau wird Zeugin des Vorgangs und bittet die Legionäre, »*ihm nichts*« zu tun, sei er doch »*ein Unschuldiger*«. Sie wird von der Hinrichtungsstätte ver-

1695 Vgl. Sperber, Die verlorene Bucht, S. 793–795.
1696 Vgl. Sperber, Die verlorene Bucht, S. 800 f.
1697 Vgl. Sperber, Die verlorene Bucht, S. 802–808.
1698 Vgl. Sperber, Die verlorene Bucht, S. 806–808.
1699 Vgl. Sperber, Die verlorene Bucht, S. 819–821 (Hervorhebungen im Original).

jagt und muss zuhause feststellen, dass ihre älteste Tochter sie verlassen hat. Zwischen beiden Ereignissen, »*dem Erscheinen des Fremden und dem Verschwinden ihrer Tochter*« stellt sie sogleich einen »*Zusammenhang*« her. Sie lässt ihre verbliebenen Kinder am Tempel zurück, in der Hoffnung, jemand werde sich um sie kümmern, und wandert nach Nazareth, um die Familie ihres Besuchers über dessen Schicksal zu unterrichten.[1700] Allerdings stößt sie auf Ablehnung. »*Jerusalemer Geschichten, man kennt sie. Die in der großen Stadt haben nichts zu tun, als den ganzen Tag Geschichten zu erfinden.*«[1701] Auf dem Rückweg sollte sie nach Djuras Dafürhalten sagen: »*Wer für uns stirbt, wirft uns aus unserem einzigen Leben hinaus.* [...]«. Stattdessen lässt er sie allerdings schweigend nach Jerusalem zurückgehen. Anstelle eines »*erstarkenden Glauben*[s] *an Jesu Wiederauferstehung* [...] *begegnet*« ihr »*überall*« nur der »*letzte Schlager*«, banal und von »*obszönen Gesten begleite*[t]« vorgetragen.[1702]

Faber findet dieses »Ende durchaus unbefriedigend«, ist der Meinung, dass hinter dem »Fremde[n]« und der »Verlassene[n]«, der »Agunah [...] die Verzweiflung Djuras« sichtbar wäre. Djura »selbst ist der Fremde. Würgende Todesangst, bevor er sich auf den Weg gemacht hat.«[1703] Zugleich geht Dojno davon aus, dass mit der »Verlassene[n]« Ljuba gemeint sei.[1704]

Es erweist sich, dass Gezeric eng mit Karel zusammenarbeitet, was Faber veranlasst, sich nach anderen Verbündeten umzusehen. Er versucht Ljuba für seine und Maras Sache zu gewinnen und Hilfe von dem ehemaligen Buchhändler Brolih zu erlangen.[1705] Dieser und seine Frau betätigen sich nicht mehr politisch, da sie inzwischen »Theosophen« geworden seien. Allerdings ist Brolih zu finanzieller Unterstützung bereit. Faber plant eine Schriftenreihe, die unter dem Titel »*Briefe eines Gehenkten*« die tatsächlichen, von Regierungsseite nach wie vor zu vertuschen gesuchten Umstände von Djuras Tod enthüllen soll. Dieses Vorhaben gelingt auch.[1706] Ljuba schließt sich der Truppe um Mara an, wo man sie bald »Mütterchen« nennt.[1707]

Die Kämpferinnen und Kämpfer der »Grünen Bucht« verlassen die Insel, aus der »Grüne[n] Brigade« werden die »Djuraten«. Mara und ein Ingenieur aus Sarajewo namens Sarajak, der schon im »Reduit« mit ihr zusammen gekämpft

1700 Vgl. Sperber, Die verlorene Bucht, S. 822–824 (Hervorhebungen im Original).
1701 Sperber, Die verlorene Bucht, S. 826 (Hervorhebungen im Original).
1702 Vgl. Sperber, Die verlorene Bucht, S. 826 (Hervorhebungen im Original).
1703 Vgl. Sperber, Die verlorene Bucht, S. 826 f.
1704 Vgl. Sperber, Die verlorene Bucht, S. 830.
1705 Vgl. Sperber, Die verlorene Bucht, S. 827–831. Zu Brolih und seiner Frau vgl. Sperber, Der verbrannte Dornbusch, S. 69 f.
1706 Vgl. Sperber, Die verlorene Bucht, S. 832–835, 836 f. (Hervorhebungen im Original).
1707 Vgl. Sperber, Die verlorene Bucht, S. 857.

und dabei einen Arm verloren hat, führen sie an. Die Truppe ist mit rund »zwölfhundert« Personen deutlich größer geworden, sie haben »den Weg nach der Herzegowina angetreten«.[1708] Unter großem Einsatz und unter einigen Verlusten überfallen die »Djuraten« einen Zug, bei dem sie einmal mehr Munition erbeuten, aber auch Gefangene machen, darunter einen Gestapo-Schergen und den »Radiomechaniker« Wilhelm Krulle »aus Berlin-Weißensee«. Faber versucht Krulle für die »Djuraten« zu gewinnen, doch dieser lehnt trotz Androhung seiner Hinrichtung ab. Zu ungewiss sind ihm die Aussichten der Gruppe, außerdem ist er »ein Sozialist […], […] kein Kommunist«. Ehe die Partisanen ihre Drohung wahrmachen können, ihn zu exekutieren, greifen deutsche Truppen mit Flugzeugen an.[1709] Krulle überlebt und bleibt bei den »Djuraten«, wo man ihn bald akzeptiert, spätestens als seine Fähigkeiten als Radiotechniker offenbar werden.[1710]

Bald darauf vertreiben die »Djuraten« Ustaschi aus dem Dorf Velac. Auch dieses Unterfangen endet unter Führung Sarajaks, der sich als Spanien-Veteran erweist, und einem Mann namens Mladen, genannt »der Ingenieur«, verlustreich. Ein Bewohner des Dorfes, der eigentlich Lehrer hätte werden wollen, aber dann in das Dorf zurückgekehrt ist, um »Tabak und Wein« anzupflanzen, rät ihnen von dem Versuch ab, das Dorf zu »befreien«. Zu viele »Befreier« hätten dort in den letzten Jahren ihr Unwesen getrieben, und jedes Mal folgten der Befreiung harte Strafmaßnahmen gegen angebliche oder tatsächliche Verbündete der vorherigen Besatzer. Allerdings nehmen die »Djuraten« das Dorf ein, halten Gericht über Leute, denen vorgeworfen wird, »an der Ausrottung der serbischen Bevölkerung teilgenommen […] zu haben«, ermöglichen es »drei serbische[n] Männer[n] und drei Frauen« ins Dorf zurückzukehren. Sie bleiben etwas mehr als eine Woche. Dann fliehen sie vor den Ustaschi und ihren italienischen Verbündeten.[1711] »Die neue Besatzung nahm fürchterliche Rache an den Einwohnern. Die Führer der Djuraten beschlossen, fortan keine Stadt und kein Dorf mehr zu befreien.«[1712] Im Lauf des Frühlings und Sommers schrumpft die »Djura-Brigade« nach und nach, und als sie im Oktober von KP-treuen Partisanen »gefangengenommen« werden, sind sie »nur noch dreiundsechzig«.[1713] Die Führungsgruppe diskutiert im Sommer eine freiwillige Eingliederung in eine von Titos Partisanenverbände, aber die Mehrzahl der Brigade-Mitglieder lehnt

1708 Vgl. Sperber, Die verlorene Bucht, S. 836, 800.
1709 Vgl. Sperber, Die verlorene Bucht, S. 843–846.
1710 Vgl. Sperber, Die verlorene Bucht, S. 867.
1711 Vgl. Sperber, Die verlorene Bucht, S. 850–855.
1712 Sperber, Die verlorene Bucht, S. 855.
1713 Vgl. Sperber, Die verlorene Bucht, S. 857, 862, 868.

dies ab.[1714] Mara versucht, über die *Baroneß*, die inzwischen in Bari lebt, Kontakt mit der britischen Armee herzustellen, was auch gelingt[1715]. Allerdings schwinden die Hoffnungen der »Djuraten« in ähnlichem Maß wie ihre Verluste an Menschen steigen. Vladko, Dragi und Kral sterben im Lauf des Sommers, allein Kral nicht eines gewaltsamen Todes, sondern »an Lungenblutungen«.[1716] Dennoch entfaltet gerade dieser Todesfall eine hochgradig demoralisierende Wirkung auf die »Djuraten«.[1717] Auch Ljuba wird verwundet und stirbt.[1718] Mladen wird von seinen eigenen Mitkämpfern erschossen, als er versucht, sich dem Überfall der parteitreuen Partisanen zu widersetzen.[1719] Sarajak nimmt sich kurz nach seiner Gefangennahme durch KP-treue Partisanen das Leben, Dojno und Mara lassen sich von diesen überreden, den doch noch angekommenen britischen Offizier, der vage als Verbindungsmann für die »Djura-Brigade« angekündigt worden war, zu empfangen und dann gemeinsam mit den Partisanen die deutschen Linien zu durchbrechen. Wenig überraschend begegnet Karel als einer von zwei leitenden Partisanenoffizieren.[1720]

5.1.3 »... wie eine Träne im Ozean«[1721]

Edi Rubin ist indessen nach Polen gelangt. Als ihn die Schergen der Nazis und des Vichy-Regimes in Frankreich suchten, versteckte »er sich in den Bergen«. Relly, Pauli und Jeannot wurden »an seiner Stelle« festgenommen und »nach Osten« deportiert. Edi reiste ihnen nach, in der »Uniform eines deutschen Militärarztes« und »drang sogar« in das »Lager« ein, in dem man sie festhielt. Allerdings konnte er ihnen nicht helfen, sie wurden ermordet.[1722] Bei dem Versuch, Kontakt mit Roman Skarbek aufzunehmen, der ihm noch als Dojnos Reisegefährte bekannt ist, entdeckt Edi, dass dieser Umgang mit deutschen Offizieren pflegt. Er hält ihn für einen Verräter und beschließt, auf eigene Faust die Einwohnerinnen und Einwohner »des alten jüdischen Städtchens Wolyna« zum

1714 Vgl. Sperber, Die verlorene Bucht, S. 856–862.
1715 Vgl. Sperber, Die verlorene Bucht, S. 867 f. Von der Tante heißt es, dass sie, »um freizukommen, am Ende doch den Prevedini«, ihren jahrzehntelangen Verlobten, »hat heiraten müssen«; vgl. Sperber, Die verlorene Bucht, S. 862.
1716 Vgl. Sperber, Die verlorene Bucht, S. 862.
1717 Vgl. Sperber, Die verlorene Bucht, S. 865.
1718 Vgl. Sperber, Die verlorene Bucht, S. 866.
1719 Vgl. Sperber, Die verlorene Bucht, S. 868.
1720 Vgl. Sperber, Die verlorene Bucht, S. 868–873.
1721 Sperber, Die verlorene Bucht, S. 875.
1722 Vgl. Sperber, Die verlorene Bucht, S. 890.

Widerstand gegen die Schergen des *Dritten Reiches* zu mobilisieren.[1723] Allerdings stößt er auf Ablehnung bei dem in Wolyna verehrten »chassidische[n] Rabbi«, genannt »Zaddik, de[r] Gerechte, oder auch de[r] Wolynaer«. Er entstammt einer Dynastie von Rabbinern, denen wundersame Fähigkeiten nachgesagt werden.[1724] In Wolyna ist die Auffassung verbreitet, dass Geschehnisse aller Art als göttliche Zeichen, Hinweise auf eine höhere, göttliche Ordnung zu deuten seien. So sehen die Menschen dort »[i]n allen Dingen [...] außer in der offenbaren eine geheime Bedeutung, die wahrhafte«.[1725] Etwa ihr »Geigenspiel, sagten die Wolynaer. Die Welt ist voller Töne. [...] Aber die Musik, das sind die Töne in Gottes Ordnung, die hörbaren Zeichen seiner Mathematik [...]«.[1726] Insofern war »das Geigenspiel bei ihnen allgemein geworden«. Die meisten Wolynaer gehen »von alters her« dem Handwerk des Teppichknüpfens nach, und »alle Welt rühmte [...] deren gründliche Arbeit.«[1727]

In Hitler sehen die Wolynaer eine Inkarnation »Haman[s] [...] aus der Chronik Esther«.[1728] Als die Freundin des Platzkommandanten Böhle, eine frühere Hebamme namens Maria Muszinska, ihnen erklärt, sie könnten sich »alle retten«, zunächst indem sie dem Kommandanten ihre Teppiche aushändigen, dann in Form von Zwangsarbeit, empfiehlt ihnen der Zaddik, »Böhle alles zu geben, was er verlangte«. Er sucht anhand »viele[r] heilige[r] Sprüche« zu belegen, dass »Leiden und Bleiben zusammengehören« und »Gnade im Leiden liegen« könne.[1729]

Edi Rubins Sicht der Welt, wie er sie angesichts seiner eigenen Erfahrungen entwickelt und vertieft hat, könnte gegenläufiger kaum sein. Sein Gespräch mit dem Rabbi und dessen sechzehn Jahre altem Sohn Bynie ist denn auch weitgehend durch wechselseitige Fehldeutungen geprägt. Der *Zaddik* erzählt Rubin von den Umständen, unter denen »fünfhundertzwanzig Jahre« zuvor »die Juden aus Wien ausgetrieben wurden«. Sie mussten auf »kleinen Ruderbooten« hungernd ausharren, während die nichtjüdische Wiener Bevölkerung sich ein Sonntagsvergnügen daraus machte, harte Brote auf die Hungernden zu werfen,

1723 Vgl. Sperber, Die verlorene Bucht, S. 893, 880 ff.

1724 Vgl. Sperber, Die verlorene Bucht, S. 884.

1725 Vgl. Sperber, Die verlorene Bucht, S. 881. Zur Relevanz mystischer Traditionen und von »Wunderrabbis« im Chassidismus vgl. z. B. Grözinger, Karl Erich: Wunderrabbi. In: Diner, Dan (Hg.): Enzyklopädie jüdischer Geschichte und Kultur, Bd. 6. Stuttgart/Weimar: Metzler 2015, S. 459–462; Dynner, Glenn: Zaddik. In: Diner, Dan (Hg.): Enzyklopädie jüdischer Geschichte und Kultur, Bd. 6. Stuttgart/Weimar: Metzler 2015, S. 488–491.

1726 Sperber, Die verlorene Bucht, S. 882.

1727 Vgl. Sperber, Die verlorene Bucht, S. 881.

1728 Vgl. Sperber, Die verlorene Bucht, S. 883. Zu Haman und Ester vgl. das biblische Buch Ester sowie z. B. Sasson, Jack M.: Ester. In: Alter, Robert/Kermode, Frank (eds.): The Literary Guide to the Bible. Cambridge, Mass.: Harvard University Press 1990, pp. 335–341.

1729 Vgl. Sperber, Die verlorene Bucht, S. 884.

sodass Boote kenterten und die Menschen, die darin saßen, zu Tode kamen. Es handle sich um ein »Gleichnis […]: In der Hand der Christen ist das Brot, das sie den Verhungernden zuwarfen, zur Waffe geworden«.[1730] Edi meint »unwirsch«, dass »die Taten Gottes […] einfach sein« sollten, »ohne Gleichnis«. »Dialektik« sei notwendig, wolle man »die verwirrenden Handlungen der Menschen […] verstehen«. Darauf erklärt Bynie, es sei »selbstverständlich«, »[d]aß die Einheit in Gegensätze aufbricht« und »die Gegensätze sich zur Einheit verbinden«. Die Aristotelische Dialektik bleibe hier stehen und verkenne, »daß Gott sowohl das Rätsel als auch aller Rätsel Lösung ist«. Aus dieser Sicht könne »[k]ein Vorgang, keine Tat […] ohne einen Willen« erfolgen, »der sie vorgeformt hat«.[1731] Edi, der über Kampferfahrung verfügt (als Oberleutnant im Ersten Weltkrieg und später in den Februarkämpfen des Jahres 1934), plädiert dafür, dass sich die Leute aus Wolyna »Waffen und Lebensmittel« beschaffen, um »in den Bergen und Wäldern« gegen ihre Feinde zu kämpfen. Er geht »darauf aus, denen zu gleichen, die er haßte, im Untergang sich ihrer Welt einzuverleiben«, während der *Zaddik* betont, dass die Juden gerade deshalb »das einzige Volk der Welt« seien, »das nie besiegt worden ist«, weil sie »allein der Versuchung widerstanden haben, zu werden wie der Feind«. Er warte »auf ein Zeichen, das« ihm »verständlich« mache, »was der Allmächtige jetzt im besonderen mit uns vorhat«. Gewiss ist ihm, dass »[d]er Blutfeind […] verloren« sei und »sein Volk […] erniedrigt werden« würde, doch »unsere Sorge ist es, zu erfassen, womit wir die Strafe verdient haben«.[1732] Bynie kündigt Edi dessen ungeachtet an, sich seiner Widerstandsgruppe anschließen zu wollen, »suche« er doch »einen eigenen Weg, den des Trostes«. Er hält es für möglich, dass ihm Edis »Verzweiflung helfen« werde, »ihn zu finden«.[1733]

Edis Begegnung mit Roman Skarbek bestätigt die Bemerkung eines Mannes im Umfeld des *Zaddik*. Mögen »[d]ie […] Skarbeks« auch »leichtsinnige Menschen« sein, so seien sie doch keinesfalls Verräter.[1734] Skarbek kann Edi überzeugen, dass er selbst aktiv im polnischen Widerstand tätig ist und der »Armia Krajowa«, der »Geheimarmee Polens« angehört.[1735] In unterirdischen Stollen auf dem Gelände seines Gutes lagern Bewaffnete, Pferde, Waffen und Munition. Zögernd nimmt Edi die von Skarbek gebotene Unterstützung an.[1736]

1730 Vgl. Sperber, Die verlorene Bucht, S. 888.
1731 Vgl. Sperber, Die verlorene Bucht, S. 888 f.
1732 Vgl. Sperber, Die verlorene Bucht, S. 892. Zu Edi Rubins militärischer Vergangenheit vgl. ibid., S. 902.
1733 Vgl. Sperber, Die verlorene Bucht, S. 894.
1734 Vgl. Sperber, Die verlorene Bucht, S. 893.
1735 Vgl. Sperber, Die verlorene Bucht, S. 897.
1736 Vgl. Sperber, Die verlorene Bucht, S. 899–902.

Anderntags schon fallen SS-Schergen in Wolyna ein, die jüdische Bevölkerung wird zusammengetrieben, der *Zaddik* mitten auf einem Platz ermordet. Dort liegt nun sein Leichnam, mit offenen Augen, »[d]en Bart hatte man ihm schon ausgerissen«, Ukrainer zerren ihm seine Kleidung vom Leib. »Einer schrie ununterbrochen: ›Nackt muß man ihn ausziehen, nackt, denn uns gehört alles, alles uns!‹«[1737]

Der Kommandant Böhle sieht sich indes unerwarteten Problemen gegenüber. Ein Streit mit der »Hebamme Muszinska« um Beutestücke aus dem jüdischen Bethaus führt dazu, dass die Hebamme vor ihm Angst bekommt und sich bei seinem Vorgesetzten beklagt, dabei auch gleich auf eine Reihe von Unterschlagungen zu sprechen kommt, die Böhle zu verantworten hat. Böhle ist geständig, sein Chef Kutschera zeigt Verständnis, schließlich plündert er selbst. Allerdings kann er nicht darüber hinwegsehen, dass achtundzwanzig Juden Wolyna vor dem Überfall verlassen haben. Das geht aus diversen »Listen« hervor. Diese »Sache« müsse Böhle »[b]innen 24 Stunden in Ordnung« bringen. Im Übrigen gelte »Schwamm drüber!« Der Hebamme solle er sich entledigen, sie »weiß zuviel, sie schwatzt zuviel«.[1738]

Böhle, seine Leute und ihre ruthenische Hilfseinheit geraten alsbald in einen Hinterhalt Edi Rubins und seiner Widerstandsgruppe, die von Skarbeks Truppe unterstützt werden.[1739] Dabei gelingt es, Waffen und Munition zu erbeuten, es sterben sechzehn der Männer aus Wolyna. Für Edi erweist es sich als schwierig, aus den Wolynaern eine schlagkräftige Einheit zu machen, denn erstens verfügen nur elf von achtundzwanzig über militärische Erfahrung, zweitens hoffen die meisten von ihnen weiterhin auf ein Wunder, jedenfalls Edi Rubins Einschätzung nach.[1740] Sehr schnell wird die Lage für Rubins Mannschaft noch schwieriger, weil ihre polnischen Mitstreiter ihnen feindselig gesonnen sind und die erbeuteten Waffen nicht gönnen. Früh schon hat es unter den Milizionären rumort, ein Mann namens Janusz meinte bereits vor dem Angriff auf die SS-Schergen, die Probleme der Polen rührten von den »Ungläubigen [...]. Da sind die Deutschen, die sind Lutheraner, und da sind die Juden, die stecken zusammen, und dann noch die Moskowiter – alle gegen uns.«[1741] Später fordert der Feldwebel Jusek die erbeuteten Waffen von Skarbek. »Wir wollen keine Judenschutztruppe sein, und wir wollen auch keine bewaffneten Juden haben. Die Waffen gehören uns.« Skarbek weist dieses Ansinnen entschieden zurück.

1737 Vgl. Sperber, Die verlorene Bucht, S. 905.
1738 Vgl. Sperber, Die verlorene Bucht, S. 908 f.
1739 Vgl. Sperber, Die verlorene Bucht, S. 918–921.
1740 Vgl. Sperber, Die verlorene Bucht, S. 911 f.
1741 Sperber, Die verlorene Bucht, S. 913.

»Die zwölf Gewehre, die sie für sich behalten haben, von der ganzen Beute, haben sie mit siebzehn Toten bezahlt, teuer genug!«[1742] Dennoch verreist Skarbek am selben Abend für zwei Tage, um Bilder zu verkaufen und seine neue Freundin Jadwiga zu holen.[1743] Kaum ist Skarbek fort, fordert Jusek die Waffen. Als Edi ihre Herausgabe verweigert, will Jusek die Munition. Dies

> »nur wegen der Gerechtigkeit. Ihr habt die Milizionäre getötet und ihnen die Gewehre abgenommen, bessere, als wir haben. Und das dank uns. Also ist es ein Unrecht, sagen die Unsrigen.«[1744]

Außerdem sei »es ja unser Gebiet, hier gehört alles uns«. Als Edi nicht nachgibt, greifen die Polen an. Später, bei Skarbeks Rückkehr, ist Jusek verschwunden, und ein Soldat erklärt dem Aristokraten, sie hätten »nur Sicherheit gewollt«. Edi, Bynie und ein Mann namens Rojzen sind die einzigen Überlebenden. Bynie ist schwer verletzt. Es gelingt Skarbek, die drei in einem Nonnenkloster unterzubringen, das von der Schwester seines Vaters geleitet wird. Im Gegenzug überschreibt er dem Kloster Felder und Wälder.[1745] Bynies Zustand schwankt, mal geht es im besser, dann wieder schlechter. Aufgrund psychologischen Einfühlungsvermögens gelingt ihm, was das Personal im Kloster als »Wunder« betrachtet. Er bringt den fünf Jahre alten Sohn der Gärtnerin dazu, zu gehen, was dieser bislang nicht getan hat. Allerdings lag der Grund dafür nicht in einem körperlichen Gebrechen, sondern darin, dass die Mutter das Kind »zu lange getragen hat«.[1746] Nach Wochen des Leidens stirbt Bynie.[1747]

Edi Rubin begleitet Skarbek nach Warschau. Als sie dort eintreffen, dauert der Aufstand im Warschauer Ghetto gerade sieben Tage. Viele Menschen aus der einheimischen Bevölkerung beobachten die Vorgänge von der Straßenbahn aus, »[a]uf dem Krasinski-Platz, der an die Mauer des Ghettos stieß, war Kirmesrummel«.[1748] In seinem Versteck in der Wohnung eines Onkels von Skarbek entschließt sich Edi, von der Idee eines Suizids Abstand zu nehmen. Eine Woche später begibt er sich auf die Reise nach Palästina.[1749]

1742 Sperber, Die verlorene Bucht, S. 923.
1743 Vgl. Sperber, Die verlorene Bucht, S. 924–926.
1744 Sperber, Die verlorene Bucht, S. 932.
1745 Vgl. Sperber, Die verlorene Bucht, S. 935–939.
1746 Vgl. Sperber, Die verlorene Bucht, S. 949.
1747 Vgl. Sperber, Die verlorene Bucht, S. 952.
1748 Vgl. Sperber, Die verlorene Bucht, S. 952–954, 956 f.
1749 Vgl. Sperber, Die verlorene Bucht, S. 959–963.

5.1.4 »Ohne Ende«[1750]

Der letzte Teil des Romans rückt wieder Dojno Faber in den Mittelpunkt. Zusammen mit dem britischen Offizier Anthony »Tony« Burns, der über ein Jahr lang sein Kampfgefährte in Jugoslawien gewesen war, gelangt Faber im Oktober 1943 nach Bari. Aus Jugoslawien wurde er ausgewiesen. Als Übersetzer für Burns war er geduldet worden. Bari ist inzwischen von den westlichen Alliierten besetzt.[1751] Aus verschiedenen Berichten Dojnos, die er einerseits Burns, andererseits der *Baroneß* vorträgt, der er in Bari wiederbegegnet, erfahren wir, dass Mara nicht mehr lebt. Im April 1943 war sie »auf russischen Befehl [...] in einen Hinterhalt gelockt« und erschossen worden. Für die Ausführung sorgte einmal mehr Miroslav Hrvatic alias Slavko, dessen neue, sowjetischen Dokumente ihn als »Hauptmann Chlebin« ausweisen.[1752] Dojno verargt es den Briten, dass sie den Sowjets vielfach nachgeben und damit den Fortbestand des »Totalitarismus« begünstigen.[1753] Dennoch trennen sich Faber und Burns als Freunde. Burns schenkt ihm einen Gürtel voller Goldmünzen, die Faber in den folgenden Monaten »vor Not« bewahren.[1754] Er quartiert sich bei einem älteren Ehepaar ein, Bianca und Enneo Vassari. Auf einem Spaziergang erkältet er sich und entwickelt eine Lungenentzündung, deren potentiell letaler Ausgang durch einen britischen Militärarzt verhindert wird. Diesen hat Fabers Neffe Richard, auch Dick genannt, aufgetrieben, der als Navigator bei der US-Army in Europa tätig ist und im Auftrag seiner Mutter Hanna, Dojnos Schwester, nach dem Onkel gesucht hat. Auch er bringt Geld mit. Nach seiner Genesung bekommt Dojno Besuch von Conte Prevedini. Die folgenden Wochen verbringt Faber mit ihm und der *Baroneß* in deren Haus in Bari.[1755] Dann bittet ihn Burns nach Rom, wo Roman Skarbek eintrifft. Auf ihn warten keine guten Neuigkeiten, was alliierte Hilfe für Polen angeht.[1756]

> »Für uns«, so antwortet Burns auf Fabers Vorhalte, »ist es wichtig, daß die Russen nicht an der deutschen Grenze haltmachen und uns die ganze Arbeit überlassen. [...] Stalin zahlt mit russischem Blut, und wir geben ihm nach, weil wir mit unserm geizen wollen, geizen müssen.«[1757]

1750 Sperber, Die verlorene Bucht, S. 965.
1751 Vgl. Sperber, Die verlorene Bucht, S. 967–980.
1752 Vgl. Sperber, Die verlorene Bucht, S. 982, 1003 f.
1753 Vgl. Sperber, Die verlorene Bucht, S. 978–986.
1754 Vgl. Sperber, Die verlorene Bucht, S. 983, 986, 990.
1755 Vgl. Sperber, Die verlorene Bucht, S. 1000–1010.
1756 Vgl. Sperber, Die verlorene Bucht, S. 1009–1014.
1757 Sperber, Die verlorene Bucht, S. 1013.

Schließlich kehrt Dojno nach Paris zurück. Pierre Giraud, der einst eine Versammlung organisiert hat, in der Faber darlegen sollte, weshalb ein Austritt aus der Kommunistischen Partei empfehlenswert sei, ist nun hauptberuflich für die Partei tätig und mit Jeanne, »einem fanatischen Parteimitglied«, verheiratet. Lagrange wurde ermordet, offenbar von Parteiangehörigen. Giraud fühlt sich angegriffen, als Faber ihn danach fragt.[1758] Aber auch Dr. Meunier, der, wie Giraud, jahrelang für die Resistance aktiv war, und nun als »Sympathisant« Vorträge für die KP bzw. die von ihr organisierte »Nationale Front« hält, will nicht gerne über Lagrange sprechen. Dabei hat dieser ihn seinerzeit für die Resistance angeworben. Es stellt sich heraus, dass Meuniers Sohn Alain ein Anhänger Pétains war und nicht »rechtzeitig abgesprungen« ist. Nun sitzt er im Gefängnis. Meunier hat »vor den Richtern Angst«, aber »mehr [...] noch« vor dem »herausfordernden Trotz« des Sohnes. »Wenn ich den Fall Lagrange aufgreife, ist Alain verloren, unrettbar.«[1759] Dojno mobilisiert seinen alten Bekannten Berthier, inzwischen »Bürgermeister von Bezons«, der »sich in der französischen Widerstandsbewegung hervorgetan« hat und »nun ein bekannter Mann« ist. Berthier ist kein Kommunist und Faber sehr verbunden. Er erklärt sich bereit, Alain Meunier zu helfen, der in der Nähe von Bezons inhaftiert ist. Der Roman endet mit der Reise Fabers, Meuniers und Berthiers nach Bezons, den Zukunftsplänen, die Berthier für Dojno schmiedet und den Betrachtungen eines alten Bauern, der das einigermaßen desolate Auto vorbeifahren sieht.[1760]

5.2 Motivationsebene: individualpsychologische bzw. deutend psychologische Aspekte

5.2.1 Vorüberlegungen

An dieser Stelle möchte ich nochmals hervorheben, dass bestimmte im Roman erkennbare oder doch zu vermutende Motivationen nach Maßgabe der Fragestellung für die vorliegende Abhandlung zur Darstellung und Erörterung gelangen, ungeachtet anderer, deren Vorhandensein oder Relevanz hier gar nicht bestritten wird.

1758 Vgl. Sperber, Die verlorene Bucht, S. 1016–1019; vgl. auch Sperber, Tiefer als der Abgrund, S. 636 ff.

1759 Vgl. Sperber, Die verlorene Bucht, S. 1021–1023.

1760 Vgl. Sperber, Die verlorene Bucht, S. 1028–1034.

5.2.2 Zentrale individualpsychologische Themen

5.2.2.1 Das Unbewusste (das Unverstandene)

Symbolische Verweise auf das *Unbewusste,* durchaus im Sinne dessen, was *unverstanden* geblieben ist, finden sich einige. Als Edi Rubin das erste Mal auf Skarbeks Gut kommt, fällt ihm inmitten

> »des Saales ein riesiger Tisch« auf, »mit alten Gegenständen übersät. Es gab Spieldosen, Vorderlader, alte Bücher in schwerem Ledereinband, Schwerter ohne Scheiden, Scheiden ohne Schwerter, zwei Standuhren, Zobelpelzstücke, die schlecht rochen, Schnupftabakdosen, eine Pariser Tageszeitung aus dem Jahre 1911 und ein französisches Offizierspatent aus dem Jahre 1788. Dazwischen Weinflaschen, weiße Gamaschen, ein gelber seidener Unterrock und ein alter Telefonapparat, aus dessen Innern Drähte hervordrangen. Darüber lag eine österreichische Offizierskappe mit der verrosteten Kokarde FJI«.[1761]

Skarbek ist dieser Anblick in Gegenwart Edi Rubins peinlich, er »schämt [...] sich« der »Unordnung«.[1762] Später, als Skarbek dabei ist, sein Gut zu verlassen, obwohl ein Überfall der polnischen Milizionäre auf Edis Truppe absehbar ist, streitet er sich mit dem Feldwebel Jusek und verbietet ihm kategorisch, seine Gäste anzugreifen. Bei dieser Gelegenheit wirft Skarbek eine Schnapsflasche »mitten auf den großen Tisch«, wobei »[d]er Schnaps [...] glucksend« ausläuft und »an den Vorderladern und den Säbeln vorbei bis zum Tischrand« rinnt.[1763] Auch dieser Vorgang ist als Bild symbolträchtig. Die an Waffen vorüberrinnende Flüssigkeit scheint auf bevorstehende Gewalt zu verweisen, und auf unbewusster Ebene ahnen sowohl Skarbek als auch Jusek, was geschehen wird oder zumindest sehr leicht geschehen könnte.

Auch das antijüdische Ressentiment auf Seite polnischer Kämpfer ist unbewusst, unverstanden in mehrfacher Hinsicht. So meint etwa der Milizionär Janusz, »Deutsche« im Sinne von Protagonisten des NS-Regimes, »Moskowiter« und »Juden« hätten vor allem gemeinsam, gegen »uns«, also wohl jene, die Janusz als Polen gelten lässt, zu sein.

Als Skarbek von seiner zweitägigen Reise zurückkehrt, Übles ahnend, meidet er zunächst den Keller samt unterirdischen Stollen. Erst als ihn Jadwiga um

1761 Sperber, Die verlorene Bucht, S. 895.

1762 Vgl. Sperber, Die verlorene Bucht, S. 896.

1763 Vgl. Sperber, Die verlorene Bucht, S. 924.

Likörwein schickt, geht er widerstrebend hinunter, belässt es aber damit, ein paar Flaschen zu holen. Dabei denkt er: »Sie schickt mich selbst in den Keller. Ich liebe eine Frau, die immer das Verkehrte tut.« Immerhin ist »Jadwigas Mann […] tot. Sie hätte ihn retten können, aber ihre Angst war zu groß, sie dachte nur an sich.«[1764] Erst nachdem er noch ein Weilchen geschlafen hat, geht er neuerlich in den Keller, begibt sich von dort in das Stollensystem und findet die Toten und Verletzten. Nun will er die Letzteren um jeden Preis »retten«.[1765] Schuldgefühle brechen sich Bahn, so unbewussten Ursprungs wie Skarbeks Verdrängungsbemühungen davor.

Träume erlangen in »Die verlorene Bucht« signifikante Bedeutung. So leidet Dojno während der langen Wartezeit im Haus der Nichte Prevedinis unter bedrückenden Träumen, in denen er sich nach dem »Sinn seines Tuns« fragt.[1766] Als zumindest mehrdeutig erweist sich ein Wiederholungstraum, von dem Dojno zu Beginn des Romans Meunier erzählt.[1767]

Nach Roman Skarbeks Auffassung weiß Dojno keineswegs über seine tatsächlich handlungsleitenden Motive Bescheid, anders gewendet, also nicht in Skarbeks Diktion, könnte man sagen, sie blieben ihm *unbewusst*. Wie Skarbek selbst sei Faber ein Spieler. »Ein Revolutionär, das ist ein Mann, der alles, was er besitzt, auf eine einzige Karte setzt, seine Gegenwart auf den Roulettetisch wirft, um die Zukunft zu gewinnen.«[1768]

Ihre Wirkung auf unbewusster Ebene tun nicht nur in Dojnos Fall Schuldgefühle. Skarbek verschenkt aufgrund von Schuldgefühlen gegenüber Edi, Bynie und Mendl seine Besitzungen.[1769] Dojno wird krank, als sich die genaueren Umstände von Maras Tod an die Oberfläche seines Bewusstseins drängen.[1770] Dass unbewusste Abläufe eigenen Regeln folgen, die nicht mit üblichen Kriterien rationaler Bezüge erfassbar sind, verdeutlichen nicht zuletzt auch Verhalten und Empfindungen Dojnos im Hinblick auf Jeannot und seinen namentlich nicht genannten leiblichen Sohn mit Hanusia. Edi wiederum plagt wegen Relly und Pauli das schlechte Gewissen, und er versucht als eine Bewältigungsstrategie, den Glauben an Gott zu finden.

Ein unbewusstes Phänomen, das in der psychoanalytischen Literatur als Verschiebung bezeichnet wird, findet sich in einer immer wieder geäußerten

1764 Vgl. Sperber, Die verlorene Bucht, S. 935 f.
1765 Vgl. Sperber, Die verlorene Bucht, S. 936–938.
1766 Vgl. Sperber, Die verlorene Bucht, S. 742–746.
1767 Vgl. Sperber, Die verlorene Bucht, S. 728.
1768 Sperber, Die verlorene Bucht, S. 735.
1769 Vgl. Sperber, Die verlorene Bucht, S. 938–940.
1770 Vgl. Sperber, Die verlorene Bucht, S. 1003 f.

Argumentation Roman Skarbeks.[1771] Für allfälliges Fehlverhalten auf polnischer Seite macht er nämlich generell den »Pöbel« verantwortlich. So etwa, als Edi Rubin von der Schaulust vieler Polen und Polinnen berichtet, die in Warschau das Schicksal »jüdische[r] Kinder« begafft hätten. Rubin weist diese Erklärung zurück, doch Skarbek beharrt auf ihr: »Ich weiß, daß in diesem Lande die Elite systematisch ausgerottet wird, die Besten meines Volkes [...]«.[1772] Auch später, angesichts der Jahrmarktsstimmung nahe dem Ghetto, innerhalb dessen Menschen in äußerster Verzweiflung um ihr Leben kämpfen, verweist Skarbek auf den »Pöbel«. Dieser sei in Warschau »Majorität«, anders als in Krakau, für ihn und andere Aristokraten »das Zentrum, Polens Herz«.[1773] Kurz darauf erklärt ihm sein zweifellos kaum pöbelhafter Onkel, Joseph Grudzinski, dass er für die im Ghetto Eingeschlossenen nichts tun könne noch wolle. »[M]erk dir ein für allemal, was dein Onkel dir rät: Kümmere dich um deine Angelegenheiten, dann wirst du von den Sorgen der anderen verschont bleiben. [...] [M]an muß leben!«[1774]

5.2.2.2 Lebensplan, Lebensstil

Die Frage, wie ein Leben für einen prospektiv orientierten Menschen nach dem Scheitern des Lebensplanes aussieht, wird im Roman unter verschiedenen Gesichtspunkten beleuchtet. So vertritt etwa Dojno in den Diskussionen um künftige Pläne für die kleiner werdende und schlecht verpflegte »Djura-Brigade« die Ansicht, »alles, was« sie »nun tun, [...] bezieht [...] seinen Sinn [...] aus dem Wert der Tat selbst«. Dieser bestehe darin, dass »[d]ie Grüne Bucht« letzten Endes nur »eine kaum bemerkte, schnell vergessene Episode« sein werde, »[i]n der Wirkung, die« die Tat »auf uns selbst hat. Nicht unsern Mut haben wir uns zu beweisen, sondern die Fähigkeit, auch im Untergang nicht nur Opfer zu sein«.[1775]

Edis Versuch, mit dem Scheitern seines Lebensplans umzugehen, kann eine Erklärung für die enorme Persönlichkeitsveränderung darstellen, die er in »Die verlorene Bucht« durchläuft, und die später, in »Der schwarze Zaun« nochmals aufgegriffen und weitergesponnen wird.

Das Thema *Zukunftsverlust* findet sich in »Die verlorene Bucht« auch in weiteren Zusammenhängen thematisiert, etwa im Zusammenhang mit dem Tod des Arztes Dr. Kral, der auf die »Djuraten« eine regelrecht *demoralisierende* Wirkung

1771 Vgl. z. B. Laplanche/Pontalis, Das Vokabular der Psychoanalyse, S. 603–606.
1772 Vgl. Sperber, Die verlorene Bucht, S. 901.
1773 Vgl. Sperber, Die verlorene Bucht, S. 956.
1774 Vgl. Sperber, Die verlorene Bucht, S. 959.
1775 Vgl. Sperber, Die verlorene Bucht, S. 859 f.

entfaltet, obwohl er als einer der wenigen in dieser Gruppe keines gewaltsamen Todes stirbt. Kral ist kein überzeugter Kommunist, sondern hat sich den Rebellen angeschlossen, als seine Frau von den Usatschi ermordet worden war. Die Bedeutung von Zurückhaltung, gerade in Zeiten des Krieges, ist ihm in erheblich höherem Maße bewusst als etwa dem passionierten Revolutionär Djura.[1776]

Kral hatte seinen ersten Auftritt in »Der verbrannte Dornbusch«. Dort war er allerdings noch namenlos und führte Josmar Goeben mit dem Auto zu einem Studentenlager in der Nähe der jugoslawisch-österreichischen Grenze, von wo aus Groeben zu Fuß nach Österreich zu gelangen hoffte. Kral erläuterte Josmar seine Motive damit, dass er das »verfluchte Regime [...] hasst«. Für die KP-Leute hat er auch nicht viel übrig, er ist überzeugt, dass sie selbst, erst einmal an der »Macht [...] Verfolger« wären. Derweilen sind sie noch Oppositionelle, und mit ihnen verbindet ihn der »Haß« auf das Regime. Deshalb fahre er ihn, anders als Faber denke, der ihn gebeten habe, Goeben zu helfen, und meine, »daß sein kunstvoller Umgang mit Menschen« ihn »zu dieser Dummheit bewogen« habe.[1777]

Dass es gleichermaßen möglich und schwer sei, bewusst Änderungen am eigenen Lebensentwurf vorzunehmen, bekundet Dojno Faber gegenüber Meunier in Zusammenhang mit seinem Wiederholungstraum mit dem alten Paar und dem Mansardenzimmer. Auch wenn »ein jeder andere Leben in sich trägt«, sei es doch »sehr schwer«, »ein anderer zu werden«. Man müsse jedenfalls »damit beginnen, zu leben, als ob man schon ein anderer geworden wäre« und insgesamt vieles »an sich selbst zerstören«.[1778] Dies scheint ihm angesichts seiner neuen Verantwortung für Jeannot wichtig.

5.2.2.3 Gemeinschaftsgefühl

Nicht zuletzt auch in Hinblick auf das Gemeinschaftsgefühl enthält Djuras Erzählung »Die verlorene Bucht« relevante Implikationen. Die Angst des Protagonisten wie vermutlich auch des Autors dieser Geschichte verweist überdeutlich auf die Furcht vor der Verlassenheit. Diese wird im Modus *sozial adressierter Angst* ausagiert. Zugleich ist das Gemeinschaftsgefühl Thema, vor allem hinsichtlich aufgenötigter Zugehörigkeiten. Jesus beklagt, »[f]*ür euch alle* [...] *»fast gestorben«* zu sein, was bei seiner Gesprächspartnerin eine Abwehrhaltung hervorruft. In Folge der weiteren Ereignisse verlässt die Protagonistin eine auf sie angewiesene Gemeinschaft, nämlich die ihrer Kinder und sucht eine andere, die Verwandt-

1776 Vgl. Sperber, Die verlorene Bucht, S. 755–759.
1777 Vgl. Sperber, Der verbrannte Dornbusch, S. 100.
1778 Vgl. Sperber, Die verlorene Bucht, S. 728.

schaft des »Galiläer[s]« auf, nur um dort auf größtmögliche Ablehnung zu stoßen.[1779] »*Wer für uns stirbt, wirft uns aus unserem einzigen Leben hinaus.*«[1780] Zugleich weist Djuras Erzählung implizit auf Gruppenkonflikte des dritten Teils von »Die verlorene Bucht« voraus, wo handfeste Konflikte zwischen polnischen Christen und Juden zulasten Letzterer einen mörderischen Ausgang nehmen.[1781]

Dass die Idee der *Gemeinschaft* und des *Gemeinschaftsgefühls* spätestens in »Die verlorene Bucht« weit von einer rein positiven Besetzung entfernt ist, zeigt sich in der Darstellung des Stimmungswandels auf Maras namenloser Insel.[1782] Im Gegensatz dazu steht Maras Konzept der Gemeinschaft, wie es vor dem Angriff der Ustaschi beschrieben wird, noch einmal für das ursprünglich von Adler sowie Sperber beschworene Gemeinschaftsgefühl.[1783] Ähnliche Ambivalenzen zeigen sich in Dojnos Überlegungen, zu den Vassaris zu ziehen, »endgültig«, »mitten in einer natürlichen Gemeinschaft« zu leben. Die *Baroneß* fertigt derlei Pläne ziemlich resolut ab, und Dojno stimmt ihr letztlich zu.[1784] Lagrange wiederum, dem es »immer darauf« angekommen war, »[n]icht allein zu sein«, wird gerade von denen »umgebracht«, »mit denen er sein wollte«.[1785]

Die Wirkung des Ablebens von Dr. Kral lässt sich auch gemeinschaftstheoretisch deuten, wie in folgender Passage deutlich wird:

> »[Z]um erstenmal bemächtigte sich ihrer die Gewißheit, daß ihre Siege nur Etappen auf dem Wege zu ihrem unaufhaltsamen Untergang waren. Es war schwer erklärlich und dennoch unverkennbar, daß der natürliche Tod des einzigen ›Zivilisten‹ unter ihnen, dieses kleinen kranken Mannes mit der ewigen Visitentasche, jeden unvergleichlich tiefer beeindruckte als das Verschwinden so vieler ihrer Kampfgenossen.«[1786]

Insofern findet die Relevanz einer Art symbolischen Bezugs, etwa auf bestimmte Personen, für Gemeinschaften Ausdruck. *Symbole* oder *Zeichen* korrelieren

---

1779 Vgl. Sperber, Die verlorene Bucht, S. 822–826 (Hervorhebungen im Original).
1780 Vgl. Sperber, Die verlorene Bucht, S. 826 (Hervorhebungen im Original).
1781 Vgl. Sperber, Die verlorene Bucht, S. 912–914, 923–938. Zu Antijudaismus und Antisemitismus in Polen im 20. Jahrhundert, vor und nach dem 2. Weltkrieg sowie während desselben vgl. z. B. Pufelska, Agnieszka: Die »Judäo-Kommune«. Ein Feindbild in Polen. Das polnische Selbstverständnis im Schatten des Antisemitismus 1939–1948. Paderborn et al.: Schöningh 2007, insbes. S. 25–141, 202–239.
1782 Vgl. Sperber, Die verlorene Bucht, S. 773 f.
1783 Vgl. Sperber, Die verlorene Bucht, S. 763, 775 f., 785 f.
1784 Vgl. Sperber, Die verlorene Bucht, S. 1009.
1785 Vgl. Sperber, Die verlorene Bucht, S. 1020.
1786 Sperber, Tiefer als der Abgrund, S. 865.

stets einer Auffassung von Kultur, denn nur auf Basis einer solchen können sich »Zeichenfunktionen« herausbilden.[1787] »Kultur« wäre dann die »Art, wie eine Gesellschaft denkt, spricht und beim Sprechen die Bedeutung ihres Denkens durch andere Gedanken erläutert«.[1788] Oder in den Worten von Clifford Geertz: »Ich meine mit Max Weber, daß der Mensch ein Wesen ist, das in selbstgesponnene Bedeutungsgewebe verstrickt ist, wobei ich Kultur als dieses Gewebe ansehe.«[1789] Unter diesem Gesichtspunkt könnte auch das vielfach genannte »symbolträchtige Unrecht« an das *Gemeinschaftsgefühl* angebunden gedacht werden, weil *Symbole,* um überhaupt *Symbole* sein zu können, der Interaktion von Menschen bedürfen.

5.2.2.4 Psychologie als solche, die Gestalt des Psychologen und des Lehrer-Meisters

Die Figur *des Psychologen* findet im dritten Roman der Trilogie in der Gestalt Bynies Ausdruck. Während seines Aufenthalts im Kloster erwirbt sich Bynie den Ruf eines Wundertäters. Der fünf Jahre alte Sohn der Gärtnerin, Wojtek, könne nicht gehen, weil ihn die Schwägerin seiner Mutter dank des »bösen Blick[s]«, über den sie verfüge, mit einem »Zauber« belegt habe. Bynie bittet Wojtek, ihm ein Stück Brot zu bringen und danach ein Stück Holz zu seiner Mutter zu tragen. Die Mutter und Mendl sind überwältigt von diesem *Wunder,* obwohl ihnen Bynie ganz offen eine rationale Erklärung dafür anbietet: »Wojtek ist nicht gegangen, weil seine Mutter ihn zu lange getragen hat. Wenn er aber selbst tragen darf, dann will er gehen.«[1790]

Auch Dojno erweist sich als profunder Psychologe, namentlich in seinem letzten Gespräch mit dem Arzt Dr. Kral. Als er bereits schwer krank, dem Tode nahe ist, erzählt ihm Kral über sein Leben und seine Beweggründe. »Seine Frau war eine serbische Jüdin gewesen«, die von Ustaschi ermordet wurde. Kral, der »unter dem Zwang« leidet, »alles zu verspotten«, schließt sich danach der Gruppe um Mara an.[1791] Erst als er im Sterben liegt, erzählt er Dojno die Geschichte seiner Ehe und die Rolle, die seine Hilfe für Josmar Goeben dabei gespielt hat. Nachdem er Goeben im Jahr 1931 nahe der Grenze zu Österreich abgeliefert hatte, war er zu seiner damaligen Frau Gisela gefahren, die in

1787 Zu den »Zeichenfunktionen« vgl. Eco, Einführung in die Semiotik, S. 92.
1788 Vgl. Eco, Einführung in die Semiotik, S. 92 f.
1789 Geertz, Clifford: Dichte Beschreibung. Beiträge zum Verstehen kultureller Systeme. Übers. v. Brigitte Luchesi u. Rolf Bindermann. 4. Aufl. Frankfurt am Main: Suhrkamp 1995 (stw 696), S. 9.
1790 Vgl. Sperber, Die verlorene Bucht, S. 949.
1791 Vgl. Sperber, Die verlorene Bucht, S. 758.

der Nähe zur Sommerfrische weilte. Neben ihr lag ein »wahrscheinlich nicht unsympathische[r], nackte[r] junge[r] Mann im Bett«. Kral kehrte sogleich zum Studentenlager an der Grenze zurück, um Josmar über die Grenze zu bringen. »Die rettende Tat sollte auch mich retten.« Doch war dieser schon weg. Kral machte die Bekanntschaft »ein[es] junge[n] Mädchen[s]«, Bukica mit Namen. Einige Zeit später heirateten sie. Kral blieb misstrauisch, er »wurde den absoluten jungen Mann aus der absoluten Possesituation nicht los«. Die Beziehung war entsprechend getrübt. Als Bukica verhaftet wurde, »unternahm« er »einiges, um sie herauszubekommen, nicht genug, nicht halb soviel wie Prevedini für die Baroneß«. Auch für den Umstand, dass er sich den Leuten um Mara angeschlossen hat, gibt es weitere Gründe. Seine Hilfe für Goeben »war ja doch ruchbar geworden«, man hielt Kral für einen »Kommunist[en]«.[1792]

Es ließe sich fragen, ob Bynie zu einer Art *Lehrer-Meister* für Edi Rubin wird. Nicht nur lebt er während des erzwungenen gemeinsamen Klosteraufenthalts »im Banne des Jungen« und nimmt von ihm Einschätzungen seiner selbst an, die er sonst vermutlich höchst unfreundlich abgewiesen hätte, etwa dass er stets nur »die Verachtung« fürchte.[1793] Als Bynie stirbt, hält er Edi Rubins Hand und will mit ihm beten, doch Rubin kennt nur »das Totengebet« in der von Bynie selbst übersetzten Version. Bynie stirbt mit »Tränen des Mitleids« für Edi.[1794] Möglicherweise sind diese Erlebnisse und der Eindruck, den sie bei Edi hinterlassen, ausschlaggebend für dessen Suche nach Gott, deren Ausgang ungewiss bleibt.[1795]

5.3 Figuren

5.3.1 Vorbemerkungen oder Deutend-Psychologisches in der Figurencharakterisierung

Die aus individual- oder deutend-psychologischer Sicht relevanten Themen der ersten beiden Romane von Sperbers Trilogie bleiben auch in »Die verlorene Bucht« relevant, ungeachtet der Tatsache, dass Personal und Schauplätze hier einige Veränderungen erfahren. Triebkräfte menschlichen Handelns haben mit *Unbewusst-Unverstandenem* zu tun, etwa der Spielleidenschaft oder Gefühlen von Schuld und Versagen. Dieses Themenfeld findet im vorliegenden Roman

1792 Vgl. Sperber, Die verlorene Bucht, S. 863–865.
1793 Vgl. Sperber, Die verlorene Bucht, S. 933.
1794 Vgl. Sperber, Die verlorene Bucht, S. 952.
1795 Vgl. Sperber, Die verlorene Bucht, S. 999.

sogar symbolischen Ausdruck in Gestalt eines großen, unaufgeräumten Tischs in Skarbeks Anwesen. Auch Träume erlangen auffallende Relevanz.

Lebenspläne werden in »Die verlorene Bucht« in noch dramatischerer Weise massiver erschüttert als bislang. So wird Edi Rubins Familie von den Schergen des NS-Regimes ermordet, und auch Dojno werden in diesem Roman gleich mehrere für ihn sehr wichtige Menschen entrissen. Angst begegnet hier insofern nicht zufällig als eine Art Leitmotiv, neben der schon in den beiden Vorgängerromanen aufgeworfenen Frage nach dem Verlust von Zukunftsperspektiven.

Das *Gemeinschaftsgefühl* begegnet als Thema der Figurenentfaltung im Zusammenhang mit Machtkonstellationen, aber auch in Hinblick auf emotionale Bindungen innerhalb einer Gruppe und deren ganz konkreten Grundlagen.

Die Figur *des Psychologen* begegnet in Gestalt des jungen Rabbis Bynie, der vielleicht auch über die Eigenschaften eines *Lehrer-Meisters* verfügt.

5.3.2 Protagonistinnen und Protagonisten

5.3.2.1 Denis »Dojno« Faber

Dojno lebt inzwischen »dem Tag«, seine Tage verbringt er zusammen mit Jeannot in einem Dorf. Zwar hat er »die Toten nicht vergessen und nicht die anderen, die wahrscheinlich noch lebten. Aber seine Existenz war zu schmal, um sie einzubeziehen [...]«. Seine Schwester, Hanna, hat ihm geschrieben: »Welch eine Zukunft hättest du vor dir, wenn nur nicht deine Vergangenheit wäre!« Dabei ist ihm auch deshalb »keine Zukunft« möglich, »weil ihm die Vergangenheit abhanden gekommen ist«.[1796] In einem Heft, das Relly ihm gegeben hat, damit er »wenigstens drei Zeilen« täglich hineinschreibe, notiert er Aussprüche seiner Wirtin, der Frau Brecia. Die siebenundsechzig Jahre alte Witwe mag er, denn »[s]ie war das Volk«, »voller Ängste, die um Jahrtausende älter waren als irgendein Mensch«. Ihre Lebenserfahrungen »drückte« sie »in detaillierten Beispielen und in allgemeinen Regeln aus«.[1797] Zu Dojno etwa meint sie:

> »Etwas Unglücklicheres als einen armen Reichen gibt es auf der Erde überhaupt nicht. Sie tun mir wirklich leid, Herr Faber, denn Sie sind so ein armer Reicher. Was einer alles verloren hat, das merkt man einem Menschen viel leichter an, als was er alles hat.«[1798]

1796 Vgl. Sperber, Die verlorene Bucht, S. 712.
1797 Vgl. Sperber, Die verlorene Bucht, S. 713–715.
1798 Sperber, Die verlorene Bucht, S. 715.

Lagranges Avancen, sich in Lyon einer Widerstandsgruppe anzuschließen, quittiert Faber spöttisch und resigniert. Lagrange habe sich »vier Monate zu spät« zur »Aktion« entschlossen. »Die Schlacht um Frankreich wurde schon im Mai verloren; auch durch die Schuld deiner Leute, der Partei, der du damals noch anhingst.« Außerdem sei es nur für Lagrange und sein Umfeld »etwas Neues, für Flugzettel ins Zuchthaus« zu »gehen, zu Tode gefoltert« zu »werden«. Ihm sei derlei durchaus schon lange vertraut, »vom Balkan, von Polen und Deutschland her, seit vielen Jahren«. Zudem wisse er, »daß Flugzettel keine Waffen sind gegen Waffen«. Vor allem aber sei er Jeannot verpflichtet.[1799]

Als Faber Jeannot kennengelernt hat, ganz am Ende von »Tiefer als der Abgrund« ist dieser »acht, neun Jahre alt«.[1800] Anderthalb Jahre später heißt es wahlweise, er sei ein »zehnjährige[r] Knabe« oder »elf Jahre, drei Monate alt«.[1801] »[S]eine Lungendrüsen« sind »nicht ganz in Ordnung, auch sonst« ist »er nicht gerade besonders stark«. Dennoch erweist es sich als schwierig, in zum Tragen warmer Winterkleidung zu bewegen.[1802] Dojnos Wirtin, Frau Brecia, führt dies auf die mangelnde Strenge Fabers zurück.[1803] Jeannot nennt Dojno »Onkel«, ist ihm gegenüber sehr anhänglich, hat aber auch zu Relly und deren Sohn Pauli eine gute Beziehung.[1804] Bei ihnen bleibt er auch, als Dojno nach Jugoslawien aufbricht. Relly nimmt an, es werde für ihn »ein furchtbarer Schlag« sein, dass Dojno »ihn verläßt«.[1805] Ob diese Reaktion tatsächlich eintritt, bleibt offen, denn das Nächste, das die Leserin/der Leser über Jeannot erfährt, ist seine Ermordung in einem Konzentrationslager der Nazis in Polen.[1806]

Lagrange überlegt, in welcher Weise sich Faber verändert habe, ob er »feige« geworden sei. Er kommt zu dem Schluss, dass dem nicht so wäre:

> »Nein, der ist nicht feige geworden. […] Aber er ist zu weit weg von allem. […] Ein tödlich verwundeter Revolutionär, der, bevor er hinüberdämmert, böse Träume hat. Den letzten bösen Traum.«[1807]

1799 Vgl. Sperber, Die verlorene Bucht, S. 725 f., 724.
1800 Vgl. Sperber, Tiefer als der Abgrund, S. 704.
1801 Vgl. Sperber, Die verlorene Bucht, S. 711, 721.
1802 Vgl. Sperber, Die verlorene Bucht, S. 713.
1803 Vgl. Sperber, Die verlorene Bucht, S. 713 f.
1804 Vgl. Sperber, Die verlorene Bucht, S. 711, 713, 717, 720, 722.
1805 Vgl. Sperber, Die verlorene Bucht, S. 732.
1806 Vgl. Sperber, Die verlorene Bucht, S. 890.
1807 Sperber, Die verlorene Bucht, S. 726.

Faber selbst praktiziert im Gespräch mit Lagrange etwas, das Sperber in einem seiner autobiografischen Texte »*Gegenwarts-Entrückung*« nennt.[1808] »Dojno [...] verwandelte die Gegenwart in eine zukünftige Erinnerung: Dann, im November 1941, kam unerwartet Lagrange, [...], zu mir.«[1809] »Ich sprach zuviel in jener Nacht. Nicht um Lagrange zu überzeugen.«[1810] Auch später, bei einem Gespräch mit Skarbek, denkt er »wieder in der Vergangenheitsform, in der vorverlegten Erinnerung«.[1811]

Gleichwohl fällt seine Entscheidung nach Prevedinis Besuch so klar im Sinne seiner bisherigen Prioritäten, dass Relly sie ihm gewissermaßen vom Gesicht ablesen kann. Diese Einsicht macht sie traurig. Dojno erklärt sich sein Handeln damit, dass »Stetten [...] [a]lles [...] daran gesetzt [...] hatte, Gräfe vor Verfolgung zu bewahren«. Für Stetten und Dojno, wohl auch für Mara, Djura und Meunier sei das »Unrecht, das gerade« Gräfe »geschah, symbolträchtig [...] und daß niemand gegen solche Übeltat gleichgültig bleiben durfte«.[1812] Hier handelt es sich um eine Rationalisierung, eine Form psychischer Abwehr.

Zu Meunier spricht Dojno kurz darauf von einem Traum. Ein »Wiederholungstraum« sei es gewesen, er selbst trat darin als »eingeschüchterter junger Fabrikarbeiter« auf, der »bei einem alten Paar [...] lebte« und sich kaum traute, ein Wort zu sagen. Am liebsten verzog er sich in seine »winzige Mansardenstube«. Dieser Traum kehrte wieder, »viele Monate lang«, zuweilen »zwei-, dreimal in der Woche«, allerdings »zu einer Zeit, da« er »fast nicht mehr glauben konnte, ein Erfolg könnte sich« ihm »verweigern«. Dojno wertet das als Hinweis darauf, dass »ein jeder andere Leben in sich trägt« und deutet ihn im Sinne des Wunsches nach einer grundlegenden Veränderung.[1813] Später, als Dojno bei den Vassaris wohnt, kommt ihm dieser Traum wieder in den Sinn. Nun ist er ein »einsamer Gast in einem fremden Leben« geworden, doch »war alles günstiger als in seinem Traum«.[1814] Auch als er bei der *Baroneß* und Prevedini wohnt, überlegt Dojno »nicht selten, ob er sich nicht endgültig bei den Vassaris niederlassen sollte, zu einem ruhigen Leben mitten in einer natürlichen Gemeinschaft« kommen sollte. Die *Baroneß* wertet dies als Zeichen des »Niedergangs« *(»quel déclin!«)* und meint, er gründe darin, dass Faber »sentimental geworden« sei.[1815]

1808 Vgl. Sperber, Die Wasserträger Gottes, S. 148, 155 (Hervorhebungen im Original), 156.
1809 Vgl. Sperber, Die verlorene Bucht, S. 722.
1810 Vgl. Sperber, Die verlorene Bucht, S. 725.
1811 Vgl. Sperber, Die verlorene Bucht, S. 736.
1812 Vgl. Sperber, Die verlorene Bucht, S. 732.
1813 Vgl. Sperber, Die verlorene Bucht, S. 728.
1814 Vgl. Sperber, Die verlorene Bucht, S. 989, 728.
1815 Vgl. Sperber, Die verlorene Bucht, S. 1009 (Hervorhebungen im Original).

Von Prevedini lässt sich Dojno doch leicht zum Fortgehen *überreden*, ohne sich dies selbst genauer erklären zu können. Dafür ist Relly alles andere als überrascht. »Du bist nicht mehr mit uns seit dem Augenblick, da Prevedini dir den Tod Gräfes mitgeteilt hat.«[1816] Für Dojno selbst bleibt sein Handeln auf der Ebene des *Unverstandenen*. Vielleicht leidet er deshalb später, im Haus der namenlos bleibenden Baronin, unter bedrückenden Träumen, in denen er sich nach dem »Sinn seines Tuns« fragt.[1817] Vasso wirft in diesem Traum Steine in einen Fluss und sagt: »Weil es die Save ist.« Dieser Hinweis auf den großen slowenischen Fluss ist für Dojno auch nicht befriedigender als der Gedanke, »sich in Todesgefahr« zu begeben, »um sich auf die Seite der« nunmehr neuerlich »Verbündeten, der Mörder Vassos und Sönneckes zu stellen«. Dies war, so schien ihm, der Grund, aus dem er »Jeannot verlassen [...] hatte [...], den einzigen Menschen, der ihn wirklich noch brauchte.« Er fährt aus dem Schlaf, beschimpft sich selbst lauthals als »Idiot«, als »[b]lind und wahnsinnig«. Schließlich bricht er zusammen und wird von der Baronin und ihrer Dienerin Benina gefunden. Die Baronin denkt zunächst sogar, er sei überfallen worden, Benina hingegen begreift sofort, dass er mit sich selber ringt.[1818] Dieser Zustand Dojnos könnte aus klinischer Sicht als psychotische Episode gewertet werden, desgleichen auch als hypnagoge oder hypnopompe Halluzination.[1819] Da keine weiteren Hinweise auf psychotische Entwicklungen erkennbar sind, ist eher von einer erschöpfungsbedingten Wahrnehmungstäuschung im Halbschlaf, also einer der beiden erwähnten Halluzinationsformen, auszugehen. Im umgangssprachlichen Sinn handelt es sich auf jeden Fall um eine Art psychischen »Zusammenbruchs«.

Vor seinem Aufbruch nach Dalmatien erklärt Dojno dem Vizeadmiral Prevedini, »sehr ängstlich« zu sein. »Vergessen Sie nicht, mir den Revolver und das Gift zu geben«, sagt er. »Damit ich mich etwas weniger fürchte.«[1820]

Djuras Tod trifft ihn schwer, aber anders als nach Vlassos Ermordung versinkt er nicht in Lethargie, sondern zeigt geradezu gesteigerten Tatendrang. So führt er eine heftige Auseinandersetzung mit Gezeric, bringt die *»Briefe eines Gehenkten«* heraus und betätigt sich energisch in der Djura-Brigade, etwa beim Verhör eines Gestapo-Mannes und des Radiotechnikers Wilhelm Krulle, für

1816 Vgl. Sperber, Die verlorene Bucht, S. 732.

1817 Vgl. Sperber, Die verlorene Bucht, S. 742–746.

1818 Vgl. Sperber, Die verlorene Bucht, S. 742–746.

1819 Vgl. zu Letzteren z. B. Geisler, Peter: Klinisches Bild, Diagnostik und Differenzialdiagnose. In: Mayer, Geert/Pollmächer, Thomas (Hg.): Narkolepsie – Neue Chancen in Diagnostik & Therapie. Stuttgart: Thieme 2007. S. 1–15.

1820 Vgl. Sperber, Die verlorene Bucht, S. 752.

welch Letzteren er sich ganz entschieden einsetzt.[1821] In den Diskussionen um künftige Pläne für die kleiner werdende und schlecht verpflegte »Djura-Brigade« vertritt er die Ansicht, »alles, was« sie »nun tun, [...] bezieht [...] seinen Sinn [...] aus dem Wert der Tat selbst«. Dieser bestehe, angesichts des Umstandes, dass »[d]ie Grüne Bucht« letzten Endes nur »eine kaum bemerkte, schnell vergessene Episode« sein werde, »[i]n der Wirkung, die« die Tat »auf uns selbst hat. Nicht unsern Mut haben wir uns zu beweisen, sondern die Fähigkeit, auch im Untergang nicht nur Opfer zu sein«.[1822]

Als Karel und sein Kollege Zvonimir nach der Gefangennahme der letzten »Djuraten« zynisch ihre düsteren Zukunftspläne für Mara, Dojno und Sarajak darlegen, sprechen hauptsächlich Mara und Sarajak. Dojno äußert sich lediglich abfällig über Zvonimir, den er einen »provinziellen Bonvivant« nennt, von Vasso »zum Bezirkssekretär gemacht«.[1823] Nach Sarajaks Tod finden die KP-Funktionäre auch bei Dojno Gift. Sie nehmen es ihm weg. »Ob einer leben bleibt, wann und wie er stirbt, das bestimmen wir!«, verkündet Karel.[1824]

Im Oktober 1943 ist Faber durch Maras Tod aufgewühlt. Über Relly oder Jeannot hat er nichts erfahren. Mit dem britischen Oberstleutnant Burns verbindet ihn einerseits eine auf gemeinsamen Kriegserlebnissen gründende enge persönliche Freundschaft, andererseits trennen politische und philosophische Fragen die beiden sehr profund. Während Burns an seiner Karriere bastelt, scheint Faber hochgradig desillusioniert, nicht zuletzt wegen des Endes der »Djura-Brigade«.[1825] Dojnos Bericht über Maras Ermordung erschüttert auch Burns, und vermutlich übergibt er ihm deshalb den »Gürtel [...] mit Goldmünzen«, der ihm »drüben« aus brenzligen Situationen hätte helfen sollen.[1826]

Wie Dojno später der *Baroneß* erzählt, war er vor Maras Ermordung an Typhus erkrankt gewesen, weshalb er keinen Kontakt mit ihr haben durfte. Er hat allerdings ihre Leiche gefunden und in einem sehr behelfsmäßig zusammengebauten Floß zur Neretva gebracht. Das Floß überließ er auf der »Mitte des Flusses« den Wellen, schon von Karel zum Weitergehen gedrängt.[1827] Als ihm, während er in Bari bei den Vassaris wohnt, das Lied »O Neretva, o Neretva / Wieviel Leichen schwemmst du ins Meer« in den Sinn kommt, befindet er sich gerade auf einem längeren Spaziergang, den er trotz starken Regens nicht abbricht.

1821 Vgl. Sperber, Die verlorene Bucht, S. 827–834, 836 f. (Hervorhebungen im Original).
1822 Vgl. Sperber, Die verlorene Bucht, S. 859 f.
1823 Zu Zvonimir vgl. auch schon Sperber, Der verbrannte Dornbusch, S. 411.
1824 Vgl. Sperber, Die verlorene Bucht, S. 871 f.
1825 Vgl. Sperber, Die verlorene Bucht, S. 975–986.
1826 Vgl. Sperber, Die verlorene Bucht, S. 982 f.
1827 Vgl. Sperber, Die verlorene Bucht, S. 1003 f.

Bald darauf beginnt er zu fiebern, und der Arzt diagnostiziert eine Lungenentzündung.[1828] Ob Dojnos offenkundige Schuldgefühle nun als berechtigt gelten können, unter dem Gesichtspunkt, ob ein alternatives Verhalten möglich gewesen sei (wie im Fall Skarbeks) oder eher nicht (wie vermutlich im Fall Dojnos), spielt hinsichtlich ihrer Wirkung keine Rolle. Aus einem Brief Edi Rubins erfährt Faber schließlich vom Tod Rellys, Paulis und Jeannots. Edi schildert seine Bemühungen, an Gott zu glauben und fragt Dojno nach seinem *»Plan«* und seinen Perspektiven. Dojno beantwortet diese Fragen, indem er auf seine Suche nach der *»Güte des Menschen«* verweist, wie er sie bei *»Bianca und Enneo Vassari«* findet, *»nicht Gottes Güte«*. *»Glaubte ich an Gott«*, führt er aus, *»so würde ich ihn bekämpfen, als ob er eine totalitäre, verantwortungsflüchtige Macht wäre.«*[1829]

In Meuniers Wohnung arbeitet Dojno Stettens handschriftlichen Nachlass durch und stößt auf einige »Faszikel«, die mit einem »Delta«, für »Dion«, gekennzeichnet sind. In einem Manuskript, das den Titel *»Der Held unserer Zeit«* trägt, handelt ein Kapitel von *»D.s gefährliche*[n] *Mißverständnisse*[n]«. Darin heißt es, »[d]*er geistige Mensch«* habe *»nur dort einzugreifen, wo es gilt, bestimmte Taten zu verhindern oder anzuklagen, und wenn die moralische oder geistige Not zu einer allgemeinen Gefahr zu werden droht«*. Er solle danach streben, »ein Weiser zu werden«. *»Die arrogante Ungeduld des Revolutionärs«* lasse ihn übersehen, dass von *»der Menschheit«* nur etwas verstehe, »[w]*er«* sie *»mit der liebevollsten Geduld betrachtet«*.[1830] Aus Stettens Papieren erfährt Dojno, dass er zusammen mit Hanusia eine Tochter hat, die in Kanada lebt, und dass Stetten Hanusia ermutigt hat, Dojno zu verlassen. Dieser »sollte erst nach Jahren oder Jahrzehnten, nicht bevor er von den gefährlichen Mißverständnissen befreit war, erfahren, daß er Vater war«. Dass Hanusias Briefe, die in dem Konvolut ebenfalls enthalten sind, zwar »Liebe«, »Sympathie und Besorgnis« verraten, ihn aber durchgängig »verurteilten«, ruft bei Dojno eine »tiefe Beschämung« hervor.[1831] Zugleich stellt sich die Frage, was er Jeannot gegenüber empfindet. Als er von seiner und Rellys Ermordung erfährt, kommt er »zwei Tage« lang nicht aus seinem Zimmer und wirkt danach »traurig«.[1832] Was immer er im Detail empfindet (wir erfahren es nicht), so drängt sich doch eine Art Spiegelung der Situation Stettens in Relation zu seinem Sohn Einhard auf. Dojno hätte nicht nach Dalmatien gehen, sich dort einem letzten Endes aussichtslosen Guerillakampf widmen und den Jungen sich selbst überlassen müssen. Was in diesem Zusammen-

1828 Vgl. Sperber, Die verlorene Bucht, S. 992 f.
1829 Vgl. Sperber, Die verlorene Bucht, S. 999 f. (Hervorhebungen im Original).
1830 Vgl. Sperber, Die verlorene Bucht, S. 1025 f. (Hervorhebungen im Original).
1831 Vgl. Sperber, Die verlorene Bucht, S. 1027.
1832 Vgl. Sperber, Die verlorene Bucht, S. 998 f.

hang sichtbar wird, für die Leserin oder den Leser, aber nicht für Dojno, ist der Hiatus zwischen großen philosophischen und politischen Ansprüchen (Stichwort »symbolträchtiges Unrecht«) und dem kleinen menschlichen Leben. Dieses Leben ist auf denjenigen angewiesen, dem es eher um das »bigger picture«, die wirkungsmächtigen Symbole und das große, menschheitliche Unrecht geht. Hinsichtlich dessen vermag ein Individuum (z.B. Gräfe) nur zu zählen, wenn es als Personifikation eben dieses Unrechts fungiert. Insofern korreliert einer »überpersönlichen Perspektive« womöglich ein kaum menschenfreundliches Handeln und schafft damit die existentiellen Möglichkeitsbedingungen für die »großen« und »kleinen« Karels. Aber Stetten hat, in Bezug auf Dojno, diese Kurve genommen und sich um ihn und die Seinen gekümmert, mehr als es Faber selbst jemals bei anderen vermocht hat.

Diese Überlegungen lassen Faber Meunier gegenüber milder werden, der Angst um seinen Sohn hat und deshalb nichts zur Aufklärung von Lagranges Tod unternehmen will. Außerdem verbinden sie sich auch mit früheren Überlegungen Dojnos, »daß der den Menschen verleugnet, der ihm das Recht abstreitet, schwach zu sein, sich für die Seinen zu fürchten«.[1833]

5.3.2.2 Eduard »Edi« Rubin

Im dritten Teil von »Die verlorene Bucht«, der mit »... wie eine Träne im Ozean« übertitelt ist, ist Edi Rubin zentraler Protagonist. Zu Beginn des Romans lebt er mit Relly und Paul in einer Stadt nahe dem Dorf, in dem sich Dojno und Jeannot aufhalten. Als Faber nach Jugoslawien reist, bleibt Jeannot bei Edi und Relly. Offenbar wurde Edi später von den NS- und Vichy-Schergen gesucht und ist »in« die »Berge« geflohen. Relly, selbst keine Jüdin, Paul und Jeannot wurden verhaftet und in ein Lager im »Osten« deportiert. Edi Rubin fuhr ihnen nach Polen nach, verkleidete sich als »deutsche[r] Militärarzt«, versuchte sie zu retten, vergeblich.[1834] Er empfindet es als empörend, »[d]aß die Juden sich nicht gewehrt haben und genau die Rolle spielten, die ihnen der Vernichter zugeteilt hat«. Skarbek erklärt er, »[a]lle« seien »verächtlich, die Mörder, die tätigen und die stillen Komplicen und die Opfer, die auch Komplicen sind«.[1835] Mit der Ermordung Rellys und Paulis »hatte [...] [s]ein Leiden [...] so sehr alles Maß überschritten, daß er nichts mehr fühlte.« Deshalb strebt er auch danach, jenen zu »gleichen, die er haßte, im Untergang sich ihrer Welt einzuverleiben«.[1836] Nicht zuletzt deshalb rekrutiert er in Wolyna eine kleine Rebellentruppe, deren Mitglieder

1833 Vgl. Sperber, Die verlorene Bucht, S. 1026, 1023 f.
1834 Vgl. Sperber, Die verlorene Bucht, S. 890.
1835 Vgl. Sperber, Die verlorene Bucht, S. 898.
1836 Sperber, Die verlorene Bucht, S. 891.

fühlten deutlich, »daß er sie verachtete und nur deshalb bereit war, mit ihnen zu sterben, weil er sein eigenes Leben gering schätzte«.[1837] Bynie diagnostiziert explizit: »Ihr aber, Doktor Rubin, Ihr fürchtet nicht den Haß, sondern nur die Verachtung. Es kommt jedoch nicht auf die Meinung der Menschen an.«[1838]

Später, in Warschau, erwägt Edi zunächst sich ins Ghetto zu begeben, doch scheint ihm dies bei näherer Betrachtung wenig sinnvoll. »Wäre er zwei Wochen früher gekommen, hätte er sich zu den Männern des Ghettos durchschlagen können, aber nun war es unmöglich und jedenfalls sinnlos.« So fragt er sich: »Was soll ich mit dem Rest des Lebens anfangen?«[1839] Auf den Straßen Warschaus hatte er auf Roman Skarbek gewirkt »wie einer, der sich darauf vorbereitet, der Kronzeuge des Anklägers zu sein.«[1840] In seinem Versteck in der Wohnung von Skarbeks Onkel ist Edi klar, dass er an »Polens Schicksal« kein Interesse hat. »Er war aller Bindung ledig. Ihm war eine Freiheit zuteil geworden, die völlig nutzlos war, die Freiheit, vernichtende Taten zu vollbringen […]«. Allerdings hält er sich »nicht« für »frei, an irgendeine Zukunft zu denken« oder gar »dem Unfrieden seines Wesens zu entrinnen«. Auch Suizid scheint ihm nicht sinnvoll, zumal vor seinem inneren Auge immer wieder »eine Welt ohne Lebewesen« auftaucht, »ohne Bewegung, eine Schneewüste, auf die kein Licht fällt«, »endlose Stille«. Sich »selbst« sieht er »durch diese Schneewüste gehen, die einzige Bewegung in dieser toten Welt, und sie war außerhalb der Zeit«.[1841] Nach der Lektüre des Kaddisch in Bynies Übersetzung, die er mit sich führt, schläft er ein, doch »quält« ihn im Schlaf »die Gewißheit, daß er eine dringende Aufgabe zu erfüllen hat«. Kurz darauf bricht er nach Palästina auf.[1842]

Neben den offenkundigen *deutend-psychologischen* Aspekten von Edis Entwicklung weist diese eine politisch-symbolische Dimension auf, umso mehr, als der Aufstand im Warschauer Ghetto im Rahmen jüdischer Erinnerungskultur vielfach als wichtiges Widerstandssymbol gewertet wurde.[1843] Dies ist möglicherweise ein Grund dafür, dass Edi Rubin überhaupt mit dem Warschauer Ghetto in eine Beziehung gebracht wird. Hier zeigt sich eindrucksvoll, wie unterschiedliche Motivationsstränge in Sperbers Romanen verflochten sein können, ohne

1837 Vgl. Sperber, Die verlorene Bucht, S. 929 f.
1838 Sperber, Die verlorene Bucht, S. 933.
1839 Sperber, Die verlorene Bucht, S. 960.
1840 Vgl. Sperber, Die verlorene Bucht, S. 957.
1841 Vgl. Sperber, Die verlorene Bucht, S. 961.
1842 Sperber, Die verlorene Bucht, S. 960–963.
1843 Vgl. z. B. Wagner, Birgitt: Der Holocaust vor der Bezeichnung »Holocaust«. Wege zur wissenschaftlichen Auseinandersetzung mit der Vernichtung der europäischen Jüdinnen und Juden in der englischsprachigen Forschung 1940–1960. Diplomarbeit. Universität Wien 2010, S. 113–115.

dass einer den anderen deshalb verdrängen oder gänzlich in den Hintergrund schieben würde. Edis Verachtung erstreckt sich auch auf die meisten Mitglieder seiner kleinen Kampftruppe, die er aus Wolyna rekrutiert hat. Sie reagieren kaum auf seine Kommandos, als er sie für den Kampf trainieren will.

> »Die gehen mich nichts an«, denkt er. »Ich hätte mich nicht mit ihnen einlassen sollen. Leute des Wunderrabbis, sie warten auf ein Wunder und darauf, daß man ihnen gnädig erlaube, noch einen Tag und noch einen in Demut zu leben.«[1844]

Besonders ärgerlich reagiert er wiederholt auf Mendel Rojzen, den dritten Überlebenden des Angriffs ihrer kurzzeitigen polnischen Mitstreiter. Schon vor diesem Überfall schlägt er Mendel, weil dieser dafür eintritt, sich mit Jusek zu einigen. »Ich habe dich geschlagen, Mendel Rojzen, weil ich die Stimme des Ghettos zum Schweigen bringen wollte«, erklärt er ihm danach. Auch dass sie nun »die einzigen freien Juden weit und breit« seien, erklärt er seiner Truppe. Deren Mitglieder allerdings haben wenig Verständnis dafür. Zwar »hielten sie ihn für einen klugen Mann«, doch war er ihnen rasch »immer fremder geworden.[1845] Anstatt einen Konflikt mit den Polen auszutragen, halten sie es für

> »besser, man verhandelte mit ihnen, gab ihnen zu verstehen, daß man sich sozusagen als Mieter betrachtete und eine hohe Miete zahlen wollte. Aber woher soll dieser Fremde wissen, wie man sich mit Polen verständigen kann?«[1846]

Auch als er sich zusammen mit Bynie und Mendel im Kloster aufhält, wird sein Ärger über Rojzen nicht geringer, »spielte« dieser doch »für das Dienstpersonal« auf der Geige, »sooft man es wünschte«, und knüpft für die Oberin entgegen deren Wunsch einen Teppich. Auch die derben Scherze des Personals lässt er über sich ergehen und erzählt den Leuten zu deren Erheiterung »jüdische Geschichten«. Das ist Edi ein Dorn im Auge. Deshalb meidet Mendel ihn, »so gut er konnte, er fürchtete ihn und fühlte sich von ihm verachtet«.[1847] Auch ist Edi wenig begeistert, als Rojzen beginnt, Bynies psychologische Fähigkeiten zu nützen und ihn als »Wunderrabbi« zu vermarkten. »Er spielte die Rolle des Gabbai, des Kämmerers und Zeremonienmeisters. Es war wahrscheinlich, daß

1844 Sperber, Die verlorene Bucht, S. 911.
1845 Vgl. Sperber, Die verlorene Bucht, S. 929 f.
1846 Sperber, Die verlorene Bucht, S. 930 f.
1847 Vgl. Sperber, Die verlorene Bucht, S. 944 f.

er sich die Audienzen bezahlen ließ.«[1848] Später als Edi Rubin und Roman Skarbek in Warschau sind und Edi seine Abreise nach Palästina vorbereitet, stellt er fest, dass er »Mendel nicht mehr […] verachte«. »Bynies Wunder haben Mendels Taschen gefüllt«, das empört Edi nicht länger.[1849]

Edi Rubins Verhältnis zu Bynie unterscheidet sich grundlegend von jenem zu den anderen Wolynaern in seinem Umfeld. »Er hätte ihn wie einen Sohn lieben können, doch fühlte er sich nicht an ihn gebunden.« Dennoch lebt er »im Banne des Jungen […], zwischen Hoffnung und Bangnis«, macht sich viele Gedanken über ihn, empfindet »Mitleid« und bemüht sich wochenlang um seine Pflege.[1850] Vor allem nimmt er ihn ernst, vielleicht weil er ihm rätselhaft bleibt. »Nichts an diesem jungen Menschen war geheim, dennoch blieb sein Wesen unbekannt […]«.[1851] Auch lässt er sich von Bynie Dinge über sich selber sagen, die er bei anderen vermutlich nicht tolerieren würde, auch schon vor Bynies Verwundung. Selbst als der junge Rabbi angesichts des bevorstehenden Angriffs der polnischen Milizionäre verbietet, Barrikaden zu errichten, weil Sabbat ist, wird Edi Rubin nicht wütend oder aggressiv, sondern belässt es bei einem resignativ anmutenden »Das ist Wahnsinn, Bynie, Wahnsinn!«[1852]

Am Ende des Romans entschließt sich Edi, künftig an Gott glauben zu wollen, was schon anhand der Bemühung selbst, wie er sie in einem Brief an Dojno Faber und im Gespräch mit Roman Skarbek schildert, wenig hoffnungsreich anmutet, und begibt sich nach Palästina.[1853]

Es scheint, als würden Schuldgefühle wegen Relly und Pauli sowie der unbewusste Versuch, einen neuen *Lebensplan* zu entwickeln, eine Rolle spielen, wenn Edi versucht, sich mit der Idee anzufreunden, dass »es« nicht »unmöglich« sei, »an […] Gott […] zu glauben. […] Wenn es einen Gott gäbe, würde er die ganze Last von mir nehmen«, räsoniert er. Skarbek erklärt er, dass, »[w]enn es Gott gäbe, ich meine, wenn es ihn gibt, […] das Unmenschliche bei ihm« sei. »Er nimmt es uns ab, Sie verstehen?«[1854] Skarbek ist entzückt. »Ich habe nie begriffen, wie jemand ohne Gott leben kann.«[1855] Die Frage nach Edis Glauben an Gott war eine der ersten gewesen, die Skarbek ihm zu Beginn ihres Wiedersehens in Polen gestellt hat. »›Ach, lassen Sie mich!‹«, lautete Rubins unwirsche Antwort, der er

1848 Vgl. Sperber, Die verlorene Bucht, S. 949 f.
1849 Vgl. Sperber, Die verlorene Bucht, S. 963.
1850 Vgl. Sperber, Die verlorene Bucht, S. 941, 945 f.
1851 Vgl. Sperber, Die verlorene Bucht, S. 946.
1852 Sperber, Die verlorene Bucht, S. 933.
1853 Sperber, Die verlorene Bucht, S. 960–963, 999.
1854 Sperber, Die verlorene Bucht, S. 960–963.
1855 Vgl. Sperber, Die verlorene Bucht, S. 963 f.

»wie erklärend« anfügte: »Ich komme vom Wunderrabbi. Ich hasse ihn, verachte ihn.‹«[1856]

In seinem Brief an Faber, in dem er diesen über den Tod von Relly, Pauli und Jeannot informiert, erzählt Rubin »sehr ausführlich« auch »über Bynie und schließlich über Skarbek, von dem er mit Dankbarkeit, ja wahrer Freundschaft sprach«. In diesem Brief schreibt Edi über seine Sinnsuche und deren spezifische Ausformungen. *»Daß Sie und ich, daß wir beide noch leben, ist ein Wunder. Da es uns geschehen ist, haben wir die Pflicht, seinen Sinn zu entdecken.«* Allerdings fällt ihm die konkrete Richtung, die er dazu einschlägt, keineswegs leicht.

> *»Ob ich an Gott glaube? Ja, manchmal bin ich seiner gewiß, öfter verliere ich ihn. Ich muß ihn die ganze Zeit anblicken, sonst werden meine Augen wieder blind und ich verlasse den Weg.«*[1857]

Der Adressat kann diesen Überlegungen nicht viel abgewinnen. *»Glaubte ich an Gott«*, schreibt er in seiner Antwort, *»so würde ich ihn bekämpfen, als ob er eine totalitäre, verantwortungsflüchtige Macht wäre.«*[1858]

5.3.2.3 Relly (Rubin)

Für sie ist es »ein dauerhafter Zustand« geworden, »unglücklich« zu »sein«, man könnte sagen schwer depressiv zu sein. Als sie erkennt, dass Dojno nach Dalmatien reisen will, weint sie, worüber sie sich selbst wundert. Affekte brechen durch. »Denn ihr Schmerz erschien ihr kalt und trocken, ein seit langem ausgebrannter Wald.« Dies obwohl sie es für »natürlich« hält, »daß« eine Frau »den Ihren jeden Tag des Lebens geben mußte«.[1859] Was sie für Dojno empfindet, bleibt unklar, »Liebe« sei es jedenfalls nicht, wie sie mit Nachdruck betont.[1860] Der Eindruck, Rellys Wertung von Rollenbildern sei eine grundlegend und wohl unbewusst andere als bei Mara, verstärkt sich in »Die verlorene Bucht« noch einmal.

5.3.2.4 Roman Skarbek

Der polnische Aristokrat ist ein »Spieler«, jemand, der gerne wettet, Kartenspiele liebt und sich im Übrigen für einen großen Verführer hält. So erachtet er es geradezu als Gebot der »Dankbarkeit«, *Putzis* Nichte zu »verführen«.[1861]

1856 Vgl. Sperber, Die verlorene Bucht, S. 898.
1857 Sperber, Die verlorene Bucht, S. 999 (Hervorhebungen im Original).
1858 Sperber, Die verlorene Bucht, S. 1000 (Hervorhebungen im Original).
1859 Vgl. Sperber, Die verlorene Bucht, S. 732.
1860 Vgl. Sperber, Die verlorene Bucht, S. 718 f.
1861 Vgl. Sperber, Die verlorene Bucht, S. 733 f., 740 f.

Die Baronin ihrerseits geht davon aus, dass Skarbek »ihr den Hof [...] machte [...], weil sie außer der alten Dienerin die einzige weibliche Person war«.[1862] Das abschreckende Beispiel mehrerer Vorfahren – Skarbeks Vater hat angesichts großer Spielverluste Suizid verübt – konnte ihn vom Spielen nicht abbringen. Er habe selbst erst zu spielen begonnen, nachdem seine Gebete, er möge »von [s]einer Talentlosigkeit erlöst werden«, nicht »erhört« worden seien. »Das Spiel allein« könne »alles ersetzen«, allerdings nicht »das Gebet«, das helfe, da »man spürt, ob man erhört wird, und fast immer wird man erhört«. Sein Vater hätte sich gewiss nicht das Leben genommen, wäre er »im entscheidenden Augenblick« auf die Idee gekommen zu beten.[1863]

Es gäbe nur eine »Präzision, auf die« er, Skarbek, »unbedingt Wert lege«, und zwar jene »der Uhr«.[1864] »Er hatte viele Jahre im Ausland verbracht, ohne zwingenden Grund«. Nun kehrt er »nach Polen zurück«, »im Auftrag der polnischen Exilregierung«. Zu keiner Zeit »hatte [...] er [...] Heimweh«, und »[e]rst seit« Polen »besiegt und vom Feinde besetzt war, sehnte er sich zurück«.[1865] Immer wieder baut Sperber in seinen Figuren psychologische Elemente ein.

Als Anführer einer Widerstandsgruppe schwankt er zwischen seinem Gewissen und den Wünschen seiner Leute. Er betont, kein Antisemit zu sein, und verbietet Jusek, Edis Truppe anzugreifen. Gleichwohl verlässt er sein Gut zu einem Zeitpunkt, an dem ihm ein solcher Angriff unmittelbar bevorzustehen scheint. Auch bleibt er zwei Tage lang weg, um seine neue Bekanntschaft, Jadwiga, zu sich zu holen, die er bald darauf heiratet. Die ganze Zeit fürchtet er für die jüdischen Kämpfer das Schlimmste, zögert aber sogar nach seiner Rückkehr, in den Keller zu gehen und nachzusehen. Erst auf Jadwigas Wunsch nach Wein hin begibt er sich schließlich in die Stollen und findet die drei Überlebenden.[1866] Danach veräußert er, obwohl »nicht mehr reich«, etliche seiner Besitzungen, um den Dreien den Aufenthalt in einem Kloster zu ermöglichen, das seine Tante leitet. Er erklärt ihr, für das Geschehene »verantwortlich« zu sein. Auch »das Gebet« kann ihn aus seinen Gewissensqualen nicht »retten«, ist ihm doch »gewiß, daß er jetzt nicht beten könnte, daß es sich ihm vielleicht für immer versagen würde«.[1867] Schlechtes Gewissen ist es, das ihn antreibt, Bynie eine Beerdigung im zerstörten Wolyna zu ermöglichen, was Edi Rubin ablehnt. Auf Jadwigas Frage, weshalb »man dem verblichenen Rabbi nicht die letzte Ehre

1862 Vgl. Sperber, Die verlorene Bucht, S. 746.
1863 Vgl. Sperber, Die verlorene Bucht, S. 735–737.
1864 Vgl. Sperber, Die verlorene Bucht, S. 733.
1865 Vgl. Sperber, Die verlorene Bucht, S. 734.
1866 Vgl. Sperber, Die verlorene Bucht, S. 923–926, 933–938.
1867 Vgl. Sperber, Die verlorene Bucht, S. 939 f.

erweisen« solle, erwidert Rubin, ohne sie eines Blickes zu würdigen: »›Man soll. […] Aber weit und breit hat niemand das Recht dazu.‹«[1868]

Roman Skarbeks empört-hilfloser Ausruf »Es gibt einen Gott, Onkel« lässt ihn selbst beschämt zurück, den Onkel weniger. »Er bewunderte Roman wegen seiner Fehler und schätzte ihn sonst gering.«[1869] Skarbek ist sein Glaube an Gott wichtig, zumindest betont er dies immer wieder Faber wie Edi gegenüber.[1870] Was dies für ihn bedeutet, bleibt offen, am ehesten wohl das Gefühl einer gewissen Entlastung von der Bürde eigener Verantwortung.[1871]

Aus individualpsychologischer Perspektive spielen verdrängte Bewusstseinsinhalte, als Teile des Unbewussten, eine sehr große Rolle für Skarbeks Handeln. Im Verlauf des Romans findet dies vielfach Ausdruck. Vor dem Anschlag auf die jüdischen Widerstandskämpfer verlässt er sein Anwesen, obwohl er Übles ahnt, seine Beziehung zu Jadwiga stellt ihn selbst vor Rätsel und das Gebet soll ihn vor seinen inneren Zwängen retten, wie es seinen Vater vor dem Suizid hätte bewahren sollen.[1872]

5.3.2.5 Djura (Georg Dragutin Zagorjac)

Möglicherweise »aus Eitelkeit« führt Djura den Lehrer Bugat, der ihm Verehrung entgegenzubringen scheint, zu einer Höhle, die der Lehrer dann an die Ustaschi verrät. Dr. Kral ist empört und erklärt Djura, dass er ihn »immer lebhafter« an eine Frau namens Jella erinnere, die im Hafenwirtshaus beschäftigt ist und seit fünfzig Jahren erzählt, demnächst werde sie »die Arbeit hinschmeißen«.[1873]

Der Ustascha-Führer Pavelic hat indessen verkünden lassen, dass Djura auf seine Seite übergelaufen sei und aus diesem Anlass eines seiner Dramen »im Nationaltheater aufführen lassen«, als »große Galaveranstaltung«.[1874] Dies zumindest berichtet Dragi, der eine hohe Meinung von Djura hat, und ist begeistert, weil sich diese Meldung als unrichtig herausstellt. »Ihr könnt ja gar nicht ahnen, wie dankbar ich euch bin dafür, daß ihr lebt und daß ihr genauso seid, wie ihr seid.«[1875] Im Laufe ihres Gesprächs gerät Djura schließlich selbst in Streit mit Vladko, dem er vorwirft, immer schon eine »Resolution« in der Tasche zu haben, obwohl doch

1868 Sperber, Die verlorene Bucht, S. 953.
1869 Sperber, Die verlorene Bucht, S. 960.
1870 Vgl. z. B. Sperber, Die verlorene Bucht, S. 736 f., 963 f.
1871 Vgl. z. B. Sperber, Die verlorene Bucht, S. 925 f.
1872 Vgl. Sperber, Die verlorene Bucht, S. 737.
1873 Vgl. Sperber, Die verlorene Bucht, S. 757 f.
1874 Zu Ante Pavelic, der gewissermaßen als Nebenfigur in Sperbers Roman eingeführt wird, vgl. z. B. Calic, Marie-Janine: A History of Yugoslavia. Translated by Dona Geyer. West Lafayette, Indiana: Purdue University Press 2019, pp. 125–156.
1875 Vgl. Sperber, Die verlorene Bucht, S. 760 f.

vereinbart gewesen sei, nichts ohne Dojno Faber zu beschließen. Er wendet sich ab und geht zur *Baroneß*, in der Hoffnung, dort noch etwas »Hühnerpaprikasch und […] Topfenstrudel« vorzufinden. Nun ist Dragi entsetzt. Mara sucht ihn zu beruhigen: »Djura ist wirklich so, wie du ihn dir vorgestellt hast. Und nicht wie er, ein schlechter Schauspieler, sich selber spielt, wenn er verzweifelt ist.«[1876]

In der Nacht des Angriffs der Ustaschi auf das »Renduit« rekrutiert Djura im Auftrag Maras noch eine Gruppe bewaffneter Bauern aus den Dörfern auf dem »Berg«, die aber wieder entlassen werden, sobald klar ist, über welche Waffen die Angreifer verfügen.[1877] Im Gespräch mit einem »Dorfältesten« erweist sich Djura als geschickter Verhandler, sehr vertraut mit Sprache und Denkweisen seines Gegenübers.[1878]

In den Stunden des Wartens grübelt Djura über sein Leben nach, er denkt vor allem an seinen Vater, »den er lange bewundert hatte und dann verachtet«. In Djuras Wahrnehmung war dieser »ein Trinker gewesen, ein prozeßwütiger Querulant, gewalttätig nur in Worten, doch ängstlich vor der Tat«. Offenbar lebten sie in einem Dorf, der Vater war Monarchist, verfügte auch über eine »Galauniform«. Nach dem Krieg hatte er »kein Geld mehr für die Anwälte«, auch für sonst wohl nicht viel, schrieb er doch »Bettelbriefe […] an die reichsten Leute des Landes«. Ihnen gegenüber beklagte er den »schwarzen Undank seines Sohnes […], für den er alles geopfert hatte, damit die Nation endlich einen ihr würdigen Dichter hätte«. Alt und sehr dick geworden, erlag Djuras Vater einem Schlaganfall, doch dauerte es drei Jahre, ehe er starb, während derer er »[n]ur die Augen« zu bewegen vermochte. Wohl wegen des Vaters hat Djura »das Dorf« verlassen, wie er hat er »nie an Selbstmord gedacht«.[1879]

Er will Mara in der Nacht des Angriffs der Faschisten nicht verlassen und sorgt sich um die verschwundene *Baroneß*. Dennoch lässt er sich dazu bewegen, von der Insel wegzufahren, widerstrebend zwar, aber doch.[1880] Danach flüchtet sich Djura in Ljubas Haus. Einst hatte er versprochen, ihr zu schreiben, dies jedoch nie getan. Nun macht er ihr einen wenig romantischen Heiratsantrag, den sie zurückweist, obwohl ihr seine Anwesenheit angenehm wäre.[1881]

> »Es ist wahr, Ljuba«, sagt Djura, »ich liebe dich nicht. Aber das wäre eben das Neue für mich. Immer […] war der erste Augenblick Glück, der Beginn

1876 Vgl. Sperber, Die verlorene Bucht, S. 765.
1877 Vgl. Sperber, Die verlorene Bucht, S. 776–779, 785–787.
1878 Vgl. Sperber, Die verlorene Bucht, S. 777–779.
1879 Vgl. Sperber, Die verlorene Bucht, S. 781 f.
1880 Vgl. Sperber, Die verlorene Bucht, S. 776, 787 f., 789–792.
1881 Vgl. Sperber, Die verlorene Bucht, S. 797, 802.

Erfüllung. Der zweite Trunk war immer schlecht, giftig oder ekelhaft wie Spülwasser. Mit dir wird alles anders sein – das Leben mit dir werde ich nicht nach Augenblicken, sondern nach Jahren messen.«[1882]

Nachdem er Nachricht von Mara, Kral und der *Baroneß* erhalten hat, verfasst er ein Manuskript, das Ljuba für Dojno aufbewahren soll, und begibt sich nach Zagreb.[1883] Seine Haltung zum Christentum ist, wie seine bei Ljuba gelassene Erzählung verdeutlicht, keinesfalls von religiösem Glauben bestimmt. Der Jesus dieser Erzählung ist ein verwirrter, von Angst getriebener Mensch, der gerade eben einem grausamen Tod entronnen ist und nicht so recht zu begreifen scheint, wie ihm geschieht. Falls Dojnos Sichtweise zutrifft, dass Djura sich hier selbst porträtiert, verschmilzt seine eigene psychische Disposition angesichts der bevorstehenden Hinrichtung weitgehend mit jener seines Protagonisten. »[D]ie Einheit seines Wesens« geht ihm verloren, aufgelöst in so gewaltiger Angst, dass nicht allein die Sprache, sondern auch die Stimme versagt.[1884] Auch das gewaltsame Sterben bildet hier einen Gegenstand psychologischer Fragestellungen. Daher legt sich eine Betrachtung des für den Roman selbst namensgebenden Erzählfragments unter mehr psychologischen denn religiösen Aspekten nahe. Das Thema, um das es hier geht, ist *Angst*.

Wie erwähnt unterscheidet Sperber in »Zur Analyse der Tyrannis« sowie in »Individuum und Gemeinschaft« zwischen »sozial adressierter« und »aggressiver Angst«.[1885] Die Angst des Jesus aus Djuras Text ist sozial adressiert. Er möchte die Aufmerksamkeit der Frau erlangen und auf diese Weise dafür gewinnen, dass sie sich seiner annimmt, ihm zumindest ihre Aufmerksamkeit zuwendet. Ähnliches versucht Djura möglicherweise mit Dojno und Ljuba.

In Zagreb wird Djura denunziert und verhaftet. Nach »wenige[n] Tage[n] im Polizeipräsidium« bringt man ihn »in das Sondergefängnis außerhalb der Stadt«, wo ihm ein Priester eröffnet, dass sein »Leben verwirkt« sei, »rechtens verwirkt«. Doch würde »der Poglavnik« Gnade walten lassen, wenn Djura eine Erklärung »gegen Rußland, gegen die Horden und die Methoden Stalins« abgebe. Mehr würde man nicht verlangen, er solle lediglich »[s]einer eigenen Auffassung […] beredten Ausdruck verleihen«.[1886] Djura lehnt ab.

1882 Sperber, Die verlorene Bucht, S. 801.
1883 Sperber, Die verlorene Bucht, S. 802.
1884 Vgl. Sperber, Die verlorene Bucht, S. 808.
1885 Vgl. Sperber, Individuum und Gemeinschaft, S. 206.
1886 Vgl. Sperber, Die verlorene Bucht, S. 801–804.

> »Mit allen Waffen werden meine Freunde den Despoten Stalin [...] bekämpfen – dies von der Stunde an, da die Macht der Hitler und all seiner Gefolgsmänner zerbrochen sein wird [...]. Bis zu dieser Stunde bleiben wir mit Rußland verbündet.«[1887]

Der Priester gibt sich »enttäuscht«. Djura sterbe »wegen einer Nuance«. »Die Rangordnung von Haß und Verachtung« sei »mehr als eine Nuance«, erwidert Djura. Ein Buch Djuras, das dieser ein Vierteljahrhundert zuvor geschrieben hat und das der Priester mit sich führt, »Wachtfeuer bei Karlovac«, enthält den Satz: »Es ist furchtbar, Gott in dem einzigen Augenblick zu begegnen, da sein Antlitz verhängt ist.« Djura kommt der Bitte des Mannes nach einer Widmung nach und schreibt unter anderem: »Daß sich der Menschen Antlitz nicht vor dem verhänge, was ich getan habe!« Der »Vikar« verlässt erbleichend die Zelle.[1888] Auf der Liste der Hinrichtungskandidaten ist Djura unter seinem bürgerlichen Namen verzeichnet: Georg Dragutin Zagorjac. Dennoch wird er allgemein erkannt, außer von einem jungen Ustascha-Schergen. Ein Mitgefangener, der sich ebenfalls von der Partei abgewandt hat, kann es nicht fassen, dass Djura »auch« unter den Todeskandidaten sei.[1889]

Fünf Männer werden zu den Galgen geschleift, einer ist wie Djura aus der Partei ausgetreten, der Wortführer der anderen drei wirft ihm dies auch im Angesicht des Todes vor. »Ustaschi seid ihr, ihr und eure Mörder, ihr seid eins! Feinde seid ihr, Feinde des Menschen, Feinde!«, schreit Djura den Mann, den er als »GPU-Bestie« bezeichnet, an.[1890] In den letzten Minuten seines Lebens »entschw[indet] ihm« die Einheit seines Wesens. [...] Ein rasend nagendes Tier lief in seiner Brust auf und ab«, er will schreien, vermag es jedoch nicht mehr.[1891]

1887 Sperber, Die verlorene Bucht, S. 805.
1888 Vgl. Sperber, Die verlorene Bucht, S. 806.
1889 Vgl. Sperber, Die verlorene Bucht, S. 807.
1890 Vgl. Sperber, Die verlorene Bucht, S. 808.
1891 Vgl. Sperber, Die verlorene Bucht, S. 805–808.

5.3.2.6 Mara (Millitsch)

Angesichts des unmittelbar bevorstehenden Überfalls der Ustaschi überlegt Mara, wie sich die Überlebenden ihrer Gruppe, sofern sie sich »aufs Festland« retten können, verhalten sollen. »Einmal drüben, werden sie sich irgendeiner Partisanengruppe anschließen müssen und ihre Führung übernehmen«, meint sie.[1892] Auch nach dem Verlassen der »Grüne[n] Bucht« nimmt Mara eine führende Rolle in der »Djura-Brigade« ein. Für deren Angehörige »repräsentiert« sie »die ideale Mischung von Macht und Bedeutung«. Zwar ist sie nicht Teil des Volkes, diesem aber »– wie der geliebte König in der Legende – so zugetan, daß sie alles weggeworfen hatte, um mit ihnen durch Mühsal und tödliche Gefahr zu gehen«.[1893] Es gelingt ihr, »Verbindung« mit ihrer Tante zu halten, »[a]uf den sonderbarsten, schwierigsten Umwegen«, und auf diese Weise Kontakt zu »den Alliierten« aufzunehmen.[1894] Ihren Kampfgefährten spendet sie im Bedarfsfall »[t]röstliche Worte«, an deren Sinnhaftigkeit sie zweifelt.[1895]

Angesichts von Karels selbstgefälligem Auftrumpfen vergleicht sie ihn ganz unverhohlen mit seinem »alte[n] Freund, de[m] Polizeihund Slavko«. Er solle »nicht den mächtigen Mann spielen«, sei er doch nur ein »kleiner Agent«. Er habe keine »Entscheidungen getroffen«, sondern habe »sie« lediglich »zu exekutieren«.[1896]

Noch einmal erfährt die Leserin/der Leser von der Entschlossenheit und Überzeugungskraft Maras, und die Wertschätzung, die ihr seitens der Bevölkerung der Insel lange Zeit über zuteil wird.[1897] Angesichts des erwarteten Angriffs der Ustaschi setzt sie durch, dass Pläne beschlossen werden, wie die Überlebenden, zu denen sie sich von vornherein nicht rechnet, weiter vorgehen sollten.[1898] Sie weigert sich angesichts der unmittelbar nahenden Katastrophe, das »Renduit« zu verlassen, »aus politischen Gründen«. Sie will »[b]is zur letzten Patrone« kämpfen, »sich nicht gefangennehmen lassen«.[1899]

Im Sinne von Sperbers Unterscheidung zwischen »Führer« und »Tyrann« repräsentiert Mara ohne Zweifel die erstgenannte Gestalt. In »Die verlorene Bucht« erscheint sie deutlich entschlossener als noch im Vorgängerroman. Sie wirkt ruhig und selbstbewusst, als hätte sie die aus Vassos Tod folgende Krise

1892 Vgl. Sperber, Die verlorene Bucht, S. 763.
1893 Vgl. Sperber, Die verlorene Bucht, S. 857.
1894 Vgl. Sperber, Die verlorene Bucht, S. 867
1895 Vgl. Sperber, Die verlorene Bucht, S. 838.
1896 Vgl. Sperber, Die verlorene Bucht, S. 869.
1897 Vgl. Sperber, Die verlorene Bucht, S. 781.
1898 Vgl. Sperber, Die verlorene Bucht, S. 763, 775 f.
1899 Vgl. Sperber, Die verlorene Bucht, S. 786 f.

überwunden. Andere stützt sie und versucht, ihnen Trost zu spenden, ohne deshalb ihre Zurückweisung eines bestimmten Sets an Geschlechterrollen modifizieren zu müssen. Dies wird daran ersichtlich, wie wenig sie sich von Zvonimir und Karel einschüchtern lässt, deutlich weniger etwa als Dojno.

5.3.2.7 Karel

Karel, der bei den Partisanen in leitender Funktion agiert, will Sarajak hinrichten lassen, Mara eine Scheinposition geben, samt Legende, dass sie sich freiwillig den KP-treuen Partisanen angeschlossen habe, und Dojno eine Weile als einfachen Kämpfer behalten, in der Hoffnung, er möge früher oder später umkommen. Falls nicht, lasse sich nachhelfen. Mara weist ihn darauf hin, wie sehr er seinem »alte[n] Freund, de[m] Polizeihund Slavko« ähnle. Er solle sich nicht aufspielen, denn er exekutiere lediglich Entscheidungen, die er »nicht getroffen« habe.[1900] In der Tat werden die von Karel verkündeten Beschlüsse umgehend von einem höheren Parteifunktionär, den Karel Chasjain, Sarajak Zvonimir nennt, revidiert. Der Funktionär kennt Sarajak noch unter dem Namen Vita, erklärt ihn für nützlich und befiehlt Karel, »ihn zum Stab« zu führen. Karel tut dies ohne Zögern, kehrt allerdings kurz darauf mit der Botschaft von Sarajaks Suizid und der Ankunft eines englischen Offiziers zurück. Daraufhin beschließen er und der Funktionär, Dojno und Mara zu weiterer Zusammenarbeit zu überreden. Dieser Beschluss bedarf keiner spezifischen Absprache, er erfließt wie selbstverständlich aus dem Gespräch.[1901] Die Möglichkeit, dass Karel in seiner Ansprache an Mara, Djura und Sarajak etwas vorgegaukelt hat, liegt durchaus nahe.

Karel kann – im Rahmen von Sperbers »Analyse« – als der personifizierte »Tyrann« gelten. Selbstüberhöhung geht Hand in Hand mit devotem Verhalten, etwa dem offenbar hierarchisch höhergestellten Zvonimir gegenüber. Das Bild eines angstgesteuerten Menschen wird deutlich, der Macht anstrebt und bis zum Äußersten ausnützt. In seinem letzten Auftritt plustert er sich Dojno gegenüber als Herr über Leben und Tod auf. Ähnliches hatte er schon anlässlich seiner Berichte über die Morde an Sönnecke und Vasso zum Besten gegeben.

5.3.2.8 Bynie

Der Sohn des *Zaddik* erweist sich als schillernde Gestalt, für überraschende Entschlüsse gut. Für Edi Rubin ist er faszinierend, desgleichen für den Arzt, Dr. Tarlo, der ihn im Kloster betreut.[1902] In seinem dritten Lebensjahr hatte sein

1900 Vgl. Sperber, Die verlorene Bucht, S. 869.
1901 Vgl. Sperber, Die verlorene Bucht, S. 872.
1902 Vgl. Sperber, Die verlorene Bucht, S. 941–943.

Vater ihn von seiner Mutter fortgenommen. »[U]m zu lernen, hatte er dreizehn Jahre in Gemeinschaft mit dem Rabbi gelebt.«[1903] Sein Vorbild ist allerdings der »Großvater seines Großvaters«, der ebenfalls Bynie hieß, und der, anders als sein Vater, »ein großer Tröster gewesen« sei. Unter dem Folianten, der auf seinem Pult liegt, hat Bynie Hegels »Phänomenologie des Geistes« versteckt, die er liest, »um« sich »auf die Probe zu stellen«. Denn »Hegel« sei »ein unglücklicher Mensch gewesen«, der »sich im Garten der Erkenntnis verirrt« hätte, »Gott begegnet« sei »und ihn nicht erkannt« habe. Er, Bynie, müsse »in der Mitte der Verlockungen [...] leben« und ihnen »widerstehen«. Weil er »den Weg des Trostes« suche, schließe er sich Edis Partisanengruppe an.[1904] Auch später bleibt er, so Edi Rubins Eindruck, »ein ›Lerner‹ [...], wie sie es nannten, ein Schwamm, der alles gierig aufsog«, dessen »Hunger nach Wissen unersättlich und« dessen »Durst nach Verstehen unstillbar waren«.[1905] Bynie selbst bezeichnet sein Lesen als »[L]ernen«.[1906]

Der Angriff der polnischen Milizionäre auf Rubins Gruppe in den Stollen unter Skarbeks Gut erfolgt am Sabbat. Die Attacke zeichnet sich ab, und Edi verlangt von seinen Leuten, »die Holzverschalungen ab[zu]reißen und Barrikaden« zu »bauen«. Bynie verbietet es. »›Warten wir noch einige Stunden, bis der Sabbat vorüber ist.‹« Er bleibt dabei, und »die Wolynaer« sind »auf seiner Seite«.[1907] Sein scharfer Verstand, so ließe sich dieses Verhalten individualpsychologisch deuten, kommt weder gegen den deutlich durch die väterliche Erziehung mitgeformten *Lebensplan* noch gegen unbewusste Hürden an, die sich aus religiösen Verboten und Schuldgefühlen ergeben.[1908]

Als er schwerverletzt in das Kloster eingeliefert wird, dem Skarbeks Tante vorsteht, stellt er sich ihr auf wiederholte Nachfrage mit den Worten vor: »‚Ich bin der Sohn des Wolynaer Zaddik, den die Christen getötet haben. Ich bin der letzte Rabbi der heiligen Gemeinde Wolyna. Auch mich haben sie getötet.‹«[1909] Selbstgerecht trägt ihm die Oberin dies bis zu seinem Tod nach. Kurz bevor er stirbt, erklärt sie, sie hätte ihm keine den jüdischen Speisevorschriften entsprechende Gerichte angeboten, weil er »abscheuliche Worte gesagt« habe »in jener Nacht«, als er ankam. Wie könne er sagen, dass »die Christen« seinen

1903 Sperber, Die verlorene Bucht, S. 922.
1904 Vgl. Sperber, Die verlorene Bucht, S. 891, 893 f.
1905 Vgl. Sperber, Die verlorene Bucht, S. 946.
1906 Vgl. Sperber, Die verlorene Bucht, S. 928.
1907 Vgl. Sperber, Die verlorene Bucht, S. 933.
1908 Vgl. in diesem Zusammenhang z. B. auch Überlegungen bei Freud, Totem und Tabu, S. 311 ff. Freud nimmt zwar gerade nicht auf das Judentum Bezug, doch scheint die strukturelle Wirkung religiöser Verbote möglicherweise verallgemeinerungsfähig.
1909 Sperber, Die verlorene Bucht, S. 939.

Vater und ihn »getötet« hätten und gleichzeitig die Gastfreundschaft des Klosters verlangen? Ihr Kloster und auch der Arzt würden ihm »helfen [...], eben weil« sie »Christen« seien. Deshalb würden sie auch »jüdische Mädchen« verstecken. »›Euch gehört die Welt, euch die Macht seit zwei Jahrtausenden. [...] Euer ist die Welt, und sie ist voll des Mordes – warum?‹«, fragt Bynie. Die Forderung der Oberin, er solle anerkennen, dass die Mörder seines Vaters und jene, die ihn selbst »verletzt haben [...], als sündige Menschen gehandelt« hätten, »nicht als Christen«, würdigt er keiner Antwort.[1910] Auch hier liegt vielleicht eine Machtfrage vor, die sich im Versuch ausdrückt, jemandem, der noch ohnmächtiger ist als man selbst (die Oberin unter den Bedingungen der deutschen Besatzung), die eigene Weltdeutung aufzuzwingen.

In den »letzten dreiundzwanzig Tagen seines Lebens« empfängt Bynie zahlreiche Bittstellerinnen und Bittsteller. Vielen kann er helfen, weil er ihre »Klagen« anhört, »wie es sein Vater zu tun pflegte: aufmerksamer für das, was das Wesen des Bittstellers war, als für seine Bitte«.[1911] Bynie wendet, gleich einem Psychoanalytiker oder einer Psychoanalytikerin, größere Aufmerksamkeit für sein Gegenüber auf als für dessen konkretes Anliegen. Das Deuten zahlloser Zeichen in der Welt, wie es die Chassidim von Wolyna in religiöser Absicht zu üben gewohnt waren, kann gut zu psychologischen Zwecken genutzt werden. Die »geheime« Bedeutung, das sind Verhalten, Sprache, Mimik und Gestik des Patienten, die »offenbare« liegt im explizit artikulierten Thema seines Besuchs.[1912]

5.4 Literarische Umsetzungsweisen

5.4.1 Vorüberlegungen

Vielschichtig und aus den Perspektiven unterschiedlicher Protagonistinnen und Protagonisten behandeln die drei Romane persönliche und gesellschaftliche Entwicklungen vor dem Hintergrund des Wandels europäischer kommunistischer Parteien während der 1930er- und 1940er-Jahre unter der Ägide Stalins, als deren Vereinheitlichung und sukzessive Entwicklung in Richtung totalitärer Strukturen. Sie umfassen allerdings weit mehr als das. Wie bei den autobiografischen Texten Sperbers lassen sich in konzeptioneller Hinsicht mehrere leitende Ideen identifizieren. Im Rahmen dieser Arbeit bleibt ganz zent-

1910 Vgl. Sperber, Die verlorene Bucht, S. 951 f.
1911 Vgl. Sperber, Die verlorene Bucht, S. 950.
1912 Zu diesen beiden Bedeutungsarten vgl. Sperber, Die verlorene Bucht, S. 881.

ral und vorrangig jener Konzeptionsstrang, der auf Annahme und Motiven dessen gründet, was Sperber »deutende Psychologie« genannt hat. Der Begriff steht im Wesentlichen für psychoanalytische und individualpsychologische Ansätze, Letztere eben in Sperbers Deutung.[1913] Sowohl der gewählte Fokus auf die Figurendarstellung als auch die folgenden Überlegungen zur literarischen Umsetzung beziehen sich auf damit in Zusammenhang stehende Aspekte.

Denis »Dojno« Faber kann wie bereits erwähnt als eine Art Alter Ego des empirischen Autors aufgefasst werden. Faber ist überzeugter Marxist und KP-Aktivist, der sich die Schattenseiten des Parteisystems schönzureden sucht. Ausführliche Gespräche führt er mit Erich von Stetten, eine Art väterlicher Freund und Fabers Mentor aus Studienzeiten, der seinen Überzeugungen treubleibt. Beide sind radikale Denker mit unterschiedlicher Herkunft, Faber nähert sich im Verlauf des Romans den Anschauungen des Professors an und wendet sich von der Kommunistischen Partei ab.[1914]

»Wie eine Träne im Ozean« ist keinesfalls auf eine Art intellektuelle Biografie oder Entwicklungsgeschichte einzelner Protagonisten zu reduzieren, sondern zeitgeschichtliche Entwicklungen werden auf breiter Basis einbezogen, ebenso zentrale Themen der Individualpsychologie wie *Minderwertigkeit* und *Kompensation, Lebensstil* und *Lebensplan,* der Bedeutung von Träumen, von Erinnerungen und dessen Aufdeckung oder Bewusstmachung, darüber hinaus Grenzen zwischen *Gemeinschaftsgefühl* und Gruppen- oder eben Gemeinschaftsterror.

All das zeigt sich schon daran, dass es mehrere Erzählstränge mit unterschiedlichen Protagonistinnen und Protagonisten gibt, die alle irgendwie mit Dojno Faber bekannt sind, deren Erlebnisse, Erfahrungen und persönliche Entwicklungen für sich geschildert werden und die zum Teil ganz erstaunliche Wandlungen durchlaufen. Dies gilt für den zunächst eher liberalen, jedenfalls weltoffenen Wiener Biologen Eduard (Edi) Rubin, der ideologischen Doktrinen aller Art skeptisch gegenübersteht. Zu Beginn des ersten Bandes ist er liiert, später verheiratet mit Dojnos früherer Ehefrau Relly. Rubin, der aus einer jüdischen Familie stammt, aber weder religiös ist noch sonstige Bestrebungen erkennen lässt, sich mit dem Judentum zu identifizieren, entschließt sich auf Drängen des deutschen kommunistischen Funktionärs Josmar Groeben, die »illegalen kommunistischen Parteien des Balkans [...] hie und da« zu unterstützen. Er sympathisiert mehr mit den Sozialdemokraten als mit den Kommunisten, entschließt sich während der Kämpfe im Februar 1934, aufseiten der Sozialdemo-

1913 Vgl. oben Kapitel A.
1914 Vgl. insbes. Sperber, Der verbrannte Dornbusch.

kraten teilzunehmen.[1915] In der Emigration nähert sich Edi der kommunistischen Seite an, versucht aber immer wieder auch, als Erfinder zu reüssieren. Als Relly und ihr gemeinsames Kind von nationalsozialistischen Schergen in Treblinka ermordet werden, mutiert Edi zum aktiven Widerstandskämpfer und versucht, die Bewohner des Schtetls Wolyna in Polen zum Aufstand zu bewegen. Der Rabbi von Wolyna ist dagegen, aber sein Sohn und einige Bewohner des Städtchens schließen sich Edi an. Anderntags ermorden SS-Angehörige den Rabbi und wohl auch andere Angehörige der jüdischen Gemeinde, die Überlebenden sollen deportiert, zunächst diejenigen, die das Dorf verlassen haben, zurückgebracht werden. Den Aufständischen aus dem Schtetl gelingt eine kleine Vergeltungsaktion, ehe sie von polnischen Widerstandskämpfern, die sich mit ihnen verbünden, getötet werden. Nur Edi und der Sohn des Rabbis überleben, Letzterer schwerverletzt. Die letzten Wochen seines Lebens verbringt er gemeinsam mit Edi in einem Nonnenkloster. Edi wandelt sich zum Zionisten auf der Suche nach dem Glauben an den Gott Israels.[1916]

Zahlreiche weitere Charaktere werden im Verlauf der drei Romane geschildert, ihr Suchen in Zeiten größter Bedrängnis durch die Schergen und Agenten totalitärer Regime sowie infolge der Gräuel, die sie während des Krieges erleben müssen. Doch wichtiger als die Handlungsverläufe selbst erscheinen zahlreiche und zum Teil sehr ausführliche Gespräche, die die handelnden Personen miteinander führen und in denen sie häufig die Zweifel am eigenen Tun reflektieren, insbesondere wenn es um die Loyalität zur Kommunistischen Partei geht. Viele zunächst parteitreue Protagonistinnen und Protagonisten verlieren nach und nach das Vertrauen, sie erleben, wie ihnen nahestehende Menschen der Stalin'schen Säuberungsmaschinerie zum Opfer fallen. Die Verzweiflung, die aus der hochgradig bedrückenden und zugleich scheinbar unausweichlichen Alternative zwischen den diversen Faschismen und dem sich mehr und mehr als totalitär entlarvenden System der Sowjetunion erwächst, wird intensiv beleuchtet, in den diversen Personenkonstellationen geht es immer wieder um Gemeinschaftsgefühle und Gruppenidentitäten. Die Kunst, sich selbst zu verbiegen, pflegt vor diesem Hintergrund manch einer. So wird anlässlich eines Gesprächs in Prag, an dem unter anderem der eben aus Berliner Haft entronnene Dojno Faber und Stetten teilnehmen, ein KP-Funktionär folgendermaßen geschildert:

1915 Vgl. Sperber, Der verbrannte Dornbusch, S. 30 f., 261 ff.
1916 Vgl. Sperber, Die verlorene Bucht, S. 998 f.

»Man wußte von ihm, daß er bei den Russen in besonderer Achtung stand. Er galt als bedeutender Theoretiker, obschon er nichts veröffentlicht hatte, was nicht wenige Monate nachher, sei es durch die Ereignisse, sei es durch eine plötzliche Wendung der Generallinie desavouiert oder verleugnet worden wäre. Doch mochte man seine Wendigkeit bewundern: Er war der erste, der die Begründung für die Desavouierung lieferte, deren Opfer allmählich jede seiner ›Theorien‹ wurde. Er trug ein Bärtchen, das ihm – oberflächlich gesehen – eine gewisse Ähnlichkeit mit dem ersten Führer der Revolution gab.«[1917]

Die Zugehörigkeiten können auch konfligieren, was es leichter macht, eine Entscheidung zu treffen. An dem erwähnten Gespräch nimmt eine Frau namens Hanusia teil, deren Ehemann, aus Moskauer Sicht ein Renegat, der kurz zuvor auf der Seite österreichischer Sozialdemokraten während des Bürgerkriegs im Februar 1934 gefallen ist.

»Die Waffen des Feindes«, so führt sie aus, »sind nicht so mörderisch wie die Lügen, mit denen die Führer der Opfer die Welt erfüllen. Der Haßgesang des Feindes tönt den Ohren besser als die Phrasen, die wie ekliger Speichel aus dem Maul der Grabredner dringen.«[1918]

Dies löst Empörung unter den der Partei Loyalen aus, besonders bei dem zuvor beschriebenen Mann, der seiner Gesichtsbehaarung wegen »Bärtchen« genannt wird.[1919]

Nicht nur Fragen des Gemeinschaftsgefühls, sondern auch solche von Minderwertigkeitsgefühlen, Kompensation und Überkompensation spielen bei den Entscheidungen der Protagonistinnen und Protagonisten eine Rolle. So etwa bei Karel, dem opportunistischen jugoslawischen KP-Funktionär, der gleichzeitig versucht, unter den Bedingungen der faschistischen Diktatur irgendwie das Überleben seiner Gruppierung zu retten. Er möchte seinen Freund Faber vor Selbstschädigung bewahren, er wird zu keiner Zeit müde, ihn für seine aktuellen Zwecke manipulieren und ausnützen zu wollen.[1920]

1917 Sperber, Der verbrannte Dornbusch, S. 287.
1918 Sperber, Der verbrannte Dornbusch, S. 289.
1919 Vgl. Sperber, Der verbrannte Dornbusch, S. 290 ff.
1920 Vgl. Sperber, Der verbrannte Dornbusch, S. 42 ff., 46 ff., 380 ff., 428 ff.

5.4.2 Darstellungsmodalitäten[1921]

5.4.2.1 Aufbau und Zeit

Die drei Romane sind unterschiedlich strukturiert und gegliedert. »Der verbrannte Dornbusch« umfasst vier Teile, die wiederum in sieben, vier, neun und drei Kapitel untergliedert sind.[1922] Zudem ist ihm eine Parabel vorangestellt, »Die Legende vom verbrannten Dornbusch«.[1923] Außer im dritten Teil verfügen alle Kapitel ihrerseits über ziffernmäßig gekennzeichnete Abschnitte. »Tiefer als der Abgrund« besteht aus drei Teilen, die ihrerseits in vier, fünf und drei Kapitel unterteilt sind.[1924] Neue Abschnitte werden durch vorangehende Leerzeilen, nicht durch Ziffern kenntlich gemacht. »Die verlorene Bucht« hat wieder vier Teile, die aus zwei, fünf, fünf und drei Kapiteln bestehen.[1925]

Der Zeitrahmen der Handlung beginnt in »Der verbrannte Dornbusch« 1931 und endet wohl 1937.[1926] Die Handlung von »Tiefer als der Abgrund« setzt im Sommer 1937 ein und endet kurz nach der Kapitulation Frankreichs im Herbst 1940.[1927] »Die verlorene Bucht« setzt im November 1941 ein und endet 1945.[1928]

Die Handlung aller drei Romane erstreckt sich von 1931 bis 1945. Sie wird grundsätzlich chronologisch erzählt, allerdings finden sich zahlreiche Analepsen, um vor dem jeweiligen Handlungszeitpunkt liegende Ereignisse zu berichten oder darzustellen, etwa wenn Vasso gleich zu Beginn von »Der verbrannte Dornbusch« über die Entwicklungen in Jugoslawien während der zurückliegenden Dekade spricht oder Dojno von seinem Aufenthalt in einem Konzentrationslager berichtet, Hanusia von ihrer und Hawrylos Jugend erzählt, Dojno in »Tiefer als der Abgrund« über Stettens Reise auf den Spuren seines gefallenen Soh-

1921 Das folgende Schema lehnt sich an Martìnez/Scheffel, Einführung in die Erzähltheorie, S. 33 ff., 50 ff., 71 ff., 94 ff., an.

1922 Vgl. Sperber, Der verbrannte Dornbusch, S. 11, 107, 173, 357; 98, 161, 331, 436.

1923 Vgl. Sperber, Der verbrannte Dornbusch, S. 9 f.

1924 Vgl. Sperber, Tiefer als der Abgrund, S. 457, 507, 647, 495, 602, 683.

1925 Vgl. Sperber, Die verlorene Bucht, S. 709, 753, 875, 965, 733, 856, 955, 1016.

1926 Vgl. Sperber, Der verbrannte Dornbusch, S. 19, 386, 423, 426. Die erste Datierung ergibt sich daraus, dass Vasso im Gespräch mit Josmar (S. 19) darauf hinweist, dass der »Staatsstreich« in Jugoslawien (6. Jänner 1929) »nun zweieinhalb Jahre« zurückliege; die zweite aus dem gedachten Brief Vassos an Josmar, in dem er auf eben dieses Gespräch von »vor sechs Jahren« Bezug nimmt (S. 426).

1927 Vgl. Sperber, Tiefer als der Abgrund, S. 460 (die Nachricht von Vassos Tod liegt noch nicht lange zurück, die Hinweise auf den Stand der Kämpfe in Spanien stützen die Vermutung), 667 ff. Vgl. auch Sperber, Die verlorene Bucht, S. 711.

1928 Vgl. Sperber, Die verlorene Bucht, S. 711. Ibid., S. 1026, findet sich eine ausdrückliche Datierung mit 1945.

nes erfährt oder Edi Rubin Roman Skarbek skizziert, was mit Relly, Pauli und Jeannot geschehen ist.[1929]

Ergänzend zum »*zeitraffende*[n] bzw. *summarische*[n] Erzählen« der auktorialen Erzählinstanz lassen sich in Form vielfach gebrauchter direkter Rede Beispiele für »*zeitdeckende*[s] Erzählen« finden.[1930] Die Frequenz der Erzählung ist singulativ.[1931]

5.4.2.2 Modus

Erzählt werden Ereignisse ebenso wie Worte und Gedanken. Letzteres insbesondere, wenn es um direkte Figurenrede geht, die in den drei Romanen häufig vorkommt. Sie liegt auch dort vor, wo etwa in den Räsonnements Stettens nach seinem Gespräch mit dem Monsignore Graber in »Der verbrannte Dornbusch« oder Erinnerungen und Überlegungen Rubins in »Die verlorene Bucht« »*transponierte Figurenrede*« in Verwendung steht.[1932] Vielfach findet sich, sofern eben aus Sicht einer Figur erzählt wird, was an vielen Stellen aller drei Romane der Fall ist oder sich Figuren sonst in Form direkter Rede äußern, eine »[i]*nterne Fokalisierung*« vor, ansonsten »*Nullfokalisierung*«, wenn die auktoriale Erzählinstanz spricht.[1933] Erzählt wird von einem späteren Zeitpunkt aus. Der auktoriale Erzähler gehört zum »*extradiegetisch-heterodiegetisch*[en]« Typus und kommt dementsprechend in seiner Geschichte selbst nicht vor.[1934]

An vielen Stellen aller drei Romane finden sich ausgiebige Durchbrechungen der auktorialen Erzählweise in Form direkter Rede. Manche Passagen sind überhaupt dialogisch gehalten, wobei die Figurenreden nur durch sehr dezente Interventionen der auktorialen Erzählinstanz verbunden werden.[1935] Auch begegnet neben der auktorialen Erzählinstanz teilweise eine personale Erzählsituation,

---

1929 Vgl. Sperber, Der verbrannte Dornbusch, S. 16–25, 278–286, 290–294; Sperber, Tiefer als der Abgrund, S. 474–478; Sperber, Die verlorene Bucht, S. 898 f.

1930 Vgl. Martínez/Scheffel, Einführung in die Erzähltheorie, S. 44 (Hervorhebung im Original).

1931 Zur Terminologie vgl. Vgl. Martínez/Scheffel, Einführung in die Erzähltheorie, S. 45, 48.

1932 Vgl. Sperber, Der verbrannte Dornbusch, S. 247 ff.; Sperber, Die verlorene Bucht, S. 960–962; zur Terminologie vgl. Vgl. Martínez/Scheffel, Einführung in die Erzähltheorie, S. 55 f. (Hervorhebungen im Original).

1933 Zur Terminologie vgl. Martínez/Scheffel, Einführung in die Erzähltheorie, S. 68 (Hervorhebungen im Original).

1934 Zur Terminologie vgl. Vgl. Martínez/Scheffel, Einführung in die Erzähltheorie, S. 86 (Hervorhebungen im Original).

1935 Vgl. z. B. Sperber, Der verbrannte Dornbusch, S. 117–119, 130–132, 150 f., 289–299, 360–362; Sperber, Tiefer als der Abgrund, S. 495–498, 514–517, 539–543, 546–553, 563 f., 593–598; Sperber, Die verlorene Bucht, S. 755–767, 813–817, 856–861, 955–959.

wobei dabei einerseits die Perspektive Dojno Fabers als auch, im dritten Roman, die Edi Rubins, oder auch jene Maras zum Ausdruck kommt.[1936]

Die »*Innenwelt*« der Protagonistinnen und Protagonisten erschließt sich in »Der verbrannte Dornbusch«, in »Tiefer als der Abgrund« sowie »Die verlorene Bucht« über unterschiedliche Darstellungsweisen.[1937] Abgesehen von Berichten und Darstellungen, auch der Gedankenwelten von Figuren, durch die auktoriale Erzählerinstanz vorherrscht, kommen die Protagonistinnen und Protagonisten sehr häufig und ausführlich in Form direkter Rede zum Ausdruck. So äußert sich Josmar in den ersten beiden Romanen (danach kommt er nicht mehr vor), vielfach selbst, im Modus direkter Rede. Von der auktorialen Erzählinstanz erfahren wir, was andere, etwa Edi Rubin, über Josmar Goeben denken. Auch Goebens eigene Gedanken werden aus auktorialer Erzählperspektive geschildert. Sönnecke wird hauptsächlich von der auktorialen Erzählinstanz geschildert, auch im Modus der Darstellung von Erinnerungen anderer Figuren, etwa Josmar Goebens gleich zu Beginn des Romans. Andere Figuren sprechen über Sönnecke, so insbesondere Karel, wenn er Sönneckes letzte Lebensphase schildert. Er selbst äußert Gedanken und Vermutungen wiederholt in direkter Rede. Vasso äußert sich gleich zu Beginn von »Der verbrannte Dornbusch« ausführlich in direkter Rede gegenüber Josmar, später, etwa in Prag, nach den Februarkämpfen in Wien, gegenüber Dojno Faber. Er spricht sehr offen und verhehlt seine Bedenken in Sachen KP nicht. Andere Figuren sprechen auch über Vasso, namentlich Dojno und Mara sowie, vor allem in Bezug auf Vassos Haft und Ermordung in Moskau, Karel, wobei sich Letzteres mit einer aus auktorialer Perspektive geschilderten Darstellung vermischt, ohne dass die Grenzen vereindeutigt würden. Edi Rubin präsentiert seine Gedanken und Stimmungen vielfach selbst, im Modus direkter Rede. Auch andere Figuren sprechen über ihn, etwa Relly und Dojno. Vieles erfährt die Leserin/der Leser aus der Perspektive der auktorialen Erzählinstanz. In »Die verlorene Bucht« kommt Edi Rubin schließlich sehr ausführlich zu Wort. Relly artikuliert sich zuweilen in Form direkter Rede, etwa gegenüber Edi, Dojno und Stetten, meist aber werden wir vom auktorialen Erzähler über ihre Überlegungen und Empfindungen informiert. Dojno Faber, die Hauptfigur aller drei Romane (im dritten neben Edi Rubin), taucht schon vor seinem ersten aktiven Erscheinen in Gesprächen

1936 Vgl. z. B. Sperber, Tiefer als der Abgrund, S. 459 ff.; 524–529; Sperber, Die verlorene Bucht, S. 911 f.

1937 Zum Zitat vgl. Stanzel, Theorie des Erzählens, S. 171 (Hervorhebung im Original).

anderer auf, namentlich solchen, die Vasso und Edi mit Josmar führen.[1938] Später äußert er sich vielfach im Modus direkter Rede, Einschätzungen seiner Person artikulieren auch andere Figuren, insbesondere Erich von Stetten. Weitere Informationen kommen vonseiten der auktorialen Erzählinstanz. Ausführliche Einschätzungen zu Karel kommen früh in »Der verbrannte Dornbusch« von Dojno, Josmar gegenüber, außerdem gibt es viele Gelegenheiten, bei denen er sich in direkter Rede äußert. Die Perspektive der auktorialen Erzählinstanz und Karels verschwimmt in dem Abschnitt zu den letzten Wochen Sönneckes und Vassos in Moskau, weil darin auch Dinge berichtet werden, die Karel keinesfalls wissen kann, insbesondere die Gedanken Vassos während der Verhöre[1939] Djura äußert sich vielfach selbst, im Modus direkter Rede gegenüber anderen. Ein wenig werden diese Ausführungen durch die auktoriale Erzählinstanz ergänzt. Vieles erfahren wir über Mara durch Reden anderer Figuren sowie durch Gedanken anderer, die von der auktorialen Erzählinstanz dargestellt werden. Sie äußert sich allerdings auch, wenngleich eher selten, im Modus direkter Rede. Stetten spricht sehr viel selbst, im Modus direkter Rede, zugleich erfahren wir einiges über ihn vonseiten der auktorialen Erzählinstanz, die nicht selten Gedanken anderer (etwa Dojnos) über Stetten oder seiner selbst referieren. Skarbek präsentiert sich im Modus direkter Rede, insbesondere in Gesprächen mit Dojno, Edi Rubin und seinem Onkel. Gedanken, die Skarbek sich macht, werden von der auktorialen Erzählinstanz mitgeteilt, desgleichen Sichtweisen anderer auf ihn, sofern diese nicht im Modus direkter Rede artikuliert werden. Gewissermaßen die schillerndste Figur des dritten Romans und von höchst eigenwilliger Persönlichkeit äußert sich Bynie ganz überwiegend in Form direkter Rede. Selten folgen Ergänzungen aus Sicht der auktorialen Erzählinstanz.

Individualpsychogisch gewendet kann der auktoriale Erzählinstanz durchaus die Position eines »Analytikers« zugeschrieben werden. Die Analysandinnen und Analysanden äußern sich im Modus direkter Rede, Psychogramme der Figuren entstehen und können in der Instanz des auktorialen Erzählers/Analytikers Deutungen zugeführt werden. Die der Individualpsychologie innewohnende Betonung von Beziehungsebenen und -geflechten wird auf diese Weise nachgebildet.

1938 Zu Dojno Faber als Hauptfigur vgl. z. B. Laemmle, Peter/Redaktion Kindlers Literatur Lexikon: Manès Sperber: Wie eine Träne im Ozean. In: Jens, Walter (Hg.): Kindlers Literatur Lexikon, Studienausgabe, Bd. 15. München: Kindler 1996, S. 824 f.

1939 Zu besagtem Abschnitt vgl. Sperber, Der verbrannte Dornbusch, S. 386–428. Zu Vassos Gedanken vgl. ibid., z. B. S. 415 f.

5.4.2.3 Kontexte

Neben den schon im Text angedeuteten historischen Bezügen des Romans darf ich auf Ausführungen zum zweiten und dritten Teil von Sperbers Autobiografie verweisen.[1940] Die geschilderten antijüdischen und antisemitischen Ressentiments der nichtjüdischen polnischen Bevölkerung können heute als durchaus gut belegt gelten.[1941] Insbesondere der stalinistisch orientierten Bestrebungen einer Homogenisierung der Partisanen in Jugoslawien hat sich, unter spezifischer Bezugnahme auf Sperbers »Djuraten«, eine Studie gewidmet.[1942]

1940 Vgl. Kapitel B.

1941 Vgl. allg. z. B. Ben-Sasson, Haim Hillel: Vom 7. bis zum 17. Jahrhundert. Das Mittelalter, S. 782–788; Gross, Jan Tomasz: Nachbarn. Der Mord an den Juden von Jedwabne. München: Beck 2001; Gross, Jan Tomasz: Angst. Antisemitismus nach Auschwitz in Polen. Berlin: Suhrkamp 2012. Zum historischen Kontext der Aufteilungen Polens seit dem 18. Jahrhundert und insbes. aus Russland kommende antijüdische Strömungen vgl. z. B. Sorkin, Auf dem Weg in die Moderne, S. 251 f. Zum Aufstand im Warschauer Ghetto und zum Verhalten der nichtjüdischen polnischen Bevölkerung vgl. z. B. Pufelska, Die »Judäo-Kommune, S. 133–141.

1942 Vgl. Sellmer, Izabela: Wenn die moralische Sauberkeit überflüssig wird wie der »Schnee von gestern«. Zum Kriegserlebnis eines Ex-Kommunisten in Manès Sperbers Roman Die verlorene Bucht (1950/51). In: Heukenkamp, Ursula (Hg.): Schuld und Sühne? 1: Kriegserlebnis und Kriegsdeutung in deutschen Medien der Nachkriegszeit (1945–1961). Internationale Konferenz vom 01.–04.09.1999 in Berlin. Rodopi: Brill 2001 (Amsterdamer Beiträge zur neueren Germanistik, Bd. 50.1), S. 363–369.

6 »Der schwarze Zaun«[1943]

6.1 Zentrale Inhalte

Albert Gerlan, von seiner Ausbildung her Arzt, ist als *Psychologe* überaus erfolgreich. Am Ende seines fünften Lebensjahrzehnts, Anfang der 1950er-Jahre, gerät er in eine persönliche Krise, die mit vielfältigen inneren und äußeren Veränderungen zu tun hat.[1944] So wird er sich auf existentielle Weise der eigenen Endlichkeit bewusst, denn plötzlich stellt sich das Gefühl zu sterben ein. Um seine Ehe steht es nicht zum Besten, seit seine Frau Anna ihn mit einer Freundin auf der Couch in seiner Ordination ertappt hat. Auch die Beziehung zu seinen beiden Töchtern wird schwierig. Erinnerungen tauchen auf, in Träumen, Schuldgefühle seinem verstorbenen Vater gegenüber, der ebenfalls Arzt war und dessen Karriere mit einer Verurteilung in einem Strafverfahren endete. Bernhard Gerlan hatte Schwangerschaftsabbrüche vorgenommen, zu einem Zeitpunkt, als dies in der Schweiz, wo der Roman spielt, generell strafbar war.[1945]

Am Ende des Romans begegnet Albert Gerlan Ferdinand Franke, dem Anwalt, der die Strafverfolgung gegen seinen Vater aus persönlichen Gründen ins Rollen gebracht und betrieben hatte. Auch dieses Gespräch fördert Facetten von Gerlans eigener Biografie zu tage, die er sich lieber nicht vergegenwärtigt hätte. »Ich erinnere mich nicht«, so Franke, »Sie auf der Liste der Ärzte gesehen zu haben, die für Ihren Vater eingetreten sind, für ihn und gegen die Ärztekammer, als sie ihn ausschloß.«[1946]

Außerdem ist der von Gerlan finanziell unterstützte Maler Walter Dorten verschwunden. Ähnlich wie um seinen Vater hat sich Gerlan im Grunde wohl eher oberflächlich um ihn gekümmert, und vermutlich war er ihm weniger

1943 Romanfragment, vermutlich 1959 entstanden, 1986 posthum veröffentlicht.
1944 Der Roman handelt etwa »sechs Jahre« nach Ende des 2. Weltkriegs; vgl. Sperber, Der schwarze Zaun, S. 83, 147.
1945 Vgl. Sperber, Der schwarze Zaun, S. 8 f., 37 f., 129 ff.
1946 Sperber, Der schwarze Zaun, S. 134.

ein Freund denn ein Gönner. So jedenfalls scheint der Maler ihre Beziehung gedeutet zu haben. Gerlans Suche nach Dorten durchzieht die gesamte Romanhandlung, und als Ferdinand Franke die Vertretung von Dortens Mutter übernimmt, verbindet sich das mysteriöse Verschwinden des Künstlers kurzzeitig sogar mit einer Drohung gegen Gerlan.[1947]

Ein nicht minder wichtiger Handlungsstrang betrifft das Auftauchen eines Mannes namens Benjamin Giladi, der aus Israel kommt und jemandem namens Theo Laurentz nachspürt, der in Treblinka »zwei Jahre lang Aussrottungsspezialist« gewesen sei. Unter dem Namen Thomas Liebmann ist dieser seit einiger Zeit Gerlans Patient. Giladi entpuppt sich als Edi Rubin, der bereits in der Romantrilogie »Wie eine Träne im Ozean« eine wachsend bedeutsame Rolle gespielt hat. Gerlan kann Giladis Angaben bezüglich Liebmann verifizieren, ihn aber zugleich von Vergeltungsmaßnahmen abhalten. Der Roman schließt damit, dass Giladi/Rubin und Gerlan sich mitten im Winter zu einer Hütte in einem Wald begeben, in der Dorten sich versteckt hält. Giladi beschließt, ein paar Tage bei ihm zu bleiben, während sich Gerlan auf den Rückweg begibt.

6.2 Motivationsebene: individualpsychologische bzw. deutend psychologische Aspekte

6.2.1 Vorüberlegungen

Wie schon für »Charlatan und seine Zeit« lässt sich auch hier sehr vordergründig ein Motivationsstrang herausarbeiten, der auf einer spezifisch *psychologischen* Weltbetrachtung gründet. Dies hängt mit der Hauptfigur zusammen, die für die Gestalt *des Psychologen* als solche steht. Im Folgenden werden wieder einige spezifisch individualpsychologische bzw. *deutend-psychologische* Themen und Ansätze herausgearbeitet, die im vorliegenden Roman als motivationsleitend betrachtet werden können.

1947 Vgl. Sperber 1986, S. 137 ff.

6.2.2 Zentrale individualpsychologische Themen

6.2.2.1 Minderwertigkeit, Kompensation, Überkompensation

In psychoanalytischem Vokabular wäre Gerlans Beziehung zu Dorten auf *Projektionen* und *Verschiebungen* gegründet.[1948] Gerlan wird als *Gönner* eines anderen Menschen wahrgenommen, von anderen und wohl auch von Dorten selbst.[1949] Möglicherweise kompensiert Gerlan Minderwertigkeitsgefühle, doch eher wohl Schuldgefühle. Mit tatsächlichen Minderwertigkeitsgefühlen zu kämpfen hat der Maler, was in seinem Verhalten gegenüber Rubin deutlich wird. Nachdem er einen Krug nach Albert geworfen, doch Edi getroffen hat und dieser aufschreit, wird eine gewisse Überlegenheitsattitüde des Malers erkennbar. Rubin sei »ja ein Krüppel« und insofern ein »[a]rmer Mann«. Es ist Dorten, der sogleich zusammenbricht, wohl unter der Last seiner Schuldgefühle. Rubin hilft ihm auf, dies lässt Dorten widerstandslos geschehen, ebenso wie er auf dessen Angebot, ein paar Tage zu bleiben, eingeht.[1950] Dies ist ihm nicht zuletzt deshalb möglich, weil er sich dem körperlich beeinträchtigten Rubin gegenüber nicht unterlegen fühlt oder fühlen zu müssen glaubt.

6.2.2.2 Das Unbewusste (das Unverstandene)

Gerlan selbst sieht sich als Dortens Freund, zudem weiß er, wie sich im Verlauf der Erzählung herausstellt, so gut wie gar nichts über den Maler, hegt aber eine Menge Vorstellungen über ihn. So drängt sich nicht zuletzt die Frage auf, ob Gerlan überhaupt Genaueres über seinen *Freund* wissen möchte. Der Freund selbst jedenfalls flieht ihn und wirft sogar mit einem Gegenstand nach dem Arzt, als der ihn schließlich findet.[1951]

Benjamin Giladis Erinnerungen, die sich mit Traumerfahrungen vermischen, verweisen ebenfalls in den Bereich des unverstanden Wirkungsmächtigen. So hat Giladi/Rubin das Gefühl, die Landschaft, in der er nach Laurentz/Liebmann sucht, schon im Traum gesehen zu haben.[1952] Diese Durchbrüche unbewusster Erinnerungen, Wünsche und Empfindungen könnten nicht zuletzt auch Giladis ambivalentes Verhalten erklären, als er den Gesuchten endlich gefunden

1948 Zu den genannten Begriffen vgl. z. B. Laplanche/Pontalis, Das Vokabular der Psychoanalyse, S. 399–408, 603–606.

1949 Vgl. Sperber, Der schwarze Zaun, S. 137, 179.

1950 Vgl. Sperber, Der schwarze Zaun, S. 186 f.

1951 Vgl. Sperber, Der schwarze Zaun, S. 185 ff.

1952 Vgl. Sperber, Der schwarze Zaun, S. 79.

hat und sich letzten Endes nicht durchringen kann, ihn zu töten, obwohl er die Gelegenheit dazu hätte.[1953]

Als besonders wichtig für Gerlans persönliche Entwicklung erweist sich ein Erlebnis, das er mit seinem Vater in Verbindung bringt und von dem er seiner Tochter Maria erzählt. Eines Nachts hat er nach dem Erwachen über seinen Vater gegrübelt, der gegen Ende seines Lebens »niemanden sehen« wollte »außer den Sohn«, der »nicht oft genug kam«, ohne dass ihm der Vater dies vorgeworfen hätte. Auch Maria macht Albert keine Vorwürfe.[1954] Ein Traum war der Ausgangspunkt für Alberts Räsonnement gewesen, aus dem er »nichts als einen schwarzen Lattenzaun« erinnern kann. Doch »war [...] [d]em Gedächtnis [...] alle Macht gegeben«. Es sollte »hervorholen, was vergessen, verdrängt war [...]«.[1955] Schließlich erzählt Albert Maria die verdrängte Geschichte, auf die der Traum vom schwarzen Zaun verweist. Im Garten eines Restaurants hatte eine Schauspieltruppe versucht, Goldonis »Diener zweier Herren« zur Aufführung zu bringen. Entlang eines Zaunes standen dort »die ›Armen‹, die niemand zum Spektakel eingeladen hatte«. Albert, damals etwa fünf Jahre alt, war mit seinem Vater dort gewesen, »der sich im sommerlichen Garten dem kleinen Jungen liebevoll zuwandte, bemüht, seine empfindliche Seele vor jeglicher Trübung zu schützen«.[1956] »[Z]u Beginn« sei »alles wunderbar« gewesen, und Truffaldino habe ihn schwer beeindruckt, doch zu Beginn des zweiten Aktes trug sich Verstörendes zu. Polizisten stürmten die Bühne und nahmen den Schauspielern ihre Kleider ab, die diese zuvor einem Wirt verpfändet hatten.

> »Der Wachtmeister hatte Truffaldino gepackt, er hielt seinen Arm mit der einen Hand, mit der anderen war er ihm – vielleicht aus Ungeschick – an die Stirn gefahren und hatte ihm die Perücke vom Schädel geschoben, so daß plötzlich der kahle Kopf zu sehen war. Das Kind wußte nicht, daß es Perücken gab, und glaubte, der Polizist hätte die schwarzen Locken herausgerissen. Damals geschah es zum ersten Mal, daß Albert fremdes Leiden mit so maßloser Schmerzhaftigkeit empfand, daß er glauben mußte, das Furchtbare wäre ihm selbst geschehen.«[1957]

Für Gerlan ist das geschilderte Erlebnis, noch verstärkt durch weitere Erniedrigungen Truffaldinos, der nach und nach seiner gesamten Kleidung beraubt, die

1953 Vgl. Sperber, Der schwarze Zaun, S. 88–91.
1954 Vgl. Sperber, Der schwarze Zaun, S 56, 52.
1955 Vgl. Sperber, Der schwarze Zaun, S. 53 f., 56 f.
1956 Vgl. Sperber, Der schwarze Zaun, S. 59 f.
1957 Sperber, Der schwarze Zaun, S. 63.

sich zudem als höchst schäbig erwies, einen alten, fragilen Körper zeigte, ein Ereignis, das »nie aufgehört« habe, »zu wirken«. Sperber verwendet hier offenbar Selbsterlebtes, zumindest schildert er es im ersten Band seiner Autobiografie als solches.[1958] Als den »Augenblick der tiefsten, der unheilbaren Erniedrigung« erinnert Gerlan den Moment, »als Truffaldino seine rote Jacke auszog, sie umdrehte – und da war's ein schäbiger, brauner Rock«. Alberts Tochter Maria kann diese Überlegungen keineswegs nachvollziehen. »Mein Vater verstand, dachte Gerlan [...]«.[1959] Maria fragt allerdings, ob es einen »Zusammenhang zwischen jenem Erlebnis und« Alberts »jetzige[m] Verhalten« gebe, und *versteht* so mehr, als Albert bereit ist zuzugestehen.[1960]

Mit Gerlans Erinnerung an das traumatische Theatererlebnis ist zugleich ein zentrales Themenfeld des Romans angesprochen, nämlich jenes mannigfacher Schuldgefühle. Die Sequenz, in der Albert von seinem Kindheitserlebnis berichtet, steht im Kontext einer Lebensphase Gerlans, in der er, nachdem er Dorten vorerst vergeblich gesucht hat, regelmäßig in einen Spielklub geht. Anna und Tochter Hella sind während dieser Wochen »ans Meer« gefahren, Alberts jüngere, knapp zwanzig Jahre alte Tochter Maria hingegen nicht. Sie versucht den Vater zur Besinnung zu bringen. Jeden Tag wartet sie vor dem Klub, schreibt an einer »Semesterarbeit«, und gegen zwei oder drei Uhr begleitet sie ihn zu seiner Ordination, wo er nach der Reise zu den Dortens seine Zelte aufgeschlagen hat. Anschließend geht sie nachhause. Albert deutet ihr Verhalten als »Experiment«, sie als »Beweis, daß er nicht allein ist. Denn wir gehören zu dir.«[1961] Ihre »Verzweiflung« scheint er kaum zu bemerken.[1962] Der Zusammenhang, nach dem Maria fragt, scheint in der »tiefsten, der unheilbaren Erniedrigung« des Truffaldino-Darstellers zu liegen, die möglicherweise auf die Erniedrigung des Vaters am Ende seines Lebens verweist. Worin diese ultimative Erniedrigung genau bestanden hat, erfahren wir erst aus dem Gespräch Gerlans mit dem Anwalt Franke.

Dieser erzählt Albert, dass er ein guter Freund seines Vaters Bernhard Gerlan gewesen sei, ehe er sich erfolgreich bemüht hat, ihn »[i]m Prozeß« wegen der Vornahme von »Abtreibungen« zu ruinieren. Des Anwalts Motiv sei Rache gewesen, denn Gerlan senior habe bei Frankes Freundin einen Schwangerschaftsabbruch durchgeführt. Dabei habe er, Franke, der »junge[n] Person« eben diesen Arzt empfohlen, damit er ihr als Ferdinands Freund die Sache ausrede.

1958 Vgl. Sperber, Der schwarze Zaun, S. 65; Sperber, Die Wasserträger Gottes, S. 112 ff.
1959 Vgl. Sperber, Der schwarze Zaun, S. 64.
1960 Vgl. Sperber, Der schwarze Zaun, S. 63.
1961 Vgl. Sperber, Der schwarze Zaun, S. 51–53.
1962 Vgl. Sperber, Der schwarze Zaun, S. 52.

Sie sei infolge von Gerlan seniors Vorgehen »geisteskrank« geworden. Bernhard Gerlan habe der »Körper« der »junge[n] Frau« gefallen, und er hätte sich vorgenommen, »mit ihr etwas anzufangen – ein paar Wochen nach der Kürettage«.[1963] Schon zu Schulzeiten habe Bernhard seinem Freund die Geliebte ausgespannt, Alberts Mutter.[1964] Das Spezifische der Sophokleischen Ödipus-Figur kehrt hier, ganz ohne Einbettung in eine triadische Familienkonstellation, wieder: der in Bezug auf die Außenwelt beeindruckend klarsichtige Held weiß nichts von entscheidenden Vorgängen, die sein eigenes Leben betreffen, und die lange vor der Zeit liegen, in der er selbst in der Lage war, bewusste Entscheidungen zu treffen.[1965] Gerlan attestiert Franke, »verrückt« zu sein, »ein heilloser Verleumder«, Franke spricht im Gegenzug die Vermutung aus, dass Gerlan junior »furchtbare Angst« habe. Franke ist gut über Gerlan informiert, er weiß, dass Albert Gerlan nicht unter den Ärzten war, »die für« seinen »Vater eingetreten sind«, auch seine Poker-Episode einige Monate zuvor ist ihm bekannt, und nicht zuletzt, dass er sich als »Seelenhirt eines Nazimörders und eines jüdischen Attentäters« betätige.[1966] Insgesamt scheint er auf Gerlan gewartet, die ganze Begegnung inszeniert zu haben, was insofern seltsam ist, als Alberts Besuch in dem Restaurant als Resultat eines spontanen Entschlusses geschildert wird.[1967] Allerdings offenbart Franke Albert auch, dass er ihn und seine Familie »[s]eit Monaten […] beobachten« lasse und auch »die Dorten-Frauen« manipuliert habe, damit sie ihn mit ihrer Vertretung beauftragen.[1968]

Was Bernhard Gerlan, seinen Schulfreund, betraf, so habe Ferdinand Franke mehrere Anläufe genommen, um ihn zu schädigen. Die Niederlage vor Gericht sei für den Arzt letztlich sogar ein »Triumph« gewesen, »ging« er doch »aus der Affäre als Bannerträger hervor, als Symbol«. Franke musste weitergehen und dafür sorgen, dass die Kommunistische Partei, mit der Gerlan senior sympathisierte und Kontakte pflegte, ihm eine desaströse Falle stellte. Eine Frau namens Erika Schwarzbach hatte »den lästig gewordenen Apostel« zunächst »im Auftrag der Partei […] bespitzelt« und dann »eine intime Beziehung« mit ihm begonnen, »um ihn im passenden Moment zu kompromittieren, ihn hoffnungslos lächerlich zu machen«. All das hatte er Bernhard Gerlan später auch ganz offen mitgeteilt, doch der habe ihm nichts davon abgenommen, sondern nur »[g]elacht«,

1963 Vgl. Sperber, Der schwarze Zaun, S. 130 f.
1964 Vgl. Sperber, Der schwarze Zaun, S. 140.
1965 Vgl. z. B. Latacz, Joachim: Einführung in die griechische Tragödie. 2., durchgehend aktualisierte Aufl. Göttingen: Vandenhoeck & Ruprecht 2003 (UTB 1745), S. 228 f., 236.
1966 Vgl. Sperber, Der schwarze Zaun, S. 134, 132.
1967 Vgl. Sperber, Der schwarze Zaun, S. 127–129, 124.
1968 Vgl. Sperber, Der schwarze Zaun, S. 132.

»[k]ein Wort geglaubt« und seinem Ärger über den Sohn Ausdruck gegeben. Wie Albert sich erinnert, hat ihm sein Vater wegen der Sache mit Frau Schwarzbach die Schuld gegeben, obwohl er ihn vor ihr gewarnt hatte.[1969] Zugang zu Ferdinand Gerlan habe Franke Alberts Mutter ermöglicht, nachdem er ihr, die mittellos geworden war, »eine kleine Summe« geborgt habe.[1970] Nun werde er sich, selbst todkrank, Albert Gerlan widmen:

> »Ich werde Sie daran hindern, sich am armen Dorten zu bereichern, und ich werde dafür sorgen, daß die Welt erfährt, daß Sie einen Massenmörder behandeln, als ob er ein Fall von Platzangst wäre, und daß Sie zeitweise einen Mann bei sich beherbergen, der, so Gott will, diesen Mörder umbringen oder von ihm selbst umgebracht werden wird.«[1971]

6.2.2.3 Lebensplan, Lebensstil

Auch in diesem Roman(fragment) begegnet noch einmal das Thema *Nachträglichkeit* im psychoanalytischen Sinn. Albert meint, dass ihm in Bezug auf seine Ehefrau Anna »nur die Erinnerung an die Erinnerung geblieben war und nicht die Erinnerung an das Erlebnis selbst«, während sie doch gerade vor ihm steht.[1972] Dies verweist nicht allein auf die Ehekrise der Gerlans, sondern auch auf Gerlans unbestimmtes wie intensives Gefühl, dass sein Leben zu Ende gehe oder ihm doch zumindest entgleite.

Albert jedenfalls hat seine wesentliche, »früh offenbarte Fähigkeit«, die ihn zu einem so erfolgreichen Psychologen machte, lange Zeit darin gesehen, »die Leiden anderer zu empfinden, nicht selten, ehe es den Leidenden selbst ergriffen hatte.«[1973] Im Grunde nähert sich Sperber mit diesen Hinweisen einer zentralen Frage an, die er zu Beginn von »Alfred Adler oder Das Elend der Psychologie« aufwirft, nämlich, warum jemand überhaupt »Psychologe zu werden wünscht«. Er hielt es dort für »wahrscheinlich«, dass ein solcher Wunsch mit großem Interesse »für das eigene Wesen« zu tun hat. Doch folge dieses meist einem »seelischen Erdbeben«, das »den *Verlust der Selbstverständlichkeit*« oder »*des Geborgenheitsgefühls*« herbeiführe. Grundlage sei häufig ein »falsch verstandene[s] Erlebnis, das zum ersten *Verratserlebnis*« werde.[1974]

1969 Vgl. Sperber, Der schwarze Zaun, S. 142 f., 141.
1970 Vgl. Sperber, Der schwarze Zaun, S. 140.
1971 Sperber, Der schwarze Zaun, S. 143.
1972 Vgl. Sperber, Der schwarze Zaun, S. 40.
1973 Vgl. Sperber, Der schwarze Zaun, S. 8.
1974 Vgl. Sperber, Alfred Adler oder Das Elend der Psychologie, S. 21 f. (Hervorhebungen im Original).

6.2.2.4 Psychologie als solche, die Figur des Psychologen und der Lehrer-Meister

Therapeutische Situationen gehören der alltäglichen, keineswegs nur beruflichen Lebenswelt Gerlans zu. So trifft er auf der Suche nach Walter Dorten nahe der Wohnung von dessen Familie einen alten Mann, Joseph, der Geschichten über die Mutter und jüngste Schwester des Malers zu erzählen weiß. Sie beherbergen Joseph zufolge auch einen »Stotterer […], der sie angesteckt hat mit der ›Wahrheit‹ […]«. Der Mann heißt offenbar Jan Trekke, und die von ihm vermittelte »Wahrheit« hat mit den »Eitelkeiten der sündigen Welt« zu tun.[1975] Der Sohn habe der Mutter als »Wunderkind« gegolten, das »Hochbau-Ingenieur« hätte werden sollen, doch sei alles ganz anders gekommen.[1976]

Gerlan beginnt eine Art Therapiegespräch mit Joseph zu führen und rät ihm dazu, »wieder freund mit den Dortens zu sein«, ein Vorschlag, den Joseph letztlich zurückweist.[1977] Allerdings kommt Albert mit der religiösen Reden zugeneigten Schwester selbst kaum zurande und »verabschiedet sich schnell«. Als er noch einmal auf Joseph trifft, drückt dieser seine Verwunderung über Alberts Unterfangen aus. »Was rennen Sie hinter dem Walter her?«, fragt er schließlich und komplimentiert ihn wenig freundlich aus dem Haus.[1978]

6.3 Figuren[1979]

6.3.1 Vorbemerkungen oder Deutend-Psychologisches in der Figurencharakterisierung

Die in einem weiten Sinn individualpsychologisch inspirierten motivationalen Zugehensweisen finden besonders auf Figurenebene einen sehr deutlichen Niederschlag. Wie schon in »Charlatan und seine Zeit« steht die Gestalt *des Psychologen* im Zentrum der Erzählung, weiser geworden und ruhiger, kaum noch dämonisch, aber voller innerer Widersprüche und Ambivalenzen. Sie wird in der Figur Albert Gerlan unter den Bedingungen einer Reihe von als krisenhaft erlebten bzw. erlebbaren Entwicklungen in einem nach bürgerlichen Maßstäben erfolgreichen Leben entfaltet.

1975 Vgl. Sperber, Der schwarze Zaun, S. 44 f., 47 f.
1976 Vgl. Sperber, Der schwarze Zaun, S. 44.
1977 Vgl. Sperber, Der schwarze Zaun, S. 47.
1978 Vgl. Sperber, Der schwarze Zaun, S. 50 f.
1979 Die Reihenfolge der Darstellung entspricht dem ersten Einführen der Figur im Roman.

Dem *Unbewussten, Unverstandenen* als Antrieb menschlichen Strebens und Handelns widmet sich der Roman in Bezug auf Albert Gerlan, Ferdinand Franke, aber auch Thomas Liebman/Theo Laurentz sehr ausführlich. Das Thema *Lebensplan/Lebensstil* findet besonders intensive Behandlung im Zusammenhang mit Benjamin Giladi, aus der Trilogie »Wie eine Träne im Ozean« als Edi Rubin bekannt.

6.3.2 Protagonistinnen und Protagonisten

6.3.2.1 Albert Gerlan

Der Arzt Albert Gerlan ist als »Psychologe« oder »Seelenarzt« erfolgreich, zumal er »die Leiden anderer zu empfinden« vermag, »nicht selten ehe es den Leidenden recht ergriffen hatte«.[1980] Im Verlauf der Erzählung gerät er in mehrere Krisen. Eine davon betrifft seine Ehe. Seine Frau Anna hat ihn bei einem Schäferstündchen mit seiner Freundin Elisabeth ertappt. Anna verweist ihn daraufhin des gemeinsamen Schlafzimmers, er muss ein anderes Zimmer beziehen.[1981] Das Haus, das Albert und Anna zusammen mit ihren Töchtern Hella und Maria bewohnen und das auch eine Hausangestellte beherbergt, ist groß, und Gerlan zunächst zuversichtlich, dass »Anna [...] [a]uf die Dauer [...] ihr eigenes Schweigen nicht« ertragen werde. Dann allerdings überkommt ihn, während er seinen Blick durch den Garten schweifen lässt, ein beunruhigender Gedanke: »›Ich sterbe‹«. Er spricht es laut aus und überlegt, wie er darauf kommt. Es könnte sein, dass er »sich sterben fühlt, weil nichts ihn anblickt«, und das wiederum könnte der Fall sein, weil er »von sich selbst maßlos enttäuscht ist«.[1982]

Vielleicht verweist dies auch auf die zweite Krise, mit der sich Gerlan konfrontiert sieht, nämlich das Verschwinden des Malers Walter Dorten. Den Maler, den Gerlan als seinen Freund betrachtete, hat er finanziell unterstützt, etwa durch Anmietung einer Mansardenwohnung für ihn. Am Tag, bevor Albert der Todesgedanke ereilte, hat nicht nur Anna seine Beziehung mit Elisabeth entdeckt. Es hat sich zudem herausgestellt, dass Dorten verschwunden ist, unter Hinterlassung einer schriftlichen Nachricht, derzufolge ihm *»nicht zu helfen«* sei, »[e]s [...] *keinen Sinn«* habe und Albert *»mit den Bildern«* machen könne, was er wolle.[1983] Gerlans Fähigkeit, Menschen einzuschätzen, erlaubt es ihm, die Hausbesorgerin, Frau Molin, der Lüge und Unterschlagung von Dortens Kleidung und Koffer zu überführen. Was sich ihm weniger erschließt, ist Dor-

1980 Vgl. Sperber, Der schwarze Zaun, S. 8, 20.
1981 Vgl. Sperber, Der schwarze Zaun, S. 8 f., 35.
1982 Vgl. Sperber, Der schwarze Zaun, S. 35–39.
1983 Vgl. Sperber, Der schwarze Zaun, S. 12 f. (Hervorhebungen im Original).

tens Gemütsverfassung, die in seinen Gemälden Ausdruck findet, und auch in seinem Verschwinden. Auch dass Dorten wiederholt nach ihm gefragt hat und von Gerlans Sekretärin nicht vorgelassen wurde, ist spurlos an ihm vorübergegangen.[1984] Damit, den Maler wiederzufinden, beauftragt Gerlan den Rechtsanwalt Harms.[1985]

Anna verlangt, dass Albert in ein anderes Zimmer zieht. Dies stört ihn zunächst wenig, doch während er beim Rasieren seine Familie beim Frühstücken im Garten beobachtet, kommt ihm wie oben schon erwähnt der Gedanke »›Ich sterbe‹«, den er laut ausspricht, »wie ein Geheimnis […], das man dem Vertrautesten ins Ohr flüstert«.[1986] Gerlan versucht, diesen Gedanken zu deuten, als wäre er von einem Patienten geäußert worden. Er meint, dass, »[w]er sich sterben fühlt, weil nichts ihn anblickt, […] von sich selbst maßlos enttäuscht sein« müsse. Dies setze wiederum das Vorhandensein »große[r] Erwartungen« voraus, die »unerfüllt« geblieben sind. Ein solcher »Patient« jedoch »interessiert« ihn »nicht«. Er würde ihm verordnen, zu »reisen«, um die kurze Zeit zu überbrücken, die der »Patient« benötige, um »seine übliche Lebensweise« wieder »aufnehmen« zu können.[1987] Eigene Probleme oder auch Defizite im Umgang mit anderen bleiben Gerlan mithin verborgen, *unbewusst* im Sinne von *unverstanden*. Das wird auch an anderer Stelle deutlich, wenn Gerlan sich eingesteht, »[i]mmer häufiger […] an sich die Gesten seines Vaters« zu bemerken, »die des alten, gebrochenen Mannes, nicht jene, die er als Kind bewundert hatte«.[1988] Auffällig ist in diesem Zusammenhang gewiss auch Alberts Berufsverständnis oder genauer, seine Berufsethik. Wie vertrauenswürdig kann ein Psychotherapeut sein, der eine sexuelle Beziehung mit einer ehemaligen Patientin eingeht oder einem ihm gänzlich Fremden Details einer Therapiebeziehung offenbart?[1989] Aus frühen Berichten von durchgeführten Psychoanalysen dürfte dieses Verhalten bei Psychotherapeuten nicht so selten vorgekommen sein.

Seinem selbst erteilten Rat folgt Albert jedenfalls umgehend, denn er beschließt, Walter Dortens Familie zu besuchen. Zugleich wird er den Eindruck nicht los, dass seine Probleme doch weniger ephemer sein könnten, als er es sich selbst eingestehen will. »Seit etwa drei Jahren war er nur noch der Erbe seiner eigenen Vergangenheit.« Im Gespräch mit Anna kommt ihm in den

1984 Vgl. Sperber, Der schwarze Zaun, S. 19–28.
1985 Vgl. Sperber, Der schwarze Zaun, S. 29–33.
1986 Vgl. Sperber, Der schwarze Zaun, S. 35–37 (Zitat auf S. 37).
1987 Vgl. Sperber, Der schwarze Zaun, S. 39.
1988 Vgl. Sperber, Der schwarze Zaun, S. 97.
1989 Vgl. Sperber, Der schwarze Zaun, S. 9, 69 f., 111 f.

Sinn, »daß ihm nur die Erinnerung an die Erinnerung geblieben war und nicht die Erinnerung an das Erlebnis selbst«.[1990]

Doch entwickelt sich auch auf beruflicher Ebene ein Problem, als Gerlan Besuch von einem Mann namens Benjamin Giladi erhält. Dieser behauptet, einer von Alberts Patienten, Theo Laurentz, sei ein »Massenmörder«, ein SS-Scherge, der in Treblinka für zahlreiche Morde verantwortlich gewesen sei.[1991] Gerlan erkennt in der Beschreibung, die Giladi ihm gibt, seinen Patienten Thomas Liebmann – und teilt seinem Besucher dies auch ohne Umschweife mit, samt einigen Details der Behandlung.[1992] Nach diesem überraschenden Beitrag zum Thema *psychotherapeutische Diskretion* spricht Gerlan mit Giladi alias Edi Rubin über dessen Motive in Bezug auf Laurentz/Liebmann, wobei zutage tritt, dass Giladi bereits vergeblich versucht hat, Laurentz zu töten. Um seine »Verschwiegenheit« gebeten, erklärt ihm Gerlan, dass ihn nichts dazu verpflichte.[1993]

Als Albert wieder in sein Haus zurückkehrt, erklärt er Anna, es habe »einen Bruch [...] in« seinem »Leben [...] gegeben«. Ihm sei dies erst nach und nach aufgefallen, »[w]as vorher festes Land war, wurde zum Treibeis«. Anna selbst nimmt wahr, dass »nichts an ihm« sie »an den jungen Albert [...] erinnerte«. Die Vorstellung »der ungebrochenen Dauer unseres Wesens« sei eine »allgemeine Lüge«, meint Albert.[1994] Das Gespräch mit Giladi habe in ihm zudem die Erkenntnis reifen lassen, dass er »eigentlich außerhalb unserer Zeit gelebt habe«.[1995] Angesichts dessen, was Anna sagt, meint Albert, nach dem Gespräch mit ihr »selbst nicht mehr« zu wissen, »warum« er »eigentlich zurückgekommen« sei.[1996] Aus individualpsychologischer Sicht ist Alberts *Lebensplan* gehörig aus den Fugen geraten, was ein hohes Maß an Verunsicherung erzeugt.

Das folgende Wochenende verbringt Gerlan offenbar »bei Elisabeth«. Auch hier findet sich Albert in einer Auseinandersetzung wieder, in deren Zuge ihm Elisabeth vorwirft, sich »schuldig am Tod« seines »Vaters zu fühlen« und ihn »vielleicht [...] sogar« tatsächlich »umgebracht« zu haben. Seitdem gehe »alles schief, sobald« Gerlan »Schwierigkeiten [...] mit einer Mannsperson« habe. So habe ihn das Verschwinden »diese[s] Malers« aus der Bahn geworfen, aber die Kümmernisse, die er ihr oder seiner Frau bereite, nehme sein »Gewissen überhaupt nicht zur Kenntnis«. Womöglich würde er sich erst »für« sie »inter-

1990 Vgl. Sperber, Der schwarze Zaun, S. 41, 40.
1991 Vgl. Sperber, Der schwarze Zaun, S. 67 f.
1992 Vgl. Sperber, Der schwarze Zaun, S. 69 f.
1993 Vgl. Sperber, Der schwarze Zaun, S. 70–92.
1994 Vgl. Sperber, Der schwarze Zaun, S. 94.
1995 Vgl. Sperber, Der schwarze Zaun, S. 96.
1996 Vgl. Sperber, Der schwarze Zaun, S. 97.

essieren«, wenn sie ihm ein Honorar zahlten, »[d]enn im Grunde« gehe er »auf Gewinn aus«.[1997] Dies kann, bei aller Polemik und Gereiztheit der Sprecherin in der Sprechsituation, durchaus als ein Versuch gewertet werden, zu erhellen, was für Albert unbewusst geblieben ist. Zum Unverstandenen kommt hier auch das Motiv der Schuld bzw. das Schuldgefühl in Zusammenhang mit seinem Vater, das Elisabeth explizit anspricht. Zugleich spricht Elisabeth aber auch über sich selbst, zumindest in Alberts Verständnis. Immerhin war sie früher eine seiner Patientinnen, er meint sie einigermaßen zu kennen. Nach seinem Dafürhalten »war […] es […] ihr […] unerträglich, irgend etwas zu verlieren. Um sicher zu sein, daß sie nicht verlor, suchte sie in allem den Gewinn. Daher verlor sie immerfort […]«.[1998] Eine psychologische Aufdeckung folgt der nächsten.

Wie schon zuvor über die Anamnese seines Patienten Liebmann berichtet Gerlan dem ihm weitgehend unbekannten Giladi ausführlich von seinen Ergebnissen mit Liebmann/Laurentz.[1999] Albert wirkt defensiv, das fällt ihm selber auf, etwa wenn er dreimal erklärt, dass Liebmanns Mutter ihrem Sohn gegenüber fälschlich behauptet habe, Heinrich Liebmann, der Jude war, sei gar nicht sein Vater.[2000] In der Folge bringt Gerlan Giladi in seinem Haus unter. Ihn beschäftigt, warum Giladi »sich selbst« dazu »verurteilt […], ein Mörder zu werden«.[2001] Maria erklärt Albert, dass er »nichts verhindern« werde, er solle sich »lieber um« seine »Familie«, seine »Patienten und« sich »selbst« kümmern, woraufhin er sie »streng und autoritär« nennt. Er fühlt sich von ihr »enterbt […], der Vergangenheit beraubt, die sie mit ihm gemein hatte«. Albert nötigt sie, Giladi sein Frühstück zu bringen, verhält sich also insofern in eben der Weise, die er ihr unterstellt.[2002]

Von sich selbst sagt Albert Gerlan – gegenüber Thomas Liebmann –, dass er »nicht imstande« sei, »einem ins Gesicht zu sehen, der lügt«. Dies habe mit »Scheu« zu tun, aber auch »mit« seiner »eigenen Neurose«.[2003] Albert sieht sich als »Menschenkenner«, und in dessen »Augen« sind »alle Mörder Kinder oder Halbwüchsige«. So reagiert er jedenfalls auf Liebmann, von dem er annimmt, dass seine emotionale Entwicklung im Alter von fünf Jahren zum Erliegen

1997 Vgl. Sperber, Der schwarze Zaun, S. 109.
1998 Vgl. Sperber, Der schwarze Zaun, S. 9.
1999 Vgl. Sperber, Der schwarze Zaun, S. 111 ff.
2000 Vgl. Sperber, Der schwarze Zaun, S. 111.
2001 Vgl. Sperber, Der schwarze Zaun, S. 112.
2002 Vgl. Sperber, Der schwarze Zaun, S. 114.
2003 Vgl. Sperber, Der schwarze Zaun, S. 102,

gekommen sei.[2004] »[A]uch in einer Missdeutung« ist er es »gewohnt [...], [...] den Sinn zu suchen«.[2005]

Als Albert sich anschickt, eine Ausstellung mit Walter Dortens Bildern zu organisieren, bekommt er Post von einem Anwalt, der die Familie Dorten vertritt und sämtliche Ansprüche am Eigentum des Malers für diese reklamiert. Gerlan hält die Ausstellung dennoch ab, in »drei Säle[n]«, die »überfüllt« sind, nicht weil der Künstler so bekannt gewesen wäre, sondern wegen seines »sonderbare[n]« Verschwindens.[2006] Ob des Erfolgs seines Unternehmens wirkt Albert geradezu beglückt. »Wo immer Walter sein mag«, prophezeit er,

> »[m]orgen in den Abendblättern oder übermorgen in den Morgenblättern oder später in den Wochenschriften und in den wichtigsten ausländischen Zeitungen – überall wird er es lesen können, daß er ein großer, bisher unbegreiflicherweise verkannter, doch künftig und bis ans Ende aller Zeiten anerkannter Künstler ist«.[2007]

Umgehend erweist sich die Richtigkeit dieser Prognose, zumindest, was die Rezensionen diverser Kunstkritiken angeht.[2008]

Bald stellen sich wieder die Todesahnungen ein, und Albert scheint »auf einmal der Gedanke unerträglich, mit seiner Familie die üblichen, die immer gleichen Worte zu wechseln«. Stattdessen beschließt er, »[e]twas Unvorhergesehenes zu tun«, und zwar, »zu dem Hügel« zu fahren, »der im Norden die Stadt abschloß« und »das alte Kastell« zu besuchen, das sich dort befindet.[2009] Individualpsychologisch betrachtet, ließe sich sagen, dass Alberts Krise in Sachen *Lebensplan* zusehends Leidensdruck erzeugt, dem er nun kurz entschlossen gegensteuern will.

Im Restaurant, das in besagtem Kastell untergebracht ist, trifft Gerlan auf einen ihm wenig angenehmen »ältere[n] Herr[n]«, der sich als Ferdinand Franke, »Anwalt der Mutter Walter Dortens« vorstellt, zugleich der Mann, der Gerlans Vater zugrunde gerichtet hat und nun auch dem Sohn so schwer als möglich schaden möchte, all dies aus Rache.[2010] Albert Gerlans Gefühle schwanken zwischen Verunsicherung und »entwaffnende[r] Angst« vor der einmal zur Schau

2004 Vgl. Sperber, Der schwarze Zaun, S. 105.
2005 Vgl. Sperber, Der schwarze Zaun, S. 108.
2006 Vgl. Sperber, Der schwarze Zaun, S. 105 ff., 118.
2007 Sperber, Der schwarze Zaun, S. 121 f.
2008 Vgl. Sperber, Der schwarze Zaun, S. 122.
2009 Vgl. Sperber, Der schwarze Zaun, S. 122–124.
2010 Vgl. Sperber, Der schwarze Zaun, S. 126–144.

gestellten »falschen Demut« seines Gegenübers, als dieser ihn fast unterwürfig ersucht, doch noch zu bleiben und seine Erzählung zu Ende anzuhören.[2011] Als Frankes schwarze Perücke verrutscht, verliert Gerlan die Fassung und ruft mehrfach und »immer eindringlicher ›Truffaldino‹«.[2012] Letzten Endes bezeichnet er Franke als »alte[n] Narr[en]«, der ihn zu »hassen wie die Pest« vermeine und doch »seit Monaten hinter« ihm herlaufe.[2013] Gleichwohl triggert das Verhalten des Anwalts bei Albert unbewusste Inhalte, was letztlich zu seinem Affektdurchbruch führt, der wiederum auf das Truffaldino-Erlebnis Bezug nimmt.

Die Therapie Liebmanns beendet Gerlan, nachdem dieser überdeutlich erkennen hat lassen, dass er nur Ausflüchte für sein Verhalten während der NS-Herrschaft sucht und außerdem nicht bereit ist, seinem Onkel, dem Bruder seines Vaters von seiner Vergangenheit zu erzählen. Also setzt Gerlan vor Liebmann selbst einen Brief an den Onkel auf, in dem er andeutet, in welche »*Richtung*« des Neffen »*Leben* […] *während des Krieges*« gegangen sei.[2014] Immerhin verdanke er die entsprechenden Kenntnisse nicht seinem Patienten, sondern einer »anderen« Person.[2015]

Auf seiner doch noch erfolgreichen Suche nach Dorten lernt Albert Gerlan einiges über sich selbst. Zunächst erweist sich, dass Dorten Angst vor ihm hatte und ihn nicht sehen wollte. Albert kann sich das nicht erklären, Giladi, der sich als wahrer Freund erweist und Albert auf seiner Suche begleitet, hat hingegen schon eine Vermutung. »Sie allein gaben, ihm blieb nichts anderes übrig, als zu nehmen. Doch Sie gaben nicht aus Liebe, nicht aus Freundschaft; er war Ihr Protegé, Ihr Armer, mehr nicht.«[2016] Gerlans »Titular-Arme[n]«, so hatte ihn Franke genannt.[2017] Auch Albert habe »Angst«, Walter Dorten »zu begegnen«, was dieser gar nicht bestreitet.[2018] Allerdings erzählt er Giladi »von seiner eigenen Kindheit […] und wie er einmal verloren war«. Beim Versteckspiel verbarg er sich »hinter eine[m] Zaun, eine[m] schwarzen Lattenzaun, und wartete darauf, daß der Vater ihn da suchen und finden würde«. Allein »der Vater vergaß darauf«, und das Kind wartete weiter. Wie »diese peinigende Erwartung schließlich geendet hatte«, daran vermag sich der Erwachsene nicht mehr zu erinnern.[2019]

2011 Vgl. Sperber, Der schwarze Zaun, S. 138 f., 131, 142.
2012 Vgl. Sperber, Der schwarze Zaun, S. 133.
2013 Vgl. Sperber, Der schwarze Zaun, S. 144.
2014 Vgl. Sperber, Der schwarze Zaun, S. 157 (Hervorhebungen im Original).
2015 Vgl. Sperber, Der schwarze Zaun, S. 156.
2016 Vgl. Sperber, Der schwarze Zaun, S. 179.
2017 Vgl. Sperber, Der schwarze Zaun, S. 137.
2018 Vgl. Sperber, Der schwarze Zaun, S. 180.
2019 Vgl. Sperber, Der schwarze Zaun, S. 179 f.

Am Ende geht Albert recht entspannt von dem Haus weg, in dem Dorten nun lebt. Ihm tut die durch den Maler erlittene »Kränkung [...] kaum noch weh«. Und Dorten hatte mit Giladi/Rubin jemanden gefunden, der ihm helfen konnte und dessen Hilfe er auch anzunehmen imstande war. »Im Guten und im Schlechten hat, was die Menschen tun, mehr Sinn, größere Reichweite, als sie gewöhnlich ermessen können«, räsoniert er auf dem Rückweg.[2020]

6.3.2.2 Anna Gerlan

Anna ist angesichts ihrer Entdeckung von Alberts Untreue so aufgewühlt, dass »sie den Tod herbei[wünscht]«, doch bindet sie »ihr Zorn [...] an das Leben, der Haß gegen ihren Mann und die weiße Fleischmasse auf seinem Bett«.[2021] Während Elisabeths Gestalt für Albert einen »schwellende[r] Leib mit« einem »breiten Becken und dem Busen einer jungen Mutter« darstellt, ist Elisabeth aus Annas Sicht schlicht eine »dicke Frau«.[2022] Anna wollte Albert abholen, weil es »der Todestag« seines »Vaters« war. Nach ihrem Dafürhalten ist Albert »an allem schuld«, an Marias allfälligem Leiden unter dem Konflikt ihrer Eltern und an Dortens Misere.[2023] Das Schuldmotiv als vermutlich unbewusstes Movens zieht sich mithin aus unterschiedlichen Perspektiven durch den gesamten Roman.

Auf Alberts Ausführungen zu seinem Gespräch mit Giladi meint sie, er solle »die Behandlung« Liebmanns »unter irgendeinem Vorwand so bald wie möglich abbrechen«, denn es sei »unangenehm«, dass dieser einerseits aus einer jüdischen Familie stamme, andererseits in Verbrechen des NS-Regimes verwickelt sei. Sie selbst hätten »das Glück« gehabt, »neutral zu sein«.[2024] Diese platte Äußerung oberflächlicher Inhumanität will nicht so recht zur Anna vom Anfang des Romans passen, deren differenzierte Ausdrucksfähigkeit betreffend das eigene Gefühlsleben doch etwas mehr Subtilität im Umgang mit anderen erwarten lassen könnte. Andererseits handelt es sich vielleicht weniger um einen Bruch denn um den Ausdruck maximaler Selbstbezogenheit.

6.3.2.3 Maria Gerlan

Die etwa zwanzig Jahre alte Tochter Alberts und Anna, eine Studentin, steht ihrem Vater sehr nahe. Sie betrachtet sein Verhalten im Spielklub als »Sturz, der den bewunderten Vater aus seiner Bahn gerissen hatte« und fühlt sich »mitschuldig«, ohne dass sie wüsste, »womit sie diese Schuld auf sich geladen

2020 Sperber, Der schwarze Zaun, S. 189.
2021 Vgl. Sperber, Der schwarze Zaun, S. 11.
2022 Vgl. Sperber, Der schwarze Zaun, S. 7, 41.
2023 Vgl. Sperber, Der schwarze Zaun, S. 41.
2024 Vgl. Sperber, Der schwarze Zaun, S. 95 f.

hatte«. Sie werde, denkt sie angesichts der betrüblichen Entwicklungen, »immer unglücklich sein. Ich werde niemandem mehr vertrauen.«[2025] Das Gefühl von Schuld, dessen Grundlagen unbewusst bleiben, erstreckt sich insofern auch auf Maria, ohne dass es diesbezüglich noch zu einer weiteren Erläuterung käme oder Hinweise auf eine mögliche psychologische Erklärung erkennbar wären.

Alberts Truffaldino-Erzählung stößt bei ihr auf Unverständnis. Vor allem begreift sie nicht, »was an diesem Abend für« Albert »die Erniedrigung war« und »warum dieser Vorfall auf den kleinen Jungen so tief gewirkt hat«. Ob »es irgendeinen Zusammenhang zwischen jenem Erlebnis und« seinem »jetzigen Verhalten« gäbe, möchte sie wissen. Seine Versuche zu antworten stellen sie nicht zufrieden. Am Ende meint sie: »Wir alle lieben dich – Vater, hörst du mich?«[2026]

Für Giladi entwickelt sie Interesse, führt mit ihm Gespräche über seine Rachepläne und Erinnerungen.[2027] Letztere vermögen, so Giladi, »unserem Bewußtsein entschwinden [...], bis man schließlich vergißt, daß man vergißt«.[2028]

6.3.2.4 Benjamin Giladi/Edi Rubin

Das Letzte, das Sperber-Leserinnen und -Leser bis zum Beginn von Kapitel vier von »Der schwarze Zaun« über Edi Rubin gehört haben, stammte aus einem Brief an Dojno Faber.[2029] Nun kommt er mit neuem Namen in Albert Gerlans Ordination, ein Veteran des israelischen Kampfes gegen Araber. In diesen Kämpfen hat er einen Arm verloren, ist nun also ein »Einarmige[r]«, zumindest im Wahrnehmungshorizont von Alberts Sekretärin.[2030] Anders als Wanja Sacharzoff hat er kaum mit dieser körperlichen Beeinträchtigung zu kämpfen, zumindest erfahren wir nichts dergleichen aus dem Roman. Es sind ihm Phantomschmerzen geblieben, denn immerhin liegt die Verwundung drei Jahre zurück, als er versehentlich durch eine von Walter Dorten geworfene Kanne getroffen wird, dabei »einen gellenden Schrei« ausstößt und »Tränen« über sein »Gesicht« strömen. Nach der Amputation habe er nicht geweint, aber »jetzt, merkwürdig ... Das Ausstrecken dieser fehlenden Hand und die Tränen ...«[2031] Auch hier wird unbewusstes, weggeschobenes Leid sichtbar und durch ein bestimmtes Erlebnis zum Vorschein gebracht.

2025 Vgl. Sperber, Der schwarze Zaun, S. 53.
2026 Vgl. Sperber, Der schwarze Zaun, S. 64 f.
2027 Vgl. Sperber, Der schwarze Zaun, S. 112, 115–117, 120–122.
2028 Vgl. Sperber, Der schwarze Zaun, S. 120 f.
2029 Vgl. Sperber, Die verlorene Bucht, S. 999 f.
2030 Vgl. Sperber, Der schwarze Zaun, S. 186, 67.
2031 Vgl. Sperber, Der schwarze Zaun, S. 187.

Edi Rubin hat den Namen Benjamin Giladi ein Jahr vor seinem Besuch bei Albert Gerlan angenommen, und schon seit Kriegsende hat er Laurentz gesucht. Seine »Frau und« sein »Sohn«, also Relly und Pauli, »sind in Treblinka umgekommen«, und dort war Laurentz als »Ausrottungsspezialist« tätig gewesen. Nachdem Rubin sich nach Palästina durchgeschlagen hatte, lebte er »bis zum Kriegsende in einer landwirtschaftlichen Siedlung orthodoxer Juden«, wo er »lernen […] wollte […], an Gott zu glauben«. Gelungen ist ihm dies »nicht, wahrscheinlich eben wegen dieser Laurentze, die die Erde bevölkern«.[2032] Er kehrte nach Deutschland zurück, als Kriegskorrespondent, in Uniform, nach wie vor voller Verachtung für die »Heimat der Mörder«, die er nach Kriegsende in vermutlich aus Polen geraubten Kleidern vor Denkmälern stehen sieht oder ihre Unschuld beteuern hört.[2033]

Mithilfe eines Informanten und einer jungen Frau namens Marlies, die als Prostituierte arbeitet, gelang es Rubin, Laurentz ausfindig zu machen. Er wurde von Marlies versorgt, der er sich als *»leidend«* präsentierte, wobei sie einräumt, dass *»niemand wußte, was er hat«*. Rubins Versuch, Laurentz zu töten, erwies sich als allzu skrupulös. Zunächst bemühte er sich um eine genaue Identifizierung, dann verlangte er, Laurentz möge aus dem Bett aufstehen, er, Rubin, *»schieße nicht auf einen liegenden Mann«*. Als Laurentz sich weigerte, weil er sich sofort übergeben müsse, wenn er sich aus dem Bett erhebe, drohte Rubin, ihn zu verbrennen. *»Sie verdienen gar nicht den anständigen Tod durch Erschießen. Man müßte Sie* […] *in Qual und Elend verenden lassen.«* Dennoch forschte er dann nach den Motiven Laurentz', sich »freiwillig zum Lagerdienst« zu melden, ein verblendeter junger Mann. Als dieser erklärte, »das Gequatsche satt« zu haben, entschloss sich Rubin doch, sein Vorhaben umzusetzen, nun tauchte aber Marlies auf und warf sich zwischen ihn und Laurentz.[2034]

Seine »Hilflosigkeit« sei ihm während des Gesprächs mit Laurentz »immer peinlicher zum Bewußtsein gekommen«, »unmöglich« sei es ihm erschienen, »diesem zitternden Knochenbündel etwas anzutun«, bis es eben von »Gequatsche« sprach. Und dann sei es zu spät gewesen, wollte er nicht auch Marlies töten.[2035] Sechs Jahre später verfolgt Giladi Laurentz immer noch[2036], denn es gibt, so legt er Gerlan dar,

2032 Vgl. Sperber, Der schwarze Zaun, S. 71, 75 f. Vgl. dazu auch Sperber, Die verlorene Bucht, S. 1000. Giladi/Rubin nennt die beiden Namen in »Der schwarze Zaun« nicht.
2033 Vgl. Sperber, Der schwarze Zaun, S. 79 f., 75.
2034 Vgl. Sperber, Der schwarze Zaun, S. 76–91 (Hervorhebungen im Original).
2035 Vgl. Sperber, Der schwarze Zaun, S. 89 f.
2036 Vgl. Sperber, Der schwarze Zaun, S. 83.

> »Gründe, die es verbieten, daß die Laurentze ungestraft an unserem Leben weiter teilhaben sollen. Eine moralische Katastrophe endet […] nur mit der Beseitigung jener, die ihre Verursacher waren«.[2037]

Für Albert Gerlans Versuche, aus psychologischer Perspektive Verständnis für Liebmann/Laurentz zu wecken, zeigt sich Giladi nicht empfänglich. Der Umstand, dass »Thomas Laurentz […] Halbjude« sei, steigere dessen »Schuld« ins Unermessliche.[2038] Seine »Gefühle«, erklärt Giladi später Maria, seien »verworrener […] als die eines Waisenkindes, das zu vielen Frauen Mutter gesagt und nie ein Zuhause gehabt hat«. Er erzählt ihr von der Ermordung seiner Frau und seines Sohnes und vom Sterben eines »seltsame[n] junge[n] Mensch[en]«, der ihn »gerettet« habe, während er »nichts für ihn tun« konnte. Gemeint ist zweifellos der junge Rabbi Bynie aus »Die verlorene Bucht«. Er habe aufgrund all dieser Erlebnisse »die Entdeckung« gemacht, »daß sich retten könne, wer es zustande brächte, das Unvergängliche zu lieben«. So sei er zu der Auffassung gelangt, »daß man nur Gott lieben müßte, eben weil er, er allein, nicht sterben kann«. Doch müsste »man ihn jeden Tag aufs neue erfinden. Sobald man dessen müde wird, begreift man, daß er nur so lange unvergänglich ist, als wir Sterblichen es wollen«.[2039]

Als Dorten mit einer Wasserkanne nach Gerlan wirft, stellt sich Giladi in den Weg und wird gerade an seinem noch immer schmerzempfindlichen Armstumpf getroffen. Dorten ist entsetzt und beginnt zu weinen, Giladi versucht ihn zu beruhigen. Durchaus in Hörweite Gerlans erzählt er, dass er seinen »gefährlichen Plan« aufgegeben habe und nun durchaus »zwei Tage« bei ihm bleiben könne. Dorten solle ihn aber nicht Benjamin Giladi, sondern bei seinem früheren Namen »Edi« nennen, »Edi Rubin«.[2040]

> »Dorten«, so räsoniert Gerlan, »brauchte und fand immer jemanden, der sich seiner annahm. Diesmal hatte er Glück: Edi war noch einsamer als er, ein ewig älterer Bruder, der einen verstorbenen Vater ersetzt. Und daß der Fremde ein ›Krüppel‹ war, erleichterte dem verwirrten, vom Gefühl der eigenen Nichtigkeit erdrückten Walter diese Beziehung, in der er sich hin und wieder einreden konnte, der Gebende zu sein. Im Guten und im Schlechten

2037 Sperber, Der schwarze Zaun, S. 84.
2038 Vgl. Sperber, Der schwarze Zaun, S. 111.
2039 Vgl. Sperber, Der schwarze Zaun, S. 121.
2040 Vgl. Sperber, Der schwarze Zaun, S. 185–188.

> hat, was die Menschen tun, mehr Sinn, größere Reichweite, als sie gewöhnlich ermessen können.«[2041]

Dortens manifeste *Minderwertigkeitsgefühle* gegenüber Gerlan finden in Bezug auf Rubin zunächst keine Nahrung, ist dieser in Dortens eigenem Verständnis »ein Krüppel« und ein »[a]rmer Mann«. Zwar ist es Dorten, der unmittelbar nachdem er diese Äußerung getätigt hat, zusammenbricht, und Rubin hilft ihm auch, doch lässt Dorten dies widerspruchslos geschehen, ebenso wie er Edis Angebot, ein paar Tage zu bleiben, annimmt.[2042] Vielleicht ist es eine Art *Gemeinschaftsgefühl*, das Dorten mit Edi aufbauen kann.

6.3.2.5 Thomas Liebmann/Theo Laurentz

Liebmanns Vater war »jedenfalls [...] Jude [...], ein seinerzeit wohlbekannter Ingenieur und Industrieller in Norddeutschland«, der sich 1943 gemeinsam mit seiner Ehefrau das Leben genommen hat.[2043] Nun lebt er von der Unterstützung seines begüterten Onkels, der ihn zu Gerlan »geschickt« hat, weil den jungen Mann »Schlaflosigkeit« plage, zudem

> »die Unfähigkeit, einer regelmäßigen Tätigkeit nachzugehen, zeitweilige nervöse Herzbeschwerden, schließlich ein vehementes *taedium vitae* und eine für sein Alter erstaunliche sexuelle Enthaltsamkeit [...].«[2044]

Berufliche Betätigungen aller Art gibt er nach mehr oder minder kurzer Zeit wieder auf, »überall das gleiche, immer war das Zeichen zum Aufbruch ein plötzlich auftauchendes Leiden [...]«.[2045] Der einzige Traum, im Grunde »ein Bruchstück«, den Liebmann Gerlan schildert, handelt von »einer weißen Holzhütte«, die sich »auf« einem »kleinen Hügel« befindet. Der Träumende will zu der Hütte gelangen, wird aber von jemandem daran gehindert.[2046] Gerlan fordert nach dem Gespräch mit Giladi nachdrücklicher als sonst eine Präzisierung des Traumes ein, und sei sie auch erfunden. Daraufhin dringt der Träumende zur Hütte vor und findet die Türe »angelehnt«. Sein »[Z]ögern«, hineinzugehen, deutet Gerlan als »Angst«, was Liebmann zunächst vehement zurückweist. Sein Verhalten gründe nur darin, dass es in der Hütte finster bleibe, selbst wenn er

2041 Sperber, Der schwarze Zaun, S. 189.
2042 Vgl. Sperber, Der schwarze Zaun, S. 186f.
2043 Vgl. Sperber, Der schwarze Zaun, S. 69.
2044 Vgl. Sperber, Der schwarze Zaun, S. 70 (Hervorhebungen im Original); vgl. auch ibid., S. 100.
2045 Vgl. Sperber, Der schwarze Zaun, S. 101.
2046 Vgl. Sperber, Der schwarze Zaun, S. 70.

die Tür öffnete, »drinnen im Keller ist es Nacht, immer nur Nacht«. Also wende er sich ab und »gehe weiter, durch ein kleines Wäldchen«. An einem »Teich« sieht er »nackte Gestalten, Menschen«, und beim Versuch, von ihnen fortzukommen, sieht er sich von lauter »tot[en]« Bäumen umgeben. Kein Weg führt »aus dem Toten Wald hinaus«, »es gibt kein Zurück«.[2047]

Gerlan äußert die Vermutung, dass sich Liebmann »während des Krieges viel in Kellern aufgehalten« habe. Liebmann bestreitet das, und Gerlan vermutet eine Lüge. Er weist ihn auf den Mann hin, der »im Lager Treblinka [...] gewesen« sei und die Initialen »Th. L.« führe, worauf Thomas Liebmann entgegnet, niemanden mit solchen Anfangsbuchstaben zu kennen. Als die Nachfrage Gerlans für Liebmann das Problem dieser Aussage offenbart, reagiert er mit Wut. Schließlich räumt er mehr oder weniger ein, sich unter dem Namen Theo Laurentz als SS-Scherge in Trebkinka aufgehalten zu haben. Gerlan kommt zu dem Schluss, dass »dieser Th. L. [...] [s]eit seinem fünften Lebensjahr [...] keine neuen Gefühle mehr produziert oder übertragen« habe. Mit »vierzehn« habe er begonnen, »sich vor allem zu verschließen, was ein wirklich neues Erlebnis hätte sein können«.[2048]

Offenbar erzählt Liebmann Gerlan noch, dass »seine Eltern« ausgewandert seien und er in Deutschland verblieb, dort »mit Begeisterung Hitlerjunge, dann SS-Mann und schließlich Spezialist in der Ausrottung von Juden« geworden sei.[2049] Immerhin, so berichtet er später, habe er den »Korvettenkapitän Joachim Laurentz« für seinen Vater gehalten. Dazu, entsprechende Angaben bei den Behörden zu machen, sei seine Mutter von ihrem Bruder gedrängt worden, der selbst »SS-Mann« war. Auch »ihre Vettern« seien »fast alle in der Bewegung« gewesen.[2050] Seine rassistische Denkungsart hat Liebmann/Laurentz beibehalten, was nicht zuletzt daran erkennbar ist, dass er ganz selbstverständlich von »Mischlingen« und »Ariern« redet.[2051] Liebmanns Selbstgewissheit ist, trotz nächtlicher Angstzustände und bedrohlicher Träume, beachtlich. Die »einzige« Frau, »die es sich verdient hat, daß ich sie heirate«, legt er Gerlan dar, sei Marlies, denn sie habe ihm »nie Fragen gestellt«, ihm »nie etwas vorgeworfen«. Die Erinnerung an Marlies löst sogar einen regelrechten »Redestrom« aus, wenngleich einen »wirren«.[2052] Ansonsten ist Liebmann/Laurentz eher

2047 Vgl. Sperber, Der schwarze Zaun, S. 100.
2048 Vgl. Sperber, Der schwarze Zaun, S. 102–105.
2049 Vgl. Sperber, Der schwarze Zaun, S. 111.
2050 Vgl. Sperber, Der schwarze Zaun, S. 152.
2051 Vgl. Sperber, Der schwarze Zaun, S. 153.
2052 Vgl. Sperber, Der schwarze Zaun, S. 151.

schweigsam, und auch seine Erinnerungen verschwommen, sind »verblaßt«.[2053] Dass es hier im klassisch Freud'schen Sinn um *Verdrängtes* geht, bedarf keiner weiteren Kommentierung. Die Verknüpfung dieser *Auffassung* des *Unbewussten* mit *Schuld* bzw. *Schuldgefühlen* inhäriert Freuds Auffassung des *Unbewussten* Sperber zufolge ganz grundsätzlich.[2054] Gerlans Erklärung für Liebmanns Verhalten ist zudem entwicklungspsychologisch konfiguriert. Die emotionale Entwicklung des Patienten sei frühzeitig an ein Ende gelangt und im entsprechenden Stadium stehen geblieben.

Ein Traum, den er in seiner letzten Sitzung mit Gerlan schildert, zeigt ihn mit einem »dicken großen Mann« in einem Boot, das zu kentern droht, wobei der Mann, der hinter ihm sitzt, erklärt, »nicht ertrinken« zu können, weil er bereits tot sei. Der Traum verursacht ihm Übelkeit.[2055] Gerlan deutet den Traum so, dass »der geträumte Mann mehr als nur eine Person aus« Liebmanns »Vergangenheit sein« könne. Das überrascht Liebmann, der meint, aus der Sicht »moderne[r] Traumdeutung« müsse es in der Deutung »um Libido« und »Ödipuskomplex« gehen. Es sei, so Gerlan, zwar sehr deutlich, dass Liebmann seinen »Vater töten wollte«. Dies allerdings »am dringlichsten« zu seiner Zeit, da er »überzeugt« gewesen sei, »daß Heinrich Liebmann gar nicht« sein »Vater war«. Zudem habe er »indirekt ihn und direkt seinesgleichen« keineswegs »im Traum, sondern in Wirklichkeit ausgerottet«.[2056] Im Grunde unterstreichen diese Interpretationen nochmals die Relevanz psychoanalytisch bzw. individualpsychologisch inspirierter Konzepte, die Sperber unter dem Titel *deutende Psychologie* zusammengefasst hat, für die Figurenkonstruktionen in diesem Roman.

Auf gar keinen Fall ist Liebmann bereit, sich seinem Onkel, von dem er finanziell abhängt, zu offenbaren. Die Vorstellung erfüllt ihn mit Entsetzen, und als Gerlan ankündigt, den Onkel diesfalls selbst aufzuklären, droht Liebmann dem Arzt gar mit Gewalt.[2057]

6.3.2.6 Ferdinand Franke

Einige Zeit nach seinem Gespräch mit Franke erhält Gerlan von seinem eigenen Anwalt ein Dossier über seinen Kontrahenten, in dem es heißt, dieser pflege sich »*aus unerfindlichen Gründen* [...] *selbst in ein falsches Licht*« zu setzen, »*besonders um als gefühlloser Mensch und Geizhals zu gelten*«. Im Grunde sei er wohltätig, helfe »*notleidenden Menschen*« mit »*große*[n] *Summen*«. Im Übrigen

2053 Vgl. Sperber, Der schwarze Zaun, S. 151, 147.
2054 Vgl. Kapitel A.
2055 Vgl. Sperber, Der schwarze Zaun, S. 145.
2056 Vgl. Sperber, Der schwarze Zaun, S. 154.
2057 Vgl. Sperber, Der schwarze Zaun, S. 156f.

klage er häufig *»über schwere Krankheiten«*, um *»bemitleidet«* zu werden, doch werde allgemein angenommen, *»daß ihm ein hohes Alter beschieden sein dürfte«*.[2058] Als er dies liest, wird Gerlan klar, dass Franke ihn mit der Ankündigung seines nahen Todes infolge schwerer Krankheit »entwaffnet« habe. Allerdings muss die vom Verfasser des Dossiers vertretene Auffassung auch gar nicht richtig sein. Letzten Endes erscheint die Klärung dieser Frage Gerlan »unwichtig«, von Relevanz nur, »daß es dem Mann gelungen war, im Sohn neue Zweifel am Vater zu wecken und alte Zweifel aufs neue zu begründen. Er hatte den Toten mit schwarzen Lattenzäunen umgeben«.[2059]

Franke erscheint insofern als hochgradig manipulativ, fast ein *angewandter Psychologe* wie einst Marcell Haran einer gewesen ist, wo auch immer die Triebkräfte dafür liegen mögen. Frankes Darstellung und eigene Ausführungen verweisen individualpsychologisch gesehen auf Minderwertigkeitsgefühle und Kompensationsbemühungen. So wird das äußere Erscheinungsbild des Anwalts als wenig einnehmend beschrieben, Alberts Vater attestiert Franke, »das unverschämteste Glück gehabt zu haben«, und die Freundin habe er ihm obendrein ausgespannt.[2060] Von hoher Symbolkraft ist für Franke der Umstand, dass er und Gerlan senior ursprünglich beide den Vornamen *Ferdinand* trugen und Gerlan diesen später, als er aus der Mode kam, strich und nur noch seinen zweiten Vornamen, Bernhard, führte.[2061]

6.4 Literarische Umsetzungsweisen

6.4.1 Vorüberlegungen

Der fragmentarische Charakter des Romans wird schon dadurch sichtbar, dass bestimmte Themen oder Erzählstränge angedeutet, aber nicht weiter ausgeführt werden. Dies zeigt sich, dass etwa die Bedeutung(en) des schwarzen Zauns für Albert und für den Roman zwar angedeutet wird (werden), aber doch vage bleiben, insbesondere, je mehr sich die Erklärungen auf unbewusstes, verschüttetes Terrain begeben. Wichtige Figuren wie Anna und Maria bleiben skizzenhaft, auch ein wenig widersprüchlich, ohne dass dieser Widersprüchlichkeit selbst weiter Aufmerksamkeit geschenkt würde.

2058 Vgl. Sperber, Der schwarze Zaun, S. 163 f. (Hervorhebungen im Original).
2059 Vgl. Sperber, Der schwarze Zaun, S. 164.
2060 Vgl. Sperber, Der schwarze Zaun, S. 128, 135 f., 140.
2061 Vgl. Sperber, Der schwarze Zaun, S. 128.

6.4.2 Darstellungsmodalitäten[2062]

6.4.2.1 Aufbau und Zeit

Der Roman umfasst acht Kapitel. Er ist vermutlich im Jahr 1951 angesiedelt. Die Datierung ergibt sich daraus, dass Edi Rubin bzw. Benjamin Giladi in seinem ersten Gespräch mit Albert Gerlan ausführt, seit seinen Nachforschungen in Deutschland 1945 seien sechs Jahre vergangen, und Liebmann/Laurentz an anderer Stelle überlegt, dass er »[s]eit dem Zusammenbruch, seit sechs Jahren« nur noch »[w]arten« würde.[2063] Da Liebmann/Laurentz während der NS-Herrschaft ein SS-Angehöriger war, kann davon ausgegangen werden, dass er mit »Zusammenbruch« das Ende des Zweiten Weltkriegs meint.[2064] Die Handlung folgt im Wesentlichen einem chronologischen Verlauf und erstreckt sich über einige Monate, wohl ein knappes Jahr (der Roman beginnt im Frühling und endet im Winter).[2065]

Vom chronologischen Erzählverlauf wird in Form verschiedentlich platzierter Analepsen abgewichen, etwa, wenn Albert von seinem Truffaldino-Erlebnis erzählt, Ferdinand Franke seine Eingriffe in das Leben Bernhard Gerlans schildert oder Giladi/Rubin von seiner Suche nach Laurentz/Liebmann berichtet. Neben dem »*zeitraffende*[n] bzw. *summarische*[n] Erzählen« der auktorialen Erzählinstanz finden sich im Modus direkter Rede auch Beispiele für »*zeitdeckende*[s] Erzählen«.[2066] Die Erzählung erstreckt sich über mehrere Monate; im Großen und Ganzen liegt also, bei einem Roman von 190 Druckseiten, zeitraffendes Erzählen vor. Die Frequenz der Erzählung ist singulativ.[2067]

6.4.2.2 Modus

Erzählt werden Ereignisse sowie auch Worte und Gedanken. Letzteres insbesondere, wenn es um direkte Figurenrede geht, die im Roman häufig vorkommt. Sie liegt aber auch dort vor, wo, etwa in den Erinnerungen Giladis,

2062 Das folgende Schema lehnt sich an Martìnez/Scheffel, Einführung in die Erzähltheorie, S. 33 ff., 50 ff., 71 ff., 94 ff., an.

2063 Vgl. Sperber, Der schwarze Zaun, S. 83, 147.

2064 Vgl. z. B. Hobuß, Steffi: I. C1 Mythos »Stunde Null«. In: Fischer, Torben/Lorenz, Matthias N. (Hg.): Lexikon der »Vergangenheitsbewältigung« in Deutschland. Debatten- und Diskursgeschichte des Nationalsozialismus nach 1945. 3., überarb. u. erw. Aufl. Bielefeld: transcript Verlag 2015 (Histoire, Bd. 52). S. 44 f.

2065 Vgl. Sperber, Der schwarze Zaun, S. 33, 35 f., 181 ff.

2066 Vgl. Martínez/Scheffel, Einführung in die Erzähltheorie, S. 35, 44 (Hervorhebung im Original).

2067 Zur Terminologie vgl. Martínez/Scheffel, Einführung in die Erzähltheorie, S. 45, 48.

»transponierte Figurenrede« in Verwendung steht.[2068] Vielfach findet sich, sofern eben aus Sicht einer Figur erzählt wird, was namentlich in den Fällen Albert Gerlans oder Benajmin Giladis der Fall ist, oder sich Figuren sonst in Form direkter Rede äußern, eine »[i]*nterne Fokalisierung*« vor, ansonsten *»Nullfokalisierung«*, wenn die auktoriale Erzählinstanz spricht.[2069] Erzählt wird von einem späteren Zeitpunkt aus. Der auktoriale Erzähler ist dem *»extradiegetisch-heterodiegetischen«* Typus zuzurechnen, er kommt in seiner Geschichte selbst nicht vor.[2070]

An vielen Stellen des Romans/Romanfragments wird die auktoriale Erzählform mittels direkter Rede durchbrochen. Zudem tritt neben die für Sperbers Romane typische auktoriale Erzählinstanz teilweise eine personale Erzählsituation, namentlich in den ersten drei Kapiteln, worin aus der Perspektive Albert Gerlans erzählt wird, allerdings in der dritten Person. Selbst Gedanken Anna Gerlans werden aus Alberts Sicht vorgetragen, wenngleich als Vermutungen ausgewiesen.[2071] Auch hier wird der Erzählduktus durch indirekte Rede durchbrochen. Die entsprechenden Passagen können vergleichsweise lang sein, etwa in den Ausführungen Ferdinand Frankes, die schon einmal rund anderthalb Seiten am Stück umfassen können.[2072] Gedanken oder Erinnerungen von Protagonistinnen und Protagonisten werden teils auch von der auktorialen Erzählinstanz geschildert, aus der Perspektive der oder des Betroffenen, in der dritten Person. Besonders intensiv findet sich dieses Verfahren beim ersten Auftritt Benjamin Giladis im Roman, dessen Erinnerungen an seine Suche nach Laurentz/Liebmann, an denen er Albert Gerlan ganz offenbar teilhaben lässt, auch optisch durch Kursivsatz kenntlich gemacht werden.[2073]

Die *»Innenwelt«* der Protagonistinnen und Protagonisten gelangt mithin auch in »Der schwarze Zaun« wieder auf unterschiedliche Weisen zur Darstellung.[2074] Wenngleich gewissermaßen als Grundtönung die Perspektive eines auktorialen Erzählers vorherrscht, kommen die Figuren sehr häufig und ausführlich in Form direkter Rede zum Ausdruck. Die entsprechenden Passagen lassen den auktorialen Erzähler in den Hintergrund treten, sie bringen Gedanken und

2068 Zur Terminologie vgl. Martínez/Scheffel, Einführung in die Erzähltheorie, S. 55 f. (Hervorhebungen im Original).

2069 Zur Terminologie vgl. Martínez/Scheffel, Einführung in die Erzähltheorie, S. 68 (Hervorhebungen im Original).

2070 Zur Terminologie vgl. Martínez/Scheffel, Einführung in die Erzähltheorie, S. 86 (Hervorhebungen im Original).

2071 Vgl. Sperber, Der schwarze Zaun, S. 10–12.

2072 Vgl. z. B. Sperber, Der schwarze Zaun, S. 142 f.

2073 Vgl. Sperber, Der schwarze Zaun, S. 73–75, 76–83, 85–89.

2074 Zum Zitat vgl. Stanzel, Theorie des Erzählens, S. 171 (Hervorhebung im Original).

Sichtweisen zum Ausdruck, die den jeweils handelnden Personen unmittelbar zuzuschreiben sind.

Konkret kommt Albert Gerlan häufig im Modus direkter Rede zu Wort, teils werden seine Gedanken und Stimmungen von der auktorialen Erzählinstanz geschildert. Auch andere Figuren sprechen zu oder über Albert und ergänzen so das Figurenprofil. Anna Gerlans Gedanken werden zunächst als Vorstellungen Alberts artikuliert, in weiterer Folge jedoch überwiegend im Modus direkter Rede, nur zu Beginn, nachdem sie Alberts Seitensprung entdeckt hat, erhalten wir Informationen über ihre Gefühle und Überlegungen durch die auktoriale Erzählinstanz. Maria Gerlan informiert die Leserin/den Leser meist im Modus direkter Rede über sich selbst. Nur gelegentlich, etwa wenn sie vor dem Spielclub auf Albert wartet, springt gewissermaßen die auktoriale Erzählinstanz ergänzend ein. Auskünfte über Giladi/Rubin kommen fast ausschließlich von diesem selbst, in Form direkter Rede oder eingeschobener Erinnerungen, die im Text als solche gekennzeichnet sind. Gedanken anderer, insbesondere Alberts oder Marias über ihn, sind teils selbst in direkter Rede gehalten, teils durch die auktoriale Erzählinstanz vorgetragen. Über Liebmann/Laurentz erfahren wir hauptsächlich durch Giladi/Rubin etwas. Er selbst ist schweigsam, was sich auch in einer zurückhaltenden Nutzung der direkten Rede bemerkbar macht. Die auktoriale Erzählinstanz ist in seinem Fall stärker vertreten als bei den anderen Figuren. Sie bringt dabei insbesondere die Perspektive Alberts auf seinen Patienten zum Ausdruck. Ferdinand Franke macht sich fast gänzlich in Form direkter Rede bemerkbar. Ergänzend erfahren wir, aus Sicht der auktorialen Erzählinstanz, Gedanken Alberts sowie seine Erinnerungen, die während des Gesprächs mit Franke auftauchen.

Individualpsychologisch interessant ist in »Der schwarze Zaun« vor allem der Umstand, dass die Erzählung im Wesentlichen aus der Perspektive eines Psychotherapeuten entwickelt wird, der sich selbst in einer schweren persönlichen Krise befindet. Verdrängtes kommt hoch, blinde Flecken werden spürbar, Selbst- und Fremdwahrnehmung klaffen auseinander.

6.4.2.3 Kontexte

Intertextuelle Bezüge ergeben sich aus Referenzen an »Die verlorene Bucht«, da einer der zentralen Protagonisten, Edi Rubin, nun ebenfalls als wichtige Figur auftritt. Aber auch an »Tiefer als der Abgrund« verweist »Der schwarze Zaun«, da die Eltern Thomas Liebmanns, Heinrich und Gertrud, dort begegnen und ihr Suizid angedeutet wird.[2075]

2075 Vgl. Sperber, Tiefer als der Abgrund, S. 696, 698.

Die Möglichkeiten für ehemalige Nazis, in der Schweiz unterzutauchen oder ein neues Leben zu beginnen, wurde Anfang der 1950er-Jahre verschiedentlich thematisiert, auch literarisch. Besonders hervorzuheben ist dabei gewiss Friedrich Dürrenmatts Roman »Der Verdacht«, der ab Herbst 1951 in Fortsetzungen veröffentlicht wurde.[2076]

2076 Vgl. Dürrenmatt, Friedrich: Der Verdacht. Ein Kriminalroman. 1951. In: Dürrenmatt, Friedrich: Gesammelte Werke, Bd. 4: Romane. Zürich: Diogenes 1996, S. 119–265.

7 Zur Relevanz individualpsychologischer Perspektiven für Sperbers literarisches Schreiben

In den Romanen Sperbers finden sich zahlreiche Topoi, die aus psychologischer und psychotherapeutischer Sicht sehr vertraut anmuten, zumindest für Freud- und Adler-Leserinnen und -Leser. Einschlägige Aspekte wie die Bedeutung von Träumen, Entwicklungspsychologie, Lebensplan, Lebensstil, Formen von Angst, Minderwertigkeitsgefühle, Kompensation und Überkompensation, Selbsterziehung, *das Unbewusste,* durchaus als *das Unverstandene* im Sinne Adlers, aber teils auch korreliert mit Schuldgefühlen, wie Sperber sie bei Freud als zentral für dessen Verdrängungstheorie erachtet, sowie nicht zuletzt die Gestalt *des Psychologen* selbst erweisen sich in allen fünf untersuchten Romanen als hochgradig relevant. In dem frühen Roman »Charlatan und seine Zeit« sowie in dem Romanfragment »Der schwarze Zaun« stehen diese Themen und Perspektiven sehr deutlich im Vordergrund, während sie in den Romanen der Trilogie »Wie eine Träne im Ozean« dezenter positioniert sind und ihre Entdeckung vielleicht einen für Fragen dieser Art geübten Blick erfordert. Vorhanden sind sie allemal, und sie fundieren gewissermaßen auch in den Bänden dieser Trilogie thematische wie figurale Konstellationen.

Die Themen *Minderwertigkeit, Kompensation* und *Überkompensation* erweisen sich in »Charlatan und seine Zeit«, in »Der verbrannte Dornbusch« und »Der schwarze Zaun« als motivational sowie für das Handeln einiger Figuren als wichtig. So scheinen beide Hauptfiguren in »Charlatan und seine Zeit«, Wanja und Marcell, davon angetrieben, ihre Minderwertigkeitsgefühle kompensatorisch in den Griff zu bekommen. Auf motivationaler Ebene wird dies insofern relevant, als die wechselseitigen Verstrickungen beider Akteure, vor allem auch einer dritten Protagonistin Ljisa, aus den daraus entstehenden Konflikten erklärbar sind. Marcell wie Wanja versuchen sich vor Enttäuschungen zu schützen bzw. dominantes Verhalten an den Tag zu legen und leisten damit konstitutive Beiträge dazu, die emotional wenig stabile Ljisa in den Suizid zu treiben. In »Der schwarze Zaun« begegnen Minderwertigkeitsgefühle und darauf bezogene Kompensationsversuche im Zusammenhang mit dem Erzählstrang, der den Maler Dorten sowie dessen Beziehung zu Gerlan und Rubin betrifft, sowie in Bezug auf unbewusste Antriebskräfte für Albert Gerlans Verhalten. In »Der verbrannte Dornbusch« werden Minderwertigkeitsgefühle motivational in vielfacher Hinsicht wirksam, so im Zusammenhang mit ganz unterschiedlichen Handlungen, gewissermaßen als subkutane Konzepte, die zugleich in psychologischer Hinsicht einzelne Figuren (wie Mara, Karel) in ihren Entscheidungen nachdrücklich beeinflussen.

Das Unbewusste und sein Wirken zieht sich einerseits als motivationales Thema, andererseits als wichtiger Aspekt der Figurenkonstruktion durch alle fünf Romane. Es sind unbewusste, zuallermeist im (aus Sperbers Sicht jedenfalls) Adler'schen Sinn unverstandene Bewusstseinsanteile, die einerseits maßgeblich steuernd auf die Handlung wirken, andererseits das Verhalten bestimmter Akteurinnen und Akteure in konkreten Situationen erklärlich machen. In »Charlatan und seine Zeit« und in »Der schwarze Zaun« geschieht, was geschieht, zuallermeist aus unbewussten Motiven der Handelnden heraus, mögen sie auf Minderwertigkeitsgefühlen (Marcell, Wanja, Dorten), Traumatisierungen (Albert Gerlan, Giladi/Rubin) oder uneingestandenen, schambesetzten und deshalb entschieden zurückgedrängten Empfindungen (Ljisa) basieren. In »Der verbrannte Dornbusch« werden niemals reflektierte und insofern unaufgearbeitete Sehnsüchte (z. B. zu glauben, woran auch immer), in »Tiefer als der Abgrund« und in »Die verlorene Bucht« werden massive Ängste, seien sie sozial adressiert oder aggressiv, gleich mehrfach handlungsleitend (besonders zugespitzt in den Figuren Djura und Karel). In »Die verlorene Bucht« übersetzen sich unbewusste Vorgänge, zu denen unbearbeitete Erlebnis- und Erfahrungsinhalte genauso gehören wie transgenerationale Themen oder Suchtverhalten sogar schon symbolisch verdichtet in die Lebenswelt eines zentralen Protagonisten, wenn ein gänzlich überladener Tisch beschrieben wird, der jedenfalls mit der kakanischen Vergangenheit Polens zu tun hat, auch mit Gewalt und Zerstörung.

Zerstörte oder zumindest schwer erschütterte *Lebenspläne* können ebenfalls als strukturierende thematische Merkmale aller fünf Romane betrachtet werden, desgleichen als maßgebliche Facetten zahlreicher Figurenkonstruktionen. Wie mit dem Scheitern umgegangen wird, ist handlungsleitend, ob etwas ganz Neues entwickelt wird (Edi Rubin), der Protagonist resigniert (Stetten) oder seinen *Lebensplan* grundlegend überarbeitet (Dojno), hängt von vielen Aspekten ab. Deren Implikationen und Folgen wiederum tragen die Struktur der Handlung maßgeblich.

Das Thema *Gemeinschaftsgefühl* ist in allen fünf Romanen in hohem Maße relevant, wandelt aber seine Gestalt. Ist es in »Charlatan und seine Zeit« im Grunde ausschließlich positiv besetzt, wandelt es sich und erlangt in »Der verbrannte Dornbusch«, verdichtet insbesondere in Sönneckes Erlebnis mit dem Aufmarsch unzähliger Nationalsozialisten im Berlin des Jahres 1934, bereits gespenstische Konturen. In »Tiefer als der Abgrund« werden positive Empfindungen als handlungsleitend dort erkennbar, wo es um kleine Gemeinschaften geht. In »Die verlorene Bucht« verhält es sich ähnlich, doch finden sich dort auch sehr düstere Einschätzungen des *Gemeinschaftsgefühls,* bezogen auf größere Gruppen. In fast schon satirischer Weise werden die Drehungen und Wendungen, die Einstellungen und Haltungen in einer sehr emotionalen Weise über den Verlauf weniger Monate hinweg nehmen, anhand des Stimmungswandels in einer kleinen Hafenstadt in Dalmatien zur Darstellung gebracht.

Psychologie als solche, und insbesondere die Gestalt des Psychologen sind zentrale Themen namentlich in »Charlatan und seine Zeit« und in »Der schwarze Zaun«, worin sogar zentrale Handlungsträger selbsternannte (Marcell Haran) oder fachkundige (Albert Gerlan) *Psychologen* in jenem weiten Sinn sind, den Sperber mit dem Wort verband. In den Romanen der Trilogie »Wie eine Träne im Ozean« ist diese Thematik etwas verborgener untergebracht, aber doch sehr klar erkennbar. Nicht zuletzt die in »Der verbrannte Dornbusch« sowie in »Tiefer als der Abgrund« stark handlungsbestimmenden Interaktionen zwischen Stetten und Faber sind in diesem Zusammenhang zu erwähnen. In »Die verlorene Bucht« begegnet dann in der Gestalt Bynies nochmals ein wahrer Psychologe im Sperber'schen Verständnis, dessen psychologisches Einfühlungsvermögen ebenso wie seine Schlussfolgerungen mit einer spezifischen Art, man könnte sagen psychoanalytischen Zuhören-Könnens gründen. Auf der Figurenebene vollzieht sich ein bemerkenswerter Wandel, der in gewisser Hinsicht auch eine Fortsetzung in »Der schwarze Zaun« findet. War Marcell Haran noch in erster Linie ein Manipulator, der seine psychologischen Fähigkeiten gegen andere und zu deren Nachteil einsetzte, so wollen Bynie und Gerlan in allererster Linie helfen und können es vielfach auch.

8 Ausblicke, Perspektiven

So lässt sich insgesamt die These aufstellen, dass Sperber als Übersetzer und Fortführer von Adlers theoretischem Ansatz in eine breiter aufgestellte, mehr philosophisch, soziologisch und historisch fundierte Konzeption gesehen werden könnte. Dabei bleibt zu beachten, dass Sperbers Auffassung von Individualpsychologie bzw. seine eigenen individualpsychologischen Theorieansätze auch jenseits politischer Implikationen stets spezifische Konturen aufwiesen, die sich im Lauf der Zeit doch sehr deutlich von den Positionen Adlers und vieler seiner Schülerinnen und Schüler unterschieden.[2077] In technischer Hinsicht schafft Sperbers Vermischung der Perspektive eines allwissenden Erzählers und jener der handelnden Figuren in den Romanen ein Szenario, das einer »Analyse-Situation« sehr nahekommt. Der Erzähler übernimmt dabei die Rolle eines Analytikers, während die Figuren als Analysanden und Analysandinnen gesehen werden könnten. Wie in der klassischen Psychoanalyse bleibt die Deutungshoheit in letzter Konsequenz beim Analytiker/bei der Analytikerin. Allerdings kommt auch die Perspektive von Leserinnen und Lesern hinzu, die keineswegs gezwungen sind, der Sicht des Erzählers zu folgen. Sie können und werden ihre eigenen Deutungen auf den Text und mithin auch auf die implizite Psychoanalyse jeweils selbst entwickeln, was zugleich den Analyseprozess öffnet.

Insgesamt hat Manès Sperber mit seinen Arbeiten einen immensen Beitrag zum Fortbestand und zur Tradierung der Individualpsychologie geleistet. Als Schriftsteller und ausgebildeter »Psychologe«, »Psychotherapeut« oder »Heilpädagoge« war er für diese Aufgabe prädestiniert. Nicht immer ist ihm gebührend Anerkennung vonseiten der Individualpsychologinnen und -psychologen entgegengekommen. Diese Arbeit hat das Ziel nie aus den Augen verloren, Sperber als Individualpsychologen und Schriftsteller höchste Anerkennung zu zollen.

2077 Vgl. dazu z. B. auch Bruder-Bezzel, Alfred Adlers Wiener Kreise in Politik, Literatur und Psychoanalyse, S. 221 ff.

Literatur

Achleitner, Friedrich: Österreichische Architektur im 20. Jahrhundert. Ein Führer. Band 3/1: Wien. 1.–12. Bezirk. Salzburg: Residenz-Verlag 1990.

Adler, Alfred: Das Problem der »Distanz«. Über einen Grundcharakter der Neurose und Psychose (1914). In: Adler, Alfred: Persönlichkeitstheorie, Psychopathologie, Psychotherapie (1913–1937). Hg. v. Gisela Eife. Göttingen: Vandenhoeck & Ruprecht 2010 (Alfred Adler Studienausgabe, hg. v. Karl Heinz Witte, Bd. 3), S. 158–166.

Adler, Alfred: Das Problem der Homosexualität und sexueller Perversionen (1930). In: Adler, Alfred: Gesellschaft und Kultur (1897–1937). Hg. v. Almuth Bruder-Bezzel. Göttingen: Vandenhoeck & Ruprecht 2009 (Alfred Adler Studienausgabe, hg. v. Karl Heinz Witte, Bd. 7), S. 89–100.

Adler, Alfred: Der psychische Hermaphroditismus im Leben und in der Neurose. Zur Dynamik und Therapie der Neurosen. In: Adler, Alfred: Persönlichkeit und neurotische Entwicklung. Frühe Schriften (1904–1912). Hg. v. Almuth Bruder-Bezzel. Göttingen: Vandenhoeck & Ruprecht 2009 (Alfred Adler Studienausgabe, Bd. 1), S. 103–113.

Adler, Alfred: Der Sinn des Lebens (1933). In: Adler, Alfred: Der Sinn des Lebens (1933). Religion und Individualpsychologie (1933). Hg. v. Reinhard Brunner u. Ronald Wiegand. Göttingen: Vandenhoeck & Ruprecht 2008 (Alfred Adler Studienausgabe, hg. v. Karl Heinz Witte, Bd. 6), S. 23–176.

Adler, Alfred: Die andere Seite. Eine massenpsychologische Studie über die Schuld des Volkes. In: Adler, Alfred: Gesellschaft und Kultur (1897–1937). Hg. v. Almuth Bruder-Bezzel. Göttingen: Vandenhoeck & Ruprecht 2009 (Alfred Adler Studienausgabe, hg. v. Karl Heinz Witte, Bd. 7), S. 120–130.

Adler, Alfred: Die Individualpsychologie, ihre Voraussetzungen und Ergebnisse (1914). In: Adler, Alfred: Persönlichkeitstheorie, Psychopathologie, Psychotherapie (1913–1937). Hg. v. Gisela Eife. Göttingen: Vandenhoeck & Ruprecht 2010 (Alfred Adler Studienausgabe, hg. v. Karl Heinz Witte, Bd. 3), S. 143–157.

Adler, Alfred: Die Theorie der Organminderwertigkeit und ihre Bedeutung für Philosophie und Psychologie (1908). In: Adler, Alfred: Persönlichkeit und neurotische Entwicklung. Frühe Schriften (1904–1912). Hg. v. Almuth Bruder-Bezzel. Göttingen: Vandenhoeck & Ruprecht 2009 (Alfred Adler Studienausgabe, hg. v. Karl Heinz Witte, Bd. 1), S. 51–63.

Adler, Alfred: Individualpsychologie in der Schule (1929). Vorlesungen für Lehrer und Erzieher. In: Adler, Alfred: Schriften zur Erziehung und Erziehungsberatung (1913–1937). Hg. v. Wilfried Datler, Johannes Gstach u. Michael Wininger. Göttingen: Vandenhoeck & Ruprecht 2009 (Alfred Adler Studienausgabe, hg. v. Karl Heinz Witte, Bd. 4), S. 138–183.

Adler, Alfred: Individualpsychologie und Wissenschaft (1927). In: Adler, Alfred: Persönlichkeitstheorie, Psychopathologie, Psychotherapie (1913–1937). Hg. v. Gisela Eife. Göttingen: Vandenhoeck & Ruprecht 2010 (Alfred Adler Studienausgabe, hg. v. Karl Heinz Witte, Bd. 3), S. 292–302.

Adler, Alfred: Kindererziehung (1930). In: Adler, Alfred: Schriften zur Erziehung und Erziehungsberatung (1913–1937). Hg. v. Wilfried Datler, Johannes Gstach u. Michael Wininger. Göttingen: Vandenhoeck & Ruprecht 2009 (Alfred Adler Studienausgabe, hg. v. Karl Heinz Witte, Bd. 4), S. 203–273.

Adler, Alfred: Lebenslüge und Verantwortlichkeit in der Neurose und Psychose. Ein Beitrag zur Melancholiefrage (1914). In: Adler, Alfred: Persönlichkeitstheorie, Psychopathologie, Psychotherapie (1913–1937). Hg. v. Gisela Eife. Göttingen: Vandenhoeck & Ruprecht 2010 (Alfred Adler Studienausgabe, hg. v. Karl Heinz Witte, Bd. 3), S. 170–180.

Adler, Alfred: Menschenkenntnis (1927). Hg. v. Jürg Rüedi. Göttingen: Vandenhoeck & Ruprecht 2007 (Alfred Adler Studienausgabe, hg. v. Karl Heinz Witte, Bd. 3).

Adler, Alfred: Neue Leitsätze zur Praxis der Individualpsychologie (1913). In: Adler, Alfred: Persönlichkeitstheorie, Psychopathologie, Psychotherapie (1913–1937). Hg. v. Gisela Eife. Göttingen: Vandenhoeck & Ruprecht 2010 (Alfred Adler Studienausgabe, hg. v. Karl Heinz Witte, Bd. 3), S. 83–91.

Adler, Alfred: Neurosen: Zur Diagnose der Behandlung (1929). In: Adler, Alfred: Schriften zur Erziehung und Erziehungsberatung (1913–1937). Hg. v. Wilfried Datler, Johannes Gstach u. Michael Wininger. Göttingen: Vandenhoeck & Ruprecht 2009 (Alfred Adler Studienausgabe, hg. v. Karl Heinz Witte, Bd. 4), S. 184–202.

Adler, Alfred: Organdialekt (1912). In: Adler, Alfred: Persönlichkeit und neurotische Entwicklung. Frühe Schriften (1904–1912). Hg. v. Almuth Bruder-Bezzel. Göttingen: Vandenhoeck & Ruprecht 2009 (Alfred Adler Studienausgabe, hg. v. Karl Heinz Witte, Bd. 1), S. 250–259.

Adler, Alfred: Praxis und Theorie der Individualpsychologie. Vorträge zur Einführung in die Individualpsychologie für Ärzte, Psychologen und Lehrer. Hg. v. Wolfgang Metzger. 12. Aufl. Frankfurt am Main: Fischer Taschenbuch Verlag 2006.

Adler, Alfred: Traum und Traumdeutung (1913). In: Adler, Alfred: Persönlichkeitstheorie, Psychopathologie, Psychotherapie (1913–1937). Hg. v. Gisela Eife. Göttingen: Vandenhoeck & Ruprecht 2010 (Alfred Adler Studienausgabe, hg. v. Karl Heinz Witte, Bd. 3), S. 112–125.

Adler, Alfred: Trotz und Gehorsam (1910). In: Adler, Alfred: Schriften zur Erziehung und Erziehungsberatung (1913–1937). Hg. v. Wilfried Datler, Johannes Gstach u. Michael Wininger. Göttingen: Vandenhoeck & Ruprecht 2009 (Alfred Adler Studienausgabe, hg. v. Karl Heinz Witte, Bd. 4), S. 122–131.

Adler, Alfred: Über den nervösen Charakter (1912). Hg. v. Karl Heinz Witte, Almuth Bruder-Bezzel u. Rolf Kühn. Göttingen: Vandenhoeck & Ruprecht 2008 (Alfred Adler Studienausgabe, hg. v. Karl Heinz Witte, Bd. 2).

Adler, Alfred: Über männliche Einstellung bei weiblichen Neurotikern (1911). In: Adler, Alfred: Persönlichkeit und neurotische Entwicklung. Frühe Schriften (1904–1912). Hg. v. Almuth Bruder-Bezzel. Göttingen: Vandenhoeck & Ruprecht 2009 (Alfred Adler Studienausgabe, hg. v. Karl Heinz Witte Bd. 1), S. 181–212.

Adler, Alfred: Wozu leben wir? Mit einer Einführung v. Wolfgang Metzger. Aus dem Amerikanischen v. Elisabeth u. Wolfgang Schmidbauer. 11. Aufl. Frankfurt am Main: Fischer Taschenbuch Verlag 2006.

Adler, Alfred: Zur Kinderpsychologie und Neurosenforschung (1914). In: Adler, Alfred: Schriften zur Erziehung und Erziehungsberatung (1913–1937). Hg. v. Wilfried Datler, Johannes Gstach u. Michael Wininger. Göttingen: Vandenhoeck & Ruprecht 2009 (Alfred Adler Studienausgabe, hg. v. Karl Heinz Witte, Bd. 4), S. 31–49.

Adorno, Theodor W.: Theorie der Halbbildung. In: Adorno, Theodor W.: Soziologische Schriften I. Hg. v. Rolf Tiedemann unter Mitwirkung v. Gretel Adorno, Susan Buck-Morss u. Klaus Schultz. Lizenzausgabe Darmstadt: Wissenschaftliche Buchgesellschaft 1998 (Gesammelte Schriften, Bd. 8), S. 93–121.

Aichinger, Ingrid: Probleme der Autobiographie als Sprachkunstwerk (1970). In: Niggl, Günter (Hg.): Die Autobiographie. Darmstadt: Wissenschaftliche Buchgesellschaft 1989, S. 170–199.

Alba, Victor/Schwartz, Stephen: Spanish Marxism versus Soviet Communism. A History of the P.O.U.M. in the Spanish Civil War. New Brunswick, New Jersey: Transaction Publishers 2009.

Alt, Peter-André: Sigmund Freud. Der Arzt der Moderne. Eine Biographie. München: Beck 2016.

Altenberg, Peter: Fechsung. In: Das Buch der Bücher von Peter Altenberg, Bd. 2, zusammengestellt von Karl Kraus, hg. v. Gerlach, Rainer. Mit einem Essay v. Wilhelm Genazino. Göttingen: Wallstein 2009, S. 457–547.

Ansbacher, Heinz L./Ansbacher, Rowena (Hg.): Alfred Adlers Individualpsychologie. Eine systematische Darstellung seiner Lehre in Auszügen aus seinen Schriften. Mit Einführung und Anhang v. Ernst Bornemann. München/Basel: Reinhardt 1972.

Ansbacher, Heinz L./Ansbacher, Rowena (Hg.): Alfred Adlers Individualpsychologie. Eine systematische Darstellung seiner Lehre in Auszügen aus seinen Schriften. Bearbeitung der Quellen-Angaben und der Adler-Bibliographie v. Robert F. Antoch. 5. Aufl. München: Reinhardt 2004.

Apor, Balázs: Leader in the Making: The Role of Biographies in Constructing the Cult of Mátyás Rákosi. In: Apor, Balázs/Behrends, Jan C./Jones, Polly/Rees, E. A. (eds.): The Leader Cult in Communist Dictatorship. Stalin and the Eastern Bloc. Houndmills, Basingstoke, Hampshire/New York: Palgrave MacMillan 2004, pp. 63–80.

Arendt, Hannah: Elemente und Ursprünge totaler Herrschaft. Antisemitismus, Imperialismus, Totalitarismus. 9. Aufl. München: Piper 2003.

Arendt, Hannah: The Jew as Pariah: A Hidden Tradition (April 1944). In: Arendt, Hannah: The Jew as Pariah: Jewish Identity and Politics in the Modern Age. Edited and with an introduction by Ron H. Feldman. New York: Grove Press 1978, pp. 67–90.

Arendt, Hannah: We Refugees (January 1943). In: Arendt, Hannah: The Jew as Pariah: Jewish Identity and Politics in the Modern Age. Ed. and with an introduction by Ron H. Feldman. New York: Grove Press 1978, pp. 55–66.

Aristoteles: Poetik. Griech.-dt. Übers. u. hg. v. Manfred Fuhrmann. Bibliographisch ergänzte Ausgabe. Stuttgart: Reclam 1994 (= UB 7828).

Aronson, Irwin Michael: Troubled Waters. Pittsburgh et al.: Univ. of Pittsburgh Press 1990.

Assmann, Aleida/Assmann, Jan: Kanon und Zensur. In: Assmann, Aleida/Assmann, Jan (Hg.): Kanon und Zensur. Archäologie der literarischen Kommunikation II. München: Fink 1987, S. 7–27.

Assmann, Jan: Das kulturelle Gedächtnis. Schrift, Erinnerung und politische Identität in frühen Hochkulturen. 2., durchges. Aufl. München: Beck 1997.

Augustinus, Aurelius: Bekenntnisse. Lateinisch – Deutsch. Eingeleitet, übersetzt und erläutert v. Joseph Bernhart. Mit einem Vorwort von Ernst Ludwig Grasmück. 5. Aufl. Frankfurt am Main: Insel 1996 (it 1002).

[Austerlitz, Friedrich:] Die Mörder von Schattendorf freigesprochen! In: Arbeiter-Zeitung. Zentralorgan der Sozialdemokratie Österreichs. Nr. 193, 40. Jg., 15. Juli 1927, S. 1–2.

Baberowski, Jörg: Der rote Terror. Die Geschichte des Stalinismus. 4. Aufl. Frankfurt am Main: Fischer Taschenbuch 2018.

Baberowski, Jörg: Verbrannte Erde. Stalins Herrschaft der Gewalt. 2. Aufl. Frankfurt am Main: Fischer Taschenbuch 2019 (Fischer TB 19637).

Badinter, Elisabeth: Die Mutterliebe. Geschichte eines Gefühls vom 17. Jahrhundert bis heute. Aus dem Französischen v. Friedrich Griese. Neuausgabe 1991. 4. Aufl. München: Piper 1991.

Baßler, Moritz: Einleitung: New Historicism – Literaturgeschichte als Poetik der Kultur. In: Baßler, Moritz (Hg.): New Historicism. Literaturgeschichte als Poetik der Kultur. Frankfurt am Main: Fischer Taschenbuch Verlag 1995, S. 7–28.

Beauvoir, Simone de: Das andere Geschlecht. Sitte und Sexus der Frau. Neuübersetzung. Aus dem Französischen v. Uli Aumüller u. Grete Osterwald. Reinbek bei Hamburg: Rowohlt 1992.

Becker, Peter: Verderbnis und Entartung. Eine Geschichte der Kriminologie des 19. Jahrhunderts als Diskurs und Praxis. Göttingen: Vandenhoeck & Ruprecht 2002.

Beckermann, Ruth: Die Mazzesinsel. In: Beckermann, Ruth: Die Mazzesinsel. Juden in der Wiener Leopoldstadt 1918–1938. 4. Aufl. Wien: Löcker 1994, S. 9–23.

Beevor, Antony: Der Spanische Bürgerkrieg. Aus dem Englischen übertragen v. Michael Bayer. München: Bertelsmann 2006.

Benjamin, Walter: Das Kunstwerk im Zeitalter seiner technischen Reproduzierbarkeit. 3. Fass. In: Benjamin, Walter: Abhandlungen. Hg. v. Rolf Tiedemann u. Hermann Schweppenhäuser (= Benjamin, Walter: Gesammelte Schriften I, 2). 2. Aufl. Frankfurt am Main: Suhrkamp 1997 (stw 931), S. 471–508.

Benjamin, Walter: Das Passagen-Werk. Hg. v. Rolf Tiedemann. Frankfurt am Main: Suhrkamp 1991 (Benjamin, Walter: Gesammelte Schriften, Bd. V 1; stw 935).

Benjamin, Walter: Ursprung des deutschen Trauerspiels. In: Benjamin, Walter: Abhandlungen (= Benjamin, Walter: Gesammelte Schriften I 1, hg. v. Rolf Tiedemann u. Hermann Schweppenhäuser). 2. Aufl. Frankfurt am Main: Suhrkamp 1997 (stw 931), S. 204–430.

Ben-Sasson, Haim Hillel: Vom 7. bis zum 17. Jahrhundert. Das Mittelalter. In: Ben-Sasson, Haim Hillel (Hg.): Geschichte des jüdischen Volkes. Von den Anfängen bis zur Gegenwart. Sonderausgabe München: Beck 1992, S. 473–883.

Benz, Wolfgang: Die Protokolle der Weisen von Zion. Die Legende von der jüdischen Weltverschwörung. 3. Aufl. München: Beck 2017.

Berentzen, Katrin: Machtergreifung. In: Eitz, Thorsten/Stötzel, Georg (Hg.): Wörterbuch der »Vergangenheitsbewältigung«, Bd. 1. Hildesheim: Olms 2007, S. 435–445.

Berger, Michael: Eisernes Kreuz – Doppeladler – Davidstern: Juden in deutschen und österreichisch-ungarischen Armeen; der Militärdienst jüdischer Soldaten durch zwei Jahrhunderte. Berlin: Trafo 2010.

Berger, Michael: Eisernes Kreuz und Davidstern. Die Geschichte jüdischer Soldaten in deutschen Armeen. Berlin: trafo 2006.

Bering, Dietz: Der Name als Stigma. Antisemitismus im deutschen Alltag 1812–1933. Stuttgart: Klett-Cotta 1992.

Bering, Dietz: Kampf um Namen. Bernhard Weiß gegen Josef Goebbels. Stuttgart: Klett-Cotta 1991.

Bernhard, Armin: Die Permanenz der Schwarzen Pädagogik und das Prinzip des Antiautoritären in der Erziehung. In: Jahrbuch für Pädagogik (2008), S. 71–90.

Birkmann, Sigrid: Der Spion, der liebte. Deutschlandfunk, 07.01.2010, https://www.deutschlandfunk.de/der-spion-der-liebte.700.de.html?dram:article_id=84390 (abgerufen: 22.01.2020).

Bled, Jean-Paul: Franz Ferdinand. Der eigensinnige Thronfolger. Aus dem Französischen v. Susanna Grabmayr u. Marie-Therese Pitner. Wien/Köln/Weimar: Böhlau 2013

Bleuler, Eugen: Dementia praecox oder Gruppe der Schizophrenien. Mit einem Vorwort von Bernhard Küchenhoff. Gießen: Psychosozial-Verlag 2014.

Blubacher, Thomas: Maria Becker. In: Kotte, Andreas (Hg.): Theaterlexikon der Schweiz, Bd. 1. Zürich: Chronos 2005, S. 141–142.

Böhme, Gernot: Theorie des Bildes. München: Fink 1999.

Borsányi, György: The life of a Communist revolutionary, Béla Kun. Translated by Mario Feny. Boulder, Colorado: Social Sciences Monographs 1993.

Bouretz, Pierre: Die zerbrochene Zeit der Hoffnung. Messianismus und Geschichtsphilosophie in Manès Sperbers Romantrilogie. In: Mosès, Stéphane/Schlör, Joacheim/Schoeps, Julius H. (Hg.): Manès Sperber als Europäer. Eine Ethik des Widerstands. Berlin: Edition Hentrich 1996 (Studien zur Geistesgeschichte 18), S. 207–232.

Boyer, John: Karl Lueger (1844–1910). Christlichsoziale Politik als Beruf. Aus dem Englischen übers. v. Otmar Binder. Wien/Köln/Weimar: Böhlau 2010 (Studien zu Politik und Verwaltung, hg. v. Brünner, Christian/Mantl, Wolfgang/Welan, Manfried, Bd. 93), S. 168.

Brandstätter, Albert: Bildung und kein Ende. Das Jüdische Lehrhaus als Beispiel lebensbegleitenden Lernens. In: Adunka, Evelyn/Brandstätter, Albert (Hg.): Das Jüdische Lehrhaus als Modell lebensbegleitenden Lernens. Wien: Passagen 1999, S. 19–38.

Brecht, Bertolt: Gedichte 1934–1941. Frankfurt am Main: Suhrkamp 1961 (Brecht, Bertolt: Gedichte IV).
Breitenbach, Hermann: Platon und Dion. Skizze eines ideal-politischen Reformversuches im Altertum. Zürich: Artemis 1960; Sprute, Jürgen: Dions syrakusanische Politik und die politischen Ideale Platons. In: Hermes 100, 1972, S. 294–313.
Brent, Jonathan/Naumov, Vladimir P.: Stalin's Last Crime. The Doctor's Plot. London: Murray 2003.
Bronfen, Elisabeth: Das verknotete Subjekt. Hysterie in der Moderne. Berlin: Volk & Welt 1998
Bruder-Bezzel, Almuth: Alfred Adlers Wiener Kreise in Politik, Literatur und Psychoanalyse. Beiträge zur Geschichte der Individualpsychologie. Göttingen: Vandenhoeck & Ruprecht 2019.
Bruder-Bezzel, Almuth: Die Geschichte der Individualpsychologie. 2. Aufl. Frankfurt am Main: Fischer Taschenbuch-Verlag 1999.
Bruder-Bezzel, Almuth: Manès Sperber. Der orthodoxe Rebell. In: Zeitschrift für Individualpsychologie 19 (1994), S. 51–62
Bruder-Bezzel, Almuth: Von der Wahl des Individuums und der Lächerlichkeit unserer Existenz. In: Bruder, Klaus-Jürgen (Hg.): »Die biographische Wahrheit ist nicht zu haben«. Psychoanalyse und Biographieforschung. Gießen: Psychosozial-Verlag 2003, S. 75–88.
Bruss, Elizabeth W.: Autobiographie als literarischer Akt (1974). In: Niggl, Günter (Hg.): Die Autobiographie. Darmstadt: Wissenschaftliche Buchgesellschaft 1989, S. 258–279.
Burke, Peter: Reden und Schweigen. Zur Geschichte sprachlicher Identität. Aus dem Englischen v. Bruni Röhm. Berlin: Wagenbach 1994 (Kleine kulturwissenschaftliche Bibliothek, Bd. 46).
Burtscher-Bechter, Beate: Diskursanalytisch-kontextuelle Theorien. In: Sexl, Martin (Hg.): Einführung in die Literaturtheorie. Wien: WUV 2004 (UTB 2527), S. 257–288.
Calic, Marie-Janine: A History of Yugoslavia. Translated by Dona Geyer. West Lafayette, Indiana: Purdue University Press 2019.
Canetti, Elias: Masse und Macht. 113.–115. Tsd. Frankfurt am Main: Fischer Taschenbuch Verlag 1993.
Cesarini, David: Arthur Koestler. The Homeless Mind. London: William Heineman 1998.
Chase, William: Microhistory and Mass Repression: Politics, Personalities, and Revenge in the Fall of Béla Kun. In: The Russian Review 67 (2008), pp. 454–483.
Clark, Christopher: The Sleepwalkers. How Europe went to War in 1914. London et al.: Allen Lane 2012.
Cohen, Bernard/Rosenzweig, Luc: Der Waldheim-Komplex. Aus dem Französischen v. Jürgen Doll u. Ruth Vogel. Mit einem Essay v. Peter Handke und einem Nachwort des Republikanischen Clubs Österreich. Wien: Verlag für Gesellschaftskritik 1987.
Corbin-Schuffels, Anne-Marie: Manès Sperber. Un combat contre la tyrannie (1934–1960). Bern et al.: Peter Lang 1996.
Creuzberger, Stefan: Stalinismus und Erinnerungskultur. In: Bundeszentrale für politische Bildung: Aus Politik und Zeitgeschichte, 61. Jg., 49–50/2011, S. 42–47.
Danielcyzk, Julia: Maria Fein. In: Kotte, Andreas (Hg.): Theaterlexikon der Schweiz, Bd. 1. Zürich: Chronos 2005, S. 570–571.
Datler, Wilfried/Gstach, Johannes/Wittenberg, Lutz: Individualpsychologische Erziehungsberatung und Schulpädagogik im Roten Wien der Zwischenkriegszeit. In: Zwiauer, Charlotte/Eichelberger, Harald (Hg.): Das Kind ist entdeckt. Erziehungsexperimente im Wien der Zwischenkriegszeit. Wien: Picus 2001, S. 227–269.
Deutscher, Isaac: The Prophet Armed. Trotsky 1879–1921 [1954]. London: Verso 2003.
Dickens, Charles: David Copperfield. Roman. Deutsch v. Gustav Meyrink. Mit einem Essay v. W. Somerset Maugham. Zürich: Diogenes 1982 (detebe 21034).
Dickinger, Christian: Franz Joseph I. Die Entmythisierung. Wien: Ueberreuter 2001.
Die Bibel. Altes und Neues Testament (»Einheitsübersetzung«). Freiburg/Basel/Wien: Herder 1980.
Diem, Peter: Die Symbole Österreichs. Zeit und Geschichte in Symbolen. Wien: Kremayr & Scheriau 1995.

Dilthey, Wilhelm: Das Erleben und die Selbstbiographie (1906–1911/1927). In: Niggl, Günter (Hg.): Die Autobiographie. Darmstadt: Wissenschaftliche Buchgesellschaft 1989, S. 21–32.
Dreher, Martin/Hüller, Jürgen: Tyrannis. In: Ritter, Joachim/Gründer, Karlfried/Gabriel, Gottfried (Hg.): Historisches Wörterbuch der Philosophie online. Basel: Schwabe. DOI: 10.24894/HWPh.5504.
Dreyfus, Hubert L./Rabinow: Michel Foucault. Jenseits von Strukturalismus und Hermeneutik. Mit einem Nachwort und einem Interview v. Michel Foucault. Aus dem Amerikanischen v. Claus Rath und Ulrich Raulff. 2. Aufl. Weinheim: Beltz Athenäum 1994.
Dudenredaktion (Hg.): Duden. Deutsches Universalwörterbuch. 5., überarbeitete Aufl. Mannheim et al.: Duden 2003.
Duhnke, Horst: Die KPD von 1933 bis 1945. Köln: Kiepenheuer & Witsch 1972.
Dunlop, The Life and Thought of Aurel Kolnai. Aldershot: Ashgate 2002.
Dürrenmatt, Friedrich: Der Verdacht. Ein Kriminalroman. 1951. In: Dürrenmatt, Friedrich: Gesammelte Werke, Bd. 4: Romane. Zürich: Diogenes 1996, S. 119–265.
Dyck, Joachim: Der Zeitzeuge. Gottfried Benn 1929–1949. Göttingen: Wallstein 2006.
Dynner, Glenn: Zaddik. In: Diner, Dan (Hg.): Enzyklopädie jüdischer Geschichte und Kultur, Bd. 6. Stuttgart/Weimar: Metzler 2015, S. 488–491.
Eckhart-Henn, Annegret/Kernberg, Otto F.: Die hysterische, histrionische Persönlichkeitsstörung. In: Persönlichkeitsstörungen, Heft 3 (2000), S. 127–175.
Eco, Umberto: Die Grenzen der Interpretation. Aus dem Italienischen übers. v. Günter Memmert. München/Wien: Hanser 1992.
Eco, Umberto: Einführung in die Semiotik. Übers. v. Jürgen Trabant. 8. Aufl. München: Fink 1994 (UTB 105).
Eco, Umberto: Lector in fabula. Die Mitarbeit der Interpretation in erzählenden Texten. Aus dem Italienischen v. Heinz G. Held. 2. Aufl. München: Deutscher Taschenbuch Verlag 1994 (dtv 4531).
Ehlers, Heinrich/Segal, Tálma/Talmi, Arie (Hg.): Haschomer Hazair. Ein Nest verwundeter Kinderseelen. Wien: Mandelbaum 2006, S. 12–35.
Eisenberg, Paul-Chaim: Lernen im traditionellen Judentum. In: Adunka, Evelyn/Brandstätter, Albert (Hg.): Das Jüdische Lehrhaus als Modell lebensbegleitenden Lernens. Wien: Passagen 1999, S. 39–46.
Eisler, Rudolf: Kant-Lexikon. Nachschlagewerk zu Kants sämtlichen Schriften, Briefen und handschriftlichem Nachlass. 4., unveränderter Nachdruck der Ausgabe Berlin 1930. Hildesheim/Zürich/New York: Olms 1994.
Ekrich, A. Roger: At Day's Close. Night in Times Past. New York: W. W. Norton & Company 2005.
Enquist, Per Olov: Die Kartenzeichner. Fragile Utopien. Aus dem Schwedischen v. Wolfgang Butt. München/Wien: Hanser 1997.
Enzensberger, Hans Magnus: Tumult. Berlin: Suhrkamp 2014.
Erdmann, Karl Friedrich: Die Weimarer Republik. 13. Aufl. München: Deutscher Taschenbuch Verlag 1999 (Gebhard Handbuch der deutschen Geschichte, hg. v. Herbert Grundmann, Bd. 19).
Erikson, Erik H.: Identität und Lebenszyklus. Drei Aufsätze. Übers. v. Käte Hügel. 15. Aufl. Frankfurt am Main: Suhrkamp 1995 (stw 16).
Evans, Richard J.: Das Dritte Reich 2: Diktatur, 1. Aus dem Englischen übers. v. Udo Rennert. München: Deutsche Verlags-Anstalt 2006.
Fallada, Hans: In meinem fremden Land. Gefängnistagebuch 1944. Hg. v. Jenny Williams u. Sabine Lange. Berlin: Aufbau 2017.
Fekl, Walther: Affaires Barbie/Bousquet/Touvier/Papon. In: Schmidt, Bernhard et al. (Hg.): Frankreich-Lexikon. 2. Aufl. Berlin: Erich Schmidt 2006, S. 39 ff.
Flasch, Kurt: Was ist Zeit? Augustinus von Hioop. Das XI. Buch der Confessiones. Historisch-philosophische Studie. Text – Kommentar – Übersetzung. Frankfurt am Main: Klostermann 1993.

Flechtheim, Ossip K.: Die Kommunistische Partei Deutschlands in der Weimarer Republik. Offenbach am Main: Bollwerk-Verlag Karl Drott 1948.
Foucault, Michel: Archäologie des Wissens. 6. Aufl. Frankfurt am Main: Suhrkamp 1994 (stw 356).
Foucault, Michel: Die Ordnung der Dinge. Eine Archäologie der Humanwissenschaften. 11. Aufl. Frankfurt am Main: Suhrkamp 1993 (stw 96).
Foucault, Michel: Sexualität und Wahrheit 1: Der Wille zum Wissen. Übers. v. Ulrich Raulff u. Walter Seitter. 7. Aufl. Frankfurt am Main: Suhrkamp 1994 (stw 716).
Foucault, Michel: Sexualität und Wahrheit 2: Der Gebrauch der Lüste. Übers. v. Ulrich Raulff u. Walter Seitter. Frankfurt am Main: Suhrkamp 1989 (stw 717).
Foucault, Michel: Sexualität und Wahrheit 3: Die Sorge um sich. Übers. v. Ulrich Raulff u. Walter Seitter. 2. Aufl. Frankfurt am Main: Suhrkamp 1991 (stw 718).
Foucault, Michel: Sexualität und Wahrheit 4: Die Geständnisse des Fleisches. Übers. v. Andrea Hemminger. Berlin: Suhrkamp 2019.
Foucault, Michel: Überwachen und Strafen. Die Geburt des Gefängnisses. Aus dem Französischen übers. v. Walter Seitter. Frankfurt am Main: Suhrkamp 1994 (stw 2271).
Frankl, Viktor E.: ... trotzdem Ja zum Leben sagen. Ein Psychologe überlebt das Konzentrationslager. 7. Aufl. München: Penguin 2019.
Frankl, Viktor E.: Grundriß der Existenzanalyse und Logotherapie (1959). In: Frankl, Viktor E.: Logotherapie und Existenzanalyse. Texte aus sechs Jahrzehnten. Weinheim/Basel: Beltz 2002, S. 57–184.
Frankl, Viktor E.: Logotherapie und Existenzanalyse. Texte aus sechs Jahrzehnten. Unveränderter Nachdruck. Weinheim/Basel: Beltz 2002.
Frankl. Viktor E.: Der Mensch auf der Suche nach einem letzten Sinn [1985]. In: Frankl, Viktor E.: Logotherapie und Existenzanalyse. Texte aus sechs Jahrzehnten. Weinheim/Basel: Beltz 2002, S. 265–284.
Freud, Sigmund: Briefe an Wilhelm Fließ. Hg. v. Jeffrey Moussaieff Mason. Ungekürzte Ausgabe. Frankfurt am Main: S. Fischer 1986.
Freud, Sigmund: Das Ich und das Es (1923). In: Freud, Sigmund: Psychologie des Unbewußten. Hg. v. Alexander Mitscherlich u. a. Frankfurt am Main: Fischer 1994 (Sigmund Freud Studienausgabe, Bd. III), S. 272–330.
Freud, Sigmund: Das Unheimliche (1919). In: Freud, Sigmund: Psychologische Schriften. Hg. v. Alexander Mitscherlich u. a. Frankfurt am Main: Fischer 1989 (Sigmund Freud Studienausgabe, Bd. IV), S. 241–274.
Freud, Sigmund: Der Mann Moses und die monotheistische Religion. In: Freud, Sigmund: Fragen der Gesellschaft. Ursprünge der Religion. Hg. v. Alexander Mitscherlich u. a. Frankfurt am Main: Fischer 1993 (Sigmund Freud Studienausgabe, Bd. IX.), S. 455–581.
Freud, Sigmund: Die Traumdeutung (1900). Hg. v. Alexander Mitscherlich u. a. Frankfurt am Main: Fischer 1994 (Sigmund Freud Studienausgabe, Bd. VII).
Freud, Sigmund: Drei Abhandlungen zur Sexualtheorie (1905) [Zusatz 1920]. In: Freud, Sigmund: Sexualleben. Hg. v. Alexander Mitscherlich u. a. Frankfurt am Main: Fischer 2012 (Sigmund Freud Studienausgabe, Bd. V), S. 37–145.
Freud, Sigmund: Einige psychische Probleme des anatomischen Geschlechtsunterschieds (1925). In: Freud, Sigmund: Sexualleben. Hg. v. Alexander Mitscherlich u. a. Frankfurt am Main: Fischer 2012 (Sigmund Freud Studienausgabe, Bd. V), S. 253–266.
Freud, Sigmund: Massenpsychologie und Ich-Analyse (1921). In: Freud, Sigmund: Fragen der Gesellschaft. Ursprünge der Religion. Hg. v. Alexander Mitscherlich u. a. Frankfurt am Main: Fischer 1993 (Sigmund Freud Studienausgabe, Bd. IX), S. 61–134.
Freud, Sigmund: Totem und Tabu. Einige Übereinstimmungen im Sittenleben der Wilden und der Neurotiker (1912–13). In: Freud, Sigmund: Fragen der Gesellschaft. Ursprünge der Religion. Hg. v. Alexander Mitscherlich u. a. Frankfurt am Main: Fischer 1993 (Sigmund Freud Studienausgabe, Bd. IX), S. 287–444.

Freud, Sigmund: Über die Psychogenese eines Falles von weiblicher Homosexualität (1920). In: Freud, Sigmund: Zwang, Paranoia und Perversion. Hg. v. Alexander Mitscherlich u. a. Frankfurt am Main: Fischer 2012 (Sigmund Freud Studienausgabe, Bd. VII), S. 257–281.

Freud, Sigmund: Vorlesungen zur Einführung in die Psychoanalyse (1916–17 [1915–17]). In: Freud, Sigmund: Vorlesungen zur Einführung in die Psychoanalyse und Neue. Hg. v. Alexander Mitscherlich u. a. Frankfurt am Main: Fischer 2000 (Sigmund Freud Studienausgabe, Bd. I), S. 41–98.

Freud, Sigmund: Zur Einführung des Narzissmus (1914). In: Freud, Sigmund: Psychologie des Unbewußten. Hg. v. Alexander Mitscherlich u. a. Frankfurt am Main: Fischer 1989 (Sigmund Freud Studienausgabe, Bd. III.), S. 37–68.

Freud, Sigmund: Zur Psychopathologie des Alltagslebens. Über Vergessen, Versprechen, Vergreifen, Aberglaube und Irrtum. Mit einer Einleitung von Ricardo Steiner. Frankfurt am Main: Fischer Taschenbuch Verlag 2009.

Friedlaender, Moritz: Vom Cheder zur Werkstätte. Eine Erzählung aus Galizien. Wien: Hölder 1885.

Friedländer, Saul: Das Dritte Reich und die Juden. Gesamtausgabe. Aus dem Englischen übers. v. Martin Pfeiffer. München: Deutscher Taschenbuch Verlag 2006.

Fromkin, David: Europe's Last Summer. Who Started the Great War in 1914? New York: Knopf 2004.

Gadamer, Hans-Georg: Hermeneutik I. Wahrheit und Methode. Grundzüge einer philosophischen Hermeneutik. 6. Aufl. Tübingen: Mohr 1990 (Gadamer, Hans-Georg: Gesammelte Werke, Bd. 1), S. 375.

Gay, Peter: »Ein gottloser Jude«. Sigmund Freuds Atheismus und die Entwicklung der Psychoanalyse. Frankfurt am Main: Fischer-Taschenbuch-Verlag 1999.

Gay, Peter: Freud. Eine Biographie für unsere Zeit. Aus dem Amerikanischen v. Joachim A. Frank. Ungekürzte Ausgabe. Frankfurt am Main: Fischer Taschenbuch Verlag 1997.

Geertz, Clifford: Dichte Beschreibung. Beiträge zum Verstehen kultureller Systeme. Übers. v. Brigitte Luchesi u. Rolf Bindermann. 4. Aufl. Frankfurt am Main: Suhrkamp 1995 (stw 696).

Geisenhanslüdke, Armin: Das Schibboleth der Psychoanalyse. Freuds Passagen der Schrift. Bielefeld: transcript 2008.

Geisler, Peter: Klinisches Bild, Diagnostik und Differenzialdiagnose. In: Mayer, Geert/Pollmächer, Thomas (Hg.): Narkolepsie – Neue Chancen in Diagnostik & Therapie. Stuttgart: Thieme 2007. S. 1–15.

Gemoll, Wilhelm: Griechisch-deutsches Schulwörterbuch. Durchges. u. erw. v. Karl Vretska. Mit einer Einführung in die Sprachwissenschaft von Heinz Kronasser. Nachdruck der 9. Aufl. Wien/München: Hölder-Pichler-Tempsky/Oldenbourg 1997.

Genette, Gérard: Die Erzählung. 3., durchges. u. korr. Aufl. Übers. v. Andreas Kop, mit einem Nachwort v. Jochen Vogt, überprüft v. Isabel Kranz. München: Fink 2010 (UTB 8083).

Genette, Gérard: Palimpseste. Die Literatur auf zweiter Stufe. 2. Aufl. Frankfurt am Main: Suhrkamp 1996 (es 1683).

Gerber, Jane S.: »Im Osten weilt mein Herz …«. In: Lange, Nicholas de (Hg.): Illustrierte Geschichte des Judentums. Aus dem Englischen v. Christian Rochow. Lizenzausgabe Darmstadt: Wissenschaftliche Buchgesellschaft 2000, S. 161–221.

Gerrig, Richard J./Zimbardo, Philip: Psychologie. Aus dem Amerikanischen v. Ralf Graf, Dagmar Mallett, Markus Nagler u. Brigitte Ricker. 18., aktualisierte Aufl. München et al.: Pearson 2008.

Gilli, Sebastian: Manès Sperber – Das Thema des Judentums im schriftstellerischen Werk. Diplomarbeit. Univ. Wien 2010.

Ginzburg, Carlo: Indizien: Morelli, Freud und Sherlock Holmes. In: Der Zirkel oder im Zeichen der Drei. Dupin – Holmes – Peirce. Hg. v. Umberto Eco u. Thomas A. Sebeok. München: Fink 1985, S. 125–179.

Ginzburg, Carlo: Vergegenwärtigung des Feindes. Zur Mehrdeutigkeit historischer Evidenz. Aus dem Englischen übers. v. Dirk Naguschewski. In: Trajekte 16 (2008), S. 7–17.

Ginzburg, Carlo: Vergegenwärtigung des Feindes. Zur Mehrdeutigkeit historischer Evidenz. Aus dem Englischen übers. v. Dirk Naguschewski. In: Horn, Eva/Hagemeister, Michael (Hg.): Die Fiktion der jüdischen Weltverschwörung. Zu Text und Kontext der »Protokolle der Weisen von Zion«. Göttingen: Wallstein 2012, S. 80–96.

Glasenapp, Gabriele v.: Aus der Judengasse: Zur Entstehung und Ausprägung deutsch-sprachiger Ghettoliteratur im 19. Jahrhundert. Tübingen: Niemeyer 1996 (Conditio Judaica 11).

Gloy, Karen: Wahrheitstheorien. Eine Einführung. Tübingen/Basel: Francke 2004 (UTB 2531).

Goeschel, Christian: Selbstmord im Dritten Reich. Frankfurt am Main: Suhrkamp 2011.

Göllner, Renate: Schwarzwald, Eugenie. In: Historische Kommission der Bayerischen Akademie der Wissenschaften (Hg.): Neue Deutsche Biographie (NDB), Bd. 24. Berlin: Duncker & Humblot 2010, S. 34–35.

Gontscharow, Iwan: Oblomow. Roman. Neu übers. v. Vera Bischitzky. München/Wien: Hanser 2012.

Gorkin, Julián: Stalins langer Arm. Die Vernichtung der freiheitlichen Linken im spanischen Bürgerkrieg. Mit einem Vorwort v. Willy Brandt. Aus dem Französischen v. Heinz Abosch. Köln: Kiepenheuer & Witsch 1980.

Greenblatt, Stephen: Der Tyrann. Shakespeares Machtkunde für das 21. Jahrhundert. Aus dem Englischen von Martin Richter. Berlin: Siedler 2018.

Greenblatt, Stephen: Kultur. In: Baßler, Moritz (Hg.): New Historicism. Literaturgeschichte als Poetik der Kultur. Frankfurt am Main: Fischer Taschenbuch Verlag 1995 S. 48–59.

Greenblatt, Stephen: Verhandlungen mit Shakespeare. Innenansichten der englischen Renaissance. Aus dem Amerikanischen v. Robert Cackett. Frankfurt am Main: Fischer Taschenbuch Verlag 1993.

[Grimm, Jacob u. Wilhelm:] Das Hirtenbüblein. In: Rölleke, Heinz (Hg.): Kinder- und Hausmärchen. Gesammelt durch die Brüder Grimm. Vollständige Ausgabe auf der Grundlage der 3. Auflage (1837). Frankfurt am Main: Deutscher Klassiker Verlag 1985, S. 589 f.

Grimm, Jacob u. Wilhelm: Deutsches Wörterbuch. Fünfzehnter Band, Z–Zmasche, bearbeitet v. Moritz Heyne, Henry Seedorf u. Hermann Teuchert. Leipzig: Hirzel 1956. Nachdruck: München: Deutscher Taschenbuch Verlag 1984 (Fotomechanischer Nachdruck der Erstausgabe, Bd. 31).

Grintz, Yehoshua M./Posner, Raphael: Jew. In: Skolnik, Fred/Berenbaum Michael (eds.): Encyclopaedia Judaica, 2nd edition, Vol. 11. Detroit et al.: Thomson Gale 2007, pp. 253–255.

Gross, Jan Tomasz: Angst. Antisemitismus nach Auschwitz in Polen. Berlin: Suhrkamp 2012.

Gross, Jan Tomasz: Nachbarn. Der Mord an den Juden von Jedwabne. München: Beck 2001.

Grözinger, Karl Erich: Jüdisches Denken. Theologie – Philosophie – Mystik. Bd. I: Vom Gott Abrahams zum Gott des Aristoteles. Lizenzausgabe Darmstadt: Wissenschaftliche Buchgesellschaft 2004.

Grözinger, Karl Erich: Jüdisches Denken. Theologie – Philosophie – Mystik. Bd. 3: Von der Religionskritik der Renaissance zu Orthodoxie und Reform im 19. Jahrhundert. Frankfurt am Main/New York: Campus 2009.

Grözinger, Karl Erich: Wunderrabbi. In: Diner, Dan (Hg.): Enzyklopädie jüdischer Geschichte und Kultur, Bd. 6. Stuttgart/Weimar: Metzler 2015, S. 459–462.

Gruber, Marianne: Von gestern nach heute und noch immer nicht angekommen. In: Köhler, Thomas/Mertens, Christian (Hg.): Justizpalast in Flammen. Ein brennender Dornbusch. Das Werk von Manès Sperber, Heimito von Doderer und Elias Canetti angesichts des 15. Juli 1927. Wien/München: Verlag für Geschichte und Politik/Oldenbourg 2006, S. 135–141.

Gruchmann, Lothar: Justiz im Dritten Reich 1933–1940. Anpassung und Unterwerfung in der Ära Gründner. 3., verb. Aufl. München: Oldenbourg 2001.

Gstach, Johannes/Datler, Wilfried: Zur Geschichte und Konzeption der individualpsychologischen Erziehungsberatung im Wien der Zwischenkriegszeit. In: Zeitschrift für Individualpsychologie (2001), S. 200–221.

Gurris, Norbert F./Wenk-Ansohn, Mechthild: Folteropfer und Opfer politischer Gewalt. In: Maercker, Andreas (Hg.): Posttraumatische Belastungsstörungen. 3. Aufl. Berlin/Heidelberg: Springer 2009, S. 477–499.

Hagemeister, Michael: Sergej Nilus und die »Protokolle der Weisen von Zion«. In: Jahrbuch für Antisemitismusforschung, Bd. 5. Frankfurt am Main: New York 1996, S. 127–147.

Hagner, Michael: Der Hauslehrer. Geschichte eines Kriminalfalls. Berlin: Suhrkamp 2012 (st 4339).

Halbwachs, Maurice: Das kollektive Gedächtnis (1939). Aus dem Französischen v. Holde Lhoest-Offermann. Frankfurt am Main: Suhrkamp 1991.

Hamann, Brigitte: Hitlers Wien. Lehrjahre eines Diktators. München: Piper 2001.

Hanisch, Ernst: Der lange Schatten des Staates. Österreichische Gesellschaftsgeschichte im 20. Jahrhundert. Wien: Ueberreuter 1994 (Österreichische Geschichte 1890–1990, hg. v. Herwig Wolfram).

Hannnig, Alma: Franz Ferdinand. Die Biografie. 2. Aufl. Wien: Amalthea Signum 2014.

Haute, Philippe van/Westerink, Herman: Hysterie, Sexualität und Psychiatrie. Eine Relektüre der ersten Ausgabe der Drei Abhandlungen zur Sexualtheorie. In: Freud, Sigmund: Drei Abhandlungen zur Sexualtheorie (1905). Hg. v. Philippe van Haute, Christian Huber u. Herman Westerink. Göttingen: Vienna University Press 2015, S. 55 f.

Heer, Friedrich: Der Glaube des Adolf Hitler. Anatomie einer politischen Religiosität. Ungekürzte Ausg. Berlin: Ullstein 1989.

Heine, Heinrich: Prinzessin Sabbath [1851]. In: Heine, Heinrich: Romanzero. Illustriert von Wiener Künstlern. Grafrath: Boer 2019, S. 151–156.

Hermann (Hg.): Enzyklopädie des Nationalsozialismus. 3. Aufl. München: Deutscher Taschenbuch Verlag 1998, S. 703–705.

Hilferding, Margarete: Zur Grundlage der Mutterliebe [Vortrag v. 11. Januar 1911]. In: Nunberg, Herman/Federn, Ernst (Hg.): Protokolle der Wiener Psychoanalytischen Vereinigung, Bd. III, 1910–1911. Frankfurt am Main: S. Fischer 1979, S. 113–116.

Hindenburg, Paul v.: Aus meinem Leben. Leipzig: Hirzel 1920.

Hobuß, Steffi: I. C1 Mythos »Stunde Null«. In: Fischer, Torben/Lorenz, Matthias N. (Hg.): Lexikon der »Vergangenheitsbewältigung« in Deutschland. Debatten- und Diskursgeschichte des Nationalsozialismus nach 1945. 3., überarb. u. erw. Aufl. Bielefeld: transcript Verlag 2015 (Histoire, Bd. 52). S. 44–45.

Hofmann, Ulrike Claudia: »Verräter verfallen der Feme!« Fememorde in Bayern in den zwanziger Jahren. Köln/Weimar/Wien: Böhlau 2000.

Holmes, Debora: Langeweile ist Gift. Das Leben der Eugenie Schwarzwald. Übers. aus dem Engl. v. Esther Marian und Fanny Esterházy. St. Pölten/Salzburg/Wien: Residenz-Verlag 2012.

Honegger, Claudia: Die Ordnung der Geschlechter. Die Wissenschaften vom Menschen und das Weib 1750–1850. 2. Aufl. Frankfurt am Main/New York: Campus 1992.

Honneth, Axel: Nachwort. In: Kolnai, Aurel: Ekel, Hochmut, Haß. Zur Phänomenologie feindlicher Gefühle. Mit einem Nachwort v. Axel Honneth. 2. Aufl. Frankfurt am Main: Suhrkamp 2008 (stw 1845), S. 143–175.

Hoppe, Bert: In Stalins Gefolgschaft. Moskau und die KPD 1928–1933. München: Oldenbourg 2007.

Horch, Hans Otto: »Messianische Zuversicht«. Aspekte jüdischen Geschichtsdenkens im Werk von Manès Sperber. In: Wallas, Armin A.: Jüdische Identitäten in Mitteleuropa. Literarische Modelle der Identitätskonstruktion. Tübingen: Niemeyer 2002, S. 187–213.

Horch, Hans Otto: Exil und Messianismus. Manès Sperbers Romantrilogie Wie eine Träne im Ozean im Kontext deutsch-jüdischer Exilliteratur. In: Exilforschung. Ein internationales Jahrbuch, Bd. 19 (2001), S. 207–223.

Horn, Dara: All Other Nights. New York: Norton 2009.

Horn, Eva: Das Gespenst der Arkana. Verschwörungsfiktion und Textstruktur der »Protokolle der Weisen von Zion«. In: Horn, Eva/Hagemeister, Michael (Hg.): Die Fiktion der jüdischen

Weltverschwörung. Zu Text und Kontext der »Protokolle der Weisen von Zion«. Göttingen: Wallstein 2012, S. 1–25.

Hüser, Dietmar: Vom »Un-Skandal« des Algerienkrieges zum »Post-Skandal« der Gedächtniskultur. Die Pariser Polizei-Repressionen vom 17. Oktober 1961. In: Gelz, Andreas/Hüser, Dietmar/Ruß, Sabine (Hg.): Skandale zwischen Moderne und Postmoderne. Interdisziplinäre Perspektiven auf Formen gesellschaftlicher Transgression. Berlin: de Gruyter 2014 (Linguae & Litterae 32), S. 183–213.

Hustvedt, Siri: Die zitternde Frau. Eine Geschichte meiner Nerven. Aus dem Englischen v. Uli Aumüller u. Grete Osterwald. 4. Aufl. Reinbek: Rowohlt 2010.

Iser, Wolfgang: Der implizite Leser. Kommunikationsformen des Romans von Bunyan bis Beckett. 3. Aufl. München: Fink 1994 (UTB 163).

Jaeggi, Eva: Und wer therapiert die Therapeuten? 3. Aufl. Stuttgart: Klett-Cotta 2003.

Jagose, Annamarie: Queer Theory. Eine Einführung. Berlin: Querverlag 2001.

Jahoda, Marie/Lazarsfeld, Paul Felix/Zeisel, Hans: Die Arbeitslosen von Marienthal. Ein soziographischer Versuch über die Wirkungen langandauernder Arbeitslosigkeit. Mit einem Anhang zur Geschichte der Soziographie. 25. Aufl. Frankfurt am Main: Suhrkamp 2015 (es 769).

Jauß, Hans Robert: Rückschau auf die Begriffsgeschichte von Verstehen. In: Jauß, Hans Robert: Wege des Verstehens. München: Fink 1994.

Jauß, Hans Robert: Überlegungen zur Abgrenzung und Aufgabenstellung einer literarischen Hermeneutik. In: Fuhrmann, Manfred/Jauß, Hans Robert/Pannenberg, Wolfhart (Hg.): Text und Applikation. Theologie, Jurisprudenz und Literaturwissenschaft im hermeneutischen Gespräch. München: Fink 1981(Poetik und Hermeneutik IX).

Kalb, Herbert/Potz, Richard/Schinkele, Brigitte: Religionsrecht. Wien: WUV 2003.

Kalinski, Alma: Sperber's Novelistic Trilogy as a Narrative Form of Confronting with History. Master-Thesis. Univ. Zagreb 2005.

Kandel, Eric: Das Zeitalter der Erkenntnis. Die Erforschung des Unbewussten in Kunst, Geist und Gehirn von der Wiener Moderne bis heute. Aus dem amerikanischen Englisch v. Martina Wiese. München: Siedler 2012.

Kant, Immanuel: Idee zu einer allgemeinen Geschichte in weltbürgerlicher Absicht (1784). In: Kant, Immanuel: Schriften zur Anthropologie, Geschichtsphilosophie und Pädagogik 1. 13. Aufl. Frankfurt am Main 1993 (Kant, Immanuel, Werkausgabe, Bd. XI, hg. v. Wilhelm Weischedel), S. 33–50.

Kant, Immanuel: Kritik der reinen Vernunft, Bd. 2. 12. Aufl. Frankfurt am Main: Suhrkamp 1992 (Kant, Immanuel: Werkausgabe, Bd. IV, hg. v. Wilhelm Weischedel).

Kasper-Marienberg, Verena: Die »Protokolle der Weisen von Zion« als klassische Utopie? Eine rhetorische Textanalyse. In: Horn, Eva/Hagemeister, Michael (Hg.): Die Fiktion der jüdischen Weltverschwörung. Zu Text und Kontext der »Protokolle der Weisen von Zion«. Göttingen: Wallstein 2012, S. 26–50.

Kauffeldt, Leo: Jude sein, ist es bleiben, bis zum Ende unterm Erdhügel. In: Licharz, Werner/Kauffeldt, Leo/Schießer, Hans-Rudolf (Hg.): Die Herausforderung Manès Sperber. Ein treuer Ketzer auf der Brücke ohne anderes Ufer. Frankfurt am Main: Haag und Herchen 1988 (Arnoldshainer Texte, Bd. 50), S. 193–207.

Kauffeldt, Leo: Kontinuität und Bruch in der Legende vom verbrannten Dornbusch. In: Moses, Stéphane/Schlöhr, Joachim/Schoeps, Julius H. (Hg.): Manès Sperber als Europäer. Eine Ethik des Widerstands. Berlin: Edition Hentrich 1996 (Studien zur Geistesgeschichte, Bd. 18, hg. v. Julius H. Schoeps), S. 278–289.

Kenner, Clara: Der zerrissene Himmel. Emigration und Exil der Wiener Individualpsychologie. Göttingen: Vandenhoeck & Ruprecht 2007.

Kerbs, Diethart: Rühle, Karl Heinrich Otto. In: Neue Deutsche Biographie (NDB), Bd. 22. Berlin: Duncker & Humblot 2005, S. 217–218.

Kershaw, Ian: Hitler. 1889–1936. Aus dem Englischen v. Jürgen Peter Krause u. Jörg W. Rademacher. München: Deutscher Taschenbuch Verlag 2002.

Klein, Melanie: Die Auswirkungen früher Angstsituationen auf die weibliche Sexualentwicklung. In: Klein, Melanie: Die Psychoanalyse des Kindes (1932). In: Klein, Melanie: Gesammelte Schriften, Bd. 2. Stuttgart/Bad Cannstatt: fromann-holzboog 1997, S. 248–302.

Klein, Melanie: Die Bedeutung früher Angstsituationen für die Ich-Entwicklung. In: Klein, Melanie: Die Psychoanalyse des Kindes (1932). In: Klein, Melanie: Gesammelte Schriften, Bd. 2. Stuttgart/Bad Cannstatt: fromann-holzboog 1997, S. 227–247.

Klimó, Árpád v.: »A Very Modest Man«: Béla Illés, or How to Make a Career through the Leader Cult. In: Apor, Balázs/Behrends, Jan C./Jones, Polly/Rees, E. A. (eds.): The Leader Cult in Communist Dictatorship. Stalin and the Eastern Bloc. Houndmills, Basingstoke, Hampshire/New York: Palgrave MacMillan 2004, pp. 47–62.

Kluy, Alexander: Alfred Adler. Die Vermessung der menschlichen Psyche. Biographie. München: Deutsche Verlags-Anstalt 2019.

Koestler, Arthur: Abschaum der Erde. Gesammelte autobiographische Schriften, 2. Band. Wien/München/Zürich: Molden 1971.

Koestler, Arthur: Darkness at Noon. Aus dem Deutschen übersetzt v. Daphne Hardy. London: Cape 1940.

Koestler, Arthur: Ein Spanisches Testament [1937]. Berlin/München/Zürich/Wien 2018.

Koestler, Arthur: Frühe Empörung. Gesammelte autobiographische Schriften, 1. Band. Wien/München/Zürich: Molden 1970.

Koestler, Arthur: Sonnenfinsternis. Roman. Nach dem deutschen Originalmanuskript. Mit einem Vorwort v. Michael Scammell und einem Nachwort v. Matthias Weßel. 2. Aufl. Coesfeld: Elsinor 2018.

Koestler, Arthur: Sonnenfinsternis. Zürich: Atlantis 1946.

Koestler, Arthur: Menschenopfer unerhört. ... Ein Schwarzbuch über Spanien. Paris: Editions du Carrefour 1937.

Kolb, Eberhard: Die Weimarer Republik. 6., überarbeitete u. erweiterte Aufl. München: Oldenbourg 2002 (Oldenbourg Grundriss der Geschichte, hg. v. Jochen Bleicken, Lothar Gall u. Hermann Jacobs, Bd. 16).

Koller, Christian/Marschik, Matthias: Mehr als eine »Diktatur der Verzweiflung«. Die ungarische Räterepublik 1919 und ihr Nachwirken. Einleitung. In: Koller, Christian/Marschik, Matthias (Hg.): Die ungarische Räterepublik 1919. Innenansichten – Außenperspektiven – Folgewirkungen. Wien: Promedia 2018, S. 7–16.

Koller, Christian: Räte auf drei Kontinenten. Die ungarische Räterepublik als Teil einer transnationalen Bewegung. In: Koller, Christian/Marschik, Matthias (Hg.): Die ungarische Räterepublik 1919. Innenansichten – Außenperspektiven – Folgewirkungen. Wien: Promedia 2018, S. 47–68.

Kolnai, Aurel: Versuch über den Haß. In: Kolnai, Aurel: Ekel, Hochmut, Haß. Zur Phänomenologie feindlicher Gefühle. Mit einem Nachwort v. Axel Honneth. 2. Aufl. Frankfurt am Main: Suhrkamp 2008 (stw 1845), S. 100–142.

König, Karl: Abwehrmechanismen. 4. Aufl. Göttingen: Vandenhoeck & Ruprecht 2007.

Korb, Alexander: Im Schatten des Weltkriegs. Massengewalt der Ustaša gegen Serben, Juden und Roma in Kroatien. Hamburg: Hamburger Edition 2013.

Koselleck, Reinhart: Standortbindung und Zeitlichkeit. Ein Beitrag zur historischen Erschließung der geschichtlichen Welt. In: Koselleck, Reinhart: Vergangene Zukunft. Zur Semantik geschichtlicher Zeiten. 3. Aufl. Frankfurt am Main: Suhrkamp 1995 (stw 757), S. 176–210.

Koselleck, Reinhart: Zur historisch-politischen Semantik asymmetrischer Gegenbegriffe. In: Koselleck, Reinhart: Vergangene Zukunft. Zur Semantik geschichtlicher Zeiten. 3. Aufl. Frankfurt am Main: Suhrkamp 1995 (stw 757), S. 211–259.

Kowalczuk, Ilko-Sascha: Stasi konkret. Überwachung und Repression in der DDR. München: Beck 2013.

Krieger, Irene: Der Einfluß Alfred Adlers auf das Werk von Manès Sperber. Hausarbeit. Univ. Wien 1984.

Kriegleder, Wynfrid: Die Erfahrung des Exils in Manès Sperbers *Wie eine Träne im Ozean*. In: Weigel, Robert G. (Hg.): Vier große galizische Erzähler im Exil: W. H. Katz, Soma Morgenstern, Manès Sperber und Joseph Roth. Frankfurt am Main et al.: Peter Lang 2005 (New Yorker Beiträge zur Literaturwissenschaft 7), S. 90–104.

Kristeva, Julia: Semeiotiké, Recherche pour une sémanalyse. Paris: Éditions du Seuil 1969.

Kröhnke, Karl: Das Motiv der vergeblichen Warnung bei Manès Sperber. In: Moses, Stéphane/Schlöhr, Joachim/Schoeps, Julius H. (Hg.): Manès Sperber als Europäer. Eine Ethik des Widerstands. Berlin: Edition Hentrich 1996 (Studien zur Geistesgeschichte, Bd. 18, hg. v. Julius H. Schoeps), S. 50–72.

Krüger, Gerd: »Aktiver« und passiver Widerstand im Ruhrkampf 1923. In: Kronenbitter, Günther/Pöhlmann, Markus/Walter, Dierk (Hg.): Besatzung. Funktion und Gestalt militärischer Fremdherrschaft von der Antike bis zum 20. Jahrhundert. Paderborn et al.: Schöningh 2006, S. 119–130.

Küchenhoff, Bernhard: Vorwort zur neuen Ausgabe. In: Bleuler, Eugen: Dementia praecox oder Gruppe der Schizophrenien. Mit einem Vorwort von Bernhard Küchenhoff. Gießen: Psychosozial-Verlag 2014, S. I–XVI.

Kühnel, Jürgen: Konjektur. In: Schweikle, Günther/Schweikle, Irmgard (Hg.): Metzler Lexikon Literatur. Begriffe und Definitionen. 2., überarb. Aufl. Stuttgart/Weimar: Metzler 1990, S. 249.

Kurz, Gerhard: Wie Freud interpretiert. Hermeneutische Prinzipien in Der Wahn und die Träume in W. Jensens ›Gradiva‹. In: Alt, Peter-André/Anz, Thomas (Hg.): Sigmund Freud und das Wissen der Literatur. Berlin/New York: de Gruyter 2008 (spectrum Literaturwissenschaft/spectrum Literature. Komparatistische Studien/Comparative Studies, hg. v. Angelika Corbineau-Hoffmann und Werner Frick, Bd. 16), S. 31–44.

Lacan, Jacques: La stade du miroir comme formateur de la fonction du Je (1949). In: Lacan, Jacques: Écrits. Paris: Éditions du Seuil 1966, p. 93–100.

Laemmle, Peter/Redaktion Kindlers Literatur Lexikon: Manès Sperber: Wie eine Träne im Ozean. In: Jens, Walter (Hg.): Kindlers Literatur Lexikon, Studienausgabe, Bd. 15. München: Kindler 1996, S. 824–825.

Langford, Joe/Clance, Pauline R.: The imposter phenomenon. Recent research findings regarding dynamics, personality and family patterns and their implications for treatment. In: Psychotherapy. Theory, Research, Practice, Training, Vol 30, No. 3 (1993), pp. 495–501.

Laplanche, J./Pontalis, J.-B.: Das Vokabular der Psychoanalyse. Aus dem Französischen v. Emma Moersch. 18. Aufl. Frankfurt am Main: Suhrkamp 2008 (stw 7).

Latacz, Joachim: Einführung in die griechische Tragödie. 2., durchgehend aktualisierte Aufl. Göttingen: Vandenhoeck & Ruprecht 2003 (UTB 1745).

Lazarsfeld, Sofie: Mut zur Unvollkommenheit. In: Internationale Zeitschrift für Individualpsychologie 4 (1926), S. 375–381.

Le Bon, Gustave: Psychologie der Massen. Übers. v. Rudolf Eisler. 11. Aufl. Hamburg: Nikol 2014.

Le Bon, Gustave: Psychologie des foules. Paris: Alcan 1925.

Lehnstaedt, Stephan: Der Kern des Holocaust. Belzec, Sobibór, Treblinka und die Aktion Reinhardt. München: Beck 2017.

Leidinger, Hannes/Moritz, Verena/Schippler, Berndt: Das Schwarzbuch der Habsburger. Die unrühmliche Geschichte eines Herrschergeschlechts. Mit Vorbemerkungen v. Gerhard Jagschitz u. Karl Vocelka. Wien: Deuticke 2003.

Leiteritz, Christiane: Hermeneutische Theorien. In: Sexl, Martin (Hg.): Einführung in die Literaturtheorie Wien: WUV 2004 (UTB 2527).

Lévy, Alfred: Manès Sperber – oder von den Abenteuern, Leiden und Irrtümern eines politischen Individualpsychologen. In: Lévy, Alfred/Mackenthun, Gerald (Hg.): Gestalten um Alfred Adler. Pioniere der Individualpsychologie. Würzburg: Königshausen & Neumann 2002, S. 251–269.

Licharz, Werner: Umkehr – Dialog – Toleranz. In: Licharz, Werner/Kauffeldt, Leo/Schießer, Hans-Rudolf (Hg.): Die Herausforderung Manès Sperber. Ein treuer Ketzer auf der Brücke ohne anderes Ufer. Frankfurt am Main: Haag und Herchen 1988 (Arnoldshainer Texte, Bd. 50), S. 79–97.

Lichtblau, Albert: Antisemitismus. In: Lichtblau, Albert (Hg.): Als hätten wir dazugehört. Österreichisch-jüdische Lebensgeschichten aus der Habsburgermonarchie. Wien et al.: Böhlau 1999, S. 90–105.

Lichtblau, Albert: Des Kaisers Juden? In: Lichtblau, Albert (Hg.): Als hätten wir dazugehört. Österreichisch-jüdische Lebensgeschichten aus der Habsburgermonarchie. Wien et al.: Böhlau 1999, S. 19–25.

Lichtblau, Albert: Integration, Vernichtungsversuch und Neubeginn – Österreichisch-jüdische Geschichte 1848 bis zur Gegenwart. In: Brugger, Eveline/Keil, Martha/Lichtblau, Albert/Lind, Christoph/Staudinger, Barbara: Geschichte der Juden in Österreich. Wien: Ueberreuter 2006 (Wolfram, Herwig [Hg.]: Österreichische Geschichte), S. 447–565.

Liessmann, Konrad Paul: Philosophie des verbotenen Wissens. Friedrich Nietzsche und die schwarzen Seiten des Denkens. Wien: Zsolnay 2000.

Lindert, Peter H./Nafziger, Steven: Russian Inequality on the Eve of Revolution. In: The Journal of Economic History, Vol. 74 (2014), pp. 767–798.

List, Eveline: Psychoanalyse. Geschichte, Theorien, Anwendungen. Wien: facultas wuv 2009 (UTB 3185).Hall, Stuard: Das Spektakel des »Anderen«. In: Hall, Stuart: Ideologie, Identität, Repräsentation. Ausgewählte Schriften 4. Hg. v. Juha Kovisto u. Andreas Merkens. Hamburg: Argument Verlag 2004, S. 108–166.

Longerich, Peter: Heinrich Himmler. Biographie. München: Pantheon 2010.

Longerich, Peter: Joseph Goebbels. Biographie. München: Siedler 2010.

Lorenz, Konrad: Das sogenannte Böse. Zur Naturgeschichte der Aggression. 13. Aufl. München: Deutscher Taschenbuch Verlag 1987.

Maciejewski, Franz: Der Moses des Sigmund Freud. Göttingen: Vandenhoeck & Ruprecht 2006.

Mackenthun, Gerald: Alice Rühle-Gerstels individueller Weg zwischen Marxismus und Individualpsychologie. In: Lévy, Alfred/Mackenthun, Gerald (Hg.): Gestalten um Alfred Adler. Pioniere der Individualpsychologie. Würzburg: Königshausen & Neumann 2002, S. 215–238.

Mackenthun, Gerald: Otto Glöckel – Organisator der Wiener Schulreform. In: Lévy, Alfred/Mackenthun, Gerald (Hg.): Gestalten um Alfred Adler. Pioniere der Individualpsychologie. Würzburg: Königshausen & Neumann 2002, S. 99–117.

Marian, Esther: Nachwort. In: Sperber, Manès: Zur Analyse der Tyrannis. Ein sozialpsychologischer Essai. Hg. v. Wilhelm W. Hemecker mit einem Nachwort v. Esther Marian. Graz: Leykam 2006, S. 101–127.

Marković, Predrag: Die »Legitimierung« der Königsdiktatur in Jugoslawien und die öffentliche Meinung. In: Oberländer, Erwin/Ahmann, Rolf (Hg.): Autoritäre Regime und Ostmittel- und Südosteuropa 1919–1944. Paderborn et al.: Schöningh 2001, S. 577–631.

Marquard, Odo: Felix Culpa? In: Fuhrmann, Manfred/Jauß, Hans Robert/Pannenberg, Wolfhart (Hg.): Text und Applikation. Theologie, Jurisprudenz und Literaturwissenschaft im hermeneutischen Gespräch. München: Fink 1981(Poetik und Hermeneutik IX).

Marquard, Odo: Frage nach der Frage, auf die die Hermeneutik die Antwort ist. In Marquard, Odo: Abschied vom Prinzipiellen. Philosophische Studien. Stuttgart: Reclam 1995.

Martin Sabrow: Der Rathenaumord. Rekonstruktion einer Verschwörung gegen die Republik von Weimar. München: Oldenbourg 1994.

Martínez, Matías/Scheffel, Michael: Einführung in die Erzähltheorie. 10., überarb. u. aktualisierte Aufl. München: C. H. Beck 2016.

Marx, Karl: Das Elend der Philosophie (1847). In: Marx, Karl: Die Frühschriften. Hg. v. Siegfried Landshut. Stuttgart: Kröner 1971, S. 486–524 [Auszug].

Marx, Karl: Das Kapital, Bd. 1. In: Marx, Karl/Engels, Friedrich: Werke, Bd. 23. Hg. v. Institut für Marxismus-Leninismus Berlin. 4. Aufl. Berlin: Dietz 1969.

Mayer, Hans: Außenseiter. 8. Aufl. Frankfurt am Main: Suhrkamp 2016 (st 736).

Mayer, Hans: Manès Sperber: Alfred Adler oder Das Elend der Psychologie. In: Neue Rundschau, Jg. 81, Heft 3 (1970), S. 598–602.

Mayer, Michael: Staaten als Täter. Ministerialbürokratie und »Judenpolitik« in NS-Deutschland und Vichy-Frankreich. Ein Vergleich. München: Oldenbourg 2010 (Studien zur Zeitgeschichte, Bd. 80).

Menge-Güthling: Langenscheidts Großwörterbuch Latein, Teil I: Lateinisch-deutsch. Unter Berücksichtigung der Etymologie von Prof. Dr. Hermann Menge. 25. Aufl. Berlin/München/Wien/Zürich/New York: Langenscheidt 1996.

Menke, Bettine: Sprachfiguren. Name – Allegorie – Bild nach Walter Benjamin. München: Fink 1991.

Mercier, Pascal: Perlmanns Schweigen. Roman. 4. Aufl. München: btb 1997.

Merton, Robert K.: The self-fulfilling prophecy. In: The Antioch Review 8 (1948), pp. 193–210.

Mildenberger, Florian: Allein unter Männern. Helene Stourzh-Anderle in ihrer Zeit (1890–1966). Herbolzheim: Centaurus 2014.

Miller, Alice: Das Drama des begabten Kindes und die Suche nach dem wahren Selbst. 26. Aufl. Frankfurt am Main: Suhrkamp 2010.

Müller-Funk, Wolfgang: Kulturtheorie. 2. Aufl. Tübingen: Narr 2010 (UTB 2828).

Müller-Funk, Wolfgang: Kulturtheorie. Einführung in Schlüsseltexte der Kulturwissenschaften. 2., erweiterte und bearbeitete Aufl. Tübingen/Basel: Francke 2010 (UTB 2828).

Müller-Funk, Wolfgang: Schwerbewaffnete Menschenjäger und mutlose Sozialdemokraten. Manès Sperber 1927 und 1983. In: Köhler, Thomas/Mertens, Christian (Hg.): Justizpalast in Flammen! Ein brennender Dornbusch? Das Werk von Manès Sperber, Heimito von Doderer und Elias Canetti angesichts des 15. Juli 1927. Wien: edition mezzogiorno 2017, S. 141–150.

Nagel, Imela: Fememorde und Femeprozesse in der Weimarer Republik. Köln/Wien: Böhlau 1989.

Nestle, Kurt/Aland, Barbara/Aland, Kurt (Hg.): Das Neue Testament. Griechisch und Deutsch. Griechischer Text: 27. Aufl. des Novum Testamentum Graece in der Nachfolge von Eberhard u. Erwin Nestle gemeinsam verantwortet v. Barbara u. Kurt Aland, Johannes Karavidopoulos, Carlo M. Martini, Bruce M. Metzger. Deutsche Texte: Revidierte Fassung der Lutherbibel von 1984 und Einheitsübersetzung der Heiligen Schrift 1979. 3. Aufl. Stuttgart: Deutsche Bibelgesellschaft/Katholische Bibelanstalt 2000.

Neuber, Matthias (Hg.): Fiktion und Fiktionalismus. Beiträge zu Hans Vaihingers »Philosophie des Als ob«. Würzburg: Königshausen & Neumann 2011 (Studien und Materialien zum Neukantianismus, Bd. 33).

Nietzsche, Friedrich: Unzeitgemäße Betrachtungen II. Vom Nutzen und Nachtheil der Historie für das Leben. In: Nietzsche, Friedrich: Kritische Studienausgabe. Bd. 1. Hg. v. Giorgio Colli und Mazzino Montinari. 2., durchges. Aufl. München/Berlin/New York: Deutscher Taschenbuch Verlag/de Gruyter 1988 (dtv 2221), S. 243–334.

Orwell, George: Homage to Catalonia. London: Secker & Warburg 1938.

Ory, Pascal: Les Collaborateurs 1940–1945. Paris: Éditions du Seuil 1976.

Psychotherapiegesetz, BGBl Nr. 361/1990, zuletzt geändert BGBl I Nr. 23/2020.

Pannenberg, Wolfhart: Person und Subjekt. In: Marquard, Odo/Stierle, Karlheinz (Hg.): Identität. 2. Aufl. München 1996 (Poetik und Hermeneutik VIII), S. 407–422.

Patka, Marcus G./Stančić, Mirjana: Die Analyse der Tyrannis. Manès Sperber 1905–1984. Im Auftrag des Jüdischen Museums der Stadt Wien in Kooperation mit dem Österreichischen Literaturarchiv der Österreichischen Nationalbibliothek. Wien: Holzhausen 2005.

Paulitsch, Klaus: Grundlagen der ICD-10-Diagnostik. Wien: facultas wuv 2009 (UTB 3203).
Paxton, Robert O.: La France de Vichy 1940–1944. Paris: Éditions du Seuil 1999.
Pelinka-Marková, Marta: Rühle-Gerstel, Alice. In: Neue Deutsche Biographie (NDB), Bd. 22. Berlin: Duncker & Humblot 2005, S. 218–219.
Pfahl-Traughber, Armin: Die Protokolle der Weisen von Zion. Der Nachweis der Fälschung und die tatsächliche Entstehungsgeschichte. In: Judaica, Jg. 46 (1990), S. 22–31.
Piaget, Jean: Über Pädagogik. Mit einer Einleitung v. Silvia Parrat-Dayan. Weinheim et al.: Beltz 1999.
Politkowskaja, Anna: In Putins Russland. Aus dem Russischen v. Hannelore Umbreit u. Ulrike Zemme. Lizenzausgabe Frankfurt am Main: Fischer Taschenbuch Verlag 2008 (Fischer TB 17927).
Pollack, Martin: Die Frau ohne Grab. Bericht über meine Tante. München/Wien: Hanser 2019.
Pollack, Martin: Galizien. Eine Reise durch die verschwundene Welt Ostgaliziens und der Bukowina. Frankfurt am Main: Insel 2001 (it 2747).
Pollack, Martin: Kaiser von Amerika. Die große Flucht aus Galizien. Wien: Zsolnay 2010.
Popkin, Richard H, Spinoza and Bible scholarship. In: Garrett, Don (ed.): The Cambridge Companion to Spinoza. Cambridge et al.: Cambridge University Press 1996, pp. 383–407.
Potacs, Michael: Alfred Adler, Jean Paul Sartre und der Marxismus. In: Pelinka, Anton et al. (Hg.): Zwischen Austromarxismus und Katholizismus. Festschrift für Norbert Leser. Wien: Braumüller 1983, S. 159–169.
Preindlsberger-Mrazovic: Der weibliche Arzt in Bosnien und Herzegowina. In: Die Zeit, 23. April 1904, S. 38–40.
Pufelska, Agnieszka: Die »Judäo-Kommune«. Ein Feindbild in Polen. Das polnische Selbstverständnis im Schatten des Antisemitismus 1939–1948. Paderborn et al.: Schöningh 2007.
Puntel, Bruno Lorenz: Wahrheitstheorien in der neueren Philosophie. 3., erweiterte Aufl. Darmstadt: Wissenschaftliche Buchgesellschaft 2005.
Raithel, Thomas/Strenge, Irene: Die Reichstagsbrandverordnung. Grundlegung der Diktatur mit den Mitteln des Weimarer Ausnahmezustandes. In: Vierteljahreshefte für Zeitgeschichte, Bd. 48 (2000), S. 413–460.
Ramet, Sarbrina: Die drei Jugoslawien. Eine Geschichte der Staatsbildungen und ihrer Probleme. Nach erw. u. korr. Vorlage übers. v. Isabel Ströhle, Georg Seiderer, Konrad Clewing. München: Oldenbourg 2011, S. 119–162.
Rauchfleisch, Udo: Hetero-, Homo-, Bisexualität In: Mertens, Wolfgang/Waldvogel, Bruno (Hg.): Handbuch psychoanalytischer Grundbegriffe. Stuttgart: Kohlhammer 2000, S. 355–363.
Reed, Terence J.: Thomas Mann und die literarische Tradition. In: Koopermann, Thomas (Hg.): Thomas-Mann-Handbuch. 2. Aufl. Stuttgart: Kröner 1995, S. 95–163.
Reiswitz, Johann Albrecht v.: Badeni, Kasimir Graf von. In: Neue Deutsche Biographie (NDB), Bd. 1. Berlin: Duncker & Humblot 1953, S. 510–512.
Ribhegge, Wilhelm: Preußen im Westen. Kampf um den Parlamentarismus in Rheinland und Westfalen 1789–1947. Münster: Aschendorff Verlag 2008.
Ricoeur, Paul: Zeit und Erzählung 1: Zeit und historische Erzählung. Aus dem Französischen v. Rainer Rochlitz. 2. Aufl. München: Fink 2007.
Ricoeur, Paul: Zeit und Erzählung 2: Zeit und literarische Erzählung. Aus dem Französischen v. Rainer Rochlitz. 2. Aufl. München: Fink 2007.
Ricoeur, Paul: Zeit und Erzählung 3: Die erzählte Zeit. Aus dem Französischen v. Rainer Rochlitz. 2. Aufl. München: Fink 2007.
Rieder, Bernadette: Unter Beweis: Das Leben. Sechs Autobiographien deutschsprachiger SchriftstellerInnen aus Israel. Göttingen: V & R Unipress 2008.
Ringel, Erwin: Der Selbstmord. Abschluss einer krankhaften psychischen Entwicklung. Eine Untersuchung an 743 geretteten Selbstmördern. 11., unveränderte Aufl. Hohenwarsleben: Westarp 2017.

Ringel, Erwin: Selbstschädigung durch Neurose. Psychotherapeutische Wege der Selbstverwirklichung. 3. Aufl. Wien u. a.: Herder 1975.

Rings, Werner: Manès Sperber und das Judentum. In: Licharz, Werner/Kauffeldt, Leo/Schießer, Hans-Rudolf (Hg.): Die Herausforderung Manès Sperber. Ein treuer Ketzer auf der Brücke ohne anderes Ufer. Frankfurt am Main: Haag und Herchen 1988 (Arnoldshainer Texte, Bd. 50), S. 178–192.

Robert, Marthe: Einsam wie Kafka. Übers. v. Eva Moldenhauer-Michel. Frankfurt am Main: Fischer 1985.

Rohrwasser, Michael: Kommunist, Exkommunist, Antikommunist. In: Hemecker, Wilhelm/Stančić, Mirjana (Hg.): Ein treuer Ketzer – Manès Sperber. Wien: Zsolnay 2000 (Profile. Magazin des Österreichischen Literaturarchivs, Bd. 6), S. 58–71.

Rohse, Heide: Unsichtbare Tränen. Effi Briest – Oblomow – Anton Reiser – Passion Christi. Psychoanalytische Literaturinterpretationen zu Theodor Fontane, Iwan A. Gontscharow, Karl Philipp Moritz und Neuem Testament. Königshausen & Neumann, Würzburg 2000.

Rorty, Richard: Der Spiegel der Natur. Eine Kritik der Philosophie. Übers. v. Michael Gebauer. 4. Aufl. Frankfurt am Main: Suhrkamp 1997 (stw).

Rostand, Edmond: Cyrano de Bergerac. Paris: Gallimard 1997.

Rousso, Henry: Vichy. Frankreich unter deutscher Besatzung. Aus dem Französischen übers. v. Matthias Grässlin. München: Beck 2009 (BsR 1910).

Rubenstein, Joshua: Leon Trotsky. A Revolutionary's Life. London/New Haven: Yale University Press 2011, pp. 144–153.

Rüedi, Jörg: Die Bedeutung Alfred Adlers für die Pädagogik. Eine historische Aufarbeitung der Individualpsychologie aus pädagogischer Perspektive. Bern/Stuttgart: Haupt 1988.

Rüedi, Jörg: Gibt es eine individualpsychologische Pädagogik? In: Zeitschrift für Individualpsychologie (2016), S. 358–378.

Rühle-Gerstel, Alice: Der Weg zum Wir. Versuch einer Verbindung von Marxismus und Individualpsychologie. Dresden: Verlag Am anderen Ufer 1927. Nachdruck, mit einem Geleitwort von Manès Sperber, München: Reinhardt 1980.

Rühle-Gerstel, Alice: Freud und Adler. Elementare Einführung in Psychoanalyse und Individualpsychologie. Dresden: Verlag Am anderen Ufer 1924.

Rumpler, Helmut: Eine Chance für Mitteleuropa. Bürgerliche Emanzipation und Staatsverfall in der Habsburgermonarchie. Wien: Ueberreuter 1997 (Wolfram, Herwig [Hg.]: Österreichische Geschichte 1804–1914).

Rutschky, Katharina (Hg.): Schwarze Pädagogik. Quellen und Naturgeschichte der bürgerlichen Erziehung. Neuausgabe Berlin: Ullstein 1997.

Safranski, Rüdiger: Nietzsche. Biographie seines Denkens. München/Wien: Hanser 2000.

Salzmann, Madeleine: Die Kommunikationsstruktur der Autobiographie. Mit kommunikationsorientierten Analysen der Autobiographien von Max Frisch, Helga M. Novak und Elias Canetti. Frankfurt am Main et al. Peter Lang 1988 (Zürcher Germanistische Studien, hg. v. Michael Böhler, Harald Burger u. Peter v. Matt, Bd. 11).

Saña, Heleno: Die libertäre Revolution. Die Anarchisten im Spanischen Bürgerkrieg. Hamburg: Edition Nautilus 2001.

Sand, Shlomo: Die Erfindung des jüdischen Volkes. Israels Gründungsmythos auf dem Prüfstand. Aus dem Hebräischen v. Alice Meroz. Ungekürzte Taschenbuchausgabe Berlin: List 2011.

Sandgruber, Roman: Ökonomie und Politik. Österreichische Wirtschaftsgeschichte vom Mittelalter bis zur Gegenwart. Wien: Ueberreuter 1995 (Österreichische Geschichte, hg. v. Herwig Wolfram).

Sandmann, Peter: Künkel, Fritz. In: Neue Deutsche Biographie (NDB), Bd. 13. Berlin: Duncker & Humblot 1982, S. 221–222.

Sartre, Jean-Paul: Das Sein und das Nichts. Versuch einer phänomenologischen Ontologie. Hg. v. Traugott König. Deutsch v. Hans Schöneberg u. Traugott König). 23.–26. Tsd. Reinbek bei Hamburg: Rowohlt 1998 (Sartre, Jean Paul: Gesammelte Werke in Einzelausgaben. In Zusammenarbeit mit dem Autor und Arlette Elkaïm-Sartre, begründet von Traugott König, hg. v. Vincent v. Wroblewsky. Philosophische Schriften, Bd. 3; rororo 13316).

Sasson, Jack M.: Ester. In: Alter, Robert/Kermode, Frank (eds.): The Literary Guide to the Bible. Cambridge, Mass.: Harvard University Press 1990, pp. 335–341.

Saunders, Edward: Jouranlismus als Weg zur Macht. Das Leben Bela Kuns bis zum Scheitern der ungarischen Räterepublik. In: Koller, Christian/Marschik, Matthias (Hg.): Die ungarische Räterepublik 1919. Innenansichten – Außenperspektiven – Folgewirkungen. Wien: Promedia 2018, S. 83–102.

Schafranek, Hans: V-Leute und »Verräter«. Die Unterwanderung kommunistischer Widerstandsgruppen durch Konfidenten der Gestapo. In: Internationale wissenschaftliche Korrespondenz zur Geschichte der deutschen Arbeiterbewegung 3/2000, S. 300–349.

Schaps, Regina: Hysterie und Weiblichkeit. Wissenschaftsmythen über die Frau. Frankfurt am Main/New York: Campus 1992 (Reihe Campus 1054).

Schauff, Frank: Der verspielte Sieg. Sowjetunion, Kommunistische Internationale und Spanischer Bürgerkrieg 1936–1939. Frankfurt/New York: Campus 2004.

Schießer, Hans-Rudolf: Kontinuität und Bruch. Lernen von einem Re-Negierer. In: Moses, Stéphane/Schlör, Joachim/Schoeps, Julius H. (Hg.): Manès Sperber als Europäer. Eine Ethik des Widerstands. Berlin: Edition Hentrich 1996 (Studien zur Geistesgeschichte, hg. v. Julius H. Schoeps, Bd. 18), S. 263–277.

Schimmer, Leopold: Individualpsychologische Literaturinterpretation. Alfred Adlers Individualpsychologie und ihr Beitrag zur Literaturwissenschaft. Dissertation. Univ. Wien 1999.

Schmid, Michaela: Erziehungsratgeber und Erziehungswissenschaft. Zur Theorie-Praxis-Problematik populärpädagogischer Schriften. Bad Heilbrunn: Klinkhart 2010.

Schmidt, Rainer: Individuum und Gemeinschaft. Manès Sperbers Beiträge zur Individualpsychologie Alfred Adlers. In: Moses, Stéphane/Schlör, Joachim/Schoeps, Julius H. (Hg.): Manès Sperber als Europäer. Eine Ethik des Widerstands. Berlin: Edition Hentrich 1996 (Studien zur Geistesgeschichte, hg. v. Julius H. Schoeps, Bd. 18), S. 234–253.

Schmidt-Schweizer, Andreas: Die Staatspartei in Ungarn (1944–1989). Vom Vasallen Moskaus zum Vorreiter der Systemtransformation. In: Backes, Uwe/Heydemann, Günther/Vollnhals, Clemens (Hg.): Staatssozialismen im Vergleich. Staatspartei – Sozialpartei – Opposition. Göttingen: Vandenhoeck & Ruprecht 2019 (Schriften des Hannah-Arendt-Instituts für Totalitarismusforschung, Bd. 64), S. 191–207.

Schmitz-Berning, Cornelia: Vokabular des Nationalsozialismus. Berlin/New York: de Gruyter 2000.

Schneider, Manfred: Die erkaltete Herzensschrift. Der autobiographische Text im 20. Jahrhundert. München/Wien: Hanser 1986.

Scholem, Gershom: Sabbatai Zwi. Der mystische Messias. Übertragen v. Angelika Schweikhart. Nachdruck der deutschen Erstauflage. Berlin: Jüdischer Verlag 2014.

Schönhoven, Klaus: Reformismus und Radikalismus. Gespaltene Arbeiterbewegung im Weimarer Sozialstaat. München: Deutscher Taschenbuch Verlag 1989 (dtv 4511).

Schüler-Springorum, Stefanie: Krieg und Fliegen. Die Legion Condor im Spanischen Bürgerkrieg. Paderborn et al.: Schöningh 2010.

Schüller, Alexander: Warum musste Dion sterben? In: Engels, David/Geis, Lioba/Kleu, Michael (Hg.): Zwischen Ideal und Wirklichkeit. Herrschaft auf Sizilien von der Antike bis zum Spätmittelalter. Stuttgart: Steiner 2010, S. 63–89.

Sebag Montefiore, Simon: Der junge Stalin. Aus dem Englischen v. Bernd Rullkötter. Frankfurt am Main: Fischer Taschenbuch Verlag 2008.

Sebag Montefiore, Simon: Stalin. Am Hof des roten Zaren. Aus dem Englischen v. Hans Günter Holl. 4. Aufl. Frankfurt am Main: Fischer 2005.

Sedlaczek, Robert: Die Tante Jolesch und ihre Zeit. Eine Recherche. In Zusammenarbeit mit Melita Sedlaczek u. Wolfgang Mayr. Innsbruck: Haymon 2013.

Seligmann, Siegfried: Der böse Blick und Verwandtes. Ein Beitrag zur Geschichte des Aberglaubens aller Zeiten und Völker. 1. Band. Berlin: Barsdorf Verlag 1910.
Sellmer, Izabela: Wenn die moralische Sauberkeit überflüssig wird wie der »Schnee von gestern«. Zum Kriegserlebnis eines Ex-Kommunisten in Manès Sperbers Roman Die verlorene Bucht (1950/51). In: Heukenkamp, Ursula (Hg.): Schuld und Sühne? 1: Kriegserlebnis und Kriegsdeutung in deutschen Medien der Nachkriegszeit (1945–1961). Internationale Konferenz vom 01.–04.09.1999 in Berlin. Rodopi: Brill 2001 (Amsterdamer Beiträge zur neueren Germanistik, Bd. 50.1), S. 363–369.
Sen, Amartya: Die Identitätsfalle. Warum es keinen Krieg der Kulturen gibt. Aus dem Englischen v. Friedrich Giese. München: Beck 2007.
Siebenhüner, Sabine: Fritz Künkels Beitrag zur individualpsychologischen Neurosenlehre. In: Lévy, Alfred/Mackenthun, Gerald (Hg.): Gestalten um Alfred Adler. Pioniere der Individualpsychologie. Würzburg: Königshausen & Neumann 2002, S. 133–155.
Siems, Martina: Sofie Lazarsfeld. Die Wiederentdeckung einer individualpsychologischen Pionierin. Göttingen: V & R unipress 2015.
Simon, Gertrud: »Durch eisernen Fleiß und rastloses, aufreibendes Studium.« Die Anfänge des Frauenstudiums in Österreich: Pionierinnen an den Universitäten Wien und Graz. In: Brehmer, Ilse/Simon, Gertrud (Hg.): Geschichte der Frauenbildung und Mädchenerziehung in Österreich. Ein Überblick. Graz: Leykam 1994, S. 205–219.
Slunecko, Thomas: Psychotherapie – eine Lagebestimmung. In: Slunecko, Thomas (Hg.): Psychotherapie. Eine Einführung. Wien: Facultas 2009 (UTB 3247), S. 11–28.
Snyder, Timothy: Bloodlands. Europa zwischen Hitler und Stalin. Aus dem Englischen v. Martin Richter. Ungekürzte Ausgabe. 3. Aufl. München: Deutscher Taschenbuch Verlag 2016.
Snyder, Timothy: Über Tyrannei. 20 Lektionen für den Widerstand. Aus dem Amerikanischen v. Andreas Wirthensohn. München: Beck 2018.
Solomon, Francisca: Jüdische Erziehung und Ausbildung im Cheder: Literarische Perspektiven in den Texten galizischer und bukowinischer jüdischer Autoren. In: Winkler, Markus (Hg.): Partizipation und Exklusion: zur Habsburger Prägung von Sprache und Bildung in der Bukowina; 1848–1918–1940. Regensburg: Pustet 2015, S. 249–263.
Sorkin, David: Auf dem Weg in die Moderne. In: Lange, Nicholas de (Hg.): Illustrierte Geschichte des Judentums. Aus dem Englischen v. Christian Rochow. Lizenzausgabe Darmstadt: Wissenschaftliche Buchgesellschaft 2000, S. 222–279.
Sperber, Manès: Alfred Adler oder Das Elend der Psychologie. Wien/München/Zürich: Molden 1970.
Sperber, Manès: Alfred Adler. Der Mensch und seine Lehre. München: Bergmann 1926.
Sperber, Manès: All das Vergangene … Die Wasserträger Gottes. Die vergebliche Warnung. Bis man mir Scherben auf die Augen legt. Wien/München/Zürich: Europaverlag 1983.
Sperber, Manès: Bis man mir Scherben auf die Augen legt. In: Sperber, Manès: All das Vergangene … Die Wasserträger Gottes. Die vergebliche Warnung. Bis man mir Scherben auf die Augen legt. Wien/München/Zürich: Europaverlag 1983, S. 579–931.
Sperber, Manès: Bis man mir Scherben auf die Augen legt. Wien: Europaverlag 1977.
Sperber, Manès: Charlatan und seine Zeit. Roman. Hg. v. Mirjana Stančić. Graz/Wien: Ed. Gutenberg 2004.
Sperber, Manès: Churban oder die unfaßbare Gewißheit. Essays. Wien et al.: Europaverlag 1979.
Sperber, Manès: Churban oder die unfaßbare Gewißheit. In: Sperber, Manès: Churban oder die unfaßbare Gewißheit. Wien et al.: Europaverlag 1979, S. 65–100.
Sperber, Manès: Das Wüten der Gewalt, I. Teil: Die Schreckensherrschaft oder Die Gewalt von oben. In: Sperber, Manès: Essays zur täglichen Weltgeschichte. Wien/München/Zürich: Europaverlag 1981, S. 439–464.
Sperber, Manès: Der gegenwärtige Stand der Psychologie. In: Krise der Psychologie – Psychologie der Krise. Berlin: Selbstverlag der Fachgruppe für dialektisch-materialistische Psychologie 1932, S. 7–28.

Sperber, Manès: Der schwarze Zaun. Romanfragment. Wien et al.: Europa-Verlag 1986.
Sperber, Manès: Der Tod des Sokrates. In: Sperber, Manès: Sokrates. Roman, Drama, Essay. Wien/Zürich: Europaverlag 1988, S. 135–149.
Sperber, Manès: Der verbrannte Dornbusch. In: Sperber, Manès: Wie eine Träne im Ozean. Romantrilogie. Ungekürzte Ausgabe. 12. Aufl. München: dtv 2006, S. 7–454.
Sperber, Manès: Des Autobiographen verborgene Welt. Aus dem Amerikanischen übers. v. Hans Wolfschütz. In: Sperber, Manès: Geteilte Einsamkeit. Der Autor und sein Leser. Wien/München/Zürich: Europaverlag 1985, S. 57–64.
Sperber, Manès: Die Achillesferse. In: Sperber, Manès: Essays zur täglichen Weltgeschichte. Wien/München/Zürich: Europaverlag 1981, S. 17–33.
Sperber, Manès: Die falsche Alternative [1963]. In: Sperber, Manès: Essays zur täglichen Weltgeschichte. Wien: Europaverlag 1981, S. 285–290.
Sperber, Manès: Die polizistische Geschichtsauffassung. In: Sperber, Manès: Essays zur täglichen Weltgeschichte. Wien/München/Zürich: Europaverlag 1981, S. 103–129.
Sperber, Manès: Die vergebliche Warnung. In: Sperber, Manès: All das Vergangene … Die Wasserträger Gottes. Die vergebliche Warnung. Bis man mir Scherben auf die Augen legt. Wien/München/Zürich: Europaverlag 1983, S. 257–577.
Sperber, Manès: Die vergebliche Warnung. Wien: Europaverlag 1975.
Sperber, Manès: Die verlorene Bucht. In: Sperber, Manès: Wie eine Träne im Ozean. Romantrilogie. Ungekürzte Ausgabe. 12. Aufl. München: dtv 2006, S. 707–1034.
Sperber, Manès: Die Wasserträger Gottes. In: Sperber, Manès: All das Vergangene … Die Wasserträger Gottes. Die vergebliche Warnung. Bis man mir Scherben auf die Augen legt. Wien/München/Zürich: Europaverlag 1983, S. 11–255.
Sperber, Manès: Die Wasserträger Gottes. Wien: Europaverlag 1974.
Sperber, Manès: Gedächtnis. In: Sperber, Manès: Nur eine Brücke zwischen Gestern und Morgen. Ungekürzte Ausgabe. München: Deutscher Taschenbuch Verlag 1985 (dtv 10245), S. 93–109.
Sperber, Manès: Geteilte Einsamkeit. Der Autor und sein Leser. Wien/München/Zürich: Europaverlag 1985.
Sperber, Manès: Individuum und Gemeinschaft (1934). Versuch einer sozialen Charakterologie. Stuttgart: Klett-Cotta 1978.
Sperber, Manès: Kleines Memorial. In: Sperber, Manès: Churban oder die unfaßbare Gewißheit. Wien et al.: Europaverlag 1979, S. 101–110.
Sperber, Manès: Mein Judesein. In: Sperber, Manès: Churban oder die unfaßbare Gewißheit. Wien et al.: Europaverlag 1979, S. 43–64.
Sperber, Manès: Nur eine Brücke zwischen gestern und morgen. Ungekürzte Ausgabe München: Deutscher Taschenbuch Verlag 1983.
Sperber, Manès: Nur eine Brücke zwischen gestern und morgen. Wien et al.: Europa-Verlag 1980.
Sperber, Manès: Schicksal einer Literatur. In: Sperber, Manès: Churban oder die unfaßbare Gewißheit. Wien et al.: Europaverlag 1979, S. 163–177.
Sperber, Manès: Sokrates [Drama]. In: Sperber, Manès: Sokrates. Roman, Drama, Essay. Wien/Zürich: Europaverlag 1988, S. 75–133.
Sperber, Manès: Sokrates [Roman]. In: Sperber, Manès: Sokrates. Roman, Drama, Essay. Wien/Zürich: Europaverlag 1988, S. 13–73.
Sperber, Manès: Tiefer als der Abgrund. In: Sperber, Manès: Wie eine Träne im Ozean. Romantrilogie. Ungekürzte Ausgabe. 12. Aufl. München: dtv 2006, S. 455–706.
Sperber, Manès: Über den Haß. In: Sperber, Manès: Essays zur täglichen Weltgeschichte. Wien/München/Zürich: Europaverlag 1981, S. 131–157.
Sperber, Manès: Vom Elend der Psychologie [1954]. In: Sperber, Manès: Essays zur täglichen Weltgeschichte. Wien/München/Zürich: Europaverlag 1981, S. 161–200.

Sperber, Manès: Vorwort und Rückblick (1974). In: Sperber, Manès: Zur Analyse der Tyrannis. Ein sozialpsychologischer Essai. Hg. v. Wilhelm W. Hemecker mit einem Nachwort v. Esther Marian. Graz: Leykam 2006, S. 9–19.

Sperber, Manès: Vorwort. In: Sperber, Manès: Sokrates. Roman, Drama, Essay. Wien/Zürich: Europaverlag 1988, S. 9–10.

Sperber, Manès: Vorwort. In: Sperber, Manès: Wie eine Träne im Ozean. Romantrilogie. Ungekürzte Ausgabe. 12. Aufl. München: Deutscher Taschenbuch Verlag 2006, S. 5–6.

Sperber, Manès: Wie eine Träne im Ozean. Romantrilogie. Ungekürzte Ausgabe. 12. Aufl. München: dtv 2006.

Sperber, Manès: Zur Analyse der Tyrannis. Hg. v. Wilhelm Hemecker. Graz: Leykam 2006.

Spinoza, Baruch de: Theologisch-politischer Traktat. Hg. v. Wolfgang Bartuschat. Hamburg: Meiner 2012.

Stančić, Mirjana: Kann Demokratie schön sein? Zu einem nicht gehaltenen Vortrag Manès Sperbers in Wien 1983. In: Köhler, Thomas/Mertens, Christian (Hg.): Justizpalast in Flammen. Ein brennender Dornbusch. Das Werk von Manès Sperber, Heimito von Doderer und Elias Canetti angesichts des 15. Juli 1927. Wien/München: Verlag für Geschichte und Politik/Oldenbourg 2006, S. 103–111.

Stančić, Mirjana: Manès Sperber. Leben und Werk. Frankfurt am Main/Basel: Stroemfeld/Nexus 2003.

Stančić, Mirjana: Nachwort. In: Sperber, Manès: Charlatan und seine Zeit. Hg. v. Mirjana Stančić. Graz/Wien: Ed. Gutenberg 2004, S. 202–212.

Stanzel, Franz K.: Die typischen Erzählsituationen im Roman. Dargestellt an Tom Jones, the Ambassadors, Ulysses u. a. Unveränderter Nachdruck Wien et al.: Braumüller 1965.

Stanzel, Franz K.: Theorie des Erzählens. 6., unveränderte Aufl. Göttingen: Vandenhoeck & Ruprecht 1995 (UTB 904).

Staudinger, Barbara: Die Zeit der Landjuden und der Wiener Judenstadt 1496–1670/71. In: Brugger, Eveline/Keil, Martha/Lichtblau, Albert/Lind, Christoph/Staudinger, Barbara: Geschichte der Juden in Österreich. Wien: Ueberreuter 2006 (Wolfram, Herwig [Hg.]: Österreichische Geschichte), S. 229–337.

Steinbrenner, Jakob: Kognitivismus in der Ästhetik. Würzburg: Königshausen & Neumann 1996.

Stephan, Inge: Die Gründerinnen der Psychoanalyse. Eine Entmythologisierung Sigmund Freuds in zwölf Frauenporträts. Stuttgart: Kreuz Verlag 1992.

Stern, Marcella: Possanner von Ehrenthal, Gabriele Freiin. In: Keintzel, Brigitta/Korotin, Ilse (Hg.): Wissenschafterinnen in und aus Österreich. Leben – Werk – Wirken. Wien/Köln/Weimar: Böhlau 2002, S. 577–579.

Stieg, Gerald: Frucht des Feuers. Canetti, Doderer, Kraus und der Justizpalastbrand. Wien: Falter Verlag im ÖBV 1990.

Stumm, Gerhard: Einleitung. In: Stumm, Gerhard (Hg.): Psychotherapie. Schulen und Methoden. Eine Orientierungshilfe für Therapie und Praxis. Wien: Falter Verlag 2011, S. 10–34.

Stumm, Gerhard: Geschichte, Paradigmen und Methoden der Psychotherapie. In: Slunecko, Thomas (Hg.): Psychotherapie. Eine Einführung. Wien: Facultas 2009 (UTB 3247), S. 29–84.

Tálos, Emmerich: Das austrofaschistische Herrschaftssystem. Österreich 1933–1938. Berlin/Münster/Wien: Lit 2013 (Politik und Zeitgeschichte, Bd. 8).

Tautou, Alexis: Neues zur Biografie der französischen Roth-Übersetzerin Blanche Netter-Gidon. In: Pesnel, Stèphane/Tunner, Erika/Lunzer, Heinz/Lunzer-Talos, Victoria (Hg.): Joseph Roth – Städtebilder. Berlin: Frank & Timme 2016, S. 289–298.

Thalmann, Rita: Gleichschaltung in Frankreich. 1940–1944. Aus dem Französischen übers. v. Eva Groepler. Hamburg: Europäische Verlagsanstalt 1999.

Thamer, Hans-Ulrich: Verführung und Gewalt. Deutschland 1933–1945. Berlin: Siedler 1986.

The Complete Jewish Bible with Rashi Commentary, Tehilim, Psalms, Chapter 6, https://www.chabad.org/library/bible_cdo/aid/16227/jewish/Chapter-6.htm (abgerufen: 16.09.2020).

Theisohn, Philipp: Das Plagiat im Denkraum des Faschismus. In: Horn, Eva/Hagemeister, Michael (Hg.): Die Fiktion der jüdischen Weltverschwörung. Zu Text und Kontext der »Protokolle der Weisen von Zion«. Göttingen: Wallstein 2012, S. 190–207.

Thies, Jochen: Évian 1938. Als die Welt die Juden verriet. Essen: Klartext Verlag 2017.

Thomas, Hugh: Der Spanische Bürgerkrieg. Übers. v. Walter Theimer. Berlin/Frankfurt am Main/ Wien: Ullstein 1962.

Thompson, Richard F.: Das Gehirn. Von der Nervenzelle zur Verhaltenssteuerung. Nachdruck der 3. Aufl. Heidelberg et al.: Spektrum Akademischer Verlag 2010.

Till, Wolfgang: Homosexualität. In: Stumm, Gerhard/Pritz, Alfred (Hg.): Wörterbuch der Psychotherapie. Wien/New York: Springer 2000, S. 278–279.

Timms, Edward: Die Wiener Kreise. Schöpferische Interaktionen in der Wiener Moderne. In: Nautz, Jürgen/Vahrenkamp, Richard (Hg.): Die Wiener Jahrhundertwende. Einflüsse, Umwelt, Wirkungen. Wien/Köln/Graz: Böhlau 1993, S. 128–143.

Torberg, Friedrich: Die Tante Jolesch oder Der Untergang des Abendlandes in Anekdoten. 25. Aufl. München: Deutscher Taschenbuch Verlag 2002 (dtv 1266).

Treitschke, Heinrich: Deutsche Geschichte im neunzehnten Jahrhundert, Bd. 5. Leipzig: Hirzel 1894.

Vaihinger, Hans: Die Philosophie des Als ob. System der theoretischen, praktischen und religiösen Fiktionen der Menschheit auf Grund eines idealistischen Positivismus; mit einem Anhang über Kant und Nietzsche. Berlin: Reuther & Reichard 1911.

Vaihinger, Hans: Die Philosophie des Als ob. System der theoretischen, praktischen und religiösen Fiktionen der Menschheit auf Grund eines idealistischen Positivismus. Mit einem Anhang über Kant und Nietzsche. Hg. v. Raymund Schmidt. 2. Aufl. Leipzig: Meiner 1924.

Verordnung der Bundesregierung vom 4. April 1934 über die Verfassung des Bundesstaates Österreich, BGBl Nr. 239/1934 (http://alex.onb.ac.at/cgi-content/alex?aid=bgb&datum=19340004&seite=00000437; abgerufen am 03.03.2020).

Viertel, Berthold: Ein Wiener [Die Neue Weltbühne, 1938]. In: Viertel, Berthold: Die Überwindung des Übermenschen. Exilschriften. Wien: Verlag für Gesellschaftskritik 1989 (Studienausgabe in vier Bänden, Bd. 1, hg. v. Konstantin Kaiser und Peter Roessler in Zusammenarbeit mit Siglinde Bolbecher und v. Verein zur Förderung und Erforschung der antifaschistischen Literatur), S. 108–110.

Vinen, Richard: The Unfree French. Life under Occupation. London: Penguin 2006.

Vocelka, Karl: Glanz und Untergang der höfischen Welt. Wien: Ueberreuter 2001 (Wolfram, Herwig [Hg.]: Österreichische Geschichte 1699–1815).

Vogt, Jochen: Einladung zur Literaturwissenschaft. 7., erweiterte u. aktualisierte Aufl. München: Fink 2016 (UTB 2072).

Vries, S[imon]. Ph[ilip]. de: Jüdische Riten und Gebräuche. Bearb. v. Miriam Migall. 6. Aufl. Wiesbanden: Fourier 1990.

Wagner, Birgitt: Der Holocaust vor der Bezeichnung »Holocaust«. Wege zur wissenschaftlichen Auseinandersetzung mit der Vernichtung der europäischen Jüdinnen und Juden in der englischsprachigen Forschung 1940–1960. Diplomarbeit. Universität Wien 2010.

Wagner, Richard: Aufklärungen über das Judentum in der Musik. An Frau Marie Muschanoff geb. Gräfin Nesselrode [Neujahr 1869]. In: Wessling, Berndt W. (Hg): Bayreuth im Dritten Reich. Eine Dokumentation. Weinheim/Basel: Beltz 1983, S. 35–57.

Wandeler, Josef: Die Individualpsychologie Alfred Adlers in ihrer Beziehung zur Philosophie des Als Ob Hans Vaihingers. Dissertation Universität Freiburg in der Schweiz. O.O.: Buchdruckdrei Gutenberg, Lachen-Verlag 1932.

Watzlawick, Kurt: Wie wirklich ist die Wirklichkeit? Wahn – Täuschung – Verstehen. 20. Aufl. München: Piper 1992 (SP 174).

Watzlawick, Paul/Beavin, Janet H./Jackson, Don D.: Menschliche Kommunikation. Formen, Störungen, Paradoxien. 12. Aufl. Bern et al.: Huber 2011.

Weber, Hermann: Der »Antifaschismus«-Mythos der SED. In: Freiheit und Recht 1/2005, S. 1–14.
Weber, Hermann: Die Wandlung des deutschen Kommunismus. Die Stalinisierung der KPD in der Weimarer Republik. Gekürzte Studienausgabe. Frankfurt am Main: Europäische Verlagsanstalt 1969.
Weidermann, Volker: Träumer. Als die Dichter die Macht übernahmen. Köln: Kiepenheuer & Witsch 2017.
Weniger, Kay: »Es wird im Leben dir mehr genommen als gegeben ...«. Lexikon der aus Deutschland und Österreich emigrierten Filmschaffenden 1933 bis 1945. Eine Gesamtübersicht. Hamburg: ACABUS-Verlag 2011.
Wieprecht-Roth, Stefanie: »Die Freiheit in der Zeit ist die Überwindung des Todes«. Überleben in der Welt und im unsterblichen Werk. Eine Annäherung an Elias Canetti. Würzburg: Königshausen & Neumann 2004.
Wiesendanger, Kurt: Heterosexismus und Homophobie. In: Psychoscope 2/2002, S. 6–9.
Winkelbauer, Thomas: Ständefreiheit und Fürstenmacht. Länder und Untertanen des Hauses Habsburg im konfessionellen Zeitalter, Teil 2. Wien: Ueberreuter 2003 (Wolfram, Herwig [Hg.]: Österreichische Geschichte 1522–1699).
Winkler, August: Arbeiter und Arbeiterbewegung in der Weimarer Republik. Der Schein der Normalität. Berlin/Bonn: Dietz 1985.
Wittgenstein, Ludwig: Tractatus logico-philosophicus. Tagebücher 1914–1916. Philosophische Untersuchungen (= Wittgenstein, Ludwig: Werkausgabe, Bd. 1). 11. Aufl. Frankfurt am Main: Suhrkamp 1997 (stw 501).
Wodak, Ruth/Nowak, Peter/Pelikan, Johanna/Gruber, Helmut/de Cilia, Rudolf/Mitten, Richard: »Wir sind alle unschuldige Täter!« Diskurshistorische Studien zum Nachkriegsantisemitismus. Frankfurt am Main: Suhrkamp 1990 (stw 881).
Wolfsberger, Margit: Schwarzwald, Eugenie. In: Keintzel, Brigitta/Korotin, Ilse (Hg.): Wissenschafterinnen in und aus Österreich. Leben – Werk – Wirken. Wien/Köln/Weimar: Böhlau 2002, S. 671–674.
Wrabetz P[eter]: Sperber, Hugo. In: Österreichisches Biographisches Lexikon, Bd. 13. Wien: Verlag der Österreichischen Akademie der Wissenschaften 2010, S. 16–17.
Xianhui, Yang: Die Rechtsabweichler von Jiabiangou. Berichte aus einem Umerziehungslager. Aus dem Chinesischen v. Katrin Buchta. Frankfurt am Main: Suhrkamp 2009.
Yalom, Irvin D.: Existenzielle Psychotherapie. Aus dem Amerikanischen von Martina Gremmler-Fuhr u. Reinhard Fuhr. 5., korr. Aufl. Bergisch Gladbach: EHP 2010.
Zipes, Jack: Wolyna: Manès Sperbers Beschäftigung mit der »Judenfrage«. In: Moses, Stéphane/Schlöhr, Joachim/Schoeps, Julius H. (Hg.): Manès Sperber als Europäer. Eine Ethik des Widerstands. Berlin: Edition Hentrich 1996 (Studien zur Geistesgeschichte, Bd. 18, hg. v. Julius H. Schoeps), S. 122–137.
zur Nieden, Susanne: Aufstieg und Fall des virilen Männerhelden. Der Skandal um Ernst Röhm und seine Ermordung: In: zur Nieden, Susanne (Hg.): Homosexualität und Staatsräson: Männlichkeit, Homophobie und Politik in Deutschland 1900–1945. Frankfurt am Main/New York: Campus 2005, S. 147–192.
zur Nieden, Susanne: Der homosexuelle Staatsfeind – zur Geschichte einer Idee. In: Raphael, Lutz/Tenorth, Heinz-Elmar (Hg.): Ideen als gesellschaftliche Gestaltungskraft im Europa der Neuzeit. Beiträge für eine erneuerte Geistesgeschichte. München: Oldenbourg 2006, S. 395–397.

In großer Liebe und Dankbarkeit für Gerhard.